AMÉRICA DEL SUR

BELICE
HONDURAS
NICARAGUA
Lago de Nicaragua
EL SALVADOR
GUATEMALA
PANAMÁ
COSTA RICA

MAR CARIBE

Barranquilla
Cartagena
Maracaibo
Lago de Maracaibo
Caracas
San Cristóbal
Río Orinoco
VENEZUELA
Georgetown
Paramaribo
Cayena
GUAYANA
SURINAM
Boa Vista
GUAYANA FRANCESA
Medellín
Bogotá
Calí
COLOMBIA
Río Magdalena

ECUADOR 0°

Quito
ECUADOR
Guayaquil
Cuenca
Río Amazonas
AMAZONAS
BRASIL

ISLAS GALÁPAGOS (Ecuador)
PERÚ
Iquitos

10°

Lima
Machu Picchu
Ayacucho
Cuzco
BOLIVIA
La Paz
Santa Cruz
Sucre
Potosí
Lago Titicaca
Brasilia

OCÉANO PACÍFICO

20°

PARAGUAY
Río Paraná
Asunción
São Paulo
Río de Janeiro

TRÓPICO DE CAPRICORNIO
CHILE
Los Andes
Córdoba
Iguazú
Río Uruguay
URUGUAY
OCÉANO ATLÁNTICO

30°

Viña del Mar
Valparaíso
Santiago
Concepción
Buenos Aires
Montevideo
Río de la Plata
ARGENTINA
Bahía Blanca
Viedma

ISLAS MALVINAS (Br.)
Estrecho de Magallanes
TIERRA DEL FUEGO

Elevación en metros

4.000+
2.000–4.000
500–2.000
200–500
0–200
Nivel del mar

AMÉRICA DEL SUR

0   250   500   750 MILLAS
0   500   1.000 KILÓMETROS

ÁFRICA

NIGERIA
Malabo
GUINEA ECUATORIAL
CAMERÚN
GABÓN
ÁFRICA

0   MILLAS   250
0   KILÓMETROS   500

Así es

Así es

Fourth Edition

Nancy Levy-Konesky
Yale College Teacher Preparation Program

Karen Daggett
Boston College

THOMSON

HEINLE

Australia Canada Mexico Singapore Spain United Kingdom United States

Así es, Fourth Edition
Nancy Levy-Konesky, Karen Daggett

Publisher: Janet Dracksdorf

Managing Editor: Glenn A. Wilson

Acquisitions Editor: Helen Alejandra Richardson

Development Editor: Scott Anderson

Production Editor: Lianne Ames

Marketing Manager: Jill Garrett

Associate Marketing Manager: Elizabeth Dunn

Manufacturing Coordinator: Marcia Locke

Cover Image: © *Miguel S. Salmeron / Getty Images*

Compositor: Graphic World

Project Manager: Merrill Peterson, Matrix Productions

Photography Manager: Sheri Blaney

Photo Researcher: Judy Mason

Illustrator: Graphic World

Cover Designer: Dutton and Sherman Design

Text Designer: Stone House Art

Printer: Transcontinental Interglobe Printing

For more information contact Heinle, 25 Thomson Place, Boston, Massachusetts 02210 USA, or you can visit our Internet site at **http://www.heinle.com**

Printed in Canada.
1 2 3 4 5 6 7 8 9 10   07 06 05 04 03

Text/Photo credits are located on page C1-C3, which constitutes a continuation of this copyright page.

For permission to use material from this text or product contact us:
Tel   1-800-730-2214
Fax   1-800-730-2215
Web   www.thomsonrights.com

0-8384-5815-7 Student Text/Audio CD Package
0-8384-5845-9 Instructor's Annotated Edition/Audio CD Package

Library of Congress Cataloging-in-Publication Data

Levy-Konesky, Nancy
  Así es / Nancy Levy-Konesky, Karen Daggett—4th ed.
    p. cm
  Includes bibliographical references and index.
  ISBN 0-8384-5815-7
  1. Spanish language—Textbooks for foreign speakers—English. I. Daggett, Karen, [date] II. Title.

PC4128.L48 2003
468.2′421—dc21

2003049960

To the marriage of pictures and words.
Thank you, Frank.

A special thanks to Georgiana for sharing
me with Así es.

NANCY

To Bruce, who gives the word patience a
whole new dimension.

KAREN

Scope and Sequence

How *Así es*, Fourth Edition, works

Component	Description	Usage	Skills developed/ practiced	More information
Student Text	6 units, (plus **Lección preliminar**); packaged with Student Text Audio CDs	In class and at home	Grammar, vocabulary, culture, presentation; practice of speaking and listening skills; process reading and writing exercises	Each **Unidad** is divided into 3 **Lecciones**, and recycles vocabulary and grammar presented in prior chapters.
Student Text Audio CDs (Packaged with Student Text)	**Vocabulario** sections and **Escuchemos** listening comprehension sections are recorded on the Audio CDs.	Listening comprehension may be played or read in class. Vocabulary may be listened to as much as students desire in order to perfect pronunciation of active lexical items.	Listening comprehension reinforcement of structure and vocabulary; improving pronunciation	Answers to the **Escuchemos** activities, as well as transcripts of the audio, are found in the Instructor's Annotated Edition.
Cuaderno de actividades y Manual de laboratorio	Practice of grammar, vocabulary, and writing Abundant listening comprehension practice with simulated conversations and pronunciation practice	Use as needed depending on number of contact hours.	Provides thorough practice of each grammar point, reinforcement of vocabulary, opportunities for writing, and development of listening skills	Audio CDs for use in language laboratory
Cuaderno de actividades y Manual de laboratorio Answer Key and Audioscript	An answer key, including the Lab Audioscript, accompanies the *Cuaderno de actividades y Manual de laboratorio.*	Provides the answers to the *Cuaderno de actividades y Manual de laboratorio,* as well as the Lab Audioscript, for reference		Can be purchased by students at instructor's discretion
QUIA Online Cuaderno de actividades y Manual de laboratorio	The *Cuaderno de actividades y Manual de laboratorio* in electronic format, available online at http://books.quia.com Students purchase passcode.	Use as needed depending on number of contact hours. In addition to or in lieu of the printed *Cuaderno de actividades y Manual de laboratorio.*	Provides thorough practice of each grammar point, reinforcement of vocabulary, opportunities for writing, and development of listening skills	Instructors can customize activities at any time, and use the versatile grade book to view class statistics and follow student progress.
WebTutor	Additional practice activities for both WebCT™ and Blackboard platforms	Available online at http://webtutor.thomsonlearning.com Students purchase passcode.	Provides grammar and vocabulary practice, automatic and immediate feedback for quizzes and exams Greater interaction and involvement through online discussion forums	Interactive, customizable activities Includes course management tools, including a grade book for instructors
***Así es* Student CD-ROM**	Text-tied additional vocabulary and grammar practice; video/listening, reading- and writing-skills practice	Although this component is integrated with the entire program, its use is optional. Can be done in the language lab or as homework	Additional practice of vocabulary and grammar; video/listening comprehension; reading comprehension; writing	This multimedia Student CD-ROM follows the organization of the textbook. The CD-ROM features pop-up glossing and grammar explanations.

Component	Description	Usage	Skills developed/ practiced	More information
Así es Mariana Video	The **Así es Mariana** Video follows Mariana and her friends through scenarios based on grammar, and vocabulary.	Use with the corresponding activities in **Es decir.**	Listening comprehension, cultural enrichment, constant recycling of linguistic tools and functions	Available in VHS and DVD formats
Videocultura Video	Three video segments in every **Gaceta** offer country overviews, reports on cultural topics relevant to unit region and themes, and interviews with celebrities.	Use with the corresponding activities in **Al ver el video.**	Listening comprehension, cultural enrichment, constant recycling of linguistic tools and functions	Available for instructors only
Así es Web Site	This text-specific site consists of three sections: a) guided exploration of the World Wide Web b) self-correcting exercises; and, c) listening comprehension exercises.	Can be done in the language lab or as homework	Additional practice of vocabulary and grammar; self-correcting quizzes tied to each lesson	Go to http://asies.heinle.com.
Instructor's Annotated Edition	Contains carefully-placed teaching suggestions, and variation tips for activities	At the instructor's discretion	The IAE provides useful suggestions on how to implement and alter activities. It also provides tips on classroom management and scripts for in-class listening comprehension.	Integrated with the Heinle Spanish Transparency Bank and the Instructor's Resource CD-ROM
Instructor's Resource CD-ROM	The *Instructor's Resource CD-ROM* is designed to assist the instructor with daily lesson planning, testing, and evaluation. It includes: 1. Test Bank, including two tests per lesson and one test per **Gaceta;** 2. Teaching Strategies; Sample Lesson Plan; 3. Sample Syllabus 4. Electronic files of selected illustrations from the main text to use as transparencies; 5. Customizable transcripts of **Diálogos** for classroom use; 6. Oral Proficiency Topics and Situations and a sample score sheet for oral proficiency evaluation.	At the instructor's discretion	Tests focus on core information; they assess vocabulary, grammar, writing, and listening comprehension. Transparency files may be used to practice new vocabulary. The **Diálogos** and Oral Proficiency cards may be used to build stronger listening and speaking skills.	Ideas on teaching 2- and 3-semester sequence courses. Comes in a dual-platform CD-ROM format. The audio portions of the tests are included on the Testing Audio CDs.
Atajo Writing Assistant	Word processing program; bilingual Spanish-English dictionary; reference grammar with conjugated verb forms; hard-to-define idiomatic expressions	Use with **Escribamos** activities in the print or Quia on-line version of the *Cuaderno de actividades y Manual de laboratorio.*	Develops writing skills through process writing activities	Dual-platform CD-ROM available for individual purchase or as a site license for language labs

¡Bienvenidos!

Welcome to the world of the Spanish language and Hispanic cultures. Note the term *cultures*. Just as cultures vary for those who speak English (Ireland, the United States, Australia, Jamaica, South Africa, and so forth), there is no single Hispanic culture. Spanish is spoken in 21 countries by over 400 million people, including 22 million people in the United States. Each area of the Spanish-speaking world has its similarities as well as its unique cultural differences. With the *Así es* program, you will explore these cultures while learning Spanish. In addition to learning to communicate in Spanish with the *Así es* program, you will explore the variety of the Hispanic world and analyze some of your own cultural beliefs.

How can Spanish help me?

Besides having 400 million extra people to talk to, you will learn that Spanish can be a real asset to your future. Did you know that if you are bilingual, you can command up to a twenty percent higher salary and that traveling can be more rewarding? As you learn Spanish, you will see that Hispanic cultures view reality in different ways, and that English and Spanish are put together in different ways. As we say in Spanish, **¡Viva la diferencia!** Or in another way, *¡Así es! (That's the way it is!)*

How should I study Spanish?

The *Así es* program will help you to know what and how to study. Your instructor will undoubtedly give you lots of pointers on studying Spanish, and so will we, the authors of *Así es*. Pay special attention to the **Guía para el estudio** *(Study Guide)* sections on the *Así es* Web Site.

But first, here is a brief list of general tips on how to approach the study of Spanish and succeed:

- Approach learning Spanish as you would learning to play a musical instrument or a sport. Communicating in a language requires daily practice in speaking and listening. Be willing to take every opportunity to use the language.

- Be calm and relaxed. Don't panic if you don't understand a particular word.

- Listen for the general gist of meaning. Learn to make intelligent guesses. If a word in Spanish looks or sounds like one in English (e.g., **grupo, información, pasaporte,** etc.) it probably means the same thing. There are exceptions, but they are few. Be bold in and out of class. Volunteer. Participate. Don't be afraid to make mistakes. People who are fluent in a second language make lots of them—yet they communicate, and that is the key!

- Use your own style of learning, whether it be aural, visual, kinetic, computer-oriented, or some other style. Use what works best for you. *Así es* has a variety of components to address a variety of learning styles.

- Expose yourself to the Spanish-language. Listen to Spanish-language radio and TV broadcasts. Go to or rent movies in Spanish.

- Listen to music CDs and tapes in Spanish, if for no other reason than to get the "rhythm" of the language. Practice your Spanish with other students.

- Above all, have FUN with the language and culture. If you make an effort and practice regularly, you will succeed. *Así es.*

About the Authors

Nancy Levy-Konesky

Nancy Levy-Konesky received her Ph.D. from Boston College, where she studied at the Graduate School of Education as well as the Department of Romance Languages and Literatures. She has extensive experience writing, producing, and directing award-winning foreign-language and culture video programs on both the high school and college level, as well as for broadcast television. She received the John Schmidt award for her research on instructional video design, and continues to conduct research on the use of interactive video in the foreign language classroom and its effect on second-language acquisition and perception of target cultures. She is also exploring techniques to provide and deliver in-depth foreign language content on the Internet by incorporating streaming audio/streaming video, interactive exercises, and real-time as well as asynchronous teaching.

Professor Levy-Konesky has taught Spanish and Hispanic culture and literature at the university level for more than twenty years. She created and taught courses on Caribbean culture and literature with a service learning component. She developed and teaches foreign language methodology courses on the undergraduate and graduate levels and continues to lead teacher-training workshops. She currently teaches foreign language methodology at Yale College.

Karen Daggett

Karen Daggett studied linguistics in the Graduate School of the Autonomous University of Guadalajara, Mexico, as well as Hispanic literature at Boston College. In addition, she attended a two-year seminar in foreign language methodology at Harvard University, where she received the Highest Achievement in Teaching award. Professor Daggett has taught Spanish language and Hispanic culture and literature at Boston College for more than twenty years, and has also been involved in middle school and high school foreign language instruction. In addition to Professor Daggett's varied classroom experience, she has coordinated and taught elementary, intermediate, and third-year Spanish and led teacher training workshops throughout the country. She also shares her expertise at many state and national conferences, including the ACTFL and AATSP national conferences. She is presently engaged in researching ways to enhance the reading and writing skills of L2 learners.

Philosophy of the Authors

Authors of leading Spanish, French, and Italian high school and college texts, Professors Levy-Konesky and Daggett strongly believe in the need to integrate culture and language. Pioneers in the active and interactive use of target culture and language video segments and authentic materials, they firmly believe that culture has to be something to which students can relate and that students can enjoy. To accomplish this end, the programs of Professors Levy-Konesky and Daggett incorporate the latest in technology and media components, including text-specific videos, computer and CD-ROM programs, and World Wide Web activities, in order to bring students into the culture of the target language. They are actively exploring ways to integrate service learning into the foreign language curriculum.

Acknowledgments

We wish to thank Dennis Hogan, Janet Dracksdorf, and Helen Richardson for their support and encouragement, and for creating a home for *Así es* at Thomson/Heinle. We also wish to thank Glenn Wilson and Scott Anderson for their judgment, guidance, skillful editing, and input into all aspects of this program, and for helping to pull all of the loose ends together at the eleventh hour. Thanks also to Lianne Ames at Heinle, Linda Beaupre at Stone House Art, Merrill Peterson at Matrix Productions, and Kelly Hinch at Graphic World for managing the art, design, layout and production process and putting together a terrific book. Thank you to Richard Lindley for his seasoned and thorough copyediting and careful reading of our manuscript. A special thanks to Ana Colbert and Ana Ras for their close reading of the manuscript and for all of their wonderful suggestions.

Thank you to Jeff Gilbreath, who will be remembered as a talented editor and a dear friend and colleague.

The following people and organizations contributed greatly in various forms to the creation of the fourth edition of the *Así es* program. We are grateful for their valuable support and assistance.

Barbara Levy, Eliot Kraft, Nora McGillicuddy, Emma Sopeña Balordi, Jane Levy Reed, Jane Fields, Carol and Alan Lisbon, Gladys Frontera, Ada and Óscar Ortiz, Gloria and Emilio Estefan, Charo Serrano, Irma Rodríguez, Román Cono, Juan Bautista and La Carreta Restaurant, The University of Miami, Enrique Iglesias, Carlos Santana and Kitsaun King, Luis Mayoral and the Texas Rangers Baseball Club, The Boston Red Sox, Secretary Mel Martínez, Alberto Gonzales, Andrés Salce and Fonovisa Records, Isabel Allende, Epic Records, Eddie Palmieri and Eddie Palmieri Jr., Chi Chi Rodríguez, Electra Records, José Massó, Celia Cruz and Tito Puente, Amalia Barreda, Charles Grabau, Mary Sit, Alan Altman, United Farm Workers, Monkili Restaurant, Waldert Rivera and Centro Hispano, Xandari Plantation, Cafetería Royal, Toledo, Spain, Tricia Reinus and Goya Foods, The Latin Empire, Ralph Mercado, and special thanks to Mago Franklin, pianista, arreglista, and Papa Colón y Su Orquesta, to John Kusiak at Anacrusis Productions, and to John and Tifani DuMontelle and Scott Dobson.

A special thank you to TVMAN/RIVERVIEW Productions for the brilliant videography of Frank Konesky, the skilled sound recording of Jeff Spence and Clint Bramesco, and the masterful video editing of Steve Audette.

We also wish to express our appreciation for the work of the following reviewers who provided us with insightful comments and constructive suggestions to help us to improve the text and better meet the needs of our users.

Reviewers of past editions
Enrica J. Ardemagni, *Indiana University/Purdue University Indianapolis*
Melvin Arrington, *University of Mississippi*
Karen Berg, *College of Charleston*
Kathleen Boykin, *Slippery Rock University*
Fernanda Bueno, *Southwest Texas State University*
Beatriz Calvo, *Auburn University at Montgomery*
Irma Blanco Casey, *Marist College*
Isabel Cedeira, *University of Kansas*
John Chaston, *University of New Hampshire*
Francesca Colecchia, *Duquesne University*
Rafael Correa, *California State University, San Bernardino*
Judith Costello, *Northern Arizona University*
John Deveny, *Oklahoma State University*
Walberto Díaz, *San Diego State University*
Joseph A. Feustle, Jr., *University of Toledo*
Constance García-Barrio, *West Chester University*
Donald Gibbs, *Creighton University*
Kerry Driscoll, *The University of Iowa/Coe College*
John Hall, *Moorhead State University*
Magali Jerez, *Bergen Community College*
Vidal Martin, *Everett Community College*
Glenn Morocco, *La Salle University*
Mary O'Day, *University of Kansas*
Paul O'Donnell, *University of Michigan at Flint*

Federico Pérez-Piñeda, *University of South Alabama*
Rosalea Postma-Carttar, *University of Kansas*
Sandra Schreffler, *University of Connecticut*
Sharon Sieber, *Idaho State University*
Janet Snyder, *University of Kansas*
Suzanne Stewart, *Daytona Beach Community College*
Lourdes Torres, *University of Kentucky*
Lucia Varona, *Santa Clara University*
James Weckler, *Moorhead State University*

Reviewers of the fourth edition
Regina Roebuck, *University of Louisville*
Mary Ayala, *Eastern New Mexico University*
April Koch, *San Diego Miramar College*
Charlene Grant, *Skidmore College*
Mary Ann Blitt, *Maplewoods Community College*
Nunci Gimeno, *Seattle University*
Amy Carbajal, *Western Washington University*
Richard Curry, *Texas A&M University*
Carmen García-Fernández, *Arizona State Univesity*
Claudia Huiza, *National University*
Ellen M. Kay, *Sinclair Community College*
Susan McMillan Villar, *University of Minnesota*
Douglas Morganstern, *Massachusetts Institute of Technology*
Domenico Sottile, *College of the Desert*
Nancy Virumbales, *Waubonsee Community College*

Así es

¡Bienvenidos!

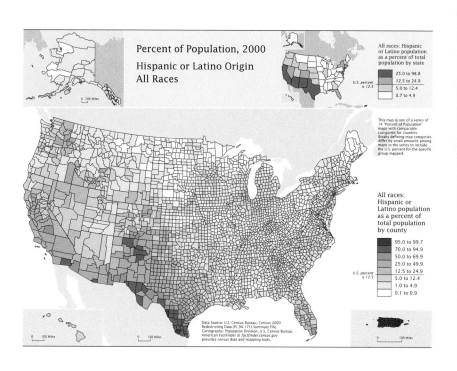

Percent of Population, 2000

Hispanic or Latino Origin
All Races

All races: Hispanic or Latino population as a percent of total population by state

	25.0 to 98.8
	12.5 to 24.9
	5.0 to 12.4
	0.7 to 4.9

U.S. percent is 12.5

This map is one of a series of 14 "Percent of Population" maps with comparable categories for counties. Breaks defining map categories differ by small amounts among maps in the series to include the U.S. percent for the specific group mapped.

All races: Hispanic or Latino population as a percent of total population by county

	95.0 to 99.7
	70.0 to 94.9
	50.0 to 69.9
	25.0 to 49.9
	12.5 to 24.9
	5.0 to 12.4
	1.0 to 4.9
	0.1 to 0.9

U.S. percent is 12.5

Data Source: U.S. Census Bureau, Census 2000 Redistricting Data (PL 94-171) Summary File. Cartography: Population Division, U.S. Census Bureau. American FactFinder at factfinder.census.gov provides census data and mapping tools.

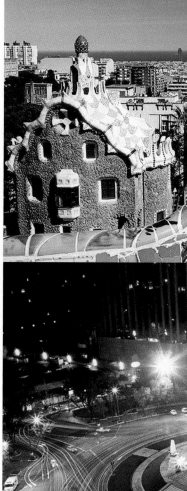

Lección preliminar
¡Bienvenidos!

4

Así es Mariana	*Introducción al mundo de Mariana* • *¡Bienvenidos! Saludos y presentaciones*
Vocabulario	Greetings and introductions • Days of the week • Countries and Capitals • The Numbers 0-20 • In the classroom
Forma y función	Meeting and greeting people • Subject Pronouns • The Verb **ser** • The Verb **estar** • The Expression **hay** • Definite Articles, Indefinite Articles and Nouns
Aviso cultural	Greetings
Pronunciación	The Spanish Alphabet • Vowels

¡Bienvenidos!

Greetings, Introductions and Other Expressions

Profesora: **Buenos días,** Carla.	*Good morning, Carla.*
Carla: **Hola,** profesora.	*Hi, Professor.*
Profesora: **¿Cómo estás?**	*How are you?*
Carla: **Fatal** . . . ¡Muchos exámenes!	*Horrible . . . Many exams!*

Mariana: Hola, Gonzalo. **¿Qué tal?**	*Hi, Gonzalo. How's it going?*
Gonzalo: **Así, así.** ¿Y tú?	*So-so. And you?*
Mariana: **¡Fenomenal! Hasta luego.**	*Great! See you later.*
Gonzalo: Sí, **hasta pronto.**	*Yes, see you soon.*

Practiquemos

1. Listen and repeat as your instructor reads the dialogues.

2. Turn to a classmate and dramatize the dialogues. Switch roles.

Vocabulario

CD1, Track 1

Buenas tardes. (Buenas.)	*Good afternoon. (Good day.)*
Buenas noches.	*Good evening. Good night.*
Adiós.	*Good-bye.*
Chau.	*Bye (informal, from the Italian, Ciao).*
Hasta mañana. (Hasta la vista.)	*See you tomorrow. (See you later.)*
Saludos a . . . (Recuerdos a . . .)	*Greetings to . . . (Remember me to . . .)*
señor (Sr.), señora (Sra.), señorita (Srta.)	*Mister (Mr.), Missus (Mrs.), Miss*
¿Cómo está Ud.? (¿Cómo estás tú?)	*How are you? (formal / informal)*
¿Qué hay (de nuevo)?	*What's up? What's new?*
Bien, gracias. ¿Y usted? (¿Y tú?)	*Fine, thanks. And you? (formal / informal)*
No muy bien.	*Not very well.*
Bastante bien.	*O.K. (Well enough.)*
Más o menos. (Regular.)	*So-so. (Alright. Fair.)*
No mucho. (Nada en especial.)	*Not much (new). (Nothing special.)*

Practiquemos

A. Opciones. Choose expressions from p. 2 or the above list that have the same or a similar meaning.

1. ¿Cómo estás? _____
2. Saludos a Rubén. _____
3. No mucho. _____
4. Así así. _____
5. Hasta luego. _____
6. Adiós. _____

B. Minidrama. Interact with three people in your class using the following format.

1. Greet appropriately.
2. Inquire as to his or her well being.
3. Take leave of each other.

Verónica:	**¡Perdón!**	*Excuse me!*
Alicia:	**No pasa nada.**	*No problem.*
Verónica:	Oye . . . **Me llamo** Verónica . . . Verónica Pérez.	*Listen, my name is Verónica . . . Verónica Pérez.*
Alicia:	**Mucho gusto. Me llamo** Alicia Santiago y **te presento a** Octavio Moreno, mi novio.	*It's a pleasure. My name is Alicia Santiago and I want to introduce Octavio Moreno, my boyfriend.*
Luis Antonio:	**Buenas tardes.** Una hamburguesa, **por favor.**	*Good afternoon. A hamburger, please.*
Señor:	¿Café? ¿Limonada?	*Coffee? Lemonade?*
Luis Antonio:	Sí, un café. **Gracias.**	*Yes, a coffee. Thank you.*
Señor:	**De nada.**	*You're welcome.*

Practiquemos

A. Listen and repeat as your instructor reads the dialogues.

B. Turn to a classmate and dramatize the dialogues. Switch roles.

Vocabulario

¿Cómo se llama Ud.?¹ (¿Cómo te llamas tú?)	*What is your name? (formal/informal)*
Me llamo (Mi nombre es) . . .	*My name is . . .*
Le(s) (Te) presento a . . .	*I introduce you to . . .*
Quiero presentarle(s)/ presentarte a . . .	*I want to introduce you to . . .*
Encantado(a).	*Delighted.*
El gusto es mío. (Igualmente).	*The pleasure is mine. (Same here.)*
Bienvenido(a).	*Welcome.*
Muchas gracias.	*Thank you very much.*
No, gracias.	*No, thank you.*
De nada.	*You're welcome.*
Con permiso. (Perdón)².	*Excuse me.*
Está bien.	*That's all right.*

CD1, Track 2

Practiquemos

A. Expresar. Choose appropriate expressions from the lists (above and on p. 3) for the following situations.

1.

2.

3.

5.

4.

6.

¹This expression literally means, "What do you call yourself?"

²**Perdón** is often used when you interrupt or bump into someone and when you want to get someone's attention. **Con permiso** is used when you want to get through a crowd or reach for something.

B. **Responder.** Respond to the following words and phrases. Do this exercise with a classmate.

    1. ¿Qué tal?
    2. Perdón.
    3. ¿Cómo te llamas?
    4. Muchas gracias.
    5. ¿Qué hay de nuevo?
    6. Mucho gusto.

C. **Presentar.** Meet two people in your class. Greet each one, identify yourself, ask their names and how they are, and say good-bye.

Aviso cultural   Saludos

Dos muchachas se saludan

You have just met your friends in the student center. Name three ways you might greet them. In the Hispanic world it is common to greet a friend by kissing him or her on one or both cheeks. Men normally greet each other by shaking hands or embracing. Spanish speakers also tend to stand closer to the person they are addressing than do English speakers.

Introducción al mundo de Mariana

Mariana

Alicia

Luis Antonio

El General Zapata

Carla

Octavio

Mariana Benavides es *(is)* una estudiante en la Universidad de Miami. Es puertorriqueña. Su *(Her)* familia es de *(from)* Puerto Rico, pero *(but)* vive *(lives)* en Miami. Mariana vive en una casa en Miami con *(with)* Alicia, una compañera de la universidad. Alicia es venezolana. Mariana es vicepresidenta del club de español y tiene *(has)* muchos amigos, como *(such as)* Carla y Octavio. Los amigos son de varios países hispanos, y todos *(all)* son estudiantes y miembros del club.

Mariana tiene novio. Se llama Luis Antonio y es mexicoamericano. Originalmente es de México, pero su familia vive en San Diego, California. Él también *(also)* es estudiante en la Universidad de Miami. El General Zapata es el pez de colores *(goldfish)* de Mariana. Se llama Zapata en honor del General Emiliano Zapata, un héroe de la Revolución Mexicana de 1910.

Vocabulario

CD1, Track 3

el (la) amigo(a)	*friend*	**la familia**	*family*
la casa	*house*	**el (la) novio(a)**	*boy(girl)friend*
la clase	*class*	**el país**	*country*
el (la) compañero(a)	*roommate, classmate*	**el (la) profesor(a)**	*professor*
el (la) estudiante, [alumno(a)]	*student*	**se llama**	*his (her) name is*
el examen	*test*	**la universidad**	*university*

Así es Mariana

¡Bienvenidos! Saludos y presentaciones

Encantada, Octavio...Yo soy Mariana.

El profesor es fantástico.

Mariana prepares to take a Polaroid picture of her goldfish swimming in his fishbowl.

Mariana: O.K. Zapata, smile . . . sonríe, Zapata.

Mariana: ¡Ah! ¡Hola! ¿Qué tal? Bienvenidos a la casa de Mariana ... y del General Zapata.

Alicia, in jogging clothes and wearing a Walkman, jogs into the room looking for something.

Mariana: Y de la princesa Alicia.

Alicia finds the perfume she is looking for, sprays her neck, jogs back out the door, stopping to check herself out in the mirror.

Mariana: Alicia y yo somos estudiantes en la Universidad de Miami. Alicia es venezolana y yo soy puertorriqueña. Mi familia es de Puerto Rico, pero ahora estamos en Miami. ¿No es así, General Zapata? *(She looks at her watch)* Yikes! . . . It's the first Spanish Club meeting, and I'm already late . . . Let's go!

(continued)

are talking   *En la oficina del club de español de la Universidad de Miami hablan*° *Carla, Rubén, Tomás y Gonzalo.*

Tomás: ¿Y la clase de historia?

Gonzalo: Excelente. El profesor es fantástico.

enters   *Mariana entra.*°

Rubén: Buenos días, Mariana. ¿Qué hay de nuevo?

Mariana: Nada en especial, Rubén. Y tú, Carla, ¿cómo estás?

Carla: ¡Fatal! Mañana hay un examen de biología muy difícil.

new   *Entra Octavio, un estudiante nuevo.*°

Octavio: Con permiso...

Rubén: ¿Sí?

Octavio: ¿Dónde está el club de español?

Carla: ¡Pues, aquí estamos!

Rubén: Bienvenido... eh... ¿Cómo te llamas, amigo?

Octavio: Me llamo Octavio. Mucho gusto.

Rubén: Igualmente. Soy Rubén.

Mariana: Encantada, Octavio... Yo soy Mariana, la vicepresidenta del club.

Carla: *(Carla says flirtatiously)* Y yo soy Carla, la secretaria... El gusto es mío, señor Octavio.

Rubén: Oye, Mariana, ¿dónde está la presidenta? *(Alicia entra.)*

Alicia: Pues, aquí estoy. Les presento a Octavio... ¡mi novio!

Carla está desilusionada (disappointed).

Mariana: *(To the viewers)* Even in another language, this spells big trouble. You'd better stick with me. It looks like our semester could get *very* interesting.

Es decir

A. Comprensión.
The following statements are false **(falso).** Correct them.

1. Mariana y Alicia son artistas.
2. La familia de Mariana es de Cuba.
3. El profesor de historia es horrible.
4. Carla está muy bien.
5. Mariana es la secretaria del club.
6. El novio de Alicia se llama Rubén.

B. Asimilación.
Fill in the space with one of the following interrogative words: **cómo / dónde / qué.**

1. ¿____ está el club de español?
2. ¿____ te llamas, amigo?
3. ¿____ está la presidenta?
4. ¿____ hay de nuevo?
5. Y tú, Carla, ¿____ estás?

C. Expansión.

You have just walked into the Spanish Club meeting. Greet everyone and introduce yourself. Ask everyone what their names are and how they are. Say good-bye and tell them that you'll see them tomorrow.

La pronunciación

Just as English varies in pronunciation from region to region, Spanish pronunciation varies also. Variations in the pronunciation of Spanish can be compared to the differences in the English spoken in England, Australia, New York, and Texas.

Castillian Spanish, spoken in many parts of Spain, reflects the "th" pronunciation of the **c** before **e** or **i,** and of the **z.** Argentines are known for a special "zh" pronunciation of the **y** and **ll.** In parts of the Caribbean there is a notable African and indigenous influence.

The Spanish Alphabet

CD1, Track 4

Letra *(Letter)*	Nombre *(Name)*	Ejemplo *(Example)*
a	a	Alicia/Adrián
b	be	Bárbara/Benjamín
c	ce	Carla/Carlos
d	de	Dora/Daniel
e	e	Elena/Enrique
f	efe	Flora/Felipe
g	ge	Gisela/Gonzalo
h	hache	Hilda/Hugo
i	i	Isabel/Iván
j	jota	Julia/Javier
k	ka	Karen/Kevin
l	ele	Lidia/Luis
m	eme	Mariana/Miguel
n	ene	Natali/Nelson
ñ	eñe	Begoña/Iñaki
o	o	Oriana/Octavio
p	pe	Paula/Pedro
q	cu	Quinta/Quintín
r	ere	Laura/Marco
rr	erre	Rebeca/Rubén
s	ese	Sandra/Santiago
t	te	Teresa/Tomás
u	u	Úrsula/Ulises
v	ve (uve)	Verónica/Vicente
w	doble ve (doble uve, doble u)	Wilma/Wilfredo
x	equis	Ximena/Xavier
y	i griega (ye)	Yolanda/Yayo
z	zeta	Zoraida/Zacarías

Practiquemos

A. El alfabeto. Fill in the missing letters of the Spanish alphabet.

abc ____ ef ____ hi ____ kl ____ n ____ op ____ r ____ stu ____ wx ____ z.

B. **Practique el alfabeto.** Say the following initials aloud. Make a list of familiar initials in English. Spell them with Spanish letters.

MODELO C B S = *Ce Be Ese*

 de la **A** a la **Z**    **COALICIÓN PNV-PSOE**

 HJCK F.M. Estéreo 89.9

 C. **¿Cómo se escribe . . . ?** *(How do you spell . . . ?)* Spell out the following. A classmate will write down the letters and read the results. Change roles.

1. your full name
2. a fast-food restaurant
3. a recent movie
4. a country where Spanish is spoken

Vowels

Spanish vowels are short, clear, and clipped; they are never drawn out and their sounds are basically invariable. Pronounce the following.

a, as in **a**h!	casa	ama	fama	Canadá
e, as in caf**é**	bebé	nene	este	mes
i, as in mach**i**ne	sí	difícil	fin	Piri
o, as in n**o**	loco	solo	como	poco
u, as in bl**u**e	tú	cultura	uno	cuna

Spanish vowels fall into two categories: strong (**a, e** and **o**), and weak (**i** or **y** and **u**). A diphthong is the union of a strong and a weak vowel and is pronounced as one syllable. Unlike many English diphthongs *(through, rough)*, the original sound of each vowel must be maintained:

baile   treinta   agua   causa   antiguo   huevo

Los días de la semana *(The days of the week)*

CD1, Track 5 The following are the days of the week in Spanish. Which contain diphthongs? Pronounce them aloud.

Los días de la semana *(The days of the week)*

lunes	martes	miércoles	jueves	viernes	sábado	domingo
		1	2	3	4	5
6	7	8	9	10	11	12
13	14	15	16	17	18	19

lunes	*Monday*	viernes	*Friday*
martes	*Tuesday*	sábado	*Saturday*
miércoles	*Wednesday*	domingo	*Sunday*
jueves	*Thursday*		

Note that the days of the week are not capitalized. In Spanish-speaking countries the week begins on Monday.

Subject Pronouns

	Singular		**Plural**	
first person	yo	*I*	nosotros	*we (masculine)*
			nosotras	*we (feminine)*
second person	tú	*you*	vosotros	*you (masculine)*
			vosotras	*you (feminine)*
third person	él	*he*	ellos	*they (masculine)*
	ella	*she*	ellas	*they (feminine)*
	usted (Ud.)	*you*	ustedes (Uds.)	*you*

1. **Tú:** Singular familiar form of *you,* used mainly with family members, friends and children.
2. **Ud. (usted):** Singular formal form of *you,* used with people you don't know well or with whom you have a formal relationship. It can designate respect for an elder, a professor, and so forth. Note that these uses vary among countries.
3. **Vosotros:**[1] In Spain, plural form of **tú.**
4. **Uds. (ustedes):** Plural form of **Ud.** Also plural form of **tú.**
5. **Nosotros, vosotros,** and **ellos** are used to refer to a masculine group or a group of mixed gender.

Practiquemos

A. Tú y Mariana. Scan the Mariana dialogue on pages 9 and 10 to locate all of the subject pronouns. To whom do they refer?

---

[1]As **vosotros** is rarely used in the Spanish of Latin America and the United States, its use will not be emphasized in this text.

B. Los pronombres personales *(Personal pronouns).* Give the appropriate subject pronouns.

1. Juan y yo
2. Marta y María
3. Leonor y Pascual
4. José
5. Elena
6. Tú y Fernando (en España)
7. Tú y Rosa (en Cuba)
8. Victoria, Rosaura, Anita, Susana y Carlos

C. ¿Tú, usted, vosotros o ustedes? Which form of *you* would you use when addressing . . .

1. a professor
2. your Spanish friends
3. your sister
4. your Cuban friends

The Verb *ser*

SER *(to be)*

Singular			Plural		
yo	**soy**	*I am*	nosotros(as)	**somos**	*we are*
tú	**eres**	*you are*	vosotros(as)	**sois**	*you are*
él	**es**	*he is*	ellos	**son**	*they are*
ella	**es**	*she is*	ellas	**son**	*they are*
usted	**es**	*you are*	ustedes	**son**	*you are*

Ser is used to express nationality and profession, to describe and to define, and with the preposition **de** *(from, of)* to express origin and possession.

Tú eres inteligente.	***You are*** *intelligent.* (description)
Yo soy profesora de español y **soy** de San José.	***I am*** *a professor of Spanish* (profession) *and **I am** from San José.* (origin)
Es la clase de Pablo.	***It is*** *Pablo's class.* (possession)

Practiquemos

A. Nacionalidades *(Nationalities).* Fill in the blanks with the appropriate form of the verb **ser.** Notice the different endings on the adjectives **(-o, -a, -os, -as).** Why do you think these endings vary?

MODELO   ¿Él *es* puertorriqueño.

1. Yo _____ norteamericano.
2. Nosotros _____ chilenos.
3. Ella _____ mexicana.
4. Pablo y María _____ colombianos.
5. Tú _____ cubano.
6. Vosotros _____ españoles.

B. Preguntar. Ask a classmate the following questions.

> MODELO ¿Sammy Sosa y Pedro Martínez son futbolistas o beisbolistas?
> *Son beisbolistas.*

1. ¿Vicente Fox es presidente o vicepresidente de México?
2. ¿Mariana y Luis Antonio son italianos o hispanos?
3. ¿Tú eres estudiante o cantante *(singer)*?
4. ¿Carlos Santana es músico o arquitecto?
5. ¿Jennifer López y Salma Hayek son actrices o tenistas?
6. ¿Tú y tus amigos son españoles o norteamericanos?

Interrogative Words

CD1, Track 6

¿Qué?[1]	What?	¿Por qué?	Why?
¿Quién?	Who?	¿Cuánto(a, os, as)?	How much? How many?
¿Cómo?	How?[2]	¿(De) Dónde?	(From) Where?
¿Cuál?	What? Which?[3]	¿Cuándo?	When?

Practiquemos

A. Relacionar. This exercise relates to the Mariana dialogue on pages 9–10. Practice interrogative words. Find the answer in column II to questions in column I.

I	II
1. **¿Quién** es Mariana?	a. un radio
2. **¿Dónde** vive ella?	b. de Venezuela
3. **¿Cuál** es una actividad favorita de Mariana?	c. mañana
4. **¿Cuántos**[4] amigos tiene Mariana?	d. la compañera de Alicia
5. **¿De dónde** es Alicia?	e. el club de español
6. **¿Qué** es un Walkman?	f. en un apartamento en Miami
7. **¿Cómo** está Carla?	g. fatal
8. **¿Cuándo** es el examen de Carla?	h. muchos

B. Preguntar. Turn to a classmate and ask five questions similar to those in exercise A.

> MODELO *¿De dónde eres tú?*

---

[1]Notice the inverted question mark that begins each question.

[2]**Cómo** can be translated as *what* when you did not hear what someone said.

[3]Note that although both **¿qué?** and **¿cuál?** can mean *what* in English, the pronoun **¿qué?** usually asks for a definition, and the pronoun **¿cuál?** asks for a selection between various possible choices. **¿Qué es un radio?** *What is a radio?* **¿Cuál es el nombre de la presidenta del club de español?** *What is the name of the president of the Spanish Club?*

[4]Note that **cuánto** agrees in number and gender with the noun it is modifying.

The Verb *estar*

ESTAR *(to be)*

yo	**estoy**	nosotros(as)	**estamos**
tú	**estás**	vosotros(as)	**estáis**
él, ella, Ud.	**está**	ellos, ellas, Uds.	**están**

In addition to the verb **ser,** the verb **estar** also means *to be*. **Estar** is used to express location, and with adjectives that express conditions such as one's health.

Some common words that are used with **estar** to express conditions are:

bien	así así	cansado *(tired)*
mal	fatal	horrible
ocupado *(busy)*	regular	de lo más bien *(very well)*

Some common words used with **estar** to express location are:

allí *(there)*	en *(in, on, at)*
aquí *(here)*	en clase *(in class)*
en casa *(at home)*	en la oficina *(at the office)*
debajo de *(under)*	en la universidad *(at the university)*
delante de *(in front of)*	encima de *(on, over)*
detrás de *(in back of, behind)*	

- Unlike English, verb endings in Spanish indicate the subject. Therefore, subject pronouns are often omitted.

  (Nosotros) est**amos** bien.   *We are well.*

- Subject pronouns can be used to emphasize the person doing the action.

  Yo estoy bien pero **él** está mal.   *I am fine but **he** is ill.*

- In a question, subject pronouns can precede or follow the verb.

  ¿**Tú estás** ocupado?
  ¿**Estás tú** ocupado?   ***Are you** busy?*

- The pronoun *it* is almost never expressed as the subject.

  Está bien.   ***It** is okay.*

Practiquemos

A. Estar. Observe the pictures of Carlos and fill in the blanks with the correct form of the verb **estar.** Then answer the questions.

1. Carlos _____ en clase.
2. Carlos _____ nervioso.
3. Ana y Lola _____ en clase también.
4. Ellas _____ cansadas.
5. El profesor no _____ en clase.
6. El profesor no _____ en la oficina.
7. ¿Dónde _____ el profesor?
8. El profesor no _____ en la universidad. Él _____ en casa y _____ enfermo (sick).

9. La clase _____ cancelada (canceled). Los estudiantes _____ contentos.
10. ¿Cómo está Ud. cuando el (la) profesor(a) no está en clase? ¿Está el (la) profesor(a) en clase hoy? ¿Está Ud. nervioso(a)? ¿Está Ud. ocupado(a)?

B. Países y capitales (*Countries and capitals*). Following the model, match the capitals to their countries and regions using the appropriate forms of **ser** and **estar.**

MODELO: *Tegucigalpa **es** la capital de Honduras y **está** en Centroamérica.*

Capital	País (*Country*)	Región
Bogotá	España	Centroamérica
La Habana	la República Dominicana	Sudamérica
La Ciudad de México	Nicaragua	el Caribe
Buenos Aires	Bolivia	Europa
San Salvador	El Salvador	Norteamérica
Madrid	Colombia	
Santo Domingo	Chile	
Managua	Argentina	
La Paz	México	
Santiago	Cuba	

The Numbers 0–20

cero	cinco	nueve	trece	diecisiete
uno	seis	diez	catorce	dieciocho
dos	siete	once	quince	diecinueve
tres	ocho	doce	dieciséis[1]	veinte
cuatro				

Practiquemos

Ud., el (la) matemático(a) *(You, the mathematician).* In Spanish the equivalents for *plus* and *minus* are **más** and **menos.** Equals is expressed by **son.** Follow the model to solve these problems.

MODELO $4 + 5 =$
Cuatro más cinco son nueve.

1. $0 + 15 =$
2. $1 + 6 =$
3. $19 - 14 =$

4. $10 - 8 + 18 =$
5. $2 + 6 + 6 =$
6. $17 + 2 =$

The Expression *hay*

The word **hay** means both *there is* and *there are,* depending on the context of your sentence.

Hay un mapa en la clase.	***There is*** one map in the class.
¿Cuántos diccionarios **hay**?	How many dictionaries ***are there?***
Hay dos.	***There are*** two.

The following items are found in the classroom. Study them carefully.

Use the context suggested by the illustration and identify cognates (words that look alike in English and Spanish) to guess at the meaning of new words and expressions. All of the essential vocabulary for *Lección preliminar* appears with English translations on p. 23.

En la sala de clase (El Aula) (In the classroom)

- el reloj
- el mapa
- la tiza
- la puerta
- la chica (la muchacha)
- la luz
- el cuaderno
- el diccionario
- el calendario
- el lápiz
- el bolígrafo (el boli)
- la pizarra
- la ventana
- la pared
- la silla (de ruedas)
- el chico (el muchacho)
- el papel
- el escritorio
- el libro

[1]Note the alternate form: **diez y seis, diez y siete,** and so forth.

Practiquemos

A. ¿Qué hay en la clase? To practice the use of **hay,** answer the following questions about your classroom.

1. ¿Hay cinco estudiantes en la clase?
2. ¿Hay un reloj en la sala de clase?
3. ¿Hay un mapa de Latinoamérica en la pared?
4. ¿Cuántos libros hay en la clase?
5. ¿Hay cuadernos encima de los escritorios?

B. ¡Qué ridículo! To practice the use of **hay** and **estar,** ask a classmate to answer these silly questions and correct them according to the cues. Note the cognates in this exercise.

MODELO   Estudiante 1: ¿Hay micrófonos en la cafetería? (laboratorio de lenguas)
          Estudiante 2: *No, no hay micrófonos en la cafetería. Los micrófonos están en el laboratorio de lenguas.*

1. ¿Hay sándwiches en el laboratorio de lenguas? (la cafetería)
2. ¿Hay atletas en el hotel? (el gimnasio)
3. ¿Hay estudiantes en la prisión? (la universidad)
4. ¿Hay aspirinas en el restaurante? (la farmacia)
5. ¿Hay pacientes en la clase? (el hospital)

C. Diferencias en la sala de clase. Practice the use of **hay, estar,** and **ser.** There are eleven differences between the two drawings below. Look only at drawing A, and a classmate will look only at B. Use the vocabulary and ask each other questions similar to the model to find the differences.

B.

A.

MODELO   *¿**Es** una clase de italiano? (No, es una clase de español.)*
          *¿Dónde **está** la tiza? (La tiza está en la pizarra.)*
          *¿Cuántos estudiantes **hay** en la clase? (Hay cinco. No, hay tres.)*

Definite Articles, Indefinite Articles, and Nouns

	Definite Articles		
	Masculine	**Feminine**	
singular	el	la	*the*
plural	los	las	*the*

Although in English the definite article *the* remains constant, in Spanish it agrees in number (singular or plural) and gender (masculine or feminine) with the noun it modifies. The forms are given in the following chart. As you learn new nouns, try to learn the definite article that corresponds to them. This will help you to remember their gender.

el muchacho	***the*** *boy*	**la** muchacha	***the*** *girl*
los muchachos	***the*** *boys*	**las** muchachas	***the*** *girls*

¡AVISO! Note that the plural masculine form **los** can also refer to a group of males and females.

	Indefinite Articles		
	Masculine	**Feminine**	
singular	un	una	*a, an*
plural	unos	unas	*some*

The indefinite articles *a, an,* and *some,* like the definite articles, agree in number and gender with the nouns they modify.

un muchacho	***a*** *boy*	**una** muchacha	***a*** *girl*
unos muchachos	***some*** *boys*	**unas** muchachas	***some*** *girls*

¡AVISO! Note that the plural masculine form **unos** can also refer to a group of males and females.

Practiquemos

Los artículos. Change the definite article (**el, la, los, las**) to the indefinite article (**un, una, unos, unas**).

1. el cuaderno
2. la puerta
3. las clases
4. los muchachos
5. el libro
6. los bolígrafos
7. las sillas
8. la pizarra
9. el estudiante
10. la pared

Nouns

In Spanish, all nouns reflect gender, that is, they are either masculine or feminine. All modifying articles and adjectives agree in both number and gender.

1. Masculine nouns include:

a. most nouns that end in **-o.**

el muchacho	*the boy*	el libro	*the book*

> **¡AVISO!** Some common exceptions are **la mano** *(hand)* and **la foto** *(photograph),* which is a shortened form of **la fotografía.**

b. those that refer to males, regardless of the ending.

el dentista	*the (male) dentist*	el policía	*the (male) police officer*
el hombre	*the man*	el profesor	*the (male) professor*
el juez	*the (male) judge*	el siquiatra	*the (male) psychiatrist*

> **¡AVISO!** Nouns ending in **-ista** can be masculine or feminine. The definite article will determine the gender: **el artista** the (male) artist, **la artista** the (female) artist.

2. Feminine nouns include:

a. most nouns that end in **-a.**

la muchacha	*the girl*	la tiza	*the chalk*

> **¡AVISO!** Some nouns that end in **-ma, -pa,** and **-ta** are masculine **(el programa, el mapa, el planeta, el poeta).** Also, the word for day **(día)** is masculine.

b. those that refer to females, regardless of the ending.

la actriz	*the actress*	la juez	*the (female) judge*
la bebé	*the (female) baby*	la mujer	*the woman*
la cliente	*the (female) client*	la gerente	*the (female) manager*

c. most nouns that end in **-ión** and **-ad.**

la nación	*the nation*	la universidad	*the university*

Pluralization of Nouns

1. To make a noun plural:

a. add **-s** to a noun ending in a vowel.

la silla	las silla**s**
el hombre	los hombre**s**

b. add **-es** to a noun ending in a consonant.

la pared	las pared**es**
el actor	los actor**es**

> **¡AVISO!** If a noun ends in **-z,** it changes to **-ces.**

el lápiz	los lápi**ces**
la luz	las lu**ces**

> **¡AVISO!** At times it is necessary to add or drop a written accent when a word is made plural. See rules for accentuation in Appendix B.

la nación	las naciones
el examen	los exámenes

2. Many words ending in **-es** and **-is** do not change in the plural.

el lunes	los lunes
la crisis	las crisis

3. The masculine plural form of the noun is used in Spanish to refer to a group of males and females.

el estudiante y la estudiante	**los** estudiantes
un muchacho y una muchacha	**unos** muchachos

Practiquemos

A. Los sustantivos (nouns) plurales. Read each of the following words and add the definite and indefinite article. Then give the plural forms.

> MODELO   profesor
> *el profesor, un profesor, los profesores, unos profesores*

1. profesora
2. hombre
3. bolígrafo
4. nacionalidad
5. ventana
6. programa
7. profesión
8. luz
9. mapa
10. pared
11. lápiz
12. mujer

B. ¿Dónde están? Form complete sentences according to the model to tell where the following are found. Use the correct form of the verb **estar** and the appropriate definite article.

> MODELO   *Los programas educativos están en la televisión.*

La biblioteca

El hospital

La cafetería

La televisión

café	sándwiches	medicina	estudiantes
actores	autobiografías	programas interesantes	enciclopedias
doctores	limonada	pacientes	personas
libros	computadoras		

C. ¿Qué hay en la sala de clase? Form complete sentences using the expression **hay** and the correct form of the indefinite article to tell what there is in your classroom.

> MODELO   *Hay una puerta. Hay unos libros.*

Vocabulario

Lección preliminar

Greetings, Introductions and Other Expressions

Adiós.	Good-bye.	¿Cómo se llama Ud.? (¿Cómo te llamas tú?)	What is your name? (formal / informal)	Me llamo (Mi nombre es)...	My name is . . .
Bastante bien.	O.K. (Well enough)			Muchas gracias.	Thank you very much.
Bien, gracias. ¿Y usted? (¿Y tú?)	Fine, thanks. And you? (formal / informal)	Con permiso. (Perdón.)	Excuse me.	No mucho. (Nada en especial.)	Not much (new). (Nothing special.)
		De nada.	You're welcome.	No muy bien.	Not very well.
Bienvenido(a).	Welcome.	El gusto es mío. (Igualmente.)	The pleasure is mine. (Same here.)	No, gracias.	No, thank you.
Buenas noches.	Good evening. Good night.			¿Qué hay (de nuevo)?	What's up? What's new?
Buenas tardes. (Buenas.)	Good afternoon. (Good day.)	Encantado(a).	Delighted.	Quiero presentarle(s)(te)...	I want to introduce . . .
		Está bien.	That's all right.		
Chau.	Bye (informal, from the Italian, Ciao).	Hasta mañana. (Hasta la vista).	See you tomorrow. (See you later.)	Saludos a... (Recuerdos a...)	Greetings to . . . (Remember me to . . .)
¿Cómo está Ud? (¿Cómo estás tú?)	How are you? (formal / informal)	Le(s) (Te) presento a...	I introduce you to . . .	señor (Sr.), señora (Sra.), señorita (Srta.)	Mister (Mr.), Missus (Mrs.), Miss
		Más o menos. (Regular.)	So-so. (Alright. Fair.)		

Introducción al mundo de Mariana

el (la) amigo(a)	friend	el (la) estudiante (alumno(a))	student	el país	country
la casa	house			el (la) (profe)sor(a)	(prof)essor
la clase	class	el examen	test		
el (la) compañero(a)	roomate, classmate	la familia	family	se llama	his(her) name is
		el (la) novio(a)	boy(girl)friend	la universidad	university

En la sala de clase (el aula)

el bolígrafo (el boli)	ballpoint pen (pen)	el diccionario	dictionary	la pizarra	blackboard
		el escritorio	desk	la puerta	door
el calendario	calendar	el lápiz	pencil	el reloj	clock, watch
el cuaderno	notebook	el libro	book	la silla (de ruedas)	(wheel)chair
la chica (la muchacha)	girl	la luz	light		
		el mapa	map	la tiza	chalk
el chico (el muchacho)	boy	el papel	papel	la ventana	window
		la pared	wall		

Vocabulario general

allí	there	¿(De) Dónde?	(From) Where?	el jueves	Thursday
aquí	here	el domingo	Sunday	el lunes	Monday
¿Cómo?	How?	en casa	at home	el martes	Tuesday
¿Cuál?	What? Which?	en clase	in class	el miércoles	Wednesday
¿Cuándo?	When?	en la oficina	at the office	¿Por qué?	Why?
¿Cuánto (a, os, as)?	How much? How many?	en la universidad	at the university	¿Qué?	What?
				¿Quién?	Who?
debajo de	under	en	in, on, at	el sábado	Saturday
delante de	in front of	encima de	on, over	el viernes	Friday
detrás de	in back of, behind				

tour # Una gira° por los Estados Unidos y Canadá

Spanish speakers ## Los hispanohablantes° en los Estados Unidos

Preparativos

A. Where do you think this picture was taken? Miami? New York?

B. Note the presence of Spanish in many U.S. cities. Even though many of these signs are in Spanish, they are easy to understand because many of the words are cognates . . . words that are the same or similar in English. Make a list of the cognates that you find in the photo. We found twelve.

In the United States, Hispanics continue to make history. With hundreds of Spanish-language radio and television stations, bilingual newspapers and magazines, and rising numbers of internationally famous Hispanic artists, journalists, politicians, athletes, and performers, the face of this nation is changing. The figures are in, citing Hispanics as the largest minority in the United States. Half of the 35.3 million Hispanics in this country were born here, and although their numbers are skyrocketing in Arkansas, Georgia, and the Carolinas, the majority of them still live in Texas and California. Sixty-three percent are of Mexican origin, 10 percent of Puerto Rican descent, and Cuban Americans make up 6 percent of the mix. Approximately 20 percent are from countries in Central and South America. Today, the United States is the fifth largest Spanish-speaking country, after Mexico, Spain, Argentina, and Colombia. In twenty years, Hispanics will be the majority in California, and in less than fifty, one quarter of the U.S. population will be Hispanic. According to novelist Ixta Maya Murray, "Something tremendous is happening here . . . This generation of Latinos is going to change the way America looks at itself."

Practiquemos

A. Corregir *(Correct)*. Correct the following false statements.

1. Significant Hispanic population increase is happening only in the Northeast.
2. Hispanic population growth is expected to decrease within the next decade.
3. It is erroneous to consider the United States a Spanish-speaking country.

B. Interpretar. What is your interpretation of the following comments from the reading?

1. " In the United States, Hispanics are still making history."
2. ". . . the face of this nation is changing."
3. "Something tremendous is happening here . . . This generation of Latinos is going to change the way America looks at itself."

Las comunidades

Preparativos

A. Before touring the United States and Canada, look at the **Practiquemos** section, activity A, on p. 27 to anticipate the content of the text you are about to read. What cities will your tour include? Are you surprised to find them in a Spanish language textbook? Explain.

B. The following words appear in the reading. Look in column II for the synonym of the word in column I.

I	II
1. moderno	a. perfecto
2. magnífico	b. habitante
3. núcleo	c. contemporáneo
4. zona	d. espléndido
5. residente	e. centro
6. ideal	f. área

C. Scan the paragraph about Chicago to find:

1. un lugar *(place)* donde hay libros.
2. un lugar donde hay automóviles.
3. un lugar donde hay casas y apartamentos.
4. un lugar donde hay actores y actrices.

D. Scan the paragraph about Boston. What is the country of origin of many of Villa Victoria's residents?

El barrio de Pilsen/La Villita es el corazón *(heart)* de la comunidad mexicoamericana de **Chicago.** Está en la zona oeste *(west)* de la ciudad y es uno de los centros hispanos más grandes de los Estados Unidos. Hay mexicanos en otras partes de la ciudad —en las avenidas Ashland y Milwaukee, por ejemplo— pero *(but)* el área de Pilsen es el núcleo comercial, social y cultural.

Misión San Diego

El arte visual mexicano, muy popular en el barrio, es una expresión de la identidad cultural de la comunidad. Una forma importante de este arte son los murales, representaciones magníficas de la lucha *(fight)* por la justicia, los derechos *(rights)* humanos y las reformas sociales y civiles. El sabor *(flavor)* mexicano-latino es fuerte *(strong)* en Chicago, con el Festival de Cine Latino, el Museo Mexicano de Bellas Artes *(Fine Arts),* la Galería de Arte Mexicano, y excelentes periódicos *(newspapers)* como *La Raza* y *Éxito.* Hay librerías, bibliotecas, servicios, proyectos, restaurantes, teatros, celebraciones latinas y mucho, mucho más. ¡En Chicago, lo latino *(the Latin thing)* está muy vivo *(alive)!*

Murales en Chicago

San Diego de Alcalá es la primera misión establecida en la costa de California por fray Junípero Serra en el siglo *(century)* XVI. Es la cuna *(birthplace)* de la ciudad de **San Diego** y de todo el estado *(state)* de California. San Diego, situada muy cerca *(close)* de México, es una bella ciudad *(city)* donde todo refleja el espíritu y la nostalgia de su pasado colonial: festivales de música de mariachi, tiendas de artesanías, basílicas solemnes y tranquilas calles *(streets)* históricas llenas de intensos recuerdos *(memories)* hispanos. En el Centro Cultural de la Raza, hay obras de artistas mexicanos y chicanos y de indígenas norteamericanos. Los habitantes de San Diego están orgullosos *(proud)* de su preciosa ciudad y de su herencia *(heritage)* española mexicana.

Mural en Boston

Villa Victoria, una comunidad latina en el South End de **Boston,** es un ejemplo nacional de desarrollo *(development)* comunal. Es un lugar *(place)* vital y próspero con 3.000 residentes y programas sociales, culturales, artísticos y tecnológicos para jóvenes *(youth)* y adultos. El Departamento de Arte y Cultura está dedicado a la preservación de la herencia puertorriqueña y latinoamericana de los residentes de Villa Victoria y del área metropolitana de Boston. En los muros *(walls)* de los edificios *(buildings)* hay murales extraordinarios. En el Centro Cultural Jorge Hernández hay exhibiciones, proyectos y clases bilingües, y en el Café Teatro hay presentaciones de Latin Jazz y música latina tradicional.

Villa Victoria, Boston, MA

Cantina Mexicana... Pancho Villa... Casa México... La Mexicana... Jalapeño... ¿Restaurantes mexicanos? Sí. ¿En Los Ángeles? ¿En San Antonio? ¿En Santa Fe? ¡No! Estos *(These)* restaurantes están en la moderna y bella ciudad de **Toronto,** capital industrial y comercial de **Canadá.** Y si le gustan la música y la danza, **Montreal** es la ciudad ideal para Ud.: Alka Salsa —una combinación de la música latina, reggae, francesa y afrocubana— en el Club C.A.F. I., el Ballet Colombia en el Complexe Desjardines y merengue en la Casa de la Cultura Dominicana, son sólo *(only)* algunas *(some)* de las opciones. Cada día hay miles de nuevos inmigrantes latinoamericanos en Canadá, y en las ciudades cosmopolitas como Toronto, Montreal y Quebec, el calendario cultural está lleno *(full)* de eventos, exhibiciones, celebraciones y festivales latinos. La influencia latina está en la música, en las artes, en la educación... en todas partes de la vida *(life)* canadiense. ¡Las tradiciones y las costumbres *(customs)* del SUR están muy presentes en el NORTE!

Comunidad latina en Canadá

Practiquemos

A. Ciudades *(Cities)*. Which cities correspond to the following descriptions?

Toronto   Montreal   Chicago   San Diego   Boston

1. Hay mucha influencia mexicana.
2. Los murales son una expresión de la identidad.
3. Hay festivales latinos.
4. La música es importante en la comunidad latina.

B. San Agustín. Complete the paragraph about Saint Augustine, Florida, with the correct words from the list below. The words are familiar because they appear in the text you have just read.

exhibiciones   ciudad   cultura   costa   Estados Unidos   combinación

San Agustín, situada en la _____ oeste *(west)* de la Florida, es una _____ de la nostalgia del pasado colonial y el espíritu de una _____ moderna. Estar en San Agustín es estar en una clase de historia... en vivo *(live)*. El impacto de la colonización española en la ciudad, y en gran parte de los _____, es enorme. La influencia española es especialmente evidente en San Agustín Antigua: casas coloniales restauradas, bellos patios interiores, balcones *(balconies)* y otros ejemplos de la arquitectura de España. Hay auténticos restaurantes españoles, museos especializados y _____ de arte hispano. La pequeña ciudad de San Agustín es un importante centro de _____ colonial española... y un gran centro turístico. ¿Y la famosa fuente de la juventud *(fountain of youth)* de Juan Ponce de León? Está en el Parque Arqueológico La Fuente de la Juventud.

San Agustín, Florida

Now, search the paragraph for six more words that appear in the reading.

1 Why Learn Spanish? An asset to your future

Preparativos

With the ever-increasing Hispanic population in the United States, knowledge of Hispanic cultures and proficiency in the Spanish language can be an asset to any job candidate.

1. State three reasons why you think that it is important to know how to speak Spanish.
2. Name three professions that may require the use of Spanish.
3. Name three cities in the United States where Spanish is spoken by many people.

Watch the video to find out how some professionals use Spanish at their workplace. Then do the activities in the following **Al ver el video** section.

Enrique Iglesias

Amalia Barreda

Alan Altman

Mary Sit

Charles Grabau

José Massó

Alberto Gonzales

Al ver el video

A. Profesiones. Match the following people and their professions.

Alberto R. Gonzales	periodista
Amalia Barreda	cantautor *(singer / songwriter)*
Charles Grabau	doctor(a)
Alan Altman	reportero(a) de la televisión
Enrique Iglesias	abogado(a) *(lawyer)* del presidente de los EE.UU.
José Massó	juez *(judge)*
Mary Sit	agente de atletas y actores

B. Razones *(Reasons)*. Give one reason why each of these professionals feels that knowledge of Spanish is an asset to his or her career.

C. Impresiones. Tell the class what impressed you most about these interviews.

② ¿Latino o hispano?

Preparativos

Just as it is difficult to find one word to describe all of the people who speak English (English, Irish, Scottish, Australians, Canadians, citizens of the United States, and so forth), so is it equally difficult to find one term that describes people who speak Spanish. While some prefer the term **hispano,** others prefer **latino.** Many do not want to be labeled or placed in a category and would rather be referred to by their individual nationalities (Dominican, Cuban, Honduran, and so forth). There is a significant Mexican-American (U.S. citizens of Mexican descent) population in the West and Southwest who prefer the term **chicano.** For many, this has become a very controversial issue. We have done our own survey for *Así es* to find the term preferred by many of the people who participated in our video program. Based on the responses, we have chosen to use the term "hispano" throughout the text to refer to Spanish-speaking people. The following video segment shows you some of the participants and their reactions to our poll. But perhaps *Hispanic* magazine addressed this controversy best in the following issue.

> **Are we Hispanics, Latinos, Chicanos, Spanish, Mexican Americans, Cuban Americans, Puerto Ricans, etc., etc.? Who cares? Let's move on!**

Now watch the video to find out how some participants responded. Then do the activity that follows.

John Leguizamo:
"Latino es
más correcto
políticamente".

Pedro Martínez
"Cualquiera (Either)
de los dos".

Mel Martínez
"El término
hispano".

Carlos Santana
"A mí me gusta
el individuo".

Al ver el video

Check off the term that each person prefers. Write in any original responses in the **Otro** column.

¿Qué término prefieren *(do they prefer)*?	Latino	Hispano	Otro *(Other)*
José Massó agente de atletas y actores/puertorriqueño			
Charles Grabau juez/cubanoamericano			
Amalia Barreda reportera/mexicoamericana			
Alberto Gonzales abogado de la Casa Blanca/mexicano			
César Villalobos músico/peruano			
Iván Rodríguez beisbolista/puertorriqueño			
Tony Fossas beisbolista/cubanoamericano			
Chi Chi Rodríguez golfista/puertorriqueño			
Juan González beisbolista/puertorriqueño			
Carlos Santana músico/mexicoamericano			
Isabel Allende escritora/chilena			
Enrique Iglesias cantautor/español			
John Ruiz boxeador/puertorriqueño			
Mel Martínez secretario de HUD/cubano			
Pedro Martínez beisbolista/dominicano			
John Leguizamo actor/colombiano			

③ El mundo hispano: Rompiendo estereotipos *(Breaking Stereotypes)*

Preparativos

Mendoza, Argentina

Quito, Ecuador

Puerto Plata, República Dominicana

un estereotipo.

amo a mi familia.

tengo valores.

me gusta el ritmo.

tengo fe.

pero no me categorices,

no me encierres.

no me juzgues por lo

que como, lo que visto,

por mi origen.

cree en mí...

y confiaré en ti.

I love my family. I have values. I like rhythm. I have faith. But don't categorize me, don't judge me by what I eat, what I wear, or by my origin. Believe in me . . . and I will trust in you.

Sierra Nevada, España

Palo Verde, Costa Rica

Guayama, Puerto Rico

Let's get to know more about the 400 million people who speak the language you are about to learn. Before you view the video segments or read the selection, do the following activities.

A. What images do you have of the Hispanic world?

    1. Name . . .

      a. five things that you associate with the Hispanic world.

      b. four cultural aspects of the Hispanic world that you think are different from the non-Hispanic world.

      c. three cultural aspects that you think are similar.

2. Is the Hispanic world . . .
   a. ancient or modern?
   b. urban or rural?
   c. provincial or cosmopolitan?

B. Are the following statements true **(cierto)** or false **(falso)**? Explain.

   1. A Puerto Rican is Spanish.
   2. Hispanic countries are tropical.
   3. Hispanics commonly eat tacos and enchiladas.
   4. The bullfight is a very popular Hispanic tradition.

Now watch the video and read the following essay to check your answers.

El mundo hispano: Rompiendo estereotipos

We frequently tend to generalize—to put people and things into categories based on certain similar characteristics. Sometimes generalizations can be useful in helping us to understand a complex and diverse world. But often these same generalizations can be deceiving, and even harmful. Let's examine some common generalizations regarding the Hispanic world.

Argentina

Nicaragüense

Española

1. Un puertorriqueño es español. *(A Puerto Rican is Spanish.)* FALSO

Many people tend to use the word Spanish to refer to a Spanish-speaking person, regardless of his country of origin. Actually, the adjective "Spanish" is used only to designate a person or thing from Spain. Therefore, a Puerto Rican is not Spanish, but rather Hispanic. People from Mexico, Colombia, and El Salvador are Mexican, Colombian, Salvadoran, and also Hispanic.

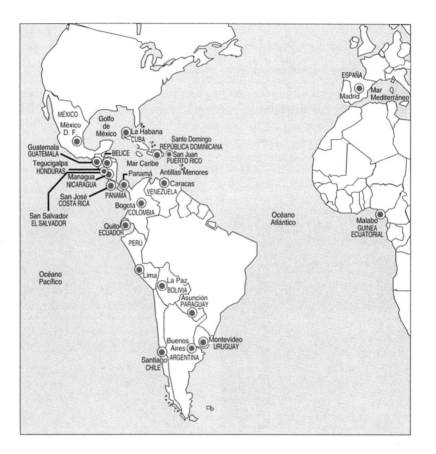

2. Los países hispanos son tropicales. *(Hispanic countries are tropical.)* FALSO

Many people think that Hispanic countries are eternally sunny and warm. In reality, the winters in many parts of Spain are quite cold and snowy. Tierra del Fuego, Argentina, is one of the coldest regions in the world, in spite of its deceiving name ("Land of Fire").

Tierra del Fuego, Argentina

Valle Nevado, Chile

3. Los hispanos suelen comer tacos y enchiladas. *(Hispanics commonly eat tacos and enchiladas.)* FALSO

These dishes are typically Mexican. The foods from Hispanic countries are quite varied. While Mexican cuisine can be very spicy, incorporating a lot of peppers and hot salsa, Spanish food is cooked in olive oil with seasonings like saffron and garlic. Caribbean cuisine incorporates many different kinds of beans—black, colored, and pigeon peas—with rice and plantains.

Comida caribeña

Even a food with the same name can vary from country to country. A Spanish **tortilla** is an omelette, while a Mexican **tortilla** is a thin pancake made from ground corn. Many countries have their own words for the same foods. **Habichuelas** are beans in Puerto Rico, while you would order **frijoles** in Cuba and Mexico, and **alubias** in other countries.

Frijoles de la olla mexicanos

Frijoles negros cubanos

Habichuelas puertorriqueñas

4. **La corrida de toros es una tradición hispana muy popular.** *(The bullfight is a very popular Hispanic tradition.)* FALSO

Bullfighting is a custom brought to Spain by the Romans in the first century BC. It is practiced only in Spain, Mexico, and, to a lesser degree, in a few other countries in Latin America, and is not a tradition of all Hispanic countries. Even within the countries where it is practiced, it is not frequented by all of the people, and is criticized by animal defense groups.

Bullfights in Tijuana Plaza MONUMENTAL
THE BULLRING BY THE SEA
SUNDAY, AUGUST 16, 1987 - At 4:00 P. M.
3rd Grand Corrida of the Season!
MATADORS:
RAFAEL GIL   Rodolfo RODRIGUEZ   GABRIEL
"RAFAELILLO"   "EL PANA"   GONZALEZ
Figthing in Spanish style
6 Peñuelas 6
BRAVE BULLS
Superior
En los toros

The principal unifying element of the Hispanic world is the Spanish language, spoken today by more than 400 million people in 20 countries, including the United States. Spanish is as diverse as the people who speak it, and it is the fourth most widely spoken language in the world after Mandarin, Hindi-Urdu, and English.

Al ver el video

A. Seleccionar. Select all correct answers.

1. A Hispanic can be from . . .
   a. Puerto Rico.
   b. Uruguay.
   c. Spain.

2. There are more Spanish-speaking people in the world than people who speak . . .
   a. French.
   b. Mandarin.
   c. Japanese.

3. The Mexican tortilla is made from . . .
   a. corn.
   b. potatoes.
   c. eggs.

4. The climate in Hispanic countries can be . . .
   a. tropical.
   b. cold.
   c. cool.

5. The bullfight is a custom of . . . origin.
   a. South American
   b. Caribbean
   c. Roman

B. Completar. Complete the following sentences.

1. The word Spanish means . . .
2. A Hispanic person is . . .
3. A person from Mexico is . . .
4. The Hispanic world is . . .
5. A unifying element among Hispanics is . . .

Los años decisivos

1 En la universidad

Preparativos

As you read the dialogue or watch the video, pay close attention to the **-ar** verbs **tom*ar,* estudi*ar,* charl*ar,* compr*ar,*** and **necesit*ar.*** Note their endings. When is the **-o** ending used? Are the subject pronouns always used? Why or why not? **Estar** is also an **-ar** verb. How does it differ in form from the verbs above? Both of the "to be" verbs—**ser** and **estar**— are presented in Lección preliminar. Can you name at least two differences between them? What forms of these verbs are used in the dialogue? It's not good to make snap judgments about people, but . . . which of the following adjectives would you use to describe Mariana: **sociable, puntual, romántica, introvertida, optimista, tímida, activa?** Can you justify your choices?

—Hola, Verónica.
—Hola, Gonzalo.

—Ya son las nueve y media. ¡Es tarde!

—Necesito comprar libros, cuadernos...

—Yo acabo de comprar los libros.

Así es Mariana

En el campus

En el dormitorio de Mariana. Mariana mira una foto de Alicia y Octavio.

Mariana: ¡Qué romántico! El amor es una cosa loca, ¿verdad, General Zapata?

Mariana mira el reloj.

late

Mariana: ¡Caramba! Ya son las nueve y media. ¡Es tarde!° Yo voy a tomar un café con Luis Antonio a las diez en punto. Luis Antonio es mi novio. Es de México originalmente. Es un muchacho fabuloso. Estudia aquí en la Universidad de Miami... y... ¡Va a estar furioso! Vamos.

Mariana llega tarde al campus. Luis habla con unos amigos.

Luis Antonio: ¡Mariana! Son las diez y cuarto. Ya no hay tiempo para tomar un café y no hay tiempo para charlar. Vamos rápido a clase.

Mariana: Sí, ahora voy. Hola, Verónica. Hola, Gonzalo.

Gonzalo y Verónica: Hola, Mariana.

Mariana: ¿Cómo están? ¿Qué hay de nuevo?

Luis Antonio: ¡Mariana... es tarde!

Mariana: Bueno. ¡Vamos, chicos! ¡A la sala de clase! ¡Rápido!

Gonzalo: No, no voy a la clase con Uds. Voy a hablar con el profesor de matemáticas. Y después, voy a la librería. Necesito comprar libros, cuadernos, papel, bolígrafos...

Mariana: ¿Y tú, Verónica?

library

Verónica: Yo acabo de comprar los libros. Voy a la biblioteca° porque necesito estudiar. Chau. Hasta luego.

Mariana: Adiós.

Mariana: I'd better hurry. Spanish literature is my next class. At least I have a ride.
(Luis Antonio pulls her along on her roller blades.)

Es decir

A. Comprensión.

Answer the following questions with complete sentences.

1. ¿Quién es Luis Antonio? ¿De dónde es?
2. ¿Dónde estudia Luis Antonio?
3. ¿Cómo se llaman los amigos de Mariana?
4. ¿Quiénes van a clase?
5. ¿Con quién va a hablar Gonzalo?
6. ¿Por qué va Gonzalo a la librería?
7. ¿Adónde va Verónica? ¿Por qué?

B. Asimilación.

Use the verbs in the list to complete the following dialogue sentences.

Necesito
comprar
hablar
estudiar
tomar
están

1. "Ya no hay tiempo para _____ un café."
2. "¿Cómo _____? ¿Qué hay de nuevo?"
3. "Voy a _____ con el profesor de matemáticas."
4. "_____ comprar libros, cuadernos..."
5. "Yo acabo de _____ los libros."
6. "Voy a la biblioteca porque necesito _____."

Fill in the blanks with the adjectives that best describe Mariana and Luis Antonio. Note their endings. Pay close attention to the use of the verbs **ser** and **estar** in both sentences.

moren**o** (*dark-haired*)
moren**a**
frustrad**o**
activ**a**
nervios**a**
fabulos**o**

7. Mariana es _____, es _____ y está _____.
8. Luis Antonio es _____, es _____ y está _____.

 C. Expansión.

In pairs, use your imagination to complete the following sentences.

1. Luis Antonio está frustrado porque...
2. Mariana llega tarde porque...
3. Después de clase, Mariana y Luis Antonio...

Vocabulario

Use the context suggested by the illustration and identify cognates (words that look alike in English and Spanish) to guess at the meaning of new words and expressions. All of the essential vocabulary for this *Lección* appears with English translations on pp. 114-115.

Los edificios *(buildings)* y los lugares *(places)* en el recinto (el campus)

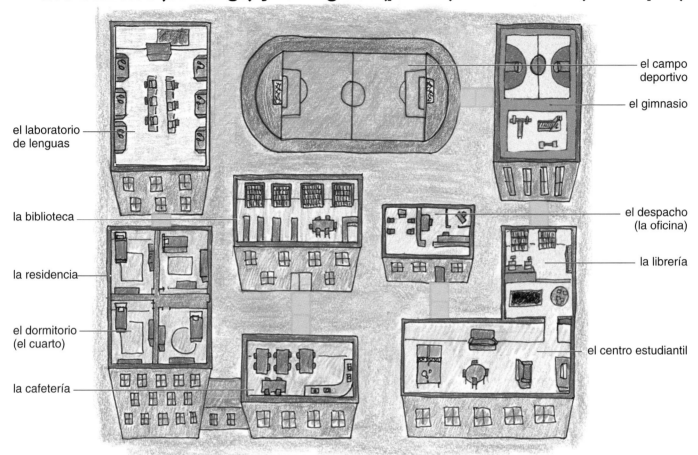

el laboratorio de lenguas

la biblioteca

la residencia

el dormitorio (el cuarto)

la cafetería

el campo deportivo

el gimnasio

el despacho (la oficina)

la librería

el centro estudiantil

Verbos (-ar)

acabar (**terminar**)	*to finish*	**llegar**	*to arrive*
acabar de (**+ infinitive**)	*to have just . . . (done something)*	**mirar**	*to look at, to watch*
		necesitar	*to need*
bailar	*to dance*	**pagar**	*to pay (for)*
buscar	*to look for*	**pasar**	*to pass; to happen; to spend (time)*
charlar	*to chat*		
comprar	*to buy*	**practicar**	*to practice*
contestar	*to answer*	**preguntar**	*to ask*
desear	*to want, to desire*	**preparar**	*to prepare*
enseñar	*to teach; to show*	**regresar**	*to return*
escuchar	*to listen to*	**tomar**	*to take; to eat; to drink*
estudiar	*to study*		
hablar	*to speak, to talk*	**trabajar**	*to work*
llamar	*to call*	**usar**	*to use; to wear*

Verbos irregulares

hacer	*to do; to make*	**ir**	*to go*

¿A qué hora? *At what time?*

a tiempo	*on time*	**la medianoche**	*midnight*
ahora (mismo)	*(right) now*	**el mediodía**	*noon*
en punto	*on the dot, exactly*	**por la mañana**	*in the morning*
esta noche	*tonight*	**(tarde, noche)**	*(afternoon, evening)*
el fin de semana	*weekend*	**tarde**	*late*
la hora	*hour*	**temprano**	*early*
hoy	*today*	**toda la noche**	*all night*
más tarde	*later*	**todo el día**	*all day*

Personas y cosas *People and things*

el (la) compañero(a) de cuarto	*roommate*	**la mujer**	*woman*
		la tarea	*homework*
el dinero	*money*	**el tiempo**	*time (in a general sense); weather*
el hombre	*man*		

Antónimos *Antonyms*

antes (de)/ después (de)	*before / after*	**más/menos**	*more, plus / less; minus*
aquí/allí	*here / there*	**mucho/poco**	*much, many / few; (a) little*
bien/mal	*well / badly, poorly*		
con/sin	*with / without*	**nunca/siempre**	*never / always*

Palabras útiles *Useful words*

a	*to; at*	**si**	*if*
de	*of; from*	**sí**	*yes*
muy	*very*	**sobre**	*about; on*
para	*for; in order to*	**también**	*also*
pero	*but*	**y (e)**[1]	*and*
porque	*because*		

Vocabulario adicional

a eso de	*around, about (referring to time)*	**la fiesta**	*party*
		la matrícula	*tuition; enrollment*
a menudo (con frecuencia)	*often, frequently*	**el título**	*degree; title*
cómo no	*of course*	**todos los días**	*every day*
la escuela primaria, secundaria (el colegio)	*elementary, high school*		

[1]Note that **e** instead of **y** is used to express *and* before a word that begins with **i-** or **hi-**: **José es sincero e inteligente.**

Practiquemos

A. ¿Dónde? Listen as your instructor reads a series of questions. Choose the correct response.

1. **a.** en la biblioteca   **b.** en el gimnasio   **c.** en la cafetería
2. **a.** en la clase   **b.** en el recinto   **c.** en el laboratorio
3. **a.** en el restaurante   **b.** en la biblioteca   **c.** en el hospital
4. **a.** en la residencia   **b.** en la discoteca   **c.** en el centro estudiantil
5. **a.** en la biblioteca   **b.** en una fiesta   **c.** en la librería

B. Opuestos. Adrián has become a good friend, but he's your opposite. Complete each sentence with the antonym of the underlined words.

MODELO   *Yo estudio* (I study) **aquí** *en la residencia, pero Adrián estudia* _____ *en la biblioteca.*
   Yo estudio aquí en la residencia pero Adrián estudia **allí** *en la biblioteca.*

1. Yo bailo **bien** pero Adrián baila _____.
2. Yo miro la televisión **mucho** pero Adrián mira la televisión _____.
3. Yo trabajo **con** los amigos pero Adrián trabaja _____ los amigos.
4. Yo **nunca** practico el piano pero Adrián _____ practica el piano.
5. Yo llego a clase **antes de** la profesora pero Adrián llega a clase _____ la profesora.

C. Nombre Ud.... *(Name . . .)*

1. cuatro actividades para hacer en clase
2. tres lugares donde es posible estudiar
3. cuatro actividades para hacer después de las clases
4. un lugar para practicar el básquetbol

D. La lista. In pairs, make a list of three things that you need to do and three things that you want to do. Your partner will report them to the class. Reverse roles.

MODELO   Estudiante 1: Necesito trabajar mucho. Deseo bailar con Jaime.
   Estudiante 2: (Susana) necesita trabajar mucho. Desea bailar con Jaime.

Aviso cultural   **La universidad**

Cuando Uds. desean charlar y pasar tiempo con sus° amigos, generalmente van a la cafetería de la universidad, al centro estudiantil o a la residencia. En muchas universidades españolas no hay un recinto central, y el concepto de la residencia estudiantil no existe. Los estudiantes viven° en casa° o en pensiones° y se reúnen° con sus amigos en cafés, que son, más o menos, restaurantes pequeños°. La Universidad de Madrid es similar a las grandes° universidades en los Estados Unidos. Hay un recinto central y muchas residencias para estudiantes. ¿Cuántas cafeterías hay en su universidad? ¿Hay muchas residencias? ¿Cuántas?

your

live
at home; rooming houses; get together
small
large

Forma y función

The Present Indicative of -ar Verbs

Forma

In Spanish, verbs are divided into three categories: verbs that end in **-ar, -er,** and **-ir.** This form of the verb is called an infinitive. It is a verb that is not conjugated, that is, not given a subject that is performing the action. It is rather the expression of the possible action: *to speak, to eat, to think.* When you *conjugate* a verb, you designate a subject that will carry out the action of the verb: *I speak, you eat, he thinks.* In English, many verb conjugations are indistinguishable, thus the subject almost always accompanies the verb: *I speak, you speak, he speaks, she speaks, we speak, they speak.* In Spanish, each subject has a distinct verb ending. Study the verb **hablar.** Note that to conjugate the verb, you remove the infinitive ending **(-ar)** and add the appropriate personal endings.

amar *(to love)*

yo amo
tú amas
El ama.
yo amo
tú amas
El ama

Papá, mamá, ¡gracias por enseñarme a conjugar todas las formas del verbo **amar!**

HABLAR *(to talk, to speak)*			
yo	**hablo**	nosotros(as)	**hablamos**
tú	**hablas**	vosotros(as)	**habláis**
él		ellos	
ella	**habla**	ellas	**hablan**
Ud.		Uds.	

1. Since the first- and second-person verb endings are distinct, the corresponding subject pronouns are rarely used.

   Hablo con el profesor.   *I speak with the professor.*
   Hablas con una compañera de clase.   *You speak with a classmate.*

2. Since the third-person verb endings can refer to multiple subjects, occasionally the subject pronouns are used to avoid confusion.

   Él habla y **Ud.** escucha.   *He speaks and you listen.*
   Uds. estudian y **ellas** bailan.   *You study and they dance.*

Función

1. The present tense is used to express various actions and ideas.

yo hablo

a. I speak
This is the simple present tense. It can refer to present action or habitual action. *(I speak every day.)*

b. I do speak
This form is an emphatic way to express action. *(I do in fact speak.)*

c. I am speaking
This reflects action in progress. *(I am in the process of speaking.)*

d. I will speak (in the immediate future)
This form expresses future action only when referring to the immediate future. The listener knows from the context that this is future and not present action. (**Hoy estoy en el despacho hasta las 3:00.** *Today I am [I will be] in the office until 3:00.)*

Mariana:	Luis, ¿trabajas hoy?	*Luis, **do you work** today?*
Luis Antonio:	No, trabajo mañana. Siempre trabajo los jueves.	*No, tomorrow **I will work**. I always **work** on Thursdays.*
Gonzalo:	Verónica, ¿qué buscas?	*Verónica, what **are you looking for?***
Verónica:	Busco un lápiz.	***I am looking for** a pencil.*

2. To make a statement negative, place the word **no** before the conjugated verb.

José **no** estudia mucho.   *José **does not** study a lot.*
No hablamos inglés en clase.   *We **don't speak** English in class.*

¡AVISO! Note that although in English it is necessary to add the words *do* or *does,* in Spanish these forms do not exist.

3. There are two ways to form a simple question that requires a yes/no answer.

    a. Invert the subject and verb of your statement.

Ud. estudia mucho.	*You study a lot.*
¿Estudia Ud. mucho?	***Do you study*** *a lot?*
¿Habla Ud. italiano?	***Do you speak*** *Italian?*
¿Prepara Ud. la tarea ahora?	***Are you preparing*** *the homework now?*

¡AVISO! Note the addition of an inverted question mark at the beginning of the question as well as the standard question mark at the end. Also note the omission of words like *do* and *are* that are necessary in English in order to form questions.

    b. Change the intonation of your voice so that it rises at the end, forming a question.

    statement: Ud. estudia mucho.

    question: ¿Ud. estudia mucho?

4. The infinitive is commonly used after a conjugated verb or a preposition when there is no change of subject.

    Necesitas estudiar más.   *You need to study more.*

¡AVISO! The expression **acabar de** + infinitive means to have just done something.

¿Qué acabas de hacer?	*What have you just done?*
Acabo de comprar libros.	*I have just bought books.*

Practiquemos

A. Los amigos. Fill in the blanks with the correct form of the verb in the present tense. Then answer the questions about Juan and Sara's life in Oviedo, Spain.

Sara y Juan son de Oviedo, España. Oviedo (estar) **1.** _____ en el norte *(north)* de España. Ellos (estudiar) **2.** _____ en la Universidad de Colorado porque ellos (desear) **3.** _____ hablar bien el inglés. Yo (estudiar) **4.** _____ con Juan por la mañana. Él (hablar) **5.** _____ mucho y (preguntar) **6.** _____ mucho. Yo (contestar) **7.** _____ las preguntas. También, Sara y Juan (practicar) **8.** _____ en el laboratorio de lenguas. Sara (usar) **9.** _____ una computadora. Ella (pasar) **10.** _____ dos horas allí todos los días. Sara y yo (charlar) **11.** _____ por la tarde. Juan y Sara (regresar) **12.** _____ a Oviedo después de pasar un semestre aquí.

Oviedo, España

1. ¿Por qué estudian Sara y Juan en Colorado?
2. ¿Dónde practican el inglés?
3. ¿Quién usa una computadora?
4. ¿Cuándo regresan Juan y Sara a Oviedo?

B. **¡No, no es verdad!** In pairs, correct your partner's exaggerations by responding negatively. After three statements, switch roles.

MODELO   Estudiante 1: Yo enseño la clase de español.
 Estudiante 2: *¡No, no es verdad! Tú no enseñas la clase de español.*

1. Estudio ocho horas todos los días.
2. Charlo con la profesora después de la clase.
3. Contesto todas las preguntas en clase.
4. Paso cinco horas en el gimnasio.
5. Practico mucho en el laboratorio de lenguas.

 C. **Problemas en la clase.** You are having problems in Spanish class. Your friend tells you what you need to do to improve. Answer using **acabar de** + *infinitive* to show that you have already tried everything.

MODELO   El amigo: Necesitas estudiar la gramática.
 Ud.: *Acabo de estudiar la gramática.* (I have just studied the grammar).

1. Necesitas hablar con el profesor.
2. Necesitas usar un diccionario.
3. Necesitas ir a la biblioteca.
4. Necesitas pasar más tiempo en el laboratorio.

D. **Clase de historia.** You are working on a report about Spanish exploration and colonization of the United States. Arrange the following information chronologically by consulting *Un capítulo olvidado de la historia* in **Gaceta 1** on page 119. Use the correct form of the verbs in the present tense.

San Agustín, Florida

1. ___ En San Agustín, los arqueólogos (acabar) _____ de descubrir la fortaleza *(fort)* más antigua *(old)* de los Estados Unidos.
2. ___ Juan Ponce de León (llegar) _____ a la Florida en 1513.
3. ___ Las exploraciones de los españoles (llegar) _____ hasta el Pacífico.
4. ___ Pedro Menéndez de Avilés, otro español, (colonizar) _____ San Agustín en 1565.

Continue to write the correct form of the verbs in parentheses in the present tense, and answer the questions.

5. ¿Quiénes (llegar) _____ a los Estados Unidos primero, los colonizadores españoles o los ingleses del Mayflower?
6. ¿Qué (buscar) _____ Juan Ponce de León?
7. ¿Qué (estudiar) _____ Ud. más, el pasado británico *(British past)* de los Estados Unidos o las exploraciones españolas?

 E. **Seis actividades.** List four activities that you do to be well prepared for class. Include where you do them. Move about the classroom asking your classmates what activities are on their list **(¿Qué actividades hay en tu lista?).** Continue asking until you find two new activities that are not on your list.

Ud. necesita clarificación o explicación:

¿Cómo?	*What?*
¿Cómo se dice (escribe)...?	*How do you say (spell) . . . ?*
¿En qué página?	*On what page?*
¿Qué significa...? ¿Qué es...?	*What does . . . mean?*
Más alto (despacio/lento) por favor.	*More loudly (slowly), please.*
Repita(n); otra vez, por favor.	*Repeat; again, please.*
Tengo una pregunta.	*I have a question.*

Todo (Everything) (no) está claro:

Así es.	*That's right.*
De acuerdo.	*Agreed.*
Yo (no) sé.	*I (don't) know.*
¡Ya!	*Got it!*
Yo (no) comprendo.	*I (don't) understand.*

Practiquemos

A. Frustración. Class can be frustrating. Respond to the following situations with expressions from the list.

1. La gramática de la lección es complicada.
2. La profesora habla muy bajo *(softly).*
3. Un estudiante habla muy rápido.
4. La profesora explica *(explains)* bien la gramática.
5. La profesora anuncia *(announces),* "El examen no es necesario".

B. Con los compañeros. In pairs, take turns reading portions of the **Así es Mariana** dialogue on page 41 When you need clarification or explanation, interrupt each other with expressions from the list such as, **¿Qué significa?** and **Otra vez, por favor.** Be sure to respond appropriately with expressions that indicate (lack of) clarity.

The Numbers 21–100

Forma

Los números 21–100

veintiuno[1]	veintiséis	treinta y uno	sesenta
veintidós	veintisiete	treinta y dos	setenta
veintitrés	veintiocho	(tres, cuatro...)	ochenta
veinticuatro	veintinueve	cuarenta	noventa
veinticinco	treinta	cincuenta	cien, ciento

Función

1. Just as the number **uno** becomes **un** before a masculine noun, **veintiuno** becomes **veintiún, treinta y uno** becomes **treinta y un, cuarenta y uno** becomes **cuarenta y un,** and so on. The form preceding a feminine noun remains **una.**

   Hay **veintiún chicos** y **veintiuna** chicas. — *There are **twenty-one boys** and **twenty-one** girls.*

   Necesito **sesenta y un** libros y **cincuenta y una** sillas. — *I need **sixty-one** books and **fifty-one** chairs.*

2. Starting with the number 31, numbers in Spanish are expressed as separate words, with **y** between the multiple of ten and the ones.

   cuarenta **y** seis 46   ochenta **y** tres 83   noventa **y** siete 97

3. **Cien** is used in counting, before nouns, and when used alone. **Ciento** is used for numbers over one hundred. Note that the indefinite article (**un**) is never used with it.

   Noventa y ocho, noventa y nueve, **cien, ciento uno.** — *Ninety-eight, ninety-nine, **one hundred, one hundred and one.***

   Hay **cien** estudiantes en clase hoy. — *There are **one hundred** students in class today.*

   ¿Cuántos hay? **Cien.** — *How many are there? **One hundred.***

Practiquemos

A. **Una encuesta (A survey).** How many professionals responded to a recent survey? Express the numbers in Spanish.

1. 41 profesores
2. 100 doctores
3. 31 arquitectos
4. 73 artistas
5. 22 atletas
6. 88 dentistas
7. 47 autores
8. 62 directores
9. 99 actores

---

[1]Note the alternate form: **veinte y uno, veinte y dos,** and so forth.

B. ¿Qué número marcas *(do you dial)*? You are on vacation in Cuenca, Spain. Refer to the ads below and tell what telephone number you dial to reach the following:

1. la parada de taxis
2. radio taxis
3. la estación de autobuses de Cuenca
4. la estación de autobuses de Tarancón
5. la estación de RENFE (el tren) de Cuenca

TAXI
CUENCA
PARADA DE TAXIS
Telf.: 21 36 36
RADIO TAXIS
Telf.: 23 33 43

ESTACIONES DE AUTOBUSES
CUENCA
Fermín Caballero
Telf.:969/22 70 87
TARANCÓN
Emilio Villaescusa, 3
Telf.: 969/ 32 51 85

ESTACIÓN DE RENFE
CUENCA
Paseo de la Estación
Telf.:969/22 07 20
TARANCÓN
Emilio Villaescusa
Telf.: 969/32 03 83

C. ¿Cuánto es y qué compran Uds.? *(How much is it and what do you buy?)* With a partner, use **dólar, dólares,** and **centavos** to tell how much the following items might cost. You have $100.00 to spend at the bookstore. You buy five items. What are they and how much does each cost? What is the total? How much money do you have left over?

1. un disco compacto
2. un bolígrafo
3. un reloj
4. un diccionario
5. un cuaderno
6. un lápiz

Telling Time

Forma y función

1.

Es (la) medianoche.

2.

Es la una (en punto).

3.

Es la una y media (de la mañana).

4.

Son las ocho menos cinco.

5.

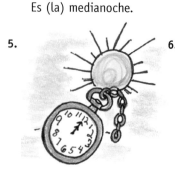

Es (el) mediodía

6.

Son las doce y veinticinco

7.

Son las dos y cuarto (de la tarde).

8.

Son las once menos diez (de la noche).

1. To ask what time it is, the following expression is used.

¿Qué hora es?   *What time is it?*

2. To express the time, use **ser** + *definite article* + *hour.*
   a. Use **es** with **una,** since *one* is singular. **Son** is used with all other hours.

Es la una.	***It's*** *one o'clock.*
Son las diez.	***It's*** *ten o'clock.*

   b. The feminine definite articles **la** and **las** are always used before the hour since the word **hora** is feminine.

Es **la** una en punto.	*It's one o'clock sharp.*
Son **las** ocho en punto.	*It's eight o'clock sharp.*

   c. To express time between the full hour and half past, add minutes to the hour with **y: es/son** + **la/las** + *hour* + **y** + *number of minutes.*

Es la una **y** diez.	*It's ten **past** one. (It's one ten.)*
Son las tres **y** veinte.	*It's twenty **past** three. (It's three twenty.)*

   d. To express time after half past the hour, deduct minutes from the following hour with **menos: es/son** + **la/las** + *hour* + **menos** + *number of minutes.*

Es la una **menos** veinticinco.	*It's twenty five **of (to)** one.*
Son las nueve **menos** cinco.	*It's five **of** nine. (It's eight fifty-five.)*

   e. To express a quarter of an hour and a half hour, it is common to use the terms **cuarto** and **media,** respectively.

Son las dos menos **cuarto.**	*It's **a quarter** of two.*
Son las diez y **media.**	*It's ten **thirty.***

   f. To ask at what time something is going to happen, use the expression **¿A qué hora?**

¿A qué hora es la clase?	***What time*** *is class?*

   To reply, use **a la** or **a las** + *the time.*

La clase es **a las** nueve.	*Class is **at** nine.*

   g. To express a specific time of the morning, afternoon, or evening, use **de la mañana** (*A.M.*), **de la tarde** (*P.M.*), **de la noche** (*P.M.*).

Regreso a las ocho **de la mañana.**	*I return at eight **in the morning.***

   h. When no specific time is expressed, use **por la mañana, por la tarde,** and **por la noche.**

Por la mañana estudio y **por la tarde** trabajo.	***In the morning*** *I study and **in the afternoon** I work.*

¡AVISO! Refer to the **¿A qué hora?** section of the vocabulary list on page 44 for words and expressions that will be useful in expressing time.

Practiquemos

A. ¿Qué hora es? Tell what time it is on the clocks below. Then make a list of three activities you do at those times. Compare with a classmate to find common activities.

B. ¿Qué hay en la televisión española? You're spending a semester in Spain. Look at the television listings for Monday. Tell what time it is, what program you watch and on which channel (**canal**) according to the cues. Note that in Europe and in many Hispanic countries the 24-hour clock is used for scheduling. **12:00 = mediodía, 13:00 = 1:00 de la tarde, 23:00 = 11:00 de la noche, y 0:00 = medianoche.** Convert the times to U.S. standard.

MODELO   21:30
Son las nueve y media. Miro Gran Hermano *en Tele 5.*

LUNES 26

T V E 1

06.00 Canal 24 horas.
07.30 Telediario matinal.
09.00 TPH Club.
10.45 El joven Hércules.
11.10 La gemelas de Sweet Valley.
11.35 Dawson crece.
12.15 Xena, la princesa guerrera.
13.00 Los vigilantes de la playa.
14.00 Aitana notícies.
14.30 Corazón de verano.
15.00 Telediario 1.
16.00 El tiempo.
16.05 Calle nueva.
16.45 María Emilia.
18.50 El precio justo.
20.00 Gente.
21.00 Telediario 2.
20.55 El tiempo.
22.00 Gala de verano.

C A N A L 9

07.30 Babalà.
10.00 En companyia de Salomé.
10.30 Loco por ti.
11.00 Canción triste de Hill Street.
11.45 La ley de la bahía.
12.30 Pacific Blue.
13.30 En casa de Bárbara.
14.00 Notícies 9.
15.30 La música es la pista.
16.05 Tela marinera.
17.35 Punt de mira.
18.15 Una de l'Oest.
20.10 Video y Medio.
21.00 Notícies 9.
21.30 Calor, calor.
22.00 Nit de misteri. **Aliens. El regreso.**
23.30 Notícies 9.
23.45 La otra realidad.

T E L E 5

06.30 Informativos Tele 5.
10.00 Especial Disney.
11.00 Gran Hermano (repetición).
11.20 Día a día.
14.00 El juego del euromillón.
14.30 Informativos Tele 5.
15.15 Informativo territorial.
15.25 Al salir de clase.
16.15 Gran Hermano.
16.50 Tarde de cine.
18.50 Historias de hoy.
19.45 ¿Quiere ser millonario?
20.30 Informativos Tele 5.
21.30 Gran Hermano.
21.45 El informal.
22.05 El comisario.
23.30 Crónicas marcianas.

T V E 2

06.00 Euronews.
06.30 Capitales culturales europeas.
07.30 Mujeres de América Latina.
08.30 Otros pueblos.
09.30 Empléate a fondo.
10.00 Indico.
11.00 La película de la mañana.
13.00 TPH Club.
15.15 Saber y ganar.
15.45 Grandes documentales.
17.15 Al habla.
17.45 Hyakutake.
19.00 Programació territorial.
20.00 Aitana notícies.
20.30 Ellen.
21.00 Quatro.
21.30 Matrimonio con hijos.
22.00 La 2. Noticias.
22.25 El tiempo.

C. No, no es posible. Raúl wants to have coffee with Laura, but she's very busy. Role-play this exercise with a classmate. Raúl offers a variety of meeting times but Laura declines, telling where she is at each time.

MODELO   9:00/clase de español
Raúl: *Laura . . . ¿a las nueve?*
Laura: *No, Raúl. A las nueve estoy en la clase de español.*

1. 10:15/biblioteca
2. a mediodía/cafetería
3. 2:30/laboratorio
4. 4:45/gimnasio
5. 7:25/fiesta para estudiantes internacionales
6. más tarde/residencia

 D. ¿Qué pasa? *(What's going on?)* With a classmate choose one of the following scenes. Describe what is happening and then write a brief dialogue using time expressions and vocabulary from page 44. Share your skit with the class.

1.
2.
3.

The Verbs *hacer* and *ir*

Forma y función

HACER *(to do; to make)*			
yo	**hago**	nosotros(as)	**hacemos**
tú	**haces**	vosotros(as)	**hacéis**
él		ellos	
ella	**hace**	ellas	**hacen**
Ud.		Uds.	

1. **Hacer** generally means *to do.*

¿Qué **hace** Rafael ahora?	*What's Rafael **doing** now?*
El examen es mañana. **¿Qué hago?**	*The test is tomorrow. **What am I going to do?***

2. When you ask what someone is doing, **¿qué hace?,** often the answer does not contain the verb **hacer.**

¿Qué **haces** mañana?	*What **are you doing** tomorrow?*
Mañana paso todo el día en la biblioteca.	*Tomorrow I'm spending all day in the library.*

3. **Hacer** can also mean *to make.*

¿**Haces** el café todos los días?	*Do you **make** the coffee every day?*
No, **hago** el café los lunes.[1]	*No, I **make** the coffee on Mondays.*

IR (to go)

yo	**voy**	nosotros(as)	**vamos**
tú	**vas**	vosotros(as)	**vais**
él		ellos	
ella	**va**	ellas	**van**
Ud.		Uds.	

1. Note the use of the preposition **a** *(to)* when destination is expressed.

Voy a clase ahora, luego **voy a** la biblioteca y esta noche Marta y yo **vamos a** una fiesta.

I'm going to class now, then I'm going to the library, and tonight Marta and I are going to a party.

2. Note the use of **¿Adónde?** to inquire about destination.

¿Adónde vas?
Voy a la clase de la profesora Vila.

(To) Where are you going?
I'm going to Professor Vila's class.

3. Ir + **a** + *infinitive* is used to express an action that will (is going to) take place in the future.

Vamos a estudiar en la residencia.
Voy a practicar en el laboratorio.

We are going to study in the dorm.
I'm going to practice in the laboratory.

Practiquemos

A. El club de español. The Spanish Club at the university is having a party. Ana, the president, tells which Spanish dish each member is making. Fill in the blanks with the correct form of the verb **hacer.**

Para la fiesta yo **1.** _____ una sangría deliciosa. Como *(Since)* Carlos es de Valencia, él siempre **2.** _____ una paella, y Silvia y Adela **3.** _____ una tortilla de patatas. Isabel y yo **4.** _____ tapas *(Spanish appetizers).* Ella **5.** _____ croquetas y yo **6.** _____ gambas al ajillo *(shrimp in garlic sauce).* Yo pregunto a Elena, —Y tú, ¿qué **7.** _____ para la fiesta? Ella contesta,—¡Yo **8.** _____ mucho ruido *(noise)!*

B. Lugares *(Places).* In pairs, take turns asking and answering the following questions to practice the verb **ir.** Use the words below.

la oficina   la sala de clase   la clase de español
la librería   la biblioteca   la fiesta de Rosa

¿Adónde...

1. ...va Ud. para comprar lápices y bolígrafos?
2. ...van Uds. para estudiar para el examen final?
3. ...vamos nosotros para bailar toda la noche?
4. ...va Ud. para hablar español?
5. ...va el profesor para preparar la clase?
6. ...va la profesora para enseñar?

C. **Mariana hace mucho en un día.** Fill in the space with the correct form of the verb in parentheses in the present tense to find out what Mariana does in a day. Then answer the questions that follow.

¡Qué día más ocupado *(busy)*! Primero, yo **1.** (ir)_____ a la clase de italiano. Carla y Alicia **2.** (estar)_____ en la clase también. Nosotras **3.** (charlar)_____ un poco antes de clase. A las nueve, la profesora Licata **4.** (llegar)_____. Nosotras **5.** (escuchar)_____ a la profesora y **6.** (contestar)_____ las preguntas. La profesora **7.** (ser)_____ muy buena y muy inteligente. Carla **8.** (practicar)_____ la pronunciación. Ella **9.** (estar)_____ nerviosa cuando habla en clase. Después de clase, Carla y Alicia **10.** (ir)_____ al centro estudiantil, pero yo **11.** (regresar)_____ a mi dormitorio. Luis Antonio **12.** (llamar)_____ por teléfono y nosotros **13.** (hacer)_____ planes para estudiar en la biblioteca a las 2:00. Yo **14.** (hacer)_____ la tarea para la clase de sociología y Luis Antonio **15.** (hacer)_____ la tarea para la clase de cálculo. Después, nosotros **16.** (ir)_____ a la cafetería y **17.** (tomar)_____ café.

1. ¿A qué clase va Mariana?
2. ¿A qué hora llega la profesora Licata?
3. ¿Cómo está Carla cuando habla en clase?
4. ¿Quién llama a Mariana por teléfono?
5. ¿Qué hacen Mariana y Luis Antonio?

D. **La rutina diaria.** *(Daily routine.)* Interview four students to find out what they do (**¿qué hacen?**) in the following situations. Report the most common answer to the class.

¿Qué hace Ud....
1. si no desea estudiar?
   __ No estudio.   __ Miro la televisión.   __ Escucho música.   __¿?
2. si el (la) profe llega tarde?
   __ Regreso a la   __ Voy a la cafetería.   __ Espero (*I wait*).   __¿?
   residencia.
3. después de las clases?
   __ Hago la tarea.   __ Charlo con amigos.   __ Trabajo.   __¿?
4. si hay una fiesta el lunes por la noche y un examen el martes por la mañana?
   __ No voy a la   __ Voy a la fiesta   __ Estudio en la   __¿?
   fiesta.   y no estudio.   fiesta.

E. **Una nota de Mariana.** Mariana leaves a note for Luis Antonio in which she tells him what she is going to do (**va a hacer**) tomorrow. In a paragraph of five to six sentences, write her note. Include six activities that she is going to do, and at what time. Use the **ir** + **a** + *infinitive* construction and include as many details as you can. Then write a list of six activities that you are going to do tomorrow.

En resumen

A. Mariana habla de la clase de literatura española. Give the correct form of the verbs in the present tense and choose the appropriate word when two choices are given.

1. (Es, Son) la una de la tarde, y Luis y yo **2.** (estamos, somos) en la biblioteca. Nosotros **3.** (tomar)_____ literatura contemporánea española con la profesora Ramos, y siempre **4.** (es, hay) mucha tarea. **5.** (Está, Es) una clase fantástica, y la profesora **6.** (está, es) excelente... paciente, simpática **7.** (y, e) inteligente. *Poeta en Nueva York,* de Federico García Lorca (1893–1936), es **8.** (un, una) libro de poemas interesante y un poco surrealista. Me gustan mucho **9.** (los, las) dramas, especialmente *La casa de Bernarda Alba, Bodas de sangre* y *Yerma.* **10.** (Aquí, Allí) en **11.** (el, la) universidad es posible **12.** (mirar)_____ *Bodas de sangre* en el centro de videos.

Federico García Lorca

B. Vamos a clase. Translate the following dialogue to Spanish.

Gonzalo: *See you later, Carla. Verónica and I are going now.*

Carla: *But . . . class is at five, and it's four thirty.*

Gonzalo: *I need to speak with the professor before class. He always arrives early.*

Carla: *Are you going to buy the books today?*

Gonzalo: *I've just returned from the bookstore, and the books are not there.*

Avancemos

A. ¿Qué hace Juan? You will hear a series of sentences that tell you what Juan is doing. Repeat each one, and then decide if the corresponding drawing matches the description. Write **cierto** or **falso** in the space below each drawing.

MODELO   *You hear*: Juan toma café.
Falso

1. _____   2. _____   3. _____   4. _____

5. _____   6. _____   7. _____   8. _____

B. Dictado. *(Dictation)*. You will hear a short narration about Hispanic universities. Listen carefully to the entire selection. Listen again and write each sentence during the pauses. You will hear the new word **difícil** *(difficult)*. You will then hear a series of questions related to the dictation. Answer them with complete sentences. Refer to your dictation.

 **Hablemos**

Mi horario. *(My schedule.)* Refer to schedule A below. Choose a period to buy your textbooks, and another to go to the library. A classmate will do the same with schedule B. Ask questions to find out when the two of you have free time to spend together. Mention the time and day of the activity, the activity, and where it takes place.

MODELO Estudiante A: *¿Qué haces el martes a las ocho y cuarto?*
Estudiante B: *El martes a las ocho y cuarto estoy en la clase de economía en Fulton Hall.*

A.

Mañana			
Hora	*lunes*	*martes*	*miércoles*
8:15	matemáticas		matemáticas
9:30	español	laboratorio	español
10:45		biología	
Tarde			
12:00	tomar café	tomar café	tomar café
1:15	ejercicios aeróbicos		ejercicios aeróbicos
2:30	historia	arte	historia
3:45		música	

B.

Mañana			
Hora	*lunes*	*martes*	*miércoles*
8:15	inglés	economía	inglés
9:30	español	laboratorio	español
10:45			
Tarde			
12:00	tomar café	tomar café	tomar café
1:15			ejercicios aeróbicos
2:30	matemáticas		matemáticas
3:45	historia	música	historia

 **Leamos**

La escuela secundaria en España. Isabel Serrano talks about what it is like to study in a **colegio.**

Antes de leer

A. Before reading, scan the paragraphs and make a list of all the cognates that you recognize.

B. At the secondary level, a **colegio** is similar to a college preparatory high school. Make a list of characteristics of this type of school.

A leer

La escuela secundaria en España

A excepción de la enseñanza *(education)* preescolar, el sistema educativo en España es diferente del sistema en los Estados Unidos. La enseñanza primaria es obligatoria y gratuita *(free)*. Nosotros necesitamos el título para entrar en la escuela secundaria y para obtener un trabajo *(job)*.

Hay varios tipos de escuelas secundarias en España, escuelas tecnológicas y escuelas comerciales por ejemplo. Yo estudio en un colegio porque deseo estudiar en la universidad. Tomo clases de historia, de matemáticas y de italiano. Nosotros entramos a las nueve de la mañana. A las dos nosotros vamos a casa *(home)*, estamos con la familia y regresamos a la escuela a las cuatro. El día escolar termina a las siete. El sistema es muy rígido, todas las clases son obligatorias y hay mucha tarea. En la escuela los estudiantes no practican deportes *(sports)* y no participan en clubes, clases de arte, música, etc., porque en general no hay actividades extraescolares en las escuelas secundarias.

Después de leer

A. Based on the reading, choose the word in parentheses that best completes the sentence.

1. En España, la enseñanza preescolar es (similar/diferente) a la enseñanza preescolar en los Estados Unidos.
2. Hay varios tipos de escuelas (primarias/secundarias) en España.
3. Isabel está en el colegio porque desea (estudiar en la universidad/trabajar) después de graduarse.
4. El colegio es (rígido/flexible).
5. A las dos de la tarde los estudiantes (regresan a la escuela/van a casa).
6. En el colegio no hay (mucha tarea/muchas actividades después de las clases).

B. Carefully reread the paragraphs and find another way of expressing the following words or phrases.

1. inflexible
2. diploma
3. elemental
4. de educación
5. colegio
6. con la excepción de

Escribamos

Getting started: Writing informally

Composing a postcard (**una tarjeta postal**) is a good way to begin the writing process. The text of a postcard is brief, the tone is generally upbeat, and organization is not a critical issue. You have just received a postcard from your friend Carmen, who studies at a university in Spain. You are eager to respond to Carmen's questions and to update her on your own activities.

PARADOR NACIONAL CONDE DE ORGAZ · TOLEDO
N.º 6

¡Hola!

¿Cómo estás? Y, las clases . . . ¿todo bien o todo mal? ¿Qué estudias? ¿Vas mucho a la biblioteca? ¿Cuántos estudiantes hay en la clase de español? ¿Necesitas comprar muchos libros? ¿Escuchas cassettes en el laboratorio de lenguas? Yo, sí. . . pero en inglés, claro. ¿Cuándo preparas la tarea? ¿Qué haces en el centro estudiantil? ¿Usas una computadora? ¡Deseo saberlo (to know it) todo!

Besos (Kisses) de,
Carmen

PARADORES NACIONALES DE TURISMO · ESPAÑA

FISA · I.G. · Palaudarias, 26 · Barcelona · Printed in Spain
Dep. Legal B. 27394-XXVI

Antes de escribir

A. Organización. Most written correspondence contains three parts: the salutation (**el saludo**), the body (**el cuerpo**) and the closing (**la despedida** or **el cierre**). Scan the postcard. What informal greeting does Carmen use? What does she say in closing?

B. Contestar. Read the body of the postcard and answer all ten of Carmen's questions.

C. Preguntar. Write three questions that you would like to ask Carmen. If necessary, consult Interrogative Words on page 50.

D. ¿Cómo es Toledo? Turn to page 116 in **Gaceta 1, España.** Read the brief description of Toledo, the city from which Carmen sent the postcard, and write one question that you would like to ask her about this beautiful museum city. Compare your question with those of your classmates.

Vocabulario útil

Querida Carmen (Amiga):	*Dear Carmen (Friend),*
¿Qué tal (las clases, etc.)?	*How are (the classes, etc.)?*
Abrazos (de) _____	*Hugs (from)* _____
Afectuosamente,	*Affectionately,*
Un abrazo,	*A hug,*
Cariños,	*Love,*
Cariñosamente,	*Lovingly,*
Con cariño,	*With love,*

A escribir

Now that you have generated material to include in your postcard, select the most important information and organize it. Remember, it must be brief.

1. Begin your postcard to Carmen with an informal salutation.
2. Include in the body of the postcard:
   - the responses to two of Carmen's questions that you answered in **Antes de escribir.**
   - the two questions for Carmen that you wrote in **Antes de escribir.**
   - two original sentences about your personal, professional, or academic life.
   - the question about Toledo that you wrote in **Antes de escribir.**
3. End with an informal closing.

2 En clase

Preparativos

As you read the dialogue or watch the video, focus on the adjectives. With the exception of **bienvenidos,** all of the adjectives are in the singular form. Why? Note the final letter of each adjective. From previous observation, you may already know how to form the plural. If not, don't worry. In this lesson you'll practice forming and using adjectives. In this episode, Mariana handles herself pretty well for someone present in body but absent in spirit. Do you, like Mariana, ever zone out during class? Which of the following adjectives best describes the state of mind or body that causes you to daydream in class: **perezoso(a)** *(lazy),* **cansado(a)** *(tired),* **enfermo(a)** *(sick),* **aburrido(a)** *(bored),* **preocupado(a)** *(worried)?* What is Mariana's excuse?

Repita la pregunta, por favor.

Un libro excelente de una mujer muy inteligente y simpática

Un momento eres una alumna aplicada . . .

Yo también soy una buena actriz.

Así es Mariana

La clase de Mariana

Mariana está en la clase de literatura.

Mariana: Bienvenidos a mi clase de literatura española. Welcome to my Spanish literature class. This will be a great place for you to learn how to express new ideas in Spanish. In fact, I learn new words here all the time. You know, one day I think I'd like to write a Spanish novel, or even teach. Think of it. Me . . . a college professor . . .

Mariana imagina que ella es la profesora y enseña la clase de literatura española.

Mariana: Buenos días. Hoy vamos a hablar de la novela *Detrás de la luna, debajo de la mesa*, un libro excelente de una mujer muy inteligente y simpática... Mariana Benavides.

La profesora llama a Mariana.

Profesora: ¡Mariana Benavides! *(Mariana no escucha.)* ¡Mariana Benavides!

Mariana: ¿Eh?... ¡Presente!, señora profesora.

Profesora: Buenos días, Mariana. Gracias por asistir a clase, pero "presente" no es la respuesta que buscamos.

Mariana: ¿Respuesta?... Repita la pregunta, por favor.

Profesora: ¡Ayyy, muchacha! Un momento eres una alumna aplicada y al otro minuto no sé dónde estás.

Mariana: Perdón, profesora.

mother   **Profesora:** La pregunta es... en el libro *El enfermo feliz,* ¿quién es la madre° real del doctor Sánchez?

her   **Mariana:** ¿La madre real? ¡Rayos! Eh... eh... ¡Yo sé! Su° nombre es Juana. Es una buena actriz española. Es morena, delgada y muy perezosa. Ella vive con un maestro de

mountain   arte encima de una montaña° alta.

Profesora: Muy bien. ¿Y cómo es el maestro de arte?

Mariana: Él es... malo. Necesita un buen sicólogo, ¡pronto!

does he know   **Profesora:** ¿Y cómo sabe° el doctor Sánchez que Juana es su madre real?

Mariana: En el capítulo diez, Juana está muy aburrida y decide hacer una fiesta grande. Luego, después de la medianoche, el doctor Sánchez abre la puerta del salón y pronto sabe los secretos de la familia Sánchez.

Profesora: ¡Fabuloso, Mariana! ¡Fabuloso!

Mariana: Yo también soy una buena actriz... ¿no? In case you missed any of that great performance, you might want to rewind the tape. I"ll meet you at the next lesson.

Es decir

A. Comprensión.

The following sentences are false. Based on the dialogue, correct them.

1. Mariana asiste a una clase de historia.
2. Mariana y Luis Antonio están solos *(alone)* en la clase.
3. En la clase, leen un libro sobre un actor español.
4. El maestro de arte es bueno.
5. A las 8:00, el doctor abre la puerta.
6. Mariana contesta mal la pregunta de la profesora.

B. Asimilación.

The following are comments that the professor makes to Mariana. Complete them with the correct form of the verb **ser** or **estar.**

1. Mariana, "presente" no _____ la respuesta que buscamos.
2. Un momento (tú) _____ una alumna aplicada y al otro minuto, no sé dónde (tú) _____.
3. En el libro *El enfermo feliz,* ¿quién _____ la madre real del doctor Sánchez?

Based on your observation of the prepositions **a** and **de** in the Mariana dialogue, fill in the blanks with one or the other. These will be presented later in the lesson.

1. Vamos _____ hablar _____ la novela *Detrás* _____ *la luna, debajo* _____ *la mesa.*
2. Mariana, gracias por asistir _____ clase.
3. Es morena, delgada y muy perezosa y vive con un maestro _____ arte.
4. Viven encima _____ una montaña alta.

C. Expansión.

Refer to the dialogue and to the list of adjectives on pages 74–75 to help you answer the following questions.

1. a. ¿Cómo es la madre real del doctor Sánchez?
   b. ¿Cómo es Mariana?
   c. ¿Cómo es Ud.?
2. a. En el libro *El enfermo feliz,* ¿dónde está la madre del doctor Sánchez?
   b. ¿Dónde está Mariana?
   c. ¿Dónde está Ud.?
3. a. ¿Cómo está Juana en el capítulo 10?
   b. ¿Cómo está Ud.?

 In pairs, create a new response to the question, **¿Quién es la madre real del doctor Sánchez?**. You can use Mariana's description as a model and the adjectives on pages 74–75.

Vocabulario

Beto **repasa** el alfabeto y **pronuncia** las vocales.

Beto **come** un sandwich, **bebe** una limonada y **lee** una novela.

Beto **abre** el cuaderno y **escribe** la composición.

Verbos -ar

ayudar	*to help*
cambiar	*to change*
entrar	*to enter*
llevar	*to carry; to take; to wear*
pronunciar	*to pronounce*
repasar	*to review*

Verbos -er

aprender	*to learn*
beber	*to drink*
comer	*to eat*
comprender	*to understand*
creer	*to believe; to think*
deber	*ought to, should; must; to owe*
leer	*to read*
vender	*to sell*

Verbos -ir

abrir	*to open*
asistir (a)	*to attend*
consistir (en)	*to consist (of)*
decidir	*to decide*
escribir	*to write*
insistir (en)	*to insist (on)*
recibir	*to receive*
vivir	*to live*

En la clase

el año	*year*	**la pregunta**	*question*
el examen	*test*	**la prueba**	*quiz*
el horario	*schedule*	**la respuesta**	*answer*
la nota	*grade*		

Use the context suggested by the illustration and identify cognates (words that look alike in English and Spanish) to guess at the meaning of new words and expressions. All of the essential vocabulary for this *Lección* appears with English translations on pp. 114-115.

Personas

el (la) consejero(a)	*counselor*	**el (la) decano(a)**	*dean*
		el (la) maestro(a)	*teacher*

Materias (Asignaturas) *(Subjects)*

el alemán	*German*	**las ciencias políticas**	*political science*
el arte	*art*	**las ciencias de computadora (la informática)**	*computer science*
la biología	*biology*		
el cálculo	*calculus*		

la contabilidad	*accounting*	el italiano	*Italian*
el derecho	*law*	las	*mathematics*
la economía	*economics*	matemáticas	
el español	*Spanish*	la medicina	*medicine*
el francés	*French*	la química	*chemistry*
el idioma *(m.)*	*language*	la sicología	*psychology*
(la lengua)		la sociología	*sociology*
el inglés	*English*		

Sentimientos *(Feelings)*

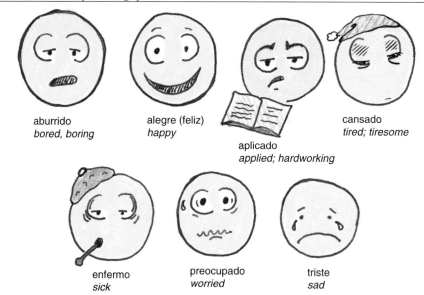

aburrido
bored, boring

alegre (feliz)
happy

aplicado
applied; hardworking

cansado
tired; tiresome

enfermo
sick

preocupado
worried

triste
sad

Otros adjetivos (See pages 74–75 for additional useful adjectives)

bueno	*good; O.K.*	otro[1]	*another; other*
contento	*content*		
listo	*ready; clever*	perezoso	*lazy*
malo	*bad*	trabajador	*hardworking*

Palabras y frases útiles

luego	*later, after*	pronto	*soon, right away*
por	*for; because; by*		
por eso	*therefore, for that reason*	sólo (solamente)	*only*

Vocabulario adicional

la beca	*scholarship*	la literatura	*literature*
el capítulo	*chapter*	la música	*music*
la historia	*history*	el profesorado	*faculty*
la lección	*lesson*	el semestre	*semester*

[1]Note that **otro(a)** is never used with the singular indefinite article **un(a).**

Practiquemos

A. ¿Qué asignaturas estudia Ud? Given the following information, what courses are you studying? There can be more that one correct answer.

MODELO   Ud. desea ser doctor(a).
Estudio biología y química.

1. Ud. desea vivir en Madrid. (En París, en Roma, en Londres, en Berlín.)
2. Ud. desea trabajar con números.
3. Ud. desea trabajar en una farmacia.
4. Ud. desea trabajar en una universidad.
5. Ud. desea trabajar en la corte suprema.

B. Escuchar y hablar. Your instructor will name a place on campus. Form a complete sentence to tell what you do there by choosing one of these verbs: **pronunciar, beber, aprender, leer, vivir.**

MODELO   biblioteca: estudiar
Yo estudio en la biblioteca.

C. ¿Cómo están hoy? Fill in the blanks with the correct form of the adjectives. Then complete the sentence in an original way.

triste   cansado   preocupado   aburrido   contento   enfermo

MODELO   Hoy el maestro está *alegre* porque...
los estudiantes estudian mucho.

1. Hoy el profesor está... porque...
2. Hoy los estudiantes están... porque...
3. Hoy el muchacho perezoso está... porque...
4. Hoy yo estoy... porque...

D. Explicar. Tell what you need to study for the following professions.

MODELO   *Estudio ciencias políticas porque voy a ser presidente.*

artista   sociólogo(a)   doctor(a)   sicólogo(a)   profesor(a)

Aviso cultural

La facultades de la universidad

En España las universidades están formadas por **facultades**° tales como° **la Facultad de Medicina, la Facultad de Derecho**° y **la Facultad de Ingeniería**°. Los estudiantes toman todas sus clases en la facultad que corresponde a su **carrera**°. Como° muchas universidades no tienen un recinto central, las facultades están situadas en diferentes partes de la ciudad°. Si Ud. asiste a una universidad española, ¿en qué facultad va a estudiar?

departments; such as

law
engineering

major; Since

city

Universidad de Salamanca

Forma y función

The Present Indicative of −*er* and −*ir* Verbs

Forma

As with **-ar** verbs, to conjugate **-er** and **-ir** verbs you remove the infinitive endings and add the appropriate personal endings.

COMPRENDER *(to understand)*			
yo	comprend**o**	nosotros(as)	comprend**emos**
tú	comprend**es**	vosotros(as)	comprend**éis**
él		ellos	
ella	comprend**e**	ellas	comprend**en**
Ud.		Uds.	

ASISTIR *(to attend)*			
yo	asist**o**	nosotros(as)	asist**imos**
tú	asist**es**	vosotros(as)	asist**ís**
él		ellos	
ella	asist**e**	ellas	asist**en**
Ud.		Uds.	

Note that the endings for **-er** and **-ir** verbs are identical except for the **nosotros** and **vosotros** forms.

Función

As discussed in Lección 1, the present tense in Spanish is used to express various actions and ideas. **Yo asisto:** = *I attend, I do attend, I am attending, or I will attend* (in the immediate future)

Mariana **lee** un artículo interesante.   *Mariana **is reading** an interesting article.*

Some common **-er** and **-ir** verbs are:

-er		-ir	
aprender	*to learn*	**abrir**	*to open*
beber	*to drink*	**consistir (en)**	*to consist (of)*
comer	*to eat*	**decidir**	*to decide*
creer	*to believe; to think*	**escribir**	*to write*
deber	*ought to, should; must; to owe*	**insistir (en)**	*to insist (on)*
leer	*to read*	**recibir**	*to receive*
vender	*to sell*	**vivir**	*to live*

Practiquemos

A. Las notas. Use the chart below and the verb **recibir** to tell what grades Tomás receives in each of his classes, and why. You may refer to the list of adjectives on pages 74–75.

MODELO   *Tomás recibe sobresaliente en la clase de literatura española porque la literatura es fácil para él.*

UNIVERSIDAD DE VALENCIA		
		Notas de: Tomás Moreno
	MATERIA	**NOTA**
1	Literatura española	sobresaliente
2	Historia contemporánea	notable
3	Inglés	aprobado
4	Filosofía clásica	suspenso
5	Arte medieval	sobresaliente
6	Historia antigua	notable

B. Problemas en clase. Fill in the blanks with the correct form of the verb in the present tense. Then, based on the reading below, answer the questions that your instructor asks you.

Soy Luisa. Yo **1.** (vivir)_____ con Victoria, una amiga de la universidad. Somos muy diferentes. Nosotras **2.** (asistir)_____ a la clase de italiano. Yo **3.** (creer)_____ que es importante estudiar mucho y **4.** (asistir)_____ a todas las clases. Victoria no **5.** (hacer)_____ la tarea, no **6.** (leer)_____ las lecciones y por eso ella **7.** (aprender)_____ poco y **8.** (recibir)_____ malas notas. Ella **9.** (deber)_____ estudiar más.

C. ¿Quién lo hace? To practice **-er** and **-ir** verbs, listen carefully as your instructor reads a series of descriptions. Write the number that corresponds to the description of the following people.

1. la estudiante perezosa _____
2. la maestra _____
3. el estudiante enfermo _____
4. los estudiantes aplicados _____
5. el consejero _____
6. los estudiantes de español _____

D. Preguntas personales. Answer the following questions. Then change the questions to the **tú** form and interview a classmate.

1. ¿Qué días asiste Ud. a clase?
2. ¿Qué clases toma Ud.? ¿Qué notas recibe Ud. en las clases?
3. ¿Lee Ud. mucho? ¿Qué lee?
4. ¿Qué aprende en la clase de español?
5. ¿Qué debe Ud. hacer para recibir buenas notas?

Así se dice
Expressing Disappointment and Happiness

I was born on a sunny morning in April . . .

¡Ay Dios!	*Oh, God!*	¡Qué bien!	*How nice!*
¡Dios mío!	*Oh, my God!*	¡Chévere![1]	*Great!*
¡Maldición!	*Curses!*	¡Qué padre!/¡Qué guay[2]!	*Awesome!*
¡Me lo temía!	*I was afraid of that!*	¡Fenomenal!	*Super!*
¡Caramba!	*Darn!*	¡Estupendo!	*Fantastic!*
¡Rayos!	*Shucks!*	¡Cuánto me alegro!	*I'm so pleased!*

A. Reacciones. Listen to your partner's problem or situation. React, using the appropriate expression.

1. Recibo una "D" en la clase de español.
2. Una amiga prepara una fiesta para mí.
3. Deseo comprar un reloj pero necesito más dinero.
4. Papá compra una computadora para mí.
5. Llego tarde a clase.
6. Necesito estudiar toda la noche.

B. Con los compañeros. Write a dialogue incorporating expressions of disappointment and happiness. Share it with the class.

[1]**¡Chévere!** is commonly used in Venezuela, Colombia, and other Latin American countries.
[2]**¡Qué padre!** is commonly used in Mexico, and **¡Qué guay!** is used in Spain.

Adjectives

Forma y función

Agreement of adjectives

Adjectives are used to describe or limit persons, places, and things.

Here is a description of a character that Mariana describes on page 65. Note the form and use of adjectives.

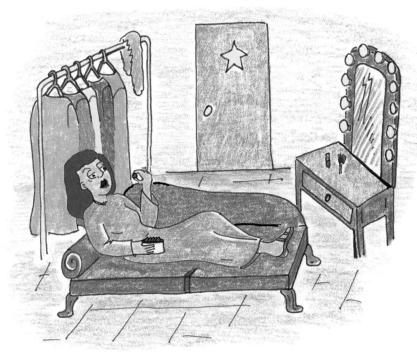

La madre **real** del doctor Sánchez es una **buena** actriz **española.**
Es **morena, delgada** y muy **perezosa.**

1. Adjectives agree in number and gender with the nouns they modify. Adjectives that end in **-o** are masculine singular, and have a masculine plural, a feminine singular, and a feminine plural form.

	Masculine	Feminine
singular	el chico aplicado	la chica aplicada
plural	los chicos aplicados	las chicas aplicadas

2. Adjectives that end in **-e** or in a consonant other than **-n** or **-r** change only to agree in number with the noun they modify. They maintain the same form for masculine and feminine.

	Masculine	Feminine
singular	el muchacho alegre	la muchacha alegre
	el muchacho feliz	la muchacha feliz
plural	los muchachos alegres	las muchachas alegres
	los muchachos felices	las muchachas felices

3. Most adjectives of nationality have four forms, including those that end in a consonant. Note the written accent on masculine singular adjectives that end in **-n** or **-s.**

	Masculine		**Feminine**	
Singular	el profesor	{ mexicano español inglés	la profesora	{ mexicana española inglesa
Plural	los profesores	{ mexicanos españoles ingleses	las profesoras	{ mexicanas españolas inglesas

Other adjectives of nationality include: **chino** *(Chinese)*, **francés, irlandés** *(Irish)*, **japonés** *(Japanese)*, **ruso** *(Russian)*, **alemán.**

¡AVISO! Adjectives of nationality are not capitalized in Spanish, but the names of the countries are. **¿Es José español? Sí, es de España.**

4. Adjectives whose masculine singular form ends in **-or** add **-a** for the feminine.

un muchacho trabaj**or**   una muchacha trabajador**a**

5. Adjectives are pluralized in the same way as nouns.

a. Add **-s** to adjectives that end in a vowel.

el estudiante aplicad**o**   los estudiantes aplicad**os**
la chica perezos**a**   las chicas perezos**as**

b. Add **-es** to adjectives that end in a consonant.

el estudiante trabajad**or**   los estudiantes trabajador**es**

6. The verb **ser** is used with many adjectives to express basic qualities or characteristics of the noun or pronoun being modified.

Alejandro **es listo** y **trabajador.**   *Alejandro **is clever** and **hard-working.***

Adjectives with opposite meanings that are commonly used with *ser*

aburrido/interesante	*boring/interesting*
alto/bajo	*tall/short*
bueno/malo	*good/bad*
delgado/gordo	*slim/fat*
difícil/fácil	*difficult/easy*
grande/pequeño	*big/small*
guapo (bonito)/feo	*handsome (pretty)/ugly*
inteligente/tonto	*intelligent/stupid*
joven/viejo	*young/old*
rico/pobre	*rich/poor*
rubio/moreno	*blond/dark-haired*
simpático/antipático	*nice/unpleasant*

7. The verb **estar** is used with some adjectives to express conditions or states of being.

Hoy es el examen y María **está preocupada.**

*Today is the test and María **is worried.***

Adjectives commonly used with *estar*[1]	
aburrido	*bored*
cansado	*tired*
contento (alegre, feliz)	*happy*
enfermo	*sick*
preocupado	*worried*
triste	*sad*

Practiquemos

A. El congreso internacional. The following people are attending the International Conference on Education. Here's how they feel. Change the following sentences to the plural.

MODELO El maestro mexicano está nervioso.
Los maestros mexicanos están nerviosos.

1. El doctor alemán está enfermo.
2. El decano francés está cansado.
3. El estudiante inglés está aburrido.
4. El profesor inglés está triste.
5. El consejero español está preocupado.

Now change the above sentences to the feminine singular and plural forms.

MODELO La maestra mexicana está nerviosa.
Las maestras mexicanas están nerviosas.

B. Conclusiones. Draw conclusions about people based on the descriptions below. Use the correct form of the adjectives with the verb **ser.**

MODELO Marcos estudia seis horas todas las noches.
Marcos es aplicado.

rico   inteligente   simpático   trabajador   perezoso

1. Sandra siempre ayuda a las personas viejas. Sandra...
2. Roberto y yo no deseamos trabajar. Roberto y yo...
3. Uds. comprenden todo y reciben notas muy buenas. Uds....
4. Yo estudio diez horas todos los días. Yo...
5. Pablo y Rosa compran muchas cosas para toda la clase. Pablo y Rosa...

---

[1]Note that some adjectives (such as **aburrido**) change their meaning when used with **ser** and **estar. Cansado** is another example: **Ser cansado** = *to be tiresome.* **Estar cansado** = *to be tired.*

C. Más conclusiones. Now draw conclusions about the physical or emotional state of people whom your professor describes, using the verb **estar** and the adjectives below. Use complete sentences.

MODELO Profesor(a): Miguel y José deben tomar un examen mañana.
Estudiante: *Miguel y José están preocupados.*

contento   triste   enfermo   feliz   cansado

1. Anita...   **2.** Uds....   **3.** Tú...   **4.** Los chicos...   **5.** Nosotros...

D. Sí, pero... In pairs, student 1 will ask questions and student 2 will answer affirmatively, using the antonym of the adjective in the original sentence to describe the word in parentheses. Reverse roles halfway through. Refer to the list of antonyms on pages 74–75.

MODELO Estudiante 1: *¿Es **interesante** la conferencia? (las clases)*
Estudiante 2: *Sí, pero las clases son **aburridas.***

1. ¿Es fácil la química? (las matemáticas)
2. ¿Es grande el gimnasio? (las residencias)
3. ¿Es viejo Miguel? (Iván y Luis)
4. ¿Es alto Raúl? (José y Rafael)
5. ¿Es perezosa Carmen? (Ana y Rosa)
6. ¿Es simpática Alicia? (Marta y Ema)

Placement of Adjectives

1. Descriptive adjectives *generally* follow the nouns they modify.

una prueba **difícil**   a **difficult** test
unas clases **aburridas**   some **boring** classes

¡AVISO! Adjectives of nationality *always* follow the nouns they modify: **un chico francés** *(a French boy)*

2. Limiting or quantitative adjectives precede the nouns they modify.

cinco/muchas/pocas becas   **five/many/few** scholarships
otro bolígrafo   **another** pen

¡AVISO! With the exception of **un(a)**, cardinal numbers (**dos, cuatro,** and so forth) do not agree with the nouns they modify: **cuatro chicas.**

3. The adjectives **bueno** and **malo** may also precede the nouns they modify. When placed before a masculine singular noun, **bueno** is shortened to **buen** and **malo** to **mal.**

un hombre **bueno** *or* un **buen** hombre   *however:* una **buena** mujer
un hombre **malo** *or* un **mal** hombre   *however:* una **mala** mujer

4. The adjective **grande** may also precede the noun it modifies. **Gran** is used in place of **grande** before a masculine or feminine singular noun. In this case it means *great* rather than *large.*

un **gran** hombre   una **gran** mujer   un hombre **grande**
*a **great** man*   *a **great** woman*   *a **big** man*

Practiquemos

A. ¿Quiénes son? Use the nouns and adjectives below and any other necessary words to describe the following people or things from Spain. Check for agreement of adjectives.

MODELO   *Alex Corretja es un tenista bueno.*

Personas	**Sustantivos**	**Adjetivos**
1. Enrique Iglesias	actriz	talentoso
2. Don Quijote	actor	famoso
3. Antonio Banderas	monarca	español
4. Penélope Cruz	cantante	guapo
5. El Rey Juan Carlos	novela	fantástico

B. Más descripción, por favor. Be more descriptive by inserting the adjectives in parentheses into the sentences.

MODELO   Necesito leer una novela. (grande/francés)
          Necesito leer una gran novela francesa.

1. Hay chicas aquí. (mucho/bonito)
2. Publican libros. (grande/histórico)
3. Busco un diccionario. (bueno/alemán)
4. Es un presidente. (grande/americano)
5. Hay tarea. (mucho/difícil)

C. ¿Quién eres? Read the following personal ads from *Levante,* a newspaper from Valencia, Spain. Match two people from their descriptions, and explain your choices. Then write an ad in which you describe yourself and your ideal mate. Use at least four adjectives per person. Compare your ad to that of a classmate. Are you looking for the same qualities in a mate?

Buzón de amigos

Mujer viuda, 53 años, divertida, agradable, cariñosa y romántica, desea conocer señor divertido, culto, alto, cariñoso y buena persona, para amistad y posible relación seria. **Nº. Buzón: 4051.**

Laura, 39 años, atractiva, inteligente, divorciada y sin hijos. Busco hombre especial, alrededor de 40 años, atractivo, alto, cariñoso, inteligente, sin hijos ni problemas de ningún tipo. **Nº. Buzón: 7719.**

Señora con estilo, alegre, universitaria y libre, busca señor entre 50-60 años, culto, libre, alegre y con ganas de disfrutar de todo lo que da la vida. Escucha mensaje. **Nº. Buzón: 3706.**

Chica desea conocer chico entre 31-39 años, de Valencia, inteligente, alto, atractivo, con iniciativa propia y sin miedo al compromiso. Si te interesa, llama. **Nº. Buzón: 3609.**

Soltero de 45 años, 1,60 y con trabajo estable, te busca a ti, mujer cariñosa, sensible, romántica y entre 40-50 años, para iniciar una convivencia. **Nº. Buzón: 4278.**

Joven separado de 41 años, cariñoso, romántico, honesto, fiel y que se siente algo solo, busca chica entre 35-40 años y de similares cualidades. Si crees que eres tú, llama. Te enamorará. **Nº. Buzón: 4266.**

Ingeniero° de 1,78, moreno y divertido busca mujer divertida, inteligente, delgada y que le guste el cine, la naturaleza y estabilidad económica, para una relación estable. Ofrece lo que pide. **Nº. Buzón: 4224.**

engineer

Profesor, separado, 58 años y 1,80 desea conocer mujer entre 45-55 años, atractiva y culta para una relación estable. **Nº. Buzón: 4265.**

More about *ser, estar* and *hay*

Forma

Y tú... ¿Quién eres?

"Ahora estoy feliz"

Soy, como soy

Hay un chico en mi clase de matemáticas...

SER *(to be)*				ESTAR *(to be)*			
yo	**soy**	nosotros(as)	**somos**	yo	**estoy**	nosotros(as)	**estamos**
tú	**eres**	vosotros(as)	**sois**	tú	**estás**	vosotros(as)	**estáis**
él		ellos		él		ellos	
ella	**es**	ellas	**son**	ella	**está**	ellas	**están**
Ud.		Uds.		Ud.		Uds.	

hay	there is
	there are

Función

Remember that although in English there is only one verb *to be,* in Spanish there are two: **ser** and **estar.** Spanish uses **hay** to mean **there is** or **there are.**

The use of *ser*

1. with the preposition **de** to indicate:

   a. possession.

      Es el libro de Gloria.   *It's Gloria's book.*
      ¿De quién **es** el lápiz?   *Whose pencil is it?*

   b. place of origin.

      Soy de Cuenca, España.   *I'm from Cuenca, Spain.*
      ¿De dónde **eres** tú?   *Where are you from?*

   c. material from which something is made.

      Mi escritorio **es de** metal,   *My desk is metal not plastic.*
      no **es de** plástico.

2. to express nationality, religion, political affiliation, and with adjectives that indicate qualities or characteristics.

Pedro **es español. Es católico** y **es inteligente** y **trabajador.**	*Pedro **is Spanish. He is Catholic** and **is intelligent** and **hardworking.***
¿Cómo **es** Josefina? Ella **es alta, guapa, rubia** y **simpática.**	*What **is** Josefina like? **She's tall, pretty, blond,** and **nice.***

3. to express the hour and the date.

¿**Es tarde**¹? ¿**Qué hora es?**	*Is it late? What time is it?*
Hoy es martes, el tres de abril.²	*Today is Tuesday, April third.*

4. with adjectives to form general or impersonal expressions.

Es importante asistir a clase todos los días.	*It's important to attend class every day.*

5. with predicate nouns, that is, nouns that explain or rename the subject of a sentence.

Carmen **es una estudiante universitaria.**	*Carmen **is a college student.***
Raúl **es decano.**³	*Raúl **is a dean.***

6. to express where an event takes place.

La fiesta **es en la cafetería.**	*The party **is in the cafeteria.***

The use of *estar*:

1. to indicate geographic or physical location.

La Universidad de Valencia **está en España** y **está en el centro de la ciudad.**	*The University of Valencia **is in Spain** and **is in the center of the city.***
¿**Dónde está** la librería?	*Where is the bookstore?*
Está detrás de la biblioteca.	*It is behind the library.*

2. with adjectives that indicate physical and emotional conditions and states, such as one's health or one's state of mind.

Ema **está bien** pero **está cansada.**	*Ema **is well** but **she's tired.***
Hay un examen hoy. **Estoy preocupado.**	*There is a test today. **I'm worried.***

3. with adjectives to express sensory impressions. In this case it is translated as *seems, feels, tastes,* or *looks.*

La limonada **está muy buena.**	*The lemonade **tastes very good.***

---

¹You use neither **ser** nor **estar** with people to express being late. A person arrives **(llegar)** or is running **(ir)** late. **No deseo llegar tarde.** *I don't want to be (arrive) late.* **Voy tarde.** *I'm running late.*

²Note that the masculine definite article **(el)** is used to express the date in Spanish as it substitutes for the masculine noun **día: Es el (día) 10 de octubre.**

³Note the omission of the indefinite article **(un, una)** after the verb **ser** when the predicate noun is not modified. **Raúl es decano. Raúl es un decano importante.**

The use of *ser* and *estar* with adjectives:

1. **Ser** is used with adjectives that express inherent qualities or characteristics of a person, place, or thing. For example: **alto, simpático, moreno, viejo, inteligente.**

2. **Estar** is used with adjectives that express a change in the usual states or conditions of a person or thing. It may reflect the state of an object or person described at a particular moment in time, for example: **nervioso, frío *(cold)*, cansado, enfermo.**

   Estar is also used with adjectives that express the result of a previous action, for example: **sorprendido** *(surprised)*, **roto** *(broken)*.

3. Both **ser** and **estar** can be used with many of the same adjectives; however, the meanings will vary. Note the following examples:

Adjective	Ser	Estar
aburrido	El programa **es aburrido.** *The program is boring.*	Yo **estoy aburrido.** *I'm bored.*
guapo	Julio **es guapo.** *Julio is handsome.*	Julio **está guapo** hoy. *Julio looks handsome today.*
listo	La niña **es lista.** *The girl is intelligent.*	La niña **está lista** para la clase. *The girl is ready for class.*
rico	El doctor Moreno **es rico.** *Doctor Moreno is rich (wealthy).*	El chocolate **está rico.** *The chocolate is delicious.*
triste	La novela **es triste.** *The novel is sad.*	Pablo **está triste.** *Pablo is (feeling) sad.*

The use of *hay*

The word **hay** means ***there is*** as well as ***there are.*** Do not confuse **hay** with either **ser** or **estar.** Compare the following forms.

hay: **there** is	es	it he she you } is/are	está	it he she you } is/are
hay: **there** are	son	they you } are	están	they you } are

Hay un estudiante en la clase.
Un estudiante **está** en la clase.

There is *one student in class.*
*One student **is** in class.*

Hay una clase de español a la una.
Es una clase de español.

There is *a Spanish class at 1:00.*
It is *a Spanish class.*

Practiquemos

A. Los anuncios _(The ads)._ Look at the ads and headlines below and on page 78 and tell why **ser, estar,** or **hay** is used.

1. SÓLO HAY
   UNA FORMA DE
   LLEGAR A TIEMPO

5. Sí, aquí <u>está</u> su banco...

2.

6. Así soy yo

3. **Leche ¿Dónde está su bigote°?**

7. **<u>ESTAMOS</u> UNIDOS**

   moustache

4. **No somos iguales**

8. Mi casa es su casa.

B. Conteste, por favor. Listen to the interrogative cues that your instructor gives you, and answer using **ser** or **estar.**

MODELO   Profesor(a): ¿Pablo? ¿mexicano?
          Estudiante: _Sí, Pablo es mexicano._

C. ¿Cuántas posibilidades? Choose all of the possible answers for each sentence. Explain why certain answers are not correct.

1. El decano está...
   a. en su oficina.
   b. muy enfermo.
   c. con nosotros.
   d. profesor de arte también.

2. Somos...
   a. contentos ahora.
   b. muy inteligentes.
   c. españoles.
   d. en España.

3. Es...
   a. la una.
   b. tarde.
   c. fantástico.
   d. de metal.

4. Hay...
   a. muchas personas.
   b. un chico aquí.
   c. una fiesta en clase.
   d. poco dinero.

5. Tú eres...
   a. fantástico.
   b. trabajador.
   c. guapo.
   d. aplicado.

6. Son...
   a. detrás de él.
   b. las tres y media.
   c. con María.
   d. mexicanos.

D. **¿Qué tal las clases?** Think of questions to ask your classmate about his/her school year. Take turns asking and answering.

MODELO Estudiante 1: *¿Cómo son los exámenes?*
Estudiante 2: *Son muy difíciles.*

1. ¿Quién es... ?
2. ¿Qué es... ?
3. ¿Cómo es... ?
4. ¿Cómo está... ?
5. ¿Dónde es... ?
6. ¿Cuántos... hay... ?
7. ¿Dónde está... ?
8. ¿De quién es... ?

E. **Lección de geografía.** You and a classmate are preparing for a trip to Spain. The following statements contain inaccurate information. Choose the correct verb and read the statement to your partner. Your partner will correct the error by consulting the map on page 118.

Barcelona, España

1. Alicante (es/está) muy cerca de Portugal.
2. Toledo (es/está) en la frontera *(border)* con Francia.
3. (Hay/Son) tres ciudades principales en el mar Mediterráneo.
4. Barcelona (es/está) la ciudad más grande de España.
5. Granada y Málaga (están/son) ciudades céntricas.

With your partner, choose a city from the **Gira turística** on pages 116–117. Give six reasons why you plan to go there. Use **ser, estar** and **hay** at least twice in your descriptions of the city you've chosen.

The Contractions *al* and *del*

Forma y función

In Spanish there are only two contractions: **al** and **del**.

> a + el = al   de + el = del

1. The preposition **a** combines with the definite article **el** to form **al.**

Vamos **al (a + el)** centro estudiantil.   *We're going to the student center.*

2. The preposition **de** combines with the definite article **el** to form **del.**

Aquí está el lápiz **del (de + el)** profesor.   *Here's the professor's pencil.*

¡AVISO! No other definite articles **(la, las, los)** combine with **a** or with **de** to form contractions.

> Vamos ⎱ a la residencia.   Aquí está el lápiz ⎱ de la profesora.
>   ⎰ a las clases.   ⎰ de las profesoras.
>   a los conciertos.   de los profesores.

Practiquemos

A. Todos hablan. Answer the questions with complete sentences using the cues given. Follow the model.

> MODELO   ¿De qué habla el presidente? (la situación económica)
>   *El presidente habla de la situación económica.*

1. ¿De qué hablan Graciela y Rosita? (los muchachos)
2. ¿De qué habla el consejero? (el problema de Juan)
3. ¿De qué hablas tú? (la fiesta)
4. ¿De qué hablan Rita y el profesor? (las notas)
5. ¿De qué hablan Uds.? (el examen)

B. Mariana y los amigos. Fill in the blanks with: **al, a la, a los, a las, del, de la, de los,** or **de las.**

Mariana y Luis Antonio van **1.** _____ centro estudiantil. Allí hablan
2. _____ clases, **3.** _____ profesor de cálculo, y **4.** _____ fiesta de Alicia.
También hablan **5.** _____ exámenes finales. Después, Luis Antonio va
6. _____ clases de biología y arte, pero Mariana va **7.** _____ casa de Rubén.
Van a ir **8.** _____ oficina **9.** _____ decano para hablar **10.** _____ actividades
11. _____ club de español.

Pronunciación   c

c   In Latin America, **c** before **e** and **i** is pronounced like the English *s* in *Sam*. In many parts of Spain, **c** before **e** and **i** is pronounced like the English *th* in *thin.*
        cena   cero   cereal   gracias

   In all other cases, the **c** in Spanish has the hard sound of the English *k*.
        cama   cortés   cruz   clase

ch The **ch** has the sound of *ch* in the word *church.*
        chica   choza   coche   marchar

Practice your pronunciation with the following tongue twisters **(trabalenguas).**
1. Sin César, no es posible cazar cebras en la plaza sin cesar.
2. La cucaracha charla y marcha con mucha chispa.

En resumen

A. Mariana toma otra clase de literatura española. Give the correct form of the verb in the present tense, and select the appropriate word where two choices are given.

"Nosotros **1.** (leer) _____ *El ingenioso hidalgo don Quijote de la Mancha* de Miguel de Cervantes (1547–1616). En la novela, el protagonista principal es don Quijote, pero su nombre verdadero es Alonso Quijano. Don Quijote está medio *(half)* loco porque **2.** (leer) _____ muchos libros de aventuras y **3.** (vivir) _____ en un mundo de fantasía. **4.** (Creer) _____ que es uno de los hidalgos *(knights)* de los libros. Sancho Panza, su escudero *(squire),* **5.** (es, está) _____ realista y materialista..., todo lo contrario de don Quijote. Al final de la novela, don Quijote **6.** (comprender) _____ que *(that)* su mundo *(world)* ideal es absurdo y no **7.** (desear) _____ vivir más. Sancho Panza, en cambio *(on the other hand),* **8.** (terminar) _____ completamente "quijotizado". ¡Muy interesante!

No **9.** (es, hay) _____ un examen final en la clase, pero yo **10.** (deber) _____ escribir **11.** (un, una) _____ composición. **12.** (Creer) _____ que **13.** (el, la) _____ tema va a **14.** (ser, estar) _____ "La inmortalidad del idealismo humano en *El Quijote*". ¿Qué **15.** (creer) _____ Ud.?

B. Mañana hay una prueba. Translate the following dialogue to Spanish.

Mariana: *Luis, how do you say, "I'm worried" in French?*

Luis Antonio: *I don't know. Why? Is there a quiz tomorrow?*

Mariana: *Yes, and Professor Benet's quizzes are not easy! We ought to study all night.*

Luis Antonio: *Why don't you review Lesson 2? I'm going to call Paulette Broussard.*

Mariana: *Yes . . . she's the French student in sociology class.*

Avancemos

Escuchemos

CD1, Tracks 14–16

A. ¿Es lógico? You will hear a series of sentences. Indicate if they are logical or not logical by placing a check on the appropriate line.

MODELO El estudiante perezoso estudia mucho.

Es lógico	No es lógico
_____	✔ _____

	Es lógico	No es lógico
1.	_____	_____
2.	_____	_____
3.	_____	_____
4.	_____	_____
5.	_____	_____
6.	_____	_____
7.	_____	_____
8.	_____	_____

B. Dictado *(Dictation)*. You will hear a short narration about Spanish universities. Listen carefully to the entire selection. Listen again and write each sentence during the pauses. You will then hear a series of statements related to the dictation. Indicate whether they are true **(cierto)** or false **(falso).** Correct the false statements and answer with complete sentences. Refer to your dictation.

Hablemos

La vida universitaria. With a classmate, study the following drawings, which depict five identical activities that occur on a college campus. Drawing B contains four additional activities not found in drawing A. By covering one drawing, describing your respective pictures, and asking and answering questions you will discover the missing activities.

Estudiante A

1.

2.

3.

4.

5.

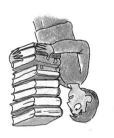 **9.**

 **8.**

 **7.**

 **6.**

 **5.**

 **4.**

 **3.**

 **2.**

 **1.**

Estudiante B

 **Leamos**

La historia del arte español. The following exercise is an excerpt from a lecture on Spanish contemporary art.

Antes de leer

A. Before reading, scan the paragraph and make a list of all of the cognates that you recognize.

B. Which artist(s) respresent(s): a. cubism? b. surrealism? c. classicism?

A leer

La historia del arte español.

Pablo Ruiz Picasso (1881–1973) es el representante máximo del "cubismo" y el artista más influyente del siglo *(century)* XX. En la pintura *(painting)* usa las técnicas de "collage", y en la escultura *(sculpture)* utiliza la fantasía para transformar objetos reales en estructuras nuevas. En la obra *(work)* de Picasso hay varios períodos: "Azul", "Rosa", "Cubista" y "Clasicista", por ejemplo. Una obra muy famosa es *Guernica,* pintura que representa el horror de la Guerra *(War)* Civil española.

Joan Miró (1893–1983) y Salvador Dalí (1904–1989) son surrealistas por excelencia. La obra de ambos *(both)* consiste en elementos de fantasía que combinan con el realismo. El temperamento y estilo de vida *(lifestyle)* de Miró y Dalí son muy diferentes. Miró lleva una vida convencional y práctica, mientras *(while)* Dalí vive en un ambiente *(atmosphere)* de melancolía y horror. *La persistencia de la memoria* de Dalí es una de las obras más famosas del mundo *(world)*.

La persistencia de la memoria—Salvador Dalí

Después de leer

Conteste las preguntas.

1. ¿Qué objetos hay en el cuadro *(painting)*? ¿Qué observaciones o interpretaciones puede hacer Ud.?

2. ¿Qué piensa Ud. del arte surrealista? Explique *(Explain)*.

3. ¿Con qué artista contemporáneo (en el arte, la música o el cine) compara Ud. a Dalí?

Escribamos

Describing

Describing is painting a picture with words, and it focuses on persons, places, and things. In this **Escribamos** section, you will observe a photograph of la Puerta del Sol, and with a few guidelines, you will paint a word picture of this important section of Spain's capital city.

La Puerta del Sol, el centro de Madrid y el centro de España

Antes de escribir

A. En orden. Three principles will help you order your sentence elements when you write. The accompanying examples are found in the description of Barcelona on page 117 in **Gaceta 1.** Read the paragraph about Spain's premier port city.

1. The subject generally precedes the verb. **El paseo de las Ramblas divide la ciudad.**
2. Adjectives that describe often follow nouns. **Barcelona es el puerto más grande de España...**
3. Adjectives of number, quantity, and order generally precede nouns. **... y su segunda ciudad.**

B. Valencia. Now, read the description of Valencia on page 117 of **Gaceta 1** and write an example of the word order principles listed above.

Subject precedes verb: _____

Adjectives that describe follow nouns: _____

Adjectives of number, quantity, and order precede nouns:

_____

C. La Puerta del Sol. Look at the photo of Puerta del Sol. Use the **Vocabulario útil,** and jot down words and phrases that reflect what you see in the photo.

Vocabulario útil

la avenida	*avenue*	**el centro**	*center*
ancho	*wide*	**el coche**	*car*
antiguo	*old, ancient*	**el edificio**	*building*
la capital	*capital*	**la gente**	*people*

Sobre *(About)* la Puerta del Sol

el equivalente español de Times Square en Nueva York	*The Spanish equivalent of Times Square in New York*
La Gran Vía, una avenida importante	*La Gran Vía, an important avenue*
la Casa de Correos, un edificio histórico	*The Post Office, a historic building*

Ahora, escriba

A. Now you are ready to write. Use the word order principles, your photo observation notes, the **Vocabulario útil** and the phrases in "Sobre la Puerta del Sol" to write a descriptive paragraph.

B. The following template has been provided to guide your writing.

La Puerta del Sol es _____

Es el _____

La Gran Vía _____

Hay _____

La Casa de Correos _____

C. Write an original closing sentence for your paragraph about the Puerta del Sol.

3 Necesito trabajar

Preparativos

As you read the dialogue or watch the video, note the use of the verb **tener** *(to have)* in certain expressions that in English require the verb *to be*. For example, Luis Antonio says, **Tengo hambre** to express *I am hungry* and **Tengo miedo** to express *I am afraid*. What does Mariana mean when she says in the video, **Algunas veces tengo ganas de... ¡gritar!**? Also, pay attention to these verbs: **tiene (tener), sueña (soñar), prefiero (preferir), quieren (querer), empieza (empezar), entiendo (entender),** and **puede (poder).** What do they have in common? They are all stem-changing verbs, that is, verbs that have a diphthong **(ie)** or **(ue)** in the root. In this episode we learn that Luis Antonio dreams of **(sueña con)** being a sports writer. Alicia thinks **(piensa)** that journalism is boring. **¿Qué piensa Ud.? ¿Es una profesión aburrida o interesante?** They say that opposites attract. **¿Qué tienen en común** *(common)* **Alicia y Mariana? ¿Cuáles son las diferencias?**

—¡Tiene que encontrar algo para mí!

—¿Tiene interés en un empleo en particular?

—Siempre sueña con ser periodista de deportes.

—Todos quieren mucho dinero y poco trabajo.

Así es Mariana

El nuevo empleado

suit; tie *En el dormitorio de Mariana, Alicia mira una foto de Luis Antonio con traje° y corbata.°*

Alicia: ¡Qué guapo es tu hombre de negocios!

Mariana: Sí... es muy guapo. Está en su entrevista ahora mismo.

Alicia: ¿Una entrevista?... ¿Con quién?

Mariana: Con la agente de empleos de la universidad.

Alicia: ¿Tiene interés en un empleo en particular?

Mariana: Siempre sueña con ser periodista de deportes.

Alicia: ¿Periodista? ¡Qué profesión más aburrida! ¡Pobre Luis! Prefiero no comentar, pero con poca experiencia... no va a ser muy fácil.

shout **Mariana:** A veces tengo ganas de... ¡gritar°!

Alicia: *(Alicia no escucha.)* ¿Cómo? ¿Qué dices?

Mariana: *(To the camera)* This could get messy. Maybe we'd better cut to Luis Antonio's interview.

En la oficina de empleos.

Agente: Hay un puesto como cocinero en un restaurante.

Luis Antonio: ¿Cocinero? No sé. Siempre tengo hambre cuando estoy en un restaurante. Prefiero algo diferente.

shoes **Agente:** Todos quieren mucho dinero y poco trabajo. ¡Ajá! ¡Perfecto! Vendedor de zapatos.° El salario comienza a cuarenta dólares por día.

Luis Antonio: Tampoco quiero ser vendedor. Tengo miedo de los clientes difíciles.

Agente: ¡No entiendo! Ud. viene aquí porque busca un empleo. Tengo dos puestos muy buenos, pero Ud. no quiere ninguno.

Luis Antonio: ¿No hay otro? Por favor, señora. ¡Tiene que encontrar algo para mí!

Luis encuentra un anuncio en el periódico que está encima del escritorio.

birthday **Mariana:** Luis siempre tiene suerte. Y mañana en la fiesta de cumpleaños° de mi
brother hermano°, puede hablar de su trabajo nuevo como periodista.

Es decir

A. Comprensión.

Correct the following false statements.

1. Mariana y Alicia están en clase.
2. La entrevista de Luis Antonio es en un restaurante.
3. Alicia cree que la profesión de periodista es interesante.
4. La agente de empleos no tiene puestos para Luis.
5. El salario de vendedor de zapatos es cincuenta dólares por día.

B. Asimilación.

Based on your observation of the verb **tener** in the Mariana dialogue, fill in the blanks with the correct form: **tengo** or **tiene.** This verb will be presented later in this lesson.

1. ¿Luis _____ interés en algún empleo en particular?
2. Algunas veces yo _____ ganas de... ¡gritar!
3. Siempre _____ hambre cuando estoy en un restaurante.
4. Tampoco quiero ser vendedor. _____ miedo de los clientes difíciles.
5. Por favor, señora. ¡_____ que encontrar algo para mí!
6. Yo _____ dos puestos muy buenos.

C. Expansión.

Answer the following questions.

1. ¿Tiene Ud. interés en ser periodista como Luis Antonio?
2. ¿Qué tipo de trabajo busca Ud.? ¿Qué salario desea Ud. tener? ¿Qué beneficios?
3. Write a brief description about your ideal job and share it with the class.

 In pairs, write a dialogue in which Luis Antonio rejects yet another job offer from the employment agent. Share your dialogue with the class.

¿Mécanico, dice? No sé mucho sobre los motores, y no tengo interés en los automóviles.

Vocabulario

Use the context suggested by the illustration and identify cognates (words that look alike in English and Spanish) to guess at the meaning of new words and expressions. All of the essential vocabulary for this *Lección* appears with English translations on pp. 114-115.

el (la) arquitecto(a)

el (la) contador(a)

el (la) médico(a)

el (la) enfermero(a)

el (la) periodista

el (la) programador(a)

el (la) cocinero(a)

el (la) (p)sicólogo(a)/
el (la) (p)siquiatra

Profesiones y oficios *(Professions and occupations)*

el (la) abogado(a)	*lawyer*	**el (la) ingeniero(a)**	*engineer*
el (la) artista	*artist*	**el (la) juez**	*judge*
el (la) camarero(a)	*waiter, waitress*	**el (la) mecánico**	*mechanic*
		el (la) músico(a)	*musician*
el (la) científico(a)	*scientist*	**el (la) secretario(a)**	*secretary*
el (la) farmacéutico(a)	*pharmacist*	**el (la) vendedor(a)**	*salesperson*
el hombre (la mujer) de negocios	*businessman (woman)*		

Verbos (e–ie)

cerrar	*to close*	**pensar**	*to think; to intend*
comenzar/ empezar (a)	*to begin*	**perder**	*to lose*
entender	*to understand*	**preferir**	*to prefer*
mentir	*to lie*	**querer**	*to want; to love*
negar	*to deny*		
nevar	*to snow*	**recomendar**	*to recommend*

Verbos (o–ue)

almorzar	*to have lunch*	**devolver**	*to return (something)*
contar (con)	*to count (on); to tell*	**dormir**	*to sleep*
costar	*to cost*	**encontrar**	*to find; to meet*

Verbos (o–ue) (continued)

llover	to rain	**recordar**	to remember
morir	to die	**soñar (con)**	to dream (about)
mostrar	to show		
poder	to be able to; can	**volver**	to return (to a place)

Otros verbos

dejar	to leave (behind); to quit	**jugar (ue)**	to play
		tener	to have
ganar	to earn; to win	**venir**	to come

Palabras relacionadas con el trabajo *(Words related to work)*

la agencia de empleos	employment agency	**el (la) empleado(a)**	employee
		el empleo (puesto)	position, job
el (la) agente de empleos	employment counselor	**la entrevista**	interview
		la gente	people
el almacén	department store	**el (la) gerente**	manager
		el (la) jefe(a)	boss
la carrera	career	**el (la) obrero(a) (trabajador/a)**	worker
la cita	appointment; date		
		el periódico	newspaper
el (la) cliente	client	**el salario (sueldo)**	salary
la compañía (empresa)	company, firm	**la tienda**	store

Palabras y expresiones útiles

algo	something	**nada**	nothing
alguien	someone	**nadie**	no one
interesante	interesting	**nuevo**	new
mismo	same	**tampoco**	neither, either

Practiquemos

A. Sinónimos y antónimos. Find the synonym of the words in the first column.

1. sueldo	a. profesión
2. empresa	b. compañía
3. trabajador	c. empleo
4. carrera	d. salario
5. puesto	e. obrero

Now find the antonym of the words in the first column.

1. perder	a. nadie
2. comenzar	b. encontrar
3. cerrar	c. también
4. alguien	d. nada
5. tampoco	e. terminar
6. algo	f. abrir

94 noventa y cuatro | **Unidad 1** Los años decisivos

B. ¿Quién trabaja aquí? Who works in the following places? There may be more than one possible answer.

MODELO *El camarero trabaja en el restaurante.*

1.

2.

3.

4.

5.

6.

C. Preparativos. Listen to your instructor read the activities of the following people as they prepare for their future. Complete each sentence with the appropriate profession.

MODELO Profesor(a): Inés lee libros sobre Dalí, Picasso y Miró.
Estudiante: *Inés quiere ser artista.*

1. Rosamelia...
2. Tomás...
3. Cristóbal y Paula...
4. Celia y yo...
5. Sebastián y Carlos...
6. Tú...

D. ¿Qué profesiones...? Ask three classmates to name two professions that fit each of the following criteria. Share your results.

¿Cuáles son dos profesiones que...

1. pagan mucho dinero? ¿poco dinero?
2. son interesantes?
3. ofrecen muchos beneficios *(benefits)?* ¿pocos?
4. (no) necesitan un título *(degree)* universitario?

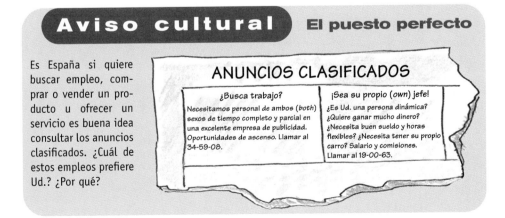

Aviso cultural El puesto perfecto

Es España si quiere buscar empleo, comprar o vender un producto u ofrecer un servicio es buena idea consultar los anuncios clasificados. ¿Cuál de estos empleos prefiere Ud.? ¿Por qué?

ANUNCIOS CLASIFICADOS

¿Busca trabajo?

Necesitamos personal de ambos *(both)* sexos de tiempo completo y parcial en una excelente empresa de publicidad. Oportunidades de ascenso. Llamar al 34-59-08.

¡Sea su propio *(own)* jefe!

¿Es Ud. una persona dinámica? ¿Quiere ganar mucho dinero? ¿Necesita buen sueldo y horas flexibles? ¿Necesita tener su propio carro? Salario y comisiones. Llamar al 19-00-63.

Forma y función

Stem-changing Verbs:
The Present Tense of e > *ie*

Forma

Certain verbs are called stem-changing because when stressed, the stem vowel **e** changes to **ie.** Since the stress does not fall on the stem in the first- and second-person plural forms (**nosotros** and **vosotros),** there is no stem change.

EMPEZAR *(to begin)*		QUERER (to want; *to love*)		PREFERIR *(to prefer)*	
emp**ie**zo	empezamos	qu**ie**ro	queremos	pref**ie**ro	preferimos
emp**ie**zas	empezáis	qu**ie**res	queréis	pref**ie**res	preferís
emp**ie**za	emp**ie**zan	qu**ie**re	qu**ie**ren	pref**ie**re	pref**ie**ren

Some common **e** >**ie** stem-changing verbs are:

cerrar	*to close*	negar	*to deny*
comenzar (a)	*to begin (to)*	nevar	*to snow*
entender	*to understand*	pensar	*to think; to intend*
mentir	*to lie*	perder	*to lose*

—¿Qué **quiere** la jefa?
—**Prefiere** ver las solicitudes ahora.

—*What does the boss **want?***
—*She **prefers** to see the applications now.*

Luis Antonio **quiere** encontrar un trabajo.   *Luis Antonio **wants** to find a job.*

Función

1. The verbs **comenzar** and **empezar** take the preposition **a** before an infinitive.

Empieza **a** trabajar.
Empieza el trabajo.

He begins to work.
He begins the work.

2. The verb **pensar** followed by an infinitive means *to intend* or *plan* to do something. **Pensar** followed by **de** means *to think of* in the sense of *to have an opinion about* something or someone. **Pensar** followed by **en** means *to think of* or *about* in the sense of *to have in mind.*

Pienso ir a la oficina temprano.	*I plan to go to the office early.*
¿Qué **piensas de** la compañía?	*What do you think of the company?*
Sara **piensa en** el fin de semana.	*Sara thinks about the weekend.*

3. The verb **nevar** is conjugated in the third-person singular only. The subject *it* is not expressed.

Nieva mucho en el norte de España.	*It snows a lot in northern Spain.*

Practiquemos

A. ¿Cuál no corresponde? Choose the verbs that logically complete each sentence.

1. ...almorzar en la cafetería.
   - **a.** Prefiero
   - **b.** Empiezo
   - **c.** Pienso
   - **d.** Quiero

2. ¿Quién ... la tarea?
   - **a.** cierra
   - **b.** entiende
   - **c.** comienza
   - **d.** empieza

3. No ... el problema.
   - **a.** niego
   - **b.** pienso en
   - **c.** entiendo
   - **d.** miento

4. El menú es excelente. ¿Qué...
   - **a.** quieres?
   - **b.** recomiendas?
   - **c.** pierdes?
   - **d.** prefieres?

B. En el futuro. Fill in the blanks with the correct form of the verb **pensar.**

Susana **1.** _____ estudiar para ser arquitecta porque ella es muy creativa. Juan y Jorge **2.** _____ ser médicos porque quieren curar el cáncer. Paco y yo **3.** _____ estudiar diplomacia porque estamos interesados en la política y ya *(already)* hablamos varios idiomas. Víctor **4.** _____ trabajar con las computadoras porque es una profesión con muchas oportunidades. Y tú, ¿qué **5.** _____ hacer en el futuro?

 C. Preguntas personales. Answer the following questions. Then use the **tú** form of the verbs to interview a classmate.

1. ¿En qué situaciones...
   - **a.** pierde la paciencia?
   - **b.** miente?
   - **c.** quiere dejar su trabajo?

2. ¿Qué...
   - **a.** piensa del (de la) profesor(a) de español?
   - **b.** quiere hacer después de clase?
   - **c.** no entiende en la clase de español?

3. ¿A qué hora...
   - **a.** empieza a estudiar los domingos?
   - **b.** piensa ir a la biblioteca?
   - **c.** prefiere ir a la cafetería?

El(La) jefe(a) de personal de una empresa:	The head of personnel of a company:
¿En qué puedo servirle?	How can I help you?
Tiene un currículum (vitae) sobresaliente.	You have an outstanding resume.
¿Qué experiencia (laboral) tiene?	What (work) experience do you have?
¿Por qué quiere dejar su trabajo actual?	Why do you want to leave your current job?
Ud. necesita llenar una solicitud.	You need to fill out an application.

El(La) candidato(a) que busca empleo:	The candidate who is looking for a job:
Estoy aquí por el anuncio que tienen en el periódico. (para solicitar el puesto de...)	I'm here for the ad that you have in the newspaper (to apply for the position of . . .)
Tengo una entrevista con...	I have an interview with . . .
Busco un trabajo de medio tiempo (tiempo completo).	I'm looking for a part-time (full-time) job.
Soy licenciado(a) en Administración de Empresas.	I have a degree in Business Administration.
Soy eficiente, tengo dominio de tres idiomas, sé tomar decisiones y trabajar en equipo.	I'm efficient, I'm fluent in three languages, I know how to make decisions and to be a team player.
Estoy desempleado(a).	I am unemployed.
Tengo experiencia en...	I have experience in . . .
Quiero la posibilidad de... (ganar un buen sueldo, tener ascensos, recibir beneficios).	I want the possiblility of . . . (earning a good salary, getting promotions, receiving benefits.)
Mi jefe es exigente e injusto.	My boss is demanding and unfair.

Practiquemos

A. La entrevista. You landed *the* interview and you are under pressure to impress. How would you answer the following questions? Play the role of the interviewer and ask a classmate the same questions.

1. ¿Por qué quiere dejar su trabajo actual?
2. ¿Qué puede ofrecerle a la empresa?
3. ¿Cuáles son sus capacidades o destrezas?
4. ¿Cuáles son sus puntos débiles?

B. Con los compañeros. You knew the secrets of a successful interview: **impresionar con sus capacidades, llevar ropa** (clothing) **tradicional, no preguntar sobre el sueldo, los beneficios o las vacaciones, hablar claro, sonreír** (smile) **y mostrar confianza** (show confidence). When the day arrived, everything went wrong. In pairs, dramatize this unfortunate encounter between interviewer and candidate.

The Present Tense of *o > ue* Stem-changing Verbs

Forma

Certain verbs change the stem vowel from **o > ue** in the present tense when the stem vowel is stressed. As with the **e > ie** stem-changing verbs, the **nosotros** and **vosotros** forms do not have this change.

ALMORZAR (to eat lunch)		VOLVER (to return)		DORMIR (to sleep)	
almuerzo	almorzamos	vuelvo	volvemos	duermo	dormimos
almuerzas	almorzáis	vuelves	volvéis	duermes	dormís
almuerza	almuerzan	vuelve	vuelven	duerme	duermen

Some common **o > ue** stem-changing verbs are:

contar	to count; to tell	morir	to die
contar con	to count on	mostrar	to show
costar	to cost	poder	to be able, can
devolver	to return (something)	recordar	to remember
encontrar	to find; to meet	soñar (con)	to dream (about)
llover	to rain		

¿A qué hora **almuerzas?**
Puedo almorzar a la una si el jefe **vuelve.**

*What time do you **eat lunch?***
I can** eat lunch at one o'clock, if the boss **returns.

Función

1. The verb **costar** is generally used in the third-person singular and plural forms only.

   El libro cuesta tres dólares y los cuadernos cuestan dos dólares.

   The book costs three dollars and the notebooks cost two dollars.

2. The verb **llover,** like the verb **nevar,** is used in the third-person singular form only. The subject *it* is not expressed.

   Como **llueve** no podemos jugar al fútbol.

   *Since **it's raining** we can't play soccer.*

3. **Jugar** *(to play)* is the only verb in Spanish that changes its stem vowel **u > ue.** It is often followed by the preposition **a** before a game or a sport.

JUGAR	
juego	juegas
juega	jugamos
jugáis	juegan

Laura **juega al** tenis con el jefe a menudo.

*Laura **plays** tennis with the boss often.*

Practiquemos

A. ¿Cuál no corresponde? Choose the verbs that logically complete each sentence.

1. Los estudiantes ... los libros.
   a. pueden
   b. muestran
   c. recuerdan
   d. devuelven

2. Todos ... a las doce.
   a. juegan
   b. almuerzan
   c. cuestan
   d. vuelven

3. ...ir al concierto de Alejandro Sanz.
   a. Soñamos con
   b. Volvemos
   c. Podemos
   d. Contamos con

4. Yo nunca ... el dinero.
   a. devuelvo
   b. vuelvo
   c. encuentro
   d. cuento

B. ¿A qué hora vuelven del trabajo? Fill in the blanks with the correct form of the verb **volver**.

Antonio **1.** _____ a las cinco porque la oficina cierra temprano. Marta y Paco **2.** _____ a eso de las nueve porque son médicos y trabajan muchas horas. Nosotros **3.** _____ a la una porque el trabajo es de medio tiempo. Sandra **4.** _____ a las ocho porque empieza a trabajar muy tarde por la mañana. Y tú, ¿a qué hora **5.** _____ del trabajo?

C. Mi trabajo. Your classmate asks you questions about what you and your coworkers do at work. Complete the second sentence with the **nosotros** form of the underlined verb in the first sentence.

1. ¿Almuerzan Uds. con el presidente de la compañía? No, pero _____ con el jefe del departamento.

2. ¿Pueden Uds. llegar tarde a la oficina? No, no _____ llegar tarde a la oficina.

3. ¿Recuerdan Uds. los nombres de todos los clientes? Sí, _____ todos los nombres.

With a classmate, write three more questions and answers about your workplace using some of the following verbs.

dormir   volver   jugar   contar con   encontrar   poder

D. Preguntas personales. Answer the following questions. Then interview a classmate using the **tú** form of the verbs.

1. ¿A qué hora...
   a. almuerza Ud.?
   b. vuelve Ud. a la residencia después de clase?
   c. puede Ud. ir al laboratorio de lenguas?

2. ¿Cuánto...
   a. dinero gana Ud. por hora cuando trabaja?
   b. cuesta ir al cine *(movies)?*
   c. recuerda Ud. de la Lección 2?

3. ¿Con quién...
   a. cuenta Ud. para recibir ayuda económica?
   b. sueña Ud.?
   c. juega Ud. al tenis?

Expressions with the Verb *tener*

Forma y función

La abuelita tiene 80 años
y María tiene 20 años.

El Sr. Sánchez tiene calor pero la Sra.
Sánchez tiene frío.

Tienes sueño, Ana,
¿verdad?

Alberto tiene mucha hambre
y Pedro tiene mucha sed.

Pablito tiene miedo.

Las chicas tienen prisa.

1. The verb **tener** *(to have)* follows the same pattern of change as other
   e >ie stem-changing verbs. Note, however, that the **yo** form is irregular.
   It ends in **-go: tengo, tie**nes, **tie**ne, tenemos, tenéis, **tie**nen.

   The verb **venir** *(to come)* follows a similar pattern, but has regular **-ir**
   endings for **nosotros** and **vosotros: vengo, vie**nes, **vie**ne, venimos, venís,
   vienen.

2. Many idiomatic expressions in Spanish consist of the verb **tener** plus certain nouns. The English equivalent of these expressions is formed by the
   verb *to be* plus certain adjectives *(I am hungry, I am tired, I am hot,* and
   so forth).

3. Some common **tener** expressions are:

tener ... años	*to be . . . years old*	tener hambre/sed	*to be hungry/thirsty*
tener calor/frío	*to be hot/cold*	tener miedo (de)	*to be afraid (of)*
tener celos	*to be jealous*	tener prisa	*to be in a hurry*
tener cuidado	*to be careful*	(no) tener razón	*to be right (wrong)*
tener éxito	*to be successful*	tener sueño	*to be sleepy*
tener ganas de	*to feel like (doing*	tener suerte	*to be lucky*
(+ infinitive)	*something)*	tener vergüenza	*to be ashamed*

¿Cuántos **años tienes**? Tengo
  20 años.
No tenemos frío. Tenemos calor.

*How **old are** you? I'm*
  20 years old.
We're not cold. We're hot.

4. The adjectives **mucho** and **poco** are used to modify these nouns. They agree in number and gender with the nouns they modify.

No tengo **mucha** sed.   *I'm not **very** thirsty.*
Tenemos **pocas** ganas de trabajar   *We have **little desire** to work*
hoy.   *today.*

5. Tener que + *infinitive* means to have to do something.

Tengo que ir a la oficina mañana.   ***I have to*** *go to the office tomorrow.*

Practiquemos

A. ¿Qué tienen? Listen carefully as your instructor reads a series of statements. Write the number of the statement you hear next to its corresponding **tener** expression.

a. _____ Tiene veinte años.   f. _____ Tienes razón, hijo *(son)*.
b. _____ Tengo mucha hambre.   g. _____ Tenemos sed.
c. _____ Tenemos prisa.   h. _____ Tengo sueño.
d. _____ Tengo frío.   i. _____ Tiene miedo.
e. _____ Tengo mucha suerte.

B. ¿Quién tiene ganas de... ? Look at the drawings on page 101 and tell who feels like doing the following activities, and why.

MODELO   ¿Quién tiene ganas de buscar a mamá?
         Pablito tiene ganas de buscar a mamá porque tiene miedo.

¿Quién tiene ganas de...

1. comer un sandwich?   4. ir rápido?
2. celebrar?   5. dormir?
3. buscar un suéter?

C. El nuevo empleo. You have been transferred to your company's Madrid office. You're eager, but anxious. Complete the sentences in an original way.

1. Tengo ganas de ... pero también tengo miedo de...
2. Tengo que ... pero no quiero porque...
3. Tengo prisa porque...

D. Un problema en el trabajo. Pedro Inserni's column appears in a newspaper in Valencia, Spain. To solve your work-related problems, read the column and fill in the blanks with the correct form of one of the following expressions. You can use the verb **tener** more than once.

tener   tener éxito   tener ganas   tener miedo   tener celos   tener que

Querido Pedro,
Yo 1. _____ 24 años de edad y soy programadora para una compañía internacional. 2. _____ un problema en mi trabajo. Es mi jefa, Isabel. Ella es muy antipática y por eso yo no 3. _____ de ir a la oficina. Todas las mañanas yo 4. _____ comprar café para ella. Soy responsable, inteligente y muy trabajadora, y ahora 5. _____ muchos amigos nuevos en la oficina. Creo que Isabel 6. _____ de mi relación con los otros empleados. También es evidente que ella 7. _____ de perder su autoridad en la oficina. El trabajo es interesante y hay posibilidades de ascenso. Quiero 8. _____ en mi vida profesional. ¿Qué debo hacer?

María del Carmen

Now write an answer to María's questions giving her advice. Use some of the following expressions:

tener   tener cuidado   (no) tener razón
tener que   tener ganas   tener miedo

Querida María del Carmen,...

Detrás del telón (curtain) con Alicia

Es verdad que Luis Antonio sueña con ser periodista. Alicia también tiene sueños de ser actriz, o por lo menos, locutora de un programa dedicado a las grandes estrellas *(stars)* del cine y de los artistas musicales. Ella tiene un programa que sale por la televisión universitaria. Se llama *Detrás del telón con Alicia.* Sigue aquí su primer reportaje. Llene Ud. el espacio con la forma correcta del verbo en el tiempo presente.

Bienvenidos, queridos televidentes. Nuestro programa de hoy está dedicado a tres de los mejores artistas musicales de España: Ana, Nacho y José.

ANA/JOSÉ/NACHO
Mecano

Todo el mundo **1.** (querer)＿＿＿＿ saber más sobre MECANO. El fabuloso grupo español **2.** (consistir)＿＿＿＿ en los hermanos *(brothers)* Cano, José y Nacho, y la cantante *(singer)* principal, Ana Torroja. Después de más de 10 años de fama internacional, en 1992 el grupo **3.** (pensar)＿＿＿＿ que es importante tomarse un descanso *(break)*. Nacho (el ex novio de Penélope Cruz) **4.** (hacer)＿＿＿＿ un disco en solitario *(alone)*. Ana también **5.** (preferir)＿＿＿＿ grabar *(record)* un disco sin el grupo. José **6.** (volver)＿＿＿＿ a la música solo con un drama lírico que se llama LUNA. Pero hay buenas noticias. Nosotros **7.** (poder)＿＿＿＿ contar con más discos de los tres, porque ahora están reunidos *(reunited)*.

Para saber más sobre otras de sus estrellas españolas favoritas, lea Ud. **Gaceta 1,** en las págs. 120–121.

Possessive Adjectives

Forma

POSSESSIVE ADJECTIVES			
mi, mis	*my*	**nuestro (-a, -os, -as)**	*our*
tu, tus	*your*	**vuestro (-a, -os, -as)**	*your*
su, sus	*your, his, her*	**su, sus**	*your, their*

Función

1. Unstressed possessive adjectives are placed before the nouns they modify. The endings of the adjectives **mi, tu,** and **su** agree in number with the items possessed, not with the possessor. **Nuestro** and **vuestro** agree with the items possessed in both number and gender.

¿Es ella **tu** jefa, Ana?	*Is she **your** boss, Ana?*
Sí, es **mi** jefa.	*Yes, she's **my** boss.*
¿Dónde están **nuestras** solicitudes?	*Where are **our** applications?*
Sus solicitudes están allí.	***Your** applications are over there.*

2. Since **su** and **sus** mean many different things, the following constructions can be used for clarification.

su libro	el libro de él el libro de ella el libro de Ud. el libro de ellos el libro de ellas el libro de Uds.	**sus** libros	los libros de él los libros de ella los libros de Ud. los libros de ellos los libros de ellas los libros de Uds.

Su jefe es valenciano. **El jefe de ella** es valenciano.	***Her** boss is Valencian.*

3. To ask *to whom* something belongs, use the expressions **¿De quién?** or **¿De quiénes?**

¿De quién son los periódicos?	***Whose** newspapers are they?*
Son **mis** periódicos.	*They're **my** newspapers.*
¿De quiénes es el coche?	***Whose** car is it?*
Es **nuestro** coche.	*It's **our** car.*

Practiquemos

A. ¿Con qué o con quién? With what or with whom do the following people work?

MODELO   el secretario/máquina de escribir
El secretario trabaja con su máquina de escribir.

1. el contador/números
2. el jefe/secretario
3. tú/arquitecto
4. los estudiantes/libros
5. yo/amigos
6. Juan Carlos y yo/compañero de cuarto
7. la gerente/empleados
8. nosotros/computadora

B. Diferencias. Finish the sentence using the appropriate possessive adjective and the correct form of the verb.

MODELO   Yo uso mi computadora, pero Juan... (máquina de escribir)
Yo uso mi computadora, pero Juan usa su máquina de escribir.

1. Rosa viene con sus amigos, pero yo... (compañera de cuarto)
2. Arturo prefiere estar en su laboratorio, pero tú... (oficina)
3. Ud. y José tienen su clase hoy, pero nosotros... (cita)
4. El abogado almuerza con su cliente hoy, pero la juez... (secretarias)
5. Tú cuentas con tu artista, pero yo... (arquitectos)

C. Nuestras posesiones. Fill in the space in an original way and complete the sentences.

1. No voy a clase sin mi _____ porque...
2. Mi amigo siempre pierde su _____. Pero yo . . .
3. Nunca muestro mi _____ porque...
4. Mi compañero(a) de cuarto y yo nunca llevamos nuestro(a) _____ a clase porque...
5. No vuelvo a mi _____ sin mis _____ porque . . .

Indefinite and Negative Expressions

Forma

Indefinite and Negative Expressions

Affirmative		Negative	
algo	*something, anything*	nada	*nothing*
alguien	*someone, anyone*	nadie	*no one, nobody*
algún	*some, any*	ningún	*none*
(alguno, a, os, as)		(ninguno, a)	
		nunca *never*	
algún día	*some day*	ni ... ni	*neither, nor*
o ... o	*either, or*	nunca/jamás	*never*
siempre	*always*	tampoco	*neither*
también	*also*		

Función

1. You already know how to negate a sentence by placing the word **no** before the verb.

   Yo **no trabajo** con el Sr. Peña.   *I **don't work** with Mr. Peña.*

2. The negative words **nada, nadie, nunca, jamás,** and **tampoco** can either precede or follow the verb. The word **no** precedes the verb when another negative word follows the verb. In this case, the negative expression can always follow the verb directly and can at times be placed at the end of the sentence. When another negative word precedes the verb, the word **no** is not used.

   No trabajo **nunca** los fines de semana. ⎫
   No trabajo los fines de semana **nunca.** ⎬ *I **never** work on weekends.*
   Nunca trabajo los fines de semana. ⎭

   No viene **nadie** a la oficina hoy. ⎫   ***Nobody** is coming to the office*
   Nadie viene a la oficina hoy. ⎭   *today.*

---

3. The adjectives **alguno** and **ninguno** drop the final **-o** before masculine singular nouns just as **uno** shortens to **un,** and **bueno** to **buen.** Note that the plural forms of **ninguno (ningunos** and **ningunas)** are not used.

¿Tienes algunas entrevistas hoy?	*Do you have any interviews today?*
No, no tengo **ninguna** entrevista hoy.	*No, I don't have **any** interviews today.*

4. Note that the word **no** is repeated in some sentences to answer a question when **no** is the appropriate response.

¿Vas al almacén con nosotros?	*Are you going to the department store with us?*
No, no voy al almacén con Uds.	***No,** I'm **not** going to the department store with you.*

Practiquemos

A. Respuestas negativas. Answer the following questions based on the illustrations.

1. ¿Qué hay en sus bolsillos *(pockets)*?

2. ¿Cuándo estudia Pedro?

3. ¿Hay algún cliente en la tienda?

4. ¿Hay alguien en la oficina?

5. Raúl no asiste a clase hoy, ¿y Marta?

6. ¿Llueve a menudo en el desierto?

B. ¿Tienes algunos? Sara always runs out of supplies. Answer her questions negatively.

MODELO   Sara: ¿Tienes algunos lápices?
           Ud.: *No, no tengo ningún lápiz.*

1. ¿Tienes algunos cuadernos?
2. ¿Tienes algunos bolígrafos?
3. ¿Tienes algunas tizas?
4. ¿Tienes algunos cassettes?

C. **Una actitud negativa.** Alicia is often very negative. Change Octavio's affirmative sentences to Alicia's negative sentences.

1. Octavio: **Alguien** quiere recomendarme para un trabajo.
   Alicia: _____
2. Octavio: **Algún día** voy a ser abogado.
   Alicia: _____
3. Octavio: Quiero ser juez **también.**
   Alicia: _____
4. Octavio: Leo **algunos libros interesantes** sobre las técnicas de encontrar un trabajo.
   Alicia: _____
5. Octavio: Yo **siempre** pienso en ti **y** en nuestro futuro.
   Alicia: _____
6. Octavio: Tengo **algo** para ti.
   Alicia: _____

D. **Problemas en la oficina.** Your coworker exaggerates. Make his statements negative, in two different ways when possible. Follow the model.

MODELO   Coworker: La secretaria siempre llega tarde.
         Ud: *La secretaria nunca llega tarde. (La secretaria no llega tarde nunca.)*

1. Pablo siempre duerme en la oficina.
2. Pablo almuerza en la oficina también.
3. Algunas secretarias beben café todo el día.
4. Alguien usa mi computadora.

E. **No tengo interés.** At the office party, you try to get to know your boss by asking some personal questions. Your boss doesn't respond positively to your small talk.

MODELO   Ud.: ¿Siempre almuerza a la una?
         El (La) jefe: *No, nunca almuerzo a la una.*

1. ¿Va a alguna fiesta los fines de semana?
2. ¿Juega al tenis con alguien?
3. ¿Va mucho al teatro?
4. ¿Siempre toma el autobús?
5. ¿Quiere algo para beber o para comer?

 ¿Qué otras preguntas tiene Ud. para su jefe? Un(a) compañero(a) va a contestar.

Pronunciación   *d*

d At the beginning of a word or after **n** and **l,** the **d** has a sound similar to the **d** in the word *dog,* although somewhat muted.

    dos   diente   caldo   cuando

At the end of a word or between two vowels it has a muted sound like the *th* in the word *although.*

    cada   hablado   Granada   todo   Madrid   ciudad   medio   universidad

Trabalenguas. Try reading the following tongue twister aloud to a classmate.

    Don Daniel Durán, dentista, acusa al doctor don Diego.

En resumen

A. Luis Antonio va a empezar un trabajo nuevo. Give the correct form of the verbs in the present tense or the infinitive, and select the appropriate word where two choices are given.

Luis Antonio **1.** (soñar)_____ con ser periodista deportivo y
2. (acabar)_____ de encontrar el trabajo ideal. Mariana, muy contenta, le hace muchas preguntas: "¿Cuándo **3.** (empezar)_____ tú el trabajo?, ¿Cuánto es **4.** (el salario, el puesto)_____?, ¿Cuántas horas
5. (pensar)_____ trabajar por semana?" y "¿ **6.** (Tener)_____ vacaciones?" Pero, Luis no **7.** (poder)_____ contestarle sus preguntas. Mañana, después de la cita con **8.** (el jefe, el obrero)_____, él va a
9. (tener)_____ **10.** (el, la)_____ información que ella
11. (querer)_____. Pero además de *(besides)* estar contenta, Mariana
12. (es, está)_____ preocupada. "Luis, con **13.** (los, las)_____ clases, el trabajo nuevo y tus **14.** (otros, otras)_____ responsabilidades, ¿vas a **15.** (tener)_____ tiempo para mí?"

Luis explains to Mariana how he climbs the ladder of success. Fill in the blanks with the appropriate verb in the first-person singular **(yo).**

empezar   tomar   tener   mostrar   asistir a   recordar

1. _____ decisiones.
2. _____ ideas nuevas.
3. _____ el día con energía y optimismo.
4. _____ todas las reuniones importantes.
5. _____ los nombres de todas las personas importantes.
6. _____ interés en las ideas de otras personas en la oficina.

¿Qué otras cosas hace Luis? Share three more secrets of his success with the class.

B. La entrevista de Luis. Translate the following sentences to Spanish.

1. *I'm in a hurry and the bus* **(autobús)** *isn't coming!*
2. *My interview is at nine and I don't want to arrive late.*
3. *I have to call a taxi* **(taxi).**
4. *It costs a lot but that's all right.*
5. *Darn! No one is answering, and now it's starting to rain.*

Avancemos

 Escuchemos

CD1, Tracks 18–20

A. ¿Cuál de los dos? You will hear an incomplete sentence. Choose the word that best completes the sentence.

almorzamos/encontramos

MODELO   Nosotros _____ en la cafetería.
Nosotros almorzamos en la cafetería.

1. cuenta/cuesta
2. cierra/empieza
3. jugar/llover
4. empresa/entrevista
5. gerente/cliente
6. dejar/nevar
7. periodista/periódico
8. algo/alguien

B. Dictado. You will hear a short narration about Elena's job interview. Listen carefully to the entire selection. Listen again and write each sentence during the pauses.

You will then hear a series of false statements related to the dictation. Correct each one with a complete sentence. Refer to your dictation.

 **Hablemos**

My new job. A classmate has chosen a job from list A. Without looking at the choices, ask your partner yes/no questions and try to determine what job (s)he chose. Then choose a job from list B and reverse roles.

LIST A

1. el (la) secretario(a)
2. el (la) científico(a)
3. el (la) enfermero(a)
4. el (la) periodista
5. el (la) juez

LIST B

1. el (la) camarero(a)
2. el (la) contador(a)
3. el (la) abogado(a)
4. el (la) doctor(a)
5. el hombre (la mujer) de negocios

 **Leamos**

¿Es Ud. adicto al trabajo? The following is an article from a popular Spanish-language magazine. After reading it, take the test that follows to find out if you are addicted to work.

Antes de leer

A. Before reading, scan the paragraph and find the Spanish equivalents of the following: *group, dedicate themselves, relatively, addiction, politicians, professionals, society, suffer, phenomenon, intensity, risk, converting, authentic.*

B. Make a list of all other cognates that you recognize. There are at least 23 more in this reading.

A leer

¿Es Ud. adicto al trabajo?

Un grupo de sicólogos se dedican a estudiar una enfermedad *(illness)* relativamente nueva, el "WORKAOLISMO", es decir la adicción al trabajo. Gerentes de grandes empresas, políticos, abogados, médicos y otros profesionales que son imprescindibles en la sociedad sufren el fenómeno cada vez con más intensidad, y corren el riesgo de convertirse en auténticos adictos. ¿Tiene Ud. la tendencia de trabajar demasiado? Después de leer las preguntas Ud. va a saber si tiene las características del "WORKAOLISMO".

PREGUNTAS

☐ **1.** ¿Trabaja Ud. secretamente, por ejemplo, en su tiempo libre o en sus vacaciones?

☐ **2.** ¿Piensa Ud. a menudo en su trabajo, por ejemplo, cuando no puede conciliar el sueño *(when you can't sleep).*

☐ **3.** ¿Trabaja Ud. ansiosamente?

☐ **4.** Cuando termina el trabajo, ¿tiene Ud. una necesidad incontrolable de seguir trabajando?

☐ **5.** ¿Necesita convencer a los demás del motivo por el que trabaja?

☐ **6.** ¿Trabaja regularmente por las noches?

☐ **7.** ¿Tiene sentimientos *(feelings)* de culpabilidad *(guilt)* relacionados con su trabajo?

☐ **8.** ¿Evita *(Do you avoid)* en las conversaciones alusiones indirectas a su exceso de trabajo?

☐ **9.** ¿Enfoca Ud. su completo estilo de vida según *(according to)* el trabajo?

☐ **10.** ¿Tiene Ud. la impresión de que, con la excepción del trabajo, no tiene interés en ninguna otra cosa?

CLAVE *(KEY)*

5 respuestas afirmativas: Ud. debe cambiar *(change)* de conducta.

7 respuestas afirmativas: Ud. debe visitar a un sicólogo.

8+ respuestas afirmativas: Ud. es adicto(a) al trabajo.

Después de leer

A. Ahora, conteste las preguntas sobre la lectura *(reading).*

    1. ¿Qué es el "WORKAOLISMO"?

    2. ¿Quiénes sufren de la adicción al trabajo?

    3. ¿Cuáles son tres características del adicto al trabajo?

B. Conteste Ud. las preguntas más allá de la lectura *(beyond the reading).*

    1. ¿En qué consiste una adicción?

    2. ¿A qué otras actividades puede una persona tener una adicción?

    3. ¿Puede una adicción ser positiva en algunos casos? Explique *(Explain).*

    4. ¿Cuáles son algunas posibles razones por las cuales una persona se vuelve *(becomes)* adicta al trabajo?

 C. Con un(a) compañero(a) escriban *(write)* la escena siguiente y represéntenla *(act it out).*

Una persona adicta al trabajo o a los estudios consulta con un(a) sicólogo(a) sobre su problema. ¿Cuáles son los síntomas del adicto y las recomendaciones del sicólogo?

 **Escribamos**

Corresponding Formally: Responding to a Classified Ad

Responding to a classified ad (anuncio clasificado) offers you an opportunity to write a formal letter. First, you will read a newspaper ad soliciting the perfect candidate to fill a part-time child-care position . . . you! The pre-writing exercises will help you understand the information in the ad and organize your ideas. These exercises, along with the **Vocabulario útil** and the material you have studied in *Así es,* will equip you to write an appropriate reponse.

Antes de escribir

A. **Los cognados.** Scan the ad to find the Spanish cognates, words that are similar in form and meaning to their English counterparts.

program	camp	bilingual
master's degree	equivalent experience	ability

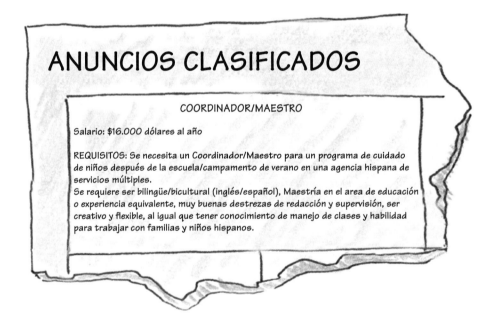

ANUNCIOS CLASIFICADOS

COORDINADOR/MAESTRO

Salario: $16.000 dólares al año

REQUISITOS: Se necesita un Coordinador/Maestro para un programa de cuidado de niños después de la escuela/campamento de verano en una agencia hispana de servicios múltiples.
Se requiere ser bilingüe/bicultural (inglés/español), Maestría en el area de educación o experiencia equivalente, muy buenas destrezas de redacción y supervisión, ser creativo y flexible, al igual que tener conocimiento de manejo de clases y habilidad para trabajar con familias y niños hispanos.

B. **¿Qué significa?** What words or phrases in the ad have the following meanings?

- una persona que supervisa o coordina
- un centro que ofrece servicios para hispanos
- el talento para escribir bien

C. Completar. Organize your thoughts before you write by completing the chart below. This exercise will also help determine if you and the job are a good fit.

El puesto	**Ud.**
Requisitos y datos (requirements and data)	*Preparación, talentos, y necesidades*
Preparación profesional: Tener maestría en educación o experiencia equivalente	No tengo maestría en educación, pero tengo experiencia porque trabajo en un centro para niños.
Habilidades:	
Ser bilingüe	Estudio español en la universidad.
Tener conocimiento de culturas hispanas	_____
Tener conocimiento de manejo de clases	_____
Poder trabajar con familias y niños hispanos	Me gustan los niños. (I like kids.)
Tener buena aptitud para escribir	_____
Personalidad:	
Ser flexible	_____
Ser creativo	_____
Localidad: Roxbury, Massachusetts	Vivo cerca de (near) Roxbury.
Horario: después de la escuela/campamento de verano	Es un horario bueno porque tengo clases por la mañana.
Salario: $16.000 dólares	_____

Vocabulario útil

Estimado(a)/Apreciado(a) señor(a)____:	*Dear Sir (Madam):*
A quien corresponda:	*To Whom It May Concern:*
Escribo en contestación al anuncio para el...	*I am writing in response to the . . .*
Tengo interés en el puesto que Uds. anuncian en *The Boston Globe.*	*I am interested in the job that you are advertising in the Boston Globe.*
Tengo título en...	*I have a degree in . . .*
Estoy muy agradecido(a) por su atención.	*Thank you for your interest.*
Cordialmente (Atentamente),	*Cordially,*

Ahora, escriba

Now that you are convinced that this Hispanic agency is the ideal place for you to work, write a letter in response to the newspaper ad.

A. Begin with a formal salutation (el saludo) followed by your purpose statement. (one sentence)

B. Write the body of the letter **(el cuerpo de la carta).** (3–5 sentences) Refer to the chart that you completed in **Antes de escribir** and include:

su preparación profesional/experiencia
sus habilidades/talentos
su capacidad de hablar español
su conocimiento de culturas hispanas
otros talentos o destrezas que *(that)* Ud. tiene
otras razones *(reasons)* para solicitar el empleo

C. End with a formal closing **(la despedida o el cierre).**

Vocabulario

Lección 1

Los edificios *(buildings)* y los lugares *(places)* en el recinto (el campus)

la biblioteca	library	el despacho	office	el laboratorio	language lab
la cafetería	cafe, cafeteria	(la oficina)		de lenguas	
el campo	athletic field	el dormitorio	bedroom	la librería	bookstore
deportivo		[el cuarto]		la residencia	dormitory
el centro	student center	el gimnasio	gym		
estudiantil					

Verbos

acabar	to finish	enseñar	to teach; to show	pasar	to pass; to
(terminar)		escuchar	to listen to		happen; to
acabar de	to have just...	estudiar	to study		spend (time)
(+ infinitive)	(done some-	hablar	to speak, talk	practicar	to practice
	thing)	hacer	to do; to make	preguntar	to ask
bailar	to dance	ir	to go	preparar	to prepare
buscar	to look for	llamar	to call	regresar	to return
charlar	to chat	llegar	to arrive	tomar	to take; to eat,
comprar	to buy	mirar	to look at, watch		drink
contestar	to answer	necesitar	to need	trabajar	to work
desear	to want, desire	pagar	to pay (for)	usar	to use; to wear

Vocabulario general

a tiempo	on time	hora	hour	porque	because
a	to, at	hoy	today	si	if
ahora (mismo)	(right) now	más / menos	more / less,	sí	yes
antes (de) /	before / after		minus	sobre	about, on
después (de)		más tarde	later	también	also
aquí / allí	here / there	la medianoche	midnight	tarde	late
bien / mal	well / badly,	el mediodía	noon	la tarea	homework
	poorly	mucho / poco	much, many /	temprano	early
el (la) com-	roommate		few (a) little	el tiempo	time (in a
pañero(a)		mujer	woman		general sense);
de cuarto		muy	very		weather
con / sin	with / without	nunca / siempre	never / always	toda la noche	all night
de	of, from	para	for, in order to	(esta noche)	(tonight)
el dinero	money	pero	but	todo el día	all day
en punto	on the dot,	por la mañana	in the morning	y (e)	and
	exactly	(tarde, noche)	(afternoon,		
el fin de semana	weekend		evening)		
el hombre	man				

Lección 2

Verbos

abrir	to open	creer	to believe; to	leer	to read
aprender	to learn		think	llevar	to carry; to take;
asistir (a)	to attend	deber	ought to; must;		to wear
ayudar	to help		to owe	pronunciar	to pronounce
beber	to drink	decidir	to decide	recibir	to receive
cambiar	to change	entrar	to enter	repasar	to review
comer	to eat	escribir	to write	vender	to sell
comprender	to understand	insistir (en)	to insist (on)	vivir	to live
consistir (en)	to consist (of)				

Vocabulario general

aburrido	*bored, boring*	**el (la) decano(a)**	*dean*	**la nota**	*grade*
alegre (feliz)	*happy*	**el derecho**	*law*	**otro**	*another, other*
el alemán	*German*	**la economía**	*economics*	**perezoso**	*lazy*
año	*year*	**enfermo**	*sick*	**por eso**	*therefore, for*
aplicado	*applied, hard-working*	**el español**	*Spanish*		*that reason*
		el examen	*test*	**por**	*for, because, by*
el arte	*art*	**el francés**	*French*	**la pregunta**	*question*
la biología	*biology*	**el horario**	*schedule*	**preocupado**	*worried*
bueno	*good, O.K.*	**el idioma m.**	*language*	**pronto**	*soon, right away*
el cálculo	*calculus*	**(la lengua)**		**la prueba**	*quiz*
cansado	*tired, tiresome*	**el inglés**	*English*	**la química**	*chemistry*
las ciencias	*political science*	**el italiano**	*Italian*	**la respuesta**	*answer*
políticas		**listo**	*ready, clever*	**los sentimientos**	*feelings*
las ciencias de	*computer science*	**luego**	*later, after*	**la sicología**	*psychology*
computadora		**el (la) maestro(a)**	*teacher*	**la sociología**	*sociology*
el consejero(a)	*counselor*	**malo**	*bad*	**sólo (solamente)**	*only*
la contabilidad	*accounting*	**las matemáticas**	*mathematics*	**trabajador**	*hardworking*
contento	*content*	**la medicina**	*medicine*	**triste**	*sad*

Lección 3

Profesiones y oficios
(Professions and Occupations)

el (la) arquitecto(a)	*architect*	**el (la) médico(a)**	*doctor*	**el (la) (p)sicólogo(a)**	*psychologist*
el (la) cocinero(a)	*cook*	**el (la) periodista**	*journalist*	**el (la) (p)siquiatra**	*psychiatrist*
el (la) contador(a)	*accountant*	**el (la) progra-**	*programmer*		
el (la) enfermero(a)	*nurse*	**mador(a)**			

Verbos

almorzar	*to have lunch*	**entender**	*to under-stand*	**poder**	*to be able to; can*
cerrar	*to close*				
comenzar (empezar)	*to begin*	**ganar**	*to earn; to win*	**preferir**	*to prefer*
contar (con)	*to count (on); to tell*	**jugar (ue)**	*to play*	**querer**	*to want; to love*
		llover	*to rain*		
costar	*to cost*	**mentir**	*to lie*	**recomendar**	*to recommend*
dejar	*to leave (be-hind); to quit*	**morir**	*to die*	**recordar**	*to remember*
		mostrar	*to show*	**soñar (con)**	*to dream (about)*
devolver	*to return (something)*	**negar**	*to deny*		
		nevar	*to snow*	**tener**	*to have*
dormir	*to sleep*	**pensar**	*to think; to intend*	**venir**	*to come*
encontrar	*to find; to meet*			**volver**	*to return (to a place)*
		perder	*to lose*		

Vocabulario general

el (la) abogado(a)	*lawyer*	**la compañía**	*company, firm*	**el (la) juez**	*judge*
el (la) agente	*employment counselor (agency)*	**(empresa)**		**el (la) mecánico**	*mechanic*
(agencia) de		**el (la) empleado(a)**	*employee*	**mismo**	*same*
empleos		**el empleo (puesto)**	*position, job*	**el (la) músico(a)**	*musician*
algo	*something*	**la entrevista**	*interview*	**nada**	*nothing*
alguien	*someone*	**el (la)**	*pharmacist*	**nadie**	*no one*
el almacén	*department store*	**farmacéutico(a)**		**nuevo**	*new*
		la gente	*people*	**el (la) obrero(a)**	*worker*
el (la) artista	*artist*	**el (la) gerente**	*manager*	**(trabajador/a)**	
el (la)	*waiter, wait-ress*	**el (la) hombre**	*businessman (woman)*	**periódico**	*newspaper*
camarero(a)		**(mujer) de**		**el salario (sueldo)**	*salary*
la carrera	*career*	**negocios**		**el (la) secretario(a)**	*secretary*
el (la) científico(a)	*scientist*	**el (la) ingeniero(a)**	*engineer*	**tampoco**	*neither, either*
la cita	*appointment, date*	**interesante**	*interesting*	**la tienda**	*store*
		el (la) jefe(a)	*boss*	**el (la) vendedor(a)**	*salesperson*
el (la) cliente	*client*				

España

tour
Una gira° turística por España

Preparativos

A. Before touring Spain, scan the **Practiquemos** section to anticipate the content of the text. Which six cities will your tour include?

B. Scan the Barcelona paragraph to find synonyms for the following words:

centro _____ moderna _____ separa _____ secciones _____

C. Which two cities are located in Andalucía, the southern region of Spain?

Madrid, España

Madrid, la capital de España, tiene una población de más de cuatro millones de personas y está situada en el centro de la península. La arquitectura de Madrid refleja *(reflects)* varias épocas históricas: la medieval, la barroca, *(baroque)* la neoclásica, la romántica y la moderna. En el Museo del Prado hay una magnífica colección de la pintura española con obras *(works)* de El Greco, Velázquez, Murillo y Goya.

Toledo, la antigua *(former)* capital de España, está a sólo 70 kilómetros de Madrid. Toledo se llama la "ciudad-museo" por su gran valor *(value)* histórico y artístico.

Toledo, España

celona

Alhambra, Granada, España

Barcelona es el puerto *(port)* más grande de España y su segunda *(second)* ciudad. Es el núcleo de la vida artística contemporánea y es la ciudad más europea del país. El paseo de las Ramblas, una avenida *(avenue)* bonita con flores *(flowers)* y cafés, divide la ciudad en dos partes. El Parque Güell del arquitecto Antonio Gaudí, combina la tradición gótica *(Gothic)* con el surrealismo de sus compatriotas Joan Miró y Salvador Dalí.

Valencia, la tercera *(third)* ciudad de España, está situada en la costa del Mediterráneo. Es famosa por sus naranjas *(oranges)*, su cerámica exquisita, sus festivales y, sobre todo *(above all)*. por la deliciosa paella[1].

Granada, la ciudad del flamenco, está en el sur *(south)* de España, en la región de Andalucía. La Alhambra, considerada una de las maravillas *(marvels)* del mundo, es un palacio árabe *(Arab)* construido en el siglo XII. Es comparable sólo al Taj Mahal.

Sevilla, capital de Andalucía, simboliza la España romántica... la España de Carmen, de don Juan, de los gitanos *(gypsies)*. Las procesiones solemnes de Semana Santa *[Holy Week (the week before Easter Sunday)]* y la catedral *(cathedral)* atraen a turistas de todas partes del mundo. La catedral es la tercera más grande del mundo después de San Pedro de Roma y San Pablo de Londres.

[1] Refer to 126 for a description of **paella.**

Procesión de Semana Santa, Sevilla, España

Practiquemos

A. Ciudades *(Cities)*. Name the city that corresponds to the description.

1. Está cerca de *(near)* Madrid.
2. Es el lugar de origen de la paella.
3. Refleja la influencia árabe.
4. Es un gran centro de arte moderno español.
5. Es la ciudad más grande de España.
6. Es la ciudad principal de Andalucía.

B. Las costas *(coasts)* **españolas.** Read the following selection about Spain's famous coastline and beaches and do the exercises that follow.

De todas las playas *(beaches)* de la Costa Cantábrica, la más famosa es La Concha *(The Shell)*. Se llama así porque tiene una forma semicircular. La Costa Brava empieza al norte de Barcelona y continúa hasta *(until)* Francia. Es una zona muy cosmopolita. Un lugar favorito para las vacaciones es la Costa Blanca. Tiene playas bonitas, actividades nocturnas *(night time)* y una paella muy deliciosa. Su ciudad principal es Valencia. La Costa del Sol se llama La Riviera española. Dos ciudades importantes son Málaga, la capital, y Marbella, el centro del *jet-set* internacional. La Costa de la Luz está en el sur del país, a poca distancia del norte de África.

La Costa Brava, España

1. Study the map above. On the blue lines provided, write the names of Spain's five famous coastlines. Refer to the preceding reading.

2. Based on the map and the reading selection, correct the following false statements.
   a. Valencia está en la Costa Brava.
   b. La Costa Cantábrica es el lugar favorito de los turistas del *jet-set*.
   c. Si Ud. va a pasar las vacaciones en la Costa Blanca puede ir a África también.
   d. Barcelona está en la Costa de la Luz.
   e. Si Ud. está en el norte *(north)* de la Costa Brava, Italia está a poca distancia.

Notas y noticias

Las responsabilidades de **la familia real** *(royal)* **española,** el Rey Juan Carlos, la Reina *(Queen)* Sofía, la Infanta Elena, la Infanta Cristina y el Príncipe Felipe, son muchas. Participan en las artes, asisten a conferencias y congresos, visitan a dignatarios internacionales y trabajan para un futuro mejor. La Reina Sofía muestra ternura *(tenderness)* y caridad *(charity)* por las personas indefensas *(weak)*, y a través de la Fundación Reina Sofía ayuda a la gente necesitada. La labor humanitaria de la reina es admirada en todo el mundo.

La familia real

En Madrid, **El Museo Nacional Centro de Arte Reina Sofía** está dedicado al arte del siglo XX. Aquí, ocupando el lugar de honor, está el *Guernica,* el cuadro *(painting)* famoso de Pablo Picasso. Con profunda emoción, incomparable imaginación y sin color, Picasso expresa los horrores de la guerra *(war)*. Pero el *Guernica* no está solo. También, el visitante al museo puede contemplar las obras maestras de Miró y Dalí y de otros grandes de la vanguardia artística.

Guernica por Pablo Picasso

El Museo Nacional Centro de Arte Reina Sofía

Un capítulo olvidado *(forgotten chapter)* de la historia

Las exploraciones españolas en lo que hoy son los Estados Unidos ocurren mucho antes del establecimiento de Virginia por los ingleses. Es un capítulo olvidado de la historia norteamericana, y empieza en la Florida.

Castillo San Marcos, San Agustín, Florida

En el mes *(month)* de abril de 1513, con el motivo de encontrar oro *(gold)*, plata *(silver)* y la fuente de la juventud *(Fountain of Youth)*, Juan Ponce de León llega a las costas de la Florida y toma posesión del territorio en nombre de España. En 1565, décadas *(decades)* antes de llegar los puritanos del Mayflower, otro español, Pedro Menéndez de Avilés, llega a la Florida y establece San Agustín, la ciudad europea más antigua *(oldest European city)* de los Estados Unidos. Así empiezan tres siglos *(centuries)* de exploraciones que llegan hasta las costas del Pacífico.

Otro momento emocionante *(exciting)* para la historia es el descubrimiento *(discovery)* de la primera fortaleza de Avilés, construida en 1565, 16 años antes del Castillo de San Marcos,[1] la fortaleza más antigua del país. Los expertos creen que, con este descubrimiento, el mundo *(world)* va a apreciar las contribuciones de los primeros exploradores.

La Calle St. George, San Agustín, Florida

[1]National historical monument in Saint Augustine, Florida.

El actor español **Javier Bardem** es de una familia de artistas: actores, productores y directores. En la década de los noventa Bardem aparece *(appears)* en películas de Pedro Almodóvar y otros famosos cinematógrafos españoles. También aparece en algunas series de televisión. Gana muchos premios *(awards),* que incluyen el premio "Fernando Rey" y el premio "Goya". Pero, el gran éxito llega para él con la película *Antes que anochezca (Before Night Falls)* en el año 2001, cuando es nominado como mejor *(best)* actor para los premios Óscar.

Javier Bardem

Alejandro Sanz es el artista que más discos vende en España. Desde los siete años tiene pasión por la música, prefiriendo tocar la guitarra a jugar al fútbol en la calle con los amigos. Llega a nivel nacional con su primer álbum, *Viviendo de prisa,* y al nivel internacional con el disco *Más.* Curiosidades de Sanz: Lee muchísimo—algunos de sus autores favoritos son Pablo Neruda y Gabriel García Márquez—, le gustan las ensaladas grandes, y prefiere viajar en tren.

Alejandro Sanz

Trabaja en Islandia, en Italia y en los Estados Unidos, pero **Penélope Cruz** no piensa abandonar su país natal. La bonita y talentosa "Pen" volvió *(returned)* a España para la filmación de la película *Sin noticias de Dios,* con Victoria Abril. La película salió en otoño del 2001 y fue considerada para un premio Óscar.

Penélope Cruz

Un símbolo del espíritu *(spirit)* artístico de la España posFranco es el cinematógrafo prolífico *(prolific)* **Pedro Almodóvar**. Almodóvar, quien dirige *(directs)* y produce películas desde 1974, tiene fama *(fame)* internacional por sus películas *Mujeres al borde de un ataque de nervios (Women on the Verge of a Nervous Breakdown*—1988*), Tacones lejanos (High Heels*—1991*), Carne trémula (Live Flesh*—1997*),* y *Todo sobre mi madre (All About my Mother*—1999*).* Los temas de Almodóvar son la libertad, la muerte *(death)* y el amor *(love).* Es un excelente observador de la vida moderna española y es evidente que entiende la sicología femenina. Dos de sus películas más recientes son *Hable con ella (Talk to Her*—2002*)* y *La mala educación* (2002). También es responsable de darle a Antonio Banderas algunas de sus primeras oportunidades, las cuales llevaron *(took)* al actor a Hollywood.

Pedro Almodóvar

Antonio Banderas

Antonio Banderas es probablemente el más internacional de todos los actores españoles. Actuó *(acted)* en películas *(movies)* del director español Pedro Almodóvar. Más tarde hizo *(made)* películas en los Estados Unidos como *El Mariachi* y *Desperado,* con Salma Hayek y dirigidas *(directed)* por Robert Rodríguez, *Philadelphia* con Tom Hanks, *Evita* con Madonna y en 1997 triunfó como el legendario héroe Zorro. Actúa en otros países pero dice que "los Estados Unidos es un país de posibilidades para los artistas." Sin embargo, ama a España y tiene lazos *(ties)* fuertes con su familia, su gente y sus raíces *(roots)*. Cuenta Banderas, "Yo soy latino y estoy orgulloso *(proud)* de ello." En 2003, volvió a representar el papel *(role)* de El Mariachi en su tercera película de Rodríguez titulada *Once Upon a Time in Mexico...* esta vez con Enrique Iglesias en el papel de su protegido, Mariachi #2. Y hablando de Enrique...

Para **Enrique Iglesias,** talentoso cantautor español, la cosa más importante es la música y estar enfrente de su público. Una cosa cierta es que no necesita la ayuda de su famosísimo padre, Julio Iglesias, para tener éxito. Su talento natural y forma sincera de relacionarse con su público son los únicos requisitos. En 1997 Enrique ganó un "Grammy" por su primer álbum y recibió dos nominaciones más. En 1999 ganó el "American Music Award" en la categoría de mejor artista latino. Apareció *(appeared)* en su primera película con Antonio Banderas en 2003. ¡Felicidades, Enrique!

Enrique Iglesias

En una entrevista reciente, Enrique da la información siguiente.

LO QUE AMO (What I love)...
- mi carrera.
- a mis pocos pero buenos amigos.
- bailar de noche y dormir durante el día.
- practicar windsurf en el Caribe.
- el auto escarabajo *(beetle)* convertible.
- mirar bloopers en la televisión.
- comer hamburguesas con papas fritas *(French fries)*.
- el contacto con mi público durante los shows.

LO QUE ODIO (What I hate)...
- las drogas y el cigarrillo.
- irme a mi habitación después de un show. En esos momentos me siento terriblemente solo.
- tener un día libre porque no sé qué hacer.
- las cucarachas *(cockroaches)*. Les tengo mucho asco *(I'm disgusted by them)*.
- ser demasiado sincero. Es mi peor defecto.

SUS PRIMERAS (firsts)...
- Primera decepción *(disillusion)*: La separación de mis padres.
- Primer pensamiento del día: ¿Qué voy a hacer hoy?
- Primer pasatiempo: Los deportes *(sports)* acuáticos, me encanta surfear.
- Primer deseo: Ser cantante.
- Primera cualidad: Soy tenaz *(tenacious)* y trabajador.
- Primer defecto: Soy demasiado testarudo *(stubborn)*.

Practiquemos

A. Completar. Complete each sentence with the correct answer(s).

1. Javier Bardem...
   a. es de una familia de músicos.
   b. trabaja exclusivamente en la televisión.
   c. es famoso internacionalmente.
2. Los reyes de España tienen...
   a. una familia muy grande.
   b. un hijo.
   c. muchas responsabilidades.
3. En el Museo Reina Sofía hay arte...
   a. contemporáneo.
   b. neoclásico.
   c. de todos los períodos.
4. Alejandro Sanz...
   a. es famoso sólo en España.
   b. lee mucho.
   c. juega al fútbol.
5. Antonio Banderas...
   a. prefiere trabajar en España.
   b. no tiene familia en España.
   c. tiene mucho contacto con España.
6. Enrique Iglesias tiene éxito...
   a. por su talento musical.
   b. con la ayuda de su famoso padre.
   c. por su aspecto físico (*physical appearance*).
7. Enrique odia...
   a. ser cantante.
   b. tener tiempo libre.
   c. los deportes acuáticos.

B. La familia real. Fill in the blanks with the correct verb from the list below. You may use a verb more than once.

practican   habla   es   tienen   asiste   son   tiene

Siempre de interés **1.** _____ la vida privada de los hijos reales, el Príncipe Felipe y las Infantas Cristina y Elena. Los tres **2.** _____ muy sociables, **3.** _____ una vida activa y **4.** _____ muchos deportes, entre ellos la navegación y el esquí. El príncipe don Felipe de Borbón es guapo, alto—6'5—y **5.** _____ ojos azules. **6.** _____ cinco lenguas, es abogado y, por supuesto, **7.** _____ también el heredero de la corona de España. Le
He likes gusta° la música clásica y generalmente no **8.** _____ a las corridas de
bullfights; married; with children; live a life toros°. Las Infantas, casadas° y con hijos°, llevan una vida° un poco más tranquila que su hermano, el príncipe.

C. ¿A quiénes corresponden? To whom do the following statements correspond? Readings may be mentioned more than once.

1. Es un director de cine famoso.
2. Hace mucho trabajo filantrópico.
3. Es un hombre con muchos talentos e intereses.
4. Es la familia más conocida (*known*) de España.
5. Comprende bien el carácter femenino.

Enfoque literario

La vida es sueño por Pedro Calderón de la Barca

Pedro Calderón de la Barca

El autor y su obra

Pedro Calderón de la Barca (España, 1600–1681) es uno de los dramaturgos *(dramatists)* españoles más famosos de todos los tiempos. Su obra maestra *(masterpiece), La vida es sueño (dream),* combina los temas *(themes)* filosóficos de la salvación, la predestinación y la vida transitoria. Las personas principales del drama son Basilio, rey *(king)* de Polonia *(Poland),* y su hijo *(son),* Segismundo.

Antes de leer

A. Para pensar. Answer the following questions.

1. ¿Qué tipo de predicciones hacen los astrólogos?
2. ¿Qué pasa cuando una persona vive mucho tiempo sin contacto con otras personas?

B. Otro autor famoso. Note the author's date of birth. What famous English playwright is a contemporary of Calderón de la Barca? Keep this in mind as you read the segment of *La vida es sueño.*

C. El fondo de la obra. Read the following background information about the play.

Los astrólogos predicen *(predict)* que Segismundo va a ser un monstruo humano, incapaz *(incapable)* de ser rey. Después de su nacimiento *(birth),* Basilio mete *(puts)* a su hijo en la prisión, donde vive aislado por muchos años. Segismundo no comprende quién es, y no puede diferenciar entre la realidad y el sueño. Un día, como *(as)* prueba, Basilio decide darle su libertad. Segismundo, de acuerdo con *(in agreement with)* la predicción de los astrólogos, es cruel, brutal y despótico. Tiene que volver a la prisión.

A leer

> **La vida es sueño (fragmento)**
>
> ¿Qué es la vida? Un frenesí.°   *frenzy*
> ¿Qué es la vida? Una ilusión,
> una sombra,° una ficción,   *shadow*
> y el mayor bien es pequeño;
> que° toda la vida es sueño,   *for*
> y los sueños, sueños son.

Después de leer

A. Comprensión

1. Segismundo usa cinco palabras para explicar qué es la vida. ¿Cuáles son?
2. La agonía y la confusión son dos palabras que pueden describir el estado *(state)* mental y emocional de Segismundo. ¿Qué palabras o frases del segmento justifican esta *(this)* declaración?
3. En los versos, Segismundo habla de dos cosas que son imaginarias. ¿Cuáles son?

B. Expansión

1. ¿Cómo contesta Ud. la pregunta, "¿Qué es la vida?"
2. Explique Ud. cómo el tema de la predestinación está representado en el drama. Refiérase *(Refer)* al ejercicio C en **Antes de leer.**

1 La fiesta de los Reyes Magos°

the Wise Kings

Christmas; each; city
January
port; gets on; float; parade

En España y en otras partes del mundo hispano, una parte de la celebración de la Navidad° es la fiesta de los Reyes Magos. En cada° ciudad° la tradición es diferente, pero en Valencia, el día cinco de enero° por la tarde los Reyes llegan al puerto° y cada uno sube° en una carroza.° Luego hay un desfile°, «La Cabalgata de Reyes», que va del puerto a la plaza principal.

Palabras útiles

los abuelos	*grandparents*	**los padres**	*parents*
la barba	*beard*	**el país**	*country*
blanco	*white*	**los parientes**	*relatives*
la calle	*street*	**pelirrojo**	*red-haired*
el caramelo	*hard candy*	**el regalo**	*gift*
la carroza	*float*	**el roscón de reyes**	*King's cake*
el desfile	*parade*	**tirar**	*to throw*
el juguete	*toy*	**tocar**	*to play* (music)
negro	*black*	**el zapato**	*shoe*
el (la) niño(a)	*child*		

To find out more about the celebration of the Wise Kings, let's go to Valencia and join the parade. Watch the video and do the exercises that follow.

La Cabalgata de Reyes

Al ver el video

A. **¿Qué hay en el desfile?** Check off all of the things that you see in the parade.

1. _____ instrumentos musicales
2. _____ niños alegres
3. _____ Gaspar
4. _____ elefantes
5. _____ Melchor
6. _____ caballos *(horses)*
7. _____ niños tristes
8. _____ Baltasar
9. _____ perros *(dogs)*
10. _____ Santa Claus
11. _____ toros *(bulls)*
12. _____ luces bonitas

B. Los Reyes. Choose words from the following list and place them in the appropriate column.

1. el color rojo *(red)*
2. el color azul *(blue)*
3. el color amarillo *(yellow)*
4. tira muchos caramelos *(candy)*
5. tiene una barba blanca
6. va segundo
7. es el rey negro
8. tocan el tímpano *(kettle drum)* cuando viene

Melchor	Gaspar	Baltasar
_____	_____	_____
_____	_____	_____
_____	_____	_____

C. ¿Cierto o falso? Based on the video, circle C if the sentence is true **(cierto)** and F if the sentence is false **(falso).** Correct the false statements.

C F **1.** La fiesta de Reyes es el seis de enero.
C F **2.** Todas las ciudades celebran la fiesta de la misma *(same)* forma.
C F **3.** Hay cuatro Reyes Magos.
C F **4.** El desfile es por la mañana.
C F **5.** Los niños pueden dejar los zapatos en el balcón para recibir regalos.

D. ¿Qué recuerda Ud.? Based on the video, choose the correct answer.

1. En la fiesta hay...
   a. niños solamente.
   b. niños y sus padres.
   c. niños, padres, abuelos y parientes.
2. ¿Qué actividad no hacen en la fiesta?
   a. abrir regalos
   b. bailar
   c. jugar
3. ¿Dónde encuentran los niños sus regalos?
   a. en el dormitorio
   b. delante de la chimenea
   c. en el balcón

E. ¿Cómo celebra Ud.? ¿Es el día de los Reyes una tradición en los Estados Unidos? ¿Cuándo celebra la gente la Navidad? ¿Cómo la celebra?

F. Los Reyes. Another custom is that of visiting the various department stores to have your picture taken with the Three Kings.

Identify each King in the photo at right. In groups, act out the following skit.

Un niño muy malo quiere recibir regalos de los Reyes. Él va a visitar a los Reyes en un almacén y empieza a mentir. Su mamá escucha todo.

Tres niños con los Reyes en un almacén en Valencia, España

② Las tapas y la paella

customary	En España es costumbre° "tomar tapas" después de trabajar para no pasar
get hungry; meals	hambre° entre las comidas°. A eso de las 7:00 de la tarde, los españoles van a
taste	bares y restaurantes para charlar con amigos, tomar una bebida y probar°
counters; each	las muchas tapas que están en los mostradores°. Hay tapas típicas en cada°
shrimp; cuttle-fish	región, pero las tapas más populares son de gambas°, de tortilla, de sepia°,
olives	de calamares y de aceitunas°.
best; rice	Es en Valencia, España, donde Ud. puede encontrar el mejor° arroz°. Creen
because of; type	que es por° la experiencia y la tradición, y también por la clase° de arroz que
dish	los valencianos cultivan y por la clase de agua. La paella es un plato° cono-
known; the world; receptacle	cido° por todo el mundo°. Su nombre viene del tipo de recipiente° en que uno
Many years ago	prepara el plato, que se llama paellera. Hace muchos años° la paella
was; common; peasants	era° un plato muy común° de trabajadores y campesinos° pobres. Las
would collect; food; was left over	mujeres recogían° toda la comida° que sobraba° de la semana y la
would add it; would serve it; Nowadays	echaban° al arroz y se la servían° a la familia. Hoy día° la paella es un
	plato que podemos encontrar en los restaurantes más elegantes del mundo.

Palabras útiles

el aceite de oliva	*olive oil*	**el desayuno**	*breakfast*
el ajo, la sal y las	*garlic, salt, and spices*	**la ensalada**	*salad*
especias		**el fuego**	*fire, heat*
el arroz con azafrán	*rice with saffron*	**las gambas**	*shrimp*
¡Buen provecho!	*Bon appetit!*	**el horno**	*oven*
los calamares a la	*fried squid*	**la paella marinera**	*seafood paella*
romana		**el pan**	*bread*
el caldo de pescado	*fish broth*	**el perejil**	*parsley*
la cena	*supper*	**probar**	*to taste, try*
las cigalas	*crayfish*	**la sepia troceada**	*cuttle-fish cut into pieces*
el cocinero	*cook*	**la tasca**	*pub*
el colorante	*food coloring*	**el tomate frito**	*fried tomato*
alimenticio			
la comida	*dinner, meal*		

Verbos activos

agregar	*to add*	**limpiar**	*to clean*
cortar	*to cut*	**poner**	*to put*

To find out more about **tapas,** listen to what Spaniards have to say about one of their favorite traditions. For a closer look at **paella,** visit Monkili, a well-known paella restaurant in Valencia. Watch the video and do the exercises that follow.

Al ver el video

A. Las tapas. Choose the correct answer(s).

1. En las tascas, muchos españoles...
   a. prueban las tapas.   **b.** toman una bebida.   **c.** repasan la tarea.

2. Generalmente los españoles toman tapas...
   a. al mediodía.   **b.** a las 8:00 de la mañana.   **c.** a las 7:00 de la tarde.

3. Las tapas más populares son...
   a. la tortilla española.   **b.** las hamburguesas.   **c.** las aceitunas.

B. ¿Qué agrega primero (first)? In what order does the cook add the following ingredients as he prepares the paella? Number them accordingly, and then form complete sentences using the verb **agregar.**

MODELO   <u>1</u> el aceite de oliva
          El cocinero agrega el aceite de oliva.

_____ el colorante alimenticio   _____ el tomate frito
_____ la sepia troceada   _____ la sal
_____ el caldo   _____ el perejil
_____ las cigalas y las gambas   _____ el arroz

C. ¿En qué orden? In what order does the cook do the following steps? Number them accordingly, and then form complete sentences.

_____ poner la paella en el horno   _____ limpiar las cigalas y las
_____ cortar la sepia   gambas
_____ poner la paellera con el   _____ poner todos los ingredientes en
      aceite al fuego   la paellera
                                        _____ preparar el fuego

D. ¿Qué recuerda Ud.? Based on the paella segment, choose the correct answer.

1. El cocinero...
   a. es guapo.   **b.** es alto y rubio.   **c.** es delgado y moreno.

2. El restaurante Monkili...
   a. es muy moderno.   **b.** tiene un horno muy viejo.

3. En la mesa no hay...
   a. pan.   **b.** vino.   **c.** ensalada.   **d.** salsa de tomate *(catsup)*.

Videocultura

③ Enrique Iglesias

continues recording Enrique Iglesias, joven cantante español, sigue grabando° discos, ganando
pleasing premios y complaciendo° a su público.

Palabras útiles

acostumbrarse a	*to get used to*	**romper el corazón**	*to break a heart*
antes de que me muera	*before I die*	**la terapia**	*therapy*
crecer	*to grow*	**único**	*unique*
dentro de	*within*	**valer la pena**	*to be worth the*
el disco	*record*		*trouble*
enfrente de	*in front of, facing*	**la vergüenza**	*shame*
nacer	*to be born*	**el viaje**	*trip*
paré	*I stopped*		
el principio	*the beginning*		
el público	*the audience*		

To find out more about Enrique Iglesias, listen to the following interview and
then enjoy the concert! Watch the video and do the exercises that follow.

Enrique Iglesias

Al ver el video

A. Frases falsas. The following statements are false. Correct them based on
the video.

1. Enrique es de Miami originalmente.
2. Tiene 22 años.
3. Ahora vive en España.
4. Sólo habla español.
5. Escribe sobre los problemas de sus amigos.
6. No le gusta estar enfrente de su público.
7. Las personas que quieren aprender inglés deben comprar sus libros.

B. Números. ¿Cuál es la importancia de los números siguientes?

1. 1975
2. 8
3. 14

C. ¿Qué recuerda? Choose the correct answer.

1. La madre de Enrique es (filipina/española).
2. El padre de Enrique es (americano/español).
3. El pasaporte de Enrique es de (los Estados Unidos/España).
4. Para Enrique, escribir canciones es una forma de (terapia/ejercicio).
5. Todo lo que escribe es como (una novela/un diario).

D. Preguntas personales. Answer the following questions.

1. ¿Conoce Ud. la música de Enrique Iglesias? ¿Y de su padre, Julio? ¿Qué piensa de la música de Enrique?
2. Para Enrique, la música es una forma de terapia. ¿Qué usa Ud. como terapia? ¿Cuándo la necesita?
3. Enrique dice que es la persona más feliz del mundo cuando está enfrente de su público. ¿Cuándo es Ud. la persona más feliz del mundo?

Estás en mi casa

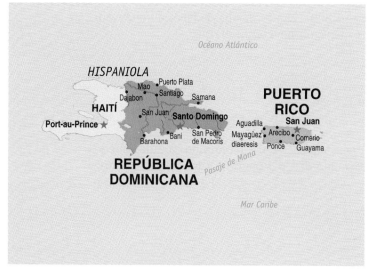

HISPANIOLA

Océano Atlántico

PUERTO PLATA
Mao • Puerto Plata
Dajabon • • Santiago
HAITÍ • Samana
San Juan • **Santo Domingo**
Port-au-Prince ★
Aguadilla
Mayagüez • Arecibo
diaeresis • Ponce
PUERTO RICO
San Juan ★
Comerio
Guayama
Bani • San Pedro
Barahona • de Macoris
REPÚBLICA DOMINICANA
Pasaje de Mona

Mar Caribe

Puerto Rico y la República Dominicana

4 Así es mi familia

Preparativos

As you read the dialogue or watch the video, note the use of the verbs **saber** and **conocer.** They both mean *to know*. For example, Luis Antonio doesn't know (isn't acquainted with) Mariana's family. He says to Mariana, **No conozco a tu familia.** Nor is he familiar with Puerto Rico. He says, **No conozco Puerto Rico.** However, Mariana asks her father if he knows that it's windy outside. In the video she says, **¿Sabes que hace viento aquí, papá?** What do you think the difference is between the two verbs? In this episode Mariana is all nerves **(¡¡Qué nervios!!),** afraid to introduce Luis Antonio to her family **(Tengo miedo de presentar a Luis a mi familia.)** at her brother's birthday party. How does Luis succeed in impressing Mr. and Mrs. Benavides? What feelings does Mariana experience at this family gathering?

—¡Feliz cumpleaños!

—No conozco a tu familia.

—¿Sabes que hace viento aquí, papá?

—¡Oye, Luis! ¿Conoces tú Puerto Rico?

Así es Mariana

La familia de Mariana

ring the bell | *Mariana y Luis Antonio están a la puerta de la casa Benavides. Ella va a tocar el timbre° pero está nerviosa. Luis tiene regalos para el hermano de Mariana.*

Luis Antonio: Mariana, ¿qué pasa? Estás blanca. Ya es hora de cenar y no conozco a tu familia. No es bueno llegar tarde. Vamos.

television viewers | **Mariana:** *(A los televidentes°)* ¡Qué nervios! Hoy mi hermano, Miguelito, cumple doce años. Mi tía Celia y mi tío Héctor están aquí de Puerto Rico para celebrar con nosotros. Debo estar contenta, pero tengo miedo de presentar a Luis a mi familia. ¡Ay, caramba!

Ramón, el padre de Mariana, abre la puerta. He notices Mariana´s index finger, sticking out ready to ring the doorbell. She quickly pretends to check out the wind direction.

Mariana: ¿Sabes que hace viento aquí, papá?

Ramón: Gracias por el pronóstico del tiempo, Mariana, pero la comida está lista y todos tenemos mucha hambre.

Mariana: Te presento a Luis Antonio, mi novio.

Ramón: ¡Perfecto! Un novio que trae regalos... Bienvenido a nuestra casa, Luis.

Todos entran, pero Mariana dice...

Mariana: *(A los televidentes)* If you think this course is hard, just wait till you see the three I have to survive through at dinner.

seated | *Sentados° a la mesa están Amparo y Ramón, los padres de Mariana, su hermano Miguelito, y sus tíos de Puerto Rico, Héctor y Celia.*

Luis Antonio: Sra. Benavides, la comida está muy rica. Ud. es una cocinera fabulosa.

best | **Ramón:** ¡Por supuesto! Mi esposa prepara la mejor° comida de Puerto Rico.

Héctor: ¡Oye, Luis! ¿Conoces tú Puerto Rico?

Luis Antonio: No, no. No lo conozco. Uds. viven en San Juan, ¿no?

Celia: Sí. Mariana siempre pasa algunos días del verano en Puerto Rico con sus dos primos. ¿Quieres ver las fotos?

Mariana: ¡Ni modo! Tío, necesito ayuda, por favor.

Héctor: ¡En absoluto! Yo no digo nada.

Luis Antonio: Miguel, ¿cuántos años cumples hoy?

Miguelito: Doce, y para celebrar, ¡vamos para Puerto Rico! ¿Está bien, mamá? Puede ser un regalo muy bueno.

Amparo: ¡Sí, sí, claro, cómo no! ¡Vamos todos para Puerto Rico ahora mismo!

Mariana: Yo tengo muchos recuerdos de Puerto Rico. Las aguas azules del Caribe, el barrio del Viejo San Juan con sus casas coloniales, las calles pequeñas, los monumentos...

Luis Antonio: Veo que Puerto Rico es muy bonito.

(continued)

Amparo: (Ofrece más comida.) ¿Quién quiere más?

Ramón: Yo no. Estoy listo para comer el postre y contar chistes... una tradición en nuestra casa.

Amparo: Sí, sí, ahora traigo el postre.

cake; sing *Amparo trae la torta° de cumpleaños a la mesa. Todos cantan°.*

Todos: Cumpleaños feliz, cumpleaños feliz. Todos te deseamos, cumpleaños feliz.

Mariana: (A los televidentes) Pues, hasta ahora, todo va muy bien,... ¿no? Sin embargo, no hay torta para todos Uds. ¡Qué pena! Hasta la próxima lección.

Es decir

A. Comprensión.

Match the person in the first column with the description in the second column.

1. Mariana	a. la mamá de Mariana
2. Luis Antonio	b. la esposa de Héctor
3. Miguelito	c. la hija de Ramón y Amparo
4. Ramón	d. el hermano menor de Mariana
5. Amparo	e. el tío de Mariana
6. Héctor	f. el novio de Mariana
7. Celia	g. el esposo de Amparo

¿Quién(es)...?

1. está(n) avergonzado(s) *(embarrassed)*?
2. quiere(n) contar chistes?
3. llega(n) a la fiesta un poco tarde?
4. canta(n) *(sings)*?
5. trae(n) regalos?
6. saca(n) una foto?
7. habla(n) de Puerto Rico?
8. abre(n) la puerta?

B. Asimilación.

Based on the dialogue, fill in the blanks with the correct verb. Why is the infinitive form of the verb used in each case?

comer	contar	celebrar	ver

1. ¿Quieres _____ las fotos?
2. Cumplo doce años, y para _____ vamos para Puerto Rico.
3. Estoy listo para _____ el postre y _____ chistes.

C. Expansión.

¿Y Ud.? ¿Está Ud. nervioso(a) cuando presenta a los amigos a su familia? ¿Por qué sí o no? ¿Qué sabe Ud. de la familia de Mariana? ¿Cómo es la familia de Ud? ¿Conoce Ud. Puerto Rico? ¿Qué sabe de San Juan o de otra ciudad puertorriqueña? ¿Tiene Ud. recuerdos de un lugar especial?

In groups of three, complete Mariana's sentence three different ways to explain why she's afraid to introduce Luis to her family. Share your sentences with the class: **Pero tengo miedo de presentar a Luis a mi familia porque...**

Vocabulario

La familia de Paco

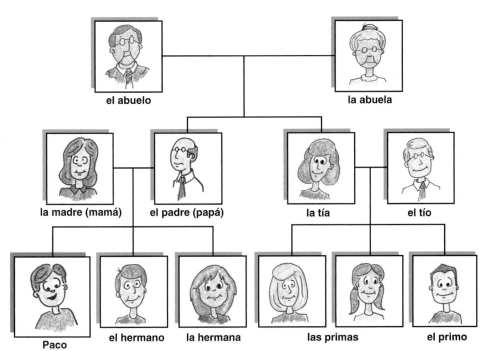

Use the context suggested by the illustration and identify cognates (words that look alike in English and Spanish) to guess at the meaning of new words and expressions. All of the essential vocabulary for this *Lección* appears with English translations on pp. 212-213.

Los familiares	*Family members*
los abuelos	*grandparents*
el (la) cuñado(a)	*brother (sister)-in-law*
la esposa (mujer)	*wife*
el esposo (marido)	*husband*
la familia	*family*
el (la) hijo(a)	*son (daughter)*
el (la) hijo(a) único(a)	*only child*
el (la) nieto(a)	*grandson (granddaughter)*
el (la) niño(a)	*child*
los padres	*parents*
el (la) pariente	*relative*
el (la) sobrino(a)	*nephew (niece)*
el (la) suegro(a)	*father (mother)-in-law*
el (la) viudo(a)	*widower (widow)*

El cumpleaños de Paco

los juguetes

el carro/
el coche

el helado

Mamá saca una foto.

¡Feliz cumpleaños!

anaranjado

morado

el árbol

negro

azul
rojo
rosa
gris
amarillo
blanco
verde
marrón

los regalos

Papá pone la mesa.

Verbos

conducir (zc) (manejar)	*to drive*	**ofrecer (zc)**	*to offer*
		oír	*to hear*
conocer (zc)	*to know, be acquainted with; to meet*	**poner**	*to put; to place*
		saber	*to know (how)*
		salir	*to go out, leave*
dar	*to give*	**traducir (zc)**	*to translate*
decir	*to say; to tell*	**traer**	*to bring*
esperar	*to hope; to wait for*	**ver**	*to see*
invitar	*to invite*	**visitar**	*to visit*
llorar	*to cry*		

Adjetivos

barato	*cheap, inexpensive*	**joven**	*young*
caro	*expensive*	**largo**	*long*
casado	*married*	**mayor**	*older, oldest*
corto	*short (in length)*	**menor**	*younger, youngest*
divorciado	*divorced*	**soltero**	*unmarried*
familiar	*pertaining to the family; familiar*	**viejo**	*old*

Expresiones (See pages 146–151 for dates, seasons, and weather)

contar chistes	*to tell jokes*	**estar de moda**	*to be "in"*
cumplir ... años	*to become . . . years old*	**(de onda)**	

Lugares *(Places)*

el barrio	*neighborhood*	**el campo**	*countryside*
la calle	*street*	**la ciudad**	*city*

Eventos *(Events)*

el aniversario	*anniversary*	**el nacimiento**	*birth*
la fecha	*calendar date*	**la reunión**	*meeting, reunion*
la muerte	*death*	**la vida**	*life*

Otras palabras

el agua *(f.)*	*water*	**la comida**	*food; meal*
el almuerzo	*lunch*	**el desayuno**	*breakfast*
el apellido	*last name*	**el pelo**	*hair*
la cena	*dinner, supper*	**el postre**	*dessert*

Vocabulario adicional

además	*besides*	**producir (zc)**	*to produce*
bien (mal) educado	*well-mannered (rude)*	**el recuerdo**	*memory; souvenir*
		reír, (sonreír)[1]	*to laugh, (to smile)*
crecer (zc)	*to grow*	**sin embargo**	*nevertheless*

Practiquemos

A. **Antónimos.** Look in the second column for the antonym of the words in the first column.

1. casado
2. barato
3. joven
4. mayor
5. largo

a. corto
b. soltero
c. menor
d. viejo
e. caro

B. **¿De qué color...?** Refer to the drawing of **El cumpleaños de Paco** on page 136 and tell what colors the following things are. Use complete sentences.

1. los carros
2. el árbol
3. los libros
4. el helado
5. el béisbol
6. el agua del océano
7. los globos *(balloons)*

---

[1]Note the irregular conjugation of (son)**reír:** (son)**río,** (son)**ríes,** (son)**ríe,** (son)**reímos,** (son)**reís,** (son)**ríen.**

C. **El árbol genealógico** *(The family tree).* Study the family tree and complete the sentences that follow.

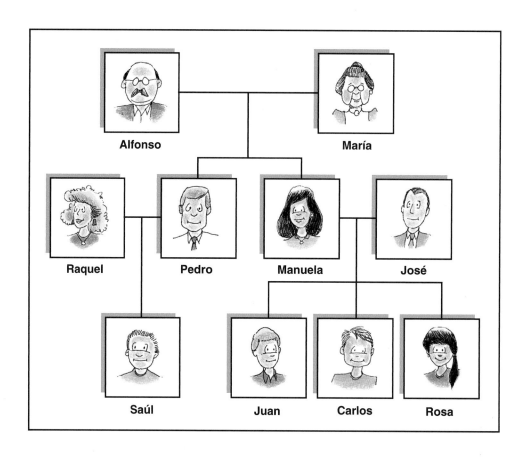

1. Alfonso es el _____ de María.
2. Alfonso y María son los _____ de Saúl.
3. Rosa es la _____ de Saúl.
4. Juan, Carlos y Rosa son _____
5. José es el _____ de Pedro.
6. Alfonso y María son los _____ de Manuela.
7. Raquel es la _____ de Pedro.
8. Raquel y Pedro son los _____ de Carlos.

Now listen as your instructor reads a series of descriptions. Indicate to whom each description corresponds. There may be more than one correct answer.

1. _____
2. _____
3. _____
4. _____
5. _____
6. _____
7. _____
8. _____

D. El sabelotodo (*The know-it-all*). Practice combining short sentences to form sentences that offer more information. Look in column 2 for the ending to the sentences in column 1. There is only one logical answer. Follow the model.

MODELO   *Sé (**I know**) que el regalo es caro porque es de Tiffany's.*

1.

Sé que

1. ellos tienen niños pequeños...
2. es un día especial para la familia...
3. es la hora de almorzar...
4. son hispanos...
5. Ana tiene un novio simpático...
6. el señor es mayor...

2.

porque

a. hoy cumple 99 años.
b. siempre compra regalos para ella.
c. su apellido es Martínez.
d. todos los parientes vienen con regalos.
e. la abuela pone la mesa.
f. hay muchos juguetes en la casa.

E. Entrevista. Interview two classmates to find out what they consider to be **la fiesta de cumpleaños ideal.** Include the following:

1. How many people come? Which family members are present?
2. Where is the party held? What time does it begin and end?
3. What type of food is served (**comida italiana, caribeña, española**)?
4. Is there entertainment (**música, baile, un video**)?
5. What gifts do you receive?

Aviso cultural   Los apellidos

A. EMMA SOPEÑA BALORDI
catedrática
Dep. Filología Francesa e
Italiana. E.U. Profesorado
Universidad de Valencia

Vicente Galván Llopis
DOCTOR ARQUITECTO
SUBDIRECTOR DE LA ESCUELA TECNICA SUPERIOR DE ARQUITECTURA
DE VALENCIA

TELS. 361 50 51 (EX. 393)
360 08 04
360 18 16
CAMINO DE VERA, S/N.
VALENCIA - 21

¿Cuál es su apellido°? ¿Y el apellido de su madre? ¿Y el de su padre? Generalmente la gente hispana tiene dos apellidos, el de° su madre y el de su padre. Por ejemplo, Laura Vázquez Pérez tiene el apellido de su padre, Vázquez, y el de su madre, Pérez. Si ella se casa con° Manuel Gómez Frontera, el apellido de su hija consiste en el apellido paterno de su padre seguido por° el apellido paterno de su madre. Su hija se llama Ana Gómez Vázquez. Lea° Ud. las tarjetas° a la izquierda°. ¿Cuáles son los apellidos de los padres de Emma y Vicente? David es el hijo de Emma y Vicente. ¿Cuáles son sus apellidos?

last name

that of

If she marries

followed by

Read; cards on the left

Forma y función

More Irregular Verbs
in the Present Tense

You have already learned that some verbs in Spanish do not follow the regular -**ar**, -**er**, -**ir** pattern of conjugation but rather have irregular forms. You have studied the irregular verbs **ser, estar, ir, hacer, tener,** and **venir,** as well as stem-changing verbs. These irregular verbs should be learned well, since they are used frequently.

Forma

Some verbs have irregular forms only in the first-person singular (**yo).**

CONOCER[1]		DAR		PONER		SABER	
conozco	conocemos	**doy**	damos	**pongo**	ponemos	**sé**	sabemos
conoces	conocéis	das	dais	pones	ponéis	sabes	sabéis
conoce	conocen	da	dan	pone	ponen	sabe	saben

SALIR		TRAER[2]		VER	
salgo	salimos	**traigo**	traemos	**veo**	vemos
sales	salís	traes	traéis	ves	veis
sale	salen	trae	traen	ve	ven

Some verbs are irregular in more forms.

DECIR		OÍR	
digo	decimos	**oigo**	oímos
dices	decís	**oyes**	oís
dice	**dicen**	**oye**	**oyen**

Miguelito **sonríe.** Su mamá **trae** la torta *(cake)* y todos **dicen** "¡Feliz cumpleaños!"

Practiquemos

A. **Muchas actividades.** Listen as your instructor reads the first part of a sentence. Find the logical ending from the following possibilities and write the number in the spaces below.

a. _____ pongo la mesa.
b. _____ veo a muchos actores.
c. _____ conduzco al trabajo en mi coche.
d. _____ digo la verdad.
e. _____ no sé si puedo ir.
f. _____ traigo un regalo.
g. _____ conozco al presidente.
h. _____ salgo con mis amigos a bailar.

---

[1]Other verbs similar to conocer are **agradecer** *(to thank),* **conducir, crecer** *(to grow),* **merecer** *(to deserve),* **obedecer** *(to obey),* **ofrecer, producir, traducir.**
[2]Another verb similar to **traer** is **caer** *(to fall).*

B. ¿Y tú? Rosa has invited you to her home for a family reunion. You comment on the activities of some of her relatives, and ask her if she also does these things. In pairs, a classmate plays the role of Rosa and answers your questions affirmatively or negatively.

MODELO   Ud.: Tus tíos dan clases de español. ¿Y tú?
Rosa: *No, yo no doy clases de español.*

1. Tu abuela conduce un coche deportivo. ¿Y tú?
2. Tu prima sabe bailar merengue. ¿Y tú?
3. Tu hermano conoce Puerto Rico. ¿Y tú?
4. Tu prima sale con actores famosos. ¿Y tú?
5. Tu primo trae comida a la fiesta. ¿Y tú?
6. Tu tío mira la televisión todos los días. ¿Y tú?

C. Mi celebración familiar favorita. Fill in the blanks with the correct form of the verb in parentheses to find out how Carmen celebrates Christmas in Puerto Rico.

Yo **1.** (saber) _____ que la Navidad es especial en muchos lugares, pero en Puerto Rico esta celebración no **2.** (tener) _____ igual. Yo **3.** (salir) _____ para las tiendas en el centro y **4.** (comprar) _____ regalos para mi familia. En las calles, **5.** (oír-yo) _____ los ritmos alegres de los "aguinaldos", que son canciones *(songs)* tradicionales de la Navidad en Puerto Rico. El día 24, después de la Misa del gallo *(Midnight Mass),* nosotros **6.** (volver) _____ a casa y **7.** (hacer) _____ una cena especial; lechón asado *(roast pig)* y arroz con gandules *(rice with pigeon peas).* El 25 de diciembre, San Nicolás **8.** (dejar) _____ regalos para los niños. Pero, no es todo... el 6 de enero, los Reyes Magos *(Wise Men)* **9.** (venir) _____ y **10.** (traer) _____ más regalos.

Now, listen as your instructor reads statements about the passage. Write **C (cierto)** or **F (falso)** in the spaces.

1. _____   2. _____   3. _____   4. _____   5. _____

D. Queridos *(Dear)* Reyes Magos. If you saw the **Videocultura** segment on page 125 about the Kings Day celebration in Spain, you already know of this Hispanic tradition. As noted in the previous reading, Puerto Rican children also look forward to a visit from the Wise Kings. Write a letter to them, using at least six of the following verbs.

traer	conocer
poner	ver
dar	merecer
oír	saber
decir	salir
obedecer	saber

limpio I clean
pelota ball

Expresiones afirmativas

¡Cómo no!	*Of course!*
¡Claro que sí!	*Of course, absolutely!*
¡Por supuesto!	*Of course!*
¡Desde luego!	*Of course!*
¡Correcto! ¡Cierto!	*Correct! Exactly!*

Expresiones negativas

¡De ninguna manera!	*By no means!*
¡Ni modo!	*No way!*
¡En absoluto!	*Absolutely not!*
¡Ni hablar!	*Not a chance!*
¡Ni pensarlo!	*Don't even think about it!*

A. Reacciones. Using the preceding expressions, react to the following situations.

1. Su amigo(a) pregunta si quiere pasar todo el día en la biblioteca.
2. Su novio(a) pregunta si quiere comer en un restaurante muy elegante.
3. Ricky Martin invita a Ud. y a todos sus amigos a su concierto.
4. En un restaurante, el cocinero pregunta si Ud. quiere comer la especialidad... anguila *(eel)*.
5. Su profesor de español pregunta si Ud. aprende mucho en su clase.

 B. Más situaciones. Describe more situations like those in the preceding exercise, and classmates will react appropriately.

The Personal *a*

1. The personal **a** is used with direct objects that refer to people. The direct object receives the action of the verb and answers the question *what* or *whom.* In the sentence, "I read the book," the **book** answers the question, "What do you read?" and therefore is the direct object. In the sentence, "I see Joe," **Joe** answers the question, "Whom do you see?" and is therefore the direct object.

Paco mira **a** su madre. También mira la cámara.

2. The personal **a** has no English equivalent and cannot be translated in English.

   Veo **a** los niños.   *I see the children.*

3. The personal **a** comes immediately before the direct object of a sentence and is used in the following cases:

   a. when the direct object refers to a definite person or persons. It is not used when the direct object refers to things.

      Llevo **a** mi prima a clase y luego   *I take my cousin to class and then*
         llevo mis libros a la biblioteca.   *I take my books to the library.*

      However, when the direct object refers to an indefinite or unspecific person, the personal **a** is not used.

      La abuela ve **a** un médico bueno.   *Grandmother sees a good doctor.*
      La abuela necesita un médico   *Grandmother needs a good doctor.*
         bueno.

   b. with the indefinite pronouns **alguien** and **nadie** when they are used as direct objects.

      No veo **a nadie** aquí.   *I don't see **anyone** here.*
      Voy a visitar **a alguien** hoy.   *I'm going to visit **someone** today.*

   c. before the interrogative words **quién** and **quiénes** when they are used as direct objects.

      ¿A quién invitas a la reunión?   **Whom** *are you inviting to the*
                                                      reunion?

      ¿A quiénes llamas?   **Whom** *are you calling?*

4. The following are commonly used verbs that require the personal **a.** Although in English these verbs require prepositions *(at, to, for),* in Spanish the idea we associate with the preposition is included in the verb.

mirar	*to look at*	buscar	*to look for*
escuchar	*to listen to*	esperar	*to wait for*

   Espero a mi tía. Vamos a   ***I'm waiting for*** *my aunt. We're*
      esperar el autobús aquí.   *going **to wait for** the bus here.*

¡**AVISO!** The personal **a** is usually omitted after the verb **tener.** Tengo tres tíos. *I have three uncles.*

Practiquemos

A. ¿El objeto directo? Find the direct object in the following sentences about Mariana and Luis Antonio. Indicate if it answers the question *what* (**¿qué?**) or *whom* (**¿a quién(es)?**), and if it requires the personal **a** in Spanish. Then translate the sentences.

1. Mariana introduces Luis Antonio to her family.
2. They look at photos of Puerto Rico.
3. Luis sees an interesting photo of Mariana.
4. Some day Luis is going to invite Mariana to his house in San Diego.

B. De visita en Puerto Rico. Carmen Frontera is Puerto Rican but lives in New York now. She and her family are going to visit relatives on the island. Fill in the blanks with the personal **a** if it's necessary.

¡Vamos a Puerto Rico! En Manatí, un pueblo *(town)* pequeño en la costa, visitamos **1.** _____ mi abuela. Vamos a llevar **2.** _____ la abuela a Dorado, otro pueblo bonito, para ver **3.** _____ mis tíos. Quiero visitar **4.** _____ la Universidad de Puerto Rico que está en Río Piedras porque pienso estudiar allí. En San Juan, la capital, vamos a ver **5.** _____ los otros familiares. En las calles bonitas del Viejo San Juan, yo siempre miro **6.** _____ los turistas que compran **7.** _____ mucho en las tiendas. Finalmente, quiero visitar **8.** _____ un almacén y comprar regalos para mis amigos.

El viejo San Juan, Puerto Rico

C. Nuestros ídolos. According to a recent survey among university students in Puerto Rico, the following people are most admired. Form complete sentences by combining the person in the first column with the description in the second to tell why you admire each.

¿A QUIÉNES ADMIRAN NUESTROS MUCHACHOS?

MODELO   *Admiro a Benicio del Toro porque es un actor fabuloso.*

1. Juan González e Iván Rodríguez
2. Jennifer López
3. Marc Anthony

a. porque es una actriz muy talentosa.
b. porque canta *(sings)* muy bien.
c. porque son beisbolistas excelentes.

Now interview your classmates to find out whom they admire and why. Is there a common answer? Share your results.

The Verbs *saber* and *conocer*

Forma

Unlike English, Spanish has two verbs that express the concept of *to know:*
saber and **conocer.**

SABER		CONOCER	
sé	sabemos	conozco	conocemos
sabes	sabéis	conoces	conocéis
sabe	saben	conoce	conocen

Función

Saber is used:

1. to express knowledge of facts or information.

Yo **sé** que Juan tiene dos hermanas menores.	*I **know** that Juan has two younger sisters.*
Ella **sabe** que La Habana es la capital de Cuba.	*She **knows** that Havana is the capital of Cuba.*
Tú **sabes** mucho de la historia del Caribe, ¿no?	*You **know** a lot about the history of the Caribbean, don't you?*

2. with an infinitive to indicate *to know how to do something.*

Mi abuelo no **sabe conducir.**	*My grandfather doesn't **know how to drive.***

Conocer is used:

1. to express familiarity or acquaintance with people, places, or things.

¿Conoces a mi marido?	***Do you know** my husband?*
Conozco bien la ciudad de Ponce.	***I know** the city of Ponce well.*
No conozco su restaurante.	***I don't know** his restaurant.*

2. to mean *to make someone's acquaintance* or *to meet for the first time.*

Voy a **conocer** a sus padres hoy.	*I'm going **to meet** his parents today.*

Note the use of **saber** and **conocer** in the following sentences.

No sé mucho de la música dominicana pero **conozco** la música de Juan Luis Guerra.	*I **don't know** a lot about Dominican music but **I am familiar** with the music of Juan Luis Guerra.*
Juan **no sabe** dónde vivo pero **conoce** mi calle.	*Juan **doesn't know** where I live but he **knows** my street.*

Practiquemos

A. **¿Saber o conocer?** Choose the correct verb and learn more about Octavio.

Octavio no **1.** (sabe/conoce) que Luis va a la casa de Mariana para **2.** (saber/conocer) a sus padres. Octavio ya *(already)* **3.** (sabe/conoce) a los padres de Alicia. También Octavio **4.** (sabe/conoce) Venezuela porque va con Alicia con frecuencia. Pero Octavio no comprende por qué Alicia no **5.** (sabe/conoce) cocinar *(to cook)*. La mamá de Alicia es una cocinera excelente. Octavio **6.** (sabe/conoce) un excelente restaurante venezolano en Miami.... ¡por necesidad!

B. ¿Conocer o saber? Based on the uses of the verbs **conocer** and **saber** choose the answers that complete the sentences in a logical way. There is more than one correct answer.

1. ¿Sabes...
   a. de quién es el coche?
   b. preparar comida típica del Caribe?
   c. a Marta, la prima de Ramón?
   d. a qué hora empieza el concierto?

2. Queremos conocer...
   a. la República Dominicana.
   b. a los padres de Josefina.
   c. qué hora es.
   d. el número de teléfono del dentista.

3. Sé...
   a. su nombre.
   b. que Alma sale con Jorge.
   c. conducir bien.
   d. al presidente personalmente.

4. ¿Conoces tú...
   a. si abuela viene o no?
   b. la respuesta?
   c. a mi novio, Celia?
   d. el Caribe?

C. Preguntas. In groups, form questions with **saber** and **conocer** to find out the following information from each other.

1. Two people whom you each want to meet and why.
2. Two things you each want to know how to do and why.
3. Two places that you each want to know and why.

Weather Expressions

Forma

¿Qué tiempo hace? *(What's the weather like?)*

Hace frío. *(It's cold.)*

Hace sol. Hace buen tiempo.
(It's sunny, The weather is nice.)

Hace calor. *(It's hot.)*

Está nublado. *(It's cloudy.)*

Hace fresco. *(It's cool.)*

Nieva (nevar).
(It's snowing [to snow]).

Hace viento. *(It's windy.)*

Llueve (llover).
Hace mal tiempo.
(It's raining [to rain].
The weather is bad.)

Función

1. Whereas in English the verb *to be* is used to describe many weather conditions, in Spanish the verb **hacer** is frequently used.

2. The adjectives **mucho** and **poco** are used to modify the nouns **frío, calor, fresco, sol,** and **viento.**

   Hace **mucho** viento pero **poco** frío.   *It's **very** windy but **not very** cold.*

3. **Mucho** and **poco** are also used as adverbs with the verbs **nevar** and **llover.**

   Nieva mucho en enero y **llueve muy poco.**   *It snows a lot in January and rains very little.*

4. The adverb **muy** is used with **buen/mal tiempo.**

   Hace muy buen tiempo.   *The weather is very good.*

Practiquemos

A. **¿Lógico o ilógico?** In pairs, read the following statements and determine if they are logical. If not, correct them with complete sentences.

   MODELO   Es bueno ir a la playa *(beach)* cuando hace frío.
                     Ilógico. Es bueno ir cuando hace calor.

	Lógico	Ilógico
1. Puede ser difícil jugar al tenis cuando hace viento.	_____	_____
2. Muchos van a Arizona porque hace sol.	_____	_____
3. Cuando hace buen tiempo los estudiantes quieren asistir a clase.	_____	_____
4. Los niños hacen un picnic cuando llueve.	_____	_____
5. Comemos en el patio cuando hace mal tiempo.	_____	_____
6. Nieva mucho en la Florida.	_____	_____

B. **El tiempo en Puerto Rico.** Refer to the following weather map of Puerto Rico and tell what today's weather will be on various parts of the island.

C. La nueva máquina climática *(The new weather machine).*

1. Describa las condiciones climáticas en el dibujo *(drawing).*
2. Ud. acaba de comprar la máquina climática. ¿Es la máquina un producto bueno? ¿Por qué sí o no? ¿Qué pasa cuando la máquina no funciona *(doesn't function)* bien? ¿Qué tiempo prefiere Ud. y por qué?

The Seasons, Months, and Days of the Week

Forma

Las estaciones *The seasons*

el invierno *winter*
la primavera *spring*
el verano *summer*
el otoño *fall*

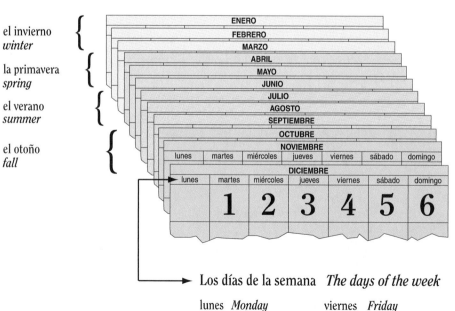

Los meses del año *The months of the year*

enero *January*
febrero *February*
marzo *March*
abril *April*
mayo *May*
junio *June*
julio *July*
agosto *August*
septiembre *September*
octubre *October*
noviembre *November*
diciembre *December*

Los días de la semana *The days of the week*

lunes *Monday*
martes *Tuesday*
miércoles *Wednesday*
jueves *Thursday*

viernes *Friday*
sábado *Saturday*
domingo *Sunday*

Función

1. Whereas the days of the week and the months of the year are capitalized in English, in Spanish they are not.

2. To express *on a certain day,* use the definite article **el.** To express habitual action on a certain day, use the definite article **los** with the plural form of the day.

El domingo voy a visitar al tío Pepe.	***On Sunday*** *I'm going to visit Uncle Pepe.*
Los domingos Susana no va a clase.	***On Sundays*** *Susan doesn't go to class.*

Practiquemos

A. ¿En qué estación? Refer to the eight weather illustrations on page 146. Write sentences following the model, beginning each one with the season that corresponds to the illustration. For some of the drawings, there may be several options.

MODELO   *En el invierno hace frío.*

B. ¡Celebraciones! In complete sentences, tell in what month(s) and seasons you and others do the following activities. Indicate the day of the week, if applicable.

1. Ud. celebra su cumpleaños.
2. Su mejor amigo(a) celebra su cumpleaños.
3. Comemos pavo y damos gracias.
4. Los niños van de casa en casa y dicen *Trick or treat.*
5. Recordamos a todos los trabajadores en los Estados Unidos.
6. Los novios celebran su amor con rosas y bombones.
7. Las personas de origen irlandés *(Irish)* llevan ropa de color verde. Hay desfiles *(parades).*
8. Hacemos cosas especiales para nuestras madres.

C. Mis preferencias. Complete the sentences in an original and personal way.

1. En el invierno siempre...
2. Prefiero estar en casa cuando...
3. Cuando nieva es importante...
4. Mi estación favorita es... porque...
5. En el verano mis amigos y yo...
6. Cuando está nublado mucha gente...
7. La primavera es excelente para...
8. En el otoño tomo muchas fotografías porque...

D. Su calendario. Look at the calendar and tell when you are going to do the following activities.

			abril			
lunes	martes	miércoles	jueves	viernes	sábado	domingo
						1
2	3 Doctor Parra	4	5	6	7	8
9 Mecánico	10	11 Feliz Cumpleaños	12	13 Papis	14	15
16	17	18	19	20	21	22
23 Perla del Caribe / 30	24	25	26	27	28 estudiar	29

MODELO *Voy a llevar el coche al mecánico el lunes, 9 de abril.*

1. comer en un restaurante puertorriqueño
2. salir con su novio(a)
3. preparar la tarea
4. cumplir _____ años
5. ir al médico
6. jugar al tenis
7. llamar a sus padres

E. **¿Qué pasa?** In pairs, write a story based on one of the drawings below. Include the following information and be original. Present your story to the class.

1. ¿Quiénes son las personas?
2. ¿Cómo son y cómo están?
3. ¿Qué hacen y qué quieren hacer?
4. ¿Qué tiempo hace? ¿Cuál es la fecha? ¿la estación? ¿la hora?
5. ¿Dónde están y cuáles son las circunstancias?

Numbers Above 100

Forma

> **Los números de cien a un millón**
>
> 100 cien
> 101 ciento uno
> 102 ciento dos
> 200 doscientos(as)
> 201 doscientos(as) uno(a)
> 300 trescientos(as)
>
> 400 cuatrocientos(as)
> 500 quinientos(as)
> 600 seiscientos(as)
> 700 setecientos(as)
> 800 ochocientos(as)
>
> 900 novecientos(as)
> 1.000 mil
> 1.876 mil ochocientos setenta y seis
> 2.000 dos mil
> 1.000.000 un millón

Función

1. **Cien** is used before a noun, before the numbers **mil** and **millones,** and when used alone in counting. Otherwise, **ciento** is used.

   Ella tiene **cien** libros y yo también tengo **cien**.
   *She has **a hundred** books and I also have **a hundred**.*

   Ciento veinte personas vienen a la reunión.
   ***One hundred and twenty** people are coming to the meeting.*

2. Multiples of a hundred (**doscientos, trescientos...**) agree in gender with the nouns they modify.

   Hay **novecientos** escritorios y **ochocientas** sillas.
   *There are **nine hundred** desks and **eight hundred** chairs.*

3. **Mil** is used in the singular form.

   Yo tengo **dos mil** centavos y ella tiene **tres mil**.
   *I have **two thousand** pennies and she has **three thousand**.*

¡AVISO! The indefinite article **un** is never used with **cien** and **mil. Cien** means *a hundred* and **mil** means *a thousand.*

4. To express the year, use the following form.

1492 mil cuatrocientos noventa y dos
1995 mil novecientos noventa y cinco
2005 dos mil cinco

Note that in dates, multiples of a hundred are masculine since they refer to the word **año** *(year),* which is masculine.

5. In dates, cardinal numbers are used, except to express the first.

Hoy **es el primero** de mayo y mañana **es el dos.**

*Today is May **first** and tomorrow is the **second.***

To ask what the date is, use the expression: **¿Cuál es la fecha (de hoy)?**
To express the complete date, use the form: **(Hoy) es el cuatro de abril de 2005.**

Practiquemos

A. Fechas. Say the following dates in Spanish.

1. January 1, 1518
2. October 8, 1952
3. August 12, 1492
4. September 30, 1883
5. December 25, 2010
6. April 2, 1776

B. Fiesta de aniversario. Your family is planning a 50th anniversary party for your grandparents. You're in charge of guests and pizza count. Write out the following information.

¿A quiénes invita?
1. 156 parientes
2. 131 vecinos *(neighbors)*
3. 213 amigos
4. un total de 500 invitados *(guests)*

¿Qué sirve?
1. 150 pizzas vegeterianas
2. 100 pizzas combinadas
3. 21 pizzas de chorizo *(sausage)*
4. 1 pizza de anchoas *(anchovies)*

Pronunciación *g* and *j*

g/j Before **e** and **i** the Spanish **g** has the same sound as the Spanish **j**—a strongly aspirated English *h.*

gitano   género   escoger   jefe   jota   jarabe

In all other cases, **g** has the guttural sound of the English *g* in the word *gate.*

gato   gracioso   siglo   algodón

Practice your pronunciation with the following tongue twisters **(trabalenguas).**

1. El jefe injusto se llama Jaime Jiménez.
2. Agustín tiene una aguda gripe que lo agota. Toma pastillas de goma para curar su garganta.

En resumen

A. Luis Antonio habla de su familia. Give the correct form of the verb in the present tense and select the appropriate word where two choices are given.

Luis Antonio **1.** (es, está) hijo único, pero su familia completa es muy grande porque su papá **2.** (tener) _____ ocho hermanos y su mamá **3.** (también, tampoco). Mariana no **4.** (sabe, conoce) **5.** (a) _____ la familia de Luis Antonio todavía *(yet)*. Por eso, ellos **6.** (querer) _____ ir a San Diego, California por **7.** (unos, unas) días en diciembre durante las vacaciones de **8.** (verano, invierno). Luis **9.** (decir) _____ que ellos **10.** (poder) _____ ir a México porque **11.** (allí, aquí) vive su **12.** (abuela, sobrina), la madre de su papá. ¡Qué emoción! Mariana tiene **13.** (ganas, cuidado) de **14.** (saber, conocer) este país hermoso y de pasar la Navidad al estilo mexicano.

Luis dice: "Mi familia **15.** (es, está) muy unida y yo **16.** (saber) _____ que **17.** (ir-yo) _____ a tener una relación estrecha con mis familiares toda la vida. Nosotros **18.** (mostrar) _____ **19.** (nuestros, nuestras) emociones, y **20.** (también, tampoco) respetamos mucho **21.** (a) _____ nuestros padres. Los abuelos **22.** (tomar) _____ una parte **23.** (activo, activa) en la vida familiar, y con frecuencia viven con la familia. Mis abuelos, los padres de mi madre, no viven con nosotros, pero nosotros los *(them)* **24.** (ver) _____ mucho porque ellos siempre **25.** (venir) _____ a comer. Para Mariana, para mí y para muchos hispanos, el aspecto **26.** (más, menos) importante de la vida es la familia."

B. Carla va a conocer a un chico guapo. Translate the following dialogue to Spanish.

Carla: *Verónica, do you know José Ortiz?*

Verónica: *Mariana's cousin? No, but I know that he attends the university. Why?*

Carla: *Tomorrow I'm going to Mariana's house for lunch, and José is going to be there.*

Verónica: *He's smart, he's nice, he's handsome, he just turned twenty-five, and, he's single too.*

Carla: *Verónica, you know a lot. Do you want to meet José, too?*

Avancemos

Escuchemos

CD1, Tracks 22–24

A. **¿Cuál de los dos?** You will hear an incomplete sentence. Choose the word that best completes the sentence.

MODELO (oye/trae)

Antonio _____ un regalo a la fiesta

*Antonio **trae** un regalo a la fiesta.*

1. (el desayuno/la cena)
2. (primo/tío)
3. (conducir/traducir)
4. (conoce/sabe)
5. (cuñados/abuelos)
6. (cuentan/crecen)
7. (suegra/nieta)
8. (anaranjado/verde)

B. **Dictado** *(Dictation).* You will hear a short narration about Liliana and her family. Listen carefully to the entire section. Listen again and write each sentence during the pauses.

You will then hear a series of false statements related to the dictation. Correct each one with complete sentences. Refer to your dictation.

San Juan, Puerto Rico

Así es mi familia. Beginning with his/her grandparents, complete your
partner's family tree. To find out if there are siblings, aunts, uncles, and
cousins in the family and to obtain necessary information about them, ask
the appropriate questions. When you are finished, your partner will complete
your family tree in the same way.

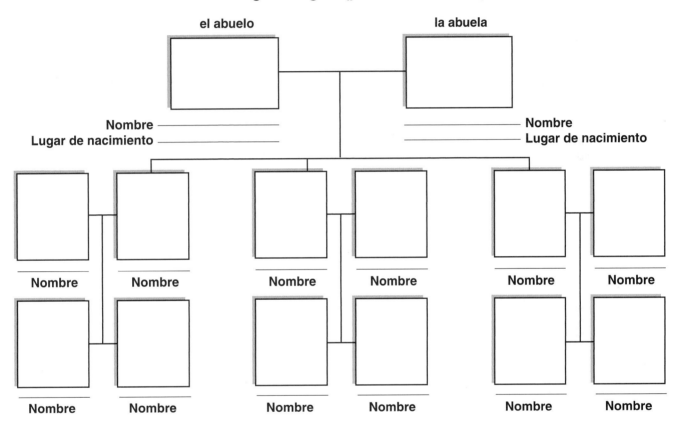

El árbol genealógico (paterno o materno)

el abuelo   la abuela

Nombre
Lugar de nacimiento

Nombre
Lugar de nacimiento

Nombre   Nombre   Nombre   Nombre   Nombre   Nombre

Nombre   Nombre   Nombre   Nombre   Nombre   Nombre

Leamos

La quinceañera. For many Hispanics, a girl's fifteenth birthday is an occasion for much celebration.

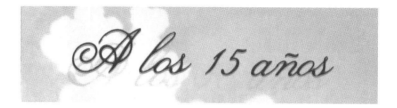

Antes de leer

A. Look at the reading that follows. What is the meaning of **quinceañera** in the first paragraph? What does this word mean in the first line of the second paragraph?

B. The second paragraph contains a chronological ordering of events that occur during a quinceañera celebration. Skim the paragraph to find the four words that serve to move the events along in time.

C. What rite-of-passage rituals are you familiar with?

A leer

La quinceañera

En muchas familias hispanas, cuando una muchacha cumple quince años, hay una presentación formal ante la sociedad que significa que la muchacha —la quinceañera— ahora es una mujer y está lista para entrar en la sociedad. Este evento social se llama la celebración de la quinceañera y es uno de los sucesos más especiales en la vida de la muchacha.

La quinceañera puede ser una íntima reunión familiar o una fiesta grande y elegante, pero casi todas tienen los mismos elementos. Primero, la ceremonia comienza con una misa que está dedicada a la quinceañera. Los invitados esperan fuera de la iglesia y cuando el sacerdote está listo para iniciar la misa, todos entran. Es un momento emocionante. Después, todos van a la casa, al hotel o al salón de fiestas. En la recepción la quinceañera entra junto con el chambelán, saluda a los invitados y "abre" la recepción con el vals, que es la parte esencial de la fiesta. Ella comienza el vals con el chambelán y después es el papá quien baila con ella. Luego, el padrino de la quinceañera hace un brindis y dice unas palabras para la muchacha y su familia. Finalmente, ponen música alegre y todos bailan hasta la madrugada.

Nadie sabe cuál es el origen de la celebración de la quinceañera, pero hay evidencias de algo similar en la antigua civilización azteca. El concepto de la fiesta es importante porque es un evento grande dedicado solamente a la muchacha, un sueño hecho realidad *(a dream come true)*. Sobre todo, la quinceañera muestra la gran importancia de la familia en la cultura hispana.

Una fiesta de quinceañera

Después de leer

A. Underline the correct word in the following sentences.

1. La recepción es (antes de/después de) la misa.
2. La misa está dedicada a la (familia/quinceañera).
3. La quinceañera (entra /sale de) la recepción con el chambelán.
4. El (padre/padrino) hace el brindis en la recepción.
5. La parte esencial de la fiesta es el (brindis/vals).

B. Answer the following questions.

1. La lectura no menciona la comida, pero en una fiesta de quinceañera siempre hay una cena especial para los invitados. Vuelva a leer *(Reread)* el segundo párrafo. ¿En qué momento de la recepción sirven la comida?
2. La quinceañera "abre" la recepción con el vals. ¿Qué cree Ud.? ¿Simboliza algo este *(this)* acto?
3. ¿Por qué se considera tan especial *(so special)* la celebración de la quinceañera en la vida de una joven?
4. ¿Cuáles son los cumpleaños importantes en la cultura de Ud.?
5. ¿Cómo es el cumpleaños ideal para Ud.?

Escribamos

Describing a Person

In the **Lección 2 Escribamos** section you observed a photograph, then used a template to describe what you saw. If you responded to the classified ad in the **Lección 3 Escribamos** section, you included a brief description of yourself. With the aid of an organizational tool known as an idea web, you will write a more detailed description, this time of a family member.

Antes de escribir

A. El red de ideas. Read the following description of the **Soltero del mes** that appeared in a Spanish-language periodical. Then, practice using an idea web by completing the one below with information contained in the article.

José Antonio Figueroa, de "la isla de encanto" (Puerto Rico), tiene treinta años y es Virgo (ordenado, perfeccionista, suave, cariñoso, formalito...). Es ingeniero hidráulico especializado en diseño de puentes y profesor de química para ingenieros civiles. En resumen: Un buen partido.

Pero, además de eso, tiene los ojos verdes, el pelo castaño oscuro y una estatura maravillosa. Es aficionado a la fotografía y las artes plásticas, amante del cine y del teatro, adora todo tipo de música pero especialmente la música moderna. Si quiere comprobar todo esto, puede encontrarlo en las discotecas de San Juan. No prefiere un tipo de mujer en especial (por lo visto le gustan ¡todas!).

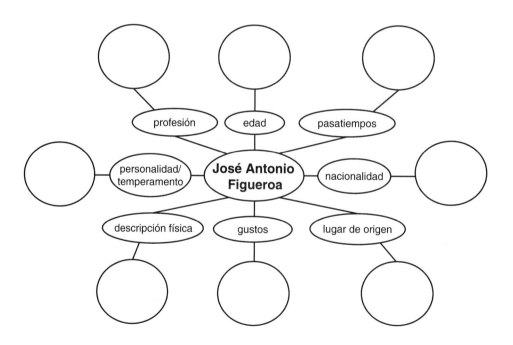

B. **¿Qué le parece?** Do you like the way the information is grouped in the paragraphs? Would you change the organization in any way? Explain.

C. **Ideas.** Now, choose a family member to describe, and spend a few minutes mentally observing this person. In no particular order, write down the ideas as they occur to you.

D. **Para organizarse.** Form an idea web to organize your thoughts. Use the web in this section or create your own. Organize the information into an outline. This step may not be necessary since you will be writing only one paragraph.

Vocabulario útil

además (de eso)	*besides (this)*
adorar	*to adore*
Es aficionado(a) a ...	*He (She) is a fan of . . .*
Es amante de ...	*He(She) is a lover of . . .*
el pasatiempo	*pastime, hobby*
pero	*but*
Tiene ... años.	*He (She) is _____ old.*
Tiene los ojos (el pelo)	*He (She) has _____ eyes (hair).*

Ahora, escriba

Now you are ready to describe a family member. Use your mental observation notes, idea web, outline and the **Vocabulario útil** to write a paragraph of 4–5 sentences. You may want to consult the list of adjectives on page 68 of **Lección 2.**

If you plan to develop this written description into an oral project, be sure to incorporate photographs or other visuals to enhance the presentation.

5 Así es mi casa

Preparativos

As you read the dialogue or watch the video, notice the use of the present progressive tense to express an action that is happening right now, or is "in progress." It is formed by joining the verb **estar** with a present participle (in English, the *-ing* form of the verb). Mariana thinks that the people in the kitchen **están chismeando** *(are gossiping)* about her. Rather, they simply **están charlando** *(are chatting)* about housework. There are other examples of the present progressive tense in the dialogue, but the participle ends in –**iendo** rather than -**ando.** Can you guess why? In the following dialogue, Luis is still trying to impress Mariana's family. What's he up to this time? Why do you think that he knows so little about dishwashers? Visiting Mariana's family is an education for him . . . in many ways!

—Este lavaplatos es estupendo.

—¡Ajá! Están chismeando de mí.

—Sólo estamos charlando de la tarea doméstica.

—¿Mi marido? Lo cierto es que está durmiendo.

Así es Mariana

La tarea doméstica

Después de la cena, todos limpian, menos Mariana.

Mariana: *(A los televidentes)* Luis Antonio made the classic mistake of following my mother into the kitchen. If I'm not mistaken, she probably has him doing all the dishes by now. I should go in and save him . . . in a few minutes.

En la cocina, Luis Antonio está limpiando.

Amparo: Según los expertos, este lavaplatos puede fregar y lavar más platos que veinte personas... y en muy poco tiempo.

Celia: En San Juan, un lavaplatos como éste cuesta alrededor de 500 dólares. Y fuera de la ciudad... ¡ni hablar!

Luis Antonio: Perdón, señora Benavides, pero... ¿no tiene que lavar los platos con jabón primero?

Amparo: Ya veo que sabes muy poco, hombre. Este lavaplatos es estupendo. Lava, seca... lo hace todo.

Celia: ¡Salvo limpiar los muebles, barrer el suelo y planchar la ropa!

feed   **Amparo:** ¡Y darles de comer° a los gatos!

Entra Mariana.

Mariana: ¡Ajá! Están chismeando de mí.

Amparo: No, Mariana. Sólo estamos charlando de la tarea doméstica.

Mariana: ¡Qué horror! Hablar de cosas tan aburridas. *(A Luis Antonio)* Vamos al comedor.

Mariana y Luis salen de la cocina.

Celia: Los voy a seguir. Quiero ver lo que están haciendo mi sobrino y mi cuñado.

Amparo: ¿Y tu marido?

Celia: ¿Mi marido?.....no...¡tu hermano! Lo cierto es que está durmiendo

in front of the television   en el sillón delante de la tele.°

Mariana and Luis have a moment to each other.

Mariana: ¿Qué piensas de mi familia?

Luis Antonio: Son muy simpáticos y es un gusto conocerlos, pero sólo te pido una cosa.

Mariana: ¿Qué cosa, mi novio guapo?

don't leave me   **Luis Antonio:** ¡No me dejes° solo con ellos!

Es decir

A. Comprensión.

Basándose en el diálogo, escoja *(choose)* la respuesta correcta. *(Based on the dialogue, choose the correct answer.)*

1. Un lavaplatos... los platos.
   a. friega
   b. plancha
   c. barre

2. En la cocina, Mariana...
   a. ayuda a limpiar.
   b. saca una foto de Luis.
   c. habla con su papá.

3. Mariana cree que hacer la tarea doméstica...
   a. es necesario.
   b. es interesante.
   c. es aburrido.

4. ¿Qué acciones *no* están haciendo los parientes de Mariana?
   a. están charlando
   b. están limpiando
   c. están chismeando

5. ¿Qué es lo que Luis *no* dice de la familia de Mariana?
   a. Quiere pasar más tiempo con ellos.
   b. No quiere estar solo con ellos.
   c. Todos son muy simpáticos.

B. Asimilación

Explique Ud. *(Explain.)* ¿Por qué...

1. dice Mariana que Luis comete "el error clásico" de seguir a su mamá a la cocina?
2. dice Mariana: "Vamos al comedor"?
3. dice Celia: "Los voy a seguir"?
4. no quiere Luis estar solo con la familia de Mariana?

C. Expansión.

En parejas, escriban un breve diálogo original y represéntenlo. Mariana le pregunta a Luis Antonio: "¿Qué piensas de mi familia?" ¿Cuáles son algunas posibles respuestas? Después ella le pregunta: "¿Qué piensas de mi casa?" Luis contesta con muchos detalles. Refiérase *(Refer)* a la lista de vocabulario en las páginas 163–164. *(In pairs, write an original, brief scene and act it out. Mariana asks Luis what he thinks of her family. What are some possible answers? She also asks what he thinks of her house, and he gives detailed answers.)*

Vocabulario

CD1, Track 25

Use the context suggested by the illustration and identify cognates (words that look alike in English and Spanish) to guess at the meaning of new words and expressions. All of the essential vocabulary for this *Lección* appears with English translations on pp. 212-213.

La casa

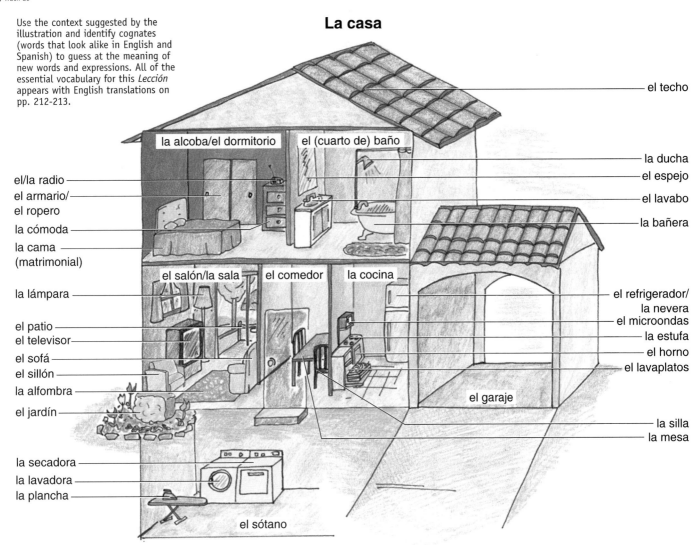

- el techo
- la alcoba/el dormitorio
- el (cuarto de) baño
- la ducha
- el espejo
- el lavabo
- la bañera
- el/la radio
- el armario/el ropero
- la cómoda
- la cama (matrimonial)
- el salón/la sala
- el comedor
- la cocina
- el refrigerador/la nevera
- el microondas
- la estufa
- el horno
- el lavaplatos
- la lámpara
- el patio
- el televisor
- el sofá
- el sillón
- la alfombra
- el jardín
- el garaje
- la silla
- la mesa
- la secadora
- la lavadora
- la plancha
- el sótano

Partes de la casa *(Parts of the house)*

el cuarto (la habitación)	*room*	**la sala (de estar)**	*den*
el piso[1]	*floor (level of a building); condominium*	**el suelo**	*the floor*
		el techo	*roof; ceiling*

Muebles y accesorios *(Furniture and accessories)*

la almohada	*pillow*	**el fregadero**	*kitchen sink*
la colcha	*bedspread*	**la manta**	*blanket*
el cuadro	*painting*	**la sábana**	*sheet*

[1]Note that although in some countries the words **piso** and **suelo** are used interchangeably to mean that on which we walk, in other countries **piso** refers to the level of a building.

Verbos

arreglar	to arrange, put in order; to fix	**fregar (ie)**	to scrub
		lavar	to wash
barrer	to sweep	**limpiar**	to clean
cenar	to have dinner, supper	**olvidar**	to forget
		pedir¹ (i)	to ask for, request; to order
chismear	to gossip		
cocinar	to cook		
compartir	to share	**planchar**	to iron
competir (i)	to compete	**repetir (i)**	to repeat
conseguir (i)	to get, obtain	**secar**	to dry
corregir (i)	to correct	**seguir (i)**	to follow; to continue
desayunar	to eat breakfast		
elegir (i)	to elect; to choose	**servir (i)**	to serve

Adjetivos

cada	each	**ordenado**	neat, orderly
desordenado	messy, disorderly	**solo**	alone, lonely
limpio	clean	**sucio**	dirty
lleno	full	**vacío**	empty

Palabras y expresiones útiles
(Refer to page 167 for other useful prepositions)

adentro	inside	**lejos (de)**	far away (from)
afuera	outside	**pasar la aspiradora**	to vacuum
las afueras	outskirts, suburbs		
		sacar la basura	to take out the garbage
alrededor (de)	around		
cerca (de)	near	**la tarea doméstica**	housework
dentro (de)	inside (of)		
fuera (de)	outside (of)		

Vocabulario adicional

alquilar	to rent	**el hogar**	home
el alquiler	rental fee	**el jabón**	soap
aunque	although	**el pájaro**	bird
el (la) gato(a)	cat	**el (la) perro(a)**	dog

¹A verb similar to **pedir** is **impedir** (to prevent).

Practiquemos

A. ¿Para qué? Combine Ud. las palabras y frases en las tres columnas para formar frases completas. *(Combine the words and phrases in the three columns to form logical sentences and tell why you do things.)* Follow the model.

MODELO   *Enciendo* (I turn on) *la luz para leer.*

I	II	III
1. conducir	microondas	ayudar a mi madre
2. barrer	platos	ir a las afueras
3. lavar	cama	ayudar a mi padre
4. abrir	coche	buscar limonada fría
5. usar	garaje	preparar comida rápida
6. hacer	nevera	arreglar la alcoba

B. Escuchar y hablar. Su profesor(a) va a leer una serie de actividades. ¿A qué cuarto corresponden las actividades? Forme una frase completa *(complete sentence)*. Nombre *(Name)* Ud. otra actividad que hace en los cuartos.

MODELO   Profesor(a): escuchar la radio
Estudiante: *Escucho la radio en* **la alcoba.** *Duermo allí también.*

la cocina   el dormitorio   el sótano   el salón   el comedor   la sala

 C. Salas y salones. Ud. va a describir los cuartos siguientes. Su compañero(a) va a escuchar e identificar el cuarto según su descripción. *(Describe the following rooms. A classmate will identify each according to your description.)* Después, conteste *(answer)* las preguntas.

1. ¿Qué muebles hay en el cuarto 1? ¿en el 2? Mencione los colores también.
2. ¿Cuál de los cuartos es el más bonito? ¿el menos bonito? ¿el más contemporáneo? ¿el más tradicional? ¿Cuál tiene más colores? ¿Cuáles son los colores?
3. ¿Cuál de estos cuartos prefiere Ud.? ¿Por qué?

D. Tareas domésticas. Conteste Ud. las preguntas siguientes con frases completas. Luego, cambie *(change)* las preguntas a la forma **tú** y entreviste *(interview)* a un(a) compañero(a).

1. ¿Cuántas tareas domésticas puede hacer en diez minutos? ¿Cuáles son?
2. ¿Qué tareas domésticas necesitan el uso de jabón?
3. ¿Usa Ud. un microondas? ¿Por qué sí o no?
4. ¿Cómo comparte Ud. las tareas domésticas con la(s) persona(s) con quien(es) vive?

 E. Los muebles. Ud. y su amigo(a) tienen un apartamento nuevo y necesitan muebles. El apartamento tiene una alcoba, una sala y una cocina. ¿Quién trae qué cosas? *With a classmate, each make a list of what you will bring to the apartment. Compare your lists. Decide what you still need to buy to furnish your apartment. How much will each item cost? What's the grand total? Who will buy what?*

Aviso cultural — Las afueras o la ciudad

recent

¿Vive Ud. cerca de su trabajo? ¿Viven sus padres o sus amigos cerca de su trabajo? En España y otros países hispanos, la idea de "commuting" es reciente°. No hay una palabra en español para expresar la idea de ir en coche de su casa a su trabajo. Por lo general, las personas que viven en la ciudad también trabajan en la ciudad, y las personas que viven en el campo trabajan en el campo. La idea de "suburbs" es relativamente nueva en España, aunque ahora hay zonas residenciales o "urbanizaciones" en las afueras de algunas ciudades. ¿Prefiere Ud. vivir en la ciudad, en las afueras o en el campo? ¿Por qué? ¿Quiere vivir cerca de su trabajo? ¿Cuáles son las

advantages

ventajas° y desventajas de vivir y trabajar en el mismo lugar?

Forma y función

Prepositional Pronouns

Forma

Prepositions show relationships of time, location, and position between nouns and other words in a sentence. Some prepositions in English include: *to, at, for, from, near, by, on, under, after, behind, in,* and *before.* What are the Spanish equivalents? The following pronouns are used with prepositions.

preposition +	mí	*me*	nosotros, -as	*us*
	ti	*you*	vosotros,-as	*you*
	él	*him, it*	ellos	*them*
	ella	*her, it*	ellas	*them*
	Ud.	*you*	Uds.	*you*

1. With the exception of the first and second persons singular **(mí, ti),** prepositional pronouns have the same form as subject pronouns. Note the accent on the prepositional pronoun **mí** *(me)* to distinguish it from the possessive adjective, **mi** *(my).*

2. **Yo** and **tú** are used instead of **mí** and **ti** after the following prepositions.

entre	*between, among*	excepto	*except*
incluso	*including*	menos	*except*
según	*according to*	salvo	*except*

Entre tú y yo, creo que Tomás nunca limpia su cuarto.

Between you and me, *I think that Tomás never cleans his room.*

Todos ayudan a cocinar, **excepto tú.**

*Everyone is helping to cook **except you.***

3. The preposition **con** *(with)* has irregular forms when used with the first- and second-person singular pronouns.

¿Vienes **conmigo?**
Sí, voy **contigo.**

*Are you coming **with me?***
*Yes, I'm going **with you.***

¡Ay, Mariana! Las cosas que hago para **ti!**

Función

1. Prepositional pronouns are used with prepositions in place of nouns.

¿Sales antes de **José?**   *Are you going out before **José?***
No, salgo después de **él.**   *No, I'm going out after **him.***

2. Prepositional pronouns follow their corresponding prepositions.

para **ellos**
cerca de **nosotros**
por **ella**
de **mí**
a **Ud.**
en **ti**

Practiquemos

A. El almuerzo. Todos quieren comer algo diferente. *Correct each statement according to the cues. Replace the name in the model with the appropriate prepositional pronoun.*

MODELO   El sandwich es para Pepe. (mí)
              No es para él. Es para mí.

1. La limonada es para Rosita. (ti)
2. Las pizzas son para Vicente y Javier. (nosotras)
3. El helado es para Susana. (Ud.)
4. Los tacos son para los tíos. (Uds.)
5. El café es para el abuelo. (mí)

B. ¡Qué desastre! La casa está muy desordenada y mamá vuelve en diez minutos. *Fill in the blanks with the correct prepositional pronoun to find out how the Gómez kids straighten up the house.*

Elena: Mamá vuelve en pocos minutos. Debemos limpiar todo para
1. _____ *(her).* Susana, cerca de **2.** _____ *(you)* está la aspiradora.
Debes pasarla. Rafael, cerca de **3.** _____ *(me)* está el jabón. Tú vas a
fregar el lavabo. Debes venir **4.** _____ *(with me)* a la cocina para poder
empezar. Y Susana, tú debes venir con **5.** _____ *(us)* también, y puedes
barrer el suelo primero.

Susana: Yo no quiero ir **6.** _____ *(with you two).* Uds. deben limpiar
todo dentro de la casa y yo voy a arreglar todo fuera de **7.** _____ *(it).* El
patio está muy sucio. ¡Y el garaje! Alrededor de **8.** _____ *(it)* Joselito
tiene todos sus juguetes.

Expressing/Asking for an Opinion

Asking for an opinion

¿Qué te parece la casa de Raúl?	*What do you think of Raul's house?*
¿Qué piensas del (de los) amigo(s) de Raúl?	*What do you think of Raul's friend(s)?*
¿Qué te parece si vamos a la conferencia?	*What do you think if we go to the lecture?*
¿Qué opinas del nuevo horario?	*What do you think about the new schedule?*

Expressing an opinion

(No) Me gusta mucho.	*I (don't) like it very much.*
Me cae bien (mal).	*I (don't) like him/her.*
Me caen bien (mal).	*I (don't) like them.*
(Me) da igual (lo mismo).	*It's all the same to me.*
Me gusta la idea.	*I like the idea.*
No lo puedo creer.	*I can't believe it.*
Prefiero no comentar	*I prefer not to comment.*
(No) Estoy de acuerdo.	*I (don't) agree.*

Practiquemos

A. Las opiniones. Take the survey below about the following people, then survey two classmates.

Me caen bien.   Me caen mal.   Prefiero no comentar.

1. ¿Qué piensas de...
   a. los profesores?
   b. los compañeros de clase?
   c. los compañeros de cuarto (residencia)?
   d. los amigos de tu novio(a)?

Now, ask yourself the following questions and survey two classmates.
Me gusta.   No me gusta.   Me da igual.

2. ¿Qué te parece...
   a. la clase de español?
   b. la vida social en la universidad?
   c. tu residencia, casa o apartamento?
   d. el sistema de exámenes?

B. En parejas. In pairs, take turns forming and asking each other the questions below.

1. ¿Qué te parece...?
2. ¿Qué piensas (opinas) de...?
3. ¿Qué te parece si...?

The Present Progressive Tense

Forma

To form the present progressive tense, use a form of the verb **estar** in the present tense with the present participle. A present participle is formed by removing the infinitive endings -**ar, -er, -ir** and adding -**ando** to -**ar** verbs, and -**iendo** to -**er** and -**ir** verbs.

infinitive:	LAVAR	BARRER	ESCRIBIR
present participle:	lav + ando	barr + iendo	escrib + iendo
present progressive:	estoy lavando	estoy barriendo	estoy escribiendo

These participles are equivalent to the verb forms in English that end in -*ing: washing, sweeping, writing.*

1. When the root of an -**er** or -**ir** verb ends in a vowel, add -**yendo:** **leer > leyendo, creer > creyendo, traer > trayendo.**

2. With stem-changing verbs that end in -**ir,** the stem vowel **e** changes to **i** and **o** changes to **u: mentir > mintiendo, dormir > durmiendo.** Stem-changing verbs that end in -**ar** or -**er** do not change in this form: **fregar > fregando, volver > volviendo.**

Función

Whereas the present indicative can express many different actions,

Escribo
- *I write* (in general)
- *I do write* (every day)
- *I am writing* (now)
- *I will write* (in the immediate future)

the present progressive is very specific. It expresses an action that is in progress right now.

Estoy escribiendo.   *I am writing* (at this very moment).

¡AVISO! The following verbs are rarely used in the progressive construction: **ir (yendo), venir, ser,** and **estar.**

Practiquemos

A. ¿Qué está haciendo Ud.? Escoja *(choose)* un lugar de la lista y forme el presente del progresivo para decir qué está haciendo Ud. y dónde.

> MODELO charlar con amigos (la sala de estar)
> *Estoy charlando con mis amigos en la sala de estar.*

> el sótano   la cocina   el garaje   el comedor   la cama   el sillón

1. dormir
2. planchar ropa
3. arreglar el coche
4. leer el periódico
5. servir la cena
6. fregar el suelo

B. Ahora, no puedo ayudar. In pairs, role play the following situation.

> MODELO **Estudiante A:** Your roommate is very messy. Tell him/her what
> needs to be done.
> **Estudiante B:** Use the present progressive tense to tell your
> roommate what you're doing *right now* that pre-
> vents you from cleaning.

> MODELO **Estudiante A:** *Necesitas pasar la aspiradora.*
> **Estudiante B:** *No puedo pasar la aspiradora ahora porque estoy
> corrigiendo un ejercicio para la clase de español.*

Estudiante A	Estudiante B
limpiar las ventanas	escribir una composición
lavar la ropa	estudiar para un examen
pasar la aspiradora	hacer la tarea
sacar la basura	leer una novela para la clase de literatura
hacer la cama	observar los insectos para la clase de biología

C. Diferencias. Estudiante A: Using the present progressive construction, describe drawing A. Estudiante B: You will describe drawing B. There are six differences. Can you find them?

A.

B.

Stem-changing Verbs:
The Present Tense of e > i

Forma

Certain **-ir** verbs change the stem vowel from **e > i** in the present tense when the stem vowel is stressed. As with other stem-changing verbs you have already studied (**e > ie** and **o > ue**), the **nosotros** and **vosotros** forms do not have this change. The stem vowel **e** changes to **i** in the present participle of these verbs.

PEDIR *(to ask for)*		REPETIR *(to repeat)*	
pido	pedimos	repito	repetimos
pides	pedís	repites	repetís
pide	piden	repite	repiten
pidiendo		repitiendo	

Some common **e > i** stem-changing verbs are:

competir	*to compete*	impedir	*to prevent*
conseguir	*to obtain*	seguir	*to continue; to follow*
corregir	*to correct*	servir	*to serve*
elegir	*to elect; to choose*		

Ramón **sirve** el almuerzo y nosotros **servimos** la cena.

*Ramón **is serving** lunch and we **are serving** dinner.*

Función

1. **Pedir** means *to ask for.* It does not require a preposition since the idea of *for* is already included in the verb.

   Yo **pido** café todas las mañanas.   *I **ask for** coffee every morning.*

2. **Pedir** is used to request an object or an action, that is, to ask someone to give or to do something. When you use **pedir** you receive an object or action.

   Yo te **pido** el jabón.   *I **ask** you **for** the soap.*
   (The result: You give me the soap.)

   Yo te **pido** lavar el suelo.   *I **ask** you to wash the floor.*
   (The result: You wash the floor.)

   To express *to ask* in the context of asking a question, you use the verb **preguntar.** When you use **preguntar** you receive an answer or information.

   Yo te **pregunto** dónde vive José.   *I **ask** you where José lives.*
   (Result: You tell me where José lives.)

3. The verbs **seguir** and **conseguir** (as well as other verbs that end in -**guir**) have an additional spelling change. The **u,** which is used to help maintain the hard **g** sound, is omitted in the first-person singular **(yo).** **Ge** and **gi** produce a soft **g** sound while **ga, go,** and **gu** produce a hard **g** sound.

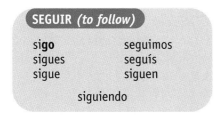

SEGUIR *(to follow)*

si**go**	seguimos
sigues	seguís
sigue	siguen

siguiendo

Seguir is often used with the present participle to express a continuing action.

José **sigue limpiando** su cuarto.   *José **continues cleaning** his room.*

4. The verbs **corregir** and **elegir** (as well as other verbs that end in -**gir** and -**ger**) have an additional spelling change. The **g** changes to **j** in the first-person singular **(yo)** in order to maintain the soft **g** sound. Remember that **ge** and **gi** produce a soft **g** sound while **ga, go,** and **gu** produce a hard **g** sound.

CORREGIR *(to correct)*

corri**jo**	corregimos
corriges	corregís
corrige	corrigen

corrigiendo

Practiquemos

A. Servicio especial. Complete el párrafo con la forma correcta del verbo **servir.**

Cuando nuestros amigos vienen a comer, yo siempre **1.** _____ la comida y mi esposo **2.** _____ el vino. Pero él y yo **3.** _____ el postre. ¿Qué **4.** _____ tú para una cena especial?

B. Pedir y preguntar. Ud. y sus amigos acaban de alquilar un apartamento. Necesitan muchas cosas y mucha información. Use **pedir** o **preguntar** para obtener lo que necesitan *(get what you need).*

MODELO   si hay un restaurante cerca
          Pregunto *si hay un restaurante cerca.*

1. las llaves *(keys)*
2. si hay un garaje comunal
3. cuándo van a conectar el teléfono
4. el contrato para firmar
5. por qué no hay conexión de cable para las computadoras
6. el nombre de un buen electricista

C. Otra visita. Luis se prepara para ir a la casa de Mariana otra vez. Para practicar la conjugación de los verbos, escriba la forma correcta del verbo en el tiempo presente.

Hoy, yo **1.** (ir) _____ a la casa de Mariana otra vez. Yo
2. (saber) _____ que sus padres son muy simpáticos. Ya *(already)*
3. (conocer-yo) _____ a su primo de Puerto Rico. No debo estar nervioso. Yo **4.** (tener) _____ todo planeado.

Para impresionar a su familia:

1. Yo (traer) _____ un regalo para su hermano.
2. Yo le (dar) _____ a su madre unas rosas bonitas.
3. Yo le (pedir) _____ a su padre que me cuente chistes.
4. Cuando yo (oír) _____ los chistes, le (decir – yo) _____ que él es muy cómico.
5. Antes de comer, yo (poner) _____ la mesa y Mariana (servir) _____ la sopa.
6. Mariana y yo (pedir) _____ más arroz con frijoles y le (decir-nosotros) _____ a su mamá que todo está delicioso.
7. Después de comer, yo (seguir) _____ a la mamá de Mariana a la cocina y (fregar-yo) _____ los platos.

¡Qué bueno soy!

D. Preguntas y respuestas. Su compañero(a) va a contestar sus preguntas.

Pregúntele... *(Ask him/her . . .)*

1. quiénes sirven la cena en su casa generalmente y a qué hora.
2. cuántos cursos *(courses)* sigue este semestre.
3. qué pide en su restaurante favorito.
4. si va a conseguir trabajo para el verano.
5. si compite en tenis.

Demonstrative Adjectives and Pronouns

Forma y función

Estas sillas aquí son baratas.

Esas sillas son más caras.

Y aquellas sillas allí son las más caras que tenemos.

Demonstrative Adjectives

	this, these	that, those (nearby)	that, those (far away)
masculine singular	este	ese	aquel
feminine singular	esta	esa	aquella
masculine plural	estos	esos	aquellos
feminine plural	estas	esas	aquellas

1. **Demostrar** in Spanish means to show or demonstrate. Demonstrative adjectives point out nouns—people, places, or things. The demonstrative adjective is more specific than the definite or indefinite article.

   la casa > *the* house   **una** casa > *a* house   **esta** casa > *this* house

   Las casas de mi barrio son bonitas, y hay unas casas grandes en mi calle, pero yo prefiero **esta** casa.

   *The houses in my neighborhood are pretty, and there are some big houses on my street, but I prefer **this** house.*

2. Since they are adjectives, they agree in number and gender with the nouns they modify. They generally precede the noun.

   estas camas nuevas   **these** new beds

3. Pay special attention to the masculine singular forms **este** and **ese.** Note that they end in **-e** although the plural forms end in **-os.**

   ese horno > *that* oven   **esos** hornos > *those* ovens

4. **Este** and all its forms mean *this* or *these,* and indicate proximity to the speaker.

> **Este** espejo (que yo tengo) es de Ema.
>
> **This** mirror (that I have) is Ema's.

Ese and all its forms mean *that* or *those,* and often indicate proximity to the listener or short distance from the speaker.

> **Ese** cuadro (que tú tienes) es de José.
>
> **That** painting (that you have) is José's.

Aquel and all its forms mean *that* or *those,* and often indicate distance from both the speaker and listener or long distance from the speaker.

> **Aquel** jardín (en la otra calle) es bonito.
>
> **That** garden (on the other street) is pretty.

Demonstrative Pronouns

	this, these	that, those (nearby)	that, those (far away)
masculine singular	éste	ése	aquél
feminine singular	ésta	ésa	aquélla
masculine plural	éstos	ésos	aquéllos
feminine plural	éstas	ésas	aquéllas
neuter	esto	eso	aquello

---

1. A pronoun (*pro* = **por** = in place of) replaces a noun. Demonstrative pronouns agree in number and gender with the nouns they replace. They have written accents to distinguish them from the demonstrative adjectives.

> Este lavaplatos es viejo pero **ése** es nuevo.
>
> *This dishwasher is old but **that one** is new.*
>
> Esos platos están sucios pero **éstos** están limpios.
>
> *Those plates are dirty but **these** are clean.*

2. The neuter demonstrative pronouns **esto, eso,** and **aquello** are used to refer to abstract ideas, concepts, or situations, and undetermined or unidentified objects. Note that they have no written accent.

> ¿Qué es **esto?**
>
> *What is **this?***
>
> **Eso** es fácil de hacer.
>
> ***That's** easy to do.*
>
> **Aquello** no es nada. Yo sé más.
>
> ***That's** nothing. I know more.*

Practiquemos

A. ¿Cuál? Practice agreement of demonstrative adjectives and pronouns by substituting the underlined word for words in parentheses. Then follow the model.

> MODELO   Van a comprar aquel <u>microondas</u>.
> *Van a comprar <u>aquél</u>.*

1. Van a comprar aquel <u>lavaplatos</u>. (estufa, camas, radio, muebles, televisor)
2. Estos <u>cuadros</u> son bonitos. (sillones, silla, alfombras, espejo, mesas)

B. ¡¿Qué comprar?! Mire Ud. el siguiente dibujo *(drawing)* y complete Ud. las frases con el adjetivo demostrativo apropiado para saber qué quiere vender la vendedora *(salesclerk).*

Señora, **1.** _____ microondas tiene reloj y **2.** _____ radios son excelentes, son del Japón. **3.** _____ sillas y **4.** _____ sillón son muy caros, pero **5.** _____ plancha no cuesta mucho. Ud. no puede pagar **6.** _____ jabón aquí porque viene del departamento de perfumes y cosméticos. **7.** _____ aspiradora no es para vender. Sirve de modelo solamente. **8.** _____ sábanas cuestan $30.00. ¿Ve **9.** _____ lavaplatos? Es el modelo nuevo. **10.** _____ secadora es eléctrica, **11.** _____ mesa es muy elegante y el cuadro, pues, no sé nada de **12.** _____ cuadros.

C. Así es mi casa. Imagínese que Ud. y su compañero(a) están mirando el apartamento que van a compartir el próximo semestre. Usen adjetivos demostrativos para describir lo que ven. *Imagine that you and your classmate are looking at the apartment that you are going to share next semester. Use demonstrative adjectives to describe what you see.*

Direct Object Pronouns

Forma

¿Qué es lo que **lo (la)** ayuda a Ud. a simplificarse la vida?

> **Direct Object Pronouns**
>
> | | | | | |
> |---|---|---|---|---|
> | me | *me* | | nos | *us* |
> | te | *you* (familiar, singular) | | os | *you* (familiar, plural) |
> | lo | *him, you* (formal, masc. sing.); *it* (masculine) | | los | *them, you* (formal, masc. pl.) |
> | la | *her, you* (formal, fem. sing.); *it* (feminine) | | las | *them, you* (formal, fem. pl.) |

Función

1. Direct object pronouns, like direct object nouns, receive the action of the verb and answer the questions *what* and *whom.* They agree in number and gender with the nouns they replace. Direct object pronouns are placed before a conjugated verb.

Lavo la manta y **la** seco.	*I wash the blanket and dry* **it.**
Compro otro televisor porque **lo** necesito.	*I'm buying another television set because I need* **it.**

2. Direct object pronouns may follow and be attached to an infinitive or a present participle. There is absolutely no difference in the meaning or emphasis of the pronoun based on its placement before the conjugated verb or after the infinitive or present participle.

La voy a lavar ahora. Voy a lavar**la** ahora.	*I'm going to wash* **it** *now.*
La estoy lavando ahora. Estoy lavándo**la** ahora.	*I'm washing* **it** *now.*

   Note the addition of a written accent on the present participle when the pronoun is attached. It is needed to maintain the original stress on the syllable.

3. When a negative word precedes the verb, the direct object pronoun is placed between it and the verb.

Yo no **lo** voy a comprar.	*I'm not going to buy* **it.**
Nunca **la** lavo.	*I never wash* **it.**

   ¡AVISO! The neuter pronoun **lo** is often used with verbs like **ser, estar, creer,** and **saber** to refer to abstract ideas or situations. In English the pronoun is generally omitted.

¿Sabes que José llega hoy?	*Do you know that José is arriving today?*
Sí, **lo** sé.	*Yes, I know.*

Practiquemos

A. Luis ayuda. Mariana asks Luis to help her. Answer her questions according to the cues, substituting the direct object nouns with the corresponding pronouns.

1. Mariana: ¿Haces **la cena?**

   Luis: Sí, _____

2. Mariana: ¿Quieres barrer **los suelos?**

   Luis: Sí, _____

3. Mariana: ¿Puedes sacar **la basura?**

   Luis: Sí, _____

4. Mariana: ¿Vas a lavar **los platos?**

   Luis: Sí, _____

5. Mariana: ¿Deseas planchar **las sábanas?**

   Luis: No, no _____

B. No lo tengo porque... Su compañero(a) lo (la) acusa a Ud. de usar sus cosas. Conteste sus preguntas de forma negativa, substituyendo los sustantivos por pronombres, y termine la frase de una forma original.

MODELO   ¿Tienes mi libro de cálculo?
         No, no lo tengo porque este semestre yo estudio álgebra.

1. ¿Tienes mis almohadas?   4. ¿Tienes mi suéter?
2. ¿Tienes mi bolígrafo?   5. ¿Tienes mi plancha?
3. ¿Tienes mis videos?   6. ¿Tienes mi CD de Marc Anthony?

C. ¿Qué hace Ud.? Listen as your instructor reads a series of situations. Choose the correct verb and replace the nouns with the corresponding pronoun to tell what you do in the following situations.

MODELO   Profesor(a): El lavabo está sucio. (fregar)
         Estudiante: *Lo friego.*

| barrer | servir | arreglar | lavar | hacer | cocinar |

1. _____
2. _____
3. _____
4. _____
5. _____
6. _____

D. Entrevista. A classmate will ask you the following questions. Use direct object pronouns in your answers.

1. ¿Cuántas veces al mes limpias tu dormitorio?

2. ¿Visitas a tus padres a menudo?

3. ¿Lees novelas en tu tiempo libre?

4. ¿Dónde haces la tarea para la clase de español?

5. ¿Quién hace las tareas domésticas en tu casa?

E. Tres hermanos. En grupos de tres personas hagan los papeles *(play the role)* de tres hermanos que no quieren hacer las tareas domésticas.

MODELO lavar el coche

Raúl: *No quiero lavar el coche. Andrés tiene que lavarlo.*

Andrés: *Yo no quiero lavarlo tampoco. (Yo no lo quiero lavar tampoco.)*

Julio: *Pues* (Well), *yo no voy a lavarlo. (Yo no lo voy a lavar.)*

1. limpiar el garaje

2. arreglar el sótano

3. lavar el suelo

4. planchar la ropa

5. hacer las camas

6. fregar los platos

Pronunciación *h and ll*

h The Spanish **h** is always silent.

hotel   ahora   hospital   almohada

ll The **ll** has a sound similar to the English *y* in the word *yes*.

llama   amarillo   llave   valle

Practice your pronunciation with the following tongue twister **(trabalenguas).**

Todo se halla callado y nos llega el perfume de la manzanilla.

En resumen

A. Luis tiene recuerdos bonitos de la casa de su abuela. Give the correct form of the verb in the present tense and select the appropriate word where two choices are given.

Mi abuela vive en un apartamento pequeño ahora. Es de un **1.** (suelo, piso), con **2.** (sólo, solo) dos dormitorios. Ella **3.** (compartir)＿＿＿ uno de los dormitorios con su gato, Yupi, y el otro es donde nosotros **4.** (dormir)＿＿＿ cuando **5.** (lo, la) visitamos. Hay un **6.** (garaje, comedor) formal con una **7.** (cama, mesa) ovalada y diez **8.** (sillas, muebles). El apartamento no **9.** (es, está) grande, pero es acogedor *(warm, cozy),* y mi abuela **10.** (lo, la) tiene muy **11.** (limpio, vacío) y ordenado. Por supuesto que mi abuela no tiene un patio como antes, pero hay un **12.** (jardín, sótano) precioso donde, todas las mañanas, **13.** (desayunar)＿＿＿ y **14.** (chismea, corrige) con mi tía Carmela. Su antigua casa, grande y elegante, **15.** (es, está) en las afueras de la ciudad. Yo **16.** (tener)＿＿＿ recuerdos muy bonitos de todas las partes de **17.** (esa, ese) casa, pero mi cuarto favorito es **18.** (el techo, la cocina). Es un lugar mágico, lleno de olores *(smells)* deliciosos y **19.** (mucha, mucho) actividad familiar.

B. La abuela viene a visitar. Translate the following dialogue to Spanish.

Rubén: *I'm going to have dinner in the city. Do you want to come with me?*

Luis: *I can't. My grandmother arrives in an hour, and I'm fixing up the bedroom for her.*

Rubén: *Why doesn't your grandmother sleep in that room? It's neat and clean.*

Luis: *She always requests this one because it's near the cats.*

Rubén: *Fine. I'll help you. We can clean it in fifteen minutes.*

Avancemos

Escuchemos

CD1, Tracks 26–28

A. **¿Cierto o falso?** You will hear a series of statements. Look at the pictures and decide if the statement is true **(cierto)** or false **(falso).** If the statement is false, correct it.

MODELO   Los niños están afuera.
Falso, los niños están adentro.

1.

2.

3.

4.

5.

6.

7.

8.

B. **Dictado (*Dictation*).** You will hear a short narration about Liliana's house. Listen carefully to the entire selection. Listen again and write each sentence during the pauses. You will then hear a series of questions related to the dictation. Answer them with complete sentences. Refer to your dictation.

Hablemos

Observaciones. You and your partner are watching the same television show while talking to each other on the phone. He/she will describe the scenes on the following page. If, based on the drawings below, you do not agree with the descriptions, use the present progressive tense to explain why. In your descriptions, include the person, the place and the activity.

MODELO   Estudiante A: *Un hombre está limpiando el horno en la cocina.*
Estudiante B: *No, no es cierto. Un hombre está limpiando el microondas en la cocina.*

Estudiante A

1.

2.

3.

4.

5.

6.

Observaciones. You and your partner are watching the same television show while talking to each other on the phone. He/she will describe the scenes on the preceding page. If, based on the drawings below, you do not agree with the descriptions, use the present progressive tense to explain why. In your descriptions, include the person, the place and the activity.

MODELO   Estudiante A: *Un hombre está limpiando el horno en la cocina.*
    Estudiante B: *No, no es cierto. Un hombre está limpiando el microondas en la cocina.*

Estudiante B

1.

2.

3.

4.

5.

6.

 **Leamos**

Las casas del mundo hispano. The houses throughout the Hispanic world reflect a variety of living styles.

Antes de leer

A. Search for the following cognates.

Bogotá, Colombia: *style, enormous, center, garden*
Córdoba, España: *essence, decorate, balcony, Romans*
Madrid, España: *economy, impossible, generally, garage*

B. What type of housing do you see in the photo of Madrid, Spain? Why do you think this photo was selected? Note the photo of Córdoba, Spain. How would you describe the ambience of the patio? Look at the photo of the colonial house in Bogotá. How does it compare to a colonial house that is in the United States?

A leer

Las casas del mundo hispano

Bogotá, Colombia: Lucy Villalobos

Mi casa es como muchas que hay por toda Latinoamérica. El estilo se llama **colonial** porque es del estilo de las casas de España en esa época. Es cuadrada *(square),* de un piso, con un enorme patio en el centro. Éste es nuestro jardín. Generalmente no tenemos jardines delante *(in front)* de la casa como en los Estados Unidos. Todos los cuartos dan al *(open onto)* patio. Casi todas las casas de mi barrio son blancas y de ladrillo *(brick)* pintado de cal *(lime).*

Córdoba, España: Silvia Augusto Cobos

Las rejas *(grillwork)* forman parte de la esencia de la típica casa andaluza de la clase media *(middle class).* Son de hierro *(iron)* y protegen *(protect)* las ventanas y decoran los balcones y las terrazas. La idea del patio viene de los romanos, y de los árabes tenemos la tradición de decorarlos con plantas, flores *(flowers),* fuentes *(fountains)* y azulejos *(tiles)* de muchos colores. El patio es el centro de muchas actividades familiares.

Madrid, España: Martín Castellano Núñez

Para una familia de nuestra situación económica, es imposible comprar una casa. Por eso, alquilamos *(we rent)* un piso en la ciudad. En las ciudades casi toda la gente vive en apartamentos. Nuestro piso es pequeño y el alquiler *(rent)* no es muy alto. Tenemos un jardín y un garaje comunal, y estamos cerca de las principales zonas comerciales.

Después de leer

A. Si la frase es falsa, corríjala.
1. La típica casa colonial de Latinoamérica es de dos pisos y es azul.
2. Las rejas sirven de decoración solamente.
3. El patio es de origen español.
4. En las ciudades españolas es común vivir en un apartamento.
5. Una ventaja *(advantage)* de vivir en la ciudad es estar cerca de las tiendas.

 B. For the underlined words, substitute words and phrases that reflect your personal living style, or that of your family. Then share your responses with a partner
1. Casi todas las casas de mi barrio son <u>blancas y de ladrillo</u>.
2. Todos los cuartos <u>dan al patio</u>.
3. <u>El patio</u> es el centro de muchas actividades familiares.
4. <u>Las rejas</u> forman parte de la esencia de la típica casa norteamericana de la clase media

Escribamos

Combining Short Sentences
Learning how to combine short sentences is a necessary part of the writing process. All you need are the right tools—words, and phrases that can be used to connect your ideas. In previous **Escribamos** sections you described yourself, a geographical location, and a family member. In this section, you will use this new writing skill to describe a house.

Antes de escribir

A. Un ejemplo. Scan the reading in the **Leamos** section on page 185. Which of the words that appear in the **Vocabulario útil** that follows are used as sentence connectors? Also, note the connector word that is used in **Practiquemos** exercise B on page 179.

B. Una casa caribeña. Read the following description of Raquel Torres's house in Ponce, Puerto Rico. Rewrite the paragraph, using words and phrases in **Vocabulario útil** to convert the short sentences into longer, more interesting ones.

Una casa puertorriqueña

Los muebles antiguos de mi abuela están en la sala de estar. Es muy grande. Está unida al comedor. La cocina es grande también. Está totalmente separada del comedor, cosa típica de las casas latinoamericanas. Hace mucho calor durante el día. Generalmente cerramos las cortinas. El jardín no es exterior. Es interior, como en muchas partes del mundo hispano. Mi casa no es de dos pisos, como muchas en los Estados Unidos. Es muy amplia.

C. **Organizarse.** Think about a house that you would like to describe, or use the photos on p. 185 and 186. In no particular order, jot down words, phrases, and sentences as they occur to you. If you are describing a house, remember to include the interior and the exterior. If necessary, use an idea web like the one in the **Escribamos** section on p. 158.

Vocabulario útil

Consult **Vocabulario** at the beginning of this lesson.

aunque	*although*
para	*for; in order to*
pero	*but*
porque	*because*
que	*that, which*
sino	*but rather*
y	*and*
y por eso	*and because of this*

Ahora, escriba

Now you are ready to write a description of a house or a room that you are familiar with.

Write a descriptive paragraph of 4 or 5 sentences. Use the **Vocabulario útil** to combine short, choppy sentences when necessary.

6 Pasando el día en casa

Preparativos

As you read the dialogue or watch the video, pay close attention to the two telephone conversations. In the first, how does Mariana end a call that is not intended for her? In the second, why is Gonzalo unable to talk to Mariana? What two options does he have for speaking with her later? Why do you think that miscommunication, especially in a foreign language, occurs more frequently during a telephone conversation than when talking face to face?

In this episode you will learn one of the two simple past tenses in Spanish—the preterite. Mariana is excited because something special finally **arrived** *(llegó)*. **¿Qué *llegó*? Y, ¿qué accesorios *llegaron* también?**

—Con el módem podemos estar conectadas a la red mundial.

—Llegó mi computadora nueva.

—Usted me dio cuatro kilos de pollo *(chicken)*.

—Vuelvo a llamar más tarde.

Así es Mariana

La tecnología

Mariana y Alicia están en el dormitorio de Mariana mirando la computadora nueva.

Mariana: ¡Qué suerte! Llegó mi computadora nueva. Mis padres me la compraron hace tres semanas, y finalmente está aquí.

box — **Alicia:** ¡Uy... *(Mira en la caja.°)* cuántas cosas!... Pero, ¿quién sabe conectar todo eso?

takes out — *Mariana saca° muchas cosas de la caja.*

Let's see — **Mariana:** Es fácil, ¿ves? A ver° ... cables, el teclado, más cables, el ratón, unos cables más...

Alicia: Y esto, ¿qué es?

Mariana: Oh, es un módem. Nos permite estar contactadas y...

Suena el teléfono. Mariana contesta.

Mariana: ¿Aló?

Cocinero: Buenos días, señora. Habla el cocinero del restaurante La Carreta.

Mariana: Sí, diga, señor.

chicken — **Cocinero:** Ayer, usted me dio cuatro kilos de pollo,° pero yo necesito cuarenta kilos.

Mariana: Perdón, señor, pero tiene el número equivocado.

Mariana cuelga y sigue su conversación con Alicia.

Mariana: Bueno, ¿qué acabo de decir...? Ah, sí, algo del módem. Pues, con el módem podemos estar conectadas a la Red mundial. Podemos escribirles a todos nuestros amigos por correo electrónico...

Suena el teléfono otra vez. Mariana no quiere contestar y Alicia lo contesta.

Alicia: ¿Aló?

Gonzalo: ¿Está Mariana?

Alicia: ¿De parte de quién?

Mariana indica que no quiere hablar por teléfono ahora.

Gonzalo: Soy Gonzalo. Alicia... ¿eres tú?

Alicia: Sí, hola, Gonzalo. Mariana está ocupada ahora. ¿Quieres dejar un recado?

Gonzalo: No, está bien. Vuelvo a llamar más tarde.

Cuelgan y Mariana sigue hablando.

Mariana: Bueno, con el módem, también podemos tener un sitio web. Imagínate... Alicia...

Suena el teléfono otra vez. Mariana lo desconecta.

Mariana: Hay veces en que es mejor desconectarse.

Es decir

A. Comprensión.

Con frases completas, basándose en el diálogo, diga *(tell)* ¿quién...

1. recibe una computadora nueva?
2. le compra la computadora?
3. sabe conectar todo?
4. tiene el número equivocado?
5. no quiere hablar por teléfono?
6. va a llamar más tarde?

B. Asimilación.

Mariana le enseña a Alicia mucho sobre la computadora. ¿Qué aprende Alicia? Busque la definición de las siguientes palabras.

el sitio web	el módem	el cable	el ratón
la red	el correo electrónico	el teclado	

1. el mecanismo que permite mover el cursor sobre la pantalla *(screen)*
2. el alambre *(wire)* para la conducción de la electricidad
3. la correspondencia con otros por el ciberespacio
4. la cosa que uno toca con los dedos *(fingers)* para escribir en la computadora
5. el Internet
6. La cosa que nos permite estar conectados a la Red mediante las líneas telefónicas
7. la página en la Red que tiene una persona o una compañía

Mariana intenta llamar a Luis Antonio para decirle que llegó la computadora. Use Ud. las palabras y frases siguientes para completar la conversación telefónica.

Habla	Luis no está.	Vuelvo	¿De parte de quién?
llegar	¿Quién habla?	¿Aló?	dejar un recado

Mariana marca el número de Luis Antonio y espera el tono. Un muchacho contesta pero Mariana no sabe quién es. Rrrrrring...

Muchacho: _____

Mariana: ¿Está Luis Antonio?

Muchacho: _____

Mariana: _____ Mariana... Mariana Benavides, la novia de Luis. _____

Muchacho: Soy Roberto, el nuevo compañero de cuarto de Luis.

Mariana: Ah, sí. ¿Cuándo llegaste?

Muchacho: Acabo de _____. Lo siento pero _____ en este momento. ¿Quieres _____?

Mariana: No, gracias, Roberto. _____ a llamar más tarde. Adiós.

¿Y Ud.? ¿A quién llama Ud. todos los días? ¿De qué hablan? ¿Tiene Ud. un teléfono celular? ¿Cuáles son las ventajas *(advantages)* de tener uno? ¿y las desventajas?

C. Expansión.

Mariana recibe otra llamada con el número equivocado. En parejas, escriban un diálogo original y represéntenlo.

Vocabulario

CD2, Track 1

Use the context suggested by the illustration and identify cognates (words that look alike in English and Spanish) to guess at the meaning of new words and expressions. All of the essential vocabulary for this *Lección* appears with English translations on pp. 212-213.

Los pasatiempos

la computadora (el módem, el ratón, el teclado, el cable, la pantalla)

cantar una canción

tocar la guitarra

hacer una llamada telefónica (marcar el número)

dibujar, pintar

ir al cine (ver una película)

leer una revista

jugar a las cartas

dar un paseo

escribir una carta

Verbos

apagar	*to turn off*	**prestar**	*to lend*
caminar	*to walk*	**regalar**	*to give (a gift)*
colgar (ue)	*to hang (up)*	**tocar**	*to touch; to play (an instrument)*
construir	*to build*		
encender (ie)	*to turn on; to light*	**tratar de (intentar)**	*to try*
molestar	*to bother*		
parecer (zc)	*to seem*		

Sustantivos

el juego	*game*	**la telenovela**	*soap opera*
el refresco	*soft drink, refreshment*	**la vez**	*time, occasion*

Reacciones

¡Qué alegría (sorpresa, suerte)!	*What happiness (a surprise, luck)!*	**¡Qué lástima (pena)!**	*What a shame!*
¡Qué bien (gracioso, pesado)!	*How nice (funny, boring)!*	**¡Qué va!**	*Oh, go on!*

Por teléfono *(On the telephone)*

¿De parte de quién?	*Who's calling?*	**tener el número equivocado**	*to have the wrong number*
dejar un recado (mensaje)	*to leave a message*	**volver a llamar**	*to call back*
el (la) operador(a) (telefonista)	*operator*		

La informática *(Computer science)*

el correo electrónico	*e-mail*	**el sitio web**	*Web site*
navegar el (la) Internet (la Red)	*to surf the Web*		

Las secciones del periódico *(Sections of the newspaper)*

los anuncios clasificados	*classified ads*	**los obituarios**	*obituary column*
la cartelera	*entertainment section*	**la sección de cocina (de moda)**	*cooking (fashion) section*
los deportes	*sports*		
las noticias (inter)nacionales	*(inter)national news*	**las tiras cómicas**	*comic strips*
las noticias locales	*local news*		

Otras expresiones

anoche	*last night*	**mejor**	*better, best*
ayer	*yesterday*	**ocupado**	*busy, occupied*
¡Felicidades!	*Much happiness, All the best!*	**pasarlo bien (mal)**	*to have a good (bad) time*
¡Felicitaciones!	*Congratulations!*	**peor**	*worse, worst*
		salir con	*to go out (on a date) with*
hace[1] (+ period of time)	*ago*	**ya**	*already*

Vocabulario adicional

agradecer (zc)	*to thank*	**incluir**	*to include*
el canal	*channel*	**no sólo... sino también**	*not only ... but also*
destruir	*to destroy*		
hacerle una pregunta a alguien	*to ask someone a question*		

---

[1]For example: **hace una hora** = *an hour ago;* **hace una semana** = *a week ago.*

Practiquemos

A. Reacciones. Su profesor(a) va a leer una serie de situaciones. Escuche y escriba la reacción apropiada.

1. _____ 2. _____ 3. _____ 4. _____ 5. _____

B. Hablando por teléfono. Su profesor(a) va a leer una serie de expresiones telefónicas. Escuche bien y escriba la frase que corresponda a cada una.

   a. ¿De parte de quién?
   b. Soy Miguel.
   c. el 26-32-75
   d. ¿Puedo dejar un recado?
   e. ¿Está María?

1. _____ 2. _____ 3. _____ 4. _____ 5. _____

C. Artículos. Su compañero(a) siempre comenta los artículos que lee en el periódico. Cambie el verbo al presente y diga a qué sección del periódico se refieren los comentarios.

   MODELO   La nueva directora (abrir) *abre* una clínica en la escuela primaria.
            Locales.

1. Los Tigres (jugar) _____ para el campeonato *(championship)* de béisbol esta noche.
2. El Chef Rondelé (dar) _____ una receta *(recipe)* para el arroz caribeño.
3. La familia Piñero (cambiar) _____ la hora del velorio *(wake)*.
4. Sábado Gigante (salir)_____ en el canal 6 a las ocho esta noche.
5. La compañía TAMEC (construir) _____ un centro tecnológico en la República Dominicana.

D. El índice (Index). Consulte el índice de un periódico de Puerto Rico y haga *(do)* los ejercicios.

Índice	Centroamérica	Págs. 6A, 7A	El mundo de los Negocios	Pág. 8A
	Clasificados	Págs. 7C, 8C, 9C, 10C, 11C, 12C	Horóscopo	Pág. 6C
	Cocina	Págs. 5C, 1D, 2D, 3D, 4D, 6D	Locales	Págs. 1B, 2B, 3B, 4C
	Crucigrama	Pág. 6C	Mujer	Págs. 1C, 2C
	Defunciones	Pág. 3B	Puerto Rico	Pág. 3A
	Deportes	Págs. 4B, 5B, 6B	Sociales	Pág. 3C
	Editorial, Artículos		Tiras Cómicas	Pág. 6C
	y Comentarios	Págs. 4A, 5A		

1. ¿En qué sección encuentra Ud. la siguiente información?
   a. el salario mínimo es 8 dólares por hora.
   b. Sammy Sosa bateó otro jonrón.
   c. Panamá celebra el Día de la Independencia.
   d. El gobernador de San Juan visita Ponce.

2. ¿Qué nombres, lugares o eventos va a encontrar Ud. en las secciones siguientes?
   a. Las tiras cómicas
   b. La cartelera
   c. Editorial
   d. Mujer
   e. Clasificados

3. Ud. acaba de leer un artículo interesante en el periódico y quiere compartirlo con alguien. Escoja Ud. *(Choose)* una de las secciones en el índice, "lea" *(read)* el artículo imaginado y prepare un resumen *(summary)* de dos o tres frases de la información.

Share the information with a classmate, and he or she will tell you in what section you read the article.

E. Tiempo libre. Antes de haber ganado *(having won)* la lotería, Manuel trabajaba *(used to work)* 12 horas todos los días. Ahora, no. En parejas, describan un día típico para Manuel. Incluyan *(Include)* todos sus pasatiempos nuevos.

Forma y función

Indirect Object Pronouns

Forma

Indirect Object Pronouns

me	to, for me	**nos**	to, for us
te	to, for you (familiar singular)	**os**	to, for you (familiar plural)
le {	to, for him to, for her to, for you (formal singular)	**les** {	to, for them to, for you (formal plural)

Función

1. Indirect object pronouns, like indirect object nouns, indicate *to whom* or *for whom* an action is performed. They agree in number and person with the nouns they replace. Like direct object pronouns, they are placed before a conjugated verb.

   Mamá siempre **nos** lee el periódico.   *Mom always reads the newspaper **to us.***

   Susana **me** dice todos sus secretos.   *Susan tells all her secrets **to me.***

   ¡AVISO! Note that in English the word *to* is frequently omitted: Mom always reads us the newspaper. Susana tells me all her secrets.

2. Like direct object pronouns, indirect object pronouns may follow and be attached to an infinitive or a present participle. There is no difference in the meaning or emphasis of the pronoun based on its placement before the conjugated verb or after the infinitive or present participle.

   Carla **nos** va a cantar una canción.
   Carla va a cantar**nos** una canción. } *Carla is going to sing a song to us.*

   Carla **nos** está cantando una canción.
   Carla está cantándo**nos** una canción. } *Carla is singing a song to us.*

   Note the addition of a written accent on the present participle when the pronoun is attached. It is needed to maintain the original stress.

3. When a negative word precedes the verb, the indirect object pronoun is placed between it and the verb.

   José no **te** va a comprar las revistas.   *José is not going to buy **you** the magazines.*

   Nunca **les** escribe.   *He never writes **to them.***

4. Since **le** *(to him, to her, to you* [s. formal]) and **les** *(to them, to you* [pl. formal]) refer to various people, a prepositional phrase (**a** + *prepositional pronoun*) is often used for clarification or emphasis.

Yo le escribo **a ella (a él, a Ud.).**
Papá va a comprarles **a ellos (a ellas, a Uds.)** un piano.

*I write **to her (to him, to you).***
*Dad is going to buy a piano **for them** (m.) **(for them** [f.], **for you** [pl.]).*

Alicia **le** da un beso a Octavio.

Alicia gives Octavio a kiss.
(Alicia gives a kiss to Octavio.)

5. The indirect object pronoun is almost always used in Spanish even when the indirect object noun is expressed in the sentence.

Paco siempre **le** dice buenos días **a la maestra.**
La abuela **les** da muchos regalos **a sus nietos.**

Paco always says good morning ***to the teacher.***
Grandmother gives a lot of gifts ***to her grandchildren.***

Practiquemos

A. Mariana en el Internet. Llene Ud. los espacios con el pronombre del complemento indirecto apropiado. Después, conteste las preguntas con frases completas.

Todos los días **1.** _____ escribo cartas por el Internet a mis padres y a mi hermano, y ellos **2.** _____ contestan. Mi padre sabe todo lo relacionado con el ciberespacio. **3.** Yo _____ hago preguntas cuando tengo que hacer proyectos de investigación para mis clases y él **4.** _____ ayuda mucho. Mi mamá, quien es profesora de español, dice que va a mandar **5.** _____ a Alicia y a mí información sobre sitios Web hispanos con enlaces *(links)* excelentes, como por ejemplo, www.Yupi.com.

Mi hermano Miguelito, el cómico de la familia, **6.** _____ cuenta chistes fantásticos. Gracias al Internet, estoy bien conectada con mi familia, y tengo acceso a todo un mundo de información. Y a ti, ¿qué servicios **7.** _____ ofrece tu servidor de información Internet?

Preguntas
1. ¿A quién le escribe Mariana por Internet?
2. ¿Qué preguntas le hace Mariana a su padre?
3. ¿Qué es lo que les manda la madre de Mariana a Alicia y a Mariana?
4. ¿Qué es lo que Miguelito le cuenta a Mariana?
5. Y Ud., ¿a quién le escribe cartas por Internet?

B. Alicia, la enfermera. Octavio está enfermo y Alicia, por supuesto, quiere ayudarlo. Con un(a) compañero(a) hagan sus papeles *(play their roles)* según el modelo.

MODELO leer/un libro
Alicia: *¿Puedo leerte un libro? (¿Te puedo leer un libro?)*
Octavio: *Sí, puedes leerme un libro. (Sí, me puedes leer un libro.)*

1. dar/unas aspirinas
2. hacer/un café
3. contar/unos chistes
4. comprar/unas revistas
5. prestar/un DVD
6. cantar/una canción

C. ¿Qué regalar? ¿Qué **no** va a regalarles Ud. a las siguientes personas? Explique.

a Marisa

MODELO *No voy a regalarle a Marisa un juguete. (No le voy a regalar a Marisa un juguete.) Ya tiene muchos.*

1.

al profesor

2.

a los Muñoz

3.

a Irma

4.

a Tomás

D. ¿A quién? Ud. necesita las siguientes cosas. ¿A quién le va a pedir cada una? Conteste con frases completas, usando el pronombre del complemento indirecto apropiado.

MODELO un libro/mi profesora
Le voy a pedir un libro a mi profesora.

1. ayuda con la tarea/mis compañeros de clase
2. una "A" en el examen final/mi profesor
3. la dirección de correo electrónico/mi amiga Ana
4. el número de teléfono/el nuevo estudiante
5. una computadora nueva/mis padres
6. una cita/mi novio(a)

Dice la persona que hace la llamada:

Quiero hacer una llamada
(de larga distancia/con cargo revertido).
Marco el número.
Están comunicando. Está ocupada.
¿Está _____, por favor?
¿Puedo hablar con_____?
Habla (Soy) _____.
Vuelvo a llamar (más tarde).
¿Puedo dejar un recado?
Lo siento.

The person calling says:

*I want to make a
(long distance/collect) call.*
I'm dialing the number.
The line is busy.
Is _____ there, please?
May I speak with _____?
This is _____.
I'll call back (later).
May I leave a message?
I'm sorry.

Dice la persona que contesta:

Diga, Dígame. (España)
¿Qué hay? (Cuba); Aló, Hola. (Puerto Rico)
¿Bueno? (México)
¿A ver?, Aló. (Colombia)
¿Quién habla? ¿De parte de quién?
No está en este momento.
Un momento, por favor.
Tiene el número equivocado.

The person who answers says:

Hello.

Who's calling?
He/She is not here right now.
One moment, please.
You have the wrong number.

Otras palabras y frases relacionadas
teléfono celular (Latinoamérica)
teléfono móvil (España)

A. **El recado** *(The message).* Ud. llama a las siguientes *(following)* personas pero responde el contestador automático *(answering machine).*
¿Qué recados va a dejar Ud.? Use la imaginación.

1. Su profesor de español: Ud. no piensa asistir a clase mañana.
2. Su novio(a): Ud. quiere cancelar la cita que tiene con él o con ella.
3. Sus padres: Ud. necesita dinero para _____.

B. **Una conversación telefónica.** Con un(a) compañero(a), complete Ud.
la conversación entre dos personas puertorriqueñas.

¡¡¡¡Rrrrrrring!!!!

1. Carolina: _____
2. Carlos: ¿Está Carolina?
3. Carolina: _____

4. Carlos: Carolina, soy Carlos. ¿Qué tal?
5. Carolina: _____
6. Carlos: _____

Ahora escriban Uds. diálogos originales, incorporando los siguientes
cambios *(changes).*
La madre de Carolina contesta.
El padre de Carolina contesta y no está contento.

Direct and Indirect Object Pronouns Used Together

Forma y función

Indirect Object Pronoun	Direct Object Pronoun
me	me
te	te
le > se	lo, la
nos	nos
os	os
les > se	los, las

1. When both direct and indirect object pronouns are used with a verb, the indirect object pronoun precedes the direct object pronoun. These may never be split. They are both placed either before the conjugated verb or they may follow and be attached to an infinitive or a present participle.

¿El desayuno?	*Breakfast?*
Mi mamá **me lo** prepara.	*My mom prepares **it for me**.*

¿Las cartas?	**Te las** voy a escribir.	*The letters?*
	Voy a escribír**telas.**	*I'm going to write **them to you**.*

¿La revista?	**Nos la** está leyendo.	*The magazine? He's reading **it to us**.*
	Está leyéndo**nosla.**	

Note the addition of a written accent on the infinitive and present participle when pronouns are attached.

2. When both the indirect (**le, les**) and direct object pronouns (**lo, la, los, las**) are in the third person, the indirect object pronoun becomes **se.** Therefore **se** can have six different meanings.

$$se = \begin{cases} le \begin{cases} \text{a él} \\ \text{a ella} \\ \text{a Ud.} \end{cases} \\ les \begin{cases} \text{a ellos} \\ \text{a ellas} \\ \text{a Uds.} \end{cases} \end{cases}$$

José **se la** explica.	*José explains **it to him (to her, to you, to them, to you)**.*

3. For clarification it is often necessary to add appropriate prepositional phrases (**a** + *prepositional pronoun*).

José se la explica **a él,** y yo se la explico **a ella.**	*José explains it **to him** and I explain it **to her**.*

Practiquemos

A. ¿Cuándo lo haces? Busque Ud. en la segunda columna la respuesta a las preguntas en la primera columna. *The verbs and pronouns are your clues.*

¿Cuándo...

1. nos muestran Uds. los videos?
2. nos da Ud. el regalo?
3. me sirves el café?
4. me muestras las fotografías?
5. te sirven ellos el té?
6. me das la información?

a. Se lo doy ahora mismo.
b. Me lo sirven a las tres.
c. Te las muestro esta noche.
d. Te la doy más tarde en clase.
e. Te lo sirvo después.
f. Se los mostramos el lunes.

 B. ¿A quién se lo traes? Marta vuelve de unas vacaciones en el Caribe y trae regalos para todos. Ask her the following questions. *A classmate will play the role of Marta and will answer, changing the nouns to pronouns.*

MODELO   Ud.:   *¿A quién le traes el juego de dominó?* (A Rafaelito)
              Marta: *Se lo traigo a Rafaelito.*

1. ¿A quién le traes los cassettes de Chayanne? (a Juan y a Laura)
2. ¿A quién le traes el brazalete de ámbar *(amber bracelet)*? (a mamá)
3. ¿A quién le traes el ron *(rum)*? (a papá)
4. ¿A quién le traes los libros de la historia de Puerto Rico? (al profesor García)
5. ¿A quién le traes los bongós y las congas? (a los abuelos)
6. ¿A quién le traes las maracas? (a ti)

C. En casa. Mire Ud. el dibujo *(drawing)* A y conteste las preguntas usando los pronombres apropiados.

A

MODELO   ¿A quién le trae regalos Pedro?
              Pedro se los trae a Carmen y a Óscar.

1. ¿A quién le regala un reloj el abuelo?
2. ¿A quién le muestra la abuela las fotos?
3. ¿A quién le sirve María el helado?
4. ¿A quién le da Rosa su dirección de correo electrónico?
5. ¿A quién le lee el libro Sarita?

Now find the six differences between drawings A and B. Rewrite the five questions from the first part of this exercise. Incorporate the new objects illustrated in the drawing below. Follow the model.

B

Write new questions by substituting the direct objects illustrated in drawing B. A classmate will answer your questions.

MODELO   ¿A quién le trae rosas Pedro?
          Pedro se las trae a Carmen y a Óscar.

The Preterite Tense of Regular Verbs

The preterite is one of the two simple past tenses in Spanish. A simple tense is one that does not need a helping or auxiliary verb. The other simple past tense is the imperfect, and will be presented in **Lección 8.**

Forma

La **conocí** en un cibercafé, le **escribí** cartas de amor por Internet, ella me **abandonó** en ciberespacio y me **dejó** en un chat.

The preterite is formed by removing the infinitive endings -**ar, -er,** or -**ir** and adding the appropriate endings.

CAMINAR		APRENDER		ESCRIBIR	
camin**é**	*I walked*	aprend**í**	*I learned*	escrib**í**	*I wrote*
camin**aste**	*you walked*	aprend**iste**	*you learned*	escrib**iste**	*you wrote*
camin**ó**	*(s)he, you walked*	aprend**ió**	*(s)he, you learned*	escrib**ió**	*(s)he, you wrote*
camin**amos**	*we walked*	aprend**imos**	*we learned*	escrib**imos**	*we wrote*
camin**asteis**	*you walked*	aprend**isteis**	*you learned*	escrib**isteis**	*you wrote*
camin**aron**	*they, you walked*	aprend**ieron**	*they, you learned*	escrib**ieron**	*they, you wrote*

1. The preterite endings of -**er** and -**ir** verbs are identical.

2. The first-person plural (**nosotros**) preterite form of -**ar** and -**ir** verbs is identical to that of the present indicative.

3. -**Ar** and -**er** stem-changing verbs have no stem change in the preterite tense.

4. The first- and third-person singular conjugations (**yo** and **él, ella, usted**) of the preterite require written accents. These accents determine the stress of the verb. It is important to differentiate between the verb **camino** *(I walk)* and **caminó** *(he walked),* for example.

5. Regular verbs that end in -**car, -gar,** and -**zar** have the following spelling changes in the first-person singular (**yo**) of the preterite, in order to preserve the sound of the infinitive.[1]

> | c > qu | buscar: bus**qué,** buscaste, buscó, buscamos, buscasteis, buscaron |
> |---|---|
> | g > gu | pagar: pag**ué,** pagaste, pagó, pagamos, pagasteis, pagaron |
> | z > c | comenzar: comen**cé,** comenzaste, comenzó, comenzamos, comenzasteis, comenzaron |

Other verbs in this category include: **sacar, secar, tocar, apagar, colgar, fregar, jugar, negar, almorzar, empezar.**

[1]Remember that **c** and **g** before **e** and **i** produce a soft sound.

6. An unstressed **i** between two vowels changes to **y.** This occurs in the third-person singular and plural preterite of some **-er** and **-ir** verbs.

Leer	Oir	Coustruir
leyó	oyó	construyó
leyeron	oyeron	construyeron

Other verbs in this category include: **caer** *(to fall),* **contribuir** *(to contribute),* **destruir, incluir.**

Función

1. The preterite tense is used to describe a completed past action or series of actions, or a change in a mental or emotional state. It is used to report the beginning or end of an action.

José **entró,** me **saludó, buscó** su libro y **salió.**

Susana **empezó** a llorar cuando **terminó** la novela.

*José **entered, greeted** me, **looked for** his book, and **left.***

*Susana **began** to cry when she **finished** the novel.*

2. The Spanish preterite has two meanings in English. For example, **hablé** means I *spoke* and I *did speak.* There is no Spanish equivalent for the auxiliary word *did.* To form a question in the preterite, invert the subject and verb or use the interrogative intonation.

¿Hablo Ud.?
¿Habló?   } *Did you speak?*

3. To express how long ago an action took place, use the following formula:

Hace + period of time + que + *verb in the preterite*[1]

Hace una hora que Juan me llamó.   *Juan called me **an hour ago.***

To ask how long ago an action took place use the following construction:

¿Cuánto tiempo + hace + que + *verb in the preterite?*

¿Cuánto tiempo hace que Juan te llamó?   ***How long ago** did Juan call you?*

Practiquemos

A. **Escuchar y hablar.** Paco y Pedro limpian su apartamento porque vienen unos invitados *(guests).* Listen to your instructor play the role of Paco. Play the role of Pedro and answer in the preterite tense.

MODELO   Paco: ¿Limpiaste la sala? (cuarto de baño)
          Pedro: *No, pero limpié el cuarto de baño.*

1. (la bañera) _____
2. (el suelo) _____
3. (las sábanas) _____
4. (el café) _____
5. (la comida) _____
6. (la puerta) _____

[1]An alternative construction is: verb in the preterite + **hace** + period of time **(Juan me llamó hace una hora).** Note that **hace** is used in the present even though past action is expressed.

B. ¿Qué actividades? Ask a classmate if he or she did the following activities yesterday, and check off the appropriate line(s). Use the correct form of the preterite. He or she will answer in complete sentences.

MODELO   navegar la Red
Ud.: *¿Navegaste la Red la ayer?*
Su compañero(a): *Sí, navegué la Red ayer. (No, no navegué la Red ayer.)*

-ar
1. _____ hablar por teléfono
2. _____ limpiar el cuarto
3. _____ practicar un deporte

-ir
1. _____ escribir por correo electrónico
2. _____ recibir un fax
3. _____ salir con amigos

-er
1. _____ comer en un restaurante
2. _____ ver un video
3. _____ volver a casa muy tarde

With your classmate, form a list of five activities that you think all of the students did yesterday. Use the **ellos** form of the verb in the preterite.

 C. ¿Qué hiciste ayer? (What did you do yesterday?) Interview a classmate to find out what he or she did yesterday and at what time. Report your findings to the class. These verbs may help.

llegar   comer   almorzar   llamar   escribir   limpiar   salir   cenar

MODELO   Estudiante 1: *¿Qué hiciste (did you do) a las 9:00 de la mañana?*
Estudiante 2: *A las nueve de la mañana yo llegué a mi clase.*
Estudiante 1: (A la clase) *A las nueve de la mañana (Estudiante 2) llegó a su clase.*

1. 9:00 de la mañana _____
2. 11:00 de la mañana _____
3. 1:00 de la tarde _____
4. 3:00 de la tarde _____
5. 6:00 de la tarde _____
6. 8:00 de la noche _____

D. El amor en el ciberespacio. Refiérase al dibujo en la página 202. El hombre salió sólo una vez con la mujer que él conoció por Internet. La cita fue *(was)* un fracaso *(failure)* total. En un párrafo de cinco frases, describa Ud. la cita. ¿Adónde fueron *(did they go)*? ¿Qué hicieron *(did they do)*? ¿De qué hablaron? ¿Volvieron tarde o temprano? ¿Por qué dejó la mujer al hombre?

 Next, in pairs compare your descriptions and convert one or both into dialogue form and act out the mini-drama.

Detrás del telón (*curtain*) con Alicia

Llene Ud. el espacio con la forma correcta del verbo en el pretérito.

Bienvenidos, queridos televidentes. Nuestro programa de hoy está dedicado a un guapo cantante puertorriqueño, Chayanne.

Chayanne, Élmer Figueroa Arce, **1.** (nacer - *to be born*) _____ el 28 de junio del año 1968 en Puerto Rico. Él **2.** (entrar) _____ en el mundo artístico a los diez años. **3.** (Participar) _____ en el grupo popular "Los chicos" y con ellos, él **4.** (grabar - *to record*) _____ cuatro discos. En 1987, Chayanne **5.** (dejar) _____ el grupo y **6.** (empezar) _____ a actuar en solitario (*solo*). **7.** (Recibir - él) _____ más de 27 discos de oro (*gold*) y 19 discos platinos. Su carrera **8.** (avanzar) _____ cuando él **9.** (salir) _____ en la película *Dance With Me* con Vanessa Williams en 1998. Para saber más sobre otras de sus estrellas puertorriqueñas favoritas, lea Ud. *Gaceta 2,* en la p. 218.

Chayanne

The Preterite of the Verbs *ir, ser, dar,* and *hacer*

The following verbs are irregular in the preterite tense. Note that **ir** and **ser** are identical in the preterite. The context helps to determine which verb is being used.

IR, SER	DAR[1]	HACER
fui	di	hice
fuiste	diste	hiciste
fue	dio	hizo
fuimos	dimos	hicimos
fuisteis	disteis	hicisteis
fueron	dieron	hicieron

[1]**Ver** is conjugated in a similar way: **vi, viste, vio, vimos, visteis, vieron.**

Practiquemos

A. Buenas intenciones. Lea Ud. la tira cómica y haga la actividad. Llene Ud. el espacio con la forma correcta del verbo en el pretérito para contar la historia otra vez.

alégrate be happy

1. El pobre hombre (ir) _____ a darle una serenata a la vecina.
2. Cuando (volver) _____, su amigo le (preguntar) _____ si salió bien o mal.
3. El hombre le (contestar) _____ que (ser) _____ un desastre.
4. La vecina le (dar) _____ un golpe *(hit)* en la cabeza *(head)* con la guitarra.
5. Afortunadamente, dice el amigo, el hombre no (llevar) _____ un piano.

A propósito *(By the way)* ¿por qué le golpeó *(hit)* la vecina al hombre?

B. Selecciones. Complete Ud. las frases con la forma del pretérito de los verbos: **ser, ir, dar** y **hacer.**

1. Yo no _____ nada ayer. ¡Qué pesado!
2. Óscar no me _____ la información.
3. Rocío y yo _____ el trabajo temprano ayer.
4. ¿A qué hora _____ Uds. al cine?
5. ¡ _____ una fiesta estupenda!
6. ¿Alguien te llamó a medianoche? No _____ yo.
7. Nosotros le _____ un microondas a mi mamá.
8. ¿Tú _____? ¿Con quién?
9. Ella _____ mi profesora el año pasado *(last)*.
10. ¿A quién le _____ Ud. la guitarra?

C. Una gira *(tour)* por la isla de Puerto Rico. Lea Ud. "Un viaje por Puerto Rico" en la página 214 para poder completar la siguiente tarjeta postal *(postcard)*. Identify all of the verbs in the preterite tense.

Querido Julio,

¡Puerto Rico es una maravilla! Empecé la gira en **1.** _____ Fue fantástico porque... Por la tarde, pasé horas **2.** _____ Al día siguiente, fui a **3.** _____ para contemplar la naturaleza *(nature)*. El último día, hicimos un picnic y jugamos al vólibol bajo el sol tropical en **4.** _____ ¡mi lugar favorito! Un abrazo *(hug)* de....

D. Ud. tiene correo. *(You've got mail).* Ud. recibió una carta por correo electrónico de una amiga que está en Santo Domingo para visitar a su familia. Lea *(Read)* el e-mail y cambie *(change)* los verbos al pretérito.

Hola Carolina. Aquí la vida es muy tranquila. Nada de estrés *(stress).* Ayer, por ejemplo, el día **1.** (empezar) _____ a las seis. Mamá **2.** (hacer) _____ el típico café dominicano —fuerte *(strong)* y delicioso—, y papá **3.** (ir) _____ a trabajar. Al mediodía, papá **4.** (volver) _____ y nosotros **5.** (almorzar) _____ en el patio. Yo **6.** (jugar) _____ al fútbol con mi hermano menor. Después, nosotros **7.** (caminar) _____ por la playa y **8.** (comer) _____ unos mangos jugosos *(juicy).* Fue un día muy relajado y yo lo **9.** (pasar) _____ de maravilla.

Escríbeme *(Write to me)* pronto.

Celia.

Now, reply to your e-mail. Your life is anything but tranquil. Tell your friend what you did yesterday.

E. El mensaje instantáneo. Write an instant message to a friend in which you ask what (s)he did or made, where (s)he went, how it was, and what someone gave to her or him. Exchange messages with a classmate and answer the message.

Pronunciación   s, x, and z

s The **s** has the *s* sound of the word *saint*. It rarely has the *z* sound of the English word *rosy*.

    sangre   vaso   televisión   sencilla   rosa   presente

x Before most consonants the **x** has the sound of the English **s.**

    extra   experimento   experiencia

Between two vowels **x** has the sound of *cs* or *ks,* or even *gs.*

    examen   exacto   existir   taxi

z In Spanish America, the **z** has the sound of *s*. It is never pronounced like the English *z* of *buzz.*

    zapato   Arizona   lápiz   paz

In many regions of Spain, the **z** is pronounced like the *th* in the words *thin* and *thanks.*

Practice your pronunciation with the following tongue twister *(trabalenguas).*

Sin César, no es posible cazar cebras en la plaza sin cesar.

En resumen

A. Mariana recibe malas noticias. Llene Ud. los espacios con la forma correcta del verbo en el pretérito. Si hay dos palabras, escoja la más apropiada. Mariana y Luis Antonio pasan una noche tranquila escuchando su CD favorito del dominicano Juan Luis Guerra, y tomando café al estilo puertorriqueño.

"Luis, ¿sabes qué? Juan Luis Guerra **1.** (asistir)_____ al Conservatorio Nacional de Música en la República Dominicana y luego **2.** (estudiar)_____ jazz en Berklee School of Music en Boston, Massachusetts. Pero, él **3.** (decidir)_____ dejar el jazz y volver a su música, el merengue. Dicen que Guerra es el salvador del merengue. Realmente **4.** (es, está) maravilloso cómo él y su grupo combinan los ritmos del merengue tradicional, **5.** (la, el) poesía de Guerra y los estilos musicales de los Estados Unidos, África y Latinoamérica. Entonces, ¿por qué...?

¡¡¡Rrrrrring!!! "¿Aló? ¡Carla! ¿Cómo? ¿Un accidente? ¿Qué **6.** (pasar)_____? Ajá...sí...ajá. Pobrecita. ¿Tú **7.** (recibir)_____ golpes *(hits)* serios? Ajá. Mañana por la mañana **8.** (te, la) voy a visitar. Cuídate mucho. *(Take good care.)* Hasta luego."

"Luis, **9.** (ocurrir)_____ un accidente. Carla **10.** (tratar)_____ de frenar *(to put on the brakes),* pero **11.** (ser)_____ imposible. Ella **12.** (perder)_____ control del coche y **13.** (recibir)_____ un golpe fuerte en la cabeza *(head).* Un joven simpático **14.** (llamar)_____ a la policía y una ambulancia **15.** (lo, la) **16.** (llevar)_____ al hospital. Pero... ¡no entiendo por qué el policía **17.** (la, le) **18.** (dar)_____ una multa *(fine)* a Carla!

B. El fin de semana. Translate the following dialogue to Spanish.

Carla: *How did you spend the weekend?*

Mariana: *My new computer arrived. I showed it to Alicia. She doesn't know much about computers.*

Carla: *Then what did you do?*

Mariana: *I went to the movies with Luis Antonio. And you?*

Carla: *Not much. I watched TV and thought about Octavio!!*

Avancemos

Escuchemos

CD2, Tracks 2–4

A. ¿Cuál de los dos? You will hear an incomplete sentence. Choose the word that best completes the sentence.

MODELO (agradece/apaga)
Papá ____ la televisión.
Papá apaga la televisión.

1. (caminar/dar)
2. (una película/un cine)
3. (prestar/dejar)
4. (tocar/jugar)
5. (deportes/obituarios)
6. (¿Diga?/¡Qué va!)
7. (el canal/la canción)
8. (encender/apagar)

B. Dictado. You will hear a short narration about Liliana's weekend. Listen carefully to the entire selection. Listen again and write each sentence during the pauses.

You will then hear a series of questions related to the dictation. Answer them with complete sentences. Refer to your dictation.

Hablemos

¿Qué pasó primero? Study the first three scenes while your partner studies the next three. Using the preterite tense, describe each drawing, then listen carefully while your partner describes his/her drawing. Together determine which scene happened first. When you have completed this activity, create a complete story by putting all six scenes in chronological order.

1.

2.

3.

4.

5.

6.

 **Leamos**

El maravilloso Internet. Sigue un segmento de una carta que Ada Ortiz le escribió por correo electrónico a su amiga Karen, que vive en los Estados Unidos.

Antes de leer

A. ¿Qué opciones hay para las personas que quieren entrar en el Internet pero que no tienen computadora en casa?

B. Últimamente, es común pedir una taza de café gourmet en su librería favorita. ¿De qué otros negocios forman parte los cafés?

C. ¿Recuerda el vocabulario de las lecciones anteriores? ¿Qué significan las siguientes frases?: *te cuento, tomé una buena decisión, por las mañanas, después de, siempre hay clientes.*

A leer

El maravilloso Internet

...Para mí funciona mucho mejor el correo electrónico que el correo aéreo, ya que en mi país es un mal servicio y para enviar una carta tienes que ir hasta el centro. Tú sabes cuánto odio ir al centro, pues es muy congestionado y te toma demasiado tiempo. Realmente es una maravilla.

Te cuento que ya no estoy trabajando en el Banco Central. Decidí pasar más tiempo con mi familia y creo que tomé una buena decisión. Estoy ocupada por las mañanas con mis tres hijos y por las tardes soy mujer de negocios. Después de que dejé de trabajar en el banco, Óscar y yo abrimos un negocio de Internet, así que tenemos dos cibercafés. No sé si los hay en Boston. Un cibercafé es un lugar con computadoras donde van las personas ya sean turistas, estudiantes o cualquier otra que no tiene computadora en casa, y las usan por el tiempo que necesiten. Puede ser 15 minutos, media hora, una hora o más. Nuestros cafés son pequeños pero lo suficiente para mantenerme entretenida. Y es bonito porque los niños tienen la oportunidad de ayudarme en el negocio, también. No es un negocio para hacernos ricos, pero nos va bien y siempre hay clientes. Últimamente se puede llamar por teléfono vía Internet y por eso te llamé. ¡Qué alegría escucharte! Eso fue increíble, aunque la comunicación no es de buena calidad... pero es gratis.

Escríbeme pronto y recibe un abrazo de tu amiga que te quiere.

Después de leer

A. Diga Ud. *(Tell)* por qué...

  1. Ada prefiere no ir al centro.
  2. no trabaja en el cibercafé por las mañanas.
  3. los cibercafés son un buen negocio para todos los miembros de la familia de Ada.
  4. hablar por teléfono vía Internet es una buena idea.

B. ¿Cuáles son las ventajas de tener un negocio cibernético como tienen Ada y su esposo, Oscar? ¿Hay desventajas *(disadvantages)*?

Escribamos

Practicing Freewriting

You've offered to write an article for one of the campus papers. You're having trouble getting started because, unconsciously, you've become an editor and critic of your work before producing a single word. You have writer's block and it happens to everyone. Practicing the technique of freewriting will release you from the stronghold of writer's block by encouraging your words and ideas to flow without the need for correct spelling, grammatical structures, and organization. Your writing is private, and no one is your critic, not even you.

Antes de escribir

A. Un modelo. Scan **Una gira turística por Puerto Rico** on p. 214 of **Gaceta 2.** If the author had used *freewriting* to get started, her paper might have looked something like this:

> No sé nada. ¡No puedo escribir! Es una isla. El Viejo San Juan. Tiene un pasado español. Es tropical. No se me ocurre nada (Nothing is occurring to me.) El Caribe   flores   el centro histórico/la parte más antigua monumentos y fortalezas   El Yunque   lugares históricos/para turistas las playas   fundado en   ¿¿??   Es muy bonito.

Un esbozo *(outline).* The next logical step is to convert the freewriting into an outline. The author's might have looked like this:

I. La isla de Puerto Rico
   A. El Viejo San Juan
      1. isleta
      2. fundada, 1521
      3. arquitectura recuerda el pasado español
      4. monumentos y fortalezas: Castillo del Morro; San Cristóbal
   B. Otros lugares para turistas
      1. El Yunque
      2. las playas del Caribe; Luquillo

B. Un tema. Choose a topic and write it down on a clean piece of paper or on your computer. You may want to glance at some of the upcoming **Escribamos** sections and begin freewriting about one of the topics. Set a time limit of about 15 or 20 minutes. Relax, there are no rules as you know them. Be optimistic and enjoy the process.

C. Para empezar. Begin writing anything that comes to mind related to your topic. Start with generalities, then try to be more specific. Your first thoughts and words must not get lost in a web of concern about spelling, grammar, and organization, so do not plan or correct anything. Just write! If nothing comes to mind, say so in writing: **Es difícil pensar, No tengo nada que decir,** etc.

D. El próximo paso. After about 20 minutes, stop writing. Underline <u>anything</u> that is related to your topic. If necessary, resume this process later. Remember, no one but you will see your work without your permission.

Ahora, escriba

Now you are ready to organize your cluster of thoughts into an outline like the one in **Antes de escribir.** After the outline, you really will be "freed" to write an article for the campus paper.

Vocabulario

Lección 4

Los familiares (family members)

la abuela	grandmother	el (la) hijo(a) único(a)	only child	el (la) pariente	relative
el abuelo	grandfather			el (la) primo(a)	cousin
el (la) cuñado(a)	brother (sister)-in-law	el (la) hijo(a)	son (daughter)	el (la) sobrino(a)	nephew (niece)
		la madre (mamá)	mother	el (la) suegro(a)	father (mother)-in-law
la esposa (mujer)	wife	el (la) nieto(a)	grandson (grandaughter)		
el esposo (marido)	husband			la tía	aunt
la familia	family	el (la) niño(a)	child	el tío	uncle
la hermana	sister	el padre (papá)	father	el (la) viudo(a)	widower (widow)
el hermano	brother	los padres	parents		

El cumpleaños de Paco (Paco's birthday)

el árbol	tree	el helado	ice cream	el regalo	present
el carro (el coche)	car	el juguete	toy	sacar una foto	to take a picture
¡Feliz cumpleaños!	Happy Birthday!	poner la mesa	to set the table		

Verbos

conducir (zc) (manejar)	to drive	esperar	to hope; to wait for	salir	to go out, leave
		invitar	to invite	traducir (zc)	to translate
conocer (zc)	to know (be acquainted with); to meet	llorar	to cry	traer	to bring
		ofrecer (zc)	to offer	ver	to see
		oír	to hear	visitar	to visit
dar	to give	poner	to put; to place		
decir	to say, tell	saber	to know (how)		

Vocabulario general

barato	cheap, inexpensive	el barrio	neighborhood	la cena	dinner, supper
caro	expensive	el campo	countryside	la ciudad	city
casado	married	el desayuno	breakfast	la comida	food, meal
contar chistes	to tell jokes	el nacimiento	birth	la fecha	calendar date
corto	short (in length)	el pelo	hair	la muerte	death
cumplir... años	to become . . . years old	el postre	dessert	la reunión	meeting, reunion
		estar de moda (onda)	to be "in"	la vida	life
divorciado	divorced	familiar		largo	long
el agua (f.)	water		pertaining to the family, familiar	mayor	older, oldest
el almuerzo	lunch			menor	younger, youngest
el aniversario	anniversary	joven	young	soltero	unmarried
el apellido	last name	la calle	street	viejo	old

Lección 5

La casa (The House)

la alcoba (el dormitorio)	bedroom	la estufa	stove	el radio	radio set (radio transmission)
		el garaje	garage		
la alfombra	rug	el horno	oven	el refrigerador (la nevera)	refrigerator
el armario (ropero)	closet	el jardín	garden		
la bañera	bathtub	la lámpara	lamp	el salón (la sala)	living room
la cama (matrimonial)	(double) bed	el lavabo	bathroom sink	la secadora	dryer
		la lavadora	washer	la silla	chair
la cocina	kitchen	el lavaplatos	dishwasher	el sillón	armchair
el comedor	dining room	la mesa	table	el sofá	sofa
la cómoda	dresser	el microondas	microwave	el sótano	basement
el cuarto de baño	bathroom	el patio	patio	el techo	roof
la ducha	shower	la plancha	iron	el televisor	television set
el espejo	mirror				

Verbos

arreglar	to arrange, put in order; to fix	conseguir (i)	to get, obtain	pedir (i)	to ask for, request; to order
barrer	to sweep	corregir (i)	to correct	planchar	to iron
cenar	to have dinner, supper	desayunar	to eat breakfast	repetir (i)	to repeat
		elegir (i)	to elect; choose	secar	to dry
chismear	to gossip	fregar (ie)	to scrub	seguir (i)	to follow; to continue
cocinar	to cook	lavar	to wash		
compartir	to share	limpiar	to clean	servir (i)	to serve
competir (i)	to compete	olvidar	to forget		

Vocabulario general

accessorio	accessory	el fregadero	kitchen sink	el (la) radio	radio set (radio transmission)
adentro	inside	fuera (de)	outside (of)		
afuera	outside	lejos (de)	far away (from)	la ropa	clothing
las afueras	outskirts, suburbs	limpio	clean	la sábana	sheet
la almohada	pillow	lleno	full	sacar la basura	to take out the garbage
alrededor (de)	around	la manta	blanket		
cada	each	el mueble	piece of furniture	la sala (de estar)	den
cerca (de)	near	ordenado	neat, orderly	solo	alone, lonely
la colcha	bedspread	pasar la aspiradora	to vacuum	sucio	dirty
el cuadro	painting			el suelo	the floor
el cuarto (la habitación)	room	el piso	floor (level of a building); condominium	la tarea doméstica	housework
				el techo	roof; ceiling
dentro (de)	inside (of)			vacío	empty
desordenado	messy, disorderly				

Lección 6

Los pasatiempos (pastimes)

el cable	cable	llamada telefónica (marcar el número)	call (to dial a number)	leer una revista	to read a magazine
cantar una canción	to sing a song			el módem	modem
				la pantalla	computer screen
la computadora	computer			pintar	paint
dar un paseo	to take a walk	ir al cine (ver una película)	to go to the movie theater (to see a movie)	el ratón	mouse
dibujar	draw			el teclado	keyboard
escribir una carta	to write a letter			tocar la guitarra	to play the guitar
hacer una	to make a telephone	jugar a las cartas	to play cards		

Verbos

apagar	to turn off	molestar	to bother	tocar	to touch; to play an instrument
caminar	to walk	parecer (zc)	to seem		
colgar (ue)	to hang (up)	prestar	to lend	tratar de (intentar)	to try
construir	to build	regalar	to give a gift		
encender (ie)	to turn on; to burn				

Vocabulario general

anoche	last night	mejor	better, best	¡Qué lástima (pena)!	What a shame!
los anuncios clasificados	classified ads	navegar el (la) Internet (la Red)	to surf the web	¡Qué va!	Oh, go on!
ayer	yesterday	las noticias (inter)nacionales	(inter)national news	el refresco	soft drink, refreshment
la cartelera	entertainment section	las noticias locales	local news	salir con	to go out (on a date) with
el correo electrónico	e-mail	los obituarios	obituary column	la sección de cocina (de moda)	cooking (fashion) section
De parte de quién?	Who's calling?	ocupado	busy, occupied		
dejar un recado (mensaje)	to leave a message	el (la) operador(a) (telefonista)	operator	el sitio web	web site
los deportes	sports	pasarlo bien (mal)	to have a good (bad) time	la telenovela	soap opera
¡Felicidades!	Much happiness, All the best!			tener el número equivocado	to have the wrong number
		peor	worse, worst		
¡Felicitaciones!	Congratulations!	el periódico	the newspaper	las tiras cómicas	comic strips
hace (+ period of time)	ago	¡Qué alegría (sorpresa, suerte)!	What happiness (a surprise, luck)!	la vez	time, occasion
				volver a llamar	to call back
la informática	computer science	¡Qué bien (gracioso, pesado)!	How nice (funny, boring)!	ya	already
el juego	game				

Puerto Rico y la República Dominicana

Una gira turística por Puerto Rico y la República Dominicana

Preparativos

A. Before touring Puerto Rico and the Dominican Republic, scan the **Practiquemos** section to anticipate the content of the text. Name six sites that your tour will include.

B. Scan the reading to find synonyms for the following words:

comenzar	conectada	viejas	la historia
palacio	más importante	muy grande	secreto

C. What do you already know about the following aspects of Puerto Rico or the Dominican Republic?

1. the climate   **2.** the history   **3.** the geography
4. activities associated with them

Puerto Rico

El Yunque

El Yunque es el único bosque *(forest)* tropical del sistema de Bosques Nacionales de los Estados Unidos. Tiene plantas y flores *(flowers)* tropicales y también un fabuloso bosque pluvioso *(rain)*.

El Castillo de San Felipe del Morro

Para conocer la isla de Puerto Rico es bueno empezar en **el Viejo San Juan.** Fundado en 1521, es una isleta *(tiny island)* que está unida a la isla por puentes *(bridges)*. Por todas partes de la ciudad hay calles pintorescas *(picturesque)*, casas antiguas *(old)* y patios bonitos que recuerdan el pasado colonial español. Hay varias fortalezas *(forts)* en la isla. La construcción del Castillo de San Felipe del Morro, la fortaleza principal de la isla, empezó en 1521 y no terminó hasta 1787. San Cristóbal es un edificio enorme que domina toda la ciudad. Los turistas pueden pasar horas explorando el misterioso interior de esta fortaleza.

A unos 42 kilómetros de El Yunque está la famosa **Playa *(Beach)* de Luquillo.** Cada año turistas de todas partes del mundo van allí para pasar sus vacaciones en el sol tropical del Caribe *(Caribbean).* Las aguas son muy claras y es posible ver hasta el fondo *(bottom).*

La Playa de Luquillo en Puerto Rico

La República Dominicana

En diciembre de 1492, Cristóbal Colón llegó a la isla de Quisqueya con sus exploradores. La nombraron "La Española" y allí establecieron la primera colonia española en el Nuevo Mundo. Hoy, la República Dominicana es el nombre oficial del país y, junto con *(together with)* Haití, forma la segunda isla más grande del Caribe. La geografía variada de costas doradas *(golden),* bosques pluviosos y montañas y el delicioso clima tropical atraen a más de un millón de turistas de todas partes del mundo cada año.

Frente al mar en Santo Domingo

El Faro a Colón, República Dominicana

Santo Domingo es la capital del país y la ciudad más antigua de las Américas. Se llama "la ciudad de los primeros" por tener: la primera catedral, la primera universidad, el primer hospital, monasterio, edificio, y más. La Calle de las Damas es la primera calle construida en América. Aquí está el Alcázar de Colón, la residencia de don Diego Colón, hijo de Cristóbal. La Catedral de Santa María la Menor, construida en 1521, es la más antigua del continente. Tiene una fortuna en pinturas, joyas *(jewels)* y otros tesoros *(treasures)* de la España colonial. Hay una abundancia de museos y lugares de interés, y uno de los más interesantes de la isla y de todo el Caribe es el Faro *(Lighthouse)* de Colón. Contiene la tumba de Cristóbal Colón.

La Romana

La Romana, una próspera provincia situada a 110 kilómetros de Santo Domingo, es famosa por su industria de azúcar *(sugar)* y Casa de Campo, un centro turístico de fama internacional. Sus playas y sus campos de golf están entre los mejores del mundo.

Altos de Chavón

Al este de Casa de Campo, en el Río Chavón, está **Altos de Chavón.** Esta preciosa réplica de una ciudad italiana del siglo XVI tiene aspecto de un museo vivo *(alive)*, pero es una verdadera ciudad. Aquí, entre los patios, arcos y balcones, artistas de todo tipo trabajan y venden sus obras al público.

Practiquemos

A. ¿Cierto o falso? Si la frase es falsa, corríjala con una frase completa.

1. El Viejo San Juan está en el centro de Puerto Rico.
2. La arquitectura de San Juan muestra la influencia española en la isla.
3. La gente no puede entrar en San Cristóbal.
4. Para conocer las playas de Puerto Rico los turistas van a El Yunque.
5. La playa de Luquillo es famosa por sus plantas exóticas.
6. La geografía de la República Dominicana es principalmente plana *(flat)*.
7. Cristóbal Colón vivió en el Alcázar.
8. La tumba de Cristóbal Colón se encuentra en uno de los monumentos en la isla.
9. El interés turístico en la República Dominicana es solamente nacional.
10. Todos los ingresos *(income)* en La Romana proceden del turismo.
11. Para ver un ejemplo del pasado español de la isla, los turistas visitan Altos de Chavón.

B. Detalles. Conteste las preguntas.

1. ¿Cuáles son los adjetivos que describen las calles, las casas y los patios en el Viejo San Juan?
2. ¿Cuántos bosques *(forests)* tropicales nacionales hay en los Estados Unidos?
3. ¿Cómo son las aguas de la Playa de Luquillo?

C. La historia de Puerto Rico. Para aprender más sobre la historia de Puerto Rico, busque en la segunda columna la terminación de la frase en la primera columna. Cambie los verbos al pretérito. *To learn more about Puerto Rico's history, complete the phrases in column 1 with the correct information from column 2. Before the Spaniards arrived, the island of Puerto Rico was called Borikén, and it was populated by the Taíno Indians. Change the verbs to the preterite.*

1.

1. Cristóbal Colón (llegar)...
2. En 1508, Juan Ponce de León (comenzar)...
3. Ponce de León (ser)...
4. La Guerra *(War)* Hispanoamericana (empezar)...
5. Los Estados Unidos (ganar)...
6. Los Estados Unidos (recibir)...
7. En 1952 Puerto Rico y los Estados Unidos (entrar)...

2.

a. el primer gobernador español de la isla.
b. la guerra.
c. Puerto Rico, Cuba y las Filipinas.
d. a la isla en 1493.
e. la colonización de la isla.
f. en 1898.
g. en la presente relación política de Estado Libre Asociado (ELA).

D. ¿En qué orden? Aquí tiene ciertos datos *(information)* sobre Puerto Rico y la República Dominicana. Arregle Ud. *(arrange)* las frases para formar dos párrafos lógicos.

Puerto Rico
1. La economía de la isla está basada en el cultivo de café, tabaco y frutas tropicales.
2. Puerto Rico es una de las 7.000 islas tropicales que hay en el Caribe, y San Juan es la capital.
3. La manufactura de textiles es importante también.
4. Otras ciudades principales son Ponce, Mayagüez y Bayamón.

La República Dominicana
1. Es una ciudad moderna pero tiene muchos edificios históricos.
2. Es más grande que Puerto Rico y llueve más, también.
3. Santo Domingo, la capital, es la ciudad más antigua de Hispanoamérica.
4. Otra isla del Caribe es la República Dominicana.

Notas y noticias

Tito Puente

El 31 de mayo del 2000, **Tito Puente,** el Rey del Mambo, el Rey de los Timbales, o simplemente El Rey, murió. Ernestito Anthony Puente nació en 1923 de padres puertorriqueños en la ciudad de Nueva York. Se convirtió en músico profesional a los 16 años, y llegó a ser un nombre máximo de la percusión, del piano, del saxofón y de la dirección de orquestas. Estudió en la escuela de música Julliard y durante su vida ganó tres "Grammys" y grabó *(recorded)* más de 100 discos. Quizás *(Perhaps)* logró *(achieved)* tanto porque nunca se permitió tomar vacaciones.

La Fortaleza, situada en el Viejo San Juan y construida en 1540, es la casa ejecutiva más antigua del hemisferio occidental. Es la residencia de la gobernadora de Puerto Rico, **Sila María Calderón.** Calderón, graduada de Manhattanville College y de la Universidad de Puerto Rico, es la primera mujer elegida gobernadora de Puerto Rico. Fue elegida alcaldesa de San Juan en 1996, y también presidenta del Partido Popular Demócratico, el partido que apoya la presente relación con los Estados Unidos, la de Estado Libre Asociado *(Free Associated State, o Commonwealth).*

Sila de Calderón

Marc Anthony

Y si Tito es el Rey del Mambo, **Marc Anthony** es el rey de la salsa, y el que vende más discos de música tropical en el mundo. Nació en 1968 en Manhattan, Nueva York y sus padres lo nombraron Marco Antonio, en honor al cantante favorito de su madre. Su padre era cantante, compositor y músico pero dejó la música para trabajar y mantener a la familia. Dice Marc Anthony, "Desde niño mi papá me enseñó que cantar es una bendición que acarrea *(carries)* una responsabilidad: no sólo la de cantar, sino interpretar, contar y hacer sentir una historia". Sus primeros discos en español fueron éxitos inmediatos. En 1999 decidió grabar su primer disco en inglés, y ahora goza de fama internacional. Pero para él la música no es suficiente. Apareció en la película *Big Night,* y en Broadway protagonizó *(starred as) The Capeman* de Paul Simon en 1997. Después, fue seleccionado por Martin Scorcese para su película *(movie) Bringing Out the Dead,* con Nicolas Cage.

El beisbolista dominicano **Sammy Sosa** figura entre los más grandes del deporte. En 1998 entró en una competencia de jonrones *(homeruns)* contra *(against)* Mark McGwire, y aunque no ganó *(didn't win)*, terminó con un total de 66 jonrones ese año. Sammy, casado y con cuatro hijos, es el símbolo de la esperanza *(hope)* para su país *(country)*. El exlimpiabotas *(ex-shoeshiner)* ahora tiene un salario de casi 10 millones de dólares, y ayuda a construir una escuela de béisbol.

Sammy Sosa

Juan Luis Guerra

Juan Luis Guerra asistió al Conservatorio Nacional de Música en su país, y estudió jazz en la Berklee School of Music en Boston, Massachusetts. Fue en esa época cuando decidió dejar el jazz y volver a su música—el merengue.[1] Ahora dicen que el grupo musical Guerra 4.40 es el salvador *(saviour)* de la música merengue. El grupo dominicano combina los ritmos *(rhythms)* del merengue tradicional, la poesía de Juan Luis Guerra y los estilos *(styles)* musicales de los EE.UU., África y Latinoamérica. Además, su música tiene un fuerte mensaje sociopolítico. Canta de la emigración dominicana a los Estados Unidos, la pobreza y la justica, entre otros temas. Sus álbumes más populares son *Acarreo y Mudanza, Mientras más lo pienso... tú, Ojalá que llueva café* y *Areito*.

¿Dónde están los restos *(remains)* de **Cristóbal Colón?** ¿En Sevilla, España? ¿En Santo Domingo, República Dominicana? ¿En la Habana, Cuba? Nadie sabe. Pero sí sabemos que su primera tumba *(tomb)* está en Valladolid, España, su segunda *(second)* tumba está en Sevilla y su tercera *(third)* está en la República Dominicana.

El problema es que nadie identificó la tumba. Muchos creen que en 1795 los restos de Colón llegaron a Cuba y que fueron divididos... Unos fueron a Santo Domingo y otros fueron a Sevilla. ¡Qué complicada es la cosa!

Cristóbal Colón, ¿dónde estás?

¿EN SANTO DOMINGO, SEVILLA O LA HABANA?

[1] Música típica de la República Dominicana

Instalación de Sila María Calderón, gobernadora de Puerto Rico

Puerto Rico y los Estados Unidos tienen una relación única *(unique)*. El año 1952 es importante en la historia de Puerto Rico y los Estados Unidos. Este año Puerto Rico entró en una relación nueva con los Estados Unidos. Se llama Estado Libre Asociado *(Free Associated State)* o ELA y es la relación que existe hoy en día. Los puertorriqueños son ciudadanos *(citizens)* de los Estados Unidos y usan el mismo sistema de dinero, aduana *(customs)* y correos *(mail)*. Tienen un gobernador *(governor)* y votan en las elecciones locales. No pueden votar en las elecciones presidenciales de los Estados Unidos sin vivir en el continente por seis meses.

Hay conflictos en la isla sobre su situación política. Muchos puertorriqueños no están contentos con su status de ELA. Dicen que Puerto Rico no es un estado, no es libre pero sí está asociado con los Estados Unidos de una forma ambigua *(ambiguous)*. Para ellos ser estado es la solución. Otros quieren mantener la situación de ELA porque tienen miedo de perder su cultura, su idioma y su identidad. Hay otros puertorriqueños que quieren la independencia completa. ¿Qué debe hacer Puerto Rico? ¿Mantener su situación de ELA, ser estado de los Estados Unidos o conseguir la independencia?

Practiquemos

A. ¿Qué recuerda Ud.? ¿A quién se refiere cada frase?

1. Es la salvación del merengue.
2. Su nombre está en la sección de deportes de los periódicos.
3. Además de *(Aside from)* ser famoso por la música salsa, trabaja en Hollywood con los actores y directores más famosos.
4. Músico talentoso y versátil de muchos instrumentos y también director de orquesta.
5. Hace películas y también es famoso por su talento musical.
6. Vive en la casa ejecutiva más antigua del hemisferio occidental.

B. Preguntas. Basándose en los artículos, conteste Ud. las preguntas con frases completas.

1. ¿Quién sabe dónde están los restos de Cristóbal Colón?
2. ¿Dónde está la primera tumba de Colón?
3. ¿Cómo se llama la relación política que Puerto Rico tiene con los Estados Unidos?
4. ¿Cuándo pueden votar los puertorriqueños en las elecciones presidenciales?
5. ¿De qué tienen miedo muchos puertorriqueños?

C. Una cara histórica. *Diego Colón is an important figure in the early history of the Dominican Republic, or La Española, as it was called in the fifteenth century.* Complete el párrafo con los verbos de la lista.

vinieron	perdió	tomó	fue
construyó	vivió	llegó	

Diego Colón, el hijo mayor de Cristóbal Colón, **1.** _____ el segundo *(second)* gobernador *(governor)* de La Española. En Santo Domingo, la capital de la isla *(island)*, Colón **2.** _____ El Alcázar, un palacio fabuloso donde él **3.** _____ por muchos años. Dicen que cuando Sir Francis Drake **4.** _____ a la isla, invadió el palacio y **5.** _____ todos los objetos de valor *(value)*. En esa época muchos africanos **6.** _____ a la isla para trabajar en los campos de azúcar *(sugarcane fields)*. Con el descubrimiento *(discovery)* del oro *(gold)* y la plata *(silver)* en México, Colombia y Perú, La Española **7.** _____ su importancia como colonia *(colony)* de España.

D. Hay mucho que comprar. Para ver por qué es divertido *(fun)* ir de compras en estas dos islas, use las palabras de la lista para completar cada párrafo.

vienen	muebles	encontrar	mantas	hay
camina	venden	regalos	calles	

Comprar en Puerto Rico es una buena experiencia. Si Ud. **1.** _____ por las **2.** _____ de San Juan, va a **3.** _____ muchas tiendas de **4.** _____ y arte indígena. Puede comprar **5.** _____ para la cama que **6.** _____ de la India y **7.** _____ españoles para todas las habitaciones de la casa. También **8.** _____ boutiques que **9.** _____ la ropa tradicional de Puerto Rico.

ropa	tocan	dominicanos	elegantes
comprar	frutas	vida	

En la República Dominicana Ud. puede **10.** _____ brazaletes, collares y aretes *(earrings)* de ámbar, una resina fósil indígena de la isla. También hay mermeladas de **11.** _____ tropicales, cestos, *(baskets)* ron y cigarros **12.** _____, CDs con los últimos hits de la música caribeña, cajitas *(little boxes)* de música que **13.** _____ merengue y pequeñas figuras de cerámica que representan los aspectos de la **14.** _____ dominicana. En las tiendas **15.** _____ es posible comprar **16.** _____ del famoso diseñador dominicano **Óscar de la Renta.**

Enfoque literario

kinky-haired; half **Ay, ay, ay, de la grifa° negra** (segunda mitad°)
por Julia de Burgos

Julia de Burgos

La autora y su obra

Julia de Burgos (Puerto Rico, 1916–1953) escribió poesías que no tienen igual en la lírica de Puerto Rico. Dejó la isla para estudiar en Nueva York, pero la experiencia urbana fue asfixiante para ella. Muchos de sus poemas reflejan la angustia de su exilio y su deseo de volver a Puerto Rico. Otros temas incluyen el destino personal, el amor y la muerte, y sus libros principales son *Poema en veinte surcos, Canción de la verdad sencilla* y *El mar y tú,* publicado después de su muerte.

Antes de leer

A. Cognados. Hojee Ud. *(Scan)* el poema y busque *(look for)* los cognados de las palabras siguientes.

nations	conscience	forgiveness	pardon
race	future	fraternity	brotherhood

B. Categorías. Las palabras de la lista siguiente están en el poema. Arréglelas *(Arrange them)* Ud. según las categorías.

	Personas	Emociones	Colores
esclavo *(slave)*			
vergüenza			
blanco			
abuelo			
siervo *(servant)*			
hombres			
ay, ay, ay			
amo *(master)*			
negro			
trigueña *(light brown-skinned)*			
rey *(king)*			
no tener derechos			
pena *(sorrow)*			
reina *(queen)*			

C. La esclavitud. ¿Cuáles son algunas de las características de la relación entre el amo y su esclavo?

A leer

Ay, ay, ay de la grifa negra (segunda mitad)

Dícenme° que mi abuelo fue el esclavo   *They tell me*
por quien el amo dio treinta monedas.°   *coins*
Ay, ay, ay, que el esclavo fue mi abuelo
es mi pena, es mi pena.
Si hubiera sido° el amo,   *he had been*
sería mi vergüenza°,   *shame*
que en los hombres, igual que° en las naciones,   *just as*
si el ser el siervo es no tener derechos,°   *rights*
el ser el amo es no tener conciencia.
Ay, ay, ay, los pecados° del rey blanco   *sins*
lávelos° en perdón la reina negra.   *wash them*
Ay, ay, ay, que la raza se me fuga°   *escapes me*
y hacia° la raza blanca zumba° y vuela°   *toward; buzzes; flies*
a hundirse en° su agua clara,   *sink into*
o tal vez° si la blanca se ensombrará° en la negra.   *perhaps; will be enshrouded*
Ay, ay, ay, que mi negra raza huye°   *flees*
y con la blanca corre° a ser trigueña   *runs*
¡a ser la del futuro,
fraternidad de América!

Después de leer

A. Comprensión. Conteste Ud. las siguientes preguntas.

1. ¿Qué fue el abuelo de la poeta?
2. ¿Qué hizo el amo para conseguir al abuelo del poeta?
3. Hay algo que ningún esclavo tiene. ¿Qué es?
4. Y hay algo que ningún amo tiene. ¿Qué es?
5. ¿Cuál es el tema del poema? Explique su selección. Puede seleccionar más de uno.
   a. la esclavitud *(slavery)*
   b. el racismo
   c. la injusticia social
   d. la raza *(race)*
   e. la cultura africana

B. Expansión.

1. En sus propias *(own)* palabras, explique Ud. el significado *(meaning)* del siguiente verso.

   Ay, ay, ay, que mi negra raza huye
   y con la blanca corre a ser trigueña

2. ¿Qué significa la "fraternidad de América" en la última *(last)* línea del poema?
3. Describa Ud. las emociones de la poeta.

Videocultura

1 Puerto Rico

Preparativos

Le dicen *el pueblo arcoiris (rainbow people)* para describir *(to describe)* a la gente de Puerto Rico, una combinación de tres ricas culturas: la europea, la taína *(Tainan Indian)* y la africana. Esta diversidad caracteriza también la geografía de la isla con sus bonitas playas, altas montañas y ciudades cosmopolitas. También la futura política de Puerto Rico ofrece tres opciones: la independencia, la estadidad *(statehood)* o la situación actual *(present)* de Estado Libre Asociado *(Free Associated State)*.

Palabras útiles

el ataque	*attack*	**el gobernador**	*governor*
el bosque (pluvioso)	*(rain) forest*	**ha decidido (querido)**	*has decided (wanted)*
el castillo	*castle*	**la iglesia**	*church*
el ciudadano	*citizen*	**la isla**	*island*
el derecho	*right*	**la palmera**	*palm tree*
la estadidad	*statehood*	**el partido (político)**	*(political) party*
el estado	*state*		
la estatua	*statue*	**el pirata**	*pirate*
la fortaleza	*fort*	**la playa**	*beach*
la Garita del Diablo	*sentry box of the devil*	**propio**	*own*
		votar	*to vote*

Para conocer mejor a la gente y la isla, vamos a Puerto Rico. *Watch the video and do the exercises that follow.*

Al ver el video

A. ¿Qué recuerda Ud.? Based on the video, tell if the following statements are true **(cierto)** or false **(falso).** Correct the false statements.

1. _____ Puerto Rico es una isla muy grande.
2. _____ Todos los puertorriqueños son ciudadanos de los EE.UU.
3. _____ Puerto Rico es un estado de los EE.UU.
4. _____ No hay ciudades grandes en Puerto Rico.
5. _____ Ponce es la capital de Puerto Rico.
6. _____ En noviembre de 1993 la mayoría *(majority)* de los puertorriqueños votaron por la independencia.
7. _____ El elemento africano está presente en la cultura puertorriqueña.
8. _____ Hay mucha influencia india en la cultura puertorriqueña.

El Parque de las Palomas, Viejo San Juan

B. La situación política. What are the advantages associated with the three political possibilities for Puerto Rico? Match each example with one of the following. There may be more than one possible answer.

ELA (Estado Libre Asociado)   Estadidad   Independencia

1. poder recibir todos los beneficios *(benefits)* de ser ciudadano
2. poder tomar sus propias decisiones
3. poder seguir hablando español como idioma oficial de la isla
4. mantener una relación con los EE.UU. y al mismo tiempo mantener su identidad latina
5. tener votos y representación en el Congreso de los EE.UU
6. poder votar por el presidente de los EE.UU.
7. determinar el tipo de gobierno *(government)* que la gente de Puerto Rico prefiere
8. mantener su propia cultura y forma de vida pero también recibir protección y ayuda de los EE.UU

C. La bandera *(flag)* puertorriqueña. This flag was adopted in 1952 as the official emblem of the **Estado Libre Asociado.** To learn about the Puerto Rican flag, match each symbol in the first column to its significance in the second column.

1. la estrella *(star)* blanca
2. el triángulo azul
3. las tres franjas *(stripes)* rojas
4. las dos franjas blancas

a. la sangre *(blood)* que nutre *(nourishes)* un gobierno republicano
b. los derechos humanos
c. sus tres ángulos representan los tres poderes *(powers)* del gobierno republicano: el legislativo, el ejecutivo y el judicial.
d. el símbolo de Estado Libre Asociado

 D. El debate. En tres grupos, representen un debate sobre el status político de Puerto Rico. Un grupo va a representar la independencia, otro grupo la estadidad y el tercer grupo el *status quo* (Estado Libre Asociado). Deben hablar de las ventajas *(advantages)* y desventajas de cada posibilidad.

2 La música caribeña

La música del Caribe es tan diversa como *(as diverse as)* la gente. Tiene influencia indígena, europea y africana. La asociación política y económica que Puerto Rico tiene con los Estados Unidos desde 1898 también influye en la música. La influencia del jazz es evidente en la música salsa, y del rap americano salió el rap latino: el salsa-rap, el merengue-rap y el mambo-rap.

Palabras útiles

la barrera	*barrier*	**étnico**	*ethnic*
calabazas secas	*dried gourds*	**el mensaje**	*message*
		la mezcla	*mixture*
carnicería	*butcher shop*	**el orgullo**	*pride*
coquito	*beverage made with rum and coconut liquor*	**piragua**	*snow cone*
		porquería	*junk*
		el ritmo	*rhythm*
el corazón	*heart*	**se expresa**	*is expressed*
el cuchifritos	*restaurant that serves Puerto Rican food*	**la sensibilidad**	*sensitivity*
		el sonido	*sound*
		el timbal	*kettle drum*
enriquecer	*to enrich*	**tontería**	*foolishness*
el espíritu	*spirit*		

Vocabulario e identificaciones para la canción rap "Puerto Rican and Proud"

Bustelo, El Pico	*brands of Puerto Rican coffee*
Pedro Navaja	*fictitious character in a famous Rubén Blades song*
Willie Colón	*Puerto Rican salsa musician*
Iris Chacón	*Cuban singer and popular icon*
Coco Rico	*coconut soft drink*

To hear the rich and rhythmic Caribbean beats and learn more about their origins, watch the video and do the exercises that follow.

Tito Puente y Celia Cruz, los reyes de la música caribeña

Al ver el video

A. Información musical. Basándose en el video, escoja la respuesta correcta.

1. La música caribeña...
   a. es una rica combinación de muchos elementos culturales.
   b. tiene influencias de España solamente.
   c. sólo es popular en Puerto Rico.
2. Algunos tipos de música del Caribe son...
   a. la bomba, de origen africano.
   b. el tango argentino.
   c. la danza, de origen español.
3. Dos ritmos caribeños muy populares en los EE.UU. son...
   a. el flamenco y la conga.
   b. el merengue y el flamenco.
   c. el merengue y la salsa.

B. Identificaciones. Which musical instrument(s) did each group contribute? Name each one.

1. los africanos   2. los indios   3. los españoles

C. Los instrumentos. Which instruments did you see the various groups play?

1. la guitarra
2. la campanita *(cowbell)*
3. el piano
4. el violín
5. la conga
6. la trompeta
7. la maraca
8. el güiro
9. el bajo *(bass)*
10. la castañuela *(castanet)*
11. el bongó
12. el saxofón
13. el timbal
14. el órgano

D. El "spanglish". Based on the rap song "Puerto Rican and Proud," answer the questions.

1. ¿Qué es el spanglish?
2. ¿Cuáles son algunos ejemplos del spanglish en la canción?
3. ¿Cuándo usa el grupo el inglés y cuándo usa el español? ¿Por qué?
4. ¿Qué piensa Ud. del spanglish?

E. La música en los EE.UU. ¿Cuáles son algunos tipos de música popular de los EE.UU? ¿Cuál es el origen de esta música? (Si no sabe, invente algo original.)

F. Minidrama. Ud. está de visita en la República Dominicana. Descríbale los bailes *(dances)* típicos de su país a un dominicano que no conoce los EE. UU.

③ La República Dominicana

La República Dominicana ocupa la isla de La Española junto con Haití. Es el segundo país más grande del Caribe y ofrece un clima ideal que atrae a más de un millón de turistas cada año. Sus vastos campos ofrecen una agricultura notable: café, caña de azúcar, frutas tropicales y más de trescientas variedades de orquídeas.

Palabras útiles

el ámbar	*amber*	**las habichuelas**	*beans*
anticipar	*to look forward to*	**inolvidable**	*unforgettable*
antiguo	*old; former*	**el lechón asado**	*roast pork*
el barco	*boat*	**la milla cuadrada**	*square mile*
la cancha	*(tennis) court; (golf) course*	**la piedra**	*stone*
doradas	*golden*	**la playa**	*beach*
la estación balnearia	*resort, spa*	**el postre**	*dessert*
el faro	*beacon, lighthouse*	**el tejado**	*roof*

To find out more about the Dominican Republic, watch the video and do the exercises that follow.

A la sombra de las palmeras

Al ver el video

A. De interés. Nombre Ud. . . .

1. cuatro "primeros" dominicanos.
2. tres barcos de Cristóbal Colón.
3. tres elementos étnicos que forman la cultura del país.
4. dos piedras semipreciosas indígenas de la República Dominicana.
5. un deporte nacional.
6. un tipo de música típica de la República Dominicana.

B. ¿Adónde? ¿A qué sitio va Ud. para hacer las actividades siguientes?

Santo Domingo   Altos de Chavón   Casa de Campo

1. jugar al tenis en una de las trece bonitas canchas de tenis
2. visitar la tumba de Cristóbal Colón
3. estar en una comunidad artística que recuerda al siglo *(century)* XVI
4. ver objetos taínos
5. jugar al golf en una de las mejores canchas del mundo
6. caminar por la primera calle del Nuevo Mundo

 C. Otra réplica. Aprendimos en el video que Altos de Chavón es una réplica de una ciudad italiana del siglo XVI, creada por y para artistas y artesanos.

¿Cuáles son ejemplos de otras "réplicas" de pueblos, ciudades o países? Descríbanlas (por ejemplo, Williamsburg, Virginia). Con una pareja, inventen una ciudad "réplica". ¿Cómo es? ¿Cuál es su propósito *(purpose)*? ¿Quiénes viven allí y quiénes vienen a visitar? ¿Por qué?

 D. ¿Dónde quedarse *(to stay)*? En grupos de cuatro, organicen un debate sobre el lugar ideal para pasar una semana en la República Dominicana. Dos estudiantes quieren estar en la capital para vivir la historia y la vida animada. Dos estudiantes prefieren descansar en la tranquilidad de Casa de Campo, la estación balnearia por excelencia.

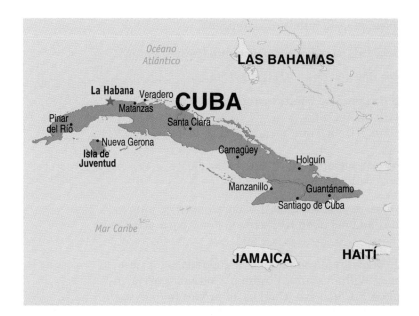

7 En el restaurante

Preparativos

As you read the dialogue or watch the video, pay close attention to the uses of the prepositions **por** and **para.** Although **por** often means *for,* it also has many other meanings. What do the expressions *por* **primera vez,** *por* **fin,** and *por* **favor** mean? **Para** also can mean *for.* Carla says, **"Este festival es una buena oportunidad *para* nosotros".** However, Mariana says that the Spanish Club is meeting . . . **"*para* hablar de mi tema favorito, la comida".** What does **para** mean in this context? Mariana warns us that the conversation may get **"un poco picante".** What might she mean by that? Is there a power struggle? Hurt feelings? Difference of opinion? You know how meetings can be—**¡picantes!**

—¡Por fin! Alguien que me escucha.

—Por lo general, no hay muchos problemas.

—Este festival es una buena oportunidad para nosotros.

—Por favor, señor cocinero...

Así es Mariana

Un plato cubano

Algunos de los estudiantes del club de español meriendan en el restaurante cubano La Carreta.

Mariana: *(A los televidentes)* Esta tarde algunos estudiantes del club de español tienen una reunión en un restaurante cubano excelente...La Carreta...para hablar de mi tema favorito, la comida. Por lo general, no hay muchos problemas en este club. Pero hoy, la conversación es... emm... un poco picante.

Alicia: Pero esto sí es algo importante. Por primera vez el club de español está invitado a participar en el festival estudiantil.

Carla: No me gusta decirlo, pero la presidenta tiene razón. Este festival es una buena oportunidad para nosotros.

Alicia: ¡Por fin! Alguien que me escucha. Ahora, el festival nos permite escoger sólo una comida para el menú. Y yo quiero hacer un plato venezolano. A Octavio le encanta cómo cocino. *(Octavio indica que no le gusta nada su forma de cocinar. Alicia lo ve.)* ¡Octavio! Pensé que te gusta cómo cocino.

Octavio: Perdón, Alicia... no quise decírtelo.

El cocinero[1] viene y les sirve la comida. Todos indican quién pidió qué plato.

Cocinero: ¿El arroz con pollo?

Rubén: Aquí, señor.

Cocinero: ¿La sopa de frijoles negros?

Octavio: Aquí.

Cocinero: ¿El sandwich cubano?

Mariana: Aquí.

Cocinero: ¿El pollo asado? *(Nadie contesta. El cocinero repite.)* ¿El pollo asado?

Carla: Aquí. Gracias.

El cocinero le da los tostones° a Carla y los maduros° a Alicia, pero nadie lo ve.

fried salted plantains; fried sweet plantains

Carla: Ah, Octavio... tú eres cubano... ¿no? Pues, esta comida es muy sabrosa. ¿Por qué no preparamos una cena cubana? Te gustan estos platos, ¿no?

Octavio: Sí, Carlita... sobre todo los frijoles negros. Es la especialidad de mi madre. Me encantan.

Rubén: Además, la comida cubana es muy popular aquí en Miami. ¡Qué buena idea, Carla y Octavio!

Alicia: *(Alicia tiene celos.)* ¡Ay, claro! ¿Y mi cena venezolana? Y hablando de la cena... *(Alicia ve que no tiene lo que pidió).* Por favor, señor cocinero. Yo le pedí a Ud. tostones, como los que tiene Carla, y Ud. me trajo maduros.

Cocinero: Ah... ¿Ud. pidió tostones y yo le traje maduros? *(Él cambia su plato con el plato de Carla. Carla no está contenta pero Alicia está muy contenta ahora.)* Pues, ya está.°

all set

Mariana: *(A los televidentes)* ¡A ver si cambian algo más que sus cenas!

---

[1]En este restaurante pequeño, el cocinero también sirve de camarero.

Es decir

A. Comprensión.

Diga Ud. *(Tell)* a quién(es) corresponden las siguientes descripciones.

El cocinero
Mariana
Alicia
Carla
Octavio
Rubén

1. Tiene celos.
2. Muestra mucho interés en el festival.
3. Escucha pero no participa en la conversación.
4. Recomienda una cena cubana para el festival.
5. Trae el sandwich cubano.
6. No recibe la comida que pidió.
7. Pide el arroz con pollo.
8. Le pide perdón a Alicia.

B. Asimilación.

Llene Ud. los espacios con **por** o **para.**

1. _____ primera vez el club está invitado a participar.
2. Este festival es una buena oportunidad _____ nosotros.
3. Nos permite escoger una comida _____ el menú.
4. ¡_____ fin! Alguien que me escucha.
5. _____ favor, señor cocinero.

Sustituya *(Substitute)* las palabras subrayadas por una palabra similar de la lista.

preparar
deliciosa
seleccionar
creí
gusta
mucho

1. El festival nos permite <u>escoger</u> sólo una comida.
2. Yo quiero <u>hacer</u> un plato venezolano.
3. A Octavio le <u>encanta</u> cómo cocino.
4. Esta comida es muy <u>sabrosa</u>.
5. <u>Pensé</u> que te gusta cómo cocino.

C. Expansión.

Conteste Ud. las preguntas.

1. Mariana dice que no hay problemas en el club. ¿Está Ud. de acuerdo *(Do you agree)?* Explique.
2. De los platos que sirve el cocinero, ¿cuál le parece más delicioso? ¿Por qué? ¿Conoce Ud. la comida cubana? ¿Qué platos le gustan?
3. ¿Qué piensa Ud. de la actitud de Alicia? ¿Tiene ella razón? ¿Por qué?

 Es evidente que Alicia no está contenta con Octavio. En parejas, escriban la conversación que Alicia y Octavio tienen cuando están solos *(alone)* después de merendar con sus compañeros. Represéntenla *(Act it out)*.

Vocabulario

Use the context suggested by the illustration and identify cognates (words that look alike in English and Spanish) to guess at the meaning of new words and expressions. All of the essential vocabulary for this *Lección* appears with English translations on pp. 306-307.

¡Buen provecho! *(Enjoy your meal!)*

la leche
la copa
el tomate
la lechuga
la ensalada
el pescado
la servilleta
la cuchara
el tenedor
el café
el pan
el menú/
la lista

el vaso
la sopa
el pollo
el plato
el cuchillo
la taza
la flor
la sal
la pimienta

Verbos

andar	*to walk*	**importar**	*to matter*
cortar	*to cut*	**interesar**	*to interest*
encantar	*to delight, charm*	**merendar (ie)**	*to snack*
escoger	*to choose*	**permitir**	*to allow*
faltar	*to be lacking, be missing*	**probar (ue)**	*to taste, try*
gozar (de)	*to enjoy*	**soler (ue) (+ infinitive)**	*to be accustomed to (doing something)*
gustar	*to be pleasing*		
hacer falta	*to be in need of*		

Alimentos *(Foods)*

el aceite (de oliva)	*(olive) oil*	**la carne (de res)**	*meat (beef)*
		la cebolla	*onion*
la aceituna (la oliva)	*olive*	**el flan**	*caramel custard*
		el frijol	*bean (kidney, pinto)*
el ajo	*garlic*		
el arroz	*rice*	**el maíz**	*corn*
los camarones (las gambas)	*shrimp*	**los mariscos**	*shellfish, seafood*
		el pastel	*pastry, pie*

la piña	*pineapple*	**la verdura**	*vegetable*
el queso	*cheese*	**(la legumbre)**	
la torta	*cake*	**la zanahoria**	*carrot*
(la tarta)			

Bebidas *(Drinks)*

la cerveza	*beer*	**el vino (blanco,**	*(white, rosé, red)*
el jugo	*juice*	**rosado, tinto)**	*wine*
el té	*tea*		

Adjetivos

asado	*roasted*	**picante**	*hot, spicy*
caliente	*hot* (temperature)	**salado**	*salty*
delicioso (rico,	*delicious*	**sano**	*healthy*
sabroso)		**(saludable)**	*(healthful)*
dulce	*sweet*	**último**	*last*
frío	*cold*	**único**	*only, unique*
frito	*fried*		

En el restaurante *(In the restaurant)*

la cocina	*cuisine; kitchen*	**la propina**	*tip*
la cuenta	*check, bill*		

Vocabulario adicional (See page 245 for expressions with **por**)

la costumbre	*custom*	**la receta**	*recipe;*
la especialidad	*specialty*		*prescription*
el ingrediente	*ingredient*	**tomar una copa**	*to have a drink*
la merienda	*snack*		*(alcoholic*
raro	*strange*		*beverage)*

Practiquemos

A. Escuchar. Su profesor(a) va a leer una serie de definiciones. Escoja *(Choose)* la palabra que corresponde a cada descripción.

el menú   la propina   la piña   la cebolla   la cuenta   la cuchara

1. _____   3. _____   5. _____
2. _____   4. _____   6. _____

B. ¿En qué orden? Diga *(Tell)* en qué orden hace las siguientes actividades cuando prepara una cena para amigos.

MODELO   escoger el menú *Número 1. Yo escojo el menú.*

___ servir la cena   ___ preparar la comida
___ poner la mesa   ___ probar la comida para ver si necesita sal
___ llenar los vasos de agua ___ saludar a los invitados

C. **¡Pizza para todos!** ¿A Ud. le gusta la pizza? ¿Por qué? ¿Por qué es tan popular (tres razones)? ¿Cuándo suele comerla? ¿Cuándo fue la última vez que Ud. pidió pizza? ¿Qué tipo de pizza pidió? Con un(a) compañero(a) lean el menú de Pizza Mundo y contesten las preguntas o hagan *(do)* las actividades.

	MENÚ	Mediana (2-3 pers.)	Grande (4-6 pers.)
	• PIZZA A SU GUSTO Tomando como base nuestra exquisita pizza de queso y tomate, cree su propia pizza añadiendo a su gusto cualquiera de estos doce ingredientes **(jamón, champiñones°, bacon, salami, piña, olivas negras, olivas verdes, pimiento, anchoas°, atún°, cebolla, doble queso).** Precio por cada ingrediente adicional.	135	210
	• PIZZA DE QUESO Y TOMATE	1.095	1.695
	• VEGETAL (queso, tomate, champiñones, pimiento, olivas, cebolla).	1.340	2.075
	• HAWAIANA (queso, tomate, piña, jamón).	1.340	2.075
	• PIAMONTESA (queso, tomate, salami, bacon, champiñones).	1.470	2.265
	• BOLOGNESA (queso, tomate, carne y cebolla).	1.470	2.265
	• ATLÁNTICA (queso, tomate, atún, cebolla, olivas negras, olivas verdes).	1.470	2.265
	• TRES QUESOS (queso, tomate, queso azul y roquefort).	1.470	2.265
	• PIZZA WORLD (queso, tomate, atún, anchoas, olivas, champiñones, salami, jamón, cebolla, pimiento).	1.695	2.695
	BEBIDAS Coca-cola lata • Fanta naranja/limón lata • Cerveza lata.	145 ptas.	

SERVICIO GRATUITO A DOMICILIO

Todos nuestros precios incluyen el IVA

mushrooms
anchovies; tuna

Pizzas recién hechas.

Servicio gratuito° a domicilio.

free

Área limitada de reparto.

1. En Pizza Mundo, ¿hay servicio a casa? ¿Cuánto cuesta? ¿Cuántos tipos de pizza ofrecen? ¿Qué bebidas sirven?
2. ¿Por qué se llaman las pizzas: Vegetal? Hawaiana? Tres quesos? Atlántica? Bolognesa?
3. Uds. inventaron las siguientes pizzas. Miren la lista de vocabulario de esta lección (y de la Lección 8 si quieren) y describan las pizzas siguientes: la pizza carnicera, la pizza postre, la pizza ensalada.
4. Ahora, inventen una pizza nueva con un nombre original. ¿Cuáles son los ingredientes?

D. **Costumbres culinarias.** Pregúntele a un(a) compañero(a) qué suele comer él (ella)...

1. cuando está nervioso(a).
2. cuando está triste.
3. antes de dormir.
4. en clase.
5. cuando sale con su novio(a).
6. después de hacer algún ejercicio físico.
7. cuando estudia para un examen.
8. en una fiesta.

E. **Especialidades.** ¿Cuál es la especialidad de... y ¿cómo la prepara?

1. la cafetería?
2. Ud.?
3. su restaurante preferido?
4. su abuela?

F. **No pueden volver.** En grupos, representen la siguiente escena.

Cuando las familias con niños pequeños salen a comer, suelen ir a restaurantes sencillos. Pero los Hernández decidieron cenar en un restaurante elegante con sus tres hijos de dos, cinco y ocho años.

Aviso cultural — La propina

El restaurante La Carreta

La palabra *propina* viene del verbo latino *propinare* (invitar a beber). Es el dinero que dejamos para el camarero en un restaurante, y esta tradición varía mucho según el país. En muchos países hispanos, el servicio está incluido en la cuenta. Sin embargo, es recomendable dejar un diez por ciento (%) más en los restaurantes muy buenos. Además de darles propina a los camareros, también es costumbre darle propina al acomodador° en el cine o el teatro, y al hombre que trabaja en la estación de gasolina. En los Estados Unidos, ¿a quién le damos propina? ¿Qué porcentaje (%) debemos dar si el servicio es bueno? ¿malo? ¿regular?

usher

Forma y función

Gustar and Similar Verbs

Forma

...es que me
fascina.
(trago)°   *gulp*

No sé
por qué,
pero me
hace sentir°   *to feel*
especial.
(traguito)

Me acompaña
a todos lados.°   *everywhere*
Me gusta.

Todo lo que te apasiona está en People en español

vas a Cupido Net y llenas una ficha con tus datos, las cosas que te gustan, las características de las personas que te interesan

¿A quién le importa si estudio o no?

There is no verb in Spanish that literally means *to like*. Instead, the verb **gustar** *(to be pleasing, to please)* is used to express likes and dislikes.

Me gusta el café pero **no me gustan** las bebidas alcohólicas.

I like coffee but I don't like alcoholic beverages.

In the English sentence, the subject of the verb *like* is *I* in both cases. However, in the Spanish sentence, the subject of the verb **gustar** is **café** in the first clause, and **bebidas alcohólicas** in the second clause. Literally you say, "Coffee is pleasing to me but alcoholic beverages are not pleasing to me." Compare the sentences below:

subject	verb	direct object	=	indirect object	verb	subject
I	like	coffee.	=	**Me**	**gusta**	**el café.**
				(Literally, "Coffee is pleasing to me.")		
You	like	soft drinks.	=	**Te**	**gustan**	**los refrescos.**
				(Literally, "Soft drinks are pleasing to you.")		

Although all forms of **gustar** can be used, the most commonly used forms are the third-person singular and plural.[1] It is common to place the subject after the verb **gustar.**

indirect object pronoun	verb	subject
Me Te Le Nos	gusta	el café. cocinar. pintar y dibujar.
Os Les	gustan	los vinos chilenos. las frutas tropicales.

A Carla **le interesa** Octavio.
Alicia lo nota, y **le molesta** mucho.

Carla is interested in Octavio.
Alicia notices it, and it bothers her a lot.

Función

1. When **gustar** is followed by one or more infinitives, the third-person singular is used.

   Me gusta cantar, bailar y pasarlo bien.

   I like to sing, dance, and have fun.

2. Even when the indirect object noun is expressed, the indirect object pronoun must be used.

   A Tomás le gusta cenar en casa pero **a su novia le** gustan los restaurantes elegantes.

   Tomás likes to have dinner at home but his girfriend likes elegant restaurants.

[1]**Gustar: gusto, gustas, gusta, gustamos, gustáis, gustan.** *Tú me* **gustas.** *You are pleasing to me (I like you).* **Yo les gusto.** *I am pleasing to them (They like me).* In this context **gustar** generally expresses *like* in the romantic sense.

3. A prepositional phrase is often used for clarification or emphasis.

A él no le gusta este restaurante
pero **a mí** me gusta mucho.

*He doesn't like this restaurant but
I like it a lot.*

4. Some verbs that follow a pattern similar to **gustar** are:

encantar	*to delight, charm (love)*
faltar	*to be lacking, be missing*
fascinar	*to fascinate*
hacer falta[1]	*to be in need of*
importar	*to matter*
interesar	*to interest*
molestar	*to bother, annoy*
parecer	*to seem*

5. To express degrees of like, you can use the following progression.

Me gusta el flan y **me gusta
mucho** el helado, pero **me
encantan** los pasteles.

*I like flan and I like ice cream
a lot, but I love pastries.*

Practiquemos

A. Los anuncios (Ads). Refer to the ads on page 239 and identify all of the
verbs used like **gustar.** Find the subjects for all of the examples of **gustar** and similar verbs.

B. La merienda. Llene Ud. los espacios con la forma correcta del verbo **gustar** para saber cómo las siguientes personas pasan su tiempo libre.

Los fines de semana, a mí me **1.** _____ hacer muchas cosas. Me
2. _____ los conciertos, me **3.** _____ participar en los deportes y
me **4.** _____ las actividades culturales como ir a museos y al teatro.
Pero lo que más me **5.** _____ es merendar en una cafetería con mis
amigos Sandra y Carlos. A nosotros nos **6.** _____ las cafeterías al aire
libre *(outdoors).* A ellos les **7.** _____ charlar y mirar a la gente.

 C. Preferencias. Diga cuáles de las siguientes comidas le gustan (o no le
gustan) a Ud. Luego, pregúnteselo *(ask)* a un(a) compañero(a). Siga el
modelo.

MODELO   el maíz: *Me gusta el maíz. ¿A ti te gusta el maíz?*
                 los mariscos: *No me gustan los mariscos. ¿A ti te gustan los
                                    mariscos?*

1. el flan
2. los frijoles
3. las aceitunas
4. los pasteles
5. el pescado
6. las zanahorias

---

[1]Note that for this expression, the verb **hacer** is conjugated but **falta** remains constant, as it is
used as a noun.

D. Reacciones. Practique **gustar** y verbos similares. Describa los dibujos *(drawings)* según el modelo.

MODELO   *A Eduardo le hace falta dinero para hacer una llamada telefónica.*

1.

A mama/molestar

2.

A nosotros/fascinar

3.

A Paula/encantar

4.

A mí/no gustar

5.

A Juan/gustar

6.

A ti/hacer falta

E. No les gusta. Busque Ud. en la segunda columna la terminación de las frases en la primera columna para saber lo que no les gusta a las siguientes personas. Use la forma correcta del verbo **gustar** y el pronombre **le** o **les**.

MODELO   Al camarero *no le gusta* servirle a una familia con seis niños pequeños.

1. A un cliente en un restaurante caro...
2. A los estudiantes universitarios...
3. A los niños pequeños...
4. A una persona que está a dieta...
5. A una persona nerviosa...

a. la cafeína.
b. ver tortas y pasteles.
c. las legumbres.
d. un menú sin precios.
e. la comida de la cafetería.

 F. Gustos. Diga Ud. qué piensa de las siguientas cosas. Luego, forme preguntas y entreviste a un(a) compañero(a). Comparta *(Share)* la información con la clase.

MODELO   ¿Qué piensa de los platos vegetarianos?
No me gustan mucho porque me encanta la carne de res.

me gusta(n)   no me gusta(n)   me interesa(n)
me encanta(n)   me fascina(n)   me molesta(n)

¿Qué piensa de... y por qué?
1. la comida italiana?
2. las comidas fritas?
3. los restaurantes elegantes?
4. los anuncios por la televisión para las dietas milagrosas *(miracle)*?
5. tomar vitaminas?
6. cocinar y probar platos nuevos?
7. asistir a clase sin desayunar?
8. comer mucho y beber café después de las 10:00 de la noche?

Ahora con un(a) compañero(a), escriban tres preguntas para hacerle a su profesor(a) sobre sus gustos.

Así se dice — Dining Out

El (La) camarero(a) dice:	The waiter (waitress) says:
¿En qué puedo servirle?	How may I help you?
¿Quiere tomar algo antes de comer?	Do you want to drink something before eating?
Para empezar, ¿desea un entremés (aperitivo)?	To start, do you want an appetizer?
¿Está listo(a) para pedir?	Are you ready to order?
¿Sabe lo que quiere comer?	Do you know what you want to eat?
¿Qué va a comer?	What are you going to eat?
¿Qué desea para beber?	What do you want to drink?
¿Y para beber?	And to drink?
¡Buen provecho!	Bon appetit!
¿Y de postre?	And for dessert?
¿Algo más?	Something else?

El (La) cliente dice:	The customer says:
Necesito un menú.	I need a menu.
¿Cuál es el plato del día (la especialidad de la casa)?	What is today's (the house) special?
¿Hay sopa (croquetas..)?	Is there soup (croquettes...)?
Para empezar, tráigame (quiero)...	To start, bring me (I want) the . . .
¿Qué recomienda?	What do you recommend?
Voy a probar...	I'm going to try . . .
Para mí, un batido de coco...	For me, a coconut milk shake . . .
De postre, quisiera....	For dessert, I would like . . .
¿Me trae agua sin hielo?	Would you bring me water without ice?
Otra servilleta, por favor.	Another napkin, please.
La cuenta, por favor.	The bill, please.

Practiquemos

A. El camarero pregunta. ¿Qué pregunta(s) hace el camarero en las siguientes situaciones?

1. Ud. acaba de sentarse *(to sit down)* a la mesa.
2. Es evidente que Ud. no tiene ninguna prisa.
3. Ud. lee el menú.
4. El camarero viene y Ud. pide carne con papas y una ensalada.
5. Ud. come todo el pollo y está satisfecho(a) *(full)*.

B. Con los compañeros. El camarero llega y les pregunta a Ud. y a sus amigos, "¿Algo más?" En grupos de tres, díganle al camarero seis cosas que Uds. quieren y expliquen por qué las quieren.

The Uses of *por* and *para*

Función

Although **por** and **para** can both mean *for* in English, they are not synonyms. There is no one rule that tells you when to use **por** and **para**. In general, however, **por** may express reason or cause behind an action (having done something) while **para** may refer to an underlying goal, purpose, or use.

Lo compré **por** necesidad.	*I bought it **out of (because of)** necessity.*
Lo compré **para** regalárselo a mi hermana.	*I bought it **(in order)** to give it to my sister.*

Por can mean:

1. *in exchange for*

Compré el pan **por** un dólar.	*I bought the bread **for** (in exchange for) one dollar.*
Te doy mi helado **por** tu tarta.	*I'll give you my ice cream **for** your cake.*

2. *during* or *for* when referring to:
a. length of time[1]

Tienes que cocinar el pollo **por** una hora.	*You have to cook the chicken **for** one hour.*

b. general time (in the afternoon, in the morning, etc.)[2]

Por la mañana el cocinero prepara el postre y **por** la tarde lo sirve.	***In** the morning the cook prepares the dessert and **in** the afternoon he serves it.*

3. *along, through, by*

Me gusta caminar **por** la calle.	*I like to walk **along** the street.*
Entramos **por** la puerta principal.	*We enter **through** the main door.*

4. *by (means of)*

Siempre van **por** avión (tren, barco).	*They always go **by** plane (train, boat).*
Hablo contigo **por** teléfono luego.	*I'll talk to you to **by (on the)** phone later.*

5. *because of, on account of, for* (referring to cause or reason)

Estoy enferma **por** haber comido las gambas.	*I'm sick **because of** eating the shrimp.*
No vamos al restaurante **por** falta de dinero.	*We're not going to the restaurant **for** lack of money.*

6. *on behalf of, for the sake of, in place of*

Acepto el Premio Nóbel **por** mi abuela.	*I accept the Nobel Prize **on behalf of** my grandmother.*
Lo hicieron **por** su amigo.	*They did it **for the sake of** their friend.*

---

[1]Note that in this context, **por** is often omitted by native speakers, just as *for* is often omitted in English. Tienes que cocinarlo una hora. *You have to cook it one hour.*

[2]Remember that when a specific hour is mentioned, **de** is used instead of **por**. A las 10:00 de la mañana estudio y a las 3:00 de la tarde voy a clase.

7. Por is used in many idiomatic expressions such as the following.

por cierto	*for sure; by the way*	por lo menos	*at least*
por Dios	*for God's sake*	por otro lado	*on the other hand*
por ejemplo	*for example*	por primera (última)	*for the first (last)*
por fin	*finally*	vez	*time*
por lo general	*generally*	por supuesto	*of course*

Para can mean:

1. *In order to, for the purpose of* (before an infinitive)

Juan toma una clase de cocina **para** poder preparar una cena para mí.

*Juan is taking a cooking class **in order** to be able to prepare a dinner for me.*

2. *to* (referring to recipient)

Vamos **para** el mercado central.
Ana va **para** Cuba en agosto.

*We're going **to** the main market.*
*Ana is going **to** Cuba in August.*

3. *by* (referring to deadline)

Para el lunes Uds. deben leer la Lección 8.

***By** Monday you should read Lesson 8.*

4. *for*, to express the following concepts:

a. goal or recipient

El pescado es **para** Saúl y el pollo es **para** Lidia.

*The fish is **for** Saúl and the chicken is **for** Lidia.*

b. use or purpose

La copa es **para** vino y el vaso es **para** agua.

*The goblet is **for** wine and the glass is **for** water.*

c. employed by

Susana trabaja **para** el CiberCafé.

*Susana works **for** CiberCafé.*

Por and para

There are times when both **por** and **para** are grammatically correct to use in the same context, but very different concepts are expressed.

Yo preparé el flan **para** ti.

*I prepared the flan **for** you.*
(you are the recipient)

Yo preparé el flan **por** ti.

*I prepared the flan **for** you.*
(instead of you)

¿Vas **para** la Plaza José Martí?

*Are you going **to** (destination) José Martí Square?*

¿Vas **por** la Plaza José Martí?

*Are you going **by** (through) José Martí Square?*

Practiquemos

A. Tiendas especializadas. Muchas personas prefieren comprar en las pequeñas tiendas especializadas. Para practicar el uso de por y para, forme frases completas según el modelo. *In this exercise, both **por** and **para** can be used to express a similar concept.*

MODELO   Mamá/pescadería *(fish market)*
Mamá fue a la pescadería por pescado.
Mamá fue a la pescadería para comprar pescado.

1. yo/pastelería
2. mis abuelos/carnicería
3. la tía/pizzería
4. nosotros/frutería
5. tú/panadería
6. Pepe y yo/heladería

B. ¿Por dónde y para qué? Diga Ud. cómo llegaron a su destino las siguientes personas. Use **por** y **para** y siga el modelo.

MODELO   el estudiante/correr
El estudiante corrió por la calle para llegar a la escuela.

1.

los señores Álvarez/pasar

2.

Sara/caminar

3.

Javier/ir

4.

La doctora Torres/manejar

C. El día de Alicia. Llene el espacio con **por** o **para** para saber qué hace Alicia hoy.

Alicia va al mercado y compra los ingredientes necesarios **1.** _____ preparar una comida cubana **2.** _____ Octavio. Ella va **3.** _____ la mañana, y compra toda la comida **4.** _____ sólo 15 dólares. Antes de volver a casa, ella pasa **5.** _____ una pastelería *(bakery)* y compra una torta de piña, porque le gusta mucho a Octavio. **6.** _____ fin vuelve a casa. Tiene que poner el pollo en el horno y cocinarlo **7.** _____ una hora. Después, llama **8.** _____ teléfono a Octavio para decirle que tiene una sorpresa **9.** _____ él. Pero, ¡qué lástima! Octavio no está en casa.

D. Una comida especial. En parejas, planeen una comida para los compañeros de la clase de español. Primero, decidan:

1. ¿Qué van a servir... para empezar? para beber? para comer?
2. ¿Qué van a comprar.... para el profesor? para los vegetarianos? para los demás *(everyone else)*?
3. ¿Cuánto quieren/deben pagar por... la comida? las bebidas? los platos?

Mientras decidan *(as you decide),* traten de usar las expresiones con **por** presentadas en la lección (**por cierto, por supuesto, por lo menos,** etc.)

The Preterite of More Irregular Verbs

Forma

In **Lección 6** you learned the irregular preterite forms of the verbs **ir, ser, dar,** and **hacer.** The following verbs are also irregular. Unlike regular verbs, the irregular verbs have no written accent on the first- and third-person singular forms **(yo, él, ella,** and **Ud.).**

Infinitive	Stem	Preterite Ending
andar	**anduv-**	
estar	**estuv-**	**e**
poder	**pud-**	**iste**
poner	**pus-**	**o**
querer	**quis-**	**imos**
saber	**sup-**	**isteis**
tener	**tuv-**	**ieron**
venir	**vin-**	

1. Irregular verbs whose preterite stem ends in **-j** have no **i** in the third-person plural form. (Additional verbs include **conducir, producir** and **traducir**).

> decir: **dij-**
> traer: **traj-**   -e, -iste, -o, -imos, -isteis, **-eron**

2. The preterite form of **hay** is **hubo** *(there was, there were).*

3. **Saber** in the preterite means *to find out.*

Supe las noticias ayer.   ***I found out*** *the news yesterday.*

Practiquemos

A. La cena. Anoche organizamos una cena. Llene Ud. el primer espacio con la forma correcta del verbo **venir** y el segundo espacio con la forma correcta del verbo **traer,** para saber quiénes vinieron y qué trajeron. Siga el modelo.

MODELO   Yo *vine* a la cena y *traje* la sopa.

1. Mi novio y yo _____ a la cena y _____ los frijoles negros.
2. Mis padres _____ a la cena y _____ el vino.
3. Mi abuela _____ a la cena y _____ el flan.
4. Tú _____ a la cena y _____ los refrescos.
5. Mis primos _____ a la cena y _____ el helado.
6. Mi hermano Vicente _____ a la cena y _____ a su amigo Pepe.

B. El Café Caribe. Anoche fue la inauguración *(opening)* del nuevo Café Caribe. Cambie Ud. los verbos entre paréntesis al pretérito para saber qué pasó.

Anoche yo **1.** (ir) _____ al Café Caribe por primera vez. Cuando yo **2.** (llegar) _____, **3.** (ver) _____ a muchos de mis amigos. No **4.** (tener - yo) _____ que esperar mucho. **5.** (Poder) _____ entrar inmediatamente. El camarero **6.** (venir) _____ pronto y me **7.** (dar) _____ el menú. Otro camarero **8.** (poner) _____ pan en la mesa y me **9.** (traer) _____ agua mineral. Después, él me **10.** (decir) _____ cuáles eran *(were)* las especialidades de la casa. Para mí, la decisión **11.** (ser) _____ muy difícil, pero por fin **12.** (decidir-yo) _____ probar el sandwich caribeño con tostones *(fried plantains)* y mermelada de mango. Todo **13.** (estar) _____ muy rico. Y el servicio **14.** (ser) _____ excelente. Cuando yo **15.** (salir) _____, **16.** (dejar) _____ una propina muy buena para los camareros.

C. Ud. tiene correo *(You've got mail).* Ud. recibió una carta por correo electrónico de un amigo que está en Miami de vacaciones. Él cenó en un restaurante cubano por primera vez. Escriba la forma correcta de los verbos en el pretérito y arregle las frases en el orden correcto.

_____ Nosotros (comer) _____ tanto que no (querer) _____ comer postre.
_____ Primero, el camarero nos (traer) _____ el menú.
_____ Después de cenar, nosotros (andar) _____ por Miami Beach y luego (conducir) _____ a la Calle Ocho para tomar café.
_____ El camarero (volver) _____ y nos (leer) _____ la lista de las especialidades.
_____ Nosotros (decidir) _____ pedir el sandwich cubano y una ensalada.
_____ A Linda le (gustar) _____ todo y a mí también.
_____ Como Linda no habla español, yo se lo (traducir) _____.
_____ Anoche yo (ir) _____ al restaurante La Carreta con mi novia, Linda.

Ahora, conteste Ud. la carta diciéndole lo que Ud. hizo anoche.

D. ¿Y Ud.? Descríbale a su compañero(a) de clase lo que pasó la última *(last)* vez que fue a un restaurante para una cena o una fiesta especial. ¿Adónde fue y con quién? ¿Qué comió y bebió? ¿A qué hora llegó? ¿Cuándo salió? ¿Cuánto costó? ¿Dejó una buena propina para el (la) camarero(a)? ¿Qué hizo después?

The Preterite of Stem-changing Verbs

Forma

Stem-changing verbs that end in **-ar** and **-er** have no stem change in the preterite.

PENSAR		VOLVER	
pensé	pensamos	volví	volvimos
pensaste	pensasteis	volviste	volvisteis
pensó	pensaron	volvió	volvieron

Stem-changing verbs that end in **-ir** have a stem change in the third-person singular and plural (**él, ella, Ud.** and **ellos, ellas, Uds.**). The stem vowel **e** changes to **i** and the stem vowel **o** changes to **u.**

PREFERIR		DORMIR		PEDIR	
preferí	preferimos	dormí	dormimos	pedí	pedimos
preferiste	preferisteis	dormiste	dormisteis	pediste	pedisteis
prefirió	prefirieron	durmió	durmieron	pidió	pidieron

Practiquemos

A. Un desastre en el restaurante. Complete Ud. las frases con el verbo en el pretérito para saber por qué la familia del Sr. Moreno tuvo que salir rápido del restaurante.

Al final de la cena, el camarero **1.** (servir) _____ el café. Después de mirar la lista de postres, Joselito **2.** (elegir) _____ el helado de vainilla y sus hermanas **3.** (elegir)_____ la torta de chocolate. Mi esposa y yo **4.** (elegir)_____ el pastel de piña. Cuando llegaron los postres, el camarero les **5.** (servir) _____ leche a los niños. Pues, a mis hijos no les gusta nada la leche y los tres empezaron a gritar *(to shout)* "NO QUEREMOS BEBER LECHE", y lo **6.** (repetir)_____ mil veces. Todos los clientes nos miraron. Yo le **7.** (pedir)_____ la cuenta al camarero, pero no la **8.** (conseguir)_____. Joselito **9.** (seguir)_____ gritando y los clientes **10.** (seguir)_____ mirándonos. Por fin, mi esposa **11.** (conseguir)_____ la cuenta, la pagué y salimos rápido. Al llegar a casa, mis hijos **12.** (dormir)_____ la siesta. Yo también **13.** (dormir)_____ un poco para no pensar en el desastre del restaurante.

B. ¿Qué hizo Ud. ayer? Cambie Ud. los verbos entre paréntesis al pretérito y forme preguntas. Un(a) compañero(a) va a encontrar las respuestas correctas en la segunda columna. Use la forma **Ud.,** y luego cambie los verbos a la forma **tú.**

I.	II.
1. ¿(Dormir) __ Ud. bien anoche?	**a.** Sí, le __ diez dólares a Juan.
2. ¿(Conseguir) __ Ud. un buen trabajo?	**b.** Sí, __ un pastel de chocolate.
3. ¿(Servir) __ Ud. un postre en su fiesta?	**c.** No, no __ porque tengo insomnio.
4. ¿Le (pedir) __ dinero a alguien?	**d.** No, no los __ todavía.
5. ¿(Elegir) __ sus cursos para el el próximo semestre?	**e.** Sí, __ un puesto en el restaurante "El Pollo Loco".

C. Otro plato para el festival. Mariana nos dice qué preparó Luis Antonio para el Festival. Llene el espacio con la forma correcta del verbo en el pretérito. Luego conteste las preguntas.

La semana pasada Luis **1.** (tener)_____ que preparar un plato mexicano para el festival estudiantil. Él **2.** (consultar)_____ el libro de recetas de su abuela y **3.** (elegir)_____ su plato favorito... la sopa de lima. **4.** (Andar)_____ por toda la ciudad para encontrar limas frescas, pero no las **5.** (conseguir)_____. Entonces, el pobre Luis me **6.** (llamar)_____ y me **7.** (pedir)_____ ayuda.

Le **8.** (decir-yo)_____ "Luisito... hay una solución —el mercado latinoamericano en la Calle Ocho tiene de todo". Yo **9.** (ir)_____ al mercado por Luis, **10.** (buscar)_____ las limas, las **11.** (encontrar)_____, las **12.** (llevar)_____ al cajero *(cashier),* y **13.** (empezar)_____ a pagar, pero no **14.** (poder)_____ encontrar ni dinero ni mi teléfono celular. Le **15.** (pedir)_____ al cajero su teléfono y él me lo **16.** (dar)_____. Luis **17.** (venir)_____ en seguida y **18.** (traer)_____ dinero. Nosotros **19.** (pagar)_____ por las limas y **20.** (volver-nosotros)_____ a casa de Luis. Cuando nosotros **21.** (llegar)_____, Luis **22.** (poner)_____ la mesa, me **23.** (servir-él)_____ un café cubano muy fuerte y **24.** (comenzar)_____ a preparar su famosa sopa de lima. Aunque era *(it was)* tarde, yo **25.** (tomar)_____ el café. ¡Qué error! Aquella noche yo no **26.** (dormir)_____ nada.

1. ¿Qué plato eligió Luis para el festival?
2. ¿Qué le pidió Luis a Mariana?
3. ¿Qué le pidió Mariana al cajero?
4. ¿Quién consiguió las limas?
5. ¿Qué le sirvió Luis a Mariana?
6. ¿Durmió bien Mariana aquella noche?

 D. Un plato personal. Basándose en la experiencia de Luis Antonio, en parejas, escriban el plato que Uds. prepararon para el festival. Incluyan la preparación, los ingredientes y el resultado. ¿A quién se lo sirvieron? ¿Qué pensaron del plato? Usen verbos de la lista y otros en el pretérito.

preferir   elegir   tener   recordar   poder   venir   hacer   pedir   servir

¿Qué plato prefiere Ud.?

En resumen

A. Mariana y sus amigos cenan en un restaurante cubano. Llene los espacios con la forma correcta del verbo en el pretérito. Si hay dos palabras, escoja la más apropiada.

La Carreta es una cadena *(chain)* de restaurantes cubanos en el sur de la Florida y a Mariana **1.** (le, les) gusta comer **2.** (aquí, allí). **3.** (También, Tampoco) come en otros restaurantes cubanos como Lario's y Victor's Café. Anoche Mariana y Luis **4.** (salir)_____ a cenar con Octavio y Carla y **5.** (decidir)_____ probar su suerte en un restaurante nuevo, El Trópico. ¡Lo **6.** (pasar) _____ muy bien! **7.** (A, _____) Mariana le **8.** (gusta, gustan) mucho los mariscos, y por eso **9.** (pedir)_____ cangrejos *(crabs)* moros de la Florida, un crustáceo local que **10.** (es, está) en temporada *(season)* de octubre a mayo. Además, **11.** (escoger)_____ un aperitivo de **12.** (gambas, tenedores) en una salsa de ajo. El camarero **13.** (recomendar)_____ el arroz con pollo, y aunque es su plato favorito, Luis **14.** (probar)_____ algo nuevo, carne de res con mojo cubano y un plato de yuca. Octavio y Carla **15.** (pedir)_____ el famoso lechón asado. De postre, el camarero les **16.** (traer)_____ un plato de frutas tropicales —papaya, mango—y, por supuesto, ¡ **17.** (la cuenta, la propina)! Todos **18.** (querer)_____ tomar el café cubano en un sitio al aire libre.

B. Un restaurante para Rubén. Traduzca *(Translate)* el siguiente diálogo al español.

Rubén: *Last night Carla and I went to Lario's.*

Mariana: *Oh . . . Gloria Estefan's restaurant. Did you like it?*

Rubén: *Yes, but there was a small problem. I ordered the shrimp because I love them. The waiter brought me chicken.*

Mariana: *Did that bother you?*

Rubén: *No but it bothered Carla. He brought me her chicken!*

Avancemos

Escuchemos

CD2, Tracks 6–8

A. Un compañero lógico. You will hear an incomplete sentence. Choose the object that logically accompanies the one in the sentence.

MODELO (pescado/helado)

A los niños les gusta comer torta y _____.

A los niños les gusta comer torta y helado.

1. (cebolla/cerveza)
2. (ensalada/sal)
3. (ajo/queso)
4. (té/jugo)
5. (recetas/tenedores)
6. (aceite/arroz)
7. (cuenta/pimienta)
8. (verduras/piña)

B. You will hear a short narration about the food that Cecilia's Cuban grandmother prepares. Listen carefully to the entire selection. Listen again and write each sentence during the pauses.

Next, you will hear a series of false statements related to the dictation. Correct each one with a complete sentence. Refer to your dictation.

Hablemos

¡Buen provecho! Your dinner guests are about to arrive and you discover that you need several items to complete your preparations. Your partner, eager to help, is at the supermarket and is in communication with you by cellular phone. Based on the drawings, describe:

1. the food or beverage you plan to serve

2. the items you already have

3. the items you need (**hacer falta**) from the supermarket. Your partner will use his or her drawings to inform you whether the items are available or if other options are possible.

MODELO   Estudiante A: *Quiero hacer una paella. Tengo arroz, verduras y pollo. Pero **me hacen falta** las gambas.*
                 Estudiante B: *Aquí no hay gambas pero hay pescado.*

Estudiante A

Estudiante B

Leamos

La cocina (cuisine) hispana. La siguiente lectura es un segmento de un artículo sobre la típica cocina hispana.

Antes de leer

A. ¿Qué nombres de alimentos reconoce Ud. en la lectura? Hojee *(Scan)* la lectura y haga una lista de ellos.

B. La lectura contiene varias palabras de nacionalidad. Hojee Ud. los párrafos y haga una lista de ellas. ¿Qué región(es) están representada(s)?

C. ¿Hay bebidas representativas de la cocina norteamericana? ¿de la cocina mexicana? ¿de la española? En su opinión, ¿cuál es la comida más representativa de los Estados Unidos?

La Pequeña Habana, Miami

La cocina hispana . . . un segmento.

El vino es la bebida más representativa de la cocina hispana y tiene importancia social, cultural y económica en algunos países. Se toma con la comida principal del día, se usa en la cocina para preparar salsas para carne, pollo y pescado y es un elemento frecuente en la preparación de pasteles y postres.

Otra bebida emblemática de la cocina hispana es el café. De todas las variedades de café que existen hoy día, la variedad arábiga cultivada en las montañas de la Sierra Maestra es de la mejor calidad. El café cubano se hace de granos de café 100% arábigo, y es el doble de fuerte que el café norteamericano. A los cubanos les gusta tomar su café en tazas pequeñas y con muchísimo azúcar. Aunque los cubanos y cubanoamericanos suelen tomarlo al final de una comida, cualquier momento del día puede convertirse en la hora del café. Dice un señor que lleva muchos años viviendo en los Estados Unidos, "ser cubano es tomar café cubano después de comer".

El arroz con pollo figura entre los platos favoritos de la gente hispana. Sólo hay que hojear los libros de cocina para ver la importancia que tiene este plato en la gastronomía hispana. El arroz con pollo se come mucho en el Caribe, en España y en casi todos los países de Latinoámerica, y cada región tiene su toque especial. El arroz con pollo caribeño, por ejemplo, es conocido por su brillante color amarillo-anaranjado producido por la semilla de achiote.

Después de leer

A. Diga Ud. a qué bebida o comida corresponden las siguientes frases.

   1. Es un ingrediente importante en muchas salsas.
   2. Es parte esencial del estilo de vida cubano.
   3. En el Caribe, este plato tiene un color diferente.
   4. Los cubanos lo toman muy dulce.
   5. Generalmente acompaña la comida más grande del día.
   6. Es el toque final de una comida cubana.

B. Termine Ud. las frases siguientes para reflejar *(reflect)* la cultura o la cocina de Ud.

   1. _____ es un elemento frecuente en la preparación de pasteles y postres.
   2. _____ es una bebida emblemática de los Estados Unidos.
   3. A los estadounidenses (gente de los Estados Unidos) les gusta tomar su café _____.
   4. Ser estadounidense es _____.
   5. _____ es uno de mis platos favoritos.

Escribamos

Writing a Restaurant Critique

Before writing your critique, you need to know which aspects of the restaurant you plan to review. You will be exercising organizational skills that you practiced in previous **Escribamos** sections, only in a different format. With a good model and a few guidelines, you will be able to write a critique of a restaurant that interests you. **¡Buen provecho!**

Antes de escribir

A. Un restaurante único. Lea Ud. la reseña del restaurante Aquavit. Para describir el restaurante, el autor incluyó las siguientes categorías. ¿Qué detalles incluyó el autor en cada categoría?

tipos de comida

_____

_____

estilo

_____

_____

característica especial

_____

_____

ambiente

_____

_____

> **Y para consentir al paladar: AQUAVIT**
>
> ¿Qué tal empezar una comida con una Crema de mejillones, después saborear un Salmón Spontanée y para cerrar con broche de oro probar un Fondant de Chocolate Amargo? Estos son algunos de los platillos que el propio chef y socio del restaurante Aquavit, Patrick Biancini, recomienda. Una de las características del lugar es la Cuisine Spontanée. Esta tendencia culinaria nace en Francia y llegó a México bajo la batuta del propio Biancini. Su principio es ir en contra de los platillos tradicionales experimentando en la búsqueda del equilibrio de sabores. ¿El resultado? Una variedad de deliciosos platillos exclusivos del lugar. Por otra parte, Aquavit ofrece un ambiente relajado, pero a la vez sofisticado, que lo hace el lugar ideal para disfrutar de una exqiosota velada ¡en toda la extensión de la palabra! -A.M.
>
> **José María Velasco 72 Esquina Félix Parra. San José Insurgentes. México, D.F. Reservaciones: 5611-64 96.**

B. ¿Otras categorías? En su opinión, ¿qué otros aspectos de un restaurante deben estar incluidos en una reseña?

C. Organizarse. Antes de ir al restaurante que Ud. va a describir, use las cuatro categorías del ejercicio A, y prepare las preguntas que va a hacerle al dueño *(owner)* o al personal. Por ejemplo:

1. tipos de comida: ¿Qué tipos de comida sirven? ¿Cuál es la especialidad de la casa?
2. característica especial:
3. estilo:
4. ambiente:

Otra opción es describir La Carreta, el restaurante cubano en Miami que aparece en el diálogo/video de esta lección. *You may need to view the **Lección 7** video again in order to get a good sense of the kind of food served, the ambience, etc.*

Ahora escriba

Ahora Ud. está listo(a) para escribir su reseña, y va a usar de modelo el párrafo sobre el restaurante Aquavit que leyó en **Antes de escribir.** Con el formato que sigue y la información que Ud. reunió *(gathered)* en el restaurante que visitó, escriba Ud. su descripción.

Un título interesante: _____
¿Qué tal empezar una comida con _____,
y para cerrar con broche de oro probar _____?
Una de las características del lugar es _____.
Su estilo es _____.
¿El resultado? _____.
Por otra parte, _____.
Dirección y número de teléfono del restaurante: _____

¡Qué comida más fresca!

Preparativos

As you read the dialogue or watch the video, notice how Luis Antonio reminisces about his childhood (the things that he used to do) while he and Mariana are grocery shopping. "When I was a little boy in Mexico . . . **(Cuando yo era niño en México...)** I used to like to go shopping . . . **(me gustaba ir de compras).** I always used to haggle... **(Yo siempre regateaba el precio)** and afterwards I would eat a dozen **(y después me comía una docena)."** Luis uses the imperfect tense to describe his past and to relate habitual actions from his childhood. Look for other uses of the imperfect tense in the first part of the dialogue. **Era** is an irregular imperfect form. What is the infinitive? What do you think the imperfect endings are for regular -**er** verbs, like **comer**? Besides walking down memory lane in the grocery store, a lesson on interpersonal relations is taking place. Who is teaching what to whom?

—Leche, mantequilla, azúcar, huevos, una botella de vinagre...

—Comprábamos la carne en la carnicería.

—Yo siempre regateaba el precio.

—Sabía que eras un muchacho muy inteligente.

Así es Mariana

En el supermercado

Mariana y Luis Antonio van de compras a un supermercado.

Luis Antonio: Mariana, me molesta mucho pasar tanto tiempo comprando comida. Aunque cuando era niño en México me gustaba ir de compras a los tianguis con mi abuela.

Mariana: ¿Tianguis? ¿Qué son tianguis?

Luis Antonio: En México los tianguis son mercados al aire libre.

Mariana: ¿Compraban el bistec al aire libre? Pero así no puede ser muy fresco.

Luis Antonio: No. Comprábamos la carne en la carnicería. Yo hablaba de las frutas y las verduras.

Mariana: Ah, sí. Las famosas frutas tropicales de México. Tú siempre hablas de las naranjas que comías de niño.

Luis Antonio: Sí, porque son muy dulces. Yo siempre regateaba el precio con el dependiente y después me comía una docena.

Mariana: Hablando de una docena... mira esas galletas... ¡Qué ricas! Pero debo evitarlas, o si no, voy a engordar.

Luis Antonio: Mariana, no estás a dieta. Estás muy delgada... Ya adelgazaste bastante.

Mariana: De acuerdo, pues sólo me compro unas cajas.

Ven a Octavio con una lista larga de cosas que comprar.

Octavio: Leche, mantequilla, azúcar, huevos, una botella de vinagre...

Mariana y Luis Antonio: Eh, Octavio... ¿qué haces aquí?

Octavio: ¡Ay... las cosas que Alicia me hace comprar! ¡Esto es demasiado!

Mariana: Pero Octavio, Alicia lo hace todo para ti... para hacerte feliz. Ella nunca fue cocinera pero no tiene miedo de probar algo nuevo.

Octavio: Sí, eso ya lo sé. Anoche me preparó sopa.

Luis Antonio: Bueno, pues muy bien. A todos nos gusta la sopa.

Octavio: ¿De atún?... Hombre, no lo creo.

Luis Antonio: Octavio, tú sabes, hay que tener paciencia con las mujeres.

Mariana: *(Molesta, le dice a Luis Antonio)* ¿Qué ibas a decir... bombón?

Luis Antonio: Ay... bueno... quería decir que las mujeres son más dulces que... *(busca una respuesta rápido, y ve las galletas)*... que las galletas.

Mariana: *(A Luis)* Sabía que eras un muchacho muy inteligente. *(A Octavio)* Bueno, hay que buscar las cosas, ¿no?

Octavio: Sí, en seguida. Pero, una cosa. Tengo hambre. Antes de volver a la cocina de Alicia, voy a prepararme bien. ¿Saben Uds. si por aquí hay una pizzería?

Mariana: *(A los televidentes)* Oh, pensaba que Uds. ya se fueron. ¿Qué quieren?

(Mariana mira sus galletas) ¿Mis galletas? ¡Ni pensarlo!

Es decir

A. Comprensión.

Complete Ud. las frases con la respuesta correcta.

1. Luis dice que en México, los tianguis son...
   a. restaurantes pequeños. **b.** supermercados. **c.** mercados al aire libre.
2. En el supermercado Octavio compra...
   a. galletas. **b.** queso. **c.** vinagre.
3. Antes de ver a Alicia, Octavio va a...
   a. comprarle un regalo. **b.** comer una pizza. **c.** preparar sopa.
4. Al final, Mariana...
   a. nos ofrece sus galletas. **b.** come una galleta.
   c. no quiere darnos sus galletas.

Basándose en el diálogo busque en la segunda columna la terminación de la frase en la primera columna. Note el uso del tiempo imperfecto para expresar una acción habitual o repetida en el pasado.

I.	II.
1. Cuando Luis era niño, vivía...	**a.** una docena.
2. Le gustaba mucho ir...	**b.** el precio de las naranjas.
3. Allí Luis y su abuela encontraban...	**c.** en México.
4. Luis siempre regateaba...	**d.** a los tianguis con su abuela.
5. Después él comía...	**e.** la carne en los tianguis.
6. Ellos no compraban...	**f.** naranjas muy dulces.

B. Asimilación.

El siguiente diálogo es un ejemplo de cómo Luis regateaba *(used to haggle)* cuando iba *(when he would go)* a los tianguis con su abuela. En parejas, completen el diálogo con palabras de la lista. Practíquenlo y represéntenlo.

voy a darte   Cuánto cuestan   un precio muy bueno
voy a ver   un precio mejor

Dependiente: ¿En qué puedo servirle?

Luis Antonio: Buenos días, señor. ¿_____ esas naranjas?

Dependiente: ¿Estas naranjas? Treinta pesos por kilo.

Luis Antonio: ¿No puede ofrecerme _____?

Dependiente: Bueno, para un muchacho como tú... veinte pesos.

Luis Antonio: Primero _____ las naranjas en los otros puestos *(stands)*.

Dependiente: Un momento. Como *(Since)* conozco bien a tu abuela, _____ un precio especial... quince pesos. ¿Qué te parece?

Luis Antonio: De acuerdo, señor. Me parece _____.

C. Expansión.

Ud. aprendió las técnicas de regatear en los mercados al aire libre. Con un(a) compañero(a), intente regatear en una tienda elegante donde los precios son fijos *(fixed)*.

En parejas, digan qué pasa cuando Octavio vuelve al apartamento de Alicia. ¿Tiene Alicia algún plato especial para Octavio? ¿Tiene que comerlo Octavio? Describan la escena.

Vocabulario

En el supermercado

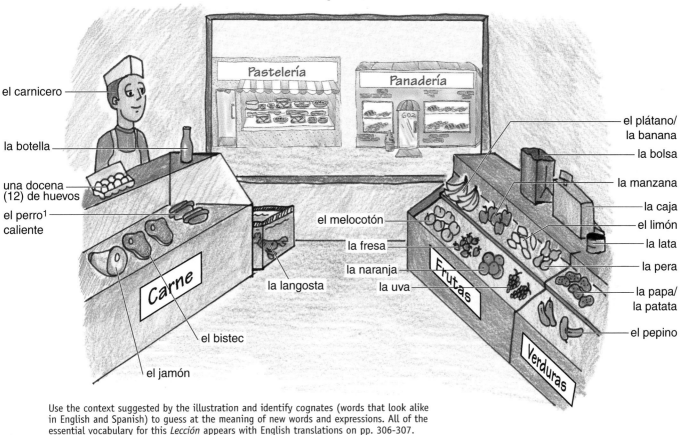

el carnicero

la botella

una docena (12) de huevos

el perro[1] caliente

Pastelería

Panadería

el plátano/ la banana

la bolsa

la manzana

la caja

el limón

la lata

la pera

la papa/ la patata

el pepino

el melocotón

la fresa

la naranja

la uva

la langosta

Carne

el bistec

el jamón

Frutas

Verduras

Use the context suggested by the illustration and identify cognates (words that look alike in English and Spanish) to guess at the meaning of new words and expressions. All of the essential vocabulary for this *Lección* appears with English translations on pp. 306-307.

Verbos

adelgazar (zc)	*to lose weight, get thinner*	**mezclar**	*to mix*
		recoger	*to gather, pick up*
engordar	*to gain weight, get fatter*	**regatear**	*to bargain, haggle*
evitar	*to avoid*	**romper**	*to break*

En el mercado *(In the market)*

el (la) dependiente	*clerk*	**la libra**	*pound*
		el litro	*liter*
el kilo	*kilogram* (approximately 2.2 pounds)	**el precio**	*price*

Otros alimentos *(Other foods)*

el atún	*tuna fish*	**el caramelo**	*hard candy, caramel*
el azúcar	*sugar*		
el bombón	*chocolate candy, bonbon*	**el cerdo**	*pork*
		el chorizo	*sausage*

[1]In Argentina **un pancho** is a hot dog. In Mexico one also says *hot dog*.

la galleta (salada)	cookie (cracker)	la mostaza	mustard
		el pavo	turkey
la hamburguesa	hamburger	la salsa de tomate	catsup
la mantequilla	butter		
la mayonesa	mayonnaise	el vinagre	vinegar

Adjetivos

bastante	enough	flaco	skinny
crudo	raw	fresco	fresh; cool
delgado	thin	gordo	fat
demasiado[1]	too much, too many	pesado	heavy; boring

Otras palabras y expresiones

al aire libre	open-air	hay que (+ *infinitive*)	one must (+ verb)
de acuerdo	O.K., agreed		
en seguida	right away	ir de compras	to go shopping
estar a dieta (seguir un régimen)	to be on a diet	mientras	while

Vocabulario adicional

el bocadillo	sandwich on Spanish bread	las papitas	potato chips
		pesar	to weigh
hervido	boiled		
ligero	light (referring to weight)		

Practiquemos

A. Escuchar: Parejas *(Pairs)*. Su profesor(a) va a leer una serie de comidas. Forme parejas lógicas con las palabras de la lista.

a. _____ y tomates
b. _____ y galletas
c. _____ y vinagre
d. _____ y huevos
e. _____ y mantequilla
f. _____ y papas fritas

B. Escuchar: ¿Cómo los venden? ¿Cómo corresponden las medidas *(measures)* que lee su profesor(a) a los productos siguientes?

a. _____ de vino
b. _____ de huevos
c. _____ de manzanas
d. _____ de atún
e. _____ de galletas saladas
f. _____ de leche

---

[1]**Demasiado** is also an adverb and when used as such is invariable. **Sara es demasiado flaca.** *Sara is too skinny.*

C. ¡Qué problema! Ud. fue de compras pero no pudo encontrar nada. Escoja
Ud. un lugar y un producto y diga qué pasó allí. Siga el modelo.

MODELO   *Fui a la **frutería** para comprar **uvas** pero **compré peras.***

panadería	langosta	no me gustaron
pastelería	queso	no las vi
pescadería	cerdo	decidí comprar camarones
carnicería	panecillos (rolls)	sólo encontré chorizo
lechería	galletas de chocolate	no lo pude encontrar

D. ¿Es Ud. goloso(a)? *(Do you have a sweet tooth?)* Lea Ud. *(Read)*
el artículo y conteste las preguntas.

1. ¿Quiénes evitan el helado?
2. ¿Qué sabor(es) *(flavors)* de
   helados...
   a. tiene(n) menos calorías?
   b. tiene(n) más calorías?
   c. (no) le gusta(n) mucho a Ud.?
   d. es (son) tropical(es)?
   e. es (son) cítrico(s)?
   f. quiere Ud. probar?

Sobre helados y calorías...

olosa yo? Sí, golosa usted. ¿Quién no lo es...
por lo menos en secreto? Y cuando se trata de
helado... la tentación es fuerte. Lo evitamos si estamos a
dieta, pero ese sacrificio es en vano porque 1/2 taza no resulta
tan "cara". Desde luego, las calorías varían según el sabor...

● Almendras	297	● Fresas	211	● Nueces	295
● Banana	265	● Chocolate	298	● Piña	150
● Caramelo	273	● Limón	126	● Vainilla	180
● Cerezas	242	● Melocotón	230	● Mango	162

FOTO ADMIRAL

E. ¿Qué hay de comer? Aquí hay dos cenas diferentes. Tape Ud. *(Cover up)*
la cena **1.** Un(a) compañero(a) va a tapar la cena **2.** Compare su dibujo
(drawing) con el de su compañero(a). ¿Cuáles son las diferencias?

1.

2.

Un mercado al aire libre en Cuba

Aviso cultural

Los nombres de varios tipos de comida

Los nombres de los varios tipos de comida
pueden variar mucho de país° en país. Por
ejemplo, en España y México la palabra **plátano** significa *banana* pero en Puerto Rico
significa *plantain*. Hay que pedir un **guineo**
en Puerto Rico y una **banana** en algunos
países de la América Latina. Los **frijoles** en
Cuba son **habichuelas** en Puerto Rico. Una
china en Puerto Rico es una **naranja** en España. Para pedir *peas* en el Perú, hay que
pedir **arvejas**, pero son *petits pois* en Puerto
Rico, **chícharos** en México y **guisantes** en
muchos otros países, incluso° en España.
¿Cuáles son algunas palabras en inglés que
pueden ser diferentes según la región o el
país? ¿Cómo se dice **papas fritas** en inglés
en los EE.UU.? ¿en Inglaterra?

country

including

Forma y función

The Imperfect Tense

Forma

You have learned to express past action by using the preterite tense:

Fui a la pastelería y **compré** una docena de galletas.

I went to the pastry shop and bought a dozen cookies.

The imperfect tense is used to describe past actions in different ways.

Yo **iba** a la pastelería cuando recordé que no tenía dinero.

I was going to the pastry shop when I remembered that I didn't have any money.

De niño **iba** a la pastelería todos los domingos.

As a child I used to go to the pastry shop every day.

To form the imperfect tense of all regular and stem-changing verbs:

Remove the -**ar** infinitive ending and add:

-**aba, -abas, -aba, -ábamos, -abais, -aban.**

Remove the -**er** and -**ir** infinitive endings and add:

-**ía, -ías, -ía, -íamos, -íais, -ían.**

HABLAR		COMER		ESCRIBIR	
habl**aba**	habl**ábamos**	com**ía**	com**íamos**	escrib**ía**	escrib**íamos**
habl**abas**	habl**abais**	com**ías**	com**íais**	escrib**ías**	escrib**íais**
habl**aba**	habl**aban**	com**ía**	com**ían**	escrib**ía**	escrib**ían**

There are only three irregular verbs in the imperfect tense.

IR		SER		VER	
iba	íbamos	era	éramos	veía	veíamos
ibas	ibais	eras	erais	veías	veíais
iba	iban	era	eran	veía	veían

Luis **estaba** contento contándole a Mariana las cosas que **hacía** cuando era niño.

Luis was happy telling Mariana about the things that he used to do when he was a child.

Función

1. The imperfect tense has several different meanings in English.

Yo **iba** a la pastelería.
  I went (repeatedly) to the pastry shop.[1]
  I was (in the process of) going to the pastry shop.
  I used to (would) go to the pastry shop.

[1]Note that the first example *(I went)* can also be expressed with the preterite tense. The tense is determined by whether the speaker wishes to convey *completed* action (preterite: **Yo fui a la pastelería ayer.** *I went to the pastry shop yesterday.*) or *repeated* or *ongoing* action (imperfect: **Yo iba a la pastelería todos los días.** *I went to the pastry shop every day.*)

2. The imperfect tense is used:

a. to express time and age in the past.

Era tarde. **Eran** las tres.   *It was late. **It was** three o'clock.*
José **tenía** trece años aquel verano.   *José **was** thirteen years old that summer.*

b. to describe a past action that was going on at a certain time in the past, or an action whose beginning and end is not indicated.

Javier **miraba** los precios.   *Javier **was looking at** the prices.*
Tú **regateabas** en el mercado.   *You **were haggling** at the market.*

c. with the conjunction **mientras** *(while)* to describe two or more simultaneous actions.

Vicente **bebía** su café **mientras** Ema **charlaba** con su madre.   *Vicente **was drinking** his coffee **while** Ema **was chatting** with her mother.*

d. to describe things or people in the past and to set the scene of past situations.

Paco **era** guapo y alto.   *Paco **was** handsome and tall.*
Era una noche bonita. **Había** mucha gente en el patio y todos **bailaban.**   *It **was** a lovely evening. **There were** a lot of people on the patio and all **were dancing.***

e. to describe ongoing physical, emotional, or mental states and desires in the past.

Siempre **le gustaba** ir de compras.   *He always **liked** to go shopping.*
Creía que Juan **quería** ser cocinero.   *I **thought** that Juan **wanted** to be a cook.*

f. to express repeated or habitual past action. The English equivalent is used to or would + verb.

De niño, Roberto **terminaba su** leche y después **pedía** postre.   *As a child Roberto **would finish** his milk and then he **would ask for** dessert.*

¡AVISO! Certain expressions often accompany the imperfect tense: **siempre, todos los días (años...), con frecuencia, generalmente,** and **por lo general.**

Practiquemos

A. **De compras en la Pequeña Habana... ¡Recuerdos bonitos!** Cambie Ud. los verbos subrayados *(underlined)* al imperfecto.

1. Todos los veranos <u>vamos</u> a Miami y <u>compramos</u> la comida en los mercados.
2. Me <u>gustan</u> más las frutas dulces que <u>encuentro</u> allí.
3. <u>Es</u> interesante mirar a todas las personas que <u>hacen</u> sus compras.
4. Siempre <u>busco</u> el pan más fresco que <u>venden</u> en las panaderías.
5. Cuando <u>tenemos</u> sed <u>tomamos</u> jugo de naranja que <u>compramos</u> en la frutería. ¡Qué rico!

B. Un restaurante ideal. El Restaurante Camagüey ya no *(no longer)* existe pero sus clientes hablan de la comida y del servicio que ofrecía *(used to offer)*. Busque Ud. en la segunda columna la terminación de la frase en la primera columna. Cambie los verbos al imperfecto.

1. El restaurante (ser)...	**a.** precios muy buenos.
2. La orquesta siempre (tocar)...	**b.** ideal para una cena romántica.
3. El chef (preparar)...	**c.** margarina, sólo mantequilla.
4. Su carne siempre (estar)...	**d.** los platos.
5. El chef nunca (servir)...	**e.** música clásica.
6. El Camagüey (ofrecer)...	**f.** muy fresca.
7. Los camareros nunca (romper)...	**g.** una sopa de frijoles negros excelente.

C. En el supermercado. La familia Benítez iba de compras todos los sábados. ¿Qué hacía cada persona? Cambie Ud. el verbo al imperfecto y forme frases completas según el modelo.

MODELO   Susana/comprar
Susana compraba las legumbres en el mercado.

1.

nosotras/ir

2.

Paquito/recoger

3.

papá/pesar

4.

Raúl/romper

5.

mamá/regatear

6.

nosotros/volver

D. ¿Qué hacían? ¿Qué hacían estas personas cuando Ud. sacó *(took)* la foto?

1. Nilda
2. Sebastián y Dorotea
3. Natalia
4. Elisa

5. Élmer y Olga
6. Leo
7. Antonio
8. Marcos

E. Así era mi vida. Usando el imperfecto, nombre Ud. tres cosas que Ud. hacía...

1. en la escuela.
2. después de clase.
3. para ayudar en casa.

Ahora, comparta sus respuestas con la clase.

 F. Preguntas. Conteste Ud. las preguntas. Luego cambie las preguntas a la forma **tú** y entreviste *(interview)* a un(a) compañero(a). Debe empezar con la siguiente frase:

Cuándo era niño(a)...
1. ¿quién era su mejor amigo(a)? ¿Cómo era él (ella)? ¿Qué hacían Uds. los sábados por la noche?
2. ¿qué le gustaba hacer en el verano? ¿en el invierno?
3. ¿qué hacía su familia los fines de semana?
4. ¿comía las mismas cosas que Ud. come hoy en día? ¿Qué frutas o legumbres no comía? ¿Cuáles prefería?

Dice el vendedor

¿En qué puedo servirle?

¿Lo (La) puedo ayudar en algo?

Es regalado (una ganga).

Son precios fijos (de rebaja).

¿Algo más?

¿No tiene Ud. suelto (cambio)?

Aquí (lo) tiene.

Dice el comprador

¿Cuánto es (vale, cuesta)?

¿A cuánto está?

¿Cuál es el precio?

¿Cuánto le debo?

¡Qué (Es) caro (barato)!

Me costó (Es) un ojo de la cara (un dineral).

¿Puede hacerme un descuento?

Nada más, gracias.

¿Puedo pagar con tarjeta de crédito?

The vendor says

How may I help you?

Can I help you with something?

It's a bargain.

They are fixed (sale) prices.

Anything else?

Don't you have change?

Here you are.

The buyer says

How much is it?

What is the price?

How much do I owe you?

How (It is) expensive (cheap)!

It cost (It is) a fortune.

Can you give me a discount?

Nothing else, thanks.

Can I pay with a credit card?

Practiquemos

A. ¿Qué dice? ¿Qué expresión(es) usa Ud. para...

1. tratar de pagar menos de lo que pide el vendedor?
2. decirle al comprador que él no puede regatear *(bargain)* en el mercado?
3. saber cuánto dinero tiene que pagar por un kilo de naranjas?
4. comunicarle al comprador que tiene las uvas a muy buen precio.

B. Con los compañeros.

Ud. está en un mercado al aire libre *(open air market),* donde los precios varían *(vary)* mucho. Use las expresiones de la lista para pedir el precio de los siguientes alimentos. Su compañero(a), el (la) vendedor(a), le dice cuánto cuesta y Ud. responde con una expresión apropiada.

Modelo   una docena de huevos/$4.00

         Ud.:*¿Cuánto cuesta una docena de huevos?*

         El (La) vendedor(a): *Cuestan cuatro dólares por docena.*

         Ud.: *¡Qué caro!*

1. una caja de bombones/$20.00
2. tres kilos de manzanas/$2.00
3. una botella de vinagre balsámico de Italia/$1.00
4. cinco libras de papas/$7.00
5. una lata de atún/$3.00

The Use of the Preterite and Imperfect

Función

In English there are many different ways to express past action. You, the speaker, choose which form best expresses the concepts you wish to convey. Note the difference in meaning in the following sentences.

1. I ate lunch at 12:30.

2. I was eating lunch at 12:30.

3. I used to eat lunch at 12:30.

Only one of these forms will accurately describe the particular situation that the speaker wishes to express. Which of the previous sentences is the most appropriate response to the following questions?

a. What were you doing today at 12:30 when I called you?
b. What time did you used to eat lunch when you worked at the cafe?
c. What time did you eat lunch yesterday?

This same concept is true in Spanish. Although there are times when only the preterite or the imperfect can be used, in other instances both past tenses may be grammatically correct in the same sentence, but they refer to different situations.

Review the following table of uses of the preterite and the imperfect. You may refer to Lección 6 for a complete explanation of the preterite tense.

Uses of the Preterite and Imperfect

Preterite	Imperfect
1. to focus on the beginning or end of a past action. Juan **caminó** por una hora ayer. *Juan **walked** for an hour yesterday*	**1.** to emphasize the action in progress. Juan caminaba cuando lo vi. *Juan **was walking** when I saw him.*
2. to describe a series of past actions. Ayer **fui** al mercado, **compré** pan y **volví** a casa. *Yesterday I **went** to the market, I **bought** bread, and I **returned** home.*	**2.** to describe habitual actions in the past. Todos los días, **iba** al mercado, **compraba** pan y **volvía** a casa. *Every day I **would go** to the market, I **would buy** bread, and I **would return** home.*
3. to describe a change in physical, emotional, and mental states and desires. Paco **estuvo** triste cuando el gato comió sus galletas. *Paco **was (became)** sad when the cat ate his cookies.*	**3.** to describe physical, emotional, and mental states and desires; to set the scene; to express age and time in the past. Paco **estaba** triste anoche porque **quería** jugar con sus amigos, pero **era** muy tarde. *Paco **was** sad last night because he **wanted** to play with his friends, but it **was** very late.*

Often the preterite and the imperfect will appear in the same sentence. The preterite action frequently interrupts the ongoing action of the imperfect.

Yo **cenaba** cuando Juan **llegó**.   *I **was dining** when Juan **arrived**.*

To see the preterite and imperfect in context, read the following excerpt from a short story by the Cuban author Reinaldo Arenas, entitled, "Con los ojos cerrados" *(With Eyes Closed)*. Then read the English translation that follows and study the underlined past tense verb forms. In what contexts does the author choose to use the preterite? the imperfect?

«Seguí caminando con los ojos muy cerrados. Y llegué de nuevo a la dulcería. Pero como no podía comprarme ningún dulce porque gasté hasta la última peseta de la merienda, solamente los miré a través de la vidriera. Y estaba así mirándolos, cuando oí dos voces detrás del mostrador que me decían: —¿No quieres comerte algún dulce?— Y cuando levanté la cabeza vi que eran las dos viejitas. No sabía qué decir. Pero parece que adivinaron mis deseos y sacaron una torta grande de chocolate y almendras. Y me la pusieron en las manos.»

"I continued walking with my eyes tightly closed. And I arrived again at the pastry shop. But since I wasn't able to buy any sweets because I spent my last penny on snacks, I only looked at them through the glass case. And I was looking at them like that when I heard two voices behind the counter that were saying to me, "Don't you want to eat a pastry?" And when I raised my head I saw that it was the two old ladies. I didn't know what to say. But it seems that they guessed my desires and took out a large chocolate and almond torte. And they put it in my hands."

Pay special attention to the following verbs as their meaning changes based on the use of the preterite or the imperfect. Learn them as you would learn new vocabulary words.

Verbs That Change Meaning in the Preterite and Imperfect

	Preterite	**Imperfect**
saber	*to find out* Supe las noticias ayer. *I found out the news yesterday.*	*to know* Sabía que venía a Miami. *I knew she was coming to Miami.*
conocer	*to meet* Conocí a mi esposo en 1998. *I met my husband in 1998.*	*to know, be acquainted with* No lo conocía cuando vivía en Soroa. *I didn't know him when I lived in Soroa.*
querer	*to try* Quise comprar pan pero la panadería estaba cerrada. *I tried to buy bread but the bakery was closed.*	*to want* Quería comprar pan, pero no tenía suficiente dinero. *I wanted to buy bread but I didn't have enough money.*
no querer	*to refuse* Rafi no quiso beber la leche. *Rafi refused to drink the milk.*	*not to want* Elena no quería cocinar hoy. *Elena didn't want to cook today.*
poder	*to manage* No pude hacer las compras. *I didn't manage (failed) to do the shopping.*	*to be able* No podía ir al cine porque tenía que trabajar. *I wasn't able to go to the movies because I had to work.*

Practiquemos

A. ¿Pretérito o imperfecto? En parejas, digan qué tiempo usan para expresar los siguientes conceptos y den ejemplos.

> MODELO   para expresar la edad *(age); el imperfecto*
> *Juan tenía trece años.*

1. para expresar acción repetida o habitual
2. para expresar la hora
3. para expresar una acción o una serie de acciones terminadas
4. para expresar una acción continua
5. para acentuar un cambio *(change)* de emociones
6. para expresar edad
7. para describir estados *(states)* físicos o mentales
8. para acentuar el comienzo *(beginning)* de una acción

B. La cena romántica. Javier quería tener una cena romántica con su novia Elena, pero hubo muchas interrupciones. Cambie Ud. los verbos al pretérito y al imperfecto, según el modelo.

> MODELO   Los dos (bailar) _____ cuando Elena (comenzar) _____ a cantar.
> *Los dos bailaban cuando Elena comenzó a cantar.*

1. Javier (declarar) _____ su amor por Elena cuando la orquesta (empezar) _____ a tocar un tango.
2. Los dos se (besar *[to kiss]*) _____ cuando el camarero (llegar) _____ a la mesa.
3. Javier le (dar) _____ el anillo *(ring)* cuando Elena (romper) _____ un vaso.
4. Javier le (pedir) _____ la mano *(hand)* a Elena cuando el camarero (volver) _____ con la cena.
5. Elena (confesar) _____ su amor por Javier cuando él (descubrir) _____ que no tenía suficiente dinero para pagar la cuenta.

C. Mariana cuenta de su niñez. Llena los espacios con la forma correcta del verbo entre paréntesis en el pretérito o el imperfecto.

Cuando yo **1.** (ser) _____ pequeña, me **2.** (gustar) _____ visitar a mi abuela todos los veranos en Ponce, Puerto Rico. Siempre **3.** (divertirse-yo) _____ mucho. Todas las semanas mi abuela y yo **4.** (ir) _____ de compras al centro y **5.** (salir) _____ a comer en los restaurantes. Recuerdo que una noche, mientras yo **6.** (leer) _____ y mi abuela miraba la televisión, el teléfono **7.** (sonar) _____ **8.** (Ser) _____ las 10:00. Mi abuela **9.** (contestar) _____ el teléfono. Era mi madre. Ella nos **10.** (decir) _____ que mi padre **11.** (tener) _____ un accidente en su coche. Él **12.** (estar) _____ bien, pero **13.** (tener) _____ que pasar unos días en el hospital. Nosotras **14.** (decidir) _____ volver a San Juan para visitarlo.

D. ¿Cuál fue la pregunta? Ud. acaba de ir a Miami de vacaciones y le cuenta todo a un amigo. Él no oye bien y necesita hacerle preguntas. En parejas, sigan el modelo.

MODELO   Estudiante 1: *Fui a Miami.*
Estudiante 2: *¿Adónde fuiste?*

1. Fui con Tomás.
2. Eran las ocho cuando llegamos al hotel.
3. El hotel era pequeño y bonito.
4. Comimos en un restaurante cubano.
5. Probamos los frijoles negros.
6. Yo pagué la cuenta.

E. La historia de la piña. En parejas, lean la selección y cambien los verbos entre paréntesis al pretérito o al imperfecto. Después, contesten las preguntas.

En 1493, cuando Cristóbal Colón **1.** (llegar) _____ a Guadalupe en el Caribe, **2.** (encontrar) _____ una fruta rara. La gente que **3.** (cultivar) _____ esta fruta la **4.** (llamar) _____ "ananá," una palabra india que significa **fragancia.** La fruta **5.** (ser) _____ dulce aunque algunas veces **6.** (poder) _____ ser un poco ácida.

Cuando los españoles **7.** (ver) _____ la piña por primera vez, **8.** (pensar) _____ que la fruta **9.** (tener) _____ mucho en común con la piña del pino *(pine cone),* y por eso le **10.** (dar) _____ el nombre de "piña de las Indias."

La piña **11.** (ganar) _____ fama por toda Europa en muy poco tiempo. A los reyes españoles, Fernando e Isabel, les **12.** (encantar) _____ la fruta en seguida. En Francia, los jardineros *(gardeners)* de Luis XIV **13.** (pagar) _____ mucho dinero para cultivar varios tipos de piña en Francia. Esta fruta dulce **14.** (empezar) _____ a ser muy popular y sigue siéndolo.

1. ¿Cuándo llegó Colón a Guadalupe?
2. ¿Cuál era el nombre original de la fruta?
3. ¿Por qué llamaron los españoles a la fruta "piña"?
4. ¿Cuál fue la reacción de Fernando e Isabel cuando la probaron?
5. ¿Hay piñas en Europa?

F. Ud. tiene correo. Ud. recibió la siguiente carta de su amigo. Él acaba de cenar en un restaurante cubano por primera vez. Termine las frases de una forma original para saber qué pasó.

1. Anoche, mi amigo y yo...
2. Entramos en el restaurante y...
3. Después de ver el menú...
4. Con la cena...
5. Toda la noche...
6. Después de comer...

G. De vuelta con Mariana *(back with Mariana).* Use your new knowledge of the use of the preterite and the imperfect tenses to tell, in your own words, what happened in episode 8, *Así es Mariana: En el supermercado.* What were Luis and Mariana doing? What were they talking about? Whom did they see? What was he doing in the supermarket? How was he feeling? What did he ask Luis and Mariana?, and so forth.

Se to Express an Indefinite Subject

Forma y función

¡SÍ Se PUEDE!
YeS We CAN!

lo que se sirve

In English, when a sentence has no definite subject the following structures can be used:

They *eat* ***(One*** *eats) well in Miami.*
People *say* ***(It is*** *said) that milk is good for your health.*
You *can find everything* ***you*** *need in that supermarket.*

In Spanish, these impersonal subjects are often expressed by using the following construction:

> **se** + verb in the third-person singular

Se come bien en Miami.
Se dice que la leche es buena para la salud.
Se puede encontrar todo lo que **se necesita** en aquel supermercado.

They *eat* ***(One*** *eats) well in Miami.*
People *say* ***(It is*** *said) that milk is good for your health.*
You *can find everything* ***you*** *need in that supermarket.*

Practiquemos

A. ¿Quién lo hace? Cambie Ud. el sujeto **la gente** por el uso del **se** impersonal, según el modelo.

MODELO   En los EE.UU. la gente almuerza al mediodía.
         En los EE.UU. se almuerza al mediodía.

1. En España la gente cena a las 10:00 de la noche.
2. En Argentina la gente suele comer mucha carne de res.
3. En Puerto Rico la gente dice que el jugo de mango es muy sabroso.
4. En Cuba la gente sabe que los frijoles negros tienen muchas vitaminas.
5. En los EE.UU. la gente empieza a comer de una forma más saludable.

B. ¿Qué se hace? Escoja Ud. *(Choose)* un verbo de la siguiente lista para decir qué se hace en cada lugar.

MODELO   ¿Qué se hace en una cafetería? (charlar)
         Se charla en una cafetería.

engordar   cenar   regatear   adelgazar   comprar

1. ¿Qué se hace en un mercado al aire libre?
2. ¿Qué se hace en un comedor?
3. ¿Qué se hace en un supermercado?
4. ¿Qué se hace en una pastelería?
5. ¿Qué se hace en un gimnasio?

C. Una prueba pequeña. Forme Ud. preguntas según el modelo y contéstelas, buscando la información correcta en la segunda columna.

MODELO   *¿Qué se sabe del plátano?*
         Se sabe que tiene mucho potasio.

1. el azúcar
2. las zanahorias
3. los frijoles
4. las naranjas
5. el vino

a. contienen proteína y mucha fibra
b. producen mucho en Cuba
c. en moderación es beneficioso para la digestión
d. la Florida y Valencia, España, son dos lugares famosos por estas frutas dulces
e. contienen mucha vitamina A

Ahora, hágales las mismas preguntas a sus compañeros. Ellos van a contestar de una forma original.

D. La sangría. La sangría se debe beber fresca. Con un(a) compañero(a) lea Ud. la siguiente receta para la sangría y arregle *(arrange)* las instrucciones en orden lógico.

1 botella de vino tinto
2 cucharadas de jugo de naranja
2 cucharadas de licor con sabor de naranja como Grand Marnier
trozos *(pieces)* de melocotón, naranja y limón al gusto
canela *(cinnamon)*
1 cucharada de azúcar
1 taza de agua gaseosa *(seltzer)*

Instrucciones:
En una jarra *(pitcher)* de cristal alta.
___ Se sirve en copas para vino.
___ Se añade *(add)* el hielo.
___ Se saca *(take out)* la canela antes de servir.
___ Se combina todo menos el hielo y se mezcla *(mix)* bien.
___ Se bebe.
___ Se pone en el refrigerador por unas horas.

En resumen

A. Después de merendar al aire libre, Mariana y Luis Antonio van al supermercado. Llene los espacios con la forma correcta del verbo en el pretérito o el imperfecto. Si hay dos palabras, escoja la más apropiada.

Mariana le **1.** (decir) _____ a Luis que **2.** (querer) _____ tomar **3.** (un vaso, una taza) de café antes de hacer las compras en el supermercado. Entonces, ellos **4.** (ir) _____ a un café al aire libre cerca de **5.** (el, la) universidad. Mariana, **6.** (por, para) no dormir bien la noche anterior, **7.** (era, estaba) cansada y **8.** (querer) _____ un café fuerte *(strong)*. **9.** (Por, Para) eso, **10.** (pedir) _____ un café cubano. **11.** (Ser) _____ amargo *(bitter)* y **12.** (tener) _____ espumita *(foam)* encima. El mozo se lo **13.** (traer) _____ con **14.** (un vaso, una taza) de agua, como es **15.** (el, la) costumbre *(custom)*. Luis Antonio **16.** (preferir) _____ café con leche al vapor *(steamed milk)*, y los dos **17.** (compartir) _____ un pastel de limón. ¡Qué rico!

Más tarde, en el supermercado, mientras ellos **18.** (charlar) _____ y **19.** (hacer) _____ sus compras, **20.** (ver) _____ a su amigo Octavio. Él **21.** (era, estaba) _____ buscando con tanta concentración los ingredientes **22.** (para, por) uno de los "famosos" platos de Alicia, que él **23.** (también, tampoco) **24.** (ver) _____ a Mariana y a Luis. ¡Pobrecito Octavio! *(Poor Octavio!)* Parece que Octavio está de acuerdo con el comentario que Mariana **25.** (hacer) _____ en el diálogo de la Lección 1: "El amor es una cosa loca".

B. Mariana también tiene recuerdos de su abuela. Traduzca *(Translate)* las frases al español.

1. *When I was a little girl, I went shopping with my grandmother every Monday.*
2. *At the pastry shop Grandma always bought me a bag of cookies.*
3. *One day I ate a dozen lemon cookies and a pound of chocolate candy.*
4. *I was sick for three days.*
5. *After that day I wasn't able to eat candy for a long time.*

Avancemos

Escuchemos

CD2, Tracks 10–12

A. La lista. Sra. Álvarez is making her grocery list. You will hear a series of incomplete sentences from her list. Choose the word that best completes the sentence.

MODELO (uvas/huevos)
Es necesario comprar una docena de ____.
*Es necesario comprar una docena de **huevos**.*

1. (mayonesa/bombones)
2. (limón/jamón)
4. (papitas/pavos)
5. (peras/mostaza)
5. (pepino/tomate)
6. (vinagre/mantequilla)
7. (azúcar/atún)
8. (langostas/galletas)

B. Dictado. You will hear a short narration about Sra. Álvarez doing her grocery shopping. Listen carefully to the entire selection. Listen again and write each sentence during the pauses.

You will then hear a series of false statements related to the dictation. Correct each one with a complete sentence. Refer to your dictation.

 **Hablemos**

¡Qué confusión! The menu in the restaurant kitchen and the one at your table must be different. Order each numbered special on **MENÚ A.** Your partner, the server, will bring the special . . . according to **MENÚ B.** Be careful to use the preterite and imperfect tenses appropriately.

Estudiante: Quiero el "Plato especial número uno".

Camarero: Aquí lo tiene, señor(ita). Un perro caliente con mayonesa.

Estudiante: Pero... yo **pedí** una hamburguesa con salsa de tomate y Ud. me **trajo** un perro caliente con mayonesa.

Camarero: Sí, porque Ud. **dijo** que **quería** el "Plato especial número uno".

Estudiante A:

Estudiante B:

Leamos

Los caramelos. El siguiente artículo cuenta la historia del caramelo.

Antes de leer

A. Hojee *(Scan)* Ud. el artículo y subraye *(underline)* los nombres de los alimentos que aparecen en la lista de vocabulario de esta lección.

B. ¿Qué imagen(es) asocia Ud. con la palabra "bombón"? Descríbala(s).

C. ¿Qué alimentos o platos asociamos con las siguientes personas?

_____ Moctezuma y los indios aztecas
_____ Marco Polo
_____ El conde de Sandwich
_____ Otro

A leer

LOS CARAMELOS

Lo que conocemos como caramelos o bombones dulces tienen su origen en la reina Catalina de Médici, quien cuando llegó al trono de Francia trajo de su querida Italia todas las exquisiteces con las que creció. Considerada como una de las reinas más refinadas y gourmet de la historia, se dice que Catalina personalmente enseñó a los cocineros del palacio a preparar muchos caramelos y bombones, incluyendo las almendras dulces glaseadas, que eran sus favoritas. A partir de aquel momento, el comer caramelos, incluyendo bombones de chocolate blanco y unos divinos patés de frutas caramelizadas o *paté de fruits,* que se hacen con extractos de frutas frescas y mucho azúcar, se consideró un privilegio exquisito y sin paralelo, y en Francia hay unos huevos dulces rellenos de paté de frutas que se llaman Huevos Médicis.

Después de leer

A. ¿Cómo...

1. era la reina Catalina de Médicis?
2. llegaron los bombones y los caramelos a Francia?
3. se hace el paté de frutas?
4. se llaman los huevos dulces rellenos *(filled)* de paté de frutas?
5. se llama el bombón o caramelo favorito de Ud.?

B. ¿Sabe Ud. en qué época ocurrió la llegada de los bombones a Francia? ¿Menciona el artículo el siglo *(century)* en que reinó *(reigned)* Catalina de Médicis? En su opinión, ¿es necesario incluir esta información? ¿A qué frase podemos agregar *(add)* las palabras, "...en el siglo _____".

C. Hoy se habla mucho de los beneficios de comer el chocolate. ¿Qué sabe Ud. sobre lo bueno y lo malo del chocolate?

 **Escribamos**

Writing a Narrative

You have probably read amusing stories and anecdotes around the dinner table, by the campfire, at a reunion, or when spending time with friends. This form of writing, which focuses on a problem and the events leading up to it, the culmination of the problem and the eventual resolution, is called a narrative. Narratives come in several forms and styles, and the tone can vary greatly. With a few guidelines, you will be able to tell a funny, spooky, amazing, or sad story that happened to you or to someone you know.

Antes de escribir

A. **Los elementos necesarios.** Las narraciones generalmente incluyen los siguientes elementos: un **personaje** principal, un **lugar,** un **problema** y los eventos que conducen al problema, la **culminación** del problema y una solución adecuada. En una narración el pretérito adelanta la acción y el imperfecto se usa para describir. Mientras *(While)* Ud. lee la siguiente anécdota, intente identificar los cinco elementos.

Cuando era niña, me gustaban mucho las reuniones familiares porque mi papá siempre nos entretenía *(entertained)* con los cuentos de su juventud *(youth)*. Mi papá era una persona chistosa y estaba muy desordenado. Me encantaba escuchar historias sobre sus años en la universidad. La siguiente anécdota es una de mis favoritas.

"Durante los años universitarios viví con dos compañeros en un piso que bautizamos el "Palacio Real". Aunque yo tenía familiares que vivían en el mismo pueblo, nunca venían a visitarme. Pues, como *(since)* a nosotros no nos importaban las tareas domésticas casi nunca limpiábamos el piso.

Un día nuestro palacio estaba especialmente desordenado y sucio porque acabábamos de hacer una fiesta la noche anterior. Y, ¿qué creen Uds.? ¡Este mismo día vino a verme una tía, la hermana de mi mamá! Al ver mi piso, ella llamó inmediatamente a mi mamá por teléfono y le describió las condiciones del palacio. Mi mamá se enojó. Al final mi tía me llevó a un piso que estaba vacío. ¡Y qué piso! Un verdadero palacio—todo automático, limpio y bonito. Pero no tenía carácter (como el mío, por supuesto), y decidí quedarme *(to stay)* en el palacio donde pasé el resto de mi carrera universitaria con paz y felicidad."

Ahora, conteste las preguntas sobre la narración, los elementos necesarios y los tiempos verbales *(verb tenses)*.

1. ¿Quién es el personaje principal? ¿Cómo es?
   ¿Se usa el pretérito o el imperfecto para describirlo?
2. ¿Hay un lugar específico? ¿Cuál es? ¿Cómo es?
   ¿Se usa el pretérito o el imperfecto para describirlo?
3. ¿Cuál es el problema?
   ¿Se usa el pretérito o el imperfecto para describirlo?
4. ¿Cuál es la culminación del problema?
   ¿Se usa el pretérito o el imperfecto para adelantar la acción?
5. ¿Cuál es la solución al problema?
   ¿Se usa el pretérito o el imperfecto para explicarla?

B. La cronología. ¿Qué palabras del **Vocabulario útil** aparecen en la anécdota? Observe Ud. cómo estas palabras sirven para adelantar *(advance)* la cronología de los eventos en el cuento.

C. *Freewriting.* Ud. puede iniciar el proceso de escribir una narración con la técnica de freewriting. Consulte *Practicing Freewriting* en la sección de **Escribamos** en la página 211 de la Lección 6 y siga los pasos *(follow the steps)*.

Vocabulario útil

al final	*finally*	**anterior**	*night*
anoche	*last night*	**la semana pasada**	*last week*
anteayer	*the day before yesterday*	**el año (mes, sábado) pasado**	*last year (month, Saturday)*
ayer	*yesterday*		
ese mismo día	*on that same day*	**hace mucho tiempo (un año, un mes)**	*a long time (a year, a month) ago*
en ese mismo momento	*at that same (very) moment*		
entonces	*then*	**más tarde**	*later*
la noche	*the previous*	**un día**	*one day*

Ahora, escriba

Ud. está listo(a) para escribir una narración. Escriba un cuento o anécdota de dos párrafos sobre algo memorable que le pasó a Ud. o a otra persona en su vida.

9 ¡Toma y pruébatelo!

Preparativos

As you read the following dialogue or watch the video, pay close attention to the verbs whose subjects do the action to themselves. These are called *reflexive verbs,* because the action reflects back to the subject. Reflexive verbs are identifiable by the reflexive pronouns that accompany them. Mariana says, "**Me levanté** *(I got myself up),* **me bañé** *(I bathed myself),* **me vestí** *(I got myself dressed).*" Mariana **se despertó** *(woke up)* a las 7:00 esta mañana. ¿A qué hora se despertó Ud.? Toward the end of the dialogue, Luis Antonio says to Carla, "Mariana **se probó** *(tried on)* todos los zapatos en Miami, pero no **se compró** *(she didn't buy herself)* ni un par." ¿Ud. siempre se prueba la ropa antes de comprársela? What personality traits are revealed about Mariana, Carla and Luis Antonio in this episode? Who seems to be nurturing? Who seems assertive? Who seems conciliatory? How are these traits expressed?

—Ocho camisetas, tres pantalones, dos cinturones, una cartera...

—Me desperté a las 7:00. Me levanté en seguida.

—Ponte el suéter.

—Mariana se probó todos los zapatos de Miami.

Así es Mariana

Ropa y más ropa

Mariana examina su ropa y parece que no le gusta nada.

Mariana: *(A los televidentes)* Hoy es domingo y me desperté a las 7:00. Me levanté en seguida, limpié mi apartamento, me bañé, me vestí, hice mi tarea, le di de comer al General Zapata y llamé a Luis...Y ¿saben Uds. por qué...?

Mariana le habla a Luis Antonio que está en casa de Mariana trabajando con la computadora.

Mariana: Luuiiis. Llévame al centro comercial. Hay que comprar ropa nueva.

Luis Antonio: ¿Ropa nueva? Pero fuiste de compras hace dos semanas.

Mariana: ¡Dos semanas! ¡Ay Dios! Mi ropa está pasada de moda. Vamos, Luis...

Luis Antonio: Ni modo. Tengo que estudiar. Y tú también. ¿No me dijiste que tienes un examen mañana... o estaba yo soñando?

Mariana: Ya estudié y ahora quiero divertirme. Escúchame, Luis. No seas perezoso. Ven. Hoy hay liquidaciones en todas las tiendas, y todos los nuevos estilos están en venta.

Carla llega y llama a Mariana.

Carla: Mariana.

Carla entra y ve que Luis Antonio está usando la computadora.

Carla: ¡Rayos! Quería usar la computadora para escribir mi tarea de filosofía.

Mariana: ¡Perfecto! Luis y yo vamos de compras. *(A Luis)* Levántate. La señorita quiere sentarse.

Luis Antonio se levanta pero deja su suéter en la silla. Carla se lo da.

Carla: *(A Luis Antonio)* Ponte el suéter. Hace frío afuera.

Luis Antonio se porta (acts) como un niño.

Luis Antonio: Gracias, "mamá". ¿Y mis guantes? ¿Mi chaqueta?

Carla: ¡Vayan y diviértanse!

Unas horas más tarde Mariana y Luis Antonio vuelven con muchas bolsas.

Carla: ¡Cuántas bolsas! Se parecen a Santa Claus.

Luis Antonio: Mariana se probó todos los zapatos de Miami, pero no se compró ni un par.

Carla: Entonces, ¿qué hay en las bolsas?

Luis Antonio: ¿Qué tenemos? Ocho camisetas, tres pantalones, dos cinturones, una cartera...

Carla: ¿Nada más?

Mariana: ¡Por supuesto! Un traje de baño, una chaqueta de cuero, un impermeable y un paraguas.

Carla: Pero, Mariana... ¿tantas cosas? ¿Cómo vas a pagarlo todo?

Mariana: No me mires a mí. Pregúntaselo al "señor comprador". Yo compré el paraguas. La ropa es de Luis.

Mariana: *(A los televidentes)* Ah, Uds. también pensaron que yo hice todas las compras. ¡Qué atrasados° están Uds.!

behind

Es decir

A. Comprensión.

Busque Ud. en la segunda columna la terminación de la frase en la primera columna.

1. Mariana cree que su ropa está pasada de...
2. Por eso, ella quiere ir de...
3. Se probó muchos, pero no se compró ni un par de...
4. Carla quiere usar la computadora para su tarea de...
5. Luis compró una chaqueta de...
6. También compró un traje de...

a. cuero.
b. filosofía.
c. compras.
d. zapatos.
e. moda.
f. baño

Termine Ud. las siguientes frases con la respuesta apropiada.

1. Luis Antonio dice: "Ni modo" porque...
   a. Carla quiere usar la computadora.
   b. no quiere ir de compras.
   c. no tiene ganas de estudiar.
2. Carla dice: "¡Rayos!" porque...
   a. está de mal humor.
   b. quiere ir de compras con Mariana pero no puede.
   c. Luis está usando la computadora.
3. Mariana dice: "¡Ay Dios!" porque...
   a. Luis no va de compras con ella.
   b. su ropa está pasada de moda.
   c. no estudió para su examen.

B. Asimilación.

En parejas, corrijan la información falsa.

1. Mariana fue de compras ayer.
2. Alicia necesita usar la computadora para escribir su tarea de historia.
3. Luis no necesita ponerse el suéter porque hace calor afuera.
4. Mariana se probó una chaqueta de cuero.
5. Luis no compró nada, pero Mariana compró mucha ropa.

C. Expansión.

En grupos, digan qué hay en las bolsas de los siguientes compradores *(shoppers)*.

1. Alicia
2. El cocinero del restaurante La Carreta
3. Ud.

D. Para resumir.

Ahora que Uds. han visto *(have seen)* la mitad *(half)* de los episodios de *Así es Mariana,* vamos a ver cuánto recuerdan. ¿A quién corresponden las siguientes descripciones?

Mariana   Luis Antonio   Carla   Alicia   Octavio

1. Pasó su niñez en México.
2. Es la novia de Octavio.
3. Sueña con ser periodista.
4. Es de Venezuela.
5. Es la presidenta del club de español.
6. Es la secretaria del club.
7. No quiere engordar.
8. Coquetea *(flirts)* con Octavio.
9. Iba a los tianguis con su abuela.
10. Tiene un hermano menor.
11. Es cubano.
12. Cocina muy mal.
13. Nació en Puerto Rico.
14. No tiene una computadora.

Vocabulario

CD2, Track 13

Use the context suggested by the illustration and identify cognates (words that look alike in English and Spanish) to guess at the meaning of new words and expressions. All of the essential vocabulary for this *Lección* appears with English translations on pp. 306-307.

Ropa y accesorios (Clothing and accessories)

HOMBRES   MUJERES

la camiseta
el sombrero
el traje de baño
el traje
el cinturón de cuero
la corbata
el impermeable
la camisa
la chaqueta
los blue jeans (vaqueros)
la ropa interior
el paraguas
los pantalones

el abrigo
el suéter
el bolso
los guantes
los zapatos
las botas
el vestido
la falda
la blusa
las medias
los calcetines
las zapatillas[1]
la cartera de cuero
el anillo de oro
el brazalete
los aretes de plata

Verbos *(See pp. 289–290 for additional reflexive verbs)*

acostarse (ue)	*to go to bed*	**levantarse**	*to get up*
afeitarse	*to shave (oneself)*	**parecerse a (zc)**	*to resemble*
bajar	*to go down; to lower; to get off*	**ponerse**	*to put on; to become*
		probarse (ue)	*to try on*
bañarse	*to bathe, shower*	**quedarse**	*to stay, remain*
casarse (con)	*to marry, get married (to)*	**quitarse**	*to take off*
		sentarse (ie)	*to sit down*
despertarse (ie)	*to wake up*	**sentirse (ie, i)**	*to feel*
divertirse (ie, i)	*to have a good time, amuse oneself*	**subir**	*to go up; to get on*
lavarse	*to get washed*	**vestirse (i, i)**	*to get dressed*

Adjetivos

abierto	*open*	**(in)cómodo**	*(un)comfortable*
ancho	*wide*	**elegante**	*elegant, formal*
cerrado	*closed*	**estrecho (apretado)**	*narrow; tight*
claro	*light (colored); clear*	**oscuro**	*dark*

[1]In Mexico, **zapatillas** are high-heeled shoes, **pantuflas** are slippers, and **zapatos tenis** are sneakers.

Las telas *(Material, Fabrics, and Metals)*

el algodón	*cotton*	**el oro**	*gold*
el cuero	*leather*	**la plata**	*silver*
la lana	*wool*	**la seda**	*silk*

Otras palabras

el centro comercial	*shopping mall, shopping area (of a city)*	**el par**	*pair*
		el probador	*dressing room*
el estilo	*style*	**la talla**	*size*
la liquidación	*sale*	**los zapatos de tenis**	*sneakers*

Expresiones

de buen (mal) gusto	*in good (bad) taste*	**hacer juego con**	*to match*
estar de (en) venta (rebajado)	*to be on sale*	**quedarle (bien, mal, grande...)**	*to fit (well, badly, to be big . . .)*
estar pasado de moda	*to be out of style*		

Vocabulario adicional

atender (ie)	*to attend to, wait on*	**lindo**	*pretty*
		llamativo	*loud, gaudy*
durante	*during*	**la variedad**	*variety*
(in)formal	*(in)formal*		

Practiquemos

A. **Antónimos.** Complete Ud. la frase con la forma correcta del antónimo de la palabra subrayada.

1. No me gustan los colores _claros_. Prefiero los colores _____ .
2. A las nueve las tiendas no están _cerradas_. Al contrario, están _____.
3. ¿_Subimos_ al departamento de ropa para niños? No, nosotros _____ al departamento para mujeres.
4. Mamá, no están de moda las faldas _anchas_. Quiero comprar una falda _____.
5. Si caminas mucho, necesitas zapatos _cómodos_. Tus botas parecen muy _____.

B. **Definiciones.** Su profesor(a) va a leer una serie de definiciones. Escuche Ud. e indique la palabra que corresponde a cada definición.

el probador	la liquidación	vestirse	divertirse
el impermeable	el algodón	el dependiente	el oro

1. _____
2. _____
3. _____
4. _____

5. _____
6. _____
7. _____
8. _____

C. **¿Hace juego?** Busque Ud. en el segundo grupo el artículo que hace juego con el artículo del primer grupo.

MODELO *La falda es anaranjada y hace juego con el suéter amarillo y anaranjado.*

1.
2.
3.
4.
5.

a.
b.
c.
d.
e.

D. **¡Me queda... estupendo!** ¿Qué dicen las siguientes personas? Use la construcción **quedarle (bien, mal, grande...).**

A mí

MODELO *A mí estos zapatos me quedan bonitos.*

1.

A ti

2.

A Ud.

3.

A Uds.

4.

A nosotros

E. Tengo mis ideas. Complete Ud. las siguientes frases de una forma original. Luego, entreviste *(interview)* a un(a) compañero(a). Compare sus respuestas.

1. Siempre llevo _____ cuando voy al cine porque...
2. Cuando estoy en casa llevo _____ porque...
3. Nunca salgo con un hombre (una mujer) que lleva...
4. Por lo general, los hombres (las mujeres) que llevan _____ son...
5. Yo nunca llevo _____ para ir _____ porque...
6. Me gusta más la ropa de (verano, invierno, primavera, otoño) porque...

F. Para los hombres. Lea Ud. la selección sobre la guayabera y después complete las frases.

La guayabera

La guayabera

Para cierto hombre latino de raíces, o afinidades caribeñas, la guayabera clásica, de manga larga, de lino o algodón, es casi un uniforme. Esta prenda, descendiente de la túnica militar, imparte un aire de sobria disciplina, reemplazando al traje en ocasiones formales.

En su famosa **Casa de las Guayaberas** de Miami (305-266-9683) Ramón Puig, vende guayaberas hechas, o las corta para una selecta clientela de latinos y norteamericanos. Unos las prefieren ajustadas y otros más sueltas. Y a sus clientes que son policías, Puig les pregunta de que lado del torso cargan el arma para darles un poco más de tela y evitar un bulto sospechoso. ◆

1. A _____ les gusta mucho la camisa guayabera.
2. La guayabera clásica está hecha *(made)* de _____.
3. Para una ocasión formal, la guayabera puede sustituir al _____.
4. En este país se pueden conseguir auténticas camisas guayaberas en _____.
5. El señor Puig hace las camisas de una forma especial para sus clientes _____.

 G. ¿Quién se viste así? Describa la forma de vestir de alguna persona famosa (estrella de cine, músico, político...). La clase va a tratar de adivinar *(guess)* quién es.

H. Los mejores y peores. En grupos, escriban una lista de tres celebridades que se visten muy bien y tres que se visten muy mal. Defiendan sus elecciones.

Los Mejores y Peores Vestidos Latinos

Por El Criticón de Boston

¿Cuales son las mujeres y hombres mejores y peores vestidos de la farándula?

La revista People ha seleccionado a **Sofia Vergara** y a **Sonia Braga**, quienes ocupan puestos destacados entre las mejores. Entre los Juanes está: **Jaime Camil.**

El boricua **Elvis Crespo** está entre los más estrafalarios. Entre las peores vestidas están, según la publicación, **Alejandra Guzmán** y **Lucía Méndez.** El jurado determinó que **Sofía Vergara**, quien "aunque se vistiera de monja se vería sexy", no falla al elegir con qué cubrir "sus sensuales curvas. No podría ser vulgar nunca". En el caso de **Sonia Braga**, la opinión generalizada es que su imagen ha evolucionado con su edad y "no anda mostrando nada, pero la vieja sigue siendo sexy".

La lista de las mejor vestidas la completan, entre otras, **Halle Berry, Nicole Kidman, Jessica Alba,** de origen mexicano, la ex Miss Universo puertorriqueña **Denise Quiñones,** y la mexicana **Itatí Cantoral.**

Entre las peor vestidas, los jueces señalaron, entre otras conclusiones, que la roquera mexicana **Alejandra Guzmán** "no quiere entender que ya no tiene el cuerpo de antes. Ella no se monta el cuerpo, simplemente se forra las carnes". Añadieron que "es demasiado cortita de cuello (como es eso si bebe tanto) para recargarse tanto".

De la compatriota de la **Guzmán, Lucía Méndez,** quien por su altivez y belleza ha sido comparada con la legendaria **María Félix,** el jurado criticó "su extraordinario mal gusto".

Entre los hombres, **Jaime Camil** no impresionó al jurado, que dijo que elige atuendos que lo hacen verse "apretado y bajito" y nunca elegante; al mismo tiempo que a **Elvis Crespo** "no le queda nada: ni pelo, ni ropa. Está demasiado gordito" para tratar de dar una imagen de roquero que no va "ni con su edad ni con su música".

La clasificación de los peores la completa la venezolana **Gabriela Spanic,** la modelo cubana de "Sábado

Gigante", Sissi, "quien enseña caderas y cintura que no tiene"

La "mami" costarricense **Maribel Guardia** recibió votos negativos por ser "una mala copia de Versace que no quiere entender que tiene un cuerpo divino, pero que ya tuvo su momento para mostrarlo".

Los mejores y peores en Massachusetts...

¿Me pregunto donde aparecerían las figuras locales si se llegará a conducir una encuesta similar aquí en Massachusetts?

¿Dónde aparecería **Terri Fuentes, Milagros Marte, David Suazo, Angelito, Víctor Canaan, Alan y Alba en Lawrence, Ernesto Bautista, José Massó, Miguel Miguel, Angel Gonzalez (El Mismo Negro), Alcibiades Cassó, Yadires Nova-Salcedo, Angel Salcedo, el Polifácetico** en Lawrence entre otros. Creo que sería muy interesantes los resultados...y aún más interesante sería las reacciones de algunos y algunas cuando se vieran en la lista de los peores vestidos. ¡Ay mamá!

I. La pasarela *(The runway).* En parejas, representen la escena siguiente. Ud. es comentarista de moda. Va a describir la ropa de su compañero(a)... el(la) modelo. Después, cambien de papeles *(switch roles).* Pueden usar la descripción que sigue como modelo.

Impermeable azul, largo y en línea A. $78.
Top de algodón negro. $49.50.
Falda de lana, en blanco y negro, en línea A,
    con cinturón negro. $98.

Juchitán, México

Carolina Herrera, diseñadora venezolana

level; climate

embroidered; by hand

¿Cómo se viste un hispano? Es como preguntar, ¿cómo se viste un norteamericano? La forma de vestir depende de muchos factores, como la región, el nivel° socioeconómico y el clima°. En las capitales cosmopolitas de Latinoamérica, la gente suele vestirse de última moda. Hay diseñadores famosos como la venezolana Carolina Herrera y el dominicano Óscar de la Renta. En regiones más remotas se ve más la ropa tradicional: ropa bordada° a mano° y de muchos colores.

foreigners
cowboy

Los vestidos flamencos y las mantillas que solemos asociar con España, y los trajes multicolores y bordados de México son sólo para festivales tradicionales o folklóricos. En los EE.UU., ¿hay un traje típico que llevemos sólo para festivales tradicionales? ¿Cómo es? En los EE.UU., ¿se viste toda la gente de la misma forma? ¿Por qué creen muchos extranjeros° que todos los americanos se visten de ropa de vaquero°?

Forma y función

Reflexive Verbs

Forma

Yo **me** despierto.

Carlos **se** levanta.

Pedrín **se** viste.

Papá **se** afeita.

Mamá **se** pone los zapatos.

A reflexive verb is one in which the action reflects back to the subject. That is, the subject does the action of the verb to itself. The pronoun **se** at the end of an infinitive indicates that the verb can be used reflexively. When conjugated, the verb is accompanied by the following reflexive pronouns.

PROBARSE (to try on)			
yo	**me** pruebo	nosotros(as)	**nos** probamos
tú	**te** pruebas	vosotros(as)	**os** probáis
él		ellos	
ella	**se** prueba	ellas	**se** prueban
Ud.		Uds.	

Reflexive pronouns, like direct and indirect object pronouns, precede a conjugated verb and can follow and be attached to an infinitive or present participle. Reflexive pronouns precede other object pronouns.

Me lo pruebo.   *I try it on.*

Me lo voy a probar.
Voy a probár**me**lo.   *I'm going to try it on.*

Me lo estoy probando.
Estoy probándo**me**lo.   *I'm trying it on.*

Función

1. Many Spanish verbs can be used reflexively and nonreflexively.

Yo **lavo** mi suéter. (nonreflexive)	*I **wash** my sweater.*
Yo **me lavo.** (reflexive)	*I **wash (myself).***

2. In English, reflexive action is expressed in different ways:

a. by the use of the pronouns that end in -*self* and -*selves*.

Me corté.	*I **cut myself.***
Ellos **se ven** en el espejo.	*They **see themselves** in the mirror.*

b. by using the auxiliary verb *to get.*

Me levanto, me lavo y me visto.	*I **get up, get washed,** and **get dressed.***

c. Many verbs have reflexive meanings that are not expressed, but rather understood.

Roberto **va a afeitarse.**	*Roberto **is going to shave (himself).***

3. In a reflexive construction, the definite article (**el, la, los, las**) rather than the possessive adjective is generally used with parts of the body and clothing.

Inés se lava **la** cara y se pone **el** suéter.	*Inés washes **her** face and puts on **her** sweater.*
Debes quitarte **la** chaqueta porque hace calor.	*You should take off **your** jacket because it's hot.*

Hoy Luis **se vistió** de blue jeans.
También **se puso** la camiseta azul.

Today Luis wore jeans.
He also put on his blue t-shirt.

4. Some common reflexive verbs are:

acostarse (ue)	*to go to bed*	lavarse	*to get washed*
afeitarse	*to shave*	levantarse	*to get up*
bañarse	*to bathe, shower*	llamarse	*to call oneself (be named)*
despertarse (ie)	*to wake up*	sentarse (ie)	*to sit down*
divertirse (ie, i)	*to have a good time*	vestirse (i, i)	*to get dressed*

5. Some verbs have slightly different meanings when used reflexively.

casar	*to marry (perform the ceremony)*	casarse	*to get married*
dormir (ue, u)	*to sleep*	dormirse (ue, u)	*to fall asleep*
ir	*to go*	irse	*to go away, leave*
poner	*to put*	ponerse[1]	*to put on*
probar (ue)	*to try, taste*	probarse (ue)	*to try on*
quedar	*to be located; to be left*	quedarse	*to stay, remain*
quitar	*to take away*	quitarse	*to take off*

6. The verb **sentir(se)** *(to feel)* is used reflexively with an adjective and non-reflexively with a noun. When used non-reflexively it can mean *to regret* or *to feel sorry.*

Pilar **se siente alegre** cuando piensa en Pablo.
*Pilar **feels happy** when she thinks about Pablo.*

Los niños **sienten** mucha **alegría.**
*The children **feel** much **happiness.***

Siento mucho no poder ir contigo.
*I'm very **sorry** that I can't go with you.*

Practiquemos

A. Escuchar. Su profesor(a) va a leer comentarios que contienen verbos y pronombres reflexivos. Escoja *(Choose)* la respuesta correcta.

a. las botas
b. el Hotel Plaza
c. el abrigo
d. los pantalones

e. a medianoche
f. el impermeable
g. a las seis de la mañana

1. _____
2. _____
3. _____
4. _____

5. _____
6. _____
7. _____

B. ¿Qué hace Ud. primero? Diga Ud. en qué orden hace las siguientes actividades. Forme frases completas.

MODELO ¿comer o sentarse a la mesa?
Primero me siento a la mesa y luego como.

1. ¿despertarse o levantarse?
2. ¿ponerse el suéter o bañarse?
3. ¿dormirse o acostarse?
4. ¿quitarse los zapatos o acostarse?
5. ¿probarse los pantalones o comprar los pantalones?

---

[1]**Ponerse** can also express *to become* when referring to a change in emotion or mental state.
José se puso feliz cuando abrió el regalo. *José became happy when he opened the present.*

C. Ud. tiene correo. Ud. recibió una carta por correo electrónico de Dora, su amiga cubanoamericana que vive en Miami. Llene Ud. los espacios con la forma correcta de los verbos entre paréntesis en el tiempo presente. Conteste la carta, diciéndole cómo es un día típico para Ud.

¡Hola! ¡Mucho tiempo sin escribirte! Lo siento, pero **1.** (tener-yo) _____ exámenes finales y hay mucha tarea. Como ya es mayo, quiero invitarte a pasar unas semanas con mi familia en Miami este verano. Lo vas a pasar muy bien. Por la mañana yo **2.** (despertarse) _____ a las nueve pero no **3.** (levantarse) _____ inmediatamente. **4.** (Quedarse-yo) _____ en la cama y **5.** (leer) _____ el *Nuevo Herald,* uno de nuestros periódicos en español. Después, **6.** (bañarse) _____, **7.** (vestirse) _____ y **8.** (prepararse) _____ el desayuno: café cubano, por supuesto, y pan tostado o algo dulce. Luego **9.** (salir-yo) _____ a ver a mis amigos. Nosotros siempre **10.** (divertirse) _____ porque hay mucho que hacer. Si hace sol, **11.** (ponerse - nosotros) _____ el traje de baño y vamos a la playa *(beach)* de South Beach. Allí **12.** (quedarse) _____ toda la mañana charlando y escuchando música. Yo siempre **13.** (dormirse) _____, pero mis amigos me **14.** (despertar) _____ a la hora de almorzar. Vamos a Lario's, el restaurante de Gloria Estefan, y **15.** (sentarse) _____ afuera para poder mirar a la gente. Después, visitamos las boutiques y **16.** (probarse) _____ toda clase de ropa. A las cinco, vuelvo a casa, **17.** (quitarse) _____ el traje de baño, **18.** (bañarse) _____ y **19.** (ponerse) _____ algo cómodo. Por la noche, hay más actividades. Vamos a Coconut Grove para cenar o ver una película. ¡Yo nunca **20.** (acostarse) _____ antes de la medianoche! Pues, ¿cómo es un día típico para ti? Y dime *(tell me)* si puedes venir en julio.

Luego... Dora

D. ¿Por qué...? Termine Ud. las frases de una forma original.

Si una persona... es porque...

1. se duerme en clase
2. no se divierte en una fiesta
3. se despierta muy temprano
4. se baña con frecuencia
5. no se prueba la ropa antes de comprarla.
6. se acuesta muy tarde.
7. se pone un impermeable en la mañana.
8. se quita la chaqueta y el suéter.

E. ¿Qué pasó ayer? Use Ud. el verbo apropiado en la forma reflexiva o no reflexiva para decir qué hicieron estas personas.

MODELO   *Yo me probé el sombrero.*

probar(se)   dormir(se)   acostar(se)   poner(se)   levantar(se)

1.

Mi hermano y yo

2.

La madre

3.

Los estudiantes

4.

El señor Rivas

5.

Carlos

6.

Tú

F. La rutina diaria. En parejas, describan lo que hacen para arreglarse *(to get ready)* en la mañana. Mencionen la hora de cada actividad.

G. De vuelta con Mariana. Use your new knowledge of reflexive verbs to tell, in your own words, what happened in episode 9, **Así es Mariana: Ropa y más ropa.** What did Mariana do that morning? Where did she want to go and with whom. What did Mariana and Luis do at the mall? Who tried on what? Who purchased what?

Así se dice — Shopping for Clothes

El (La) dependiente dice:
¿En qué puedo servirle?
¿De qué color?
Tenemos varios modelos.
Pruébese éste (ésta, éstos, éstas).
¿Qué le parece ésta?
¿Cómo le queda?
Está en venta (descuento).
Combina con...
¿Va a pagar con tarjeta de crédito
   o en efectivo (con dinero)?

The clerk says:
How can I help you?
What color?
We have several styles.
Try this one (these) on.
What do you think of this one?
How does it fit?
It's on sale.
It matches . . .
Are you going to pay with a credit card or
   in cash?

El(La) cliente dice:
Estoy mirando.
Busco (Necesito, Quiero comprarme...)
¿Puede traerme...?
de rayas (de cuadros)
No es de mi talla.
Me queda bien (ancho, estrecho, grande).
Los precios son buenos.
Me lo (la, los, las) llevo.

The customer says:
I'm looking.
I'm looking for (I need, I want to buy . . .)
Can you bring me . . .?
stripes (plaid)
It's not my size.
It fits fine (loose, tight, it's too big).
The prices are good.
I'll take it (them).

Practiquemos

A. En otras palabras. Vuelva Ud. a escribir *(Rewrite)* las frases usando las palabras y expresiones de la lista.

La dependiente dice:
1. ¿Puedo ayudarla en algo?
2. ¿Le gusta?
3. Bajan el precio de la falda.

La cliente dice:
1. ¿Hay faldas cortas en azul claro?
2. Uf, no puedo respirar con esta falda.
3. Sí, la falda no es demasiado cara.

B. Con un(a) compañero(a)...

1. Ud. intenta devolverle *(return)* un par de zapatos a un(a) dependiente difícil.
2. Ud. se prueba pantalones que no le quedan bien. Un(a) dependiente intenta convencerle de lo contrario.
3. Ud. está en el probador. La (El) pobre dependiente va y viene mil veces con las prendas que Ud. le pide.

Formal Commands with *Ud.* and *Uds.*

Forma y función

The command form of a verb is used to order someone to do something. It is used very frequently in daily speech. Think of how often you tell someone to do something. Come in and sit down. Listen. Put that down. Try this on.

1. To form affirmative and negative **Ud.** and **Uds.** (formal) commands, take off the final -**o** from the first-person singular (**yo**) of the present indicative tense (**habl-o, com-o, escrib-o**) and add -**e** endings to -**ar** verbs and -**a** endings to -**er** and -**ir** verbs.

HABLAR		COMER		ESCRIBIR	
Hable (Ud.)[1]	*Speak*	Coma (Ud.)	*Eat*	Escriba (Ud.)	*Write*
Hablen (Uds.)	*Speak*	Coman Uds.)	*Eat*	Escriban (Uds.)	*Write*

2. Verbs that have irregular roots in the present indicative **yo** form maintain the irregular root in the command form.

CONOCER	TRAER	ESCOGER	CONSTRUIR	DECIR
conozca	traiga	escoja	construya	diga
conozcan	traigan	escojan	construyan	digan

3. Stem-changing verbs have the same stem changes as in the present indicative.

(e > ie)	(o > ue)	(e > i)
pensar: **pie**nse, **pie**nsen	dormir: d**ue**rma, d**ue**rman	pedir: p**i**da, p**i**dan

No vuelva tarde. **Vuelva** a las cinco.   ***Don't return*** *late.* ***Return*** *at five.*

[1]Although subject pronouns are rarely used with commands, they can be placed after the verb to strengthen the command or for courtesy. **Vuelvan Uds. a las 3:00.** *Come back at 3:00.* **Tome Ud. asiento.** *(Please) take a seat.*

4. Verbs that end in **-car, -gar,** and **-zar** have a spelling change in order to maintain the original sound of the consonant. These changes are:

> (c > qu)   (g > gu)   (z > c)
> buscar: bus**que**(n)   pagar: pa**gue**(n)   comenzar: comien**ce**(n)

5. There are five irregular command forms.

> dar: **dé, den**   saber: **sepa, sepan**
> estar: **esté, estén**   ser: **sea, sean**
> ir: **vaya, vayan**

6. Object and reflexive pronouns are always placed after and are attached to affirmative commands and must precede negative commands. It may be necessary to add a written accent to an affirmative command.[1]

Dígame la talla. **No me diga** el precio.   ***Tell me*** *the size.* ***Don't tell me*** *the price.*

Cómprenme camisetas y **tráiganmelas** hoy.   ***Buy me*** *two T-shirts and* ***bring them to me*** *today.*

Practiquemos

A. De moda. Para estar de moda, siga Ud. las recomendaciones. Cambie el verbo al mandato (command) formal **(Ud.).**

1. (Aprender) _____ a comprar bien. No (comprar) _____ algo sólo porque le gusta.
2. (Buscar) _____ en las revistas antes de ir al centro comercial.
3. (Escoger) _____ el mejor color para Ud.
4. No (hacer) _____ combinaciones ridículas, como zapatos rojos con calcetines anaranjados.
5. (Conseguir) _____ por lo menos una cosa de un color llamativo.
6. (Recordar) _____ que los accesorios también son importantes.

 En parejas, escriban cinco recomendaciones para unos estudiantes extranjeros (foreign) que quieren vestir de moda en el campus. Usen mandatos plurales **(Uds).**

B. Comprar bien. Aprenda a comprar bien con estas recomendaciones. Forme mandatos plurales **(Uds.)** con los verbos entre paréntesis.

1. No (ser) _____ impulsivos con el dinero.
2. (Ir) _____ a las tiendas que ya conocen bien.
3. No (salir) _____ a comprar cuando están tristes.
4. (Hacer) _____ sus compras más importantes con un(a) amigo(a).
5. (Leer) _____ las etiquetas *(labels)* con cuidado.
6. No (creer) _____ todos los anuncios que leen en el periódico.

[1]See rules for stress and accentuation in Appendix B.

C. Una gira *(tour)* por la isla de Cuba.
Parece increíble, pero Ud. tiene la oportunidad de visitar Cuba. Un agente de viajes *(travel agent)* le dice qué ver y hacer. Lea Ud. **Una gira turística por Cuba** en las páginas 308–309 de la **Gaceta 3.** Forme mandatos formales **(Ud.)** de los verbos entre paréntesis y busque en la segunda columna la terminación correcta de las frases.

La Habana

En . . .

1. ...La Habana Vieja, (sacar)
2. ...La Rampa, (divertirse)
3. ...Coppelia, (probar)
4. ...Varadero, (quedarse)
5. ...Camagüey, (hacer)

a. una gira por las refinerías de azúcar.
b. en un hotel elegante.
c. bailando en las discotecas.
d. una foto de la arquitectura colonial.
e. el famoso helado cubano.

Informal Commands with *tú*

Forma y función

sube y baja

COMPRA O VENDE POR CATÁLOGO

Levántate y baila

Visítanos en www.magnifico.com

CREE EN LA BELLEZA'

Ponte guapa
en un momento...

1. To form affirmative **tú** (familiar) commands, use the third-person singular present indicative verb form.

   Sube a tu cuarto y **llama** a Ana.   *Go up to your room and **call** Ana.*

2. As in the case of formal commands, the negative **tú** command is formed by taking off the final **-o** from the first-person singular **(yo)** of the present indicative tense **(habl-o, com-o, escrib-o)** and adding **-es** endings to **-ar** verbs and **-as** endings to **-er** and **-ir** verbs.[1]

   No subas a tu cuarto y **no llames**   *Don't go up to your room and*
   a Ana.   *don't call Ana.*

---

[1]The affirmative **vosotros** command is formed by substituting **–d** for the final **–r** of the infinitive **(hablad, comed, venid).** The negative **vosotros** command is formed by removing the final **–o** from the first-person singular of the present indicative and adding **–e** endings to **–ar** verbs and **–a** endings to **–er** and **–ir** verbs **(no habléis, no comáis, no vengáis).**

Infinitive	Affirmative Command	Negative Command
HABLAR	habla	no hables
COMER	come	no comas
BUSCAR	busca	no busques
COMENZAR	comienza	no comiences

What are the negative forms of the following **tú** affirmative commands?

compra/no _____   vuelve/no _____
escribe/no _____   paga/no _____
duerme/no _____   sigue/no _____

Explain why the following affirmative and negative **tú** commands have different forms.

trae/no traigas   conoce/no conozcas   escoge/no escojas   oye/no oigas

3. The following **tú** commands are irregular in the affirmative.

DECIR	**di**	no digas	TENER	**ten**	no tengas
HACER	**haz**	no hagas	VENIR	**ven**	no vengas
PONER	**pon**	no pongas	IR	**ve**	no vayas
SALIR	**sal**	no salgas	SER	**sé**	no seas

4. The verbs **dar, estar,** and **saber** have regular affirmative **tú** command forms, but have irregular negative command forms.

DAR	da	no **des**
ESTAR	está	no **estés**
SABER	sabe	no **sepas**

5. Placement of object and reflexive pronouns follows the same rule as in formal commands. They are always placed after and are attached to affirmative commands and must precede negative commands. It may be necessary to add a written accent to an affirmative command.

No te compres esa blusa.   ***Don't buy*** *that blouse.* ***Buy your-***
   Cómprate este suéter y **póntelo.**   ***self*** *this sweater and* ***put it on.***

Practiquemos

A. **De compras con Mariana.** Luis Antonio ayuda a Mariana a buscar ropa nueva. Llene los espacios con la forma correcta del mandato informal **(tú).**

Mariana: Luis .... **1.** (venir) _____ acá. **2.** (Ayudarme) _____ a encontrar algo para llevar al baile este fin de semana.

Luis Antonio: Mariana. Estas blusas son muy bonitas. **3.** (Tomar) _____ estas dos y **4.** (probárselas) _____. **5.** (Ir) _____ al probador. **6.** (Decirme) _____ si necesitas otra talla.

Mariana: De acuerdo. Voy a probármelas. No **7.** (irse) _____. **8.** (Quedarse) _____ aquí para ver cómo me quedan las blusas.

Luis Antonio: Bueno, pero **9.** (hacerlo) _____ rápido porque tengo hambre y no quiero pasar todo el día en el almacén.

B. La vida es corta. Para gozar completamente de esta vida tan corta, ¿cuáles son diez cosas que hay que hacer? Use el mandato informal **(tú)** y su imaginación. Aquí se ofrecen algunos ejemplos.

MODELO   Deja dinero donde un niño lo pueda encontrar.
Escala el Himalaya.
Nada con los delfines.
Aprende a hablar un segundo idioma.
Come bombones de chocolate a las 6:00 de la mañana.
Enamórate *(fall in love)* locamente.

C. Para salir bien en la clase de español. Un estudiante nuevo llegó a la clase de español. En parejas, denle 10 recomendaciones para salir bien en la clase y para impresionarle al (a la) profesor(a).

MODELO   *No hables inglés. Habla solamente en español.*

D. El poder de la publicidad. Los anuncios comerciales suelen contener muchos mandatos para convencer al público que compre. (Refiéranse a los ejemplos en la página 297). En grupos, escriban un anuncio comercial para un producto real o imaginario. Usen por lo menos 5 mandatos afirmativos y 5 negativos (tú, Ud., o Uds.). Representen el anuncio.

Detrás del telón *(curtain)* con Alicia

Llene Ud. el espacio con la forma correcta del verbo en el pretérito.

Bienvenidos, queridos televidentes. Nuestro programa de hoy está dedicado a un talentoso cantante cubano, Jon Secada.

Juan Francisco Secada **1.** (nacer - *to be born*) _____ en Cuba. Su padre, hombre de negocios y ex preso *(prisoner)* político, recuerda cómo Jon **2.** (interesarse) _____ en la música. Dice que la música **3.** (llamar) _____ a su hijo a una temprana edad. A los tres años, Jon **4.** (componer) _____ su primera canción. A los ocho años, él **5.** (salir) _____ de Cuba con su familia y **6.** (vivir) _____ en España y Costa Rica. Después, la familia Secada **7.** (venir) _____ a los Estados Unidos a un pueblo cerca de Miami en la Florida donde sus padres **8.** (abrir) _____ cafeterías. Jon **9.** (aprender) _____ inglés escuchando e imitando a Billy Joel y a Elton John. **10.** (Estudiar) _____ música en la Universidad de Miami donde **11.** (dar) _____ clases y **12.** (tocar) _____ en una banda. **13.** (Ser) _____ descubierto por Emilio Estefan, y **14.** (empezar) _____ a cantar con Gloria Estefan y Miami Sound Machine. **15.** (Escribir) _____ canciones para Ricky Martin y Jennifer López. Su último disco, titulado "Un nuevo amanecer" *(A New Dawn),* **16.** (salir) _____ en 2002 y **17.** (ser) _____ muy bien recibido.

Ahora, llene Ud. el espacio con la forma correcta del mandato plural **(Uds.).**

Queridos televidentes, no **18.** (esperar) _____ más. **19.** (Ir) _____ directamente a su tienda de música y **20.** (comprar) _____ el nuevo CD de Jon Secada. **21.** (Llevarlo) _____ a casa y **22.** (oír) _____ las dulces melodías de este popular artista.

Para saber más sobre otras de sus estrellas cubanas favoritas, lea Ud. **Gaceta 3,** en la págs. 311–312.

En resumen

A. **Luis no quiere volver al centro comercial.** Llene los espacios con la forma correcta del verbo en el presente o con un mandato y escoja la palabra apropiada cuando haya dos opciones.

¿Volver al centro comercial? No es mi intención ofenderte, pero... ¡¿Estás loca, Carla?! **1.** (Irse-*command*) _____ tú sola o con Mariana, pero yo no **2.** (poder) _____ más. ¡Caramba! Yo **3.** (sentirse) _____ muy cansado y **4.** (querer) _____ quedarme aquí tranquilo, estudiando o mirando la tele. Yo **5.** (pasar) _____ la mitad *(half)* de mi vida en el Miami International, en The Falls, en el Aventura Mall, pero no **6.** (divertirse) _____ caminando de una tienda a otra y no **7.** (le, me) interesa comprar ropa. Me **8.** (interesar) _____ otras cosas como el fútbol, el básquetbol, el periodismo... **9.** (Mirar-*command*) _____, Carla, **10.** (te, le) voy a dar **11.** (una, un) recomendación. Si Mariana no quiere ir contigo, **12.** (llamar) _____ a Alicia a ver si **13.** (a, _____) ella **14.** (le, les) interesa. **15.** (Probarse-*command*) _____ Uds. blue jeans en The Gap, camisetas en Banana Republic y zapatos en Bloomingdale's. Luego, **16.** (sentarse-*command*) _____ en uno de esos cafés al aire libre que tanto **17.** (le, les) gustan a Mariana y **18.** (merendar-*command*) _____ algo dulce. Adiós. Ah, Mariana... si decides acompañar a Carla, **19.** (hacer-*command*) _____ el favor de pasar por Macy's y **20.** (comprarme-*command*) _____ calcetines. Gracias.

B. **Gustavo acompaña a Carla al almacén.** Traduzca el diálogo al español.

Carla: *I need to find something elegant to wear to the festival. Octavio is going to be there, of course.*

Gustavo: *Well, don't try on that dress. It's very dark for you. Try on this one.*

Carla: *O.K. Stay here for a minute. I see a silk blouse that matches my blue skirt.*

Gustavo: *But it will be big on you. Look at the size.*

Carla: *Forget about the size. Look at the price! These blouses are very expensive. Come with me to Ella Boutique in Coconut Grove. I know that there's a sale.*

Avancemos

Escuchemos

CD2, Tracks 14–16

A. **¿Es lógico?** You will hear a series of sentences. Indicate if they are logical or not logical by placing a check on the appropriate line.

MODELO Hace mucho frío y por eso me pongo el traje de baño.

Es lógico	No es lógico
_____	___✔___

	Es lógico	No es lógico
1.	_____	_____
2.	_____	_____
3.	_____	_____
4.	_____	_____
5.	_____	_____
6.	_____	_____
7.	_____	_____
8.	_____	_____

B. **Dictado.** You will hear a short narration about a party that Cecilia attended and what some of the people were wearing. Listen carefully to the entire selection. Listen again and write each sentence during the pauses.

You will then hear a series of statements related to the dictation. Correct the false ones with complete sentences. Refer to your dictation.

Hablemos

¡Qué recepción más interesante! You and your friend have just returned from Camila and Pablo's wedding reception, and you can't wait to get on the phone and compare notes. Using the imperfect and preterite tenses, and reflexive verbs when appropriate, describe the wedding reception pictured here. Your partner will describe the drawing that follows, and together you should produce at least ten amusing anecdotes. Add more amusing tales from your imagination or from actual weddings that you have attended. Be creative!

Estudiante A

Estudiante B

Leamos

Diseñadores de moda *(Fashion designers).* Un país pequeño produce mucho talento en el mundo de la moda.

Antes de leer

A. Hojee Ud. brevemente *(Briefly scan)* la lectura y diga qué país se menciona. ¿Está sorprendido(a) de ver una referencia a este país en una lectura sobre diseñadores de moda? Explique.

B. Busque el infinitivo que corresponde a los nombres *(nouns)* siguientes:

1. asociación   2. expresión   3. combinación   4. creación

C. La expresión **lo bueno** significa *the good thing.* ¿Qué significa **lo malo**? ¿**lo difícil**? En la lectura hay dos ejemplos de **lo + el adjetivo.** ¿Cuáles son y qué significan?

D. ¿Tiene Ud. un(a) diseñador(a) de moda favorito(a)? ¿Quién es? ¿De qué país es? ¿Compra Ud. exclusivamente la ropa de él o de ella? ¿Por qué?

A leer

Diseñadores de moda

No solemos asociar al Caribe con el diseño de modas como lo hacemos con Italia y Francia, pero el número de dominicanos que diseñan para las casas de alta costura en Nueva York está creciendo. Stephen Kaplan, rector y director de la Escuela de Altos de Chavón (Refiérase a "Una gira por la República Dominicana" en la página 214), dice que el mundo no conoce al dominicano en su rol de diseñador. El dominicano tiene la habilidad de expresar artísticamente lo que significa ser de esta bella isla del Caribe. Sabe combinar lo caribeño con lo moderno para crear diseños únicos y elegantes. Roberto Calazana, Johnny Álvarez y Sully Bonnell son unos de los jóvenes diseñadores dominicanos que están mostrándole sus talentos al mundo.

Óscar de la Renta era joven cuando se dedicó a la pintura abstracta. Ahora, este dominicano es uno de los diseñadores de moda más famosos de todo el mundo. Tuvo su primer éxito en el taller madrileño del gran diseñador español, Cristóbal Balenciaga. Luego se fue a trabajar a París y más tarde a Nueva York donde diseñó para Elizabeth Arden. En 1993, Óscar de la Renta diseñó una colección para Pierre Balmain y se convirtió en el primer americano que diseña para una casa francesa. ¡Éste sí es un honor!

Después de leer

A. ¿Qué...

1. asociamos con Italia y Francia?
2. talento(s) artístico(s) tiene el dominicano?
3. hizo Óscar de la Renta para iniciar el desarrollo *(development)* de su talento?
4. le pasó a Óscar de la Renta en Madrid?
5. honor logró en 1993?

B. Describa Ud. la moda actual *(current)* en los Estados Unidos. ¿Se viste Ud. a la moda o prefiere mantener su propio *(own)* estilo?

C. ¿Qué países producen mucho talento artístico? ¿Son los norteamericanos un pueblo creativo y talentoso? Justifique su respuesta.

 **Escribamos**

Giving Instructions

In this **Escribamos** section you will practice giving systematic instructions. At this point in your Spanish class, you have navigated half of the *Así es* textbook, which means you understand the test-taking system pretty well. With a few guidelines, you will be able to give written, step-by-step instructions on how to take a Spanish test.

Antes de escribir

A. Los elementos necesarios. Las instrucciones generalmente incluyen cuatro elementos: la descripción del objetivo *(goal),* los materiales necesarios para lograr el objetivo, los pasos *(steps)* que la persona debe tomar, y la evaluación. Mientras lea Ud. el artículo sobre cómo curar una quemadura de sol *(sunburn),* trate de identificar los elementos.

Sun yourself

ASOLEATE° HOY...
Y PAGA MAÑANA

Si regresas a casa después de esas sensacionales vacaciones con un delicioso color rojo langosta en lugar de un maravilloso bronceado, sigue paso a paso estos consejos:

1. Quítate toda la ropa y siéntate tranquilamente durante algunos minutos, para permitir que tu cuerpo se enfríe.° — *gets cold*
2. Relájate con un baño tibio.° — *tepid; distance yourself*
3. Toma cantidades industriales de agua, porque es posible que el sol te haya deshidratado.
4. Después del baño, aplica en toda tu piel una loción humectante,° y en seguida ponte talco.° — *pats on the back / moisturizing / talcum*
5. Vístete con alguna tela° ligera (¡nunca tejida°!) y olvídate de la ropa interior por el resto del día. — *fabric / woven / blisters; burn*
6. Tómate una aspirina; te calmará el dolor y controlará la inflamación.

7. Durante los dias siguientes, ¡aléjate° del sol como de tu peor enemigo! Dale a tu piel la oportunidad de recuperarse.
8. Adviérteles a tus amigos que no te den palmaditas en la espalda,° ¡puede ser terriblemente peligroso... para ellos!

OJO, OJO, OJO y MAAAAS OJO: Si la piel duele mucho, o si tienes ampollas,° tu quemadura° puede ser de segundo grado, en ese caso debes ir IN-ME-DIA-TA-MENTE con un médico.

Ahora, conteste las preguntas sobre el artículo. ¿Contiene los elementos necesarios? ¿Es un buen ejemplo de cómo dar instrucciones?

1. ¿Cuál es el objetivo de las instrucciones?
2. ¿Cuáles son los materiales necesarios para lograrlo?
3. ¿Qué pasos debe tomar una persona para lograr el objetivo?
4. ¿Hay una forma de evaluación?

B. Organizarse. Ud. va a darle instrucciones a un(a) compañero(a) sobre cómo estudiar para un examen de español. Las siguientes preguntas corresponden a los elementos necesarios en el ejercicio A. Para organizar sus ideas, conteste Ud. las preguntas.

1. ¿Cuál es el objetivo de sus instrucciones?
2. ¿Qué materiales son necesarios para lograrlo?
3. ¿Qué pasos debe tomar su compañero(a) para lograrlo?
4. ¿Qué forma de evaluación va a indicar si las instrucciones eran buenas?

Vocabulario útil

Debes + *infinitivo* **...**	*You should . . .*
Tienes que + *infinitivo* **...**	*You have to . . .*
Necesitas + *infinitivo*	*You need to . . .*
Es importante (necesario, buena idea) ...	*It is important (necessary, a good idea) . . .*
No te olvides de + *infinitivo*	*Don't forget to . . .*
Repasa ...	*Review . . .*
Vuelve a estudiar (escuchar, leer, etc.)	*Study (Listen to, Read, etc.) again . . .*
Aprende de memoria ...	***Memorize . . .***

Ahora, escriba

Ahora, Ud. está listo(a) para ayudar a su compañero(a). Suponga Ud. *(Suppose)* que hoy es domingo y el examen es el miércoles. Para facilitar el proceso, probablemente tiene que mandarle las instrucciones por correo electrónico.

1. Explíquele a su compañero(a) por qué le da estas instrucciones. (Elemento 1: el objetivo)
2. Dígale qué libros, etc. necesita. (Elemento 2: los materiales necesarios)
3. Escríbale seis instrucciones en forma de mandatos. (Elemento 3: los pasos)
4. Dígale que Ud. quiere saber qué nota reciba. (Elemento 4: la evaluación)
5. Incluya todos los detalles *(details)* posibles. ¡Ud. es el (la) experto(a)!

Vocabulario

Lección 7

¡Buen provecho! (Bon appetit!)

la copa	wine glass	el menú	menu	la servilleta	napkin
la cuchara	spoon	el pan	bread	la sopa	soup
el cuchillo	knife	el pescado	fish	el tenedor	fork
la ensalada	salad	la pimienta	pepper	el tomate	tomato
la flor	flower	el plato	plate, dish	el vaso	drinking glass
la leche	milk	el pollo	chicken		
la lechuga	lettuce	la sal	salt		

Verbos

andar	to walk	gustar	to be pleasing	permitir	to allow
cortar	to cut	hacer falta	to be in need of	probar (ue)	to taste, try
encantar	to delight, charm	importar	to matter	soler (ue)	to be accustomed
escoger	to choose	interesar	to interest	(+ infinitive)	to (doing some-
faltar	to lack, be missing	merendar (ie)	to snack		thing)
gozar (de)	to enjoy				

Vocabulario general

el aceite (de oliva)	(olive) oil	delicioso (rico, sabroso)	delicious	la propina	tip
				el queso	cheese
la aceituna (oliva)	olive	dulce	sweet	salado	salty, savory
		el flan	caramel custard	sano (saludable)	healthy
el ajo	garlic	el frijol	bean (kidney,		(healthful)
el arroz	rice		pinto)	el té	tea
asado	roasted	frío	cold	la torta (tarta)	cake
caliente	hot (temperature)	frito	fried	último	last
los camarones (las gambas)	shrimp	el jugo	juice	único	only, unique
		el maíz	corn	la verdura (legumbre)	vegetable
la carne (de res)	meat (beef)	los mariscos	shellfish, seafood		
la cebolla	onion	el pastel	pastry, pie, cake	el vino (blanco, rosado, tinto)	(white, rosé, red) wine
la cerveza	beer	picante	hot, spicy		
la cocina	cuisine; kitchen	la piña	pineapple	la zanahoria	carrot
la cuenta	check, bill				

Lección 8

En el supermercado (At the supermarket)

la banana	banana	la fresa	strawberry	la patata	potato
el bistec	steak	el jamón	ham	el pepino	cucumber
la bolsa	bag	la langosta	lobster	la pera	pear
la botella	bottle	la lata	can	el perro caliente	hotdog
la caja	cash register, checkout	el limón	lemon	el plátano	plantain, banana
		la manzana	apple	la uva	grape
el carnicero(a)	butcher	el melocotón	peach		
el chorizo	spicy sausage	la naranja	orange		
la docena (de huevos)	dozen (eggs)	la papa	potato		

Verbos

adelgazar	to lose weight, get thinner	evitar	to avoid	regatear	to bargain, haggle
		mezclar	to mix	romper	to break
engordar	to gain weight, get fatter	recoger	to gather, pick up		

Vocabulario general

al aire libre	open-air	en seguida	right away	la libra	pound
el atún	tuna fish	estar a dieta	to be on a diet	el litro	liter
el/la azúcar	sugar	(seguir un		la mantequilla	butter
bastante	enough	régimen)		la mayonesa	mayonnaise
el bombón	chocolate candy, bonbon	flaco	skinny	mientras	while
		fresco	fresh, cool	la mostaza	mustard
el caramelo	hard candy, caramel	la galleta (salada)	cookie (cracker)	el pavo	turkey
				pesado	heavy (boring)
el cerdo	pork	gordo	fat	el precio	price
crudo	raw	la hamburguesa	hamburger	la salsa de	catsup
de acuerdo	Okay, agreed	hay que	one must (+ verb)	tomate	
delgado	thin	(+ infinitive)		el vinagre	vinegar
demasiado	too much, too many	ir de compras	to go shopping		
		el kilo	kilogram (approximately 2.2 pounds)		
el (la) dependiente(a)	clerk				

Lección 9

Ropa y accesorios (Clothing and accessories)

el abrigo	coat	la camiseta	t-shirt	el paraguas	umbrella
el anillo (de oro)	(gold) ring	la cartera	wallet, purse	el sombrero	brimmed hat
los aretes (de plata)	(silver) earrings	la chaqueta	jacket	el suéter	sweater
		el cinturón (de cuero)	(leather) belt	el traje	suit
los blue jeans	jeans			el traje de baño	bathing suit
la blusa	blouse	la corbata	necktie	los vaqueros	jeans
el bolso	handbag	la falda	skirt	el vestido	dress
las botas	boots	los guantes	gloves	las zapatillas	slippers
el brazalete	bracelet	el impermeable	raincoat, slicker	los zapatos (de tenis)	(tennis) shoes
los calcetines	socks	las medias	stockings		
la camisa	shirt	los pantalones	pants		

Verbos

acostarse (ue)	to go to bed	divertirse (ie, i)	to have a good time, amuse oneself	probarse (ue)	to try on
afeitarse	to shave (oneself)			quedarse	to stay, remain
bajar	to go down; lower; get off	lavarse	to get washed	quitarse	to take off
		levantarse	to get up	sentarse (ie)	to sit down
bañarse	to bathe, shower	parecerse a (zc)	to resemble	sentirse (ie, i)	to feel
casarse (con)	to marry, get married (to)	ponerse	to put on; to become	subir	to go up; to get on
				vestirse (i, i)	to get dressed
despertarse (ie)	to wake up				

Vocabulario general

abierto	open	de buen (mal) gusto	in good (bad) taste	lindo	pretty
el algodón	cotton			la liquidación	sale
ancho	wide	elegante	elegant, formal	llamativo	loud, gaudy
apretado	tight	estar de (en) venta	to be on sale	el oro	gold
el centro comercial	shopping mall, shopping area (of a city)	estar pasado de moda	to be out of style	oscuro	dark
				el par	pair
		el estilo	style	la plata	silver
cerrado	closed	estrecho	narrow, tight	el probador	dressing room
claro	light (colored), clear	(in)formal	(in)formal	quedarle (bien, mal, grande...)	to fit (well, badly, to be big . . .)
		hacer juego con	to match		
(in)cómodo	(un)comfortable	la lana	wool	la seda	silk
el cuero	leather			la talla	size

Una gira turística por la isla de Cuba

Preparativos

A. Before touring Cuba, scan the **Practiquemos** section to anticipate the content of the text.

B. Scan the second paragraph and find two words related to the architecture of La Habana.

C. Scan the third paragraph and find two words related to the history and politics of the island.

D. Now, scan the last paragraph and find two words related to tourism.

La Habana, la capital de Cuba

La Habana, la capital de Cuba, fue fundada en 1515 por el español Diego de Velázquez. Está a 90 millas *(miles)* de Cayo Hueso *(Key West),* Florida y tiene una población de unos dos millones de personas. En La Habana Vieja hay castillos *(castles),* plazas, patios y calles estrechas que recuerdan el pasado colonial español. Lugares como el Museo *(Museum)* de Arte Colonial, las fortalezas *(forts)* antiguas y la Casa de José Martí enseñan la historia de la isla.

La Habana moderna es una combinación de muchos estilos arquitectónicos, desde *(from)* el neoclásico hasta el arte deco. Allí está la Plaza, el centro político de la ciudad, el Parque *(Park)* Lenin, la Universidad de La Habana y La Rampa, el centro de la vida nocturna *(night).* Otro lugar de reunión social son las heladerías *(ice-cream shops)* Coppelia. El helado que venden es muy rico y muchas personas lo llaman la comida nacional de Cuba.

Ernest Hemingway figura entre los muchos norteamericanos que, a través de los años, se han sentido atraídos a esta mágica isla. En el Hotel Ambos Mundos, la habitación del escritor —la 511— se ha conservado intacta desde 1938, año en que Hemingway escribió su famosa novela *For Whom the Bell Tolls.*

Santiago es la segunda *(second)* ciudad de la isla y la cuna *(cradle)* de la Revolución. Allí están las tumbas de José Martí y otros héroes de la independencia. La producción de azúcar es la industria principal de la isla.

La ciudad de **Camagüey** está en el centro de la región azucarera *(sugar)* y, para los turistas que quieren aprender sobre esta industria, es un lugar muy interesante.

Santiago, Cuba

Para conocer la famosa hospitalidad cubana hay que visitar **Pinar del Río,** la provincia más occidental de la isla. Tiene un paisaje hermoso con montañas, valles y vegetación abundante. La provincia es importante económicamente por el cultivo del preciado tabaco negro, considerado el mejor de todos los tabacos. La capital de la provincia, Pinar del Río, ha conservado su arquitectura del siglo XVIII, con casas con columnas, puertas ornamentadas y balcones con barrotes de madera.

Pinar del Río

Las magníficas playas *(beaches)* son el centro turístico de la isla. La playa más popular es **Varadero,** con casi veinte kilómetros de aguas cristalinas, hoteles elegantes y actividades culturales y recreativas.

Practiquemos

A. Descripciones de Cuba. Busque Ud. en la segunda columna la frase que corresponde a las palabras en la primera columna.

I.	II.
1. azúcar	a. Describe la arquitectura de La Habana Vieja.
2. helado	b. Vivió y escribió en Cuba.
3. La Rampa	c. Es importante para la economía de Cuba.
4. colonial	d. Hay que comerlo en La Habana.
5. playas	e. La gente va allí para divertirse por la noche.
6. Hemingway	f. Son el centro turístico de la isla.
7. el estado *(state)* de Florida	g. No está muy lejos de Cuba.

Varadero

B. Lo pasé bien en Cuba. Ud. acaba de pasar una semana de vacaciones en la isla de Cuba. Use frases completas y diga cuáles son...

1. cuatro cosas que Ud. aprendió sobre Cuba.
2. tres actividades que Ud. hizo.
3. dos lugares de interés que Ud. visitó.
4. una pregunta que Ud. quiere hacerle a un cubano sobre su país.

C. ¿Cuál es la pregunta? Las frases que siguen contienen más información sobre Cuba. Forme Ud. una pregunta que corresponda a cada respuesta. Hay más de una pregunta correcta.

MODELO   el azúcar, las frutas cítricas, el cemento y el tabaco
          ¿Cuáles son las industrias de Cuba?

Palabras útiles:

deporte *(sport)*	tiempo	presidente
comida	descubrir	población *(population)*

1. pescado, mariscos, platos de origen español, comidas preparadas con arroz
2. el béisbol, pero también el boxeo, el vólibol y el básquetbol
3. calor, todo el año
4. Cristóbal Colón
5. diez millones de personas
6. Fidel Castro

Notas y noticias

Fidel Castro Ruz

Muy pocas personas saben que uno de los sueños *(dreams)* de **Fidel Castro** era ser lanzador *(pitcher)* en las ligas mayores *(major leagues)* de béisbol. De niño siempre era un buen atleta *(athlete)* y, en 1943 fue el mejor atleta de todas las escuelas de Cuba. Fidel siempre quería ganar pero no sabía perder. Si no le gustaba el partido *(game)* que jugaba, dejaba de *(he would stop)* jugar y se iba para su casa. Cuando se hizo *(became)* presidente de la isla, empezó a jugar al béisbol con el equipo *(team)* los Barbudos *(Bearded Ones)*, el nombre del ejército *(army)* original de Castro. No era el mejor lanzador del equipo pero nunca lo sacaban *(removed)* del juego *(game)*. "¿Quién se atrevería a quitarle el puesto a Fidel?"[1] Dice un hombre que jugaba con Fidel cuando eran niños: "Si hubiéramos sabido que él quería ser dictador, lo habríamos hecho árbitro".[2]

El poeta **Nicolás Guillén** (1902–1989) nació en la provincia de Camagüey. Sus poemas son de temas *(themes)* afrocubanos y muestran su profundo sentido *(feeling)* humano. Algunos de sus honores son: "Hijo Distinguido", "Profesor de Mérito" de la Universidad de La Habana y, "Doctor honoris causa" de la Universidad de Burdeos en Francia. Es famoso por todo el mundo como el Poeta Nacional de Cuba. Sigue un segmento de su poema "Sensemayá (Canto para matar una culebra *(snake)*)". La musicalidad, el ritmo *(rhythm)* y la influencia africana son características de la obra *(work)* de Guillén y son evidentes en este poema.

> ¡Mayombé—bombe—mayombé![3]
> Sensemayá,[4] la culebra...
> ¡Mayombé—bombe—mayombé!
> Sensemayá, no se mueve *(is not moving)*...
> ¡Mayombé—bombe—mayombé!
> Sensemayá, la culebra...
> ¡Mayombé—bombe—mayombé!
> ¡Sensemayá, se murió!

[1]Who would dare to take the position away from Fidel?

[2]"If we had known that he wanted to be dictator, we would have made him umpire."

[3]Las palabras tienen connotaciones musicales y mágicas. Reflejan *(They reflect)* la influencia africana.

[4]Esta palabra tiene un sonido *(sound)* musical.

La quieren en el Japón, es una leyenda *(legend)* en el Caribe *(Caribbean)*, triunfó en España y su nombre es mágico en América. Por más de 40 años, **Celia Cruz** es la Reina *(Queen)* de la Salsa, y nadie en el mundo de la música latina disputa este título. Celia creció en un barrio pobre de La Habana, y según ella, no sabía montar *(to ride)* en bicicleta, no sabía ni cocinar[1] ni patinar *(to roller skate)*. No sabía hacer nada excepto cantar. Este talento la sacó *(removed)* de la pobreza *(poverty)*, y para 1950 ya tenía fama en Cuba. En 1960, Celia salió de la isla y vino a vivir a los Estados Unidos.

Celia tiene más de 50 álbumes[2] y una estrella *(star)* en la acera *(sidewalk)* de Hollywood Boulevard. Cantó en el cine cubano, mexicano y norteamericano. Con frecuencia trabaja con otras grandes figuras de la música latina como Tito Puente,[3] Gloria Estefan y Jon Secada. Canta los ritmos *(rhythms)* afrocaribeños y también los sonidos *(sounds)* nuevos del pop latino. *100% Azúcar! The Best of Celia Cruz*, es una colección de 19 canciones viejas, catorce grabadas *(recorded)* en Cuba en los años 50 y cinco grabadas en Nueva York una década más tarde. Con más de 70 años, Celia tiene más energía que nunca... ¡Azúcar[4]!

Celia Cruz

Buena Vista Social Club

"La música es la cacería de un tesoro *(treasure hunt)*. Escarbas *(you delve)* y escarbas, y a veces encuentras algo. En Cuba, la música fluye *(flows)* como un río." Éstas son las palabras de Ry Cooder, guitarrista y compositor norteamericano quien, en l996, llegó a Cuba y rescató *(rescued)* del olvido a un grupo de músicos. Este grupo se llama **Buena Vista Social Club.**

La historia es interesante. Cooder estaba en La Habana para hacer una grabación *(recording)* con músicos cubanos y africanos. Cuando supo que algunos no iban a llegar, reunió *(assembled)* a varias generaciones de la música local, hizo tres sesiones de grabaciones, y así nació el grupo. El disco fue un éxito. Se vendió bien, ganó un Grammy y lanzó *(launched)* a varios de los músicos a la fama internacional. Poco después, el productor Wim Wenders fue a Cuba y acompañó a los músicos a sus ensayos *(practice sessions)*, por las calles de La Habana, y en una gira por Nueva York y Amsterdam. El producto es un documental con el mismo nombre. Todos los amantes del chachachá, mambo, guajira *(Cuban peasant song)*, jazz cubano y de los otros ritmos contagiosos de la música cubana deben verlo.

[1]Ahora Celia sabe cocinar y muy bien, gracias a su esposo Pedro Knight, quien le enseñó a preparar los platos cubanos tradicionales.

[2]Algunos de sus álbumes son: *Recordando el ayer, Feliz encuentro, Grandes éxitos de Celia Cruz* y *La Reina del ritmo cubano.*

[3]Ud. puede leer sobre Tito Puente en la página 218 de *Gaceta* 2.

[4]Celia tiene la costumbre de gritar *(yell)* "¡Azúcar!" mientras canta.

Arturo Sandoval

Ganador de cuatro premios Grammy, de tres Billboard y de un Emmy, el trompetista **Arturo Sandoval** es uno de los músicos más famosos del mundo de Latin Jazz. Ha tocado *(has played)* en la Casa Blanca para tres presidentes y tiene una cátedra de música en la Universidad Internacional de la Florida. El CD *Hot House*, que en 1999 ganó un Grammy, combina Latin Jazz con el sonido de los grandes conjuntos latinos. Sandoval revela su talento para otro instrumento con el CD *Mi pasión por el piano*. Dice, "Practico mucho más el piano que la trompeta. Antes de acostarme y antes de desayunar..." En 1990, Sandoval pidió asilo político en los Estados Unidos. "No me está permitido regresar. Tengo 32 primos y ocho tíos y tías allá. Me ocupo de *(I look after)* ellos y me voy a morir siendo cubano. Junto a la nostalgia queda también mucho sufrimiento. Te hacen sentir que no eres nada. Quisiera *(I would like)* ser recordado como alguien que amó la música." La película, *For Love or Country,* con Andy García y Gloria Estefan, cuenta esta historia conmovedora. *(moving)*

Por amor...

Era una de las producciones más esperadas entre los latinos, y con mucha satisfacción se realizó la premiere de la película *For Love or Country: The Arturo Sandoval Story* (*Por amor o por la patria*). Esta producción del canal en inglés HBO reunió estrellas como Andy García, Gloria Estefan, Mia Maestro y Charles S. Dutton para contar la historia del trompetista cubano Arturo Sandoval, quien junto a su esposa Marianela, velaron porque cada escena se grabara con el mayor realismo posible.

Además de protagonizar el papel de Arturo Sandoval en la película *For Love or Country* para HBO, **Andy García** ha estado muy ocupado recientemente. En 2002 actuó en la película *Confidence* con Dustin Hoffman y Edward Burns, y en 2003 apareció en la película *Basic* con John Travolta. Nacido **Andrés Arturo García Menéndez,** Andy llegó a Miami desde *(from)* Cuba en 1964 cuando tenía ocho años. Después de graduarse de la universidad, fue a Hollywood, donde, por ser latino, los únicos papeles *(roles)* que le ofrecían eran los de drogadictos y criminales. García dijo: "Voy a ser actor y no sólo una selección racial". Y esto es precisamente lo que le pasó. Tuvo la oportunidad de salir en películas importantes como *A Man and a Woman, Things to Do in Denver When You're Dead,* y *The Disappearance of García Lorca.* Hoy día García tiene talento, fama y premios *(awards),* y sigue recibiendo muchas ofertas para actuar *(act).*

Andy García

A los 27 años, la bella actriz cubanoamericana **Tessie Santiago** empieza a realizar sus sueños. Después de graduarse de la facultad de film y teatro de la University of Miami, aparece en el video *Así es Mariana* haciendo el papel de Alicia. Poco después fue elegida para protagonizar el papel de Tessa Alvarado en la serie de televisión *La Reina de la Espada* (*Queen of the Swords*) filmada en España. Tessie sigue recibiendo oportunidades de actuar. En 2002 protagonizó el papel de Lucía Rojas-Miller en el programa de NBC titulado *Good Morning Miami.*

Tessie Santiago

Practiquemos

A. ¿Cierto o falso? Si la frase es falsa, corríjala con una frase completa.

1. Arturo Sandoval actúa en películas sobre Cuba.
2. Tessie Santiago hace el papel de Carla en **Así es Mariana.**
3. Los temas de los poemas de Nicolás Guillén son políticos.
4. Andy García vino a los Estados Unidos cuando era joven.
5. La influencia de África es evidente en los poemas de Guillén.
6. Celia Cruz es la reina del merengue.
7. A Fidel Castro le gustaba mucho jugar al béisbol.

B. Más sobre Fidel. Lea Ud. *(Read)* la siguiente selección sobre Fidel Castro. Las frases que se encuentran después de la selección son falsas. Corríjalas con frases completas.

De padre español y madre cubana, Fidel Castro Ruz nació en 1927. Estudió para abogado y se graduó de la Universidad de La Habana. Castro y otros enemigos° del dictador° Fulgencio Batista fueron a prisión por haber atacado el Cuartel° Moncada el 26 de julio de 1953, una fecha que los cubanos en la isla celebran con entusiasmo. En 1956, con un grupo de amigos, Castro hizo una serie de ataques° de guerrillas que pusieron fin al gobierno° de Batista en 1959. Más de 300.000 cubanos de la clase media y alta° salieron de la isla. Castro se declaró presidente por vida y buscó ayuda económica y política en Rusia. Hoy Fidel Castro es el jefe del partido° comunista, el único° partido político de Cuba.

enemies; dictator
Barracks

attacks
government
middle and upper classes

party; only

1. Fidel Castro tiene 60 años.
2. Asistió a una universidad en España.
3. El gobierno de Batista terminó en 1956.
4. Después de la Revolución, miles de cubanos pobres salieron de la isla.
5. Después de declararse presidente, Castro le pidió dinero a Francia.
6. Castro sólo puede ser presidente por un máximo de 40 años.
7. Hay dos partidos políticos en Cuba.

Enfoque literario

"Versos sencillos" (un fragmento), por José Martí

José Martí

El autor y su obra

José Martí (Cuba, 1853–1895), además de ser abogado y revolucionario, fue un escritor prolífico. Escribió poesía, obras de teatro, ensayos *(essays)* políticos y todo tipo de prosa. A Martí lo llaman: poeta, profeta, héroe, mártir y apóstol de la independencia. Estableció el Partido Revolucionario Cubano y unificó a la gente cubana. Como resultado de sus actividades revolucionarias, pasó tiempo en la prisión y varias veces tuvo que dejar *(leave)* la isla para buscar refugio en otros países. José Martí murió en 1895 en una batalla en Dos Ríos, luchando contra los españoles. La guerra siguió por tres años y terminó con el triunfo de Cuba. Éste es un momento irónico de la historia porque el siguiente año, 1898, Estados Unidos ganó la Guerra Hispanoamericana contra España y ocupó la isla.

Antes de leer

A. Sinónimos. Las palabras en la primera columna aparecen en el poema. Busque Ud. los sinónimos en la segunda columna.

I.	II.
1. carmín	a. árbol tropical
2. sincero	b. poema
3. palma	c. humilde
4. verso	d. explorar
5. pobre	e. de color rojo
6. buscar	f. franco

B. Hojear. Hojee Ud. (Scan) el poema y diga ...

1. por qué *Versos sencillos* es un título apropiado para el poema.
2. con qué clase económica se identifica Martí.
3. qué referencias a la naturaleza *(nature)* hay.
4. qué colores se mencionan.

A leer

> **Versos sencillos** (un fragmento)
>
> Yo soy un hombre sincero
> de donde crece la palma°;　　　　*palm tree*
> y antes de morirme quiero
> echar° mis versos del alma°.　　　*to pour out; soul*
>
> Mi verso es de un verde claro
> y de un carmín encendido°　　　　*fiery red*
> mi verso es un ciervo herido°　　*wounded deer*
> que busca en el monte° amparo.°　*woods; shelter*
>
> Con los pobres de la tierra,°　　*land*
> quiero yo mi suerte echar°;　　　*share my fortune*
> el arroyo° de la sierra　　　　　*brook*
> me complace° más que el mar.°　　*please me; sea*

Después de leer

A. Comprensión. Conteste Ud. las siguientes preguntas.

1. ¿Qué tipo de hombre es el poeta?
2. ¿De dónde es?
3. ¿Qué quiere hacer antes de morirse?
4. ¿De qué color es su verso?
5. ¿Con qué compara su verso?
6. ¿Qué busca este animal?
7. ¿Qué prefiere el poeta, el mar o el arroyo?

B. Expansión

1. En sus propias *(own)* palabras, explique Ud. el significado *(meaning)* de las frases siguientes.

   "Con los pobres de la tierra, quiero yo mi suerte echar;
   el arroyo de la sierra me complace más que el mar."

2. Conteste Ud. las preguntas.
   a. ¿Cuál es el significado de los colores verde y carmín?
   b. ¿Cuál es el tema del poema? ¿Conoce un poema con un tema similar a éste? Explique.
3. Termine Ud. una de las frases siguientes.
   a. Me gusta el poema porque...
   b. No me gusta el poema porque...

① Una visita a la ciudad de Miami

beaches
atmosphere; strong

Miami es una ciudad muy animada. Tiene de todo —restaurantes excelentes, tiendas fabulosas, diez millas de playas° bonitas, un estilo de arquitectura «art-deco», un ambiente° internacional y un fuerte° «sabor latino».

Palabras útiles

el ajedrez	*chess*	**dar un paseo**	*to take a walk*
el batido	*milkshake*	**el dueño**	*owner*
el comercio	*business*	**el puente**	*bridge*

Para saber más sobre Miami, vamos a hacer un viaje a esta magnífica ciudad. Mire Ud. el video y haga los ejercicios que siguen.

South Beach, Miami

Al ver el video

A. ¿Adónde va? Basándose en el video, diga Ud. adónde va para hacer las siguientes actividades.

La Pequeña Habana   South Beach   Coconut Grove

1. para ver una reproducción de un típico pueblo español
2. para jugar al dominó en el Parque Máximo Gómez
3. para comprar en una variedad de tiendas elegantes
4. para intentar conocer a los famosos dueños del restaurante Lario's
5. para probar la comida de una variedad de restaurantes hispanos como El Bodegón o Casa Juancho
6. para ver ejemplos de la arquitectura arte-deco

B. ¿Qué recuerda? Nombre Ud. dos cosas que va a ver en los siguientes sitios.

1. La calle Ocho
2. El centro de Miami
3. El Parque Máximo Gómez
4. South Beach
5. Coconut Grove

C. ¿En qué orden? Arregle Ud. en orden de preferencia tres lugares de Miami que Ud. quiere visitar. ¿Adónde va Ud. primero? ¿Qué hace allí? ¿Dónde va a almorzar? ¿Cómo va a pasar la tarde? ¿Qué cosas va a comprar?

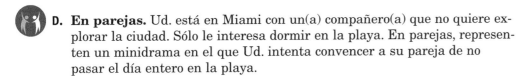

D. En parejas. Ud. está en Miami con un(a) compañero(a) que no quiere explorar la ciudad. Sólo le interesa dormir en la playa. En parejas, representen un minidrama en el que Ud. intenta convencer a su pareja de no pasar el día entero en la playa.

2 Cuba

Por razones políticas y económicas, la isla de Cuba llama la atención de todo el mundo. Pero este pequeño país tiene mucho más que ofrecer de lo que se ve en las noticias en la televisión y en los periódicos. Visitar este paraíso en medio del Caribe es una experiencia ecológica, histórica y cultural.

Cuba, de 110.000 kilómetros cuadrados, está situada en el Mar Caribe, muy cerca de las costas de los Estados Unidos y de México. Su terreno consiste en llanuras fértiles y tres zonas montañosas.

Hay tres principales grupos étnicos: el indígena, el europeo y el africano. Los primeros habitantes eran los indígenas ciboneyes, seguidos por los taínos que vinieron de la República Dominicana. El elemento indígena desapareció muy rápido como resultado de la explotación por parte de los colonizadores, y de las enfermedades que trajeron de Europa.

La Habana Vieja

To find out more about Cuba, watch the video and do the exercises that follow.

Palabras útiles

el coco	*coconut*
la caña de azúcar	*sugar cane*
la esquina	*corner*
la llanura	*plain*
mezclarse	*to mix*
la palma real	*royal palm tree*
parado	*stopped (stuck)*
pertenecer	*to belong*
recorrer	*to travel through, around*

Al ver el video

A. Todo falso. Las siguientes frases son falsas. Basándose en la información del video, corríjalas.

1. Cuba se encuentra lejos de los Estados Unidos.
2. El gobierno de Cuba es democrático.
3. El maíz es el cultivo principal.
4. Toda la isla refleja la arquitectura ultramoderna de la década de los 90.
5. Los hombres cubanos suelen vestirse de traje y corbata para ir a trabajar.
6. El modo de transporte preferido en la capital es la motocicleta.

B. Identificar. ¿Qué es...?

1. una guayabera
2. Coppelia
3. La Habana
4. Vedado
5. El Malecón
6. La Rampa
7. la palma real
8. la caña de azúcar

C. Una cuestión política. En grupos de cuatro, organicen un debate sobre la relación entre los EE.UU. y Cuba. Dos estudiantes quieren establecer una relación diplomática con Cuba. Dos estudiantes creen que se debe seguir el modelo que existe hoy.

D. Para poder visitar Cuba. Hoy día si un cuidadano de los Estados Unidos quiere visitar Cuba, es necesario que reciba un permiso especial del gobierno federal. En parejas, contesten las preguntas siguientes.

1. ¿Bajo qué condiciones cree Ud. que se debe recibir permiso?
2. ¿Cuáles son algunas razones por las que una persona va a viajar a Cuba?
3. ¿Quiere Ud. visitar Cuba? ¿Por qué sí o no?
4. Después de haber visto *(having seen)* el video sobre Miami, cuáles son algunas semejanzas *(similarities)* y diferencias entre La Pequeña Habana en Miami y La Habana en Cuba?

3 La comida cubana

La Carreta es un restaurante cubano muy popular en Miami. Hay varias localidades por todo Miami... en Key Biscayne, Miami Beach, la Calle Ocho, y más. Allí preparan todos los platos cubanos más populares, como el arroz con pollo, la sopa de frijoles negros, los tostones y los plátanos maduros. Es una comida nutritiva y deliciosa y, por lo general, a precios muy razonables.

Palabras útiles

calentar	*to heat up*	**freír**	*to fry*
la caña de azúcar	*sugarcane*	**el lechón**	*pork*
el cañaveral	*sugar plantation*	**la miel**	*honey*
la carreta	*oxcart*	**molido**	*ground*
dorado	*golden*	**el puñetazo**	*punch*

Para saber más sobre la comida cubana, vamos al restaurante La Carreta para hablar con Juan Bautista, mesero del restaurante en Key Biscayne. Mire Ud. el video y haga los ejercicios que siguen.

La comida cubana

Al ver el video

A. ¿Qué son? Basándose en el video, describa Ud. los siguientes platos.

1. un sandwich cubano
2. la sopa de frijoles negros
3. los tostones
4. los plátanos maduros

B. ¿Cierto o falso? Diga Ud. si las frases son ciertas o falsas. Si son falsas, corríjalas.

1. Juan Bautista es el cocinero del restaurante La Carreta.
2. Hay más de un restaurante en Miami, Dade County.
3. El nombre *La Carreta* se refiere a un pueblo de Cuba.
4. La comida cubana es muy popular porque es nutritiva, sabrosa y un poco cara.
5. No sirven postres en el restaurante.

C. ¿Qué plato? Diga Ud., ¿qué plato le parece...

1. más nutritivo?
2. menos caro?
3. mejor para almorzar?
4. más dulce?
5. peor para un vegetariano?

D. Preguntas personales.

1. ¿Qué le parece a Ud. la comida cubana? ¿Suele Ud. comer estos platos? ¿Por qué sí o no?
2. ¿Cómo es la comida típica de su casa? ¿Es más o menos nutritiva que la comida cubana? Explique.
3. Ud. va a abrir un restaurante. ¿Cómo se llama? ¿Por qué? ¿Dónde está el restaurante? ¿Qué tipo de comida sirve?

De viaje

10 En la agencia de viajes

Preparativos

Al leer el diálogo siguiente o mirar el video, note Ud. el uso del modo subjuntivo. El subjuntivo refleja lo que piensa o lo que siente la persona que habla. Por ejemplo, ¿qué emoción expresa la agente de viajes cuando comenta: **"Es una lástima *(It's a shame)* que Uds. no tengan tiempo para hacer un viaje más largo."**? ¿Qué expresa Mariana cuando dice: **"Es triste que no podamos pasar una semana allí... "**? En este episodio Ud. va a aprender a formar el presente del subjuntivo, y va a ver uno de los muchos usos. Es evidente que Mariana y Luis Antonio están planeando un viaje. ¿Adónde van? ¿Cuál es el motivo principal de su viaje? ¿Dónde está el boleto de Mariana?

—Aquí tienen sus boletos. Revísenlos, por favor.

—Es bueno que pueda conocer a la familia de Luis.

—Es necesario que Uds. pasen dos semanas allí.

—Es dudoso que a mis padres les guste la idea.

Así es Mariana

¿Dónde está mi boleto?

seated | *Mariana está sentada° en su cama, preparada para hacer un viaje.*

Mariana: *(A los televidentes)* ¡Qué emoción... estar de vacaciones! En sólo unas horas Luis y yo vamos a abordar el avión y volar a la bella ciudad de San Diego... ¡Qué romántico! Y por primera vez estoy completamente lista. Ya fui al banco, hice la maleta, cancelé el periódico. Todo está listo. Es bueno que pueda conocer a la familia de Luis, pero es verdad que estoy nerviosa. Pero bien, no voy a preocuparme ahora. *(Looks at her watch)* Debo bajar y esperar el taxi. *(Looks in purse)* Sólo voy a sacar mi boleto.

A ver... *(Searches through her pocketbook - begins to pull stuff out)* calculadora, lápiz, cartera, espejo,.... ¿y mi boleto? ¡Dios mío! No puedo ir sin boleto. A ver, la última vez que lo vi fue en la agencia de viajes...

Mariana piensa en la visita que hizo con Luis Antonio a la agencia de viajes para comprar los boletos.

Agente: Es una lástima que Uds. no tengan tiempo para hacer un viaje más largo. Hay una excursión especial para México y Centroamérica, a un precio muy bueno. Incluye el pasaje de ida y vuelta, el hotel y un guía turístico en cada ciudad. Pero, es necesario que Uds. pasen dos semanas allí.

Luis Antonio: Gracias, pero no es posible hacer un viaje largo ahora. Además, es dudoso que a mis padres les guste la idea.

Agente: ¿Y son ellos los que van a visitar en San Diego?

Luis Antonio: Sí, y también vamos a México a visitar a mi abuela. Pero vamos en coche porque no vive muy lejos de mis padres.

Mariana: ¡Ay, qué bien! ¡Cuánto me alegro de conocer México y California... y claro... a tu familia también, Luisito!

landscape | **Agente:** Así es que, ¿Ud. no conoce California? Le va a gustar mucho. Lo que va a notar en seguida es la gran influencia mexicana, el clima estupendo y un paisaje° muy bonito. Mire, escoja algunos de estos folletos. Muestran todos los sitios de interés.

Mariana: Gracias. Es triste que no podamos pasar una semana allí, pero lo que más me interesa es ver todo lo posible en el poco tiempo que tenemos.

Agente: Aquí tienen sus boletos. Revísenlos, por favor, y no se olviden de confirmar el vuelo por lo menos un día antes de la salida. De esta forma, no tienen que hacer cola en el aeropuerto.

Luis Antonio: Perfecto, gracias. *(A Mariana)* Toma, para ti.

Keep it | **Mariana:** No, gracias. Yo siempre pierdo todo. Guárdalo° tú. Es una cosa menos de la cual tengo que preocuparme.

says good-bye to | **Mariana:** *(A los televidentes)* Fiu... ¡Es evidente que me conozco muy bien! *(Empieza a salir, pero se despide de° Zapata).* Adiós, Zapata... sé bueno con Alicia. Te compro un recuerdo de San Diego. *(A los televidentes).* ¿Listos? Vámonos.

Es decir

A. Comprensión.

¿Qué hay en su bolso? Escriba **sí** en el espacio si Mariana sacó el artículo de su bolso.

1. _____ calculadora
2. _____ lápiz
3. _____ boleto
4. _____ cartera
5. _____ periódico
6. _____ folleto
7. _____ espejo
8. _____ dinero

Basándose en el diálogo, termine Ud. la frase y diga quién la dijo.

1. Es una lástima...
2. Es necesario...
3. No es posible...
4. Es dudoso...
5. Es triste...

Alicia quiere saber cuáles son los planes de Mariana. Conteste sus preguntas.

1. ¿Van a pasar mucho tiempo en California?
2. ¿Hay excursiones especiales?
3. ¿Dónde viven los padres de Luis?
4. ¿Por qué van a México?
5. ¿Es éste tu primer viaje a California?
6. ¿Qué dijo la agente sobre California?

B. Asimilación.

Mariana hizo muchos preparativos para su viaje. Cambie el verbo entre parétensis al pretérito y busque en la segunda columna la terminación de la frase en la primera columna.

Mariana....
1. (hablar)...   **a.** el periódico.
2. le (dar)...   **b.** para California.
3. (hacer)...   **c.** con la agente.
4. (ir)...   **d.** al banco.
5. (cancelar)...   **e.** un taxi al aeropuerto.
6. (tomar)...   **f.** la maleta.
7. (salir)...   **g.** su boleto a Luis.

C. Expansión.

En parejas, supongan *(suppose)* que Luis no tiene el boleto de Mariana. Terminen las frases de una forma original, explicando con detalles lo que pasa.

1. Mariana le explica a la agente de viajes lo que pasó y...
2. Mariana le dice a Luis que no puede encontrar su boleto y...
3. Mariana no descubre que no tiene el boleto hasta llegar al aeropuerto y...

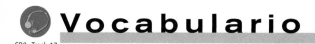

Vocabulario

Use the context suggested by the illustration and identify cognates (words that look alike in English and Spanish) to guess at the meaning of new words and expressions. All of the essential vocabulary for this *Lección* appears with English translations on pp. 394–395.

En el aeropuerto

el (la) agente
la azafata
el aeromozo
el boleto
(el pasaje,
el billete)
Aduana
el pasaporte

Salida
Puerta 10

el pasajero
el asiento
el cinturón
de seguridad
la reservación
(la reserva)
el avión
la cámara
el equipaje
la sala
de espera
el (la) viajero(a)

En el aeropuerto *(At the airport)*

la aduana	customs	**la salida**	exit; departure
la entrada	entrance; ticket (to an event)	**el viaje**	trip
		el vuelo	flight
la llegada	arrival		

En la agencia de viajes *(At the travel agency)*

la excursión (la gira)	tour	**el país**	country
		el sitio (el lugar)	place
el folleto (turístico)	(tourist) brochure	**la tarjeta postal**	post card
el (la) guía turístico(a)	tour guide	**el/la turista**	tourist
		el/la viajero(a)	traveler
el mundo	world		

Verbos

abordar	to board	**fumar**	to smoke
abrochar(se)	to fasten	**meter**	to put into
cancelar	to cancel	**reservar**	to reserve
confirmar	to confirm	**revisar**	to examine
despedirse de (i, i)	to say good-bye to, take leave of	**viajar**	to travel
facturar	to check (baggage)	**volar (ue)**	to fly

Adjetivos

extranjero	*foreign*	**libre**	*free, unoccupied, at liberty*
gratis (gratuito)	*free of charge*		

Preposiciones

desde	*since; from*	**hasta**	*until*

Expresiones (See impersonal expressions on page 335)

estar atrasado (a tiempo)	*to be late (on time)*	**hacer un viaje**	*to take a trip*
		ida y vuelta	*round-trip*
estar de vacaciones	*to be on vacation*	**más o menos**	*more or less*
		viajar al extranjero	*to travel abroad*
hacer cola	*to stand in line*		
hacer la maleta	*to pack a suitcase*		

Vocabulario adicional

¡Buen viaje!	*Have a good trip!*	**¡Qué lo (la) pases bien!**	*Have a good time!*
con destino a	*destined for*	**¡Qué te vaya bien!**	
extrañar	*to miss, long for*	**¡Qué te diviertas!**	
		tardar en	*to delay in, take time*
el paquete	*package*		
el pasillo	*aisle*	**todo el mundo**	*everybody*
por desgracia	*unfortunately*	**verdadero**	*true, genuine*

Practiquemos

A. Formar nuevas palabras. La lista de vocabulario incluye sustantivos *(nouns)* que corresponden a los siguientes verbos. ¿Cuáles son?

MODELO   volver   *la vuelta*

1. llegar _____
2. entrar _____
3. volar _____
4. viajar _____
5. esperar _____
6. salir _____
7. sentarse _____
8. reservar _____

B. Expresiones con *hacer*. Llene Ud. los espacios con una de las siguientes expresiones con **hacer** de esta lección y de las lecciones anteriores.

Hacer...   preguntas   frío   cola   viaje
maleta   calor   llamada   juego

1. Hace _____. Debemos encender el aire acondicionado.
2. Pásame el abrigo, por favor. Hace mucho _____ en este aeropuerto.
3. ¿Hay un teléfono aquí? Necesito hacer una _____.
4. Hay muchas personas delante de mí. Voy a tener que hacer _____ por una hora.
5. Juanito es muy curioso. Siempre me hace mil _____.
6. Estos zapatos rojos no hacen _____ con tu falda anaranjada.
7. La noche antes de viajar es mejor hacer la _____ y tener todo preparado.
8. No conozco México. Quiero hacer un _____ a Taxco y Acapulco algún día.

C. ¿En qué orden? Describa su último viaje. Diga en qué orden hizo las actividades, usando la primera persona singular **(yo)** del pretérito de los verbos.

MODELO   buscar un taxi para ir al aeropuerto
Yo busqué un taxi para ir al aeropuerto.

1. abordar el avión
2. darle las gracias a la azafata por sus atenciones
3. abrocharse el cinturón de seguridad
4. despertarse unos minutos antes de llegar al destino
5. hacer cola en el aeropuerto
6. llegar al aeropuerto
7. pedir un asiento cerca de la ventanilla
8. dormirse

Ahora, incluya Ud. tres actividades lógicas que Ud. no mencionó.

D. ¿Qué son? Su profesor(a) va a leer una serie de definiciones. Busque la palabra que corresponda a cada definición.

a. la azafata   **c.** el pasaporte   **e.** el pasajero
b. el boleto   **d.** el asiento   **f.** el guía

1. _____   3. _____   5. _____
2. _____   4. _____   6. _____

En parejas, escriban definiciones de cinco palabras de la lista de vocabulario en las páginas 327–328. Léanlas en voz alta y la clase tiene que adivinar a qué palabras corresponden.

E. ¿Qué está pasando? En grupos, describan la escena en el aeropuerto en la página 327. Usen el presente del progresivo para describir qué está pasando.

Aviso cultural

Lugares de interés en México

La Zona Rosa

¿Qué sabe Ud. de México? Este país atrae a turistas de todo el mundo que van allí para gozar del clima° fabuloso y del ambiente° histórico y cosmopolita. Al visitar sus museos y catedrales fascinantes se puede ver la influencia de sus tres grandes culturas importantes: la indígena, la española y la mestiza.[1] La Ciudad de México, capital del país, ofrece una vida nocturna° muy variada, desde los más típicos y populares "mariachis"[2] hasta los más sofisticados clubes nocturnos°.

climate; atmosphere

night

night clubs

Los turistas suelen visitar la famosa Zona Rosa para gozar de los restaurantes elegantes y de las discotecas que están abiertas hasta muy tarde. También el país cuenta con magníficas ruinas prehispánicas, artesanía° exquisita y playas° sin par. México tiene algo que ofrecerles a todos. ¿Conoce Ud. México? ¿Cuáles son otros lugares populares que los turistas suelen visitar? ¿Por qué son populares? ¿Cuáles son algunos problemas que suelen encontrar los turistas cuando viajan?

crafts; beaches

[1]Mestizo is a combination of Indigenous and European.
[2]Mariachi is a type of Mexican music and also refers to the musicians that play it.

Forma y función

The Present Subjunctive: Form and Meaning

Forma

ACAPULCO.
Deseamos que los servicios y atenciones que ofrecemos
<u>sean</u> de su entera satisfacción y que <u>disfrute</u> su estancia
con nosotros.

No Quiere Que
Los Jóvenes <u>Fumen</u>

NOS GUSTA QUE USTED NOS <u>COMPARE</u>.

 *Jus Becuz*

¡Sí, deseo que me <u>envíen</u> el "JACKET" de mi país

You are familiar with various simple tenses of the indicative mood, such as the present, the preterite, and the imperfect.[1] The tense is the time in which the action of the verb takes place. The mood reflects the way the speaker feels about what he or she is saying. Is he or she feeling doubt or certainty, emotion or objectivity?

The subjunctive is a verbal mood. To form the present subjunctive, take off the final **-o** from the first person singular **(yo)** of the present indicative conjugation **(viaj -o, met -o, escrib -o)** and add **-e** endings to **-ar** verbs and **-a** endings to **-er** and **-ir** verbs. In **Lección 9** you used this form of the verb to express **Ud., Uds.,** and negative **tú** commands.

The Present Subjunctive Form

VIAJAR	METER	ESCRIBIR
viaj**e**	met**a**	escrib**a**
viaj**es**	met**as**	escrib**as**
viaj**e**	met**a**	escrib**a**
viaj**emos**	met**amos**	escrib**amos**
viaj**éis**	met**áis**	escrib**áis**
viaj**en**	met**an**	escrib**an**

[1]A simple tense consists of one main verb *(I ate)*. A compound tense consists of an auxiliary verb and a participle *(I have eaten)*. Whereas the indicative mood has many different simple tenses, the subjunctive has only two: the present and the past (imperfect).

Study the subjunctive forms of the following verbs. Notice that the irregular form in the first-person singular is maintained throughout the entire conjugation.

conocer:	conozca, conozcas, conozca, conozcamos, conozcáis, conozcan
decir:	diga, digas, diga, digamos, digáis, digan
escoger:	escoja, escojas, escoja, escojamos, escojáis, escojan
incluir:	incluya, incluyas, incluya, incluyamos, incluyáis, incluyan

1. Stem-changing verbs that end in -**ar** and -**er** have the same stem changes as in the present indicative. Note that there is no stem change in the **nosotros** and **vosotros** forms.

pensar:	piense, pienses, piense, pensemos, penséis, piensen
volver:	vuelva, vuelvas, vuelva, volvamos, volváis, vuelvan

2. Stem-changing verbs that end in -**ir** and have a diphthong (**e > ie, o > ue**) undergo a different change (**e > i, o > u**) in the **nosotros** and **vosotros** forms.

sentir:	sienta, sientas, sienta, sintamos, sintáis, sientan
dormir:	duerma, duermas, duerma, durmamos, durmáis, duerman

3. Stem-changing verbs that end in -**ir** and have an **e > i** change show the change throughout the entire conjugation.

pedir:	pida, pidas, pida, pidamos, pidáis, pidan

4. Verbs that end in -**car, -gar,** and -**zar** have a spelling change in the subjunctive in order to maintain the original sound of the consonant.

buscar:	busque, busques, busque, busquemos, busquéis, busquen
pagar:	pague, pagues, pague, paguemos, paguéis, paguen
comenzar:	comience, comiences, comience, comencemos, comencéis, comiencen

5. There are six irregular verbs in the present subjunctive.

SABER	SER	IR	HABER	DAR	ESTAR
sepa	sea	vaya	haya	dé	esté
sepas	seas	vayas	hayas	des	estés
sepa	sea	vaya	haya	dé	esté
sepamos	seamos	vayamos	hayamos	demos	estemos
sepáis	seáis	vayáis	hayáis	déis	estéis
sepan	sean	vayan	hayan	den	estén

Función

1. The indicative mood is generally used to express certainty, reality, and objectivity and to report factual information.

    I'm sure that the airline **gives** special weekend rates. (certainty)
    I know that John **is** here. (factual information)

2. The subjunctive mood is used to express conjecture, uncertainty, emotion, subjectivity, doubt, probability, influence, that which is as yet unknown, and that which you would like to happen. (preference)

    I insist that the airline **give** me their special weekend rate. (influence)
    I prefer that John **be** here early. (preference)

3. In Spanish the subjunctive is used much more frequently than in English. It is usually used in a sentence that has at least two clauses,[1] a main or independent clause and a subordinate or dependent clause. The verb in the main clause determines the use of the subjunctive or the indicative in the subordinate clause.

    Es dudoso que Rita **pueda** viajar contigo.   *It's doubtful that Rita can travel with you.*

4. The most common conjunction used to join the two clauses is **que** *(that)*. Note that while in English the conjunction is often omitted, in Spanish it must always be expressed.

    Espero **que** el avión llegue a tiempo.   *I hope (**that**) the plane arrives on time.*

Es importante que Luis **guarde** el boleto
porque es probable que ella lo **pierda.**

[1]A clause contains a subject and a verb. A main clause expresses a complete thought and can stand alone. A subordinate clause does not express a complete thought and cannot stand alone.

Practiquemos

A. Para identificar el subjuntivo. Note Ud. el uso del subjuntivo en los anuncios y titulares en la página 330. Lea Ud. los siguientes párrafos y subraye cada verbo en el subjuntivo. ¿Por qué se usa el subjuntivo en estos casos?

Rafael entra en el aeropuerto. Todavía no sabe si Lana va a cumplir con *(fulfill)* su promesa. Él espera que el vuelo llegue a tiempo. Piensa, "No me importa que ella vuelva o no vuelva". Pero en su corazón *(heart),* Rafael sabe que no es verdad. Es muy importante que ella deje su trabajo en Puebla y que venga a vivir con él en la capital.

Rafael mira el reloj otra vez. Es tarde. Él piensa, "Es mejor que yo la olvide y empiece a vivir como antes". Pero él sabe que ahora es imposible que todo sea como antes.

B. Formando el subjuntivo. Las cláusulas principales que siguen son expresiones impersonales que requieren el uso del subjuntivo en la cláusula subordinada. Cambie Ud. los infinitivos para formar frases completas.

1. Es preferible que el avión...

   a. salir a tiempo
   b. ir directamente a la Ciudad de México
   c. ser un 767
   d. llegar antes de las tres de la tarde

2. Es posible que nosotros...

   a. comprar un pasaje de ida y vuelta
   b. hacer cola en el aeropuerto
   c. escoger nuestros asientos
   d. dormir en el avión

3. Es probable que yo....

   a. quedarme en México por dos semanas
   b. viajar a varios pueblos mexicanos
   c. sacar muchas fotos
   d. volver con muchos recuerdos

El (La) viajero(a) dice:
Quiero hacer turismo en el extranjero en mayo.
Me interesa el paquete turístico.

The traveler says:
I want to go sightseeing abroad in May.
I'm interested in the travel package.

El (La) agente de viajes dice:
¿En grupo o por su cuenta?
Pasaje (Boleto) de ida y vuelta, excursión
   con guía, alojamiento lujoso
Hay vuelos los martes y los jueves.

The travel agent says:
In a group or on your own?
Round trip ticket, guided tours,
   luxury lodging
There are flights on Tuesdays and
   Thursdays.

Necesita pasaporte y es importante
   confirmar el vuelo.

You need a passport and it's important
   to confirm the flight.

Los amigos y familiares dicen:
Cuídate mucho.
Escríbenos.

Friends and family members say:
Take good care of yourself.
Write to us.

El (La) viajero dice:
Voy a extrañarlos.
Voy a echarlos de menos.

I'm going to miss you.

Practiquemos

A. Preparativos para el viaje. Ud. es el (la) viajero(a) de la lista anterior. Conteste las siguientes preguntas del agente de viajes.

1. ¿Cuándo quiere viajar?
2. ¿Le interesa conocer nuestros parques nacionales?
3. ¿Prefiere viajar solo(a) *(alone)*?

Ahora, Ud. es el (la) agente de viajes de la lista anterior. Conteste las siguientes preguntas del (de la) viajero(a).

1. ¿Puedo salir el lunes, el tres de mayo?
2. ¿Necesito hacer una reservación en un hotel?
3. ¿Qué documentos necesito?

  B. Con los compañeros...

1. En parejas, preparen Uds. una conversación entre el agente de viajes y un cliente que quiere un paquete turístico poco común.
2. En grupos, representen una escena entre un agente de viajes y una pareja muy exigente *(demanding)*.
3. Un muchacho se va por un año para estudiar en el extranjero. Se despide de su familia en el aeropuerto. En grupos de tres o cuatro, representen la escena.

The Present Subjunctive with Impersonal Expressions

Función

An impersonal expression is an expression whose subject is the impersonal (subject pronoun) *it*: Es necesario (bueno, verdad...) *It is necessary (good, true...)*

1. The subjunctive is generally used in the dependent (subordinate) clause with impersonal expressions when a specific subject is expressed.

   Es necesario que **tú compres** un boleto.

   *It is necessary that **you buy** a ticket.*

   Es preferible que **yo viaje** hoy.

   *It is preferable that **I travel** today.*

   Some common impersonal expressions that require the subjunctive:

es buena idea	*it is a good idea*	**es malo**	*it is bad*
es bueno	*it is good*	**es mejor**	*it is better*
es común	*it is common*	**es necesario**	*it is necessary*
es de esperar	*it is hopeful*	**es preferible**	*it is preferable*
es dudoso[1]	*it is doubtful*	**es probable**	*it is probable*
es importante	*it is important*	**es ridículo**	*it is ridiculous*
es (im)posible	*it is (im)possible*	**es sorprendente**	*it is surprising*
es (una) lástima	*it is a shame*	**es terrible**	*it is terrible*

2. The indicative is used in the dependent (subordinate) clause with impersonal expressions that indicate certainty.

   Some common impersonal expressions that require the indicative:

es cierto	*it is certain*	**es seguro**	*it is certain*
es claro	*it is clear*	**es verdad**	*it is true*
es evidente	*it is evident*	**no hay duda**	*there is no doubt*
es obvio	*it is obvious*		

3. When you negate an impersonal expression of certainty, the subjunctive is used. When you negate an impersonal expression of doubt, the indicative is used.

   Es cierto que **vamos** a Guadalajara.

   ***It's certain** that **we're going** to Guadalajara.*

   No es cierto que **vayamos** a Mérida.

   ***It's not certain** that **we're going** to Mérida.*

   No es dudoso que **vamos** a Mérida.

   ***It's not doubtful** that **we're going** to Mérida.*

   ¡AVISO! Only impersonal expressions of doubt and certainty are affected by negation. All other impersonal expressions require the subjunctive with a specified subject whether they are affirmative or negative. **Es posible que vayamos. No es posible que vayamos.**

4. The infinitive is used after impersonal expressions when no specific subject is expressed. Compare these examples to those in #1 above.

   Es necesario **comprar** un boleto.

   *It is necessary **to buy** ticket.*

   Es preferible **viajar** hoy.

   *It is preferable **to travel** by plane.*

[1]The expression *es dudoso* requires special consideration. See item 3 above.

Practiquemos

A. **El nuevo agente de viajes.** Ud. empieza a trabajar en la agencia Aviajar. ¿Qué le dice su jefe? Llene los espacios con la forma correcta del verbo en el subjuntivo o el infinitivo.

1. Es mejor que Ud. (empezar) _____ a trabajar hoy mismo.
2. Es necesario (llegar) _____ a la oficina a las nueve en punto.
3. Es una lástima que Ud. no (tener) _____ mucha experiencia.
4. Es importante (aprender) _____ toda la información en nuestros folletos.

Durante su primer día, Ud. tuvo que contestar muchas preguntas de los clientes. Llene los espacios con la forma correcta del verbo en el indicativo o el subjuntivo.

1. Sí, es cierto que (haber) _____ problemas políticos en ese país.
2. Sí, es verdad que los inspectores (tener) _____ que revisar el equipaje.
3. No, no es cierto que el vuelo (estar) _____ lleno.
4. No, no es verdad que los pasajeros (poder) _____ fumar en el avión.

B. **¿Cierto o dudoso?** Su profesor(a) va a leer algunas frases relacionadas con el viaje. Diga si Ud. cree que es cierto o es dudoso y termine la frase usando la forma del indicativo o del subjuntivo, según el contexto.

MODELO   Todos viajan durante el verano.
Es dudoso que todos viajen (Es cierto que todos viajan) durante el verano.

C. **El vuelo largo.** Su vuelo es muy largo y no sabe qué hacer para divertirse. En parejas, hagan los siguientes ejercicios.

1. Un pasajero les recomienda las siguientes actividades para divertirse. Llene los espacios con un verbo apropiado en el presente del subjuntivo y arregle las actividades en orden de preferencia.

   Es recomendable que Ud....
   a. _____ un refresco.   d. _____ la música.
   b. _____ el almuerzo.   e. _____ una carta.
   c. _____ con la azafata.   f. _____ la película.

2. Describan tres cosas que Uds. traen para pasar el tiempo durante el vuelo.

D. **El viaje.** Al igual que Mariana y Luis Antonio, Ud. también piensa pasar una semana en California y México. ¿Cuándo se va? ¿Con quién viaja? ¿Qué quiere ver y hacer? Escriba Ud. cinco frases y comparta (*share*) sus planes con un(a) compañero(a). El (Ella) va a comentar, usando las expresiones impersonales que están en la página 335. Cambien de papeles. (*Reverse roles*).

E. **El folleto.** En grupos, escriban un breve folleto turístico sobre los sitios de interés para visitar en México. Refiéranse al viaje a México en las páginas 396–397 y usen expresiones impersonales.

F. **De vuelta con Mariana.** Use your new knowledge of the use of the subjunctive, indicative, or infinitive with impersonal expressions to retell in the present tense what happens in episode 10, **Así es Mariana: ¿Dónde está mi boleto?** What is evident? sad? a shame? possible? necessary? good?

Relative Pronouns

Forma y función

Los colores que tú quieres.

¿Qué es lo que más me gusta?

LAS PELÍCULAS QUE A USTED LE GUSTAN

Sabemos lo que quieres,

Lo que está in. Lo que está out.

Lo que necesitas y más

A relative pronoun replaces a noun or pronoun and often joins two clauses together. In English the four main relative pronouns are: *that, which, who,* and *whom.* In Spanish three common relative pronouns are: **que, quien(es),** and **lo que.**

Juana es la azafata. La conocí en el avión.	*Juana is the flight attendant. I met her on the plane.*
Juana es la azafata **que** conocí en el avión.	*Juana is the flight attendant **that** I met on the plane.*

1. **Que** can mean *that, which,* or *who.* It is the most common relative pronoun and can be used to refer to a person, place, or thing.

El agente **que** trabaja en esa oficina hizo las reservaciones.	*The agent **who** works in that office made the reservations.*
Los pasajes **que** dejé en la mesa son para ti.	*The tickets **that** I left on the table are for you.*

2. **Quien(es)** means *whom* when used after a preposition.

Paco es el agente **a quien** le diste el dinero.	*Paco is the agent **to whom** you gave the money.*
Los pilotos **de quienes** hablas son mexicanos.	*The pilots **about whom** you're speaking are Mexican.*

3. **Lo que** can mean *what* or *that which.* It is used to refer to abstract ideas, situations, actions, or concepts.

Lo que acabas de decir es fascinante.	***What** you just said is fascinating.*
No vamos a hacer **lo que** tú recomiendas.	*We're not going to do **what** you recommend.*

4. In English the relative pronoun is frequently omitted in daily speech. In Spanish, however, the relative pronoun must be expressed.

El viaje **que** hice a Puebla fue maravilloso.	*The trip **(that)** I took to Puebla was marvelous.*
El hombre **que** conocimos en el avión es el hermano de Pilar.	*The man **(whom)** we met on the plane is Pilar's brother.*

Practiquemos

A. Identificar. Identifique los pronombres relativos en los anuncios y titulares en la página 337. Explique su uso.

B. Las fotos de Luis. Luis le muestra fotos a Mariana de amigos y sitios de interés en San Diego. Forme Ud. frases lógicas, combinando las frases en las dos columnas con el pronombre relativo **que.** Cambie los verbos al presente de indicativo. Hay varias combinaciones posibles.

MODELO   *Ése es el cine que muestra películas en español.*

1. Ése es el zoológico...
2. Ése es el restaurante...
3. Ésas son las tiendas...
4. Ése es el guía turístico...

a. (vender) _____ artesanía de México.
b. (ofrecer) _____ las mejores excursiones por la ciudad.
c. (tener) _____ animales de todo el mundo.
d. (servir) _____ las mejores tortillas de San Diego.

C. Ud. tiene correo. Ud. recibió una carta por correo electrónico de su hermana y ella quiere saber cómo fue su viaje a Cancún, México. Llene Ud. los espacios con el pronombre relativo apropiado.

Hola Paco. Primero, gracias por las tarjetas postales **1.** _____ me mandaste. El viaje parece estupendo pero no me contaste todo. Por ejemplo, ¿con **2.** _____ fuiste por fin, con Pablo o Luis? ¿Qué es **3.** _____ más te gustó? ¿Hiciste todo **4.** _____ te recomendó el agente de viajes? La azafata de **5.** _____ escribiste parece muy simpática. Y finalmente..., ¿para **6.** _____ compraste regalos? Escríbeme.

Ahora, conteste la carta. Sea original.

D. Ud. decide. Diga Ud. lo que necesitan las siguientes personas. Conteste con frases completas y dé por lo menos dos ideas.

MODELO   *Lo que esta mujer necesita es ayuda (help).*
   Lo que esta mujer necesita son unas vacaciones.

1.

2.

3.

E. Díganos. Conteste Ud. las siguientes preguntas. Luego, cámbielas a la forma **tú** y entreviste a un(a) compañero(a).

¿Qué es lo que...
1. Ud. quiere más en el mundo?
2. les fascina a sus padres?
3. le molesta a su profesor(a)?
4. está muy de moda entre los estudiantes de su universidad?

En resumen

A. Mariana escribió una composición sobre la cocina mexicana.
Llene Ud. los espacios con la forma correcta del verbo en el subjuntivo o
en el indicativo. Cuando hay dos palabras, escoja la más apropiada.

Mariana, **1.** (esta, ésta) composición es muy interesante, un **2.** (buen,
bueno) trabajo. Cada día es más evidente que todo lo relacionado con
México **3.** (te, le) **4.** (fascinar) _____. Y es increíble que tú **5.** (saber)
_____ tanto—más que yo— sobre la historia, la cultura y la comida de mi
país de origen. Por ejemplo, el azúcar y **6.** (el, la) carne de res **7.** (venir)
_____ de los europeos. Yo no sabía **8.** (eso, ése). Haces todo esto **9.** (por,
para) mí, ¿verdad?... y porque vamos a ir muy pronto a Ensenada
10. (por, para) visitar **11.** (a, _____) mi abuela. Es una lástima que
nosotros no **12.** (poder) _____ pasar más tiempo **13.** (aquí, allí) porque
hay mucho que ver y hacer. Leer *(Reading)* tu composición sobre
14. (mi, mí) comida favorita me da **15.** (mucho, mucha) hambre. Es mejor
16. (comer) _____ antes de ir **17.** (al, a la) cine, ¿no crees? Vamos a Casa
Paquito porque ellos **18.** (servir) _____ unas fajitas sabrosísimas, y las
enchiladas con salsa verde, los taquitos... **19.** (los, las) tostadas... el gua-
camole... A propósito, en Ensenada, es importante que nosotros **20.** (ir)
_____ a una "almejada", un tipo de *clambake* al estilo de Baja California,
y que **21.** (probar) _____ los famosos tacos de pescado. ¿Qué te parece,
Mariana?

B. De vacaciones. Traduzca el siguiente diálogo al español.

Octavio: *I heard that you and Mariana are going to take a trip. How nice!*

Luis Antonio: *Yes, Mariana is finally going to meet my parents. It's probable that we'll
go to Mexico also, to see my grandmother.*

Octavio: *It's a good idea to buy your tickets now. The flights are cheap.*

Luis Antonio: *You're right. Our travel agent made the reservation for us and told us
about some interesting tours.*

Octavio: *Mariana is going to love southern California and Mexico. Have a good
trip!*

Avancemos

Escuchemos

CD2, Tracks 18–20

A. ¿Es lógico? You will hear a series of sentences. Indicate if they are logical or not logical by placing a check on the appropriate line.

MODELO   Para sacar fotos el viajero necesita un buen folleto turístico.

Es lógico	**No es lógico**
_____	____✔____

Es lógico	**No es lógico**
1. _____	_____
2. _____	_____
3. _____	_____
4. _____	_____
5. _____	_____
6. _____	_____
7. _____	_____
8. _____	_____

B. Dictado. You will hear a short narration about Susan's travel plans. Listen carefully to the entire selection. Listen again and write each sentence during the pauses.

You will then hear a series of questions related to the dictation. Answer them with complete sentences. Refer to your dictation.

Hablemos

Una visita. You're confused! The International Studies Office at the University of Mexico has sent a letter to your office about the arrival of Elena Sánchez, your future exchange student. At home, your spouse has just received a letter from Elena personally. **1.** Listen carefully to each other's letters, **2.** compare notes about the information contained in the letters, and **3.** discuss what you must do in order to clarify the confusion surrounding Elena and her visit. For part 3, you may need to use the subjunctive mood.

Estudiante A

> 8 de agosto
>
> Estimados señores Williams,
>
> La señorita Sánchez tiene un asiento reservado en el vuelo 340 para el día seis de septiembre, que llega a Boston a las 5:30 de la tarde. Piensa llevar sólo una maleta y su computadora portátil. Así no va a pasar mucho tiempo en la aduana. Elena es alta y rubia, y va a llevar un traje de color azul oscuro.
>
> Con mucho gusto recomiendo a Elena Sánchez. Es una estudiante muy seria y aplicada. Habla de lo mucho que quiere conocer los museos y las bibliotecas de Boston. No fuma, no le gustan las fiestas estudiantiles y nunca escucha música rock.
>
> No duden en comunicarse conmigo.
>
> Licenciado Edgardo Gutiérrez

A. El vuelo y la llegada de Elena

la carta de The International Studies office: _____
la carta que escribió Elena: _____
cómo aclarar la situación: Es importante... Es necesario... Es evidente..., etc.

_____

B. Características de Elena

la carta de The International Studies office: _____
la carta que escribió Elena: _____
cómo aclarar la situación: Es importante... Es necesario... Es evidente..., etc.

_____

Estudiante B

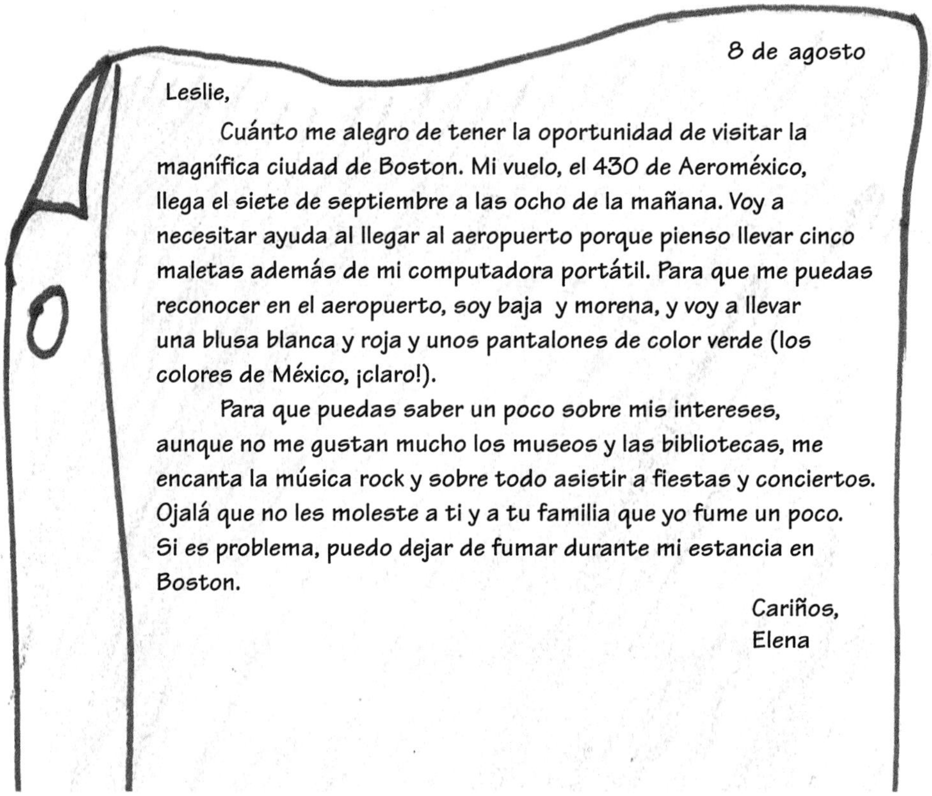

8 de agosto

Leslie,

Cuánto me alegro de tener la oportunidad de visitar la magnífica ciudad de Boston. Mi vuelo, el 430 de Aeroméxico, llega el siete de septiembre a las ocho de la mañana. Voy a necesitar ayuda al llegar al aeropuerto porque pienso llevar cinco maletas además de mi computadora portátil. Para que me puedas reconocer en el aeropuerto, soy baja y morena, y voy a llevar una blusa blanca y roja y unos pantalones de color verde (los colores de México, ¡claro!).

Para que puedas saber un poco sobre mis intereses, aunque no me gustan mucho los museos y las bibliotecas, me encanta la música rock y sobre todo asistir a fiestas y conciertos. Ojalá que no les moleste a ti y a tu familia que yo fume un poco. Si es problema, puedo dejar de fumar durante mi estancia en Boston.

Cariños,
Elena

A. El vuelo y la llegada de Elena

la carta de The International Studies office: _____

la carta que escribió Elena: _____

cómo aclarar la situación: Es importante... Es necesario... Es evidente..., etc.

_____

B. Características de Elena

la carta de The International Studies office: _____

la carta que escribió Elena: _____

cómo aclarar la situación: Es importante... Es necesario... Es evidente..., etc.

_____

El Bazar del Sábado. Cuando están de visita en México, deben visitar el Bazar del Sábado.

Antes de leer

A. ¿En qué lugar prefiere Ud. hacer las compras?

 1. ¿en un centro comercial?
 2. ¿al aire libre?
 3. ¿en tiendas individuales que están en un centro urbano?

B. Note Ud. la posición de los adjetivos en las siguientes frases. Traduzca las frases al inglés.

 1. la gran cantidad de artículos
 2. antigua zona residencial de verano
 3. imponentes casas coloniales
 4. restaurante típico mexicano

A leer

De compras en la Plaza de San Jacinto.

El Bazar del Sábado

Ir a la Ciudad de México y no comprar nada es un pecado *(sin)* ya que la gran cantidad de artículos y sus buenos precios no los supera *(out does)* nadie.

Entre los sitios pintorescos a visitar que la ciudad ofrece, la Plaza de San Jacinto es uno de los más atractivos por el lugar en el que se encuentra y el ambiente que se respira. Situada en la colonia *(neighborhood)* de San Ángel, antigua zona residencial de verano de la aristocracia mexicana, la plaza está rodeada de imponentes *(imposing)* casas coloniales, formando el marco *(frame)* perfecto de este mercado de artesanías.

Dentro de las casas hay tiendas en las que se encuentra todo lo imaginable y más. El Bazar del Sábado es una de esas enormes casas coloniales, con más de cien tiendas repartidas *(divided)* en dos pisos alrededor de un patio central abierto y, en éste, un restaurante típico mexicano con música de marimbas. En las aceras *(sidewalks)* de la plaza, la gente conversa vivamente en los cafés al aire libre y los vendedores, a veces en el mismo suelo o en puestos, exponen su colorida mercancía *(merchandise)*. Esculturas *(sculptures)* de bronce y mármol *(marble)* se mezclan con pinturas y dibujos, completando el cuadro los jardines centrales de la plaza. Pero lo mejor es el tira y afloja *(give and take)* entre comprador y marchante para llegar al precio final.

Guillermo de la Corte *es escritor y fotógrafo español. Colabora con el semanario* La Fuente *y las revistas* Valiente *y* Nexos.

Después de leer

A. Termine Ud. las frases, basándose en el artículo. Hay varias posibilidades.

 El Bazar del Sábado...
 1. es...
 2. se encuentra...
 3. está...
 4. tiene...

B. La primera línea del artículo es, "Ir a la Ciudad de México y no comprar nada es un pecado..." Para terminar las siguientes frases, consulte Ud. **Una gira turística por México** en las páginas 396–397 de la Gaceta 4.

 1. Ir a Taxco y no _____ es un pecado.
 2. Ir a Guadalajara y no _____ es un pecado.
 3. Ir a Mérida y no _____ es un pecado.
 4. Ir a Acapulco y no _____ es un pecado.

Escribamos

Writing a Book Review

Planning a vacation often includes scanning book reviews to find the perfect novel to read on the plane or while relaxing on the beach. Book reviews vary in length and depth of detail, and many are short and to-the-point. In the Lección 7 **Escribamos** section, you utilized a model, a template, and other guidelines to write a restaurant critique. In this section, you will write a brief book review using similar techniques.

Antes de escribir

A. Elementos necesarios. Una reseña *(review)* literaria generalmente incluye cuatro elementos: una introducción, información sobre el autor, un resumen *(summary)* breve del contenido *(content)* y una reacción personal o recomendación. Mientras Ud. lee la reseña de la novela **El corazón del tártaro** intente identificar los elementos. En los espacios, escriban las palabras que inician *(begin)* cada sección.

1. introducción: _____
2. información sobre el autor: _____
3. resumen *(summary)* breve del contenido *(content)*: _____
4. reacción personal o recomendación: _____

libro del mes
el corazón del tártaro

autor: Rosa Montero
título: *El corazón del tártaro*

editorial: Espasa
páginas: 268

La casa editorial, Espasa, nos ofrece otra gran obra *(work)* de Rosa Montero. No hay duda que Rosa Montero es una figura importante en la literatura de hoy. Muchos la aprecian por sus novelas (*La hija del caníbal, Bella y oscura,* etc.), por su participación en los medios de comunicación y por su estilo *(style)* irónico y realista. Con *El corazón del tártaro,* la autora nos da una novela de terror, llena de trama *(intrigue)*. Es la historia de Zarza y Nicolás, unos gemelos que caen en el negro y sórdido mundo de la droga, el crimen y la prisión. La historia empieza con una llamada telefónica sorprendente *(surprising)*. Todo ocurre en el curso de 24 horas y el final es inolvidable. Página a página, el lector *(reader)* está con los nervios de punta... hipnotizado... paralizado de miedo. Yo lo sé. Acabo de leer la novela. Créame.

B. La novela que Mariana leyó. En el diálogo de la Lección 2, Mariana habla de *El enfermo feliz,* un libro que acaba de leer en su clase de literatura. Suponga Ud. que Mariana va a escribir una reseña del libro. ¿Qué va a escribir ella en estos espacios.

1. introducción: _____
2. información sobre el autor: _____
3. resumen breve del contenido: _____
4. reacción personal o recomendación: _____

C. Escoja Ud. El próximo paso es la selección del libro que Ud. quiere comentar. Puede ser una novela, un libro de memorias, hasta *(even)* una guía de viajes *(travel guide).*

Ud. puede iniciar el proceso de escribir una reseña literaria con la técnica de *freewriting.* Consulte *Practicing Freewriting* en la sección de **Escribamos** en la página 211 de la Lección 6 y siga los pasos *(follow the steps).*

Ahora, escriba

Ahora Ud. está listo(a) para escribir su reseña, y va a usar de modelo el párrafo sobre la novela *El corazón del tártaro* que leyó en **Antes de escribir.** Con el formato que sigue y la información que Ud. sacó del libro que leyó, escriba su reseña.

autor: editorial:
título: páginas:

La casa editorial, _____
Es indiscutible (cierto, evidente) que _____
Con _____
Es la historia de _____
Página a página _____

11 En la gasolinera

Preparativos

Al leer el diálogo siguiente o mirar el video, note Ud. que cuando el verbo de la cláusula principal (la parte más importante de la frase) expresa emoción, deseo, duda o influencia, el verbo de la cláusula subordinada (la segunda [second] cláusula) se usa en el subjuntivo. Cuando hay un problema con el coche, Mariana dice: "Espero que no **sea** la batería". Luis dice: "No creo que **haya** una estación de gasolina cerca". Mariana contesta: "Sugiero que **busquemos** un taxi". ¿Qué les pasa a Luis y a Mariana en el camino *(on the way)* a México? ¿Quién tiene la culpa *(fault)*?

—Espero que no sea la batería.

—Recomiendo que siempre viajen con caramelos.

—Espero que mi abuela no se preocupe.

—No creo que vayan a poder arreglar su llanta.

Así es Mariana

La llanta desinflada

Mariana y Luis están en una gasolinera entre San Diego y Ensenada, México. Mariana come un caramelo mientras comenta su situación.

Mariana: *(A los televidentes)* ¿Les doy un consejo? Recomiendo que siempre viajen con algunos caramelos en su bolsillo. Así pueden tener algo dulce en cualquier situación desagradable. Ya pasamos dos días fabulosos con los padres de Luis. Y ahora vamos a Ensenada para visitar a su abuela. Pero... por desgracia, estamos en una estación de gasolina con una llanta desinflada. Íbamos todos contentos, escuchando la radio y cantando, cuando hubo un ruido horrible. Tuvimos que salir de la autopista. Luis estacionó el coche y yo le dije... *Vemos una escena retrospectiva (flashback) del problema con el carro.*

Mariana: ¡Ay Dios! Espero que no sea la batería.

Luis Antonio: Gracias, Mariana, pero no creo que sea la batería. ¿No oíste el ruido? Es cierto que tenemos una llanta desinflada.

Mariana: Pues, fenomenal. Esto es algo que podemos arreglar fácilmente. Mi padre me enseñó a cambiar las llantas cuando yo recibí mi licencia de conducir. Abre el maletero y saca otra llanta. Yo te la arreglo en seguida.

Luis Antonio: ¡Qué mujer! Qué talentosa eres tú. Y qué idiota soy yo.

Mariana: Luis... ¿Qué te pasa? Espero que no tengas malas noticias.

Luis Antonio: Es que no tengo otra llanta. La saqué y la dejé en casa de mis padres para poder llevar todo nuestro equipaje... y todos los recuerdos que tú vas a comprar en México. ¿Qué hacemos? No creo que haya una estación de gasolina cerca. Espero que mi abuela no se preocupe.

Mariana: Pues, no hay más remedio. Sugiero que busquemos un taxi. No estés triste, mi amor. Toma. *(Le da un caramelo.)*

Se vuelve al presente.

Mariana: Y aquí estamos. Pobre Luis. No creo que vayan a poder arreglar su llanta. Va a tener que comprar una nueva. Pero no todo es malo hoy. Tengo que admitir que el policía que le dio la multa era muy simpático. ¿Qué multa? Pues, la multa por estar estacionado en una zona prohibida.

Es decir

A. Comprensión.

Para repasar la historia de la llanta desinflada, busque en la segunda columna la terminación de la frase en la primera columna.

1. Luis y Mariana oyeron...	a. un taxi.
2. Estacionaron...	b. el maletero.
3. El problema era...	c. una estación de gasolina por allí.
4. Luis abrió...	d. el coche.
5. Mariana dijo que sabía...	e. la llanta.
6. No había...	f. un ruido horrible.
7. Buscaron...	g. cambiar la llanta.

Diga Ud. si las frases son ciertas o falsas. Si son falsas, corríjalas.

1. Mariana nos recomienda que siempre viajemos con mucho dinero.
2. Mariana ya pasó una semana en San Diego con Luis y sus padres.
3. Ahora van a Ensenada, México, para visitar a la abuela de Luis.
4. Mariana y Luis hablaban y comían cuando oyeron un ruido horrible.
5. Tuvieron que estacionar el coche en la autopista.
6. Mariana piensa que puede arreglar la llanta.
7. Luis recibió una multa por pasarse un semáforo en rojo.

B. Asimilación.

Repase Ud. el diálogo y conteste las preguntas con frases completas.

1. ¿Qué espera Mariana? (dos cosas)
2. ¿Qué es lo que Luis no cree? (dos cosas)
3. ¿Qué espera Luis?
4. ¿Qué sugiere Mariana?

En parejas, representen la siguiente escena. Mariana habla con su madre por teléfono y le cuenta lo que le pasó en la autopista. Su madre le hace muchas preguntas y comentarios.

C. Expansión

En grupos pequeños, escriban una breve descripción (cuatro frases) de cómo Mariana y Luis "pasaron dos días fabulosos" con los padres de Luis en San Diego. Usen su imaginación y cualquier información que sepan sobre San Diego, porque Mariana no menciona nada todavía. Comparen su descripción con la de otro grupo y combínenlas para formar una mejor.

Vocabulario

Use the context suggested by the illustration and identify cognates (words that look alike in English and Spanish) to guess at the meaning of new words and expressions. All of the essential vocabulary for this *Lección* appears with English translations on pp. 394-395.

El automóvil

el camión

el semáforo

la motocicleta (la moto)

el (la) conductor(a)

la estación de gasolina (la gasolinera)

el taller

el metro

el autobús

la bicicleta (la bici)

el maletero

el motor

la batería

la llanta

la llanta desinflada

el tanque

hacer autostop

Palabras relacionadas

la autopista	*highway, freeway*	**la multa**	*traffic ticket / fine*
el camino	*road*	**la policía**[1]	*police*
el freno	*brake*	**el/la policía**	*police officer*
la licencia de conducir	*driver's license*	**el ruido**	*noise*

Verbos

aconsejar	*to advise*	**gastar**	*to spend, use; to waste*
alegrarse (de)	*to be happy (about)*	**llenar**	*to fill*
aprobar (ue)	*to approve*	**mandar**	*to order; to send*
aprovecharse de	*to take advantage of*	**ordenar**	*to order*
caer(se)	*to fall*	**parar**	*to stop*
chocar con	*to collide with, hit*	**pasearse (en coche)**	*to take a walk (a drive)*
descansar	*to rest*	**prohibir**	*to forbid*
estacionar (aparcar)	*to park*	**sugerir (ie, i)**	*to suggest*
frenar	*to brake*	**temer**	*to fear*

[1]**La policía** refers to the police collectively. A female police officer is often referred to as **la mujer policía.**

Adjetivos

(des)agradable	*(un)pleasant*	**peligroso**	*dangerous*
amable	*nice*	**ruidoso**	*noisy*
descompuesto (roto)	*broken*		

Sustantivos

el barco	*boat*	**el paisaje**	*countryside*
el centro	*center; downtown*	**la ventanilla**	*ticket window; small window*
el consejo	*advice*		
el norte (sur, este, oeste)	*north (south, east, west)*		

Expresiones

a menos que	*unless*	**ojalá**	*it is hoped, I hope*
cualquier(a)	*any*	**perder el tren (avión)**	*to miss the train (plane)*
no tener (hay) más remedio	*to have (there is) no other choice*	**tal vez (quizás)**	*maybe, perhaps*

Vocabulario adicional

a lo mejor	*probably*	**complicado**	*complicated*
el andén	*railway platform*	**el gasto**	*expense; waste*
la circulación (el tráfico)	*traffic*	**la milla**	*mile*
el coche cama	*sleeping car* (on a train)	**¡Ojo!**	*Careful!*
el coche comedor	*dining car* (on a train)	**la velocidad**	*speed*

Practiquemos

A. ¿Qué es? Diga Ud. a qué se refieren las descripciones siguientes.

1. el lugar donde arreglan los coches descompuestos
2. el lugar donde llenan el tanque de gasolina
3. una forma de viajar que sólo requiere energía humana
4. el certificado que necesitamos para poder manejar un coche
5. la parte del coche donde metemos las maletas

B. ¿Cuál no pertenece? Indique Ud. la palabra que no está relacionada con las otras y explique.

1. calle	autopista	metro	camino
2. este	sur	ojalá	oeste
3. maletero	freno	llanta	paisaje
4. avión	autobús	coche	motocicleta

C. Escuchar. Su profesor(a) va a leer unas frases. Escoja Ud. la palabra que mejor termine la frase.

1. la estación/el maletero
2. arreglarlo/estacionarlo
3. a la ventanilla/al metro
4. un freno/una multa
5. frénelo/llénelo
6. semáforo/ruido

D. ¿Cómo prefiere Ud. viajar? Combine Ud. las palabras de la primera columna con las de la segunda columna para completar la frase lógicamente. Siga el modelo.

MODELO   Voy en... *barco porque me encanta el mar.*

1. avión	a. gasta menos gasolina que el coche
2. bicicleta	b. me gusta conducir
3. coche	c. es buen ejercicio
4. motocicleta	d. es la forma más rápida de viajar
5. tren	e. quiero ver el paisaje
6. metro	f. es mejor que el autobús

E. La gasolinera Momotombo. Lea Ud. el siguiente recibo *(receipt)* de esta gasolinera en Managua, Nicaragua. Todas las frases que siguen son falsas. Corríjalas, basándose en la información en el recibo.

1. La Estación Momotombo está detrás de la planta eléctrica.
2. En esta gasolinera, siempre meten demasiada gasolina en el tanque.
3. Este conductor *(driver)* compró gasolina y aceite.
4. Venden llantas en esta gasolinera.
5. No lavan los coches en esta gasolinera.
6. Este conductor tuvo una llanta desinflada y el mecánico la arregló.
7. Sólo venden un tipo de gasolina en esta gasolinera.
8. Sólo venden un tipo de aceite aquí.

F. Medios de transporte. Pregúnteles a tres compañeros qué medio de transporte es más...

	coche	moto	bici	tren	barco	avión	metro
1. cómodo	___	___	___	___	___	___	___
2. incómodo	___	___	___	___	___	___	___
3. caro	___	___	___	___	___	___	___
4. aburrido	___	___	___	___	___	___	___
5. divertido *(fun)*	___	___	___	___	___	___	___
6. peligroso	___	___	___	___	___	___	___

Aviso cultural   Las artesanías de México

Taxco, México

Por todas partes de México se vende una gran variedad de recuerdos que reflejan° la rica historia y cultura del país. Cada región o pueblo produce artículos de artesanía según los recursos° naturales que hay. México tiene una gran selección de cerámica, textiles, artículos de madera°, vidrio° y cuero, y juguetes y artículos de varios metales como hojalata°, oro y cobre°. En Taxco, un pueblo encantador, se puede comprar toda clase de objetos de plata.

reflect

resources

wood; glass

tin; copper

En Ensenada es posible que Mariana vaya a comprar cestos°, cerámicas, joyería de concha° y, por lo menos, una blusa bordada°. Es probable que Mariana y Luis Antonio no vayan a salir de Ensenada sin probar sus ricos y famosos tacos de pescado. ¿A Ud. le gusta comprar recuerdos cuando viaja? ¿Qué recuerdos suelen comprar los turistas que vienen a los Estados Unidos?

baskets; shell
embroidered

Forma y función

The Present Subjunctive in Noun Clauses to Express Emotion, Desire, Doubt, and Influence

Forma

As discussed in **Lección 10,** the subjunctive is used to express conjecture, uncertainty, emotion, subjectivity, doubt, probability, influence, that which is as yet unknown, and and that which you would like to happen (preference).

Sugiero que **él haga** reservaciones.	*I suggest* that *he make*[1] *reservations.*
Preferimos que **ella llegue** a tiempo.	*We prefer* that *she arrive* on *time.*

As you can see in the preceding examples, the subjunctive is generally used in the subordinate clause. The verb in the main clause determines the need for the subjunctive or the indicative in the subordinate clause. The conjunction **que** *(that)* joins the two clauses. Remember, if the subject of both clauses is the same, the infinitive is generally used.

Preferimos llegar a tiempo.	*We prefer to arrive* on time.

The subjunctive is used in noun, adjective, and adverbial clauses. A noun clause is a clause that functions like a noun and serves as the direct object of the verb in the main clause.

Identify the direct objects in the following sentences.

1. Yo prefiero un vuelo temprano.   *I prefer an early flight.*
2. Queremos un pasaje de ida y vuelta.   *We want a round-trip ticket.*
3. Ella recomienda Taxco.   *She recommends Taxco.*

---

[1]*He make* and *she arrive* are examples of the subjunctive form in English. The corresponding indicative forms are *he makes* and *she arrives.*

Identify the noun clauses in the following sentences.

1. Yo prefiero que tomemos un vuelo temprano. — *I prefer that we take an early flight.*
2. Queremos que nos den un pasaje de ida y vuelta. — *We want them to give us a round-trip ticket.*
3. Ella recomienda que visitemos Taxco. — *She recommends that we visit Taxco.*

Función

1. The subjunctive is used in the subordinate clause when the verb in the main clause expresses emotion, hope, or desire. Some verbs in this category include:

alegrarse (de)	*to be happy (about)*
desear	*to desire, want*
esperar	*to hope*
estar feliz (triste, etc.)	*to be happy (sad, etc.)*
gustar	*to be pleasing*
ojalá[1]	*I hope*
preferir	*to prefer*
sentir	*to feel sorry, regret*
sorprenderse	*to be surprised*
tener miedo de (temer)	*to be afraid, fear*

Está contenta de que tú **sepas** manejar, pero **espera** que **no corras.** — ***She's happy*** *that you* ***know how*** *to drive, but* ***she hopes*** *that you* ***don't speed****.*

Queremos que Ud. **descanse** en el tren. — ***We want*** *you to* ***rest*** *on the train.*

2. The subjunctive is used in the subordinate clause when the verb in the main clause expresses doubt, denial, or uncertainty. When verbs of certainty are negated, they indicate doubt, and therefore require the subjunctive.

Dudo
Niego } que **haya** un tren a las 3:00.
No creo

I doubt
I deny } that ***there is*** a train at 3:00.
I don't think

When verbs of doubt are negated they indicate certainty, and therefore require the indicative.

No dudo
No niego } que **hay** un tren a las 3:00.
Creo

I don't doubt
I don't deny } that ***there is*** a train at 3:00.
I think

¡AVISO! Although the English equivalents of **creer** and **pensar** can indicate some uncertainty (I think so, but I'm not sure), in Spanish these verbs express certainty. When a speaker says **Creo que hay un tren,** the speaker believes this to be true.

---

[1]Ojalá (que) is an expression of Arabic origin that literally means *Would to Allah (God)*. It is used to express hope or desire, and requires the subjunctive.

3. The subjunctive is used in the subordinate clause when the verb in the main clause expresses influence. This category includes verbs that try to affect the outcome of the action in the subordinate clause. These are verbs that command, suggest, advise, recommend, permit, allow, forbid, consent, oppose, request, or approve.

Some verbs in this category include:

aconsejar	*to advise*	insistir (en)	*to insist*
aprobar	*to approve*	ordenar	*to order*
decir	*to tell*	prohibir	*to forbid*
dejar	*to allow, let*	sugerir	*to suggest*
hacer	*to make*		

Yo **recomiendo (pido, permito, mando)** que tú **compres** el boleto.

*I recommend (request, permit, order) that you **buy** the ticket.*

4. **Decir** and **insistir** are examples of verbs that can require either the subjunctive when influence is expressed, or the indicative when information is communicated. Compare the following sentences.

José me **dice** que **salga** ahora.
*José **tells** me to **leave** now.*

José me **dice** que María **sale** ahora.
*José **tells** me that María **is leaving** now.*

Tú **insistes** en que Paco **esté** aquí.
*You **insist** that Paco **be** here.*

Tú **insistes** en que Paco **está** aquí.
*You **insist** that Paco **is** here.*

In the first sentence of each example the subject of the main clause is influencing the behavior of the subject of the subordinate clause by ordering that he or she do something. In the second sentence of each example, the subject of the main clause is merely communicating information about the subject of the subordinate clause.

Es triste que Luis **tenga** que pagar una multa.
Mariana aconseja que la próxima vez Luis
no **estacione** el coche en una zona prohibida.

 **Practiquemos**

A. Vacaciones... con hijos incluidos. Marta habla con su agente sobre un viaje que quiere hacer con su familia. En parejas, llenen los espacios con la forma correcta del verbo en el indicativo, el subjuntivo o el infinitivo. Luego, representen el diálogo.

Marta: Quiero **1.** (pasar) _____ una semana de vacaciones en México. Tengo seis hijos de dos a quince años y no creo que **2.** (ser) _____ posible **3.** (encontrar) _____ algo para todos. Es una lástima que yo no **4.** (conocer) _____ México.

El agente: Yo creo que nosotros **5.** (tener) _____ el plan ideal para Ud. Yo recomiendo que Uds. **6.** (ir) _____ al "Club Familia" en Ixtapa. Es verdad que ellos **7.** (tener) _____ todo. Por ejemplo, sugiero que los niños **8.** (participar) _____ en el "Mini Club". No dudo que les **9.** (ir) _____ a gustar.

Marta: ¿Y qué recomienda Ud. que mi marido y yo **10.** (hacer) _____?

El agente: Es importante que Uds. **11.** (tener) _____ tiempo para descansar y para estar solos. Con seis hijos, yo dudo que Uds. **12.** (pasar) _____ mucho tiempo relajándose.

Marta tiene dudas. Combinen Uds. las expresiones en la primera columna con las posibles terminaciones en la segunda columna. Usen el subjuntivo o el indicativo. Hay varias combinaciones posibles.

1. Me molesta que...
2. Me alegro de que...
3. Ojalá que...
4. Siento que...
5. Creo que...

a. a todos mis hijos les (gustar) el "Club Familia".
b. Paquito no (divertirse) en el "Mini Club".
c. las actividades (incluir) el tenis y el golf.
d. no (haber) actividades para mi esposo.
e. nosotros (volver) aquí todos los años.

B. Preocupaciones. Ud. es muy pesimista pero su amigo(a) es optimista. En parejas comenten las siguientes frases, usando **Yo dudo que** + el subjuntivo y **Yo creo que** + el indicativo.

MODELO   Nuestro guía turístico sabe mucho sobre Tepic.
Ud.: *Yo dudo que nuestro guía turístico sepa mucho sobre Tepic.*
Su amigo(a): *Yo creo que nuestro guía turístico sabe mucho sobre Tepic.*

1. Nos divertimos.
2. El tren va directamente a Tepic.
3. El tren sale a tiempo.
4. Sirven refrescos gratis.
5. Hay muchos asientos libres.
6. Llegamos temprano.

C. Las emergencias en la autopista. Un joven acaba de conseguir su licencia de conducir. Sus padres le dan consejos sobre qué hacer en caso de emergencia. Cambie los verbos entre paréntesis al subjuntivo o indicativo.

Si tú tienes un accidente es posible que un desconocido *(stranger)* **1.** (parar) _____ para darte ayuda. Pero, hijo, no te recomendamos que **2.** (contar) _____ con la bondad *(kindness)* de gente desconocida para ayudarte. Es mejor que les **3.** (dar) _____ las gracias y les **4.** (pedir) _____ que ellos **5.** (llamar) _____ a la policía. Creemos que los policías **6.** (ser) _____ capaces de ayudarte.

Si tienes un accidente de noche en la autopista, sugerimos que tú **7.** (subir) _____ el capó *(hood),* que **8.** (meterse) _____ en tu coche y **9.** (cerrar) _____ la puerta. Si una persona que no es policía te ofrece ayuda, queremos que **10.** (bajar) _____ la ventanilla un poquito y que le **11.** (decir) _____ que sólo necesitas un policía.

D. Problemas y soluciones. Refiérase al ejercicio C. sobre las emergencias en la autopista. Escriba un párrafo en el cual Ud. le da consejos a una persona que va a viajar por autobús, por avión o por bicicleta. Mencione por lo menos 5 problemas que pueden ocurrir y las posibles soluciones. Use el subjuntivo en las cláusulas sustantivas.

E. Malas noticias. Después de hacer su primer viaje juntos, Ramón rompió con su novia, Mónica... ¡por carta! Haga las actividades.

1. Termine Ud. la carta de Ramón y compárela con la carta de su compañero(a).

   Mi querida Mónica...
   a. Espero que puedas...
   b. Pero después de pasar una semana contigo en México, creo que...
   c. Además, somos muy jóvenes. Es mejor que...
   d. Necesito...
   e. Siento mucho...
   f. No dudo que...
   Besos *(Kisses),* Ramón

2. ¿Cómo responde Mónica a la carta? En parejas, terminen las frases y compartan la carta con la clase.

   Ramón... Gracias por tu sinceridad. Yo también voy a ser sincera contigo.
   a. No me sorprende que...
   b. Tienes razón. Soy joven y...
   c. Ojalá que...
   d. Creo que...
   e. Algún día, espero que...
   Abrazos *(Hugs),* Mónica

3. Al recibir esta carta, ¡Ramón tiene una reacción sorprendente! En parejas, escriban la carta de Ramón y compártanla —otra vez— con la clase.

F. Problems sin soluciones. Ud. tiene cuatro problemas. Los problemas están relacionados con las siguientes categorías: problemas con el coche, conflictos en la familia, crisis sentimentales/amorosas, dificultades académicas. Ud. se reúne *(You get together)* con dos amigos para explicarles sus problemas y escuchar sus consejos. El primer amigo ofrece una solución. Al segundo amigo no le gusta la solución, dice por qué y ofrece otra opción. Finalmente, Ud. expresa su propia *(own)* opinión de las soluciones.

G. De vuelta con Mariana. Use your new knowledge of the use of the subjunctive, indicative, or infinitive in noun clauses to retell in the present tense what happens in episode 11, **Así es Mariana: La llanta desinflada.** Where are Mariana and Luis going? What were they doing when Mariana heard a noise? What does she hope? Does Luis agree with the diagnosis? What are some options for the couple? What do you recommend that they do?

to cross°

El(La) conductor(a) dice:
¡Socorro! ¡Auxilio!
¡Ayúdeme!
¡Qué lío!
Hubo un accidente.
El coche (motor) no arranca.
No funciona.

The driver says:
Help!
Help me!
What a mess!
There was an accident.
The car (motor) won't start.
It doesn't work.

El policía de tránsito (de tráfico) dice:
¿Qué pasó?
Cálmese. (Tranquilícese.)
No es para tanto.
El semáforo estaba en verde (rojo).
Se pasó la luz roja.
Excedió el límite de velocidad.
¡Maneje con cuidado!

The traffic policeman says:
What's wrong?
Calm down.
It's not so bad.
The traffic light was green (red).
You (He, She) went through a red light.
You (He, She) were (was) speeding.
Drive carefully!

Practiquemos

A. **Una emergencia en la autopista.** Termine Ud. las siguientes frases con las expresiones apropiadas de la lista.

1. Una ambulancia llegó porque _____ en la carretera.
2. La mujer que tuvo el accidente gritó, "¡_____!"
3. Para tranquilizar a la pobre mujer, el policía le dijo, "_____, señora".
4. El policía le dio una multa al hombre que conducía el otro coche porque _____ .
5. La mujer necesita un coche nuevo porque _____ .

 B. **Con los compañeros.** En parejas, completen el siguiente diálogo.

Señor: Señor policía. ¿Qué pasa? ¿Por qué tengo que parar el coche?

Policía: _____

Señor: ¡No puede ser! El semáforo estaba en verde.

Policía: También _____

Señor: ¡Qué lío! ¡Es la cuarta multa que me dan este mes!

Se to Express Unplanned Occurrences

Forma y función

You have learned three uses of the pronoun **se** so far.

- **Se** as a reflexive pronoun:

    Él **se** viste. Ellos **se** visten para la excursión.

- **Se** as a third-person indirect object pronoun in place of **le** and **les** before a third-person direct object pronoun (**lo, la, los, las**):

    El policía escribe una multa para Luis y **se** la da.

- **Se** to express an indefinite subject with the verb in the third person singular:

    Se dice que Ensenada es muy bonita.

Se is also used to express unplanned occurrences, such as forgetting, losing, breaking, or dropping something. In English and Spanish, this type of action can be expressed two ways. One way is to use an active construction, whereby the subject takes responsibility for the mishap.

Yo rompí los vasos.	***I broke*** *the glasses.*
Tú siempre **pierdes** tu pasaporte.	***You*** *always **lose** your passport.*

Another way of expressing these actions is to use a passive construction, whereby it appears that the subject in not directly responsible for them. The subject becomes the victim; someone to whom these unfortunate actions happen rather than the perpetrator of them.

Se me rompieron los vasos.	*The glasses **got broken.***
Siempre **se te pierde** el pasaporte.	*Your passport always **gets lost.***

In Spanish, the object that is forgotten, lost, broken, etc. (the glasses, the passport) becomes the grammatical subject and does the action of the verb to the victim (to me, to you).

Spanish sentence	Literal English	English equivalent
Se me rompieron los vasos.	*The glasses broke (themselves) on me.*	*The glasses broke.*

The Spanish sentence is composed of:

Se + indirect object pronoun + verb in the third person singular or plural + subject

Note that the subject often follows the verb. If the indirect object noun is expressed or if clarification is desired, a prepositional phrase is used.

A Manuel se **le** rompieron los vasos.	***Manuel*** *broke the glasses.*
A Uds. se **les** olvidó llenar el tanque.[1]	***You*** *forgot to fill the tank.*
A nosotros se **nos** fue el tren.	***We*** *missed the train.*

This construction is commonly used with the following verbs.

acabar	ir	ocurrir	quedar
caer	olvidar	perder	romper

Se me **acaba** la gasolina.	***I am running out*** *of gas.*
Se nos **quedaron** los pasaportes en la estación pero a papá se **le ocurre** una solución.	***We left*** *our passports at the station but dad has a solution.*

Practiquemos

A. Se me olvidó. Para practicar el uso de **se** para expresar eventos inesperados *(unexpected events),* llene Ud. los espacios con el pronombre del complemento indirecto *(indirect object pronoun)* apropiado, según el modelo. Traduzca las frases al inglés.

MODELO   A ti, se *te* ocurrió una idea estupenda.
         A great idea occurred to you. (You had a great idea.)

1. A Susana, se _____ rompió el reloj.
2. A los abuelos, se _____ olvidó llamarme.
3. A mí, se _____ acabó el dinero.
4. A Luis, se _____ perdieron los boletos.

Ahora, llene Ud. los espacios con la forma correcta del verbo entre paréntesis en el pretérito. Traduzca las frases al inglés.

MODELO   A Juan, se le (romper) *rompió* la ventana.
         John broke the window.

1. A nosotros se nos (olvidar) _____ traer el vino.
2. A Marta, se le (perder) _____ los boletos.
3. A mis padres, se les (ir) _____ el autobús.
4. A Pedro, se le (caer) _____ la leche.

[1]If the subject is an infinitive, a singular verb is used.

B. ¿Qué pasó? Diga Ud. qué dicen las personas en las siguientes situaciones.

MODELO a Ud./caer/el dinero
A Ud. se le cayó el dinero.

1. a mí/ir/el autobús

2. a nosotros/quedar/los boletos

3. ¿a ti/perder/la licencia de conducir?

4. a nosotros/olvidar/los regalos

5. a Ud./romper/el zapato

C. Ud. tiene correo. Ud. recibió una carta de su amigo por correo electrónico. Él le dice por qué Ud. no debe ir a recogerlo *(pick him up)* al aeropuerto esta noche. Cambie el verbo entre paréntesis al pretérito.

Espero que recibas este recado. ¡NO VAYAS AL AEROPUERTO! Se me **1.** (ir) _____ el avión y no hay otro vuelo hasta mañana. Hoy fue un día fatal. Me desperté tarde, hice la maleta con prisa y salí corriendo. Corrí al coche pero se me **2.** (romper) _____ la maleta y se me **3.** (caer) _____ todas mis cosas en la calle. Además, se me **4.** (quedar) _____ las llaves del coche en mi cuarto. Finalmente subí al coche, pero en camino, se me **5.** (acabar) _____ la gasolina y no pude seguir. Se me **6.** (ocurrir) _____ llamar a mi compañero, pero se me **7.** (olvidar) _____ el número de su teléfono celular. En fin... Llego mañana a las seis de la mañana. ¿Puedes recogerme?

Ahora, conteste Ud. su carta, usando por lo menos dos ejemplos del uso de **se.**

D. Lo inesperado *(The unexpected).* En parejas, hagan una lista de todas las cosas inesperadas que pasaron durante un viaje, o durante la primera semana de clases.

MODELO *Se me olvidó ir a mi primera clase de español.*

Commands: *Nosotros*

Forma y función

You have already learned how to express formal and informal commands (**Ud., Uds.,** and **tú**) by using the subjunctive form of the verb. In English and Spanish, commands can also include the speaker (**nosotros**), and are expressed as "let's," as in *Let's fill the tank.*

To form affirmative and negative **nosotros** commands, take off the final -**o** from the first person singular (**yo**) of the present indicative conjugation (**habl-o, com-o, escrib-o**) and add -**emos** to -**ar** verbs and -**amos** to -**er** and -**ir** verbs. The same spelling and stem changes that occur when forming the subjunctive apply to the **nosotros** commands.

Nosotros commands	
Infinitive	**Affirmative and negative command**
HABLAR	(no) hablemos
COMER	(no) comamos
BUSCAR	(no) busquemos
COMENZAR	(no) comencemos
DORMIR	(no) durmamos
SENTIR	(no) sintamos

1. There are five irregular command forms.

SABER:	sepamos	DAR:	demos
SER:	seamos	ESTAR:	estemos
IR:	vayamos		

2. The affirmative **nosotros** command of **ir** is **vamos:** The negative command is **no vayamos.**

   Vamos en tren y **no vayamos** en barco.   *Let's go by train and **let's not go** by boat.*

3. There are two other ways to express **nosotros** *(let's)* commands.

   Vamos a descansar.   *Let's rest.*
   A descansar.

   However, to express a negative **nosotros** command you must use the subjunctive form.

   No descansemos ahora.   *Let's not rest now.*

4. When a **nosotros** affirmative command has a reflexive pronoun, the final **s** is dropped from the conjugated verb. Note the addition of a written accent when pronouns are added.

   Levantémonos temprano, **vistámonos** rápido y **aprovechémonos** del buen tiempo.   *Let's get up early, let's get dressed quickly and let's take advantage of the nice weather.*

Practiquemos

A. ¡Vamos! Mariana hace planes con Luis Antonio. Llene el espacio con la forma correcta del mandato con **nosotros.**

Tengo una idea maravillosa, Luis. No **1.** (quedarse) _____ aquí.
2. (Subir) _____ al coche y **3.** (conducir) _____ a Ensenada.
4. (Ir) _____ a visitar a tu abuela. **5.** (Salir) _____ temprano.
6. (Llegar) _____ para las 12:00, y **7.** (llevarla) _____ a su restaurante favorito para almorzar. No **8.** (decirle) _____ nuestros planes. Quiero que sea una sorpresa. Ah, **9.** (pasar) _____ por la pastelería y **10.** (buscar) _____ sus galletas favoritas. ¿Te gusta la idea?

¿Qué otras ideas tiene Mariana? Escriba Ud. un párrafo sobre una excursión que Mariana le propone a Luis. Incluya por lo menos seis mandatos con **nosotros.**

B. Antes de partir. Ud. y un amigo deciden hacer una excursión en coche este fin de semana. Responda a las preguntas de su amigo acerca de los preparativos.

MODELO   ¿Vamos a poner las cosas en el maletero?
          Sí, pongamos las cosas en el maletero.

1. ¿Vamos a reservar una habitación en el hotel?
2. ¿Vamos a lavar la ropa que queremos llevar?
3. ¿Vamos a llenar el tanque de gasolina antes de partir?
4. ¿Vamos a sacar fotos del paisaje en el camino?
5. Al llegar al hotel, ¿vamos a descansar?

 C. ¿Qué hacemos? Ud. y un(a) compañero(a) de clase están de visita en México. ¿Qué hacen en las siguientes situaciones? Sigan el modelo y sean creativos.

MODELO   Se les olvidaron los pasaportes en el hotel.
          Estudiante 1: *¿Volvamos al hotel para buscar los pasaportes?*
          Estudiante 2: *Sí. Vamos a volver al hotel.*

1. Se les olvidó cambiar los dólares en pesos.
2. Se les descompuso *(broke down)* el coche de alquiler en la autopista.
3. Se les perdió el mapa.
4. Se les acabó el dinero.
5. Se les fue el vuelo para regresar porque llegaron tarde al aeropuerto.

 D. Un viaje al extranjero. Con tres compañeros formen seis mandatos afirmativos y seis negativos para describir el viaje que Uds. quieren hacer. Consulten la lista de vocabulario.

MODELO   *Vamos a una agencia de viajes.*
          No hagamos los planes sin ayuda.

En resumen

A. Mariana y Luis Antonio van a México. Llene Ud. los espacios con el infinitivo o con la forma correcta del subjuntivo. Si hay dos palabras, escoja la más apropiada.

En San Diego, un agente de viajes aconseja a Mariana y a Luis sobre qué hacer y ver en Ensenada, México.

... si les gusta la ecología, recomiendo que Uds. **1.** (hacer) _____ una gira **2.** (por, para) la Bahía *(Bay)* de Cortés en uno de **3.** (esos, ésos) **4.** (barcos, camiones) con el fondo de cristal *(glass-bottomed)*. Sugiero que **5.** (ir) _____ a una agencia de viajes en Ensenada y que **6.** (escoger) _____ **7.** (un, una) excursión ecológica. No deben **8.** (salir) _____ de México sin **9.** (conocer, saber) las maravillas de la naturaleza *(nature)* que hay **10.** (allí, aquí). Espero que no **11.** (pasar) _____ el poco tiempo que tienen comprando recuerdos *(souvenirs)* y que no **12.** (sacar) _____ fotos a cada paso. Es mejor no **13.** (gastar) _____ su dinero en **14.** (las, los) típicas actividades de turistas. ¡Ojalá que Uds. **15.** (divertirse) _____ en México!

B. Otro problema en el camino. Traduzca el siguiente diálogo al español.

Mariana: *Luis . . . I am happy that we have a new tire. I hope that we don't have more problems.*

Luis Antonio: *Mariana . . . I don't want you to worry, but we are running out of gas. I forgot to fill the tank when we stopped to change the tire.*

Mariana: *I recommend that we get off the highway right away. It's important that we find a gas station . . . again!*

Luis Antonio: *Look. There is a gas station 10 miles from here.*

Mariana: *Fantastic. But, gas is not all that we need. We also ran out of candy (caramelos)!*

Avancemos

Escuchemos

CD2, Tracks 22–24

A. ¿Es lógico? You will hear a series of sentences. Indicate if they are logical or not logical by placing a check on the appropriate line.

MODELO   El maletero es donde meto las maletas.

Es lógico	**No es lógico**
_____	____✔____

	Es lógico	**No es lógico**
1.	_____	_____
2.	_____	_____
3.	_____	_____
4.	_____	_____
5.	_____	_____
6.	_____	_____
7.	_____	_____
8.	_____	_____

B. Dictado. You will hear a short narration about an accident Susan witnessed while on vacation in Mexico. Listen carefully to the entire selection. Listen again and write each sentence during the pauses.

You will then hear a series of false statements related to the dictation. Correct each one with a complete sentence. Refer to your dictation.

Tráfico en la capital mexicana

Hablemos

Siempre hay un pretexto. Antonio is your only friend with a car. This means that everyone asks him for rides. *Student A* will ask Antonio to be taken to the places indicated by the cues below, and will listen to his responses and recommendations and react according to the model and the visual cues that follow. *Student B* will play the role of Antonio and will invent a problem with the car, then make a recommendation according to the visual cues.

MODELO   **Estudiante A:** Antonio, ¿me llevas al centro comercial?
          Antonio (Estudiante B): Lo siento pero los frenos no
             funcionan. Recomiendo que tomes un taxi.
          Estudiante A.: ¡Tomar un taxi! Mis padres me prohíben que
             tome un taxi.

Estudiante A

1.   2.   3.   4.

4.   3.   2.   1.

gasto. / La llanta está desinflada. / El motor está roto, etc.
es batería La / .vacío está tanque El / desagradable ruido un hace coche El
Problemas con el coche:

Estudiante B

Leamos

El Día de los Muertos. Los mexicanos celebran la muerte de una forma particular. Ud. va a leer una descripción del Día de los Muertos.

Antes de leer

A. En la lectura se encuentran varias palabras y expresiones derivadas del verbo "morir". Traduzca las siguientes frases al inglés.

1. Los mexicanos celebran la muerte.
2. La muerte es la invitada de esta celebración.
3. Los mexicanos recuerdan a sus muertos.
4. sus queridos muertos
5. pan de muertos
6. La muerte es inevitable.

B. Las siguientes cosas están presentes en la celebración de El Día de los Muertos. ¿Qué significado pueden tener?

1. el altar (en la casa)
2. las velas *(candles)* (en el cementerio)
3. la comida favorita de la persona muerta (en el cementerio)

A leer

El Día de los Muertos

En todas las culturas del mundo, la memoria de los seres queridos es respetada y honrada. En México, el homenaje° a los muertos alcanza° su máxima expresión el primero y el dos de noviembre en una fiesta de recuerdos que se llama el Día (Los Días) de los Muertos. En esa celebración los mexicanos recuerdan a sus muertos con una mezcla de solemnidad y festividad. Muchos ponen altares, u "ofrendas", en sus casas con flores, el delicioso "pan de muertos" (preparado sólo para esta ocasión) y otros objetos en honor al muerto. Por la mañana van a misa° y más tarde al cementerio para llorar, rezar°, limpiar y decorar las tumbas. Por todas partes se ven las tradicionales flores amarillas de la muerte.

homage; reaches

mass
pray

El Día de los Muertos, México D.F.

En el pueblo colonial de Pátzcuaro, los indígenas hacen más que recordar a sus queridos muertos. Creen que la muerte es la invitada de esta celebración y que los espíritus de sus queridos muertos° regresan para visitar *departed* y para gozar—por un día al año— de lo que más gozaban en vida. A la medianoche del primer día van a Janitzio, una isla en el centro del lago Pátzcuaro. Allí en el cementerio, ponen velas° para iluminar el camino a la *candles* tumba para los espíritus, y preparan las comidas y bebidas favoritas de los muertos. Pasan la noche celebrando con fervor. El día dos, los muertos se retiran.° *leave*

Estas costumbres, que los mexicanos conservan desde la época precolombina, reflejan su actitud hacia la muerte; la aceptan, conviven con ella y hasta° se burlan° de ella. Para ellos la muerte es inevitable y muchos *even; mock* creen que es el comienzo de una vida mejor.

En algunas zonas de las ciudades grandes, esta celebración tradicional va cediendo° ante el *Halloween.* Debido a los medios de comunicación y a los *giving way* grandes comercios, los niños hablan de brujas, fantasmas y calabazas y se olvidan de las tradiciones de sus abuelos. Para preservar las costumbres, muchas comunidades y escuelas organizan concursos° de altares de muer- *competitions* tos y otras actividades relacionadas con esta celebración. Para muchos mexicanos, la llegada de Halloween simboliza la pérdida de su identidad cultural, espiritual y artística.

Después de leer

A. El Día de los Muertos, ¿qué hacen los mexicanos...

1. en la casa?
2. en la iglesia *(church)*?
3. en el cementerio?
4. para asegurar la llegada de los muertos a sus tumbas?
5. para no perder las tradiciones de esta celebración?

B. Suponga Ud. que su hijo de 11 años ya no quiere saber nada de la celebración del Día de los Muertos. Él prefiere llevar una máscara de Drácula e ir a una fiesta de Halloween. En grupos de tres, representen una conversación entre padres y muchacho en la que hablan de: el altar que está en la casa, por qué van a la iglesia y al cementerio, y por qué los padres no aceptan la celebración de Halloween.

C. En su opinión, ¿por qué está ganando Halloween más popularidad entre la gente joven en México? ¿Deben los padres prohibir que sus hijos celebren Halloween? Explique. ¿Qué más pueden hacer los mexicanos para preservar las tradiciones del Día de los Muertos?

 **Escribamos**

Making Suggestions and Recommendations

Making recommendations without offering a logical explanation can confuse and frustrate the recipient. As we see in this lesson's dialogue, Mariana recommends taking along something sweet when traveling. Her suggestion might not make sense if you are unaware of the reason behind it. In this section you will practice giving supporting explanations. Then you will write a letter to a friend who needs your recommendations in planning a trip to Mexico.

Antes de escribir

A. Explica, por favor. Ud. quiere hacer un viaje acompañado(a) de su perro Otelo. Su amiga Cristina es experta en viajar con animales. Ella le escribió una carta con algunas recomendaciones, pero Ud. no las entiende. Lea Ud. la carta y para cada recomendación, escriba una explicación lógica. Consulte el **Vocabulario útil** y siga el modelo.

Querido(a) amigo(a):

Voy a intentar ayudarte a organizar tu viaje con Otelo. Nunca es fácil viajar con un animal, pero tampoco es imposible. Tengo algunas recomendaciones.

1. Primero, llena *(fill)* la maleta de Otelo con periódicos...

   porque son muy útiles para limpiar los "accidentes" que pueden pasar.

2. Luego, lleva un envase *(container)* con el agua que Otelo regularmente bebe cuando está en casa...

   _____

3. Y lleva la comida que a él le gusta y regularmente come en casa...

   _____

4. Trata de viajar en horas de menos calor...

   _____

5. Y por último, no te olvides de llevar el certificado de inmunización de Otelo...

   _____

¡Buen viaje!, y no te preocupes. Si sigues mis consejos, tú y Otelo van a divertirse mucho en el viaje.

Abrazos,
Cristina

Vocabulario útil

así, de esta forma (manera)	*in this way*
Es importante (útil, buena idea) que...	*It's important (useful, a good idea) that. . .*
Recomiendo (Aconsejo, Sugiero) que...	*I recommend (advise, suggest) that. . .*
En mi opinión...	*In my opinion. . .*
Primero (Segundo, Tercero)...	*First (Second, Third). . .*
entonces...	*so, then*
luego...	*then*
por último...	*finally, lastly*

Refiérase Ud. también a los mandatos de la **Lección 9.**

B. Organizarse. Ud. va a ayudar a su amiga a planear su viaje a México. ¿Qué recomendaciones va a darle? Organice Ud. sus ideas en las siguientes categorías.

En la agencia de viajes
(Refiérase a **Así se dice** en la página 334.)

En México
(Refiérase a **Una gira por México** en las páginas 396–397.)

Ahora, escriba

Ahora, Ud. esta listo(a) para escribirle una carta a su amiga con recomendaciones sobre cómo planear su viaje. Para cada recomendación, incluya Ud. una explicación lógica.

Siga Ud. el modelo de la carta informal de Cristina, o consulte el **Vocabulario útil** de la sección de **Escribamos** en la página 61 para más palabras relacionadas con las cartas. Use mandatos, y las otras opciones en el **Vocabulario útil** de esta sección.

12 Busco un hotel que tenga...

Preparativos

Al leer el diálogo siguiente o mirar el video, Ud. va a ver que Luis Antonio no es la única persona olvidadiza *(forgetful)*. A propósito *(By the way)*, ¿qué es lo que a Luis se le olvidó en el episodio anterior? Esta vez, a Mariana se le olvidó informarle a la abuela de Luis que venían a México a visitarla. Resulta que ella no está en casa cuando llegan. Deciden buscar un hotel y quedarse unos días.

Note el uso del subjuntivo cuando Mariana le dice al recepcionista del hotel que quiere una habitación que **sea** grande... que **tenga** jacuzzi... y que no **cueste** un dineral. Se usa el subjuntivo porque no es seguro que el hotel tenga una habitación con todas las comodidades que pide Mariana. En su opinión, ¿es razonable lo que ella pide? Explique.

—Quiero una habitación que tenga aire acondicionado, que dé al jardín y que esté cerca de la piscina.

—A ver si hay un hotel que no sea muy caro.

—¿Hay una así que no cueste un dineral *(fortune)*?

—Espero que todas las vacaciones tengan sorpresas.

Así es Mariana

Una visita a México

Luis Antonio y Mariana llegan a Ensenada, México y Luis llama a su abuela por teléfono, pero nadie contesta. Mariana compra un taco en la calle y les habla a los televidentes.

Mariana: *(A los televidentes)* Para mí México es tan bonito como Puerto Rico. Tiene sus tradiciones, sus plazas antiguas y su historia; y a la vez es un país moderno e internacional.

was mistaken **Luis Antonio:** ¡Qué extraño! Es posible que yo me haya equivocado.°

Mariana: ¿Qué dijo el portero del apartamento de tu abuela?

Luis Antonio: Dijo que mi abuela fue de vacaciones a la ciudad de Guadalajara. No entiendo. Ella sabía que veníamos hoy. Le envié nuestro itinerario. Bueno, es decir, te lo di a ti. ¿No se lo enviaste?

Mariana: *(Mariana encuentra el itinerario en su bolso.)* ¿Este itinerario?

Luis Antonio: Pero, Mariana, ¡no me digas que no se lo mandaste!

since **Mariana:** Ay, Luis, lo siento. Es que no pude encontrar un buzón, y después parece que me olvidé. Pero mira, ya que° estamos aquí, ¿por qué no vamos a ver la ciudad un poco?

Luis Antonio: De acuerdo.

Los dos pasan unas horas paseando por las calles de Ensenada.

Mariana: Luis, México es muy bonito. ¿Nos podemos quedar aquí un día más? A ver si hay un hotel que no sea muy caro y que tenga dos habitaciones libres.

Luis Antonio: Sí, por qué no. Buena idea... Vamos.

Entran en un hotel.

Recepcionista: Dos habitaciones por una noche. Muy bien. ¿Qué tipo de habitación quieren?

Mariana: Pues, quiero una habitación que tenga aire acondicionado, que dé al jardín y que esté cerca de la piscina. También espero que sea muy grande, y que tenga un baño con jacuzzi. ¿Hay una así que no cueste un dineral?

Luis Antonio: Mariana... por favor. Dos habitaciones sencillas, por favor.

Recepcionista: Muy bien. Aquí tienen sus llaves. Están en el tercer piso, el 304 y el 305. Creo que les van a gustar mucho. Si quieren nadar, la alberca está abierta hasta las nueve de la noche, y pueden recoger toallas aquí en Recepción. *(Llama al botones.)* Botones.

Luis Antonio: *(Al recepcionista)* Gracias.

Mariana: *(A los televidentes)* ¡Imagínense! Por falta de un buzón, puedo pasar un día más en este pueblo encantador. Espero que todas las vacaciones tengan sorpresas tan agradables como ésta.

Es decir

A. Comprensión.
Termine las siguientes frases con la respuesta apropiada.

1. Mariana dice que México es tan bonito como...
   a. Miami.
   b. San Diego.
   c. Puerto Rico.
2. Mariana y Luis no pueden visitar a la abuela porque...
   a. está enferma.
   b. fue a Guadalajara.
   c. fue al cine.
3. A Mariana se le olvidó...
   a. llamar a la abuela.
   b. enviarle el itinerario a la abuela.
   c. invitarla a cenar.
4. Mariana sugiere que los dos...
   a. se queden un día más en México.
   b. vuelvan a San Diego.
   c. vayan a la playa.
5. Mariana espera que todas sus vacaciones...
   a. sean muy largas.
   b. tengan sorpresas agradables.
   c. incluyan viajes a México.

B. Asimilación.
Basándose en el diálogo, llene el espacio con la forma correcta del verbo **ser: es/sea.**

1. Espero que la habitación _____ grande.
2. Luis, México _____ muy bonito.
3. _____ que no pude encontrar un buzón.
4. A ver si hay un hotel que no _____ muy caro.
5. _____ posible que me haya equivocado.

Llene Ud. el espacio con el número apropiado.

1. Mariana y Luis piden _____ habitaciones por _____ noche.
2. La alberca está abierta hasta las _____ de la noche.
3. Mariana quiere quedarse en México _____ día más.
4. Sus habitaciones están en el piso número _____.
5. El recepcionista les da las llaves para las habitaciones _____ y _____.

C. Expansión.
Luis le dijo a Mariana: "Pero Mariana... ¡no me digas que no se lo mandaste!" ¿Cuándo se lo dijo y por qué? ¿Qué otros problemas pueden ocurrirles a Luis y a Mariana durante su viaje? En parejas, termine la frase de tres formas originales empezando con **Pero Mariana... ¡no me digas que...!** Compare sus respuestas con las de sus compañeros.

En parejas, supongan que Luis y Mariana van a pasar un día en la ciudad donde Ud. vive. ¿Qué ven y qué hacen? Escriba una lista con seis actividades.

Vocabulario

CD2, Track 25

Use the context suggested by the illustration and identify cognates (words that look alike in English and Spanish) to guess at the meaning of new words and expressions. All of the essential vocabulary for this *Lección* appears with English translations on pp. 394-395.

En el hotel

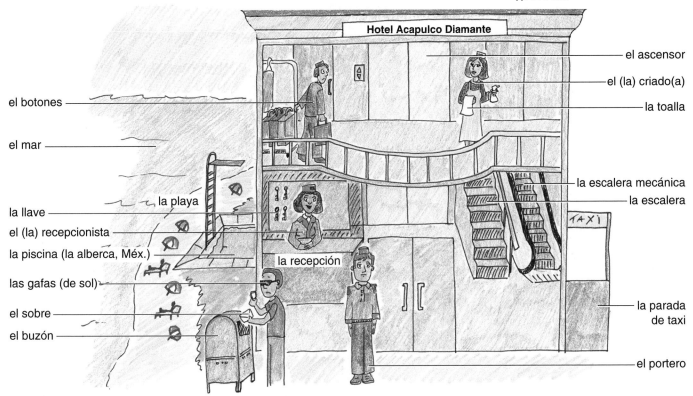

El señor echa la carta.

En el hotel

el aire acondicionado	*air-conditioning*	**la lavandería**	*laundry*
		la pensión	*rooming-house*
el balcón	*balcony*	**la tarjeta de crédito**	*credit card*
el cheque de viajero	*traveler's check*		
		el vestíbulo	*lobby*
el (la) huésped(a)	*guest*	**la vista**	*view*

Verbos

acordarse (ue) de	*to remember*	**funcionar**	*to function, work*
alojarse	*to stay, lodge*		
cobrar	*to charge (money)*	**nadar**	*to swim*
		permanecer (zc)	*to stay, remain*
(des)empacar	*to (un)pack*	**prender**	*to turn on*
echar una carta	*to mail a letter*	**relajarse**	*to relax*
firmar	*to sign*	**tomar el sol**	*to sunbathe*

Adjetivos (See page 382 for ordinal numbers)

antiguo	*old, antique, former*	**(inter)nacional**	*(inter)national*
		lujoso	*luxurious*
bello	*beautiful*	**moderno**	*modern*
doble	*double*	**nocturno**	*related to the night*
extraño	*strange*		

sencillo	*easy, simple; single* (ref. to room)	**silencioso** **tranquilo**	*silent* *tranquil*

Otras palabras y expresiones

abajo	*down; downstairs*	**el itinerario** **el museo**	*itinerary* *museum*
arriba	*up; upstairs*	**el quiosco**	*kiosk, newsstand*
el correo	*post office; mail*		
dar a	*to face, look out onto*	**el sello (el timbre)**	*postage stamp*

Vocabulario adicional

a la vez	*at the same time*	**la escalera (mecánica)**	*stairway (escalator)*
al lado de	*next to*	**Me da lo mismo (igual).**	*It's all the same to me.*
el aparato	*apparatus, machine*		
		la pasta dental	*toothpaste*
el castillo	*castle*	**salvar**	*to save* (people)
el cepillo	*brush*	**todavía (no)**	*still (not yet)*
el champú	*shampoo*	**tradicional**	*traditional*

Practiquemos

A. **¿Dónde?** Busque en la segunda columna la persona que trabaja en los lugares siguientes.

MODELO *El cocinero trabaja en la cocina.*

1. restaurante
2. vestíbulo
3. recepción
4. museo
5. habitación
6. oficina

a. el guía
b. la gerente
c. la criada
d. el botones
e. el recepcionista
f. la camarera

Ahora, su profesor(a) va a leer una serie de actividades. Diga Ud. adónde va para hacerlas. Use frases completas, según el modelo.

MODELO Profesor(a): ¿Adónde va Ud. para buscar al botones?
Ud.: *Voy al vestíbulo para buscar al botones.*

playa	pensión	lavandería	museo	quiosco
correo	piscina	recepción	ascensor	parada

1. _____
2. _____
3. _____
4. _____
5. _____

6. _____
7. _____
8. _____
9. _____
10. _____

B. Lo puedo encontrar en el hotel. Ud. se queda en el hotel y necesita muchas cosas. ¿Qué necesita Ud...

> MODELO ...si quiere saber qué sitios visitar y a qué hora?
> *Necesito el itinerario.*

1. ...si quiere abrir la puerta de su habitación?
2. ...si tiene que echar una carta?
3. ...si quiere comprar cosas pero no trae dinero?
4. ...si quiere ver bien en la playa?
5. ...si quiere ver la vista desde su cuarto?
6. ...si acaba de salir de la piscina?

C. ¿Cuál no pertenece? ¿Qué palabras no corresponden a los siguientes lugares? Explique.

1. piscina:	gafas de sol	agua	toalla	ascensor
2. correo:	sellos	parada	tarjeta postal	buzón
3. habitación:	timbres	cama	toallas	balcón
4. vestíbulo:	recepcionista	botones	portero	playa

D. Una estrella[1] *(star)*. En parejas, describan un hotel de una sola estrella. ¿Cómo son las habitaciones? ¿Qué servicios (no) ofrece? ¿Cómo es el personal?, etc.

E. Fatal. Su estancia *(stay)* en un hotel muy caro y lujoso fue una experiencia horrible.

1. Escríbale una carta a la gerente del hotel, contándole todos los problemas y explicando por qué quiere Ud. que le devuelva su dinero.
2. Con una pareja, comparen cartas.
3. Escojan una de las dos cartas y escriban la respuesta del gerente.
4. Usen la información de las cartas para escribir la conversación telefónica que siguió.
5. Represéntenla delante de la clase.

Aviso cultural

El alojamiento en México

Misión Santa Isabel

¿Busca Ud. un hotel en México? Va a encontrar todo lo que necesita, y más... México ofrece una gran variedad de alojamiento... balnearios° elegantes, hoteles cosmopolitas y también una selección impresionante de ranchos, haciendas, misiones y conventos convertidos en hoteles lujosos con toda clase de servicios y comodidades. Para el viajero en Ensenada que quiera un hotel que tenga un verdadero sabor mexicano, el hotel ideal es Misión Santa Isabel. El estilo colonial, con su tradicional patio interior, recuerda el pasado español de Ensenada. Es posible que Mariana y Luis se queden en este hotel durante su estancia° en México. ¿Qué tipo de hotel prefiere Ud.? ¿Qué servicios requiere? ¿Conoce Ud. un hotel que refleje la cultura y la historia de su región?

spas

stay

[1]Hotels are generally rated with one to five stars, five signifying the height of luxury.

Forma y función

The Present Subjunctive in Adjective Clauses to Express the Indefinite and Nonexistent

Forma

In **Lección 11,** you studied the subjunctive in noun clauses, that is, clauses that act as nouns and serve as the direct object of the verb in the main clause. The subjunctive is also used in adjective clauses. These are clauses that act as adjectives and modify a noun in the main clause.

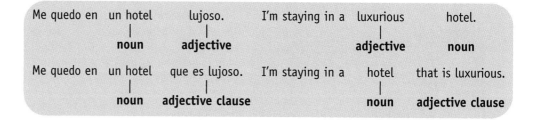

Me quedo en	un hotel	lujoso.	I'm staying in a	luxurious	hotel.
	noun	**adjective**		**adjective**	**noun**
Me quedo en	un hotel	que es lujoso.	I'm staying in a	hotel	that is luxurious.
	noun	**adjective clause**		**noun**	**adjective clause**

In the preceding sentence, the entire clause (**que es lujoso** = *that is luxurious*) modifies the noun (**hotel** = *hotel*) in the main clause. The indicative is used in this example because the hotel is a definite, concrete object that exists, since I am staying there. Study the following sentences. In the first group, the indicative is used in the adjective clause.

THE INDICATIVE

Me quedo en un hotel que **es** lujoso.   *I'm staying in a hotel that **is** luxurious.*
Encontré un hotel que **es** lujoso.   *I found a hotel that **is** luxurious.*
Hay un hotel que **es** lujoso.   *There is a hotel that **is** luxurious.*
Hay muchos hoteles que **son** lujosos.   *There are many hotels that **are** luxurious.*

In this next group, the subjunctive is used in the adjective clause. What conclusions can you draw about the use of the subjunctive in adjective clauses?

THE SUBJUNCTIVE

Quiero quedarme en un hotel que **sea** lujoso.	*I want to stay in a hotel that **is** luxurious.*
Busco un hotel que **sea** lujoso.	*I am looking for a hotel that **is** luxurious.*
¿Hay un hotel que **sea** lujoso?	*Is there a hotel that **is** luxurious?*
No hay ningún hotel que **sea** lujoso.	*There is no hotel that **is** luxurious.*

In the first set of sentences, the speaker is certain that a luxury hotel exists. In the second set of sentences, the speaker either does not know that a luxury hotel exists, or thinks that it is nonexistent.

Look at the cartoon on page 376. In the boy's speech bubble, find three verbs used in the subjunctive. Why do you think the subjunctive is required?

Mariana y Luis van a buscar un restaurante que **sirva** comida mexicana auténtica.

Función

1. The subjunctive is used in the subordinate adjective clause when the antecedent (the noun or pronoun in the main clause that is modified by the adjective clause) is:

   a. non-existent. You cannot assign the indicative mood, which reflects things that are concrete and definite.

No hay ningún cuarto que **tenga** vista al mar.	***There is no*** *room that **has** a view of the sea.*
No conozco a nadie que **tenga** un cuarto con vista al mar.	***I don't know anyone*** *who **has** a room with a view of the sea.*

   b. indefinite. The speaker is not certain of its existence.

¿Hay un cuarto que **tenga** vista al mar?	***Is there*** *a room that **has** a view of the sea?*
Busco un cuarto que **tenga** vista al mar.	***I'm looking for*** *a room that **has** a view of the sea.*

2. The personal **a** is not used when the antecedent is indefinite. It is used with **alguien** and **nadie**.

Necesito una criada que **pueda** limpiar el cuarto ahora.	*I need a maid who can clean the room now.*
Necesito a la criada que **limpia** el cuarto todos los días.	*I need the maid who cleans the room every day.*
Necesito a alguien que **pueda** limpiar el cuarto.	*I need someone who can clean the room.*

Practiquemos

A. **Lo que tenemos y lo que queremos.** Cuando viajan, los García nunca están contentos. Llene Ud. los espacios con la forma apropiada del verbo entre paréntesis en el indicativo o en el subjuntivo.

1. Tenemos reservaciones en un hotel que (tener) _____ tres estrellas *(stars)* pero queremos hacer reservaciones en un hotel que (tener) _____ cinco estrellas.
2. Nos quedamos en un hotel que (ser) _____ muy antiguo pero queremos quedarnos en un hotel que (ser) _____ muy moderno.
3. Tenemos un cuarto que (dar) _____ a la piscina pero queremos un cuarto que (dar) _____ a la playa.
4. Nos alojamos en el hotel que (estar) _____ al lado de un museo pero queremos alojarnos en un hotel que (estar) _____ cerca de un castillo.
5. El restaurante en nuestro hotel (servir) _____ comida regional pero buscamos un restaurante que (servir) _____ comida internacional.
   ¿Cuáles son dos quejas *(complaints)* más que tienen los García? Use la misma construcción: Tenemos...Queremos...

B. **Comprando en México.** Ud. está en México y quiere comprar objetos de artesanía *(crafts)* local. El guía le dice dónde están los mejores sitios. Llene Ud. los espacios con la forma apropiada del verbo entre paréntesis en el subjuntivo.

1.   Ud: Quiero unos aretes de plata que no (ser) _____ muy caros.
   El guía: Recomiendo que Ud. (ir) _____ a Taxco.
2.   Ud.: Busco una tienda que (vender) _____ productos de cuero.
   El guía: Sugiero que Ud. (comprarlos) _____ en la capital.
3.   Ud.: ¿Conoce Ud. a un artesano que (hacer) _____ vasos de cerámica?
   El guía: Sí, recomiendo que Ud. (viajar) _____ a Guadalajara.
4.   Ud: Deseo comprar cristalería que ninguno de mis amigos (tener) _____.
   El guía: Pues, es importante que Ud. (visitar) _____ los talleres de cristalería en Jalisco.

C. De compras en los EE.UU. En parejas, hagan una lista de las cosas que los turistas quieren comprar en los EE.UU. y digan dónde recomiendan que las compren. Sigan el modelo.

MODELO   Los turistas: *Queremos comprar botas vaqueras (cowboy) de cuero que sean auténticas.*
Uds.: *Sugerimos que Uds. visiten el estado de Texas. Allí hay botas y sombreros de este tipo.*

D. Un turista que exagera. En los grupos de turistas, siempre hay uno que exagera mucho. Un(a) compañero(a) va a hacer el papel del turista que exagera. Dígale que Ud. no le cree. Use la frase **No hay ningún...**

MODELO   Turista: *Nuestro guía habla doce idiomas perfectamente.*
Ud.: *No hay ningún guía que hable doce idiomas perfectamente.*

1. El hotel tiene veinte piscinas.
2. Mi cuarto cuesta diez dólares por noche.
3. El criado limpia el cuarto cinco veces al día.
4. El quiosco vende revistas de cien países del mundo.
5. El restaurante sirve tres postres gratis con cada comida.

E. Ud. tiene correo. Ud. es el (la) gerente de un hotel y recibe una carta por correo electrónico de un cliente que quiere información sobre su hotel. Llene los espacios con la forma correcta del verbo en el subjuntivo para saber qué tipo de hotel quiere el cliente.

Estimado gerente:

Busco un hotel que **1.** (ofrecer)_____ las siguientes comodidades. Quiero una cama que **2.** (ser)_____ grande y cómoda. Necesito un teléfono que **3.** (tener)_____ tres líneas diferentes. Prefiero una habitación que **4.** (dar)_____ a la calle. Quiero un balcón que **5.** (estar)_____ limpio porque me gusta desayunar allí. Necesito un criado que **6.** (poder)_____ ayudarme a desempacar y necesito un botones que **7.** (subir)_____ mi equipaje con mucho cuidado. Necesito un restaurante que **8.** (servir)_____ comida vegetariana y un quiosco que **9.** (vender)_____ periódicos de toda Latinoamérica.

Atentamente,
Juan Carlos Exigente

Ahora, conteste la carta del Sr. Exigente, diciéndole cuáles son las comodidades que tiene y no tiene su hotel.

F. Un hotel de lujo. Lea Ud. el siguiente anuncio. Ud. es el (la) agente de viajes. Intente explicarle a un(a) cliente (su compañero[a]) que ningún hotel le ofrece los servicios que busca. Luego, basándose en el anuncio, dígale qué ofrece el Hotel Cinco Estrellas.

MODELO Cliente: ¿Hay un hotel que (vender) **venda** sombreros especiales?
Agente: *No, pero el Hotel Cinco Estrellas (vender)* **vende** *camisetas.*

1. ¿Hay un hotel que (tener) _____ cuatro canchas *(courts)* de tenis?
2. ¿Hay un hotel que (servir) _____ un almuerzo buffet diario?
3. ¿Hay un hotel que (organizar) _____ recreación para la gente mayor.
4. ¿Hay un hotel que (dar) _____ descuentos *(discounts)* en alquiler de autos Avis?
5. ¿Hay un hotel que (ofrecer) _____ alojamiento gratis para tres niños?
6. ¿Hay un hotel que (regalar) _____ 10.000 dólares en fichas *(tokens)* para el casino?

G. Guía práctica. Ud. es agente de viajes y va a escoger un destino en México para hacer un folleto turístico. Escoja un destino (puede consultar **Gaceta 4**), y escriba recomendaciones para un viaje ideal. Use el subjuntivo en cláusulas sustantivas (Yo sugiero, recomiendo, aconsejo..) y cláusulas adjetivales (No hay ningún otro hotel que...). ¡Sea creativo(a)!

H. De vuelta con Mariana. Use your new knowledge of the use of the subjunctive in adjective clauses to tell what happens in episode 12, **Así es Mariana: Una visita a México.** What kind of hotel does Mariana want to find and what type of room does she want?

As you know, Mariana and Luis were not able to connect with Luis' grandmother. However, Luis did contact her later and explained the situation. Practice narration in the past by creating the phone conversation between Luis and his grandmother. The grandmother wanted to know: What happened? How did Luis know that she was in Guadalajara? What did he and Mariana do in Ensenada? Did they like the area? Luis explained: There was confusion about who sent the itinerary. Mariana loved Ensenada. They decided to stay in Mexico another day. They did a variety of fun things and had a wonderful time. To review telephone etiquette, you may want to consult **Así se dice: Talking on the Telephone** on page 198.

Así se dice   Staying in a Hotel

Hotel Dorado Acapulco

Todas las habitaciones tienen magníficas vistas a la Bahía° de Acapulco

¿Hay una habitación que tenga vista al mar?

bay

El (La) huésped(a) dice:
Quiero hacer una reservación.
¿Cuánto cobran por una habitación sencilla (doble)?
Exterior, con jacuzzi y terraza.
Por cuatro días.
¿Tiene servicio de habitación?
¿A qué hora puedo ocupar (debo desocupar) la habitación?

El (La) recepcionista dice:
Ciento cincuenta por noche.
¿Exterior o interior?
¿Por cuántos días?
La habitación va a estar desocupada a la una.

The guest says:
I want to make a reservation.
How much do you charge for a single (double) room?
Exterior, with jacuzzi and terrace.
For four days.
Do you have room service?
What time can I check in (do I have to check out)?

The receptionist says:
A hundred and fifty per night.
Exterior or interior?
For how many days?
The room will be available at one.

Practiquemos

A. Lo siento. Lea Ud. los comentarios de la recepcionista para saber cómo completar las frases de la huéspeda.

La huéspeda	**La recepcionista**
1. Quiero un cuarto _____.	Lo siento, señora. Sólo hay sencillos.
2. Necesito un baño con _____.	Lo siento, señora. Vienen con ducha.
3. Quiero quedarme _____.	Lo siento, señora. El cuarto sólo está desocupado esta noche.
4. Quisiera _____ ahora mismo.	Lo siento, señora. Debe esperar hasta la una.

B. Necesito información. Ud. quiere información sobre el Hotel Dorado Acapulco. Consiga *(Obtain)* la información siguiente. Un(a) compañero(a) hace el papel del (de la) recepcionista y contesta las preguntas.

1. precio por noche
2. tipo de habitaciones
3. vista
4. comodidades
5. restaurantes
6. vida nocturna
7. disponibilidad *(availability)*
8. hora de (des)ocupar la habitación

Ordinal Numbers

Forma

Función

1. Ordinal numbers are adjectives and therefore agree in number and gender with the nouns they modify.

Los dos primeros[1] días de la semana son el lunes y el martes.

The first two days of the week are Monday and Tuesday.

La sexta casa a la derecha es de José.

The sixth house on the right José's.

2. **Primero** and **tercero** drop the final **-o** before a masculine singular noun.

Nos gustó el **primer** pueblo que visitamos.

*We liked the **first** town we visited.*

Vive en el **tercer** edificio a la derecha.

*She lives in the **third** building on the right.*

Practiquemos

A. ¿En qué orden? Diga Ud. el orden de los diez primeros meses del año.

MODELO   *Enero es el primer mes del año.*

B. Los ordinales. Llene Ud. los espacios con el número ordinal apropiado.

1. George Washington fue el _____ presidente de los EE.UU.
2. En los EE.UU., el jueves es el _____ día de la semana.
3. Siete es el _____ número.
4. Enero, febrero y marzo son los tres _____ meses del año.
5. Según la canción, el _____ día la Navidad *(Christmas)* mi novio me regaló cinco anillos de oro.
6. Si Ud. es "junior" en una universidad de los EE.UU., éste es su _____ año de estudios.
7. El _____ mes del año es octubre.
8. La _____ comida del día es el almuerzo.

[1]Note that unlike English, in Spanish the cardinal number precedes the ordinal number.

C. Una gira turística por México. A Mariana le gusta tanto México que ya empieza a planear su próximo viaje. Lea Ud. **Una gira turística por México** en las páginas 396–397 de la *Gaceta 4*. En su opinión, ¿cuál es el primero, el segundo y el tercer lugar que debe visitar y por qué?

La pirámide del Sol, Teotihuacán, México

Comparatives and Superlatives

Forma y función

Comparatives allow you to compare equal and unequal degrees of qualities and characteristics.

PABLO ES **MÁS** ALTO **QUE** ANTONIO Y ES **MÁS** RICO **QUE** ÉL, PERO ANTONIO ES **MENOR**. ANTONIO ES **MÁS** DELGADO **QUE** PABLO, PERO ES EL **PEOR** ESTUDIANTE PORQUE ES **MENOS** INTELIGENTE.

TOMÁS ES **EL MÁS** INTELIGENTE **DE** TODOS Y ES EL **MEJOR** ESTUDIANTE, PERO ES EL **MÁS** BAJO PORQUE ES EL **MENOR**. TOMÁS ES **TAN** RICO **COMO** ANTONIO.

PABLO   ANTONIO   TOMÁS

1. To form comparisons of inequality, use:

> **más** *(more)* or **menos** *(less)* before an adjective, adverb, or noun, and **que** after it.

Este hotel es **más** lujoso **que** ese hotel, pero es **menos** moderno.

*This hotel is **more** luxurious **than** that hotel, but it is **less** modern.*

Yo viajo **más** frecuentemente **que** tú.

*I travel **more** frequently **than** you (do).*

Tú tienes **más** cheques de viajero **que** yo.

*You have **more** traveler's checks **than** I (do).*

¡AVISO! **De** rather than **que** is used with **más** or **menos** before a number. Leí **más de** diez libros durante el viaje.

2. To form comparisons of equality use:

> **tan** before and adjective or adverb and **como** after it.
> **tanto, (a,os, as)** before a noun and **como** after it.

Este hotel es **tan** lujoso **como** ese hotel. — *This hotel is **as** luxurious **as** that hotel.*

Yo viajo **tan** frecuentemente **como** tú. — *I travel **as** frequently **as** you (do).*

Tú tienes **tantos** cheques de viajero **como** yo. — *You have **as** many traveler's checks **as** I (do).*

3. Superlatives express the highest or lowest degree of a comparison of more than two things. To form the superlative use:

> definite article + (noun) + **más (menos)** + adjective + **de**

El Ritz es **el** (hotel) **más** lujoso **de** Cancún. — *The Ritz is **the most** luxurious (hotel) **in** Cancún.*

¡AVISO! It is common to use only the definite article when the noun is understood. **El Ritz es el más lujoso de Cancún.**

4. Certain forms are irregular.

Adjective	Adverb	Comparative	Superlative
bueno	bien	mejor	el, la, los, las mejor(es)
malo	mal	peor	el, la, los, las peor(es)
viejo		mayor	el, la, los, las mayor(es)[1]
joven		menor	el, la, los, las menor(es)

Yo nado **mal** pero tú nadas **peor** que yo. — *I swim **poorly** but you swim **worse** than I (do).*

Tú eres **mayor** que yo pero **menor** que Raúl. — *You are **older** than I (am) but **younger** than Raúl.*

Practiquemos

A. Comparaciones. Use Ud. los adjetivos para hacer dos comparaciones de las personas siguientes.

MODELO Susana va a muchas fiestas. Iris se queda en casa. (popular)
Susana es más popular que Iris. Iris es menos popular que Susana.

1. Emilio recibió una A en la prueba. Óscar recibió una D. (aplicado)
2. Cristián siempre le da flores a su novia. Héctor olvida el cumpleaños de su novia. (romántico)
3. Ignacio escribe poesía y lee filosofía. Manuel baila como loco. (serio)
4. Ramona juega al tenis, al golf y al béisbol. Felipe mira la tele. (atlético)
5. Amalia viaja a lugares exóticos. Rodolfo nunca viaja. (interesante)

---

[1]**Mayor** and **menor** are not used with inanimate objects.

B. Falso. Corrija Ud. los errores de su amigo acerca de México usando **más de** o **menos de** y la información correcta entre paréntesis.

MODELO   México tiene 30 estados *(states)*. (32)
No tienes razón. México tiene más de 30 estados.

1. Hay sólo un famoso muralista mexicano, Diego Rivera. (David Siqueiros, José Clemente Orozco)
2. La Ciudad de México tiene 10 millones de habitantes. (17 millones)
3. Sólo hay un volcán *(volcano)* principal. Se llama Paricutín. (muchos)
4. En México el 50 por ciento de la gente tiene coche. (20 por ciento)
5. Hay una bebida tradicional, el tequila. (mezcal, atole, tepache, etc.)

C. En la estación de ferrocarriles. Compare Ud. a las personas y las cosas en el dibujo.

MODELO   *El padre es más gordo que la madre.*

 D. ¿Todo igual *(equal)*? Ud. quiere comparar las siguientes cosas con las de su compañero(a). En parejas, háganse preguntas y formen comparaciones según el modelo.

MODELO   Ud.: *Yo tengo cinco dólares en mi cartera. ¿Cuánto dinero tienes tú?*
Su compañero(a): *Yo tengo diez dólares en mi cartera.*
Ud.: *Yo tengo menos dinero que tú. (Tú tienes más dinero que yo.)*

1. discos compactos
2. amigos
3. pruebas y exámenes esta semana
4. tarea que hacer hoy
5. tiempo libre

E. Gemelas _(Identical Twins)_. Inés y Carmela son gemelas. Tienen posesiones idénticas y hacen las mismas actividades. Forme Ud. comparaciones de igualdad _(equality)_ según el modelo.

MODELO   _Inés lee tantos libros como Carmela._

1.

2.

3.

4.

5.

6.

Detrás del telón con Alicia

Llene Ud. el espacio con la forma correcta del verbo en el pretérito o en el imperfecto.

Bienvenidos, queridos televidentes. Nuestro programa de hoy está dedicado a una talentosa actriz mexicana, Salma Hayek.

Salma Hayek, **1.** (producir) _____ y **2.** (protagonizar) _____ "Frida", una película sobre la vida de la famosa pintora mexicana, Frida Kahlo y su tormentosa _(stormy)_ relación con el muralista, Diego Rivera. Aunque **3.** (ser) _____ un proceso largo, a Hayek le **4.** (encantar) _____ la experiencia y **5.** (sentirse) _____ contenta de poder hacer este proyecto en su país natal _(native)_. "Frida" **6.** (hacer) _____ su debut el 8 de noviembre de 2002 en el Palacio de Bellas Artes de México. Poco después, miles de mexicanos **7.** (ver) _____ la película en más de 200 cines a través del país. Mientras Hayek **8.** (trabajar) _____ en la producción, **9.** (estar) _____ ocupada con su labor humanitaria. En Nueva York, **10.** (asistir) _____ a una ceremonia para la organización Amnistía Internacional donde la actriz les **11.** (dar) _____ las gracias a todas las personas que **12.** (colaborar) _____ con ella en la defensa de los derechos humanos. **13.** (Llevar) _____ un elegante vestido de seda blanca y, como siempre, **14.** (lucir-_to look_) _____ bella y radiante.

Ahora, llene Ud. el espacio con la forma correcta del indicativo o del subjuntivo.

En una entrevista, Hayek dice: "Busco un productor con quien yo
1. (poder) _____ trabajar porque muy pronto quiero hacer otra película
que **2.** (tener) _____ lugar *(to take place)* en México. Es posible que algún día yo **3.** (volver) _____ a vivir en México porque es mi tierra y la
quiero mucho. Por ahora, es cierto que **4.** (quedarse-yo) _____ en los
Estados Unidos."

Para saber más sobre los artistas Frida Kahlo y Diego Rivera y otras de
sus estrellas mexicanas favoritas, lea Ud. *Gaceta 4* en las páginas 400 y
402.

En resumen

**A. Mariana y Luis hablan de Guadalajara, la segunda ciudad de
México.** Llene Ud. los espacios con la forma correcta del verbo en el indicativo o en el subjuntivo. Si hay dos palabras, escoja la más apropiada.

Entonces, Luis... tu abuelita se fue **1.** (por, para) Guadalajara. ¡Qué
bueno **2.** (para, por) ella!, aunque es una lástima que yo no **3.** (le, la)
4. (ir) _____ a conocer en **5.** (esta, este) viaje. Dicen que no **6.** (haber)
ninguna ciudad en todo México que **7.** (ser) _____ tan bonita **8.** (como,
que) Guadalajara. A propósito, el club de español busca un lugar que
9. (ser) _____ ideal para el viaje anual. Voy a recomendar que nosotros
10. (ir) _____ a Guadalajara. **11.** (Solo, Sólo) necesitamos un guía que
12. (conocer) _____ bien la ciudad, y creo que **13.** (esa, ésa) persona
14. (ser) _____ Octavio. ¿Qué **15.** (te, le) parece, Luis? No hay nadie que
16. (saber) _____ más sobre México. Y con el presupuesto *(budget)* del
club, creo que nosotros **17.** (deber) _____ buscar una pensión que
18. (tener) _____ precios moderados, que **19.** (servir) _____ el desayuno y
que **20.** (ofrecer) _____ los servicios necesarios.

B. ¿Qué hacemos? Traduzca el siguiente diálogo al español.

Mariana: *I can't believe it . . . two days in a luxurious hotel in Ensenada?
What'll we do?*

Luis: *We can go to the beach . . . or do you prefer to visit the shops?*

Mariana: *I want to have lunch in a restaurant that serves fresh fish.*

Luis: *Fine, but first let's look for a kiosk that sells guidebooks. I want us to
learn more about the history of Ensenada.*

Mariana: *The receptionist told me that the bookstore in the hotel has as many
books and maps as the kiosk.*

Avancemos

Escuchemos

CD2, Tracks 26–28

A. ¿Qué hace Marcos? You will hear a series of sentences that tell you what Marcos is doing. Repeat each one, and then decide if the corresponding drawing matches the description. Write **cierto** or **falso** in the space below each example.

MODELO   Marcos pasa una noche tranquila
           en su habitación.
           Falso

1. _____   2. _____   3. _____

4. _____   5. _____

6. _____   7. _____   8. _____

B. Dictado. You will hear a short narration about Susan's hotel preferences. Listen carefully to the entire selection. Listen again and write each sentence during the pauses.

You will then hear a series of questions related to the dictation. Answer them with complete sentences. Refer to your dictation.

 **Hablemos**

¿Qué buscas?

Estudiante A

At the local kiosk, you chat with a tourist, role-played by your partner, who is vacationing in your lovely Mexican resort town. To be helpful, ask him questions, using the words and pictures below. Be careful to use the subjunctive mood of the verb.

MODELO

 TENER

Estudiante A: ¿Buscas un hotel que tenga aire acondicionado?

Estudiante B: No, ya conozco un hotel que tiene aire acondicionado, pero busco uno que tenga alberca.

1.  EMPLEAR

2.  VENDER

3.  ACEPTAR

Estudiante B
At a kiosk in the Mexican resort town where you are vacationing, you chat with a friendly resident. He/she asks you if you are looking for certain things. Answer his/her questions, using the words and pictures below. Be careful to use the indicative and the subjunctive moods appropriately.

MODELO

Estudiante A: *¿Buscas un hotel que tenga aire acondicionado?*

Estudiante B: *No, ya conozco un hotel que tiene aire acondicionado, pero busco uno que tenga alberca.*

 **Leamos**

Los mayas de ayer y de hoy

Antes de leer

A. ¿En qué partes del mundo se encuentran...

   1. ciudades abandonadas?
   2. pirámides?
   3. descendientes de antiguas civilizaciones?
   4. idiomas que tienen múltiples dialectos?

B. Note Ud. las frases siguientes:
   Su época de esplendor <u>fue</u> entre los años 250 y 900.
   <u>Eran</u> matemáticos geniales.

   1. ¿Cuál es el infinitivo de los verbos subrayados *(underlined)*?
   2. ¿Por qué se usa el pretérito en la primera frase y el imperfecto en la segunda?

A leer

Los mayas de ayer y de hoy

La cultura de los mayas existía mucho antes de llegar los exploradores europeos al Nuevo Mundo. Los arqueólogos piensan que su época de esplendor fue entre los años 250 y 900. No han podido determinar la causa de la decadencia de esa gran civilización y del abandono de sus ciudades importantes: guerras *(wars)* con sus vecinos, guerras internas, emigración como resultado de desastres *(disasters)* naturales son algunas de las teorías.

Durante el período de su gloria, los mayas construyeron grandes observatorios con sus ventanas perfectamente orientadas hacia el sol y los planetas. Su calendario tenía un margen de error de sólo dos segundos mientras que en nuestro calendario el margen de error es de seis horas. Practicaron un sistema político sofisticado, eran excelentes agricultores, comerciantes, artesanos y arquitectos. Eran matemáticos geniales, que usaron el cero antes que las otras civilizaciones de su época. Su religión era mítica y politeísta y las ceremonias en honor de sus dioses incluían sacrificios humanos. Su arquitectura era impresionante, con palacios, pirámides y templos monumentales.

Hoy, calculan que hay aproximadamente cinco millones de descendientes de los antiguos mayas. Viven en México, Belice, Guatemala, Honduras y partes de El Salvador, y hablan 30 dialectos del idioma maya. En México hay una extensa población maya, principalmente en Yucatán, Quintana Roo, Tabasco y Chiapas, pero la población más grande se encuentra en Guatemala. Son campesinos que cultivan maíz, frijoles y chile usando métodos antiguos, y muchos venden sus productos y sus artesanías en los mercados locales. En algunas zonas viven en casas de adobe con techos de paja y todavía llevan la típica y hermosa ropa de sus antepasados *(ancestors)*. Por ejemplo, en Yucatán, donde hace calor, las mujeres suelen llevar el tradicional huipil *(tunic)* blanco bordado *(embroidered)* con muchos colores vivos.

El templo de Kukulkán, Chichen Itzá, México

Debemos mucho a los intrépidos aventureros Waldek, Stephens y Catherwood, cuyas exploraciones de hace muchos años abrieron la puerta a las excavaciones en Chichén Itzá, Tulum, Tikal, Copán y otros centros magníficos. A pesar de sus descubrimientos y de los de otros arqueólogos y exploradores, los templos y las pirámides guardan muchos secretos sobre esa misteriosa civilización.

Después de leer

A. ¿En qué...

1. regiones del mundo viven los descendientes de los antiguos mayas?
2. país se encuentra la población más grande?
3. centros arqueológicos mexicanos se encuentran ruinas mayas?
4. campos *(fields of interest)* mostraron los mayas un alto nivel de sofisticación?
5. región llevan las mujeres el huipil tradicional?

B. ¿Cómo sabe Ud. que los mayas...

1. sabían medir *(measure)* el tiempo?
2. tenían interés en la astronomía?
3. usaban las matemáticas?
4. tenían que complacer *(please)* a sus dioses?

C. Vuelva Ud. a leer *(Re-read)* la última línea de la lectura. Ahora, vuelva a escribirla con una terminación original.

"A pesar de sus descubrimientos y de los de otros arqueólogos y exploradores, los templos y las pirámides guardan muchos secretos sobre _____."

 **Escribamos**

Comparing and Contrasting

In the beginning of this lesson's dialogue, Mariana makes a comparison between Mexico and her country of origin. Mariana uses the same lines to begin a letter that she wrote to her mother from Mexico, which you will see in this section. Using Mariana's letter as a model, and with a few guidelines, you will write a comparison between Mexico and a place of your choice.

Antes de escribir

A. Querida mamá. Lea Ud. el fragmento de la carta que Mariana le escribió a su mamá desde México. Complétela con las expresiones de comparación que aprendió en esta lección y en **Vocabulario útil.**

Para mí México es tan bonito como Puerto Rico. Tiene sus tradiciones, sus plazas antiguas y su historia. Y a la vez, es un país moderno e internacional.

Dicen que Puerto Rico es una de las islas **1.** _____ superpoblados del mundo, pero México tiene una población de casi cien millones de personas. ¡Imagínate! La historia de ambos *(both)* países es similar. Por ejemplo, **2.** _____ en la isla, varias tribus *(tribes)* indígenas poblaban *(were living in)* México antes de la llegada de los europeos. **3.** _____ , no todas las tribus eran apacibles *(friendly)* **4.** _____ los indios taínos de Puerto Rico. Con su rica mezcla cultural, los mexicanos son un pueblo **5.** _____ diverso como nosotros los puertorriqueños, mamá. Y, la comida... Algunos de los platos son similares a nuestras comidas favoritas como el arroz con pollo y el flan. **6.** _____ los tamales y el mole poblano son una experiencia nueva para mí...

B. Organizarse. Ud. va a comparar México con su país de origen u otro país de su gusto. Para organizar sus ideas, haga Ud. una lista de las semejanzas y diferencias que hay entre los dos países. Compare: geografía, población, política, cocina, clima, cultura y otro. Puede consultar **Una gira turística por México** en la páginas 396–397 de la *Gaceta 4.*

Vocabulario útil

Consulte "Comparatives and Superlatives" en las páginas 383–384 de esta lección.

a diferencia de	*unlike*
al igual que	*just like*
como	*like, as*
en cambio (por otro lado, por el contrario)	*on the other hand*
sin embargo (no obstante)	*however*

Ahora, escriba

Ahora, Ud. está listo(a) para escribir un mini ensayo comparando México con su país u otro país de su gusto. El ensayo debe incluir tres párrafos: la introducción, la parte central y la conclusión.

Otra opción es escribirle una carta a un amigo o familiar, en la cual compara México con otro país.

Vocabulario

Lección 10

En el aeropuerto (At the Airport)

el aeromozo	steward, flight attendant	el billete	ticket	el (la) pasajero(a)	passenger
el (la) agente	agent	el boleto	ticket	el pasaporte	passport
el asiento	seat	la cámara	camera	la reserva	reservation
el avión	airplane	el cinturón de seguridad	seat (safety) belt	la reservación	reservation
la azafata	stewardess, flight attendant	el equipaje	baggage, luggage	la sala de espera	waiting room
		el pasaje	ticket	el (la) turista	tourist
				el (la) viajero(a)	traveler

Verbos

abordar	to board	despedirse de (i, i)	to say good-bye of take leave of	reservar	to reserve
abrochar(se)	to fasten	facturar	to check (baggage)	revisar	to examine
cancelar	to cancel	fumar	to smoke	viajar	to travel
confirmar	to confirm	meter	to put into	volar (ue)	to fly

Vocabulario general

al extranjero	abroad	la gira	tour	la llegada	arrival
desde	since, from	gratis (gratuito)	free of charge	el lugar	place
la entrada	entrance; ticket (to an event)	el (la) guía turístico(a)	tour guide	más o menos	more or less
				el mundo	world
estar atrasado (a tiempo)	to be late (on time)	hacer cola	to wait in line	el país	country
		hacer la maleta	to pack a suitcase	la salida	exit; departure
estar de vacaciones	to be on vacation			el sitio	place
		hacer un viaje	to take a trip	la tarjeta (postal)	(post)card
la excursión	tour	hasta	until	el viaje	trip
extranjero	foreign	ida y vuelta	round-trip	el vuelo	flight
el folleto turístico	tourist brochure	libre	free, unoccupied, at liberty		

Lección 11

El automóvil (The automobile)

el autobús	bus	la gasolinera	gas station	el (la) policía	police officer
la batería	battery	hacer autostop	to hitch hike	la policía	police (i.e. department)
la bici	bicycle, bike	la licencia de conducir	driver's license		
la bicicleta	bicycle			el semáforo	traffic light
el camión	truck	la llanta (desinflada)	(flat) tire	el taller	mechanic's shop; garage
el (la) conductor(a)	driver	el maletero	trunk (of a car)		
la estación de gasolina	gas station	la motocicleta	motorcycle	el tanque	tank
		el motor	motor, engine	el volante	steering wheel
el faro	light	la multa	fine, traffic / speeding ticket		
el freno	brake				

Verbos

aconsejar	to advise	chocar con	to collide with, hit	mandar	to order; to send
alegrarse (de)	to be happy (about)	descansar	to rest	ordenar	to order
		estacionar	to park	parar	to stop
aparcar	to park	frenar	to brake	pasearse (en coche)	to take a walk (a drive)
aprobar (ue)	to approve	gastar	to spend, waste, use	prohibir	to forbid
aprovecharse de	to take advantage of			sugerir (ie, i)	to suggest
caer(se)	to fall	llenar	to fill	temer	to fear

Vocabulario general

(des)agradable	(un)pleasant	descompuesto	broken	peligroso	dangerous
a menos que	unless	no tener (hay) más remedio	to have (there is) no other choice	perder el tren (avión)	to miss the train (plane)
amable	nice			roto	broken
la autopista	highway	norte (sur, este, oeste)	north (south, east, west)	el ruido	noise
el barco	boat			ruidoso	noisy
el camino	road	ojalá	it is hoped, I hope	tal vez (quizás)	maybe, perhaps
el centro	center, downtown			la ventanilla	ticket window, small window
el consejo	advice	el paisaje	landscape, scenery		
cualquier(a)	any				

Lección 12

En el hotel (At the hotel)

el ascensor	elevator	la escalera mecánica	escalator	el portero	doorman
el botones	bell hop			la recepción	front desk; reception
el buzón	mailbox	las gafas (de sol)	(sun) glasses		
el (la) criado(a)	housekeeper, maid	la llave	key	el (la) recepcionista	receptionist
		el mar	sea		
El señor echa la carta.	The man is mailing the letter.	la parada de taxi	taxi stand	el sello	postage stamp
		la piscina	swimming pool	el timbre	postage stamp
		la playa	beach	la toalla	towel
la escalera	stairs, staircase				

Verbos

acordarse (ue) de	to remember	firmar	to sign	permanecer (zc)	to stay, remain
alojarse	to stay, lodge	funcionar	to function, work	prender	to turn on
cobrar	to charge (money)			relajarse	to relax
		nadar	to swim	tomar el sol	to sunbathe
(des)empacar	to (un)pack				

Vocabulario general

abajo	down, downstairs	dar a	to face, look out onto	la pensión	rooming-house
				el quiosco	kiosk, newsstand
el aire acondicionado	air-conditioning	doble	double		
		extraño	strange	sencillo	easy, simple; single (ref. to room)
antiguo	old, antique, former	el (la) huésped(a)	guest		
		el itinerario	itinerary		
arriba	up, upstairs	la lavandería	laundry, laundromat	silencioso	silent
el balcón	balcony			la tarjeta de crédito	credit card
bello	beautiful	lujoso	luxurious		
el cheque de viajero	traveler's check	moderno	modern	tranquilo	tranquil
		el museo	museum	el vestíbulo	lobby
el correo	post office; mail	(inter)nacional	(inter)national	la vista	view
		nocturno	related to the night		

México y los mexicoamericanos

Una gira turística por algunas ciudades mexicanas

Preparativos

A. Antes de hacer una gira por México, mire Ud. la sección **Es decir** para anticipar lo que va a leer.

B. Hojee *(Scan)* el primer párrafo y explique el significado del número 100.350.000. Hojee el segundo párrafo y haga lo mismo *(do the same)* con el número 800.

C. Ahora, hojee el último párrafo y busque tres palabras que están relacionadas con el turismo en México.

D. Finalmente, hojee la lectura para encontrar un adjetivo que describa las siguientes ciudades:

México _____   Cuernavaca _____   Acapulco _____

El palacio de Bellas Artes

México es una república con 31 estados libres y un distrito federal, y tiene una población de casi 100.350.000 de habitantes. La **Ciudad de México** es la capital del país y la ciudad más grande del mundo hispano. El Palacio de Bellas Artes contiene la famosa cortina de vidrio de Tiffany y obras de tres grandes muralistas mexicanos: José Clemente Orozco, Diego Rivera y David Alfaro Siqueiros. En el hermoso y enorme Parque de Chapultepec se encuentra el zoológico, el Museo Nacional de Historia, el Museo de Antroplogía, con artículos de 11.000 centros arqueológicos de México, y el Castillo de Chapultepec, la antigua residencia del Emperador Maximiliano.

Desde la capital se pueden hacer muchas excursiones de un día. En **San Juan Teotihuacán** las pirámides y ruinas datan de los primeros siglos de la época cristiana. En **Cuernavaca,** la ciudad favorita de Maximiliano, hay mansiones, calles típicas y jardines hermosos. Al sur de Cuernavaca está **Taxco.** Con su arquitectura colonial y los 800 comercios dedicados a la platería, es un centro turístico popular.

La pirámide del Sol, Teotihuacán, México

Guadalajara, México

Guadalajara—la ciudad del charro, de la música de mariachi y del jarabe tapatío—es el "México de los mexicanos" y la segunda ciudad del país. Tiene más de 6.000.000 de habitantes y el mejor clima de Norteamérica.

Mérida es la capital de Yucatán y un centro importante de la antigua civilización maya. Desde allí es fácil hacer excursiones a las misteriosas ciudades perdidas de la selva de Yucatán y a los centros arqueológicos de Uxmal, Kabah y Chichén Itzá.

Mérida, México

Acapulco, México

En una bahía del Pacífico, rodeada de montañas, está **Acapulco,** una de las playas más famosas del mundo. Los deportes acuáticos, la intensa vida nocturna y los clavadistas de La Quebrada son sólo algunos de los atractivos de este paraíso. En el Caribe hay importantes centros turísticos como **Cancún, Cozumel e Isla Mujeres.** El clima, las flores y frutas tropicales, los paisajes fabulosos y la hospitalidad de la gente hacen de México un lugar ideal para pasar las vacaciones.

Practiquemos

A. Conteste Ud.

1. ¿Cuántos habitantes tiene México?
2. ¿Quién es Diego Rivera?
3. ¿Dónde venden objetos de plata?
4. ¿Qué ciudad está cerca de la capital?
5. ¿Cuántos centros arqueológicos hay en México?

B. Nombre Ud...

1. cinco razones para pasar las vacaciones en México.
2. cuatro hechos *(facts)* referentes a la capital.
3. tres adjetivos para describir el país.
4. dos centros arqueológicos de los antiguos mayas.
5. un aspecto de México que Ud. quiere investigar.
6. una pregunta que Ud. quiere hacerle a una persona que acaba de volver de México.

C. Los aztecas. Lea sobre la antigua civilización azteca. Cambie los verbos al pretérito o imperfecto.

Se cree que los aztecas, una tribu de cazadores y agricultores,
1. (dejar) _____ su tierra de Aztlán en el norte de México en 1168 y
2. (llegar) _____ al Valle de México en 1348. **3.** (Conquistar) _____
las tribus que **4.** (vivir) _____ allí, **5.** (construir) _____ su capital,
Tenochtitlán, y **6.** (elegir) _____ a Moctezuma I como jefe supremo.
Para el siglo XV, los aztecas **7.** (ser) _____ poderosos y su imperio
8. (extenderse) _____ hasta el Pacífico.

La base de su economía **9.** (ser) _____ el cultivo del maíz, frijol, cacao
y algodón. **10.** (Adorar) _____ a múltiples dioses y **11.** (creer) _____
que **12.** (tener) _____ que alimentarlos con sangre humana, especialmente al dios de la guerra, Huitzilopochtli.

El año 1519, el militar español Hernán Cortés **13.** (llegar) _____ a
México y, con la ayuda de las tribus enemigas de los aztecas, **14.** (conseguir) _____ dominar a los aztecas.

D. Preguntas Basándose en el ejercicio anterior, conteste Ud. las preguntas.

1. ¿De dónde vinieron los aztecas?
2. ¿Cómo se llamaba su jefe?
3. ¿En qué se basaba su economía?
4. ¿Qué hacían los aztecas para satisfacer a sus dioses?
5. ¿Por cuántos años vivieron los aztecas en el Valle de México?

Notas y noticias

Después de **la Guerra Mexicoamericana** en 1848, el Tratado de Guadalupe Hidalgo le concedió a los Estados Unidos los estados de California, Nevada y gran parte de Arizona y Utah... casi la mitad del territorio de México, por sólo 15 millones de dólares. Perdidos sus derechos, sus tierras y sus bienes, 100.000 mexicanos se convirtieron en inmigrantes en su propia tierra. Se encontraron explotados y tratados como subordinados. En la década de 1940, para escaparse de la inestabilidad económica y política de su país, miles de mexicanos empezaron a trabajar en las minas, las fábricas y los campos estadounidenses. Irónicamente, estos "braceros" *(day laborers)* se encontraron atrapados *(trapped)* en un ciclo de pobreza, sin salida y sin esperanza *(hope)*. Hoy, debido a la inestabilidad económica de su país, miles de mexicanos cruzan la frontera, con frecuencia sin documentación, en busca de un futuro mejor. ¡Qué triste ironía!

**Tratado de Guadalupe Hidalgo
1848**

César Chávez

Ester Hernández, 1983

Cuando **César Chávez,** fundador y presidente del Sindicato de Trabajadores Agrícolas o STA (United Farm Workers of America, UFWA) murió en 1993, dejó un vacío tremendo en la vida de muchas personas. Cuando su familia perdió su finca durante la Gran Crisis *(The Depression),* Chávez experimentó personalmente las condiciones miserables de los trabajadores migratorios: salarios bajo el sueldo mínimo, la falta de casas, de beneficios médicos, de facilidades sanitarias y mucho más. Él y su familia tuvieron que viajar de pueblo en pueblo *(from town to town)* buscando trabajo temporal.

Chávez dedicó toda su vida a la protección de los derechos humanos del trabajador migratorio y a la unificación de la población chicana. Algunas de sus estrategias incluían el boicot, la huelga de hambre y el apoyo de políticos y celebridades. En 1984, Chávez descubrió que un gran número de familias migratorias que trabajaban en regiones de California donde usaban ciertos pesticidas, se enfermaba *(was getting ill)* del cáncer. Empezó su nuevo boicot para impedir el uso de estos pesticidas. El cuadro al lado de Ester Hernández refleja con ironía los problemas que causan los pesticidas para los trabajadores migratorios. Describa el cuadro. ¿Cuál es es mensaje principal?

Ciudad Juárez

La población de **Ciudad Juárez,** México está creciendo a una velocidad alarmante. Cada año más de 50.000 mexicanos abandonan sus fincas, sus pueblos y sus familias, y llegan a esta ciudad fronteriza en busca de trabajo en las 400 maquiladoras de General Electric, Alcoa, Delphi y otras empresas extranjeras. Pero no hay manera de absorber esta oleada *(wave)* de gente. Más de 100.000 personas viven en casas miserables—muchas de cartón—, rodeadas de basura, desechos humanos, y peligrosos cables eléctricos improvisados. No tienen agua potable. Según Gustavo Elizondo, alcalde de Juárez, "La realidad de Juárez es la realidad de toda la frontera. Aquí hay una ciudad que produce mucha riqueza... pero cada año nos hacemos más pobres..."

Carlos Fuentes es el novelista más famoso de México y uno de los autores más prolíficos de Latinoamérica. Fue embajador de México en Francia y profesor de literatura en Harvard y en Oxford. Entre sus novelas más conocidas están *La región más transparente* y *Aura,* y por su célebre novela, *La muerte de Artemio Cruz,* lo comparan con William Faulkner.

Carlos Fuentes

Frida Kahlo, artista extraordinaria y símbolo de la independencia, nació en Coyoacán, México en 1910. A los seis años sufrió un ataque de poliomielitis, y a los 15 años quedó paralizada como resultado de un terrible accidente. Fue en esa época cuando empezó a pintar. A los 19 años inició una relación complicada e inestable con el famoso artista, Diego Rivera. El dolor físico, sicológico y emocional está presente en la mayoría de sus 200 cuadros. Según muchos críticos, la obra de Frida tiene las influencias del surrealismo porque combina los autorretratos con imágenes precolombinas y folklóricas. Sin embargo, Frida insistió en que no era surrealista sino *(but rather)* realista, y que estas imágenes eran "su propia realidad". En el Museo Frida Kahlo, situado en Coyoacán en la antigua casa de la pintora, se pueden ver sus artículos personales, y de esta manera, entrar un poco en la fascinante vida privada de Frida y Diego Rivera.

Frida Kahlo

"El Retrato de Luther Burbank" de Frida Kahlo

La celebración del Cinco de Mayo

En los Estados Unidos, **El Cinco de Mayo** es el día festivo mexicano más celebrado de todo el año. En Puebla, México, el cinco de mayo de 1862, 2.000 soldados y ciudadanos mexicanos con pocas armas derrotaron a las tropas francesas, uno de los ejércitos más importantes del mundo. Esta famosa victoria, llamada la Batalla de Puebla, es motivo de mucho orgullo... ¡y mucha celebración!... por parte de la comunidad mexicana.

En 1958, con los ritmos de rock and roll de Ritchie Valens (Richard Valenzuela), la antigua canción mexicana **La Bamba** volvió a nacer. Gracias a este joven cantante chicano y a más de 150 otros artistas como Chuck Berry, Chubby Checker y Los Lobos, es probable que *La Bamba* sea la canción latina más popular del mundo. La canción, de origen africano, se popularizó en la ciudad/puerto de Veracruz, donde siempre había marineros extranjeros que competían por las atenciones de las mujeres veracruzanas. ¿Qué significan los versos de la canción?

Para bailar La Bamba,
para bailar La Bamba se necesita
una poca de gracia
una poca de gracia y otra cosita,
ay arriba, ay arriba.
Ay arriba, ay arriba, ay arriba iré
Yo no soy marinero.
Yo no soy marinero, por ti seré,
por ti seré, por ti seré.

Maná

En la Biblia el maná era el pan que caía milagrosamente del cielo para alimentar a los israelitas en el desierto. Pero para sus fanáticos, **Maná** es la banda número uno de pop rock latino. Además de grabar discos y hacer giras musicales, este grupo mexicano se preocupa por los problemas ecológicos del planeta, un tema que se refleja en el álbum, *¿Dónde jugarán los niños?* Son los fundadores de "Selva negra", una organización que fomenta interés en la preservación ambiental. Tienen discos de oro y de platino en los Estados Unidos y en casi todos los países hispanos y recibieron un Grammy por su grabación, *Cuando los ángeles lloran.*

En 2003, la vida y el trabajo de César Chávez fueron conmemorados en un sello del servicio postal de los EEUU.

Practiquemos

A. Explicar. Diga Ud. por qué...

1. algunos críticos dicen que hay elementos del surrealismo en la obra de Frida Kahlo.
2. Carlos Fuentes puede apreciar la diversidad cultural y étnica.
3. los mexicanos están orgullosos *(proud)* de la Batalla de Puebla.
4. México era un país más grande antes de 1848.
5. hay una crisis de agua en la ciudad fronteriza de Juárez.
6. en su opinión, "Maná" es un buen nombre para el grupo.
7. "La Bamba" está asociada con la ciudad de Veracruz.
8. César Chávez es considerado un héroe por los chicanos.

B. Diego Rivera. Lea Ud. sobre el muralista Diego Rivera. Complete el párrafo con el verbo apropiado de la lista. Hay varias posibilidades.

conoció	volvió	estudió	viajó	fue
murió	nació	pintó	empezó	tuvo

Diego Rivera, fundador *(founder)* del movimiento muralista mexicano,
1. _____ en 1886 en el pueblo colonial de Guanajuato. La revolución de 1910 **2.** _____ mucha influencia en la vida del joven Rivera y despertó su patriotismo. Rivera **3.** _____ por todo México y **4.** _____ los pueblos, los paisajes *(landscapes)* y la gente. A los 24 años
5. _____ a París donde **6.** _____, **7.** _____ y **8.** _____ a experimentar con otros estilos *(styles)* artísticos. **9.** _____ a México y adornó *(he decorated)* la ciudad con murales que cuentan la historia de los mexicanos. Rivera **10.** _____ en 1957 y le dejó a su país y al mundo una magnífica herencia artística.

Un mural de Diego Rivera en Veracruz, México

C. Las piñatas. Arregle Ud. las frases en el orden apropiado para formar un párrafo lógico sobre el origen de las piñatas.

Carmen Lomas Garza, "Cumpleaños de Lala y Tudi"

____ Las piñatas llegaron a América con los conquistadores y colonizadores españoles.

____ Las piñatas italianas no tenían bombones y juguetes, sino monedas y gemas.

____ Hoy día hay piñatas para todos los gustos—de flores, de aviones y de los superhéroes.

____ Luego, las piñatas pasaron a España y formaron parte de sus tradiciones religiosas.

____ En el nuevo mundo se hicieron parte de la celebración de la Navidad.

____ La historia de la piñata empezó en Asia, en el siglo XIII.

____ Los cortesanos italianos iniciaron la costumbre de romper piñatas en sus fiestas para ver qué tenían adentro.

____ Cuando el explorador Marco Polo volvió a Italia de Asia, presentó las piñatas en la corte italiana.

Enfoque literario

Una carta a Dios (fragmento), Gregorio López y Fuentes

El autor y su obra

Gregorio López y Fuentes (México, 1897–1966) creció en el campo de Veracruz, donde se familiarizó con la vida agrícola, *(agricultural)* un elemento importante en sus cuentos. Escribió sobre las experiencias y las personalidades de su niñez, y pintó para sus lectores un México que no era ni perfecto ni ideal, sino un "México verídico" *(real)*.

Antes de leer

A. El escenario *(background)* de la obra. Lea Ud. un resumen del cuento que va a leer. Conteste las preguntas.

Hubo una gran tempestad *(storm)* que destruyó las cosechas *(crops)* de los campesinos del pueblo. Lencho, uno de los campesinos y un hombre de mucha fe *(faith)*, le escribió una carta a Dios pidiéndole cien pesos *(Mexican currency)*. Cuando el jefe de la oficina de correos vio la carta, estuvo tan impresionado con la fe de ese hombre que reunió *(gathered)* sesenta pesos, puso los billetes *(bills)* en una carta dirigida a *(destined for)* Lencho y firmó "Dios". Al día siguiente, Lencho volvió para ver si había una carta para él. Los empleados, escondidos *(hidden)* en la oficina, esperaban para ver su reacción.

1. ¿Qué opina Ud. de la carta que Lencho escribió?
2. ¿Qué opina de lo que hizo el jefe de correos?
3. ¿Cómo va a reaccionar Lencho al ver la carta de "Dios"?

B. Sinónimos. Las palabras en la columna I aparecen en el cuento. Busque Ud. los sinónimos en la columna II.

I.	II.
1. dinero	a. sólo
2. para	b. movimiento
3. ventanilla	c. necesito mucho
4. empezó a	d. billetes
5. solamente	e. destinada a
6. no son muy honestos	f. se puso a
7. gesto	g. ventana pequeña
8. me hace mucha falta	h. son muy ladrones

C. Expresiones. Las expresiones "al ver" *(upon seeing)* y "al terminar" *(upon finishing)* se usan en el cuento. Forme Ud. expresiones con **al** + *infinitivo* para iniciar lógicamente las frases siguientes.

1. _____ el chisme *(gossip)*, Pablo hizo un gesto de cólera *(made a gesture of anger)*.
2. _____ a la oficina, el jefe reunió *(gathered)* a sus empleados para discutir el problema.
3. _____ las malas noticias, Sandra se puso a *(began)* llorar.

A leer

Una carta a Dios (última parte, la reacción de Lencho)

Lencho no mostró la menor sorpresa *(surprise)* al ver los billetes *(upon seeing)* —tanta *(so much)* era su seguridad *(confidence)* —pero hizo un gesto de cólera *(anger)* al contar el dinero... ¡Dios no podía haberse equivocado *(have made a mistake),* ni negar lo que se le había pedido *(had asked)*!

Inmediatamente, Lencho se acercó *(approached)* a la ventanilla para pedir papel y tinta *(ink)*. En la mesa destinada al público, se puso a *(he began)* escribir... Al terminar, fue a pedir un timbre...

En cuanto *(as soon as)* la carta cayó al buzón, el jefe de correos fue a recogerla. Decía: "Dios: Del dinero que te pedí sólo llegaron a mis manos *(hands)* sesenta pesos. Mándame el resto, que me hace mucha falta, pero no me lo mandes por conducto *(by means of)* de la oficina de correos, porque los empleados son muy ladrones *(thieves).* —Lencho".

Después de leer

A. Comprensión. Basándose en la lectura, termine Ud. las frases siguientes.

1. Cuando Lencho abrió la carta...
2. Pero, después de contar los billetes...
3. Al conseguir papel y tinta en la ventanilla...
4. Al ver la carta que Lencho puso en el buzón, el jefe de correos...
5. Lencho piensa que los empleados de la oficina...

B. Expansión

1. Describa Ud...
   - a Lencho.
   - al jefe de correos.

2. Explique Ud...
   - la situación económica de Lencho.
   - la relación que Lencho tiene con Dios.
   - la reacción de Lencho cuando leyó la "carta de Dios".

3. El final del cuento puede ser cómico o triste, depende de su punto de vista *(point of view)*. ¿Qué piensa Ud.?

1 Una visita a México: Acapulco

¡Viva México! Los mexicanos reconocen que su país es único, extraordinario y rico en contrastes. Es un país de sorpresas: asombrosos monumentos arqueológicos que recuerdan al México prehispánico, preciosas ciudades coloniales que reflejan siglos de fusión cultural —del español con el indio— y paraísos en el Golfo de México, en el Caribe y en el Pacífico.

Vamos a viajar al estado mexicano de Guerrero para conocer Acapulco, un paraíso tropical en la costa del Pacífico, cuyos atractivos naturales atraen a visitantes de todas partes del mundo. Mire Ud. el video y haga los ejercicios que siguen.

Palabras útiles

la altura	height	**el paracaídas ascencional**	parasailing
arrojarse	to throw oneself	**los puestos de chiles**	chile stands
la bahía	bay		
el buceo	diving	**el rito**	rite
los clavadistas	cliff divers	**rodeado**	surrounded
el corazón	heart	**la sombra**	shadow
fallecido	dead	**el Zócalo**	town plaza (Méx.)
la frontera	border		
las olas	waves		

Acapulco, México

Al ver el video

A. ¿Qué recuerda de Acapulco? Escoja Ud. La respuesta correcta.

1. Acapulco es (una ciudad cosmopolita/un pueblo pequeño) en el estado de Guerrero.
2. La playa La Caleta es popular con (los turistas internacionales/las familias de Acapulco).
3. El Zócalo está situado en la parte (moderna/vieja) de Acapulco.
4. Un símbolo internacional de Acapulco es (La Quebrada/la variedad de sus flores).
5. Para comprender la actitud de los mexicanos hacia la muerte, es importante visitar (un cementerio/el Zócalo).

B. ¿A quién corresponden? Diga Ud. a qué grupo de personas corresponden las siguientes actividades. Justifique sus comentarios.

los turistas en Acapulco   los habitantes de Acapulco

1. Se divierten en las aguas de La Caleta.
2. Cenan en un restaurante y ven a los clavadistas arrojarse a las aguas turbulentas.
3. Regatean el precio de las verduras en el Mercado Central.
4. Se sientan en el Zócalo para pasar el tiempo con amigos.
5. Practican el paracaídas ascencional y el esquí acuático.
6. Decoran tumbas con flores y otros objetos.

C. La cámara fotográfica. Ud. puede sacar solamente tres fotos en Acapulco, y tiene que decidirse entre las siguientes posibilidades. Justifique sus selecciones y describa las fotos con detalle.

La Quebrada   un cementerio   una vista aérea de Acapulco
el Mercado Central   el mural de Diego Rivera   la playa La Caleta

D. ¡Un día en el paraíso! Ud. Tiene un solo día para divertirse en Acapulco. ¿Qué piensa hacer para disfrutar del lugar al máximo? Describa su itinerario.

② La música de Carlos Santana

Carlos Santana nació en Autlán en Jalisco, México, el 20 de julio de 1947. Su familia fue a vivir a San Francisco en 1963, donde Carlos vive todavía. Es maestro de la guitarra "rock" y fue uno de los primeros guitarristas en combinar ritmos afrocaribeños con el rock. Pero, con toda su fama y talento, Carlos le dedica mucho tiempo a la comunidad latina de San Francisco, especialmente al Centro Cultural de la Misión *(Mission Cultural Center)*.

Palabras útiles

complacer	*to please*	**verdaderamente**	*truly*
el corazón	*heart*	**el vals**	*waltz*
el sonido	*sound*	**europeo**	*European*
chiquito (chiquillo)	*a small boy*	**repugnar**	*to repulse*

Vamos a un concierto de Carlos Santana. Mire Ud. el video y haga las siguientes actividades.

Carlos Santana

Al ver el video

A. **La música.** Basándose en el video, llene Ud. los espacios con la palabra correcta.

1. Mi nombre es Carlos Santana y yo soy _____.
2. Quiero servir a la gente con el sonido de _____.
3. La música verdaderamente mexicana es la de los _____.
4. La música de mariachi es música _____.
5. La música _____ ha afectado mucho a América.

B. **¿Qué recuerda Ud.?** Diga Ud. cuál es el significado de los siguientes términos. Forme Ud. frases completas.

1. Jalisco
2. San Francisco
3. la influencia africana
4. la siesta
5. un sombrero grande

C. **Otros personajes famosos de ascendencia mexicana.** Carlos habla más acerca de la influencia mexicana en los EE.UU. Llene Ud. los espacios con el nombre apropiado de la lista siguiente.

Olmos   Tejas   Los Lobos   Plunket   indio   Nuevo   Ronstadt

Para mí la influencia mexicana es la del _____. Este elemento se encuentra en gente como Jim _____, que era quarterback con los Raiders, en la música de _____, en la visión de Linda _____ y también en la obra del actor Edward James _____. Esta influencia está presente no sólo en California, sino también en _____ México y _____.

D. **Los estereotipos.** En grupos, hagan una lista de cuatro estereotipos de la cultura de los EEUU. Expliquen sus selecciones.

3 Una entrevista con el poeta Tino Villanueva

Tino Villanueva es profesor universitario en Boston, y también es escritor y poeta mexicoamericano. Escribe sobre la vida difícil del campesino chicano, y sobre su experiencia personal de niño en los campos de algodón, pizcando para los patrones. La vida del trabajador migratorio era una de constante cambio. Tino tuvo la oportunidad de estudiar en la universidad gracias a becas que recibió del gobierno. Recibió su título universitario y luego su doctorado de Boston University. Su poesía chicana es conocida por todo el mundo. Vamos a conocer al poeta. Mire Ud. el video y haga los ejercicios que siguen.

Palabras útiles

el beneficio	*benefit*	**el patrón**	*boss*
el campesino	*farmworker, person from the country*	**pertenecer**	*to belong*
		pizcar (colloquial)	*to pick* (fruits and vegetables)
la cereza	*cherry*		
la cosecha	*crop*	**el sindicato**	*labor union*
el cosechero	*owner of a crop*	**surgir**	*to appear*
empaquetar	*to pack*	**la tierra**	*land*
explotado	*exploited*	**el trabajador migratorio**	*migrant farmworker*
la faena	*duty, task*		
la huelga	*strike*	**la voz**	*voice*

Tino Villanueva

Al ver el video

A. **¿Qué recuerda Ud.?** Basándose en el video, escoja Ud. *(choose)* la respuesta correcta.

1. La palabra "chicano" significa...
   a. latino   **b.** español   **c.** mexicoamericano

2. ¿De dónde es Tino?
   a. México   **b.** Texas   **c.** Boston

3. ¿Hasta qué edad *(age)* trabajó Tino en el campo?
   a. hasta los 17 años   **b.** hasta los 13 años   **c.** hasta los 20 años

4. Según Tino, ¿quiénes son los más explotados *(exploited)*?
   a. los patrones   **b.** los campesinos   **c.** los que trabajan en las ciudades

5. ¿Cuál fue la única defensa que tenían los trabajadores migratorios?
   a. buscar otros trabajos   **b.** ir a la ciudad   **c.** participar en un boicot

6. ¿Cuál es el tema del primer poema de Tino?
   a. el trabajo difícil de los campesinos
   b. César Chávez
   c. sus años en la universidad

B. La obra *(work)* **poética.** Sigue una parte del primer poema de Villa-nueva sobre la vida del chicano. Basándose en el video, llene Ud. los espacios con la palabra correcta.

Que hay otra voz *(voice)*

¡Y éntrale *(get to work [slang])* otra vez con la frescura!
Éntrale a los surcos agridulces *(bittersweet rows)* más _____
que la vida misma:

plums	beans
_____	cotton
betabel *(beets)*	pepinos *(cucumbers)*
pruning	_____
_____	apricots
chopping	plucking
soybeans	_____

no importa.
Que hay que comer, hacer pagos, sacar la ropa del Lay-Away; '55 Chevy
engine tune-up; los niños en seventh-grade piden lápices con futuro. Hay
otra voz que _____.
Tú,
    Cómotellamas, mexicano, _____, Meskin,
    skin, Mex-guy, Mex-Am, _____,
    Mexican-American, Chicano,
tú
    de las manos diestras *(skilled)* y la espalda *(back)*
    empapada *(soaking wet)* desde que cruzó *(crossed)* tu _____ el Río
    (Río Grande River).
las estaciones siguen en su madura marcha
de generación en _____, de mapa en _____,
de patrón en patrón, de surco en surco.
Surcos,
viñas *(vineyards)*,
de donde ha brotado el grito audaz *(the bold cry has burst forth)*.
las huelgas *(strikes)* siembran *(are sowing)* un día _____.
el boycott es religión,
Y la múltiple existencia se confirma en celdas *(jail cells)*.

C. ¿Quién es? ¿Qué es? Con sus propias palabras, diga Ud....

1. ¿Quién es Tino Villanueva y cómo era su vida?
2. ¿Qué es el Ballet Folklórico de Aztlán?
3. ¿Qué significa la palabra *Aztlán*?

D. ¿Qué piensa Ud.? Después de leer el poema *"Que hay otra voz"*, conteste Ud. las preguntas.

1. ¿Por qué está el poema escrito *(written)* en inglés y en español?
2. ¿Cuál es el significado de las listas largas de cosechas y faenas que hacen los campesinos?
3. ¿Cuáles son algunos de los nombres que se usan para referirse a un chicano?
4. ¿Qué es un "lápiz con futuro"? ¿Qué quieren los niños?
5. ¿Es optimista el poema? Explique.

Cuidando el cuerpo

MÉXICO
Tikal **BELICE**
GUATEMALA Belmopan
San Luis
Cobán
Quezaltenango
El Progreso **HONDURAS**
Guatemala La Paz Juticalpa Puerto Lempira
San José San Salvador Puerto Cabezas
Tegucigalpa La Rosita
EL SALVADOR Choluteca Matagalpa Prinzapolca
Managua **NICARAGUA**
Diriamba
San Juan del Norte
La Cruz Liberia
Santa Cruz Quesada **COSTA RICA** Canal de Panamá
Puntarenas Puerto Limón
San José
Dominical Colón **Ciudad de Panamá**
Punto Jiménez **PANAMÁ**
David Chitré

Océano Pacífico

Mar Caribe

COLOMBIA

13 ¡Ay, doctor!

Preparativos

Al leer el diálogo siguiente o mirar el video, note bien las palabras relacionadas con la salud: la fiebre, la receta, los antibióticos, el estómago. Es fácil comprenderlas en el contexto del diálogo. ¿Alguna vez ha est**ado** Ud. (have you been) en la sala de emergencia? O ¿ha necesit**ado** una operación? O ¿ha com**ido** tanto que le duele el estómago? Parece que esto le ha pas**ado** a Luis. En este episodio Ud. va a aprender un nuevo tiempo (tense), el presente perfecto. Es un tiempo compuesto (compound). Es decir, tiene dos partes... el verbo **haber** (to have) y el participio pasado. Pobre Luis. ¡Ojalá que no sea nada serio!

—¿Te has tomado la temperatura?

—Está muy hinchado.

—¿Qué has comido hoy?

—He resuelto el problema.

Así es Mariana

¡Me duele todo!

Luis Antonio y Mariana han vuelto a San Diego, y el pobre Luis se ha enfermado. Van al consultorio del médico de la familia de Luis.

Mariana: *(Vestida de médica, les habla a los televidentes)* A ver la lengua.... ¡Abre la boca! ¡Saca la lengua! ¡Uy, Dios!.... Parece algo serio.

Luis entra en el consultorio, completamente doblado (doubled over) del dolor que siente. Sólo puede ver los pies de otra persona en el consultorio y cree que son los del médico.

Luis Antonio: ¡Ay,... mi estómago! *(Nota que no son los pies del médico, sino los de Mariana)* ¡Tú! Quiero una segunda opinión.

Mariana: Lo que necesitas es una operación.

Luis Antonio: ¡Me duele todo! Desde las orejas hasta los pies.

Mariana: ¡Oye, señor paciente! Pórtate bien con el doctor. Nada de quejas.
El médico entra.

Doctor: Buenos días. Hola, Luis. Mucho tiempo sin verte. ¿Cómo está la familia?

Luis Antonio: Bien, bien, gracias, doctor. Todos están muy bien, pero yo estoy...

Doctor: Ah sí, y esta joven estudiante de medicina debe de ser la famosa Mariana. *(A Mariana)* La mamá de Luis siempre habla de ti.

Mariana: Mucho gusto, doctor.

Doctor: Bueno, Luis. Cuéntame, ¿qué te pasa?

Luis Antonio: Bueno, pues me duele mucho el estómago. Mire, está muy hinchado.

Doctor: ¿Tienes fiebre? ¿Te has tomado la temperatura?

Mariana: Sí, hace unas horas pero no tiene fiebre.

Doctor: ¿Qué has comido hoy?

Luis Antonio: Pues, nada extraño. Cada día mi madre me prepara mis platos favoritos. Luego, insiste en que me los coma todos.

Mariana: Mire. *(Mira su reloj.)* Ahora son las tres de la tarde y ya se ha comido cinco enchiladas, tres tortillas, un plato de mole poblano, unas fajitas que encontró en la nevera y un perro caliente.

Doctor: Ahora entiendo. Pues, creo que he resuelto el problema. Realmente no es muy complicado. Te voy a recetar unas pastillas.

Luis Antonio: ¿Una receta? ¿Por qué? ¿Es grave? ¿Una reacción alérgica? ¿La gripe? ¿Necesito antibióticos?

Doctor: No, nada de eso. Te sugiero que compres bicarbonato y que en el futuro no comas tanto. Tu madre lo va a comprender.

Mariana: *(A los televidentes)* ¡Qué cura más fácil! Mi opinión personal es que no ha sufrido suficiente. *(Se dirige hacia Luis)*. Luisito...

Es decir

A. Comprensión.

Diga Ud. cuáles de los siguientes síntomas o condiciones sufre Luis.

1. Tiene dolor de estómago.
2. Tiene una reacción alérgica.
3. Tiene el estómago hinchado.
4. No ha comido nada en todo el día.
5. Tiene fiebre.

Para saber la causa de su dolor, diga qué comidas consumidas por Luis corresponden a los siguientes números.

1. cinco _____
2. unas _____
3. un _____
4. tres _____
5. un _____

Busque en la segunda columna la terminación de las frases en la primera columna. ¿Quién lo dijo, Luis o Mariana?

1. Me duele todo, desde las orejas...   a. opinión.
2. Saca la...   b. boca.
3. Quiero una segunda...   c. con el doctor.
4. Pórtate bien...   d. lengua.
5. Abre la...   e. hasta los pies.

B. Asimilación.

Luis vuelve al consultorio del médico el día siguiente con más síntomas. Busque en la segunda columna la terminación de las frases del doctor en la primera columna.

1. Tengo que examinarte...   a. urgente.
2. Está muy...   b. el estómago.
3. Y tienes mucha...   c. a la sala de emergencia.
4. Creo que he resuelto...   d. hinchado.
5. Luis, tu caso es...   e. una operación ahora mismo.
6. Necesitas...   f. fiebre.
7. La ambulancia te lleva...   g. el problema. Tienes apendicitis.

C. Expansión.

El doctor conoce a Luis desde hace muchos años. Él empieza a contarle a Mariana algunas anécdotas vergonzosas *(embarrassing)* sobre Luis cuando era niño. En parejas, escriban una anécdota original sobre Luis.

En grupos de tres, representen la siguiente escena. Como Luis se porta como un hipocondríaco, Mariana y el médico deciden hacerle una broma *(play a joke)*. Le dicen que tiene una enfermedad muy exótica y misteriosa y el doctor le describe un tratamiento un poco... raro.

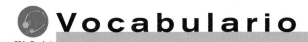

Vocabulario

Use the context suggested by the illustration and identify cognates (words that look alike in English and Spanish) to guess at the meaning of new words and expressions. All of the essential vocabulary for this *Lección* appears with English translations on pp. 480–481.

En el consultorio del médico/El cuerpo humano

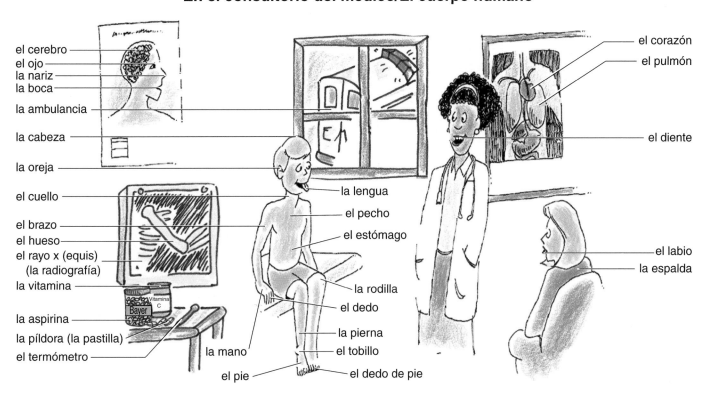

el cerebro
el ojo
la nariz
la boca
la ambulancia
la cabeza
la oreja
el cuello
el brazo
el hueso
el rayo x (equis) (la radiografía)
la vitamina
la aspirina
la píldora (la pastilla)
el termómetro
la mano
el pie

la lengua
el pecho
el estómago
la rodilla
el dedo
la pierna
el tobillo
el dedo de pie

el corazón
el pulmón
el diente
el labio
la espalda

Verbos

cuidar(se)	*to take care of (oneself)*	**preocuparse (de)**	*to worry (about)*
curar	*to cure*	**quejarse (de)**	*to complain (about)*
doler (ue)	*to hurt*		
enfermarse	*to get sick*	**recetar**	*to prescribe*
mantener	*to maintain, keep, support* (financially)	**resfriarse**	*to catch a cold*
		respirar	*to breathe*
		sufrir	*to suffer*
operar	*to operate*	**toser**	*to cough*
portarse	*to behave*		

Adjetivos

alérgico	*allergic*	**hinchado**	*swollen*
doloroso	*painful*	**inflamado**	*inflamed*
embarazada	*pregnant*	**mareado**	*dizzy, nauseated*
grave (serio)	*serious*		

Medicamentos, síntomas y enfermedades *(Medicines, symptoms and illnesses)*

el antibiótico	*antibiotic*	**el jarabe**	*syrup*
la apendicitis	*appendicitis*	**la medicina**	*medicine*
el catarro	*cold*	**la operación**	*operation*
(el resfriado)		**la queja**	*complaint*
la cura	*cure*	**la temperatura**	*temperature*
el dolor	*pain*	**la tos**	*cough*
la fiebre	*fever*	**el tratamiento**	*treatment*
la gripe	*flu*		

La salud *(Health)*

el consultorio	*doctor's office*	**la piel**	*skin*
el cuidado	*(health) care*	**el seguro**	*(health) insurance*
(médico)		**(médico)**	
la garganta	*throat*	**la sala de**	*emergency room*
el oído	(inner) *ear*	**emergencia**	
el (la) paciente	*patient*	**la sangre**	*blood*

Palabras y expresiones útiles

a ver	*let's see*	**poner una**	*to give an*
apenas	*scarcely*	**inyección**	*injection*
lo más pronto	*as soon as*		
posible	*possible*		

Vocabulario adicional

aliviar	*to relieve, alleviate*	**herido**	*wounded*
		hondo	*deep (adv.) deeply*
la caries	*cavity, tooth decay*	**pálido**	*pale*
		el peligro	*danger*
congestionado	*congested*	**urgente**	*urgent*
la farmacia	*pharmacy*		

Practiquemos

A. Relaciones. Su profesor(a) va a leer una serie de frases o palabras. Busque la palabra de la siguiente lista que corresponde a cada frase. Escriba la letra en los espacios.

1. _____ el antibiótico
2. _____ la emergencia
3. _____ la aspirina
4. _____ la fiebre
5. _____ las vitaminas
6. _____ la enfermedad

B. ¿Quién lo dijo? Llene Ud. los espacios con la letra que corresponde a la persona que dijo las siguientes frases.

a. el paciente
b. el farmacéutico
c. la doctora
d. la recepcionista
e. la enfermera

_____ 1. Le tomo la temperatura mientras esperamos al doctor.
_____ 2. Este jarabe es muy caro.
_____ 3. ¿Tiene Ud. seguro médico?
_____ 4. Me duelen la cabeza y el estómago.
_____ 5. A ver. ¿Cuál es el problema?
_____ 6. Abra la boca y...
_____ 7. ¡Aahhh!
_____ 8. Lo siento, pero el doctor no está aquí.
_____ 9. Esta medicina viene en pastillas o en cápsulas.
_____ 10. Voy a recetarle un antibiótico.

 Ahora en parejas, escriban un comentario original para cada persona en el ejercicio. La clase va a decir a quién corresponde cada uno.

 C. Remedios y tratamientos. Diga Ud. qué hace en las siguientes situaciones y luego entreviste a sus compañeros.

¿Qué hace Ud. cuando...
1. le duele la cabeza?
2. tiene un resfriado?
3. sufre de insomnio?
4. tiene fiebre?
5. está enfermo(a) y no puede hablar con el médico?

D. Mentira médica. Lea Ud. el dibujo sobre la mentira médica número 19. Invente las "mentiras médicas" números 7 y 12. Explique.

MENTIRA MÉDICA NÚMERO 19

Una farmacia en Antigua, Guatemala

Aviso cultural

Las farmacias en el mundo hispano

¿Qué se puede comprar en una farmacia en los EE.UU.? Nombre diez cosas. En las farmacias de España y de algunos países hispanoamericanos se venden casi exclusivamente medicinas. Para comprar champú y otros productos hay que ir a una perfumería. Muchas de las medicinas que en los EE.UU. requieren una receta médica (como los antibióticos), se pueden comprar sin receta. Cuando uno se siente enfermo es común ir a la farmacia en vez de llamar al médico, porque los farmacéuticos pueden poner inyecciones y recomendar tratamientos.

Las "farmacias de guardia" son las farmacias que se quedan abiertas por la noche y los días de fiesta, y sus direcciones _(addresses)_ y números de teléfono se publican en el periódico porque varían todas las semanas. ¿Cuál es su impresión de las farmacias y los farmacéuticos españoles? ¿Suelen los farmacéuticos en los EE.UU. recomendar tratamientos y poner inyecciones? Explique.

Forma y función

The Past Participle

Forma

The past participle in English is often formed by adding -**ed** to the verb: opened, closed, formed, pronounced, added. Some past participles end in -**en:** written, spoken, eaten; many are completely irregular: sung, seen, done, said. The past participle is commonly used as an adjective as well as with a form of the verb **to have** to form the perfect tenses: The doctor **has prescribed** penicillin and I **have followed** his advice.

1. The participle in Spanish is formed by removing the infinitive endings (**-ar, -er, -ir**) and adding -**ado** to -**ar** verb stems and -**ido** to -**er** and -**ir** verb stems.

hablar	habl**ado**	comer	com**ido**	pedir	ped**ido**[1]
dar	d**ado**	ser	s**ido**	ir	**ido**

2. -**Er** and -**ir** verbs with stems that end in **a, e,** and **o** add a written accent to the **i** of the ending.

traer	traído	leer	leído	oír	oído

3. The following verbs have irregular past participles.

abrir	**abierto**	hacer	**hecho**	romper	**roto**
(des)cubrir	**(des)cubierto**	morir	**muerto**	ver	**visto**
decir	**dicho**	poner	**puesto**	(de)volver	**(de)vuelto**
(d)escribir	**(d)escrito**	resolver	**resuelto**		

Mariana cree que todo está **decidido.**
Luis tiene que ver al médico pronto.

[1]Note that the past participles of stem-changing verbs show no stem change: **pensar - pensado, sentir - sentido, dormir - dormido.**

Función

1. The past participle used as an adjective agrees in number and gender with the noun it modifies, and generally follows it.

Paco tiene un **brazo roto.**
*Paco has a **broken arm.***
También tiene las **piernas hinchadas.**
*He also has **swollen legs.***

2. The past participle is often used with the verb **estar** to express a condition that results from a previous action. As the participle functions as an adjective, it agrees with the noun it modifies.

El médico escribió las recetas.
The doctor wrote the prescriptions.
El resultado:
The result:
Las recetas **están escritas.**
*The prescriptions **are written.***

El farmacéutico cerró la farmacia.
The pharmacist closed the pharmacy.
El resultado:
The result:
La farmacia **está cerrada.**
*The pharmacy **is closed.***

Practiquemos

A. No te preocupes, mamá. La señora Rojas está enferma y tiene que guardar cama *(stay in bed)*. Su hijo le contesta sus preguntas acerca de la casa. Mire Ud. los dibujos y conteste las preguntas.

MODELO   ¿Cerraste la puerta?
Sí, mamá, la puerta está cerrada.

1. ¿Pusiste la mesa?

2. ¿Arreglaste el baño?

3. ¿Barriste el suelo?

4. ¿Apagaste el televisor?
5. ¿Abriste las ventanas?

B. Los participios pasados y la salud. Forme Ud. el participio pasado de los siguientes infinitivos. Luego, úselos para describir el sustantivo *(noun)* indicado y traduzca la frase al inglés. Siga el modelo.

> MODELO recetar/jarabe
> *recetado. El jarabe recetado.* (The prescribed syrup.)

1. hinchar/pierna
2. preparar/té
3. sugerir/cura
4. escribir/recetas médicas
5. abrir/farmacias
6. resolver/problemas
7. poner/inyección
8. hacer/tratamientos

C. Ud. tiene correo. Durante el verano Ud. trabaja para un médico. Él le escribe una carta por correo electrónico desde el hospital para saber si Ud. ha hecho *(have done)* todo su trabajo. Forme las preguntas del doctor usando los sustantivos y la forma correcta de **estar + el participio pasado.**

> MODELO cuartos/arreglados.
> *¿Están arreglados los cuartos?*

1. computadora/apagar
2. suelos/barrer
3. baño/fregar
4. citas/hacer
5. receta médica/mandar
6. cartas/escribir

Ahora, conteste la carta diciéndole lo que está hecho y no está hecho.

D. Alicia, la enfermera. Pobre Octavio está enfermo. Mariana le pregunta a Alicia qué hizo para ayudarlo. Trabajen en parejas. Forme tres preguntas originales que Mariana le hace a Alicia. Su compañero(a) va a contestarlas según el modelo. Puede usar los verbos indicados u otros originales.

> MODELO Mariana: *¿Preparaste la sopa de pollo?*
> Alicia: *Sí, la sopa está preparada.*

escribir
cubrir
cocinar
comprar
devolver
cerrar
hacer
tomar
poner

Así se dice   At the Doctor's Office

—¡Curada! ¡Qué bien estar curada! Pero...
¿y de qué voy a hablar ahora?

El (La) doctor(a) pregunta:

¿Cómo se siente?	*How do you feel?*
¿Cómo está (se encuentra)?	*How are you?*
¿Qué le pasa?	*What's wrong with you?*
¿Tiene alguna molestia (algún dolor)?	*Do you have any pain?*
¿Le duele algo?	*Does something hurt you?*

El (La) paciente contesta:

Me siento muy mal.	*I feel terrible.*
Estoy regular (más o menos; así, así).	*I'm O.K.*
Me encuentro fatal.	*I feel horrible.*
Tengo fiebre.	*I have a fever.*
Estoy cansado(a).	*I'm tired.*
Tengo el pie hinchado.	*My foot is swollen.*
Me duele la cabeza.	*My head hurts.*
Me duelen los pies.	*My feet hurt.*

El (La) doctor(a) recomienda:

Guarde cama.	*Stay in bed.*
No fume.	*Don't smoke.*
No se mueva.	*Don't move.*
Tome aspirina.	*Take aspirin.*

Practiquemos

A. Diferentes problemas. ¿Qué le recomienda Ud. a la persona que...

1. tiene tos?
2. acaba de caerse?
3. acaba de tener una operación?
4. sufre de dolor de cabeza?

B. ¡Ay! ¡Cuánto sufro! Con un(a) compañero(a), hagan los papeles del médico y de la paciente hipocondríaca del dibujo de arriba. Es su primera visita al consultorio y tiene muchos dolores y quejas.

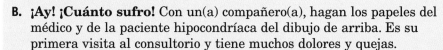

The Present Perfect and the Pluperfect Tenses

Forma

As you've already seen, the past participle in English and Spanish can be used as an adjective (the broken arm, the closed window). It can also be used with the auxiliary verb *to have* (*haber*) to form the perfect tenses. Note that **haber** and **tener** can both mean *to have,* but they are not interchangeable. **Tener** means to have in one's possession, whereas **haber** is an auxiliary verb used to express an action that one has done, had done, will have done, and so forth.

¡Pepa, la comida estuvo estupenda!
¿Es que ha venido mi madre?

La única vez que me ha sacado
es para venir aquí.

The perfect tenses are formed by combining the auxiliary verb **haber** in any tense with the past participle.[1]

HABER *(to have)*			
Present indicative		**Imperfect**	
(have, has)		*(had)*	
he	hemos	había	habíamos
has	habéis	habías	habíais
ha	han	había	habían

1. **Haber** in the present indicative combines with the past participle to form the present perfect tense.

   Yo sé que el doctor **ha llamado.**   *I know that the doctor **has called.***

2. **Haber** in the imperfect combines with the past participle to form the pluperfect tense.

   Cuando llegué a casa, el doctor ya **había llamado.**   *When I arrived home, the doctor **had** already **called.***

---

[1]The preterite forms of **haber (hube, hubiste, hubo...)** are not commonly used in perfect constructions.

3. **Haber** in the present subjunctive (**haya, hayas, haya, hayamos, hayáis, hayan**) combines with the past participle to form the present perfect subjunctive.

Espero que el doctor **haya llamado.**   *I hope that the doctor **has called.***

4. When used to form a perfect tense, the past participle ends in **-o** and never changes in number or gender.

Las pacientes **han ido** al hospital.   *The patients **have gone** to the hospital.*

Hemos venido para ver al médico.   *We **have come** to see the doctor.*

5. The past participle immediately follows the form of **haber.** Negative expressions such as **no, nunca,** and **nadie,** and object and reflexive pronouns are always placed before the conjugated form of **haber.**

No le han puesto la inyección todavía.   *They have **not** given **him** the shot yet.*

Función

1. The present perfect indicative is used as its English equivalent to express what someone has done.[1]

El farmacéutico nos **ha dado** las pastillas.   *The pharmacist **has given** us the tablets.*

2. The pluperfect tense is used to describe an action that took place prior to a more recent past action.

Ya **había llamado** a su esposa cuando llegó la ambulancia.   *He **had** already **called** his wife when the ambulance arrived.*

3. The present perfect subjunctive is used to express a recently completed action in a context which requires the use of the subjunctive. Compare the following sentences.

Present perfect indicative:
Yo sé que tú **has ido** al consultorio del médico.   *I know that you **have been** to the doctor's office.*

Present perfect subjunctive:
Yo dudo que tú **hayas ido** al consultorio del médico.   *I doubt that you **have gone** to the doctor's office.*

Practiquemos

A. **Los dibujos.** Mire Ud. los dibujos en la pág. 424. Cite el ejemplo del presente perfecto en cada uno. ¿Qué significa cada verbo? En el primero, ¿por qué cree el hombre que ha venido su madre? En el segundo, ¿de qué se queja la mujer? Termine el segundo dibujo de otra forma: "La única vez que él me ha sacado es para....."

---

[1]Note that in Spain, to express completed past action, the present perfect tense is often favored over the preterite tense. Thus, it is common to hear *¿Has comido?* (**Have you eaten**), rather than *¿Comiste?* (**Did you eat?**)

B. En el hospital. Paquito está en el hospital. ¿Qué han hecho las siguientes personas?

yo

MODELO   *Yo le he traído flores.*

1. la enfermera

2. nosotros

3. Paquito y el otro paciente

4. el médico

5. tú

C. Un episodio de "Hospital Típico". Ud. mira la telenovela "Hospital Típico" por primera vez. Su amigo intenta explicarle quiénes son los personajes *(characters)* principales. Llene Ud. los espacios con la forma correcta del verbo **haber** en el presente del indicativo, el presente del subjuntivo o el imperfecto.

Este hombre es Juan, que **1.** _____ sido siempre el enemigo *(enemy)* del Dr. Moreno. Hace dos semanas, parecía que Juan **2.** _____ muerto, pero resultó que sólo **3.** _____ fingido *(pretended)* para ver la reacción de Julia, su novia. Ahora, mucho **4.** _____ pasado entre los dos. El año pasado ellos **5.** _____ decidido casarse, pero cuando Julia supo lo que Juan **6.** _____ hecho, ella rompió con él. Recientemente ella **7.** _____ empezado a salir con Rogelio. Pero, la verdad es que me sorprende mucho que Rogelio **8.** _____ salido con ella porque él **9.** _____ dicho que va a dedicarse a su trabajo solamente.

En parejas, escriban un párrafo sobre otro episodio de esta famosa telenovela. Usen los tiempos perfectos para describir qué han hecho o qué habían hecho algunos de los personajes.

D. Alguna vez. Su compañero(a) va a formar preguntas y hacérselas a Ud. Contéstelas en la forma negativa y dé una respuesta alternativa. Sigan el modelo.

MODELO   tener fiebre de más de 103.
           Compañero(a): *¿Alguna vez has tenido fiebre de más de 103?*
           Ud.: *No, pero he tenido fiebre de 101.*

Alguna vez...
1. tener una operación.
2. dormirse en la sala de espera del médico.
3. romperse la pierna.
4. estar en una sala de emergencia.
5. ponerle una inyección a alguna persona.

Ahora escriba cinco preguntas originales para preguntarle a su compañero(a).

E. De vuelta con Mariana. Use the present tense and the perfect tenses to retell what has happened to Luis and Mariana in episode 13, **Así es Mariana: ¡Me duele todo!** Where are they now? How does Luis feel? What has he eaten? Has he taken his temperature? Has the doctor resolved the problem? What has he suggested? According to Mariana, has poor Luis suffered enough? What do you think?

Se to Express Passive Action

We have discussed various uses of the pronoun **se:** as a reflexive or indirect object pronoun, to express unplanned occurrences, as well as in the absence of a definite subject (the impersonal **se**). **Se** is used in another construction when the agent (person or thing doing the action) is indefinite or unknown.

SE PROHÍBE FUMAR

Se venden vitaminas

SE HABLAN INGLÉS Y PORTUGUÉS

SE PROHÍBE EL PASO

Se llenan recetas

Forma y función

> **se** + verb in the third-person singular or plural + subject

Spanish	English equivalent
Se hace mucho trabajo.	*A lot of work **is done.***
Se hacen muchos ejercicios.	*A lot of exercises **are done.***

1. The verb always agrees with the subject. Thus, when the subject is singular (**trabajo**) the verb is singular (**hace**); when the subject is plural (**ejercicios**) the verb is plural (**hacen**).

2. Since *work* is an inanimate object and is not capable of performing the action of the verb to itself, it is understood that some unknown or unimportant agent is carrying out the action.[1]

3. An alternate form of expressing action when the agent is indefinite is to use the third-person plural subject *(they),* as is used in English. Compare the following structures.

Hablan español en Guatemala.   ***They speak*** *Spanish in Guatemala.*
Se habla español en Guatemala.   *Spanish **is spoken** in Guatemala.*

Practiquemos

A. Los anuncios. Mire Ud. los anuncios en la pág. 427 y diga por qué son singulares o plurales los verbos. ¿Cuál es el sujeto de cada frase?

MODELO   *Se prohíbe fumar. El verbo es singular (prohíbe) porque el sujeto es el infinitivo "fumar" y es singular.*

B. Para ser un buen médico. Complete Ud. la frase con uno de los verbos entre paréntesis.

1. Primero, se (toma, toman) muchos cursos de biología y química.
2. Se (necesita, necesitan) mucha paciencia.
3. No se (cobra, cobran) demasiado dinero por las consultas.
4. En el consultorio se (habla, hablan) por lo menos dos idiomas.
5. Se (ofrece, ofrecen) regalitos para los niños buenos.
6. Se (ve, ven) muchos títulos en las paredes de su consultorio de todas las universidades a las que ha asistido.

C. En el hospital. El Dr. Suárez le explica a Ud. qué se hace en cada parte del hospital. Para practicar el uso del **se** pasivo, escriba los comentarios del doctor, según el modelo.

MODELO   recetar/las medicinas
         Aquí se recetan las medicinas.

1. tratar/las enfermedades de la sangre
2. hacer/los tratamientos de radiología
3. escribir/la diagnosis
4. preparar/los jarabes
5. poner/las inyecciones
6. tomar/la temperatura de los pacientes
7. cocinar/la comida para los pacientes
8. hacer/la evaluación siquiátrica
9. resolver/los problemas
10. buscar/las curas

D. ¿Qué se puede hacer en Centroamérica? Refiérase **Una gira por Centroamérica** en la págs. 482–484.

Las ruinas mayas de Copán, Honduras

¿En qué país(es)...
1. se pueden subir pirámides mayas?
2. se ve el canal más famoso del mundo?
3. se compran tejidos, joyería y cerámica?
4. se admira "el lago más bello del mundo"?
5. se nota la ausencia de un ejército nacional?

---

[1]Refer to Appendix E for the true passive voice, in which the subject is expressed.

E. ¿Cómo y dónde se hace(n)? En parejas hagan una de las siguientes actividades.

1. Expliquen cómo se hace algo... por ejemplo, cómo se preparan galletas de chocolate o cómo se estudia para un examen.
2. Describan algunas de las actividades que se hacen en varios edificios del campus.... por ejemplo, en el gimnasio se practican el tenis y el básquetbol.

En resumen

A. Luis Antonio habla de la medicina alternativa. Cambie Ud. los verbos al presente perfecto. Si hay dos palabras, escoja la más apropiada.

Mariana, ¿**1.** (ver) _____ **2.** (este, esto) artículo sobre **3.** (la, el) medicina alternativa? Es muy interesante. Incluye remedios naturales **4.** (por, para) aliviar el estrés y el dolor de **5.** (sangre, cabeza). **6.** (También, Tampoco) hay un remedio que cura **7.** (el, la) tos. Desde tiempos antiguos, la gente **8.** (usar) _____ plantas para curar enfermedades y aliviar dolores. Mis abuelos siempre **9.** (creer) _____ en los poderes curativos de ciertas plantas. Mi abuelita dice que el ajo **10.** (reducir) _____ el nivel de su colesterol, y estoy seguro que me ayudó cuando tenía la pierna **11.** (inflamada, mareada) después del accidente. Mi abuelo no duda que el ginkgo biloba **12.** (ayudar) _____ sus capacidades mentales. Desde muy joven yo **13.** (tomar) _____ mis vitaminas. ¿Y tú, Mariana, **14.** (tomar) _____ tus vitaminas hoy?

B. Una visita al médico. Traduzca las siguientes frases al español.

Mariana: *Doctor, as you already know, Luis likes to complain a lot.*

Doctor: *Oh, yes. He has come to my office many times.*

Mariana: *In Miami in the fall he thought he had a broken leg, appendicitis, and the flu.*

Doctor: *My God. All of those serious problems!*

Mariana: *No, all of those serious symptoms! The truth is that my hypochondriac* (hipocondríaco) *has only had a cold.*

Avancemos

 Escuchemos

A. Ay, no me siento bien. You will hear a series of incomplete statements that Dr. Sánchez makes as he examines a sick patient. Choose the word that best completes each sentence.

MODELO (garganta/lengua)
Abra Ud. la boca y saque la _____, por favor.
Abra Ud. la boca y saque la **lengua,** *por favor.*

1. (alérgico/herido)
2. (sangre/fiebre)
3. (mareada/inflamada)
4. (inyección/pastilla)
5. (peligro/jarabe)
6. (operar/aliviar)
7. (catarro/corazón)
8. (Cuídese/Quéjese)

B Dictado. You will hear a short narration about Elena's father's sudden illness. Listen carefully to the entire selection. Listen again and write each sentence during the pauses.

You will then hear a series of false statements related to the dictation. Correct each one with a complete sentence. Refer to your dictation.

430 cuatrocientos treinta | **Unidad 5** Cuidando el cuerpo

Hablemos

Estudiante A

¡Ay, doctor! You will play the role of four different patients and your partner will be the doctor. Use each group of words to describe a set of symptoms. The doctor will: 1. make diagnoses, 2. give recommendations, and 3. prescribe treatments. **¡Ojalá que Ud. se sienta mejor pronto!**

MODELO

Estudiante A: el señor Cardona: la cabeza, doler, la fiebre, _____
¡Ay, doctor! Me duele la cabeza, tengo fiebre y tengo dolor de garganta.

Estudiante B: 1. *Es posible que Ud. tenga la gripe.*
2. *Recomiendo que tome mucha agua y que guarde cama por una semana.*
3. *Voy a recetarle un antibiótico.*

Los pacientes y sus síntomas

1. la señora Almeida: la cabeza, engordarse, las náuseas, mareada
2. Paquito Ramos: el estómago, doler, la fiebre, pálido
3. la señorita Martínez: el pecho, respirar, la tos, hinchada
4. Juan Ortiz: el diente, comer, el dolor, inflamado

Tratamiento:
Recomendación
Diagnosis:
4. Juan Ortiz

Tratamiento:
Recomendación
Diagnosis:
3. la señora Martínez

Tratamiento:
Recomendación
Diagnosis:
2. Paquito Ramos

Tratamiento:
Recomendación
Diagnosis:
1. la señora Almeida

ejercicios, etc.
tomar líquidos, guardar cama, tomar sopa de pollo, tomar aspirinas, hacer
Recomendaciones:

(a la) paciente a la sala de emergencia, operar, dar vitaminas, etc.
poner una inyección, recetar antibióticos, jarabes y pastillas, mandar al
Tratamientos:

ommendations. Remember, you're the doctor!
and 3. prescribe treatments. Below are several suggested treatments and rec-
fully to the symptoms, you will: 1. make diagnoses, 2. give recommendations,
your office today, each with a different set of symptoms. After listening care-
You're a doctor. Four different patients (played by **Estudiante A**) will visit

Estudiante B

 **Leamos**

La medicina natural. Según esta lectura, la medicina tradicional no es para todos.

Antes de leer

A. La farmacia está cerrada y Ud. no tiene ningún medicamento en casa.

¿Qué hace para...
1. aliviar un dolor de cabeza?   3. curar una infección de la garganta?
2. dormirse?

B. Si una persona tiene las siguientes condiciones médicas, ¿qué alimentos debe incluir en su dieta para mejorar la condición? ¿Cuáles debe eliminar?

	Incluir	Eliminar
1. el alto nivel de colesterol		
2. la presión arterial alta		
3. la osteoporosis		
4. el insomnio		

C. Hojee *(Scan)* la lectura y busque los sustantivos *(nouns)* que corresponden a los verbos siguientes:
1. doler   3. pesar   5. soñar
2. enfermarse   4. practicar

A leer

La medicina natural

¿Tienes dolor de cabeza? ¿de estómago? ¿Sufres de artritis, bronquitis, crisis nerviosa? Puedes olvidarte de aspirinas, antibióticos y otros tratamientos tradicionales y curarte naturalmente... O, por lo menos, así creen los discípulos de la "medicina verde". La práctica de la medicina natural utiliza hierbas *(herbs)* y plantas para curar ciertas enfermedades y aliviar una variedad de dolores. Los tratamientos son relativamente baratos y casi nunca traen secuelas dañosas *(dangerous side effects)*. En los mercados mexicanos y centroamericanos, la gente se siente atraída por los puestos *(booths)* de plantas y hierbas medicinales que ofrecen remedios de los tiempos pasados: el ajo para la artritis, para perder peso, para la celulitis, el dolor de garganta y la retención de líquidos; el jugo de limón para la sinusitis; la concha nácar

(mother-of-pearl) para embellecer *(beautiful)* la piel; la cáscara *(peel)* de naranja para calmar los nervios; el orégano europeo para el dolor de estómago... ¿Buscas el trabajo ideal? ¿Quieres que el hombre o la mujer de tus sueños se enamore *(fall in love)* de ti? Pues, estos puestos también venden remedios naturales para aliviar tus dolores sentimentales y emocionales: trozos *(pieces)* de pieles de animales, amuletos con piedras semipreciosas, collares de ajos, para nombrar sólo algunos.

Como *(Since)* estos remedios se han transmitido oralmente de generación en generación, existen muy pocas explicaciones escritas sobre cómo fabricarlos y usarlos y están en peligro de perderse. Para que esto no ocurra, se han establecido centros de investigación para recoger, catalogar y estudiar esta antigua información curativa.

Después de leer

A. ¿Por qué...
1. este tipo de medicina se llama la "medicina verde"?
2. puede ser una buena opción para algunas personas?
3. se han establecido centros de investigación para la medicina natural?
4. estos remedios naturales están en peligro de desaparecer?

B. ¿Qué sabe Ud. de la medicina natural? ¿Conoce algunos remedios naturales? ¿Cuáles son? ¿Conoce el testimonio de alguien que se haya curado naturalmente? ¿Qué propiedades curativas tienen los siguientes alimentos, plantas o hierbas?
1. la manzana   3. el ginsén   5. el ginkgo biloba
2. la avena *(oatmeal)*   4. el jengibre *(ginger)*

 **Escribamos**

Writing Persuasively

For personal or professional reasons, you may need to persuade your reader to consider your position or point of view on an issue. This section of **Escribamos** will help you write a brief, succinct, and convincing message.

Antes de escribir

A. Principios importantes. Si Ud. quiere convencer a sus lectores de su punto de vista *(point of view),* es recomendable emplear los tres principios que siguen. Lea Ud. el artículo sobre un problema juvenil y escriba el ejemplo de los principios.

1. Capte *(Captivate)* a sus lectores con la introducción.
2. Ofrezca pruebas y ejemplos que apoyen su punto de vista.
3. Repita su punto de vista en la conclusión.

Un problema juvenil

Para Ud. es fácil mantenerse en buenas condiciones. Es socio *(member)* de un gimnasio o de un *fitness center* donde participa en programas que están dedicados a la salud física. Creo que los mismos *(same)* servicios deben existir para los niños de este país y es la responsabilidad de la comunidad proporcionárselos *(to provide them).*

Aproximadamente el 15 por ciento de los niños tiene exceso de peso. Muchos sufren de enfermedades asociadas con el sobrepeso como alta presión y diabetes, y pueden tener problemas sicológicos y sociales.

Los expertos dicen que la sociedad tiene la culpa *(is to blame)* de esta situación y yo estoy de acuerdo. Muchas escuelas ya no ofrecen clases de educación física, y los niños pasan el día delante del televisor y de la computadora mientras consumen comidas rápidas.

En mi opinión, la solución es la responsabilidad de la comunidad y de la sociedad. Debe haber programas y centros de salud física solamente para los niños. Se lo merecen. *(They deserve it.)*

B. No convence. Ud. escribió el artículo anterior para un periódico de la comunidad, pero el jefe no está satisfecho con él. Para mejorar *(improve)* el artículo:

1. haga que la introducción llame más la atención del lector.
2. dé otro ejemplo que justifique su posición.

C. Otras tácticas. Además de los principios mencionados en el ejercicio A, ¿emplea el autor otras tácticas para convencer al lector de su posición? ¿Cuál(es) es (son)? ¿Qué otras tácticas de persuasión conoce Ud.?

Vocabulario útil

Creo que...	En mi opinión...	Estoy convencido(a) de que...
Pienso que...	(No) Estoy de acuerdo...	

D. Prepararse. Escoja Ud. un tema de su gusto, algo que provoque reacciones apasionadas *(passionate)* y controvertidas. Ud. puede iniciar el proceso de escribir con la técnica de *freewriting.* Consulte *Practicing Freewriting* en la sección de **Escribamos** en la página 221 de la Lección 6 y siga los pasos.

E. Organizarse. Organice sus ideas de acuerdo con los tres principios en el ejercicio A.

Ahora, escriba

Ahora, Ud. está listo(a) para intentar convencer a sus lectores de su punto de vista. Escriba un artículo de tres párrafos breves.

14 La vida deportiva

Preparativos

Al leer el diálogo siguiente o mirar el video, Ud. **va a ver** varias maneras de expresar acción en el futuro. Ud. ya sabe la fórmula **ir a** + *infinitivo* como en la frase anterior (Ud. va a ver). Note el uso del tiempo *(tense)* futuro. "¿Quién sabe cuándo **regresaré** a San Diego?", dice Mariana. Luis dice: "Y mañana **tendremos** tiempo para ver la ciudad". ¿Cree Ud. que Mariana se divirtió en México? **¿Se divertirá** de vuelta *(back)* en San Diego? Ya **veremos.**

—En cuanto encuentre mi raqueta, saldré.

—¿Quién podrá vencer a la estrella mexicana?

—Mañana tendremos tiempo para ver la ciudad.

—El desayuno estará listo en diez minutos.

Así es Mariana

El gran campeón

En casa de Luis Antonio en San Diego.

Mariana: *(A los televidentes)* Desde que Luis se ha curado del dolor de estómago, se ha interesado en los deportes y se ha olvidado de mí.

Luis Antonio está en el garaje de la casa de su madre, Teresa, y está buscando su raqueta de tenis. Le grita a su mamá.

Luis Antonio: Mamá, ¿dónde está mi raqueta de tenis?

Teresa: Ayer fuiste futbolista, hoy tenista y mañana qué serás, ¿ciclista?

Luis sigue buscando su raqueta, tirando cosas fuera del garaje.

Teresa: Luis, no voy a estar tranquila hasta que tú salgas de allí. Temo que te lastimes.

Luis Antonio: No te preocupes, mamá. En cuanto encuentre mi raqueta, saldré.

Luis encuentra una pelota vieja y empieza a jugar y a narrar un partido imaginario.

Luis Antonio: Bienvenidos al gran estadio donde hoy se juega el campeonato de básquetbol. ¿Quién podrá vencer a la estrella mexicana? Jorge tira la pelota... Luis la recibe y corre... se enfrenta contra Michael Jordan... quedan tres segundos... Tira la pelota... sube...

Luis lanza la pelota y se cae. Mariana lo encuentra en el suelo.

Luis Antonio: Eh, tan pronto como encuentre la raqueta, iremos a jugar... Y mañana tendremos tiempo para ver la ciudad.

Mariana: Ay no, Luisito. No quiero jugar tenis. ¿Quién sabe cuándo regresaré a San Diego? El desayuno estará listo en diez minutos. Y después de comer, tú me vas a llevar a ver la pintoresca ciudad de San Diego y el famoso zoológico.

Luis Antonio: Sí, señora... en seguida... como Ud. quiera...

Mariana: *(A los televidentes)* Para poder vencer a la competencia, hay que mantenerse en buenas condiciones, entrenar bien, hablar claro y llevar un bate grande.

Es decir

A. Comprensión.

Las frases siguientes son falsas. Corríjalas.

1. Luis se ha curado del dolor de cabeza.
2. Luis busca su pelota.
3. La mamá de Luis está muy tranquila.
4. Luis imagina que es un famoso jugador de golf.
5. Mariana quiere jugar tenis con Luis.
6. Mariana anuncia que la cena está lista.

B. Asimilación.

Después de ver el video, llene el espacio con el participio pasado apropiado.

interesado
olvidado
curado

Dice Mariana,
"Desde que Luis se ha _____ del dolor de estómago se ha _____ en los deportes y se ha _____ de mí."

El uso del infinitivo es importante en la formación de ciertas frases. Llene el espacio con el infinitivo correcto. Diga por qué se usa el infinitivo.

estar   vencer
ver   llevar
comer   jugar

1. Después de _____, tú me vas a _____ a ver la pintoresca ciudad de San Diego.
2. No quiero _____ tenis.
3. Mañana tendremos tiempo para _____ la ciudad.
4. No voy a _____ tranquila hasta que tú salgas de allí.
5. ¿Quién podrá _____ a la estrella mexicana?

Repase Ud. el diálogo y conteste las preguntas con frases completas.

1. ¿Qué busca Luis?
2. ¿Qué encuentra Luis?
3. ¿Qué teme su madre?
4. ¿Qué quiere Mariana?

C. Expansión.

Luis saca muchas cosas de su garaje cuando busca su raqueta de tenis. Para saber qué hay en el garaje de sus compañeros, haga una pequeña encuesta. Hágales preguntas hasta que Ud. tenga una lista de las seis cosas más ridículas. Compare la lista con la clase.

A Luis le gusta contarle a Mariana recuerdos especiales de su pasado. En parejas, escriban una conversación en la cual Luis describe sus mejores momentos con su equipo de fútbol. Usen las siguientes palabras y los tiempos pasados (el imperfecto y el pretérito).

equipo   campeón
pelota   lastimado
entrenador   fútbol
divertido

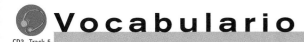
Vocabulario

CD3, Track 5

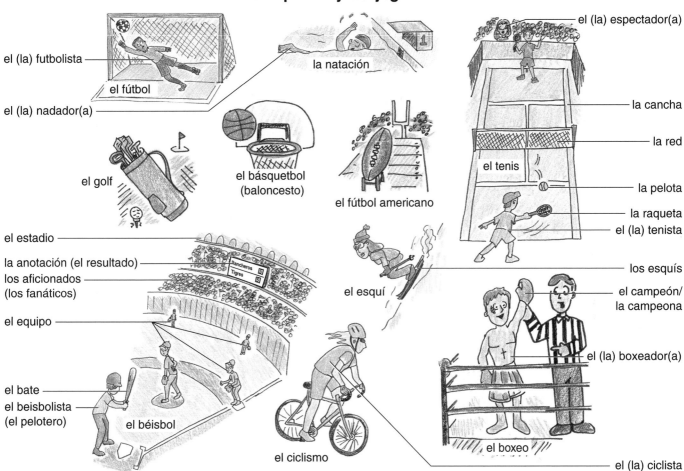

Use the context suggested by the illustration and identify cognates (words that look alike in English and Spanish) to guess at the meaning of new words and expressions. All of the essential vocabulary for this *Lección* appears with English translations on pp. 480–481.

Los deportes y los jugadores

el (la) futbolista

el fútbol

el (la) nadador(a)

la natación

el golf

el básquetbol (baloncesto)

el fútbol americano

el (la) espectador(a)

la cancha

la red

el tenis

la pelota

la raqueta

el (la) tenista

los esquís

el campeón/ la campeona

el estadio

la anotación (el resultado)

los aficionados (los fanáticos)

el equipo

el esquí

el (la) boxeador(a)

el bate

el beisbolista (el pelotero)

el béisbol

el ciclismo

el boxeo

el (la) ciclista

Verbos

apoyar	*to support*	**esquiar**	*to ski*
batear	*to hit, bat*	**lanzar**	*to throw, pitch*
coger	*to catch*	**mejorar(se)**	*to improve, get better*
correr	*to run*		
dañar(se), (lastimarse)	*to harm (get hurt)*	**montar a caballo**	*to ride a horse*
desarrollar	*to develop*	**montar (andar) en bicicleta**	*to ride a bicycle*
enfrentarse con (contra)	*to face (go against)*	**patinar**	*to skate*
		tirar	*to throw*
entrenar(se)	*to train (oneself)*	**vencer**[1] **(ganar)**	*to win, beat*

Sustantivos

el campeonato	*championship*	**el fracaso**	*failure*
la carrera	*race; contest*	**el partido**	*game, match*
la competencia	*competition*	**la regla**	*rule*
el desarrollo	*development*	**la temporada**	*season*
el (la) entrenador(a)	*trainer, coach*		

[1]Note the **c > z** change before **a** and **o** (**venzo, venza**).

Adjetivos

ágil	*agile*	**fuerte**	*strong*
débil	*weak*	**lastimado**	*injured*
divertido	*fun, amusing*	**(lesionado)**	
entusiasmado	*excited*	**próximo**	*next*

Conjunciones *(Conjunctions)*

antes de que	*before*	**hasta que**	*until*
después de que	*after*	**tan pronto**	*as soon as*
en cuanto	*as soon as*	**como**	

Vocabulario adicional

activo	*active*	**la fuerza**	*force, strength*
animado	*spirited, full of life*	**los ratos libres**	*free time*
		tener lugar	*to take place*
el año que viene	*next year*	**típico**	*typical*

Practiquemos

A. ¿Cuál no pertenece? Indique Ud. la palabra que no está relacionada con las otras y explique.

1. coger	batear	patinar	tirar
2. aficionado	ciclista	tenista	pelotero
3. anotación	campo	cancha	estadio
4. pelota	raqueta	red	esquí
5. competencia	bate	carrera	partido

B. El mundo de los deportes

1. ¿Qué deporte(s) usa(n)...
   a. una pelota?
   b. un caballo?
   c. un entrenador?
   d. una red?
   e. unos guantes?
   f. un bate?

2. ¿Qué deporte(s) se practica(n) en...
   a. un estadio?
   b. una cancha?
   c. un campo?
   d. una piscina?
   e. un gimnasio?

3. ¿Qué deportes...
   a. necesitan sólo el cuerpo humano?
   b. cuestan mucho dinero si se practican con frecuencia?
   c. se asocian con los EE.UU.?
   d. se asocian con Europa y Latinoamérica?
   e. pueden ser peligrosos? Explique.

C. El boxeo. Para muchas personas el boxeo es un deporte popular. John Ruiz, un puertorriqueño de Chelsea, MA, es el primer latino campeón mundial de peso pesado. Aunque este atleta tan poderoso tiene el apodo *(nickname)* de "el hombre callado" *(quiet man),* no se calla cuando expresa el orgullo que siente por su herencia latina.

Para saber más sobre el boxeo, complete Ud. el artículo con las palabras apropiadas de la lista.

guante   separarse   boxeador   boca   diente   mano   edad

La **1.** _____ mínima para un **2.** _____ profesional es de 17 años cumplidos.

Cada **3.** _____ pesa 227 gramos. El protector de los **4.** _____ es de un material de caucho° y mezcla de plástico blando° que se hace sobre la medida de la **5.** _____ de cada boxeador.

rubber; soft

El boxeador puede llevar en cada **6.** _____ una venda quirúrgica° suave° que no exceda de 2,5 metros de largo y 5 cms. de ancho.

surgical bandage; soft

La palabra Break quiere decir **7.** _____, Jab es un golpe de derecha realizado casi en línea recta al contendor.

D. Los deportes y el clima. Escoja Ud. una estación, un tipo de clima y un deporte, y termine esta frase de una forma original:

MODELO   En el otoño cuando hace fresco me gusta ir a los partidos de fútbol porque...
voy con mis amigos, nos divertimos mucho y después del partido tenemos una fiesta.

las estaciones   **el clima**   **los deportes**

el invierno   hace frío
la primavera   hace sol
el verano   nieva
el otoño   hace fresco

E. Para estar siempre en forma. Haga Ud. las actividades.

1. ¿Qué deporte practica este hombre? ¿Es éste un deporte realmente peligroso? Explique. ¿Qué otro deporte recomienda Ud. que él practique? ¿Por qué?

2. Complete Ud. las frases para describir a este pobre pelotero.
   a. Le _____ la cabeza.
   b. Tiene la _____ rota.
   c. Le está sangrando *(bleeding)* la _____.
   d. Tiene el _____ hinchado.
   e. Ha perdido dos _____ en la boca.

3. En su opinión, ¿cuál es la mejor actividad física para desarrollar el cuerpo? ¿Participa Ud. en ella? Explique. ¿Qué actividades se consideran peligrosas? ¿Por qué?

Aviso cultural

Algunos deportes populares

Albert Costa

Mariano Rivera

Basque

¿Cuál es el deporte nacional de los EE.UU.? El fútbol es un deporte que goza de una popularidad enorme en el mundo hispano. En España y en muchos países latinoamericanos es el deporte que se practica con más entusiasmo y se considera el deporte nacional. El fútbol profesional se juega todos los domingos de septiembre a junio. El jai alai, que es de origen vasco°, también es muy popular en el mundo hispano. El Caribe produce excelentes jugadores de béisbol como el dominicano Pedro Martínez, el cubano Orlando Hernández y el puertorriqueño Iván Rodríguez. Centroamérica también tiene sus héroes de béisbol, como el panameño Mariano Rivera. También hay famosos tenistas hispanos como Guillermo Canas de Argentina, Nicholas Lapentti de Ecuador y, de España, Albert Costa, Juan Carlos Ferrero y Alex Corretja. ¿Cuál es el deporte favorito de Ud.? ¿Qué deportes asocia Ud. con los EE.UU.? ¿Inglaterra? ¿España? ¿Centroamérica? ¿Por qué tienen algunos países "deportes nacionales"?

Forma y función

The Future Tense

Forma

You have learned two ways to express future action:

- The present tense:

Esta tarde el equipo juega el partido en el estadio.

This afternoon the team is playing (will play) in the stadium.

- The construction **ir** + **a** + infinitive:

Esta tarde el equipo va a jugar en el estadio.

This afternoon the team is going to play in the stadium.

The future tense is also used to express future action.

ES CIERTO QUE GANAREMOS EL PRÓXIMO PARTIDO. USTEDES SALDRÁN LISTOS PARA GANAR Y JUGARÁN ESTUPENDAMENTE. USTEDES VERÁN — ¡SERÁ EL MEJOR PARTIDO DEL AÑO...!

1. To form the future tense, add the endings **-é, -ás, -á, -emos, -éis, -án**[1] to the infinitive.[2]

The Future Tense of Regular Verbs					
HABLAR		**COMER**		**ESCRIBIR**	
hablar**é**	hablar**emos**	comer**é**	comer**emos**	escribir**é**	escribir**emos**
hablar**ás**	hablar**éis**	comer**ás**	comer**éis**	escribir**ás**	escribir**éis**
hablar**á**	hablar**án**	comer**á**	comer**án**	escribir**á**	escribir**án**

[1]It may be helpful to know that these endings come from the present indicative of the verb haber: **he, has, ha, he**mos, hab**éis**, h**an. (hablar + he > hablaré).**
[2]Infinitives with written accents drop the accents in the future tense **(oír-oiré).**

2. The following verbs have irregular future stems.

The Future Tense of Verbs with Irregular Stems				
verb	**stem**	**ending**	**Example: PONER**	
decir	**dir-**		pondré	*I will put*
haber	**habr-**		pondrás	*you will put*
hacer	**har-**	é	pondrá	*he, she, you will put*
poder	**podr-**	ás	pondremos	*we will put*
poner	**pondr-**	á	pondréis	*you will put*
querer	**querr-**	emos	pondrán	*they, you will put*
saber	**sabr-**	éis		
salir	**saldr-**	án		
tener	**tendr-**			
venir	**vendr-**			

Yo te **diré** quién **tendrá** que
batear primero.
Habrá[1] más de treinta mil
espectadores en el estadio.

***I'll tell** you who **will have** to bat
first.*
***There will be** more than thirty
thousand spectators in the
stadium.*

Hoy Luis **jugará** al tenis y mañana
llevará a Mariana a ver San Diego.

Función

1. The future tense describes an action that will or shall take place. Although English requires the use of the auxiliary verbs *will* and *shall*, in Spanish only the simple future form is used.

Correré tres millas hoy.

***I will (shall)** run three miles today.*

---

[1]Note that **habrá** is used in the singular form to express both the singular and plural concepts of *there will be.*

---

2. To express willingness to do something, the verbs **querer** or **desear** are used instead of the future tense.

¿**Quiere Ud. acompañarme** al partido?   *Will you accompany me to the game?*

3. Remember that future action is expressed by the present subjunctive in a sentence that requires the use of the subjunctive.

Dudo que Jaime **lance** mañana.   *I doubt that Jaime will pitch tomorrow.*

4. The future tense can be used to express conjecture or probability in the present. Although in English special phrases are needed to indicate conjecture *(I wonder, I suppose, I guess, probably),* in Spanish they are not necessary.

¿Dónde **estará** su mejor jugador?   *Where **do you suppose** their best player is?*
    *(**I wonder** where their best player is.)*

Estará lastimado.   *He's probably injured.*
    *(**I guess** he's injured.)*

Practiquemos

A. ¿El futuro de los deportes? Conteste Ud. las siguientes preguntas y explique sus respuestas. Luego entreviste a sus compañeros.

En el futuro...   **sí**   **no**
1. jugarán las mujeres al fútbol americano profesional? _____ _____
2. bajarán los salarios de los jugadores profesionales? _____ _____
3. será popular el esquí en la Florida? _____ _____
4. participará Ud. en los Juegos Olímpicos? _____ _____
5. practicará Ud. el boxeo algún día? _____ _____
6. correrá Ud. en un maratón? _____ _____

B. El futuro de Alicia. El futuro de Alicia no tiene nada que ver con los deportes, sino con la cocina. Cambie el verbo entre paréntesis al tiempo futuro para saber cuáles son sus planes.

Yo **1.** (aprender) _____ a cocinar para impresionar a mi Octavio. Yo **2.** (tener) _____ mucho éxito en la cocina. Octavio no **3.** (querer) _____ comer pizza. Nosotros no **4.** (salir) _____ a comer en los restaurantes. Todas las noches, él **5.** (venir) _____ a mi casa, yo **6.** (poner) _____ la mesa, **7.** (hacer-yo) _____ todos sus platos favoritos y se los **8.** (servir-yo) _____. Octavio me **9.** (decir) _____ que está muy contento. Nosotros **10** (poder) _____ ahorrar *(to save)* mucho dinero.

C. **Una entrevista exclusiva.** Un periodista habla con un tenista antes de comenzar la Copa Davis, el famoso campeonato de tenis. Cambie Ud. los verbos al futuro.

Periodista: Ud. **1.** (jugar) _____ su primer partido de este campeonato en dos días. ¿**2.** (Sentirse) _____ nervioso? ¿Qué **3.** (hacer) _____ en las horas antes del partido?

Tenista: Yo **4.** (ver) _____ si tengo todo el equipo... raquetas, toallas, etc. **5.** (Hablar) _____ con los periodistas. **6.** (Tratar) _____ de estar muy tranquilo, pero eso **7.** (ser) _____ difícil porque **8.** (haber) _____ miles de espectadores mirando el partido.

Periodista: Y, después del campeonato, ¿qué **9.** (hacer) _____ Ud.?

Tenista: Yo **10.** (seguir) _____ practicando todos los días y **11.** (empezar) _____ a entrenarme para el próximo campeonato. Mi hermano **12.** (jugar) _____ conmigo. Nosotros **13.** (practicar) _____ otros deportes como el básquetbol y la natación, y así me **14.** (mantener) _____ en buena forma.

Ahora, cambie los verbos al futuro y termine las frases de una forma original para saber qué pasará en el partido mencionado arriba.

1. Los aficionados (entrar) _____ y (sentarse) _____ en...
2. El partido (empezar) _____ a las...
3. Los jugadores (salir) _____ a...
4. El primer jugador (servir) _____ la...
5. Ellos (jugar) _____ por dos horas, pero (haber) _____ sólo un...
6. El mejor tenista (ganar) _____ y para celebrar, los amigos del campeón (ir) _____ a...

D. **Planes deportivos.** Mire los dibujos y diga qué hará cada persona mañana.

María Teresa Lucinda Vera Nicolás Guillermo Leo Ricardo Susana Mario

 E. **¿Cómo será?** Con una pareja, usen el tiempo futuro y describan...

1. su vida personal y profesional y la de su compañero(a) en diez años. Incluya las categorías siguientes y comparen sus visiones.

dónde vive   familia   trabajo   amor   viajes   pasatiempos   deportes

2. el mundo en diez años.
3. la vida de su profesor(a) en diez años.

There are many different ways to stall for time when you are searching for an answer, for an excuse, or are in an uncomfortable situation.

este...	ummm . . .
sabe(s)...	you know . . .
es decir...	that is to say . . .
o sea...	that is . . .
en otras palabras...	in other words . . .
Ya veo.	I see.
ya, ya...	uh huh, uh huh . . .

Practiquemos

En situaciones tensas. Explíqueles a las siguientes personas qué pasó, incorporando algunas de las expresiones anteriores para darle a Ud. tiempo para pensar.

1. *A su profesor:* Quiere saber por qué no ha hecho su tarea para hoy.

2. *A sus compañeros de clase:* Quieren saber dónde está el dinero que habían reunido para la fiesta de fin de año. Ud. lo perdió.

3. *A su padre:* Quiere saber por qué Ud. y su novio(a) volvieron de su cita a las tres de la mañana.

Adverbs

Forma

1. Many adverbs in Spanish end in the suffix -**mente,** just as many in English end in -*ly* (for example, *easily, quickly, perfectly*). To form an adverb, add -**mente** to the feminine singular form of an adjective. Adverbs are invariable in form.

Adjective	Feminine form	Adverb	English equivalent
rápido	rápida	rápidamente	*quickly*
fácil	fácil	fácilmente	*easily*
elegante	elegante	elegantemente	*elegantly*

¡AVISO! When an adjective has a written accent, the adverb maintains the accent, as in **rápidamente** and **fácilmente.**

2. Many adverbs do not follow this pattern. Some commonly used adverbs are:

ahora	mal	muy	poco	tarde
aquí, allí	mejor	nunca	siempre	temprano
bien	mucho	peor	sólo	una vez

Función

1. Adverbs modify verbs, adjectives, and other adverbs. They directly precede the adjective or adverb they modify and are placed after and close to the verb they modify.

Dora es **muy** fuerte y patina **muy rápidamente.**

*Dora is **very** strong and skates **very quickly.***

2. Adverbs can indicate:

   a. quantity. They answer the question *how much?*

   Él esquía **mucho** y patina **un poco.**

   *He skis **a lot** and skates **a little.***

   b. time. They answer the question *when?*

   María llegará **temprano** pero Raúl no vendrá **hoy.**

   *María will arrive **early** but Raúl won't come **today.***

   c. place. They answer the question *where?*

   Susana no vive **aquí** pero vive **cerca.**

   *Susana doesn't live **here** but she lives **nearby.***

   d. manner. They answer the question *how?*

   El equipo jugó **muy bien.**

   *The team played **very well.***

Practiquemos

A. **La sección de deportes del periódico.** Cambie Ud. los adjetivos a adverbios.

1. En el partido, España tuvo problemas (principal) _____ contra Uruguay.
2. Los jugadores hondureños jugaron (ágil) _____ en el estadio.
3. (Técnico) _____ los brasileños son superiores, pero (físico) _____ los colombianos son los mejores.
4. El campeón peruano habló (tranquilo) _____ y contestó las preguntas (honesto) _____.
5. El futbolista salvadoreño pasó la pelota (fácil) _____.

B. **Al contrario.** Conteste Ud. las preguntas de manera negativa, utilizando el antónimo de los adverbios subrayados.

1. ¿Los tenistas recibirán el premio <u>tristemente</u>? (feliz)
2. ¿Los futbolistas ganarán el partido <u>difícilmente</u>? (fácil)
3. ¿Los boxeadores practicarán <u>esporádicamente</u>? (frecuente)
4. ¿Los nadadores nadarán <u>lentamente</u>? (rápido)
5. ¿Los ciclistas hablarán <u>nerviosamente</u>? (tranquilo)

C. **El pronóstico deportivo.** Cambie Ud. los verbos entre paréntesis al futuro y termine las frases, formando adverbios de los adjetivos en la segunda columna.

1. Todos los peloteros (practicar) _____
2. Manny Ramírez (coger) _____
3. Los Medias Rojas no (perder) _____
4. Nomar Garciaparra (batear) _____
5. Pedro Martínez (lanzar) _____
6. Rich Garces (tirar) _____

a. apasionado
b. rápido
c. fácil
d. perfecto
e. frecuente
f. activo

The Present Subjunctive in Adverbial Clauses of Time

Forma y función

1. An adverbial clause is a clause (subject + verb) that modifies a verb in the main clause. Adverbial clauses are always introduced by conjunctions (words that join other words and phrases). Compare the use of the adverb and the adverbial clause in the following two sentences.

Guatemala ganó <u>esta mañana</u>.
  | | |
subject   verb   adverb

Guatemala ganó <u>después de que</u> <u>Paco anotó el último gol</u>.
  | | | |
subject   verb   conjunction   adverbial clause

2. You already know the most common conjunction in Spanish: **que.** The following are additional conjunctions and are followed by conjugated verbs.

cuando	*when*	hasta que	*until*
después (de) que	*after*	mientras	*while*
en cuanto	*as soon as*	tan pronto como	*as soon as*

3. The subjunctive is used in the adverbial clause after these conjunctions when future actions are expressed or implied.

Iré a esquiar **en cuanto haya** suficiente nieve.	*I will go skiing **as soon as there's** enough snow.*
Sigan Uds. practicando **hasta que** el partido **empiece.**	*Continue practicing **until** the game **starts.***

The preceding sentences express an action in the main clause that will take place pending the completion of the action in the subordinate clause. You cannot be sure that these actions will occur since the future is uncertain. Will there ever be enough snow? Are you sure the game will start? Therefore, the subjunctive is used to indicate the uncertainty of the situation.

4. Many conjunctions are formed by adding **que** to a preposition (**después de que, hasta que,** and so on). Often, when there is no change of subject, only the preposition is used with the infinitive. Compare the following sentences.

Después de patinar, voy a preparar chocolate caliente.	***After skating**, I'm going to prepare hot chocolate.*
Después de que yo patine, mamá va a preparar chocolate caliente.	***After I skate**, mom is going to prepare hot chocolate.*

5. The indicative is used in the adverbial clause after these conjunctions to express completed past action or to describe habitual action in the present.

Fui a esquiar **en cuanto hubo** suficiente nieve.	*I went skiing **as soon as there was** enough snow.*
Siempre voy a Nuevo México para esquiar **en cuanto hay** suficiente nieve.	*I always go to New Mexico to ski **as soon as there is** enough snow.*

Compare these sentences to the similar sentence in #3 above. Explain why the subjunctive is used in #3 but not here.

6. The subjunctive is always used with the conjunction **antes (de) que** *(before)* regardless of tense of the verb in the main clause.

José siempre practica **antes de que lleguen** los otros jugadores.	*José always practices **before** the other players **arrive.***

Practiquemos

A. ¡Excusas! Para evitar a un amigo molesto, Ud. le da muchas excusas. Cambie Ud. el verbo entre paréntesis al presente del subjuntivo. Siga el modelo.

MODELO   No puedo jugar al tenis contigo hasta que mi madre me (comprar) *compre* una raqueta.

1. Sólo puedo ir al partido de fútbol contigo después de que mi padre (volver) _____ de la farmacia.
2. No puedo ir a esquiar contigo hasta que Luis me (devolver) _____ los esquís.
3. Iré a nadar contigo tan pronto como yo (encontrar) _____ un traje de baño.
4. No puedo hacer nada antes de que mi hermano me (dar) _____ dinero.
5. Puedo ir a un partido de básquetbol en cuanto yo (terminar) _____ toda la tarea.
6. Iré contigo a patinar cuando mi hermana me (prestar) _____ sus patines *(skates)* favoritos.

B. Listos para salir. La familia Vasallo quiere ir a un partido de fútbol hoy pero no puede salir todavía por varias razones. Llene Ud. los espacios con la forma correcta del verbo entre paréntesis en el presente del subjuntivo.

MODELO   No iremos hasta que todos (estar) *estén* listos.

1. Iremos al partido cuando mi papá (llegar) _____.
2. Saldremos en cuanto nosotros (encontrar) _____ las entradas.
3. No saldremos hasta que Susana (ponerse) _____ la chaqueta y los guantes.
4. Estaremos listos después de que mi mamá (preparar) _____ los sándwiches.
5. Te llamaremos tan pronto como nosotros (volver) _____ a casa.

Ahora, en el pasado. Por fin, la familia fue al partido. Cambie Ud. las frases anteriores al pasado según el modelo. Compare las frases en el pasado con las frases en el futuro de la primera parte de este ejercicio.

MODELO   No fuimos hasta que todos (estar) *estuvieron* listos.

C. Después del partido. Alicia le cuenta a Mariana sus planes. Llene el espacio con la forma correcta del verbo en el presente del subjuntivo, el pretérito o el infinitivo.

Después de que Octavio **1.** (terminar) _____ de jugar su partido de fútbol, él vendrá a casa. En cuanto **2.** (llegar-él) _____, haremos planes para esta noche. Tan pronto como yo **3.** (saber) _____ qué vamos a hacer, te lo diré. Quédate aquí hasta que él **4.** (decidir) _____. Si te gusta el plan, tú y Luis pueden salir con nosotros.

Ayer, cuando Octavio **5.** (salir) _____ del gimnasio, él estaba muy cansado. En cuanto yo le **6.** (decir) _____ que tenía ganas de bailar, él se quejó mucho. Pero, después de **7.** (descansar) _____ un poco, se sintió mucho mejor, y a las 9:00, fuimos al Club Mambo. Nos quedamos allí hasta que el club se **8.** (cerrar) _____.

Tengo una idea. Antes de **9.** (hacer) _____ otra cosa, voy a prepararle un café cubano. En cuanto Octavio lo **10.** (beber) _____, tendrá muchísima energía.

D. Ud. tiene correo. Ud. recibió una carta por correo electrónico de su amigo Carlos. Él comenta la participación de Ud. en el equipo universitario de béisbol. Busque en la segunda columna la terminación de las frases de la primera columna.

Querida Julia... Me alegro mucho de que juegues para tu equipo. Aquí te ofrezco algunas recomendaciones para tu primer partido.

1. Nada un poco antes de...
2. Empieza a correr en cuanto...
3. No empieces a correr hasta que...
4. Báñate en agua caliente después de...
5. Escríbeme por correo electrónico tan pronto como...

a. jugar el partido.
b. batees la pelota.
c. el partido termine.
d. el lanzador tire la pelota.
e. practicar.

Buena suerte. Carlos.

Ahora, conteste Ud. la carta, diciéndole qué pasó.

E. Lastimado. Ud. se lastimó durante un partido de fútbol. ¿Qué debe Ud. hacer? Termine las frases de una forma original.

1. Llame Ud. al médico tan pronto como...
2. Siéntese con la pierna elevada cuando....
3. Manténgala en esta posición hasta que...
4. En cuanto....
5. No... mientras...
6. Siga usando hielo hasta que...
7. Podrá volver a jugar después de que...

 F. Un día deportivo. En parejas, planeen un día de actividades. Usen las cláusulas adverbiales que acaban de aprender en esta sección para expresar cuándo van a hacer cada actividad.

MODELO *Primero, saldremos muy temprano al parque a correr. En cuanto salga el sol, jugaremos al tenis. Esperaremos hasta que lleguen mis dos hermanos y después, jugaremos al básquetbol.*

 G. De vuelta con Mariana. Use your new knowledge of the use of the subjunctive in adverbial clauses of time to describe what is going on in episode 14, **Así es Mariana: El gran campeón.** Use the following adverbial conjunctions: **en cuanto, cuando, hasta que, antes de que,** and **mientras.** Enhance your story with a few original details.

En resumen

A. **A Mariana le encanta San Diego.** Cambie Ud. los verbos al tiempo futuro. Si hay dos palabras, escoja la más apropiada.

"Luis, me gusta tanto San Diego que algún día nosotros **1.** (vivir) _____ aquí, estoy segura. **2.** (Estar, Ser) tan **3.** (cerca de, lejos de) la frontera con México **4.** (ser) _____ como un sueño para **5.** (mí, mi) porque me encanta **6.** (ese, eso) país maravilloso. Todo —el ambiente, la comida, la arquitectura— refleja el pasado y hispano de San Diego. Además, con **7.** (el, la) clima mediterráneo, 70 millas de playas excelentes y **8.** (los, las) actividades recreativas que ofrece, San Diego **9.** (ser) _____ una utopía para **10.** (los, las) deportistas como **11.** (tú, tu) y yo. Imagínate. Todo el año nosotros **12.** (poder) _____ correr, ir en bicicleta, jugar al golf y al vólibol, navegar en barco y practicar windsurfing. Nosotros **13.** (mantenerse) _____ en muy buenas condiciones sin **14.** (ser, estar) socios *(members)* de un *fitness center.* **15.** (Esta, Este) ciudad ha producido muchos campeones famosos, por eso se llama la "Ciudad Deportiva de los Estados Unidos". **16.** (Prométeme, Prométame) que vamos **17.** (a, _____) volver muy pronto.

B. **El equipo de natación.** Traduzca Ud. el siguiente diálogo al español.

Carla: *Don't worry. Next year our team will win the championship . . . easily.*

Alicia: *How do you know? Sara Martínez swims faster than you, and you're the best swimmer.*

Carla: *But, we'll improve. I will practice with our trainer all spring and summer.*

Alicia: *Yes, but as soon as classes begin in the fall, we'll have to get back to work, and we won't have time to swim.*

Carla: *It doesn't matter. We'll train in our free time. You'll see.*

Avancemos

Escuchemos

CD3, Tracks 6–8

A. **¡Los campeones!** Óscar comments on the success of last night's baseball game. His statements are incomplete. Choose the word that best completes each sentence.

MODELO   (optimista/pesimista)
Siempre ganamos y por eso nuestro entrenador se siente muy _____. *optimista*

Siempre ganamos y por eso nuestro entrenador se siente muy *optimista*.

1. (rato/estadio)
2. (vencimos/entrenamos)
3. (animados/ágiles)
4. (fracaso/fuerte)
5. (batear/patinar)
6. (bateó/cogió)
7. (campeonato/campeón)
8. (equipo/partido)

B. **Dictado.** You will hear a short narration about Anita and her feelings about tennis. Listen carefully to the entire selection. Listen again and write each sentence during the pauses.

You will then hear a series of questions related to the dictation. Answer them with complete sentences. Refer to your dictation.

Hablemos

Estudiante A

¡Hay mucha competencia! Your athletic past was glorious, but your partner's future promises to be even brighter. First, complete each sentence with an appropriate verb in the preterite tense. Then, announce each of your accomplishments to your partner. Finally, react to your partners comments.

1. (batear)   Yo _____ cincuenta jonrones esta temporada.

2. (vencer)   Yo _____ a Serena Williams.

3. (hacer)   Yo _____ tres intercepciones en un solo partido.

4. (terminar)   Yo _____ el maratón en dos horas y diez minutos.

5. (ganar)   Yo _____ el campeonato de Guantes de Oro cuando era niño.

Escriba los comentarios exagerados que su compañero(a) va a hacer. ¿Cómo responderá Ud. a sus comentarios?

Estudiante B

Your partner's athletic past was glorious, but your future promises to be even brighter. First, change each verb to the future tense. Listen as your partner brags about his/her athletic achievements. Then match the appropriate response with the comment that you hear.

1. Yo (romper) _____ el récord del maratón en Boston en abril.

2. Yo (ser) _____ el próximo Sammy Sosa.

3. Yo (luchar) _____ contra Evander Holyfield.

4. Yo (jugar) _____ en el Orange Bowl.

5. Yo (participar) _____ en Wimbledon.

 **Leamos**

Según el artículo siguiente, el béisbol "se adapta a los tiempos".

Antes de leer

A. Ud. va a leer un artículo sobre el béisbol en los Estados Unidos. Basándose en las siguientes palabras y frases que aparecen en el artículo, diga cuál es el tema del artículo.

piel clara barrera de color raza minoría diversidad

B. A ver *(Let's see)* cuánto sabe Ud. del béisbol en los Estados Unidos.

 1. ¿Qué evento inició la diversificación racial en este deporte?

 2. Aproximadamente ¿qué porcentaje (%) de los jugadores en las Ligas Mayores *no* son de los Estados Unidos?

 3. ¿Por qué es tan importante la presencia de jugadores latinos en las Ligas Mayores y Menores?

C. Busque Ud. en el primer párrafo los sustantivos *(nouns)* que corresponden a los siguientes verbos: cambiar, llegar, jugar.

A leer

EL BÉISBOL SE HA DIVERSIFICADO... Y DE QUÉ MANERA

El béisbol de Grandes Ligas, como toda actividad en la vida, va experimentando cambios que se adaptan a los tiempos. Primero fue la llegada de Jackie Robinson que rompió la barrera de color y luego la presencia de jugadores latinoamericanos. Todo esto ha sido parte vital para la diversificación y expansión del béisbol a otras latitudes universales.

Lo que antes fue sinónimo de hombres de piel clara y puramente estadounidenses, hoy se ha transformado en diversidad de razas (blancos, negros, hispanos y asiáticos). Sería imposible ocultar el importante rol que desempeñan los jugadores, principalmente latinoamericanos, que juegan en los diferentes clubes de Ligas Mayores.

Datos publicados recientemente por el gobierno dan a conocer que los hispanos son la minoría más numerosa en Estados Unidos, con más de 31 millones de personas, una clara evidencia del creciente acento latino.

LAS SIGUIENTES SON REVELACIONES INEQUÍVOCAS DE LA FUERTE PRESENCIA DE LOS HISPANOS EN LAS LIGAS MAYORES:

- Casi el 25% de los jugadores de las Ligas Mayores han nacido fuera de los Estados Unidos, la mayoría procedente de Latinoamérica y el Caribe.
- De los cuatro peloteros mejor pagados, tres son latinoamericanos.
- Por primera vez en la historia, la oficina del Comisionado de las Grandes Ligas instala una oficina fuera del territorio estadounidense. (República Dominicana)
- Los 30 equipos de Ligas Mayores tienen 45 academias de desarrollo de talento en República Dominicana y Venezuela.

Después de leer

A. Basándose en la lectura, inicie Ud. las frases de una manera lógica.

 1. _____ rompió la barrera de color en las Ligas Mayores del béisbol.

 2. _____ desempeñan un rol importante en los clubes de las Ligas Mayores.

 3. _____ son la minoría más numerosa en los Estados Unidos.

 4. _____ de los jugadores de las Ligas Menores son de Latinoamérica.

 5. _____ tienen academias de desarrollo *(development)* de talento.

B. Además de la creciente *(growing)* población hispana más numerosa en los Estados Unidos, ¿Qué otras evidencias hay del "acento latino" en este país? ¿Hay un fuerte *(strong)* acento latino en la comunidad de Ud.? ¿en su escuela? ¿en su trabajo? Explique.

C. En grupos que tienen por lo menos un fanático *(fan)* de béisbol, terminen Uds. las siguientes frases.

 1. _____ es uno de los mejores lanzadores.

 2. _____ es el bateador más consistente.

 3. _____ es un gran receptor.

 4. _____ son latinos que han ganado el premio MVP.

 5. _____ es uno de los grandes jonroneros.

 6. _____ es un jugador completo.

 **Escribamos**

Expressing Appreciation and Gratitude in Writing

Mariana wrote a letter to express her gratitude for the special attentions that she and Luis Antonio received at the hotel in Mexico. With a few guidelines, you will be able to express your appreciation in writing as well.

Antes de escribir

A. Principios importantes. Lea la carta que Mariana le escribió al gerente del hotel donde ella y Luis se quedaron cuando estaban en México. Diga Ud. si la carta refleja los siguientes principios importantes.

1. Sea breve.
2. Diga exactamente por qué está agradecido(a) *(thankful)*.
3. Diga cómo se sintió al recibir el regalo, las atenciones, etc..

> Miami, 5 de agosto de 2003
>
> Hotel Perla del Pacífico
> Paseo de los Héroes
> 05992 Ensenada, México
>
> Estimado Sr. Parra de García:
>
> El motivo de la presente es agradecerle a Ud. las atenciones especiales que nos proporcionó a mi novio y a mí durante nuestra estancia en su hotel.
>
> Primero, Ud. me dio la habitación de mis sueños: grande, con jacuzzi y a pocos pasos de las canchas de tenis. Y luego, gracias a los boletos que Ud. nos consiguió, mi novio y yo pudimos asistir a un emocionante partido de fútbol. Pude disfrutar plenamente de mis vacaciones.
>
> Agradeciéndole de nuevo por todo, le saluda atentamente,
>
> *Mariana Benavides*
> 45 Palma Real St.
> Miami, FL 49553

B. Organizarse. Suponga que alguien le regaló a Ud. boletos para ir al espectáculo deportivo de sus sueños y que fue una experiencia maravillosa. Ahora Ud. quiere agradecerle el regalo con una carta formal. Use estos principios para organizar sus ideas.

1. *Las razones por las que estoy agradecido(a)*
2. *Ir al espectáculo produjo en mí estos sentimientos*

C. La carta. Escriba Ud. a la persona del ejercicio B una la carta de agradecimiento. La carta de Mariana servirá de modelo *(template)* para su carta. Sea muy breve.

Vocabulario útil

el motivo de la presente	*the reason that I'm writing*
respetuosamente	*respectfully*
sin más por ahora	*that's all for now*

Ahora, escriba

Ahora Ud. está listo(a) para escribir una carta agradeciéndole a alguien un regalo o alguna atención especial. Siga el modelo de la carta de Mariana y emplee los principios necesarios. Recuerde, es importante que la carta sea breve.

15 Hay que divertirse

Preparativos

Al leer el diálogo siguiente o mirar el video, note Ud. el uso del modo subjuntivo. Ud. observará el uso del subjuntivo con conjunciones de propósito *(purpose)* y condición. Por ejemplo, Luis dice: "Iremos al famoso Bazaar del Mundo **para que** *(in order that)* **puedas** comprar..." También dice: "Yo probaré tus tortillas **con tal que** *(provided that)* tú me las **traigas**...".

También en esta lección note el uso del imperfecto del subjuntivo. Por ejemplo, Luis dice: "De niño le prometía a mi mamá portarme bien todo el día con tal que ella me **llevara** a ver los monos." De niño(a), ¿qué le prometía Ud. a su mamá con tal que ella lo (la) llevara a un lugar especial?

Parece que a Mariana le gusta mucho bromear *(joke)* con Luis. ¿Cuáles son dos ejemplos de bromas en este episodio?

—De niño le prometía a mi mamá portarme bien con tal que ella me llevara a ver los monos.

—No podemos volver a Miami sin que tú conozcas Old Town.

—Iremos al Bazaar del Mundo para que tú puedas comprar recuerdos.

—Yo probaré tus tortillas con tal que tú me las traigas.

Así es Mariana

San Diego y sus atracciones

Mariana: *(A los televidentes)* Me encanta el sur de California... Hay de todo... días soleados, aire puro y vistas panóramicas. También hay una fuerte influencia hispánica en la arquitectura, la comida y la gente. Y hoy, vamos a verlo todo, empezando con el zoológico.

Mariana y Luis Antonio acaban de visitar el zoológico de San Diego.

Mariana: ¡Cuánto me ha gustado el zoológico, Luis! Especialmente los tigres y los leones. Yo sé que son muy feroces, pero la verdad es que parecen gatitos.

Luis Antonio: Sí, sí, son muy impresionantes, pero los monos siempre han sido mis animales favoritos de aquí. Son muy cómicos. De niño le prometía a mi mamá portarme bien todo el día con tal que ella me llevara a ver los monos.

Mariana: Mmmmm. Pues, eso no me sorprende nada, con todo lo que tienes en común con ellos.

Luis Antonio: Muy chistoso.

Mariana: Bueno, y ahora, ¿qué? ¿Adónde vamos?

Luis Antonio: Bueno, no podemos volver a Miami sin que tú conozcas Old Town. Y claro, tienes que probar una de las deliciosas tortillas que se venden allí.

Mariana: Ah, otro recuerdo de tu niñez.

Luis Antonio: Sí... Old Town es precioso. Es la ciudad original de San Diego. Allí verás mucha influencia hispana. Iremos al famoso Bazaar del Mundo para que puedas comprar recuerdos para Alicia y Carla.

Los dos se pasean por Old Town y finalmente se sientan para descansar.

Luis Antonio: Bueno, ahora... a buscar tortillas.

Mariana: Ay, Luis, no puedo más. Yo probaré tus tortillas con tal que tú me las traigas. Necesito descansar. Yo te espero aquí.

Luis Antonio: Bueno. Tú, tranquila... ahora vuelvo.

Él va y y vuelve con una tortilla.

Luis Antonio: Mariana... ¡Toma! Te va a gustar muchísimo.

Al ofrecerle la tortilla a Mariana, se le cae al suelo.

Mariana: *(A los televidentes)* Pobre Luis. Pero qué suerte para mí. Los recuerdos de su niñez están influyendo mucho en mi dieta. Desde que llegamos a San Diego he subido dos kilos... tacos, enchiladas, raspas,°... y casi una tortilla de Old Town. *(A Luis)* Pobrecito.... no te preocupes.

snow cone

Es decir

A. Comprensión.

Mencione Ud...

1. tres razones por las que a Mariana le gusta tanto el sur de California.
2. tres comidas que ha probado Mariana.
3. tres animales que Luis y Mariana vieron en el zoológico.
4. tres ejemplos de la influencia hispana en el sur de California.

B. Asimilación.

Relacione Ud. el adjetivo apropiado de la segunda columna con el sustantivo de la primera.

1. tigres y leones   a. hispana
2. monos   b. original
3. tortillas   c. cómicos
4. influencia   d. salvajes
5. ciudad   e. deliciosas

En las siguientes frases, ¿hay que usar el indicativo o el subjuntivo?

1. Iremos al famoso Bazaar del Mundo para que tú (poder) _____ comprar recuerdos.
2. Probaré tus tortillas con tal que tú me las (traer) _____.
3. Sí, Old Town (ser) _____ precioso.
4. No podemos volver sin que tú (conocer) _____ Old Town.
5. Tienes que probar las deliciosas tortillas que se (vender) _____ allí.

C. Expansión.

En grupos de tres, escriban dos versiones diferentes de cómo Luis y Mariana pasaron el día en San Diego.

Ahora que han visto la belleza del sur de California, en grupos, escriban un breve anuncio comercial, en el cual mencionen razones para visitar San Diego y actividades que hay que hacer.

Vocabulario

CD3, Track 9

Vamos a hacer cámping (acampar)

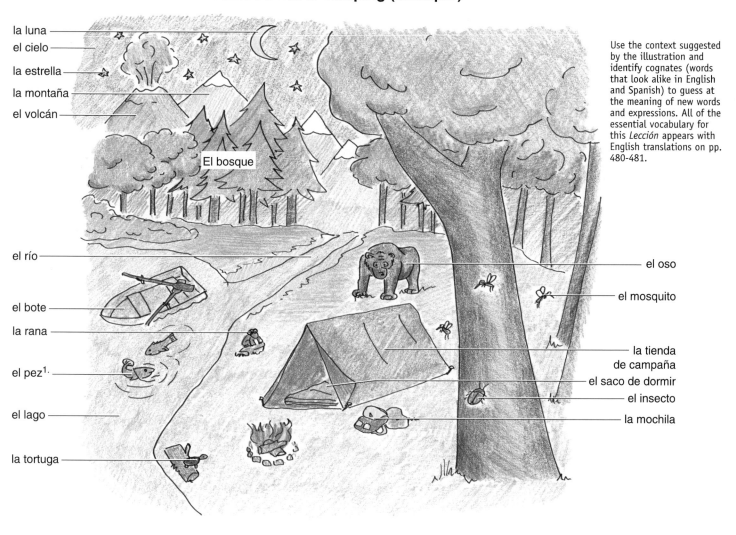

la luna
el cielo
la estrella
la montaña
el volcán

El bosque

el río

el bote

la rana

el pez[1]

el lago

la tortuga

el oso

el mosquito

la tienda
de campaña
el saco de dormir
el insecto
la mochila

Use the context suggested by the illustration and identify cognates (words that look alike in English and Spanish) to guess at the meaning of new words and expressions. All of the essential vocabulary for this *Lección* appears with English translations on pp. 480-481.

Verbos

acampar (hacer cámping)	*to camp, go camping*	**alejarse (de)**	*to withdraw, move away (from)*
acercarse (a)	*to approach, come near (to)*	**atraer**	*to attract*
acompañar	*to accompany*	**disfrutar (de)**	*to enjoy*
ahorrar	*to save* (money, time . . .)	**escalar**	*to climb*
		pescar	*to fish*

Adjetivos

contaminado	*polluted, contaminated*	**gracioso**	*funny, entertaining; graceful*
chistoso (cómico)	*funny*	**indígena**	*indigenous, native*
feroz	*ferocious*	**puro**	*pure*
		salvaje	*wild, savage*

[1]Note that **pescado** also means *fish*, but refers to the fish when caught and prepared to be eaten.

Animales

el elefante	*elephant*	**el tiburón**	*shark*
el león	*lion*	**el tigre**	*tiger*
el mono	*monkey*		

La naturaleza *(Nature)*

el aire	*air*	**la paz**	*peace*
el ambiente	*environment; surroundings*	**la selva**	*jungle, forest*
el desierto	*desert*	**la tierra**	*earth, land, soil, ground*
el océano	*ocean*	**la tranquilidad**	*tranquility*

Otras palabras

el acuario	*aquarium*	**el parque (de atracciones)**	*(amusement) park*
el circo	*circus*		
como¹ (conj.)	*as; since; because*	**el payaso**	*clown*
		el recreo	*recreation*
el globo	*balloon*		

Vocabulario adicional

estar de acuerdo	*to agree*	**panorámico**	*panoramic*
intenso	*intense*	**soleado**	*sunny*
junto	*together*	**soñar despierto**	*to daydream*
mundial	*universal, worldwide*	**tomar (echar) una siesta**	*to take a nap*

Practiquemos

A. Nombre Ud. tres...

1. cosas que se necesitan para acampar.
2. cosas que hay en un circo.
3. sitios donde se puede nadar.
4. tipos de animales que hay en el acuario.
5. tipos de animales salvajes.

B. Descripciones. Use Ud. adjetivos de esta lección y de las lecciones anteriores para describir las siguientes cosas.

1. un desierto
2. el cielo
3. un payaso
4. un volcán
5. la vista desde una montaña

---

¹Note that **como** is used to mean *because* in the sense of *as* or *since*. **Como no tengo dinero, no puedo ir al circo.** *Because (As, Since) I don't have money, I can't go to the circus.*

C. ¿Qué sabe de los animales? Nombre Ud. los animales, descríbalos y diga todo lo que sabe de ellos.

MODELO **El elefante.** *Este enorme animal de color gris vive en la India y África. Tiene una trompa larga.*

1.
2.
3.

4.
5.
6.
7.

D. Definiciones. Complete Ud. las definiciones con las palabras apropiadas.

árboles	animales	puro	graciosas	tanque
pasearse	barco	nariz	parque	salvajes

1. bosque: sitio lleno de _____ y aire _____
2. bote: _____ pequeño que se usa para _____ en el agua
3. zoológico: _____ donde se encuentran animales _____ o exóticos
4. payaso: cómico con una _____ grande y roja que hace cosas _____
5. acuario: _____ destinado a la exhibición de _____ acuáticos

Ahora, defina los términos siguientes:

1. selva   2. estrella   3. tienda de campaña   4. aire contaminado

E. Centroamérica... un paraíso (*paradise*). Relacione Ud. los siguientes lugares centroamericanos con la descripción apropiada. Busque la "pista" (*clue*) en las descripciones.

Monteverde   la selva de Petén
el lago de Atitlán   islas (*islands*) de San Blas

1. _____ es una densa jungla guatemalteca.
2. _____ en Guatemala está rodeado (*surrounded*) de doce pueblos pequeños que son accesibles sólo por barco.
3. En las 368 _____ al norte de Panamá, viven los indios cunas que mantienen costumbres antiguas desde hace más de mil años.
4. _____ es una reserva biológica situada en la parte montañosa de Costa Rica.

F. **¿Qué hacer?** A Ud. le gusta la ciudad y a su amigo le gusta el campo. No saben qué hacer para pasarlo bien el próximo fin de semana. Trabajen en parejas.

1. Haga una lista de las ventajas de pasar tiempo en la ciudad y su compañero(a) hará una lista de las ventajas de ir al campo.
2. Intenten convencerse el uno al otro *(convince each other)* de los beneficios de cada lugar. Incluyan actividades que pueden hacer en el campo y en la ciudad.
3. Presenten los tres beneficios más importantes a la clase. La clase decidirá quién gana el debate.

G. **Yo recuerdo.** Escriba Ud. sobre un día de descanso muy divertido (aburrido, fascinante, peligroso) que Ud. pasó cuando era niño(a).

Aviso cultural

Los seis países centroamericanos

Tegucigalpa, Honduras

Managua, Nicaragua

San José, Costa Rica

¿Qué sabe Ud. de los seis países centroamericanos de habla española? **Guatemala:** En el norte se encuentran las ruinas de Tikal, una antigua ciudad maya. Guatemala también es el país nativo del ganador del Premio° Nóbel de literatura en 1967, Miguel Ángel Asturias y de la ganadora del Premio Nóbel de la paz en 1992, Rigoberta Menchú. **El Salvador:** Aquí se encuentra la "Fuente de fuego°", el volcán Izalco, que produce una constante columna de fuego. **Honduras:** Es el único país de Centroamérica que no tiene volcán. **Nicaragua:** Es el país más grande de Centroamérica. La capital es Managua. **Costa Rica:** Es el único país de Centroamérica que no tiene ejército°. **Panamá:** Su moneda oficial lleva el nombre del descubridor del océano Pacífico, Balboa. El famoso sombrero llamado la jipijapa° se manufactura en Ecuador y no en Panamá. ¿Sabe Ud. a qué país corresponden las siguientes capitales? San Salvador, San José, Tegucigalpa, Panamá, Guatemala.

Prize

fire

army
Panama hat

Forma y función

The Imperfect Subjunctive

Forma

Para comenzar, a mamá no le gustaba que yo hiciera cámping y... blah, blah, blah... De niño yo quería que ella me llevara a pescar pero... blah, blah, blah... Luego me casé pero a mi esposa no le gustaba que yo escalara montañas pero por lo menos era bueno que ella supiera... blah, blah, blah...

Quisiera volver mañana. Estas conversaciones me ayudan mucho.

You have learned that the indicative mood has many simple tenses whereas the subjunctive mood has only two. The present subjunctive is used to express present or future action in a sentence that requires the use of the subjunctive.

Dudo que Juan **pesque** aquí.
{ *I doubt that Juan **fishes** here.*
*I doubt that Juan **will fish** here.*

In a sentence that requires the use of the subjunctive, the imperfect subjunctive is used to express both completed and habitual past action (preterite and imperfect meanings). It is also used to express conditional[1] meaning (*would be, would do,* and so forth).

1. To form the imperfect subjunctive of regular -**ar, -er,** and -**ir** verbs, remove the -**on** from the third-person plural **(ellos)** preterite form and add the endings -**a, -as, -a, -amos, -ais, -an.**[2] Note that the first-person plural **(nosotros)** form has a written accent **(compráramos, bebiéramos).**

HABLAR		COMER		ESCRIBIR	
hablara	habláramos	comiera	comiéramos	escribiera	escribiéramos
hablaras	hablarais	comieras	comierais	escribieras	escribierais
hablara	hablaran	comiera	comieran	escribiera	escribieran

2. There are no irregular verbs in the imperfect subjunctive because any stem change, spelling change, or irregularity already occurred in the preterite. All imperfect subjunctive verbs follow the rule of using the third-person plural preterite stem with imperfect subjunctive endings. Study the following verbs.

[1]The conditional is fully discussed in Lección 16.
[2]An alternative form is to remove the **-ron** from the third-person plural preterite and add the endings **-se, -ses, -se, -semos, -seis, -sen: habla-ron + se = hablase...** These forms are used interchangeably with the **-ra** forms, primarily in Spain.

Infinitive	Third-person plural preterite	Imperfect subjunctive *(yo)*	Infinitive	Third-person plural preterite	Imperfect subjunctive *(yo)*
andar	anduvieron	anduviera	poder	pudieron	pudiera
dar	dieron	diera	poner	pusieron	pusiera
decir	dijeron	dijera	querer	quisieron	quisiera
dormir	durmieron	durmiera	saber	supieron	supiera
estar	estuvieron	estuviera	sentir	sintieron	sintiera
haber	hubieron	hubiera	ser	fueron	fuera
hacer	hicieron	hiciera	tener	tuvieron	tuviera
ir	fueron	fuera	venir	vinieron	viniera
leer	leyeron	leyera			

Luis quería que Mariana **conociera** Old Town antes de que ellos **volvieran** a Miami.

Función

1. The imperfect subjunctive is used in noun, adjective, and adverbial clauses to express past action in a sentence that requires the use of the subjunctive.

Yo no quería que tú **escalaras** la montaña.
*I didn't want you to **climb** the mountain.*

Yo quería escalar una montaña que **fuera** alta.
*I wanted to climb a mountain that **was** tall.*

Yo nadé en el río antes de que tú **escalaras** la montaña.
*I swam in the river before you **climbed** the mountain.*

2. The imperfect subjunctive has various English equivalents according to the context in which it appears.

Era bueno que Juan **viniera** al lago.
*It was good that Juan **came** to the lake.*

De niño me gustaba que Juan **viniera** al lago.
*As a child I liked that Juan **used to come** to the lake.*

Esperábamos que Juan **viniera** al lago.
*We hoped that Juan **would come** to the lake.*

3. The imperfect subjunctive of the verbs **querer, poder,** and **deber** can be used to indicate courtesy or to soften a request.

Quisiera pedirte un favor.
I would like to ask you a favor.

Debiera tener cuidado en el bosque.
You really should be careful in the forest.

Practiquemos

A. De compras en Guatemala. ¿Qué le aconsejó el guía turístico acerca de las compras en Guatemala? Llene Ud. los espacios con la forma correcta del verbo en el imperfecto del subjuntivo para terminar la siguiente frase:

El guía turístico me aconsejó que yo...

1. no les (dar) _____ propinas a los taxistas.
2. (buscar) _____ las pequeñas tiendas de artesanías. Son más baratas.
3. (conseguir) _____ un "huipil", que es la blusa típica de las indias.
4. no (pagar) _____ más de 20 dólares por una falda estilo maya.
5. no (comprar) _____ los productos farmacéuticos norteamericanos. Son caros.
6. (ir) _____ al Mercado Nacional de Artesanía.

B. Actividades variadas. Mire los dibujos y diga qué sugirió el guía turístico que hicieran las personas siguientes. Use el imperfecto del subjuntivo y termine la frase:

El guía turístico sugirió que...

MODELO   Cecilia y Carlos/visitar
          El guía turístico sugirió que Cecilia y Carlos visitaran las ruinas mayas.

1. la abuela/descansar   **2.** Las jóvenes/ver   **3.** José/jugar

4. Felipe/montar   **5.** nosotros/comer

C. Ud. tiene correo. Ud. recibió la siguiente carta por correo electrónico de sus amigos que están de vacaciones en San José. Complete las frases con la forma correcta de uno de los verbos recomendados en el imperfecto del subjuntivo o del indicativo para saber cómo lo pasan.

MODELO   Queríamos ver una película que... no tuviera subtítulos.

Verbos recomendados: servir, poder, tener, ofrecer, vender, saber, ir, etc.

Hola... Aquí estamos. Ayer hicimos muchas cosas. Por ejemplo...

1. Buscamos un club nocturno que...
2. Conocimos a otro extranjero que...
3. No había ningún restaurante que...
4. Yo esperaba encontrar un museo que...
5. No vi ninguna taquilla *(box office)* que...
6. Había varios autobuses que...
7. Por fin compramos un libro que...

¿Cuáles son dos cosas más que sus amigos querían encontrar? ¿Y dos cosas más que encontraron?

Ahora, conteste la carta de sus amigos. Hágales tres preguntas sobre su viaje.

D. De vuelta con Mariana. Use your new knowledge of the imperfect subjunctive mood as well as the preterite and the imperfect tenses to tell, in your own words, what happened in episode 15, **Así es Mariana: Hay que divertirse.** Where did Luis and Mariana go? What were the animals like? When Luis was a little boy, what would he promise his mother? Why? After visiting the zoo, what did Luis want Mariana to do? What deal did Mariana make with Luis about the tortillas? What happened to Luis and to the tortilla? How did this little mishap work in Mariana's favor?

Mariana quería que Luis mirara su flor de papel.

Los turistas preguntan:

¿Dónde queda...?
¿Dónde está...?   } *Where is . . . ?*
¿Dónde se encuentra...?
¿Cómo se llega a...?   } *How does one get to . . . ?*
¿Por dónde se va a...?

Los ciudadanos *(citizens)* contestan:

Siga Ud. derecho (recto).	*Go straight.*
Doble a la izquierda (derecha).	*Turn left (right).*
Baje (Suba) Ud. esta calle.	*Go down (Go up) this street.*
Queda (Está) en la esquina.	*It's on the corner.*
Camine Ud. dos cuadras (manzanas).	*Walk two blocks.*

Practiquemos

A. ¿Cómo llegar al acuario? Llene Ud. los espacios con las palabras correctas de la lista.

¿Ud. quiere saber dónde **1.** _____ el acuario? Pues, mire, **2.** _____ a la puerta principal del acuario siguiendo **3.** _____ hasta llegar al semáforo. Allí, **4.** _____ a la izquierda y **5.** _____ tres cuadras. La entrada del acuario **6.** _____ allí en la **7.** _____ de las calles Flores y Robles.

B. Con los compañeros. Ud. es estudiante de primer año en esta universidad y no conoce bien ni el campus ni la ciudad. Otro(a) estudiante va a darle instrucciones sobre cómo llegar a los siguientes lugares y Ud. tiene que identificarlos.

1. el mejor lugar para comer pizza
2. el mejor sitio para estudiar
3. la mejor residencia de la universidad
4. el mejor sitio para conocer a otros estudiantes

The Subjunctive in Adverbial Clauses of Purpose and Dependency

Función

You have learned that the subjunctive is used in the subordinate clause after conjunctions of time when future or pending actions are expressed or implied. When completed past action or habitual present action is expressed, the indicative is used.

Yo tomaré una siesta después de que **cenemos.**	*I will take a nap after we **eat** supper.*
Yo tomé una siesta después de que **cenamos.**	*I took a nap after we **ate** supper.*

The subjunctive is also used in adverbial clauses after conjunctions of purpose (I will write to you **in order that** you may know what's happening), and after conjunctions that express situations of dependency (I will go to the movies **provided that** my check arrives).

1. The following conjunctions reflect purpose or dependency. The subjunctive is always used in a subordinate clause that is introduced by these conjunctions.

a menos que	*unless*	en caso (de)¹ que	*in case*
antes (de)¹ que	*before*	para que	*in order that*
con tal (de)¹ que	*provided that*	sin que	*without*

Iré con José **con tal que** él me invite.	*I'll go with José **provided that** he invites me.*
Fui al museo **antes de que** se cerrara.	*I went to the museum **before** it closed.*

2. Remember that when there is no change of subject the infinitive is used after the prepositions **antes, de, para,** and **sin.**

Vamos a las montañas **para descansar.**	*Let's go to the mountains **to rest.***
Vamos a las montañas **para que** Carlos descanse.	*Let's go to the mountains **so that Carlos will rest.***
Usamos su mochila **sin decírselo.**	*We used his backpack **without telling him.***
Usamos su mochila **sin que nadie se lo dijera.**	*We used his mochila **without anyone telling him.***

¹Note that the use of the preposition **de** in these conjunctions is optional. Also note that **antes de que** is mentioned with adverbial conjunctions of time as well as of dependency. Although **antes de que** *(before)* does refer to time, it also reflects dependency in that one action must occur before another. For this reason, unlike adverbial conjunctions of time, **antes de que** always is followed by the subjunctive.

Practiquemos

A. Conexiones con *a menos que* y *para que*. Haga Ud. las siguientes actividades.

Busque Ud. en la segunda columna la terminación de la frase en la primera columna. Use la conjunción **a menos que** para unir *(unite)* las frases. Cambie el verbo al presente del subjuntivo. Luego, traduzca las frases al inglés.

MODELO   Iremos al parque... papá (tener) que trabajar.
Iremos al parque a menos que papá tenga que trabajar.
We will go to the park unless dad has to work.

El parque de atracciones

1. Juanito no quiere ir al parque de atracciones...
2. Vamos a la montaña rusa *(roller coaster)*...
3. Podemos comprar perros calientes...
4. De postre comeremos helado...
5. Pasaremos todo el día allí...

a. nos (doler) _____ estómago.
b. (llover) _____.
c. (haber) _____ caballitos *(carousel)*.
d. tú (tener) _____ miedo.
e. sólo se (vender) _____ hamburguesas.

Ahora, use Ud. la conjunción **para que** para unir las siguientes frases. Cambie Ud. el verbo al imperfecto de subjuntivo.

Viajes de recreo

1. Papá volvió al hotel...
2. Mis tíos fueron a Centroamérica...
3. Viajamos a la costa...
4. Juan quería escalar la montaña...
5. Mi abuela fue a Arizona...

a. mi abuelo (respirar) _____ el aire puro.
b. nosotros (disfrutar) _____ de la vista.
c. mamá (tomar) _____ una siesta.
d. mis primos (ver) _____ los volcanes.
e. mis hermanitos (divertirse) _____ en la playa.

B. Sólo el subjuntivo. Complete Ud. las frases con la conjunción apropiada. Cambie los verbos al presente del subjuntivo. Puede usar algunas conjunciones más de una vez.

a menos que   con tal (de) que   para que   sin que   en caso (de) que

1. Vamos al acuario _____ los niños (asistir) _____ a una exhibición de tortugas gigantescas.
2. Compra tú otro boleto _____ Óscar (querer) _____ ir al circo también.
3. Papá no va a las montañas _____ nosotros (poder) _____ pescar.
4. Voy al museo contigo ahora _____ tú (ir) _____ al mercado conmigo más tarde.
5. Prefiero subir las pirámides por la mañana _____ (hacer) _____ calor por la tarde.
6. Es imposible planear el viaje _____ ella lo (saber) _____ .
7. Podemos conseguir las mochilas hoy _____ la tienda no (estar) _____ cerrada.
8. No quiero irme del país _____ mi mamá me (comprar) _____ un collar de jade.

C. Si Ud. es deportista, vaya a Panamá. Para practicar los muchos usos del subjuntivo, complete Ud. el párrafo con la forma apropiada del verbo en el presente del indicativo, el presente del subjuntivo o el infinitivo. Después, cambie todo el párrafo al pasado y haga los cambios verbales necesarios.

Voy a hacer un viaje al extranjero. Todo el mundo recomienda que yo (ir) **1.** _____ a Panamá. Sugieren que yo (conseguir) **2.** _____ un pequeño bote para (pescar) **3.** _____ en los ríos. Es fácil (alquilar) **4.** _____ caballos y equipo para que nosotros (poder) **5.** _____ acampar. Quiero que mi hermano me (acompañar) **6.** _____, pero no creo que él (poder) **7.** _____ porque (querer) **8.** _____ ahorrar su dinero para ir a esquiar a Chile en julio. Como no quiero ir solo, llamaré a mi amigo Carlos para ver si él quiere (viajar) **9.** _____ conmigo. Pero en fin, dudo que él (poder) **10.** _____ conseguir el dinero en tan poco tiempo.

D. A Centroamérica. Ud. y su compañero(a) van a Centroamérica. En parejas, busquen información sobre Centroamérica en las páginas 482–484 de *Gaceta 5* y formen preguntas y respuestas de una forma original. Sigan el modelo.

MODELO   Ud.: *¿Vamos a Costa Rica para conocer San José?*
               Compañero(a): *Sí, y para que yo descanse en las playas bonitas.*

1. Guatemala / sacar fotos de la arquitectura colonial
2. El Salvador / para quedarnos en un turicentro
3. Honduras / para escalar las pirámides
4. Nicaragua / para visitar las isletas *(small islands)*
5. Panamá / para ver el famoso canal

Sequence of Tenses I: The Present and Present Perfect Subjunctive

Función

1. The present subjunctive and the present perfect subjunctive are used in the subordinate clause of a sentence that requires the subjunctive when the verb in the main clause is in the present tense, the future tense, or is a command[1].

Main clause	Subordinate clause
present future command	present subjunctive present perfect subjunctive

Le **pido** a Roberto   *I ask* Robert
Le **pediré** a Roberto } que nos acompañe. *I will ask* Robert } *to accompany us.*
Pídale Ud. a Roberto   *Ask* Robert

2. The present perfect subjunctive is used in the subordinate clause to express action that has already taken place in a context that requires the use of the present subjunctive.

Me alegro de que **tú hayas venido** con nosotros.   *I'm happy* that *you have come with us.*

Espero que **todos hayan disfrutado** del viaje.   *I hope* that *everyone has enjoyed* the trip.

[1]This sequence of tenses applies to the corresponding compound tenses as well (present progressive, present perfect, future progressive, and future perfect). Some of these tenses have not yet been presented.

Practiquemos

A. Costa Rica. Un agente, especialista en viajes a Centroamérica, aconseja a un grupo de estudiantes sobre qué hacer en Costa Rica. Cambie Ud. los infinitivos al subjuntivo e identifique el tiempo de los verbos entre paréntesis.

> MODELO   Quiero <u>nadar</u> en Puntarenas. (sugiero/Puerto Viejo)
> *Sugiero que nades en Puerto Viejo.* (sugiero = tiempo presente)

1. Queremos <u>ir</u> a Costa Rica en agosto. (será mejor/mayo)
2. Yo prefiero <u>pasar</u> una semana en Alajuela. (aconsejo/la capital)
3. Pablo y Ana quieren <u>ver</u> el volcán Irazú. (dígales/el volcán Poás)
4. El profesor tiene ganas de <u>probar</u> los frijoles. (recomiendo/tamales)
5. Ramona quiere <u>sacar</u> fotos en la plaza principal. (es bueno/el parque)
6. Vamos a <u>alojarnos</u> en el Hotel San José. (insistiré en/el Hotel Limón)

El volcán Poás

B. Unas vacaciones para todos. Ud. escribe un artículo cada semana para el periódico sobre qué hacer y adónde ir de vacaciones. Llene los espacios con la forma correcta del verbo en el subjuntivo, el indicativo o el infinitivo.

No es fácil **1.** (encontrar) _____ un sitio ideal para **2.** (pasar) _____ las vacaciones con la familia. Siempre buscamos un lugar que **3.** (ofrecer) _____ diversiones para los niños para que sus vacaciones **4.** (ser) _____ memorables. Pero es cierto que los padres también **5.** (necesitar) _____ actividades que **6.** (ser) _____ sólo para ellos. Pues, es verdad que yo **7.** (haber) _____ encontrado el sitio perfecto para Uds. Si Uds. quieren visitar una ciudad que **8.** (tener) _____ un ambiente tranquilo y cosmopolita, tienen que **9.** (visitar) _____ Antigua, Guatemala. Todos saben que Antigua **10.** (ser) _____ la antigua capital del país y que fue destruida (destroyed) casi por completo en 1773. También es verdad que Antigua **11.** (gozar) _____ de un clima muy bueno. ¿Qué pueden Uds. **12.** (hacer) _____ allí?

1. Será mejor que Uds. (quedarse) _____ en un hotel que (tener) _____ piscina. Con el calor que hace, podrán (pasar) _____ todos los días nadando.
2. Sugiero que todos (disfrutar) _____ de la gran variedad de artesanía que se encuentra en este gran centro artístico. Sé que a Uds. les (ir) _____ a gustar los tejidos (weavings).
3. Antes de que Uds. (salir) _____, deben comprar un recuerdo único... el jade de Guatemala. Los mayas valoraban (valued) esta piedra (stone) preciosa mucho, y la usaban para crear excelentes obras (works) artísticas.

Espero que Uds. (haber) _____ escuchado mis consejos y les quiero (desear) _____ un buen viaje.

Antigua, Guatemala

C. Decisiones. Ud. y su amigo(a) planean un fin de semana divertido. Ud. tiene muchas ideas pero a su amigo(a) no le gusta ninguna. Terminen las frases de forma original. Luego, escriban dos ideas más.

1. ¿Por qué no vamos al circo?
   Porque no me gusta que...
2. Tengo ganas de ir al Jardín Botánico. ¿Y tú?
   Yo no. Prefiero buscar un parque que...
3. ¿Vamos al Museo de Antropología?
   En mi opinión, será mejor que...
4. Dicen que la feria *(fair)* de artesanías es interesante. ¿Quieres ir?
   No creo. Allí no hay nada que...
5. Me encantan los cafés al aire libre. ¿Me acompañas?
   Ahora no, a menos que...

Detrás del telón con Alicia

Llene Ud. el espacio con la forma correcta del verbo en el subjuntivo, el indicativo o el infinitivo.

Bienvenidos, queridos televidentes. Nuestro programa de hoy está dedicado a varios grupos musicales. Esta semana les quiero **1.** (hablar) _____ de la música contemporánea de Centroamérica.

Antes de que yo les **2.** (presentar) _____ los nombres de varios artistas, creo que (ser) **3.** _____ importante **4.** (mencionar) _____ que la música centroamericana es tan diversa como la gente. Empecemos con una banda fabulosa de rock salvadoreño; el grupo OVNI (objeto volador no identificado—*unidentified flying object*). Los cinco integrantes del grupo quieren que sus compatriotas **5.** (conocer) _____ los sonidos de Pink Floyd y Jethro Tull, filtrados por el sabor salvadoreño. Siguen grabando su música "buenaza".

Es cierto que Guatemala **6.** (tener) _____ su propia forma de música pop. Se llama "punta rock" y es una combinación de música garifuna tradicional pero con influencia rock, con sintetizador, bajo eléctrico y percusión. Para que Uds. **7.** (saber) _____ lo popular que se ha hecho, sigue una lista de los grupos más populares: The Garifuna Boys, Banda Impacto, Los Gatos Bravos y Los Profesionales.

Y claro, es malo que yo **8.** (dejar) _____ de incluir el grupo muy conocido de Costa Rica, Cantoamérica. El grupo sigue buscando un sonido que **9.** (reflejar) _____ la identidad costarricense y que **10.** (incluir) _____ influencias de los grupos étnicos que forman parte de lo que es Costa Rica: los indígenas, los africanos y los mestizos. Quieren que la música **11.** (combinar) _____ muchos géneros diferentes, como calipso, rumba, reggae y más.

Para saber más sobre otras de sus estrellas centroamericanas favoritas, lea Ud. *Gaceta 5,* en la p. 487.

En resumen

A. A Mariana le interesa la ecología. Cambie Ud. los verbos al pretérito del indicativo o al imperfecto del subjuntivo. Si hay dos palabras, escoja la más apropiada.

Luis, creo que el zoológico **1.** (es, sea) mi lugar **2.** (favorito, favorita) en todo San Diego... gracias **3.** (para, por) llevarme. Gorilas, osos, tigres, leones, koalas... todos los animales me **4.** (fascinó, fascinaron) y me alegré de que tu mamá nos **5.** (acompañar) _____. Al principio ella insistía en **6.** (quedarse) _____ en casa para que **7.** (poder)_____ ver su telenovela favorita, pero estoy segura de que **8.** (a, _____) ella le **9.** (gustar) _____ el zoo tanto **10.** (como, que) a nosotros. **11.** (Le, La) encantó el jardín botánico. Yo no quería volver a Miami sin que tú y yo **12.** (hacer) _____ una excursión con tu mamá porque he llegado a **13.** (quererla, quererlo) mucho.

A propósito, Luis, ¿recuerdas que el año pasado yo sugerí que tú y yo **14.** (viajar) _____ a Costa Rica? Quería que nosotros **15.** (conocer) _____ Selva Verde, el centro ecoturístico en Sarapiqué, Costa Rica, o el Parque Nacional Tortuguero que **16.** (es, está) en la costa del Caribe y que fue creado **17.** (por, para) **18.** (el, la) protección de la tortuga verde que está en peligro de extinción. El gobierno de Costa Rica ha creado **19.** (un, una) sistema modelo de parques nacionales donde se encuentra **20.** (un, una) variedad de flora y fauna. Fue una lástima que nosotros no **21.** (poder) _____ hacer **22.** (ese, esa) viaje, y me gustaría que nosotros **23.** (tratar) _____ de ir lo antes posible. Hablé con el agente de viajes y él recomendó que nosotros **24.** (ir) _____ en diciembre y que **25.** (hacer) _____ las reservaciones con **26.** (mucho, mucha) anticipación.

Ahora cambie los verbos al presente del subjuntivo. Si hay dos palabras, escoja la más apropiada.

Luis, ¿qué hacemos tú y yo para que el medio ambiente *(environment)* no **27.** (ser) _____ destruido? A menos que nosotros **28.** (empezar) _____ a conservar los recursos naturales, habrá escasez *(shortage)* de gasolina, de energía... de todo. Es necesario que nosotros **29.** *(recoger)* _____ la basura, **30.** (proteger) _____ las selvas y los bosques y **31.** (buscar) _____ soluciones para **32.** (este, esta) problema grave. Me interesa tanto la ecología que **33.** (ha, he) pensado en cambiar mi especialización a las ciencias ambientales. ¿Qué **34.** (te, le) parece?

B. Alica y Octavio acampan en las montañas. Traduzca Ud. el siguiente diálogo al español.

Octavio: *Fresh air, peace, tranquility . . . You'll enjoy this place.*

Alicia: *Frogs, insects, wild animals . . . I didn't want you to bring me here. You know that I don't like to camp. I insist that we go home right now.*

Octavio: *Alicia, don't be that way. We can't leave without you seeing the moon and the stars and the mountains.*

Alicia: *O.K., I'll stay for one day, provided that we go to California next year, like Mariana and Luis. All right?*

Octavio: *Yes. When I was a child I always wanted my parents to take me to California. There are great places to camp there.*

Avancemos

A. ¡Qué divertido es hacer cámping! You will hear a series of statements that Roberto makes that describe what he and his family are doing during a camping trip. Repeat each one, and then decide if the corresponding drawing matches the description. Write **cierto** or **falso** in the space below each drawing.

MODELO   Nosotros hacemos cámping en un desierto grande.
Falso

1. _____

2. _____

3. _____

4. _____

5. _____

6. _____

7. _____

8. _____

B. Dictado. You will hear a short narration about Marta's afternoon at the circus with her little sister, Rosita. Listen carefully to the entire selection. Listen again and write each sentence during the pauses.

You will then hear a series of false statements related to the dictation. Correct each one with a complete sentence. Refer to your dictation.

Hablemos

Vamos de vacaciones. You and your partner are trying to decide where to go camping this summer. Will you go to the mountains or to the lake? Describe the positive and the negative aspects of the first scene. Your partner will do the same with the second scene, and together you'll choose the perfect campsite. Ask each other questions, and invent answers if your drawing does not contain enough information.

Estudiante A

Estudiante B

 **Leamos**

El Zoológico de San Diego. En San Diego, el zoológico es una visita obligatoria.

Antes de leer

A. ¿Le gusta ir al zoológico? Explique. ¿Cuáles son algunos de los zoológicos famosos del mundo? ¿Qué sabe del Zoológico de San Diego?

B. Las siguientes palabras y expresiones aparecen en la lectura. ¿Puede Ud. explicar el significado de ellas?

1. animales salvajes
2. ecosistema
3. hábitat natural
4. flora y fauna
5. tranvía aéreo
6. jardín botánico

A leer

El Zoológico de San Diego.

En 1915, para celebrar la terminación del Canal de Panamá, hubo una exposición en el enorme y hermoso parque de Balboa de San Diego, California. Para la celebración, los administradores de la exposición mandaron renovar la ciudad, decorar el parque con edificios de estilo colonial español y traer animales exóticos de muchas partes del mundo. Con estos animales, se estableció en 1916 el internacionalmente famoso Zoológico de San Diego.

Cada año, 3 millones de personas visitan el zoológico donde viven, en nueve ecosistemas separados, 4.000 animales salvajes que representan 800 especies diferentes. Ésta es la colección de animales salvajes más grande del mundo. Viven en los hábitats más naturales posibles, y es maravilloso observarlos vagar por acres y acres de colinas y valles. De interés especial en el zoo son: los Trópicos del Gorila, una exhibición bioclimática con gorilas de tierra baja, la Laguna del Flamenco, la Casa de los Reptiles, el Río del Tigre, los Leones Marinos de las Islas del Canal, el Bosque Sun Bear y el Krall Africano. El zoo tiene enormes pajareras *(aviaries)* que albergan aves raras y treinta koalas, más que cualquier otro zoo de los Estados Unidos. La flora es tan espectacular como la fauna, y hay senderos que serpentean por 128 acres de bellísimos jardines tropicales.

Para hacer un recorrido completo del zoo, se necesitan aproximadamente seis horas. El visitante que no dispone de *(have available)* tanto tiempo, puede disfrutar todo desde el tranvía aéreo Skyfari, que va desde un extremo del zoo hasta el otro en 40 minutos, o en autobuses al aire libre.

El zoológico de San Diego ha prometido cuidar y respetar los animales, el ambiente y la naturaleza. Su objeto es la educación, la recreación y la conservación y no hay ninguna duda de que este fascinante lugar cumple sus promesas *(keeps its promises)*.

Después de leer

A. Diga Ud...

    1. qué pasó en los años 1915 y 1916.

    2. qué, además de los animales, atrae a la gente al zoo.

    3. cuántos visitantes llegan al zoo anualmente.

    4. cuántas especies de animales están representadas.

    5. cuáles son dos exposiciones populares.

    6. cuál es la misión del zoo.

B. En un folleto turístico para San Diego, hay, por supuesto, un anuncio para el zoológico. El título del anuncio es: "Las mascotas *(pets)* de la madre naturaleza". Y también, "No es solamente otra exhibición. Es otro continente." Escriba Ud. otro título para el folleto que refleje *(reflects)* la esencia del zoo.

C. Sigue una lista de problemas ecológicos que existen ahora. ¿Hay otros problemas que no estén en la lista? Diga Ud. cuál, en su opinión, es el más grave y por qué. Luego, diga qué se puede hacer para solucionar el problema.

    1. la basura

    2. la contaminación del aire, de los ríos, de los lagos y del océano

    3. la deforestación

    4. la desintegración de las ciudades

    5. la destrucción de la capa de ozono

    6. la extinción de animales

D. El Zoológico de San Diego intenta educar al público sobre la conservación del medio ambiente. ¿Qué métodos puede usar para lograr esta meta *(goal)*?

Un oso polar goza del sol y de la atención del público en el parque zoológico de San Diego.

Escribamos

Giving Directions

Giving directions requires organization and thorough planning. In this section, you are en route to Mexico from northern California, and you plan to connect with Mariana and Luis Antonio in Historic Old Town at the Café Coyote (where they are eating—and dropping—the hand-made tortillas. Refer to this lesson's dialogue.). Luis, who is very organized, e-mailed directions to you so that you could meet up with him and Mariana. With a few guidelines, you will be able to write directions in Spanish as well as Luis.

Antes de escribir

A. El e-mail de Luis. Complete el e-mail que Luis le mandó a Ud. con las palabras y frases apropiadas del **Vocabulario útil.** Consulte el mapa de Old Town a continuación y la sección de **Así se dice** en la p. 467 de esta lección.

Hola, amigo(a):

¿Qué te parece si nos encontramos _____ del Café Coyote en la Avenida San Diego a las dos? ¡Ojalá entiendas mis instrucciones!

Desde el Hotel Circle, _____ la calle Taylor hasta el Old Town Transit Station. _____ con el cruce de caminos del Bulevar Morena y la calle Whitman—puede ser peligroso. A la izquierda está el campo de golf de Presidio Hills. Luego, _____ a la izquierda en la Avenida San Diego. _____ la estación de Transit. Puedes estacionar tu coche allí. _____ unas cuadras hasta llegar al Café Coyote.

¡Nos vemos a las dos!

Luis

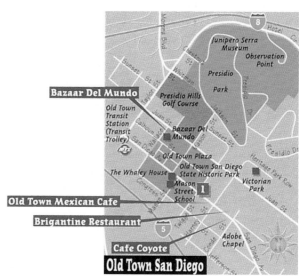

B. Principios importantes. Si Ud. quiere darles buenas instrucciones a sus amigos, es recomendable emplear los tres principios que siguen. Vuelva a leer Ud. *(Re-read)* el e-mail de Luis y consulte el mapa de Old Town. Dé un ejemplo de estos principios importantes.

1. Organice la información en orden cronológico.
2. Escriba clara y directamente.
3. Incluya señales *(landmarks)* importantes.

C. El mapa. Consulte Ud. otra vez el mapa de Old Town. ¿Daría Ud. las mismas direcciones que Luis? Explique.

Vocabulario útil

allí está	*There it is; there is the . . .*	**el cruce (la intersección)**	*intersection*
¡Cuidado!	*Careful!*	**en frente de (delante de)**	*in front of*
la avenida	*avenue*		
el bulevar	*boulevard*	**entonces**	*then*
la calle	*street*	**hasta**	*until*
el camino	*road*	**luego**	*then*

Ahora, escriba

Ahora, Ud. está listo(a) para darle instrucciones a un(a) amigo(a).

Ud. vive en San Diego. Su amigo viene de visita y Uds. van a almorzar juntos.

1. Consulte el mapa de "Downtown" que sigue. Mándele un e-mail y explíquele cómo llegar a Planet Hollywood desde el aeropuerto.

2. Consulte el mapa de "Downtown". Siga los tres principios importantes del ejercicio B y use como modelo el e-mail de Luis. ¡Buena suerte!

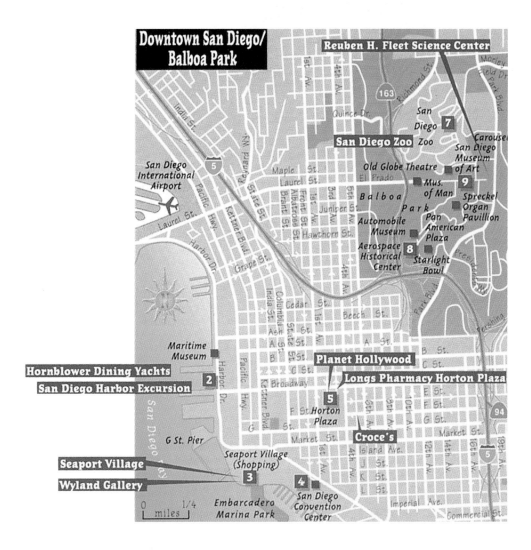

Vocabulario

Lección 13

En el consultorio médico *(At the doctor's office)*

el cuerpo humano	*the human body*	**el diente**	*tooth*	**el pecho**	*chest*
la ambulancia	*ambulance*	**la espalda**	*back, spine*	**el pie**	*foot*
la aspirina	*aspirin*	**el estómago**	*stomach*	**la pierna**	*leg*
la boca	*mouth*	**el hueso**	*bone*	**la píldora**	*pill*
el brazo	*arm*	**el labio**	*lip*	**el pulmón**	*lung*
la cabeza	*head*	**la lengua**	*tongue*	**la radiografía**	*X-ray*
el cerebro	*brain*	**la mano**	*hand*	**los rayos x**	*X-rays*
el corazón	*heart*	**la nariz**	*nose*	**la rodilla**	*knee*
el cuello	*neck*	**el ojo**	*eye*	**el termómetro**	*thermometer*
el dedo (del pie)	*finger (toe)*	**la oreja**	*ear*	**la vitamina**	*vitamin*

Verbos

cuidar(se)	*to take care of (oneself)*	**operar**	*to operate*	**recetar**	*to prescribe*
curar	*to cure*	**portarse**	*to behave*	**resfriarse**	*to catch a cold*
doler (ue)	*to hurt*	**preocuparse (de)**	*to worry (about)*	**respirar**	*to breathe*
enfermarse	*to get sick*	**quejarse (de)**	*to complain (about)*	**sufrir**	*to suffer*
mantener	*to maintain, keep, support (financially)*			**toser**	*to cough*

Vocabulario general

a ver	*let's see*	**la garganta**	*throat*	**la piel**	*skin*
alérgico	*allergic*	**grave (serio)**	*serious*	**poner una inyección**	*to give an injection*
el antibiótico	*antibiotic*	**la gripe**	*flu*	**la queja**	*complaint*
apenas	*scarcely*	**hinchado**	*swollen*	**el resfriado**	*cold*
la apendicitis	*appendicitis*	**inflamado**	*inflamed*	**la sala de emergencia**	*emergency room*
el catarro	*cold*	**el jarabe**	*syrup*	**la sangre**	*blood*
el consultorio	*doctor's office*	**mareado**	*dizzy, nauseated*	**el seguro (médico)**	*(health) insurance*
el cuidado (médico)	*(health) care*				
la cura	*cure*	**lo más pronto posible**	*as soon as possible*	**la temperatura**	*temperature*
el dolor	*pain*	**la medicina**	*medicine*	**la tos**	*cough*
doloroso	*painful*	**el oído**	*ear (inner)*	**el tratamiento**	*treatment*
embarazada	*pregnant*	**el operación**	*operation*		
la fiebre	*fever*	**el (la) paciente**	*patient*		

Lección 14

Deportes y jugadores *(Sports and players)*

los aficionados	*fans*	**el ciclismo**	*cycling*	**el golf**	*golf*
andar en bicicleta	*to ride a bike*	**el (la) ciclista**	*cyclist*	**montar a caballo**	*to ride horseback*
		el equipo	*team*		
la anotación	*score*	**el (la) espectador(a)**	*spectator*	**montar en bicicleta**	*to ride a bike*
el baloncesto	*basketball*				
el básquetbol	*basketball*	**el esquí**	*skiing*	**el (la) nadador(a)**	*swimmer*
el bate	*bat*	**los esquís**	*skis*	**la natación**	*swimming*
el (la) beisbolista	*baseball player*	**el estadio**	*stadium*	**la pelota**	*ball*
el (la) boxeador(a)	*boxer*	**los fanáticos**	*fans*	**el (la) pelotero(a)**	*baseball player*
el boxeo	*boxing*	**el fútbol**	*soccer*	**la raqueta**	*racquet*
el (la) campeón (campeona)	*champion*	**el fútbol americano**	*football*	**la red**	*net*
la cancha	*court, field*	**el (la) futbolista**	*soccer player*	**el resultado**	*score, result*

Verbos

apoyar	*to support*	**desarrollar**	*to develop*	**mejorar(se)**	*to improve, get better*
batear	*to hit, bat*	**enfrentarse con (contra)**	*to face (go against)*	**patinar**	*to skate*
coger	*to catch*	**entrenar**	*to train*	**tirar**	*to throw*
correr	*to run*	**esquiar**	*to ski*	**vencer (z)**	*to win, beat*
dañar(se), (lastimarse)	*to harm (get hurt)*	**lanzar**	*to throw, pitch*		

Vocabulario general

ágil	*agile*	**divertido**	*fun, amusing*	**hasta que**	*until*
antes de que	*before*	**en cuanto**	*as soon as*	**lastimado**	*injured*
el campeonato	*championship*	**el (la) entrenador(a)**	*trainer, coach*	**el partido**	*game, match*
la carrera	*race, contest*			**próximo**	*next*
la competencia	*competition*	**entusiasmado**	*excited*	**la regla**	*rule*
débil	*weak*	**el fracaso**	*failure*	**tan pronto como**	*as soon as*
el desarrollo	*development*	**fuerte**	*strong*	**la temporada**	*season*
después de que	*after*				

Lección 15

Vamos a hacer cámping (acampar)
(Let's go camping)

el bote	*boat*	**la mochila**	*backpack*	**el río**	*river*
el cielo	*sky*	**la montaña**	*mountain*	**el saco de dormir**	*sleeping bag*
la estrella	*star*	**el mosquito**	*mosquito*	**la tienda de campaña**	*tent*
el insecto	*insect*	**el oso**	*bear*		
el lago	*lake*	**el pez**	*fish*	**la tortuga**	*turtle*
la luna	*moon*	**la rana**	*frog*	**el volcán**	*volcano*

Verbos

acampar (hacer cámping)	*to camp, go camping*	**ahorrar**	*to save (money, time . . .)*	**atraer**	*to attract*
				disfrutar (de)	*to enjoy*
acercarse (a)	*to approach, come near (to)*	**alejarse (de)**	*to withdraw, move away (from)*	**escalar**	*to climb*
				pescar	*to fish*
acompañar	*to accompany*				

Vocabulario general

el acuario	*aquarium*	**feroz**	*ferocious*	**el payaso**	*clown*
el aire	*air*	**el globo**	*balloon*	**la paz**	*peace*
el ambiente	*environment, surroundings*	**gracioso**	*funny, entertaining; graceful*	**puro**	*pure*
				el recreo	*recreation*
chistoso	*funny, amusing*			**salvaje**	*savage, wild*
el circo	*circus*	**indígena**	*indigenous, native*	**la selva**	*jungle, forest*
cómico	*funny*			**el tiburón**	*shark*
como	*as; since; because*	**el león**	*lion*	**la tierra**	*earth, land, soil, ground*
		el mono	*monkey*		
contaminado	*polluted, contaminated*	**el océano**	*ocean*	**el tigre**	*tiger*
		el parque (de atracciones)	*(amusement) park*	**la tranquilidad**	*tranquility*
el desierto	*desert*				
el elefante	*elephant*				

Una gira turística por Centroamérica

Preparativos

A. Antes de hacer una gira por Centroamérica, mire Ud. la sección **Practiquemos** para ayudar a anticipar lo que va a leer. ¿Qué países va a visitar? ¿Cuáles son las capitales de esos países?

B. Hojee la lectura para saber a qué se refieren los números y las fechas siguientes:

    1. los números: 25, 310, 10 por ciento, 1 por ciento.
    2. las fechas: 1931, 1972.

C. En Centroamérica, ¿adónde va el turista que quiere ver...

    a. volcanes?   **b.** pirámides?   **c.** selvas?   **d.** playas?

La catedral y un parque colonial en la ciudad de Guatemala

Centroamérica une *(unites)* América del Norte con América del Sur, y geográficamente se extiende desde el istmo *(isthmus)* de Tehuantepec en el sur de México hasta el istmo de Panamá. Está atravesada *(crossed)* de norte a sur por la cadena *(chain)* volcánica del océano Pacífico. En esta tierra, donde lo antiguo se combina con lo moderno, hay actividades diversas y atractivos *(attractions)* naturales que pueden satisfacer los gustos de todos.

Guatemala es la tierra de la eterna primavera con lagos, volcanes y centros coloniales de mucho interés. Sus diversos grupos indígenas ofrecen un colorido *(color)* especial por sus bellos tejidos *(weavings)* y sus trabajos en plata. La Ciudad de Guatemala, capital del país, es una metrópoli famosa por sus museos y sus mercados. La Antigua es una joya *(jewel)* de arquitectura colonial y es el centro de producción artesanal *(craft)*. Las ruinas mayas de Tikal en la selva de Petén son admiradas por miles de turistas cada año. Todos los pueblos tienen su propio volcán, lo que da un toque *(touch)* especial al paisaje guatemalteco. A unas horas de la capital está el lago de Atitlán, llamado "el lago más bello del mundo" por el escritor inglés Aldous Huxley.

El pequeño país de **El Salvador** tiene 25 volcanes, y los más importantes son Santa Ana, San Miguel e Izalco. Los mayas de El Salvador abandonaron el país cuando un volcán destruyó sus ciudades y las enterró *(buried)* con cenizas *(ashes)*. Sus numerosas ruinas todavía están en proceso de exploración. Es una nación de mucha industria, y muchos hogares *(homes)* son pequeñas fábricas de ropa, tejidos, cerámica y joyería *(jewelry)*. El país tiene diez parques naturales o "turicentros" y uno de los más famosos está situado en el lago Ilopango, un inmenso lago volcánico.

El volcán Izalco en El Salvador

En Copán, **Honduras,** está una de las ciudades mayas más grandes de su tiempo. Fundada en el siglo V, fue la primera capital del imperio maya. Allí hay pirámides, cortes, templos y otros tesoros *(treasures)* arqueológicos. Copán ha sido nombrada patrimonio *(heritage)* nacional para todo el continente.

Las ruinas mayas de Copán, Honduras

Como Honduras, **Nicaragua** es una tierra de montañas y bosques. En 1931 y en 1972 Managua, la capital, sufrió terremotos *(earthquakes)* que destruyeron casi totalmente su aspecto colonial. La ciudad de Granada, un tesoro histórico-artístico, y el lago Nicaragua, con 310 isletas bonitas, son dos sitios de gran interés turístico.

Granada, Nicaragua

La Playa Tortuga, Costa Rica

San José, Costa Rica

A Costa Rica, por no tener un ejército *(army)* nacional, se le llama la Suiza *(Switzerland)* de Centroamérica. A los costarricenses les gusta decir que sus cuarteles *(barracks)* se han convertido en escuelas y sus soldados *(soldiers)* en maestros. El nivel *(level)* de analfabetismo *(illiteracy)* es del 10 por ciento, uno de los más bajos de toda Latinoamérica. A diferencia de los otros países centroamericanos, la población indígena es sólo del 1 por ciento. San José (la capital) y las playas hermosas son dos atractivos turísticos.

Panamá, un país lleno de bosques y selvas, es famoso por la hospitalidad de sus habitantes y por la exótica flora y fauna. Es interesante visitar la activa Zona del Canal de Panamá para ver las enormes esclusas *(locks)* y aprender sobre la historia del canal. La ciudad de Panamá, su moderna, dinámica y diversa capital, atrae a gente de toda Centroamérica con sus numerosas tiendas y bazares.

Plaza de Francia, Ciudad de Panamá

Practiquemos

A. Los países centroamericanos. Comente Ud. sobre los países centroamericanos según los criterios siguientes.

Guatemala
El Salvador
Nicaragua
Honduras
Costa Rica
Panamá

1. paisaje
2. característica única
3. atractivos turísticos
4. influencia indígena

B. Lugares de interés en Centroamérica. Relacione Ud. el lugar de la primera columna con la información de la segunda columna. ¿A qué país corresponde cada lugar?

1. Managua   a. volcán
2. Atitlán   b. centro de artesanía indígena
3. Zona del Canal   c. capital de un país pacífico
4. La Antigua   d. conexión entre el Atlántico y el Pacífico
5. Tikal   e. antigua capital de los mayas
6. Izalco   f. ciudad maya situada en la selva
7. Copán   g. un lago muy bonito
8. San José   h. destruida dos veces

C. El regateo _(bargaining)_. El arte de discutir los precios se practica mucho en los mercados de Latinoamérica. Arregle Ud. las siguientes frases sobre el regateo para formar un párrafo lógico.

1. Luego, Ud. debe ofrecer el precio más bajo posible.
2. El mercado de artesanía es un buen lugar para practicar el regateo.
3. El regateo sigue hasta que el cliente y el vendedor estén satisfechos.
4. La primera regla _(rule)_ es no mostrar interés especial en el artículo.
5. Pero, esto se debe hacer sin insultar al artesano _(artesan)_.

Notas y noticias

¿Cuánto sabe Ud. sobre los países, la gente y la geografía de **Centroamérica**?

- Centroamérica tiene aproximadamente 75 volcanes, algunos todavía activos.
- Panamá fue parte de Colombia hasta la construcción del canal interoceánico en 1903.
- En las Islas de la Bahía en Honduras, el inglés es el idioma predominante.
- En Nicaragua circulan tres monedas: el córdoba oro, el córdoba corriente y el dólar.
- El béisbol es el deporte nacional de Nicaragua.
- En Guatemala la tortilla de maíz forma parte del desayuno, del almuerzo y de la cena.

En octubre de 1998, ocurrió uno de los huracanes *(hurricanes)* más severos de la historia. Con vientos de 290 kilómetros por hora, **Mitch** alcanzó la categoría 5 en la escala de huracanes. Los daños causados por avalanchas, inundaciones, *(floods)*, desbordamiento *(overflowing)* de ríos y toda clase de desastres relacionados con las intensas lluvias del huracán son incontables. En Nicaragua y Honduras ciudades enteras fueron enterradas, *(buried)* la economía quedó paralizada y hubo más de 10.000 muertes.

Los efectos del huracán Mitch

En 1903 Panamá y los Estados Unidos entraron en un acuerdo *(agreement)* para la construcción de un camino interoceánico. El 15 de agosto de 1914, Panamá abrió sus puertas al mundo y el barco Ancón hizo el primer paso por el famoso **Canal de Panamá.** El canal costó 400 millones de dólares, su construcción duró 10 años y tiene una extensión de 50 millas. Cada año 14 mil barcos atraviesan *(cross)* este maravilloso canal para pasar de un océano a otro.

Canal de Panamá

Chichicastenango, Guatemala

En **Chichicastenango,** un pueblo indígena de Guatemala, los jueves y los domingos son días de mercado. La gente de los pueblos vecinos *(neighboring)* vienen a Chichi para vender sus frutas, verduras, flores, telas y artesanías. Lo que más atrae *(attracts)* a los turistas es la variedad de los hermosos tejidos *(weavings)*. Los colores brillantes de las telas y los dibujos *(designs)* son simbólicos y cuentan historias antiguas. El color de la guerra *(war)* es negro y el de la vida es rojo. El amarillo simboliza el dolor y el verde es la eternidad. Las rayas *(stripes)* representan los maizales *(cornfields)* y los árboles que traen la buena suerte. En la mitología maya-quiché, Ixchel, la diosa de la luna, era la patrona del arte de tejer *(art of weaving)*. La mujer indígena de hoy se sienta fuera de su casa y teje *(weaves)* exactamente como lo hacía Ixchel hace miles de años.

La diosa Ixchel

En 1992 la guatemalteca **Rigoberta Menchú Tum** recibió el Premio Nóbel de la Paz por su lucha contra la pobreza, *(poverty)* la discriminación, el abuso y el abandono de los pueblos indígenas de Guatemala y del mundo. Nació en el pueblo maya-quiché de Chimel, en 1959, y era una de nueve hijos de una pobre familia campesina *(rural)*. Después de la trágica muerte de sus padres y de un hermano, Rigoberta Menchú se refugió *(took refuge)* en México por varios años. En 1994 su famoso libro, *Me llamo Rigoberta Menchú y así me nació la conciencia,* fue publicado. En 1999 fue acusada de falsificar su biografía y de exagerar información contenida en el libro, acusación que Rigoberta se niega a aceptar. Dice ella, "...Fueron miles y miles los secuestros, *(kidnappings)* las torturas, los asesinatos ... Y también basta con *(one only has to)* ir a Guatemala y pararse en una finca *(farm)* agroexportadora para ver cuántos niños trabajan en esas fincas cortando cañas *(sugarcane)*. Son realidades espeluznantes *(horrifying)* que no son del pasado."

Rigoberta Menchú

Rubén Blades

Rubén Blades es conocido como pionero *(pioneer)* de la "nueva canción", una combinación de poesía, política y ritmos caribeños. El famoso cantautor *(singer-songwriter)* y salsero *(salsa singer)* panameño tiene una larga carrera de hits musicales. Sus mensajes tratan de los problemas sociales y económicos de Latinoamérica, como la pobreza, el racismo, la narcomafia y los desastres naturales. El cree que "no hay bala *(bullet)* que mate la verdad cuando la defiende la razón". Sus sonidos incluyen la salsa, el rock, el jazz, la música tradicional de Panamá y una melódica mezcla de música clásica y folklórica.

En 1984 dejó una exitosa carrera para estudiar derecho en la universidad de Havard. Volvió a Panamá y fundó un nuevo partido político Papá Egoró, nombre indígena que significa "tierra madre". En 1994 representó a su partido como candidato político a la presidencia de Panamá y, aunque no ganó, comentó: "Estoy creando mi infraestructura en Panamá". Volvió a la música y ganó su tercer Grammy en 1997. También se dedicó al cine, actuando en muchas películas que incluyen: *Crossover Dreams, Mo' Better Blues, The Milagro Beanfield War, The Cradle Will Rock, All the Pretty Horses* y más. Por supuesto participó en un concierto emocionante para conmemorar la entrega del canal interoceánico a su país, Panamá, el 31 de diciembre de 1999.

Hijo y sobrino de dos famosos cantantes de música folclórica nicaragüense, **Luis Enrique** siguió su propio camino, el de la salsa. En 1978, al caer el gobierno de Somoza y empezar la revolución sandinista, llegó a los EE.UU. Tenía 16 años. Vivió como indocumentado por diez años, aprendiendo lo que es el racismo. Trabajó como jardinero *(gardener)* y camarero en Wendy's. Hoy, tras años de éxitos musicales, el "príncipe de la salsa" sigue realizando sus sueños con el estreno *(premiere)* de su disco número 14, titulado *Transparente*.

Luis Enrique

Practiquemos

A. **Explique Ud. por qué...**

1. Honduras y Nicaragua necesitan mucha ayuda económica extranjera.
2. la situación geográfica de Panamá es de importancia mundial (*world-wide*).
3. el mercado de Chichicastenango es atractivo para los turistas.
4. Rigoberta Menchú no acepta la acusación de que hay información falsa en su libro.
5. las producciones musicales de Rubén Blades son más que música bailable (*dance*), y por qué Rubén es más que un artista musical.
6. Luis Enrique realmente sabe apreciar todo lo que tiene.

B. **Gente plástica.** Lea Ud. el fragmento de la canción "Plástico" de Rubén Blades. En la segunda parte, cambie el verbo al mandato **tú.** Luego, conteste las preguntas.

Plástico

Era una pareja plástica, de ésas que veo por ahí; él pensando siempre en dinero, ella en la moda en París. Aparentando (*Appearing to be*) lo que no son, viviendo en un mundo de pura ilusión, diciendo a su hijo de 5 años, no **1.** (jugar) _____ con niños de color extraño (*strange*), ahogados (*drowning*) en deudas (*debts*) para mantener su status social, en boda (*wedding*) o cóctel.

2. (Oír) _____ latino, **3.** (oír) _____ hermano, **4.** (oír) _____ amigo, nunca **5.** (vender) _____ tu destino (*destiny*) por el oro, ni la comodidad (*comfort*); **6.** (aprender) _____, **7.** (estudiar) _____, pues nos falta andar bastante. **8.** (Marchar) _____ siempre adelante (*ahead*) para juntos acabar con la ignorancia que nos trae sugestionados (*influenced*), con modelos importados que no son la solución.

No **9.** (dejarse = *to let oneself*) _____ confundir, **10.** (buscar) _____ el fondo (*the innermost part*) y su razón, **11.** (recordar) _____, se ven las caras y jamás el corazón.

1. ¿En qué piensa el hombre plástico? ¿En qué piensa la mujer plástica?
2. ¿Por qué compara Rubén a estas personas con el plástico?
3. ¿Conoce Ud. a gente plástica? ¿Cómo son ellos?
4. ¿Qué consejos tiene Rubén para sus hermanos latinos?

Enfoque literario

"Lo fatal", Rubén Darío

El autor y su obra

Rubén Darío (Nicaragua, 1867–1916) es el padre del Modernismo y uno de los mejores poetas de Latinoamérica. Perfeccionó la forma artística, añadiendo *(adding)* ritmos nuevos y revolucionando el lenguaje *(language)* con imágenes elegantes y exóticas. Influyó en *(Influenced)* la poesía tanto en España como en América, y Darío mismo *(himself)* decía, "Soy español de América y americano de España". Sus temas incluyen la herencia *(heritage)* indígena, lo español y la belleza *(beauty)*. Su preocupación por la muerte y la incertidumbre *(uncertainty)* de la vida está reflejada en el siguiente poema.

Rubén Darío

Antes de leer

A. Sinónimos. Las siguientes palabras aparecen en el poema. Busque en la columna II el sinónimo de las palabras en la columna I.

I	II
1. es apenas sensitivo	a. espanto
2. dolor	b. ser sin rumbo
3. seguro	c. pesadumbre
4. temor	d. cierto
5. no saber adónde vamos	e. ya no siente

B. Lea Ud. las dos primeras líneas del poema y diga por qué el árbol y la piedra son dichosos. Luego, lea las dos últimas líneas y diga por qué Darío no lo es.

C. Lea el poema y busque las palabras que estén relacionadas con la vida y la muerte.

A leer

Lo fatal

Dichoso *(Happy)* el árbol que es apenas sensitivo,
y más la piedra dura, *(hard rock)* porque ésa ya no siente,
pues no hay dolor más grande que el dolor de ser vivo, *(alive)*
ni mayor pesadumbre *(sorrow)* que la vida consciente.
Ser, y no saber nada, y ser sin rumbo *(direction)* cierto,
y el temor *(fear)* de haber sido y un futuro terror...
y el espanto *(fear)* seguro de estar mañana muerto,
y sufrir por la vida y por la sombra *(shadow)* y por
lo que no conocemos y apenas sospechamos, *(we scarcely suspect)*
y la carne que tienta *(tempts)* con sus frescos racimos, *(fruit clusters)*
y la tumba que aguarda *(awaits)* con sus fúnebres ramos, *(branches)*
y no saber adónde vamos,
¡ni de dónde venimos...!

Después de leer

A. Comprensión. Conteste Ud. las siguientes preguntas.

1. ¿Qué elementos de la naturaleza aparecen en los primeros versos?
2. ¿Qué sentimientos reflejan estos elementos y por qué?
3. ¿Qué es lo que le duele a Darío?
4. ¿Cuál es el mayor dolor?
5. ¿Qué tienen en común el pasado y el futuro?

B. Expansión

1. Darío tenía miedo de morir. ¿Qué palabras reflejan este miedo?
2. ¿Por qué a Darío le duele tanto vivir?
3. ¿Qué piensa Ud. de este poema? ¿Es pesimista? ¿Le gustó? Explique.

Videocultura

① Una visita a Centroamérica: Nicaragua

Nicaragua, cuyo nombre en la lengua indígena significa "aquí junto al agua", es un paraíso de lagos, ríos y lagunas. Está situada en el centro de las Américas y ofrece un panorama de atractivos impresionantes: volcanes, plantas y flores exóticas, playas de aguas cristalinas, pintorescos pueblos coloniales y gente encantadora. A pesar de la destrucción que el terrible huracán Mitch le ha causado a este pequeño país, los nicaragüenses no se dejan vencer. Trabajan duro para seguir adelante y por todas partes hay evidencia de progreso. Este espíritu extraordinario de la gente y la gran belleza de su país, hacen que los visitantes vuelvan muchas veces a Nicaragua.

Palabras útiles

asolar	*to devastate*	**los muertos**	*the dead*
el caos	*chaos*	**el sufrimiento**	*suffering*
la guerra	*war*	**la tempestad**	*storm*
la herencia	*heritage*	**el terremoto**	*earthquake*
el huracán	*hurricane*		

Para conocer mejor Nicaragua mire Ud. este video. Después haga los ejercicios que siguen.

Managua, Nicaragua

Al ver el video

A. ¿Cierto o falso? Diga Ud. si las frases son ciertas o falsas. Si son falsas, corríjalas.

C F **1.** Nicaragua es el país de más extensión de tierra de Centroamérica.

C F **2.** Managua, la capital del país, está situada en la costa del océano Atlántico.

C F **3.** En Managua hay muchos ejemplos arquitectónicos de su pasado colonial español.

C F **4.** El famoso poeta José Martí nació en Nicaragua.

C F **5.** Masaya es un excelente lugar para ver un volcán en erupción.

C F **6.** Granada es una ciudad turística por excelencia.

C F **7.** El huracán Mitch ocurrió en 1998.

C F **8.** La guerra entre los sandinistas y la resistencia ocurrió en los años 90.

B. ¿Qué recuerda? Termine Ud. las frases con la información correcta.

1. Nicaragua es el país más ...

2. Es el segundo país más...

3. Por su amor a la poesía, Nicaragua se llama ...

4. El famoso poeta nicaragüense, Rubén Darío, es conocido como...

5. A la pintoresca ciudad colonial de Granada se le llama...

C. Dos escenas distintas. Se puede decir que "la imagen de Nicaragua es una fusión de dos escenas". Explique. ¿Conoce Ud. otro lugar que tenga dos caras distintas? Descríbalo.

D. Managua. Haga las actividades siguientes.

1. "Managua tiene una larga historia de sufrimiento." Basándose en lo que Ud. vio y escuchó en el video, explique esta frase.

2. Ud. formó parte de un equipo de trabajadores voluntarios que fue a Managua para participar en el proceso de reconstrucción y rehabilitación después del huracán Mitch. ¿Qué vio allí? ¿Qué hicieron Ud. y su equipo para ayudar?

Videocultura

② Una visita a Costa Rica: Alajuela y Sarchí

Xandari Plantation, Alajuela, Costa Rica

Sarchí, Costa Rica

Costa Rica es un país pequeño situado en Centroamérica entre el océano Pacífico al oeste y el mar Caribe al este, con Nicaragua al norte y Panamá al sur. Tiene una geografía compleja: ríos, lagos, playas, montañas y valles. San José es la capital del país y la ciudad más grande, con una población de 300.000 habitantes. Goza de un clima extraordinario, y por eso se oye con frecuencia: "¡En San José es primavera todo el año!" Los costarricenses, (o "ticos" como se les llama por la costumbre de usar el sufijo "tico" al final de las palabras), suelen ser muy hospitalarios y comparten con orgullo sus ricas tradiciones. Para escaparse de la vida metropolitana de la capital, a muchos costarricenses les gusta pasar un fin de semana en la bonita ciudad de Alajuela.

Palabras útiles

agrícola (m./f.)	*agricultural*	**el letrero**	*sign*
el ángel	*angel*	**la mariposa**	*butterfly*
el campesino	*farmer*	**protegido**	*protected*
la carreta	*oxcart*	**reconocer**	*to recognize*
la cascada	*waterfall*	**el recurso**	*resource*
debido a	*due to*	**el taller**	*workshop*
diseñar	*to design*	**el tesoro**	*treasure*
el dueño	*owner*	**ubicado**	*located*
la fachada	*façade*		

Bosque tropical, Costa Rica

Para experimentar la naturaleza costarricense y también la belleza de la artesanía, vamos a quedarnos en uno de sus lujosos hoteles, Xandari Plantation. Mire Ud. el video y haga los ejercicios que siguen.

Al ver el video

A. Alajuela y Xandari... ¿Qué recuerda? Llene Ud. los espacios con la información correcta.

1. Alajuela es la _____ ciudad más grande de Costa Rica.
2. Marcela trabaja como jefe de _____ . Xandari es un hotel ubicado _____ , cerca del _____ .
3. Xandari es una plantación de _____ y de _____ .
4. Para mantenerse en buenas condiciones, Xandari tiene un _____ , dos _____ , y un _____ .

B. ¿Qué es? Después de ver el video, diga Ud. qué significan las siguientes palabras... ¡en español por favor!

1. un volcán
2. una cascada
3. la extinción
4. una mariposa
5. un taller
6. una carreta

C. Dos. ¿Cuáles son...

1. dos cosas que hacen los costarricenses para conservar los recursos naturales?
2. dos razones para visitar Costa Rica?
3. dos características de las carretas de Sarchí?
4. dos adjetivos para describir el pueblo de Sarchí?
5. dos cosas que Ud. aprenderá en la Finca de Mariposas?

D. Ud., el (la) experto(a). Con sus propias palabras...

1. explique la historia y la importancia de las carretas de Sarchí.
2. explique por qué es importante conservar los recursos naturales.
3. describa la geografía de Costa Rica.

E. Un día en el Hotel Xandari. En parejas, planeen un día fabuloso en el Hotel Xandari Plantation. ¿A qué hora se despiertan? ¿Qué hacen? ¿Qué ven? ¿Qué comen? ¿Cómo pasan la noche? Escriban un párrafo descriptivo.

F. La campaña publicitaria. En grupos, diseñen una campaña publicitaria para preservar los recursos naturales de Costa Rica. Escriban dos lemas *(slogans)* como los que ven en el video, y hagan un folleto en el que Uds. describen la belleza natural y cómo preservarla.

3 Guatemala

Guatemala está situada al sur y al este de México, y es el país más norteño de Centroamérica. Es un país encantador, conocido por sus pintorescas comunidades indígenas, sus pueblos coloniales, sus misteriosas ruinas mayas... por la belleza de su paisaje y la hospitalidad de su gente. Debido a su agradable clima templado, hay una infinita variedad de flores... como violetas, rosas y orquídeas. El pájaro nacional y uno de los orgullos del país es el quetzal, un pájaro tropical de plumaje magnífico y colores vivos. Es considerado uno de los pájaros más hermosos del mundo.

Palabras útiles

a la parrilla	*grilled*	**norteño**	*northern*
la actividad guerrillera	*guerrilla activity*	**la piedra**	*(cobble)stone*
		la sierra	*mountain range*
el antepasado	*ancestor*	**el tapiz**	*tapestry*
la colcha	*bedspread*	**templado**	*temperate*
el funcionario	*official*	**el telón volcánico**	*volcanic backdrop*
la joyería	*jewelry; jewelry store*	**el tejido**	*weaving*
la madera	*wood*	**el terremoto**	*earthquake*
el mestizo	*person of European and indigenous origin*	**el tratado**	*treaty*

Para saber más sobre el país de Guatemala, mire Ud. el video y haga los ejercicios que siguen.

Madre e hija en un parque en Guatemala

Al ver el video

A. Datos (Data) importantes. Llene Ud. el espacio con el número correcto.

2.000.000
60
20
30.000
45

1. Hay unos _____ grupos de origen maya.
2. El _____ por ciento de la población guatemalteca es indígena.
3. Antigua tiene unos _____ habitantes.
4. El _____ por ciento de la población guatemalteca vive en condiciones muy pobres.
5. La ciudad de Guatemala tiene _____ de habitantes.

B. ¿Qué recuerda? Termine la frase de forma correcta.

1. En Antigua no hay muchos edificios altos porque...
2. Los productos principales de Guatemala son...
3. La Casa Popenoe es un ejemplo de arquitectura colonial. Algunas caraterísticas son...
4. Antigua es considerada un centro turístico porque...

C. Los mayas. En parejas, preparen una breve presentación oral sobre la presencia indígena en Guatemala. Incluyan descripciones de la antigua civilización maya y también de los grupos maya que viven en Guatemala actualmente.

D. La artesanía. Contesten las preguntas siguientes.

1. ¿Le gusta a Ud. comprar recuerdos cuando viaja? ¿Por qué sí o no?
2. De los artículos que Ud. vio en el video, ¿cuál compraría *(would you buy)* para las siguientes personas y por qué?

   a. su madre
   b. su padre
   c. su hermano(a)
   d. su mejor amigo(a)

E. Un recuerdo único. Haga una pequeña encuesta *(survey)* en la clase para saber cuál es el recuerdo más raro o extraordinario que han comprado sus compañeros en un viaje. Pregúnteselo a cinco estudiantes.

16 Con todo mi corazón

Preparativos

Al leer el diálogo siguiente o mirar el video, Ud. verá que hay momentos de ironía en la vida de Mariana y Luis Antonio. Verá también que Mariana y Teresa tienen algo en común (claro, además de Luis). ¿Qué es? ¿Cuántas veces ha dicho Ud., **"Si yo tuviera..."** (*"If I had . . . "*), o **"Si pudiera..."** (*"If I could . . . "*), o **"Si no fuera por..."** (*"If it weren't for . . . "*)? Muchas veces, ¿verdad? Para expresar situaciones hipotéticas como éstas, se usan el imperfecto del subjuntivo y el condicional. Por ejemplo, si Mariana **tuviera** más tiempo y dinero, **se quedaría** (*she would stay*) en San Diego una semana más. Y Ud., si **tuviera** más tiempo y dinero, ¿qué **haría**? (*what would you do?*)

En esta lección también aprenderá en qué otras situaciones hay que usar el imperfecto del subjuntivo, como por ejemplo cuando Luis dice, "Me preocupaba de que **rompieran.**" ¿A quiénes se referirá Luis?

—Vete a buscar galletas. El programa vuelve a empezar.

—Si hiciera esfuerzos para respetarla, todo saldría bien.

—Tú querías que jugáramos a las 2:00.

—Si tú quisieras ser útil, nos traerías más galletas.

Así es Mariana

La telenovela

Teresa (la madre de Luis) y Mariana están sentadas en el sofá mirando una telenovela y comiendo galletas.

Mariana: *(A los televidentes)* No quiero admitirlo, pero no hay nada mejor que ver una buena telenovela y comer la merienda. Durante el breve periodo de treinta minutos, todo puede pasar.... el noviazgo, el compromiso, la boda y el divorcio. Escuchemos...

Los personajes de la telenovela:

La voz de Fabián: Oye, mi amor, ¿me podrás perdonar por haber sido tan estúpido? Realmente me porté de forma infantil.

La voz de Laura: Sí, claro que te perdono, cariño. Lo importante es que hayas aprendido a ser menos celoso y más maduro, ¿no?

Mariana: Otro anuncio comercial... no lo creo.

Teresa: ¡Ay! Qué bien que Laura y Fabián hayan hecho las paces.

Mariana: Yo estoy de acuerdo. Yo sabía que si Fabián hiciera esfuerzos para respetar los deseos de Laura, todo saldría bien entre los dos.

Entra Luis Antonio, listo para jugar al tenis.

Luis Antonio: Encontré las raquetas. Vamos a jugar... ¿no?

Mariana y Teresa: ¡No!

Luis Antonio: ¿Cómo que no? *(A Mariana)* Tú querías que jugáramos a las dos. Son las dos. Vamos.

Mariana: Sí, sí... en unos minutos... Fabián acaba de admitirle a Laura que se ha portado muy mal con ella.

Luis Antonio: Perdón... ¿Fabián? ¿Laura? ¿Amigos tuyos, mamá?

Teresa: Hijo, déjanos tranquilas, por favor.

Mariana: ¿Viste cómo él miraba a Laura...? Está completamente enamorado de ella.

Luis Antonio: Oh, ¡cuánto me alegro...! Me preocupaba de que rompieran... La verdad es que no entiendo cómo Uds. pueden ver esos programas tan sentimentales... tan ridículos... Mariana, ven... la cancha nos espera.

Teresa: Luis... si tú quisieras ser útil, nos traerías más galletas.

Mariana: Ay, sí, qué buena idea... vete a buscar galletas... y shhhh... el programa vuelve a empezar.

Los personajes de la telenovela:

La voz de Fabián: Laura, necesito confesarte algunas cosas más, querida.

La voz de Laura: ¿Ah sí? ¿Por ejemplo?

La voz de Fabián: Pues, este, uhhh, Ema no es mi hermana como te había dicho. En realidad es mi ex novia... Y yo, no soy juez... soy dentista en un pueblo cerca de aquí, y...

Mariana: Por favor... qué tonterías. Esto es demasiado.

Teresa: No lo entiendo. Todo era bonito y creíble... pero esto... esto es exagerado.

Mariana: Luis tiene razón... estos programas son ridículos. Vamos a jugar al tenis. Estoy lista.

Ahora, Luis se ha interesado por la telenovela y no quiere irse.

Luis Antonio: Sí, sí, sí, voy ahora... voy...

Los personajes de la telenovela:

La voz de Fabián: Y mi nombre no es Fabián... es Raúl, y...

Es decir

A. Comprensión.

¿A quién se refieren las siguientes frases... a Luis Antonio, a Teresa, a Fabián o a Laura?

1. Realmente se llama Raúl y es dentista.
2. Quiere jugar al tenis.
3. Quiere que Luis traiga más galletas.
4. Quiere que su novio sea menos celoso.
5. Cree que las telenovelas son ridículas.
6. Está contento(a) de que Laura haya perdonado a Fabián.

B. Asimilación.

Llene Ud. el espacio con **a** o **de.**

1. ¿Viste cómo miraba _____ Laura?
2. El programa vuelve _____ empezar.
3. Está enamorado _____ ella.
4. Acaba _____ admitirle a Laura que se portó mal.
5. Querías que jugáramos _____ las dos.
6. Estoy _____ acuerdo.
7. Vamos _____ jugar.
8. Me preocupaba _____ que rompieran.

C. Expansión

Según Mariana, ¿qué cosas pueden pasar durante el breve período de treinta minutos? En parejas, escriban una lista de cinco cosas más que pueden ocurrir en una telenovela. Compártanlas *(Share them)* con la clase.

En grupos de tres, inventen unas confesiones originales que Fabián le hace a Laura. ¿Cómo reacciona ella? Compártanlas *(Share them)* con la clase.

Vocabulario

CD3, Track 13

Use the context suggested by the illustration and identify cognates (words that look alike in English and Spanish) to guess at the meaning of new words and expressions. All of the essential vocabulary for this *Lección* appears with English translations on pp. 556–557.

La boda

- la iglesia
- la orquesta
- el beso
- la novia
- el novio
- el anillo de casado
- la invitación
- el (la) invitado(a)

La recepción

- la banda (el conjunto musical)
- la luna de miel
- los recién casados
- el abrazo
- el anillo de compromiso

Verbos

abrazar	*to hug*	**enamorarse (de)**	*to fall in love (with)*
amar	*to love*	**fracasar**	*to fail*
besar	*to kiss*	**negarse a (ie)**	*to refuse to*
casarse (con)	*to marry*	**odiar**	*to hate*
comprometerse (hacerse novios)	*to become engaged*	**pelear (luchar)**	*to fight*
		resolver (ue)	*to resolve, solve*
disputar (reñir [i])	*to argue*	**reunir(se) (con)**	*to gather; (meet with); to re-unite*
divorciarse	*to get a divorce*		

Adjetivos

cariñoso	*affectionate*	**infantil**	*childish; relating to childhood*
celoso	*jealous*		
(des) cortés	*(dis)courteous*	**loco**	*crazy, foolish*
enamorado (de)	*in love (with)*	**maduro**	*mature*

Sustantivos

la amistad	friendship	**el matrimonio**	matrimony; married couple
el amor	love		
el caballero	gentleman	**el noviazgo**	courtship
el cariño	affection	**la realidad**	reality
los celos	jealousy	**la sinagoga**	synagogue
el compromiso	engagement		
el divorcio	divorce		

Otras palabras y expresiones

cariño (cielo)	sweetheart, honey	**querido(a)**	dear, darling
hacer esfuerzos	to make the effort	**salir bien (mal)**	to turn out well (badly)
hacer las paces	to make up	**el sentido del humor**	sense of humor
llevarse bien (mal)	to get along well (badly)		

Vocabulario adicional

contratar	to hire	**los preparativos**	preparations
de vez en cuando	from time to time	**respetar**	to respect
		sobre todo	above all, especially
envidioso	envious		
la locura	foolishness, nonsense	**la soledad**	loneliness

Practiquemos

A. Encuentre el sinónimo. Su profesor(a) va a leer una serie de palabras. Busque el sinónimo apropiado.

reñir   luchar
hacerse novios   conjunto
hacer esfuerzos   amar

1. _____   2. _____   3. _____   4. _____   5. _____   6. _____

B. Problemas matrimoniales. Lo siguiente es una conversación entre un consejero matrimonial y su cliente. Complete Ud. las frases con el antónimo de las palabras o frases subrayadas.

El consejero
1. ¿Anoche Uds. hicieron las paces?
2. ¿Su esposa le dijo que lo quiere?
3. ¿Se portó de una manera madura?
4. ¿Es una persona cortés?

5. ¿Es posible que todo vaya a salir bien?

El cliente
¡Al contrario! Otra vez _____
¡Ni hablar! Me dijo que me _____
¡Claro que no! Es muy _____
¡De ninguna manera! Es muy

_____

¡En absoluto! El matrimonio va a _____

En su opinión, ¿qué tipo de persona es el cliente? Use adjetivos para describirlo. Imagínese que Ud. es el consejero. ¿Qué le recomienda a su cliente que haga?

C. Preparativos para la boda. Ud. y su novio(a) planean su boda juntos. En parejas, completen la lista de preparativos de la lista de vocabulario.

1. Un mes antes...
    a. preparar la lista de _____
    b. escoger las _____
    c. planear la _____ y hacer las reservaciones
    d. _____

2. Dos semanas antes...
    a. enviar el anuncio de la _____ a los periódicos
    b. solicitar la licencia de _____
    c. _____
    d. _____

3. Tres días antes...
    a. preparar el equipaje para la luna de miel
    b. _____
    c. _____
    d. _____

4. La noche anterior...
    a. _____
    b. _____

D. Pero, papá, lo quiero mucho. A la madre le cae bien el novio de su hija, Juanita, pero al padre le cae mal. Para cada comentario positivo que hace la madre, forme Ud. un comentario negativo.

MODELO   Madre: Este joven me encanta.
          Padre: *A mí no me cae bien.*

1. Madre: Es todo un caballero... muy cortés. En fin, es un amor.
   Padre: _____

2. Madre: Él es muy maduro, inteligente y guapo.
   Padre: _____

3. Madre: Estoy segura de que él la tratará muy bien.
   Padre: _____

4. Madre: Espero que se casen pronto.
   Padre: _____

E. Refranes amorosos *(Amorous sayings)*. Un refrán es un proverbio que ofrece consejo. Los siguientes refranes hablan del amor. Busque Ud. en la segunda columna la terminación de la frase en la primera columna. Luego, tradúzcalos al inglés. ¿Qué significa cada uno?

1. Antes que te cases...	**a.** es ciego *(blind)*.
2. Para el mal de amores...	**b.** hay dolor.
3. El amor...	**c.** mira lo que haces.
4. No firmes sin leer, no...	**d.** no hay doctores.
5. Donde hay amor...	**e.** te cases sin ver.

F. Una telenovela *(soap opera)* **fascinante.** Las fotos siguientes corresponden a algunos episodios de *Amor en silencio,* una telenovela hispana de "relaciones íntimas, brutales traiciones *(betrayals)* y amor puro que trasciende los peores obstáculos". Refiérase a la lista de vocabulario y haga las actividades.

1. ¿Qué dicen los actores? En parejas, escriban un diálogo original. Sean lógicos y creativos. Representen una breve escena delante de la clase.

2. Usen su imaginación y expliquen en breve la historia de cada personaje *(character)* en la foto.

3. ¿Qué piensa Ud. de las telenovelas en general? ¿Cuáles son algunos de los temas comunes de las telenovelas norteamericanas? ¿A qué se debe su popularidad?

Aviso cultural — La ceremonia nupcial

Los recién casados gozan del momento con amigos y familiares.

En los Estados Unidos, cuando una pareja decide casarse, ¿qué cosa le da el hombre a la mujer? En Chile y en la Argentina los novios se regalan anillos de casados cuando se comprometen. Los chilenos los llevan en la mano derecha hasta después de las nupcias cuando se los ponen en la mano izquierda. Para los argentinos el anillo no siempre forma parte de la ceremonia nupcial. En las bodas sudamericanas los padrinos, que suelen ser el padre de la novia y la madre del novio, enlazan a la pareja con una hermosa cuerda decorada con flores y otros adornos. Esta tradición simboliza la unión eterna de las dos personas. En muchos países es costumbre que los padres del novio ayuden a pagar la boda. En los Estados Unidos, ¿quién paga los gastos de la boda? ¿Cuál será el origen de esta tradición? ¿Es justo? ¿Qué piensa Ud. de la tradición de la cuerda? ¿Qué símbolos y tradiciones le gustaría incorporar en la boda de Ud.?

Forma y función

The Conditional

Forma

1. To form the conditional, add the endings **-ía, -ías, -ía, -íamos, -íais, ían** to the infinitive.

HABLAR		COMER		ESCRIBIR	
hablaría	hablaríamos	comería	comeríamos	escribiría	escribiríamos
hablarías	hablaríais	comerías	comeríais	escribirías	escribiríais
hablaría	hablarían	comería	comerían	escribiría	escribirían

Note that these endings are identical to those used to form the imperfect indicative of -**er** and -**ir** verbs. However, remember that the conditional is formed by adding these endings to the infinitive, whereas the imperfect is formed by removing the -**er** and -**ir** infinitive, endings first and then adding the -**ía** endings.

Pablo dijo que **comería** después de la ceremonia. (conditional)

*Pablo said that **he would eat** after the ceremony.*

Pablo **comía** cuando llegamos. (imperfect)

*Pablo **was eating** when we arrived.*

¡AVISO! Note that all forms have a written accent.

2. The following verbs have irregular conditional stems, identical to those used to form the future tense.

Verb	Stem	Ending	Example: PONER	
decir	**dir-**		pondría	*I would put*
haber	**habr-**		pondrías	*you would put*
hacer	**har-**	ía	pondría	*he, she, you would put*
poder	**podr-**	ías	pondríamos	*we would put*
poner	**pondr-**	ía	pondríais	*you would put*
querer	**querr-**	íamos	pondrían	*they, you would put*
saber	**sabr-**	íais		
salir	**saldr-**	ían		
tener	**tendr-**			
venir	**vendr-**			

El novio **tendría** que prepararse en el hotel.

*The groom **would have** to get ready at the hotel.*

La novia **podría** vestirse en la iglesia.

*The bride **could (would be able to)** get dressed at the church.*

Luis dijo que **podrían** volver a San Diego en abril.

Función

1. The conditional describes what you would do (under certain conditions).[1] In English this concept is expressed with the auxiliary verb *would* + verb. In Spanish the simple conditional tense is used.

   Lo **invitaría** a la recepción.
   *I **would invite** him to the reception.*

   Ana dijo que **asistiría** a la boda.
   *Ana said that she **would attend** the wedding.*

2. The conditional is commonly used with the verbs **deber, gustar,** and **poder,** as well as with other verbs, to reflect courtesy or to politely suggest something.

   Ud. **debería** comprar un regalo más elegante.
   *You **really should** buy a more elegant gift.*

   ¿**Podría** ayudarme?
   ***Could you (please)** help me?*

3. The conditional can be used to express conjecture or probability in the past. Although in English special phrases are needed *(I wonder, I suppose, I guess, probably)*, in Spanish they are not necessary.

   ¿Adónde **iría** el matrimonio después de la boda?
   *Where **do you think** the couple **went** after the wedding?*

   Irían al aeropuerto.
   ***They probably went** to the airport.*

   Mire el siguiente ejemplo del uso del condicional para expresar probabilidad en el pasado.

¿Qué le pasaría a la novia?   *What do you suppose happened to the bride?*

---

[1]The conditional is not used to express would in the sense of past habitual action (an action that one used to do). The imperfect tense is used in this context. **De niño, José** *pasaba* **todos los veranos en las montañas.** *As a child José **would spend** every summer in the mountains.*

Practiquemos

A. Mi hermana la consejera. En cuestiones de amor, mi hermana es experta. Comience Ud. cada frase con **Mi hermana me dijo que...** y cambie los verbos del tiempo futuro al condicional.

MODELO   Conoceré a un hombre maravilloso.
Mi hermana me dijo que conocería a un hombre maravilloso.

1. Saldré con Marcos.
2. Nos llevaremos muy bien.
3. A mis padres les caerá muy bien.
4. Lo querré mucho.
5. Estará muy celoso de mis antiguos novios.
6. Tendremos una riña.
7. Haremos las paces.
8. Nos casaremos.

B. Los invitados hablan de la boda. Cambie Ud. las frases del presente al pasado, de acuerdo con los verbos entre paréntesis.

MODELO   Creo que la novia llevará un vestido blanco. (Creía)
Creía que la novia llevaría un vestido blanco.

1. Pienso que habrá mucha comida exótica. (Pensaba)
2. Creo que la orquesta tocará hasta la una. (Creía)
3. Estoy segura de que el vestido de la novia será elegante. (Estaba)
4. Me dicen que habrá más de 300 invitados en la boda. (dijeron)
5. Todos creen que los novios pasarán la luna de miel en Caracas. (creían)
6. Sé que ellos serán muy felices. (Sabía)

C. Situaciones. En parejas, usen el condicional para decir lo que harían en las siguientes situaciones. Escojan una situación y represéntenla.

1. Ud. y su esposo(a) acaban de tener un bebé. Su suegra vino para ayudar. Ud. pensó que iba a quedarse por sólo dos semanas, pero han pasado tres meses y todavía está con Uds.
2. Ud. lleva a su novio(a) a conocer a sus padres y no les cae bien.
3. Ud. descubre que su mejor amigo(a) está enamorado(a) de su novia(o).
4. Su novio(a) quiere casarse lo más pronto posible. Ud. prefiere esperar.

Ahora inventen dos problemas más y la clase va a resolverlos.

D. La luna de miel. Hágale a un(a) compañero(a) las siguientes preguntas. Él (Ella) va a contestar de acuerdo con los dibujos. Usen el condicional para expresar probabilidad en el pasado.

MODELO   ¿A qué hora empezaría la boda?
La boda empezaría a las dos.

1. ¿Qué hora sería cuando el matrimonio llegó al aeropuerto?

2. ¿Adónde irían los novios de luna de miel?

3. ¿Cómo llegarían al hotel?

4. ¿Cómo sería su habitación?

5. ¿Cómo pasarían su primer día de casados?

E. De vuelta con Mariana. Use your knowledge of the use of the imperfect, the preterite, and the imperfect subjunctive to retell what happened in episode 16, **Así es Mariana: La telenovela.** What were Mariana and Teresa doing when Luis entered? What did Luis want Mariana to do? What did Teresa ask Luis to bring them? What happened at the end of the episode? Now use your new knowledge of the conditional tense to express probability in the past to conjecture about what happened when the soap opera ended. Do you think that Luis and Mariana played tennis? Do you suppose that Luis insisted on watching more soap operas? Did Luis get more cookies? What else do you think happened that afternoon?

El (La) enamorado(a) dice:
¡Mi amor! (¡Mi corazón!, ¡Mi vida!)
Me gustas.
Te quiero (amo, adoro) tanto.
Estoy locamente enamorado(a) de ti.
Bésame, abrázame, cásate conmigo y no me
  dejes nunca. Me muero sin ti.

El (La) engañado(a) dice:
¡Infeliz!, ¡Sinvergüenza!
Me caes pesado(a).
Te odio.
Me engañaste. Me dejaste plantado(a).
Sufro mucho por ti.

The sweetheart says:
My love *(My darling)!*
I like you (in a romantic way).
I love *(adore)* you so much.
I'm head over heals in love with you.
Kiss me, hug me, marry me and
  never leave me. I'll die without you.

The heart- broken one says:
Loser!, Creep!
I can't stand you.
I hate you.
You deceived me. You stood me up.
I'm suffering because of you.

Practiquemos

A. Cartas de amor y de odio. Vuelva a escribir Ud. *(Rewrite)* las siguientes cartas de Alejandro y Cristina, sustituyendo frases y expresiones similares de la lista anterior.

Cristina, mi amor,
Pienso en ti cada minuto, cada segundo. Necesito sentirte cerca, tocarte. Quiero
  pasar el resto de mi vida contigo a mi lado. Te necesito.
Alejandro

Alejandro,
No quiero volver a verte, ¡nunca! Yo te esperé por una hora en el café, pero no viniste.
  Ahora entiendo por qué... te vi en el parque con Ana. Me duele mucho.
Hasta nunca.
Cristina

B. Con los compañeros

1. En parejas, lean las cartas de los novios, Alejandro y Cristina, en el ejercicio A y representen la siguiente escena. Alejandro niega las acusaciones que Cristina escribió en su carta y ella las justifica con evidencia.
2. En grupos, representen una escena con Alejandro, Cristina y un(a) amigo(a) que intenta ayudarlos a resolver sus problemas.
3. En grupos, hagan una lista de otras expresiones de amor y de odio que conozcan, y compárenlas con la clase.

Conditional *if-* Clauses

Forma

1. To express what you do or will do if certain conditions exist, use the following formula:

> **Si** + present indicative + { command / present indicative / future }

Si José te **llama,**
- **sal** con él.
- **puedes salir** con él.
- **saldrás** con él.

*If José **calls** you,*
- **go out** with him.
- *you **can go out** with him.*
- *you **will go out** with him.*

2. To express what you would do (hypothetically) if certain conditions were to exist, use the following formula:

> **Si** + imperfect subjunctive + conditional

Si José te **llamara, saldrías** con él.   *If José **called (were to call)** you, you **would go out** with him.*

3. To express contrary-to-fact situations, use the following construction.

> **como si** + imperfect subjunctive

Javier habla **como si conociera** bien a la pareja.   *Javier talks **as if he knew the** couple well.*

Función

1. When an *if-*clause expresses present action, **si** is followed by the present indicative. The present subjunctive is never used after **si.**

   Si tú llegas temprano, yo te veré.   ***If you arrive** early, I'll see you.*

2. When an *if-*clause expresses hypothetical or contrary-to-fact situations, **si** is followed by the imperfect subjunctive.

   Si llegaras temprano, yo te vería.   ***If you arrived (were to arrive)** early, I'd see you.*

3. Although the order of the clause may be reversed, the relationship to the verbs in each clause remains the same.

   Si **llegaras** temprano, yo te **vería.**   *If you **arrived** early, I **would see** you.*

   Yo te **vería** si **llegaras** temprano.   *I **would see** you if you **arrived** early.*

4. Since **como si** *(as if, as though)* expresses contrary-to-fact situations, it is followed by the imperfect subjunctive.

   Se porta **como si fuera** el novio.   *He acts **as if he were** the groom (but he's not).*

Practiquemos

A. **¿Qué harían?** Llene el espacio con la forma correcta del verbo en el tiempo condicional para saber qué harían las siguientes personas si ganaran la lotería.

Si ganara(n) la lotería....
1. Alicia (tomar) _____ clases de cocina y entonces Octavio (poder) _____ comer bien.
2. Carla (comprar) _____ una computadora y no (tener) _____ que usar la de Mariana.
3. Mariana y Luis Antonio (hacer) _____ un viaje más largo a San Diego.

B. **¿Realidad o fantasía?** Vuelva Ud. a escribir *(Rewrite)* las frases cambiándolas al imperfecto del subjuntivo + el condicional para expresar una situación hipotética.

MODELO   Si todo sale bien, pasaremos una luna de miel fantástica.
Si todo *saliera* bien, *pasaríamos* una luna de miel fantástica.

1. Si tenemos dinero, iremos a Buenos Aires después de la boda.
2. Si a mis padres no les gusta la idea, no me importará.
3. Si no es muy tarde, podremos salir esta noche.
4. Si el avión llega a tiempo, estaremos en Argentina a las seis.
5. Si no tenemos una reservación en el Hotel Astoria, nos quedaremos en el Hotel Intercontinental.

C. **Sueños *(Dreams)*.** Conteste Ud. las siguientes preguntas. Luego, cambie las preguntas a la forma **tú** y entreviste a un(a) compañero(a).

Si Ud. pudiera escoger...
1. ¿con quién se casaría?
2. ¿dónde celebraría su boda?
3. ¿cómo sería la boda?
4. ¿dónde pasaría su luna de miel?
5. ¿cómo sería su familia ideal?

D. **Una gira turística por Sudamérica.** Lea Ud. **Una gira turística por Sudamérica** en las páginas 558–560 de *la Gaceta 6* y consulte el mapa en la página 561. Ud. intenta planear su luna de miel, pero hay algunas "condiciones". Cambie los verbos entre paréntesis para expresar una situación hipotética y termine las frases basándose en la lectura. En algunos casos hay más de una terminación posible.

1. Si yo no (tener) miedo de las alturas *(heights)*...
2. Si a mi novio(a) le (interesar) la ecología...
3. Si mi novio(a) (querer) ver la arquitectura colonial...
4. Si no (estar) tan lejos...
5. Si nosotros no (ser) alérgicos al sol...

E. La madre de Octavio. Lea Ud. lo que le dice Octavio a Alicia y conteste las preguntas.

Alicia, ¡la comida estaba estupenda!
¿Es que ha venido mi madre?

Si Ud. fuera Alicia...
1. ¿cómo reaccionaría al escuchar su pregunta?
2. ¿qué le contestaría?
3. ¿qué haría para cambiar su situación?
4. ¿qué le prepararía para la próxima cena?
5. A propósito *(By the way)*, si Ud. pudiera tener la suegra ideal, ¿cómo sería?

Sequence of Tenses II: The Imperfect Subjunctive

Función

1. The imperfect subjunctive[1] is used in the subordinate clause of a sentence that requires the subjunctive when the verb in the main clause is in the preterite tense, the imperfect indicative tense, or the conditional.[2]

Main clause	Subordinate clause
preterite imperfect conditional	imperfect subjunctive

Le **dije** a Roberto ⎫
Le **decía** a Roberto ⎬ que **contratara** la orquesta.
Le **diría** a Roberto ⎭

*I **told** Robert* ⎫
*I **was telling** Robert* ⎬ *to hire the band.*
*I **would tell** Robert* ⎭

[1]The pluperfect subjunctive **(el pluscuamperfecto del subjuntivo)** can also be used in the subordinate clause of a sentence that requires the subjunctive. It describes an action that had previously taken place when a more recent past action occurred. The pluperfect subjunctive is formed by using the imperfect subjunctive of haber **(hubiera, hubieras...)** with the past participle.
[2]This sequence of tenses applies to the corresponding compound tenses as well (past progressive, pluperfect, conditional progressive, and the conditional perfect). Some of these tenses have not yet been presented.

2. Remember that there are only two simple tenses in the subjunctive mood: the present and the imperfect. The present subjunctive can express present and future action. The imperfect subjunctive can express past and conditional action.

Dudo que el novio **esté** nervioso.
$\begin{cases} \textit{I doubt that the groom } \textbf{is} \textit{ nervous.} \\ \textit{I doubt that the groom } \textbf{will be} \textit{ nervous.} \end{cases}$

Dudaba que el novio **estuviera** nervioso.
$\begin{cases} \textit{I doubted that the groom } \textbf{was} \textit{ nervous.} \\ \textit{I doubted that the groom } \textbf{would be} \textit{ nervous.} \end{cases}$

Practiquemos

A. Sería mejor así. Pedro y Silvia hablan de su boda y de lo que preferirían. Forme Ud. frases nuevas, comenzándolas con **Preferiríamos (que)...**

> MODELO   Mamá invitará a trescientas personas. (100)
> *Preferiríamos que invitara a cien personas.*

1. En la recepción servirán bistec. (langosta)
2. Habrá aperitivos fríos antes de la comida. (calientes)
3. Los fotógrafos sacarán fotos después de la ceremonia. (antes de)
4. El pastor nos casará al mediodía. (más tarde)
5. La madre del novio llevará un vestido verde. (azul)
6. La luna de miel empezará inmediatamente después de la boda. (dos días)

B. Comentarios sobre la boda. Al día siguiente todos comentan la boda de Silvia y Pedro. Cambie Ud. los verbos de acuerdo con las palabras entre paréntesis.

> MODELO   Pedro estaba muy nervioso. (Teníamos miedo de)
> *Teníamos miedo de que Pedro estuviera muy nervioso.*

1. Se casaron en junio. (Sus padres insistieron en)
2. Llovió todo el día. (Era una lástima)
3. Los niños pudieron participar en la ceremonia. (Me alegré de)
4. Tocaron música tradicional. (El padre de la novia insistió en)
5. Nadie lloró. (Yo no podía creer)
6. Se besaron al terminar la ceremonia. (El pastor les dijo)

C. Silvia tiene correo. Ud. le escribió una carta por correo electrónico a Silvia, explicándole por qué Ud. no podía asistir a su boda. Termine Ud. las frases de forma original para que ella sepa la razón.

Querida Silvia,
Quería asistir a tu boda, pero era importante que yo... Y no había nadie que... Además, mi hermano menor me pidió que... También, mi amigo Juan me dijo que... Finalmente necesitaba... Espero que me perdones.

Ahora, un(a) compañero(a) hará el papel de Silvia y reaccionará a las excusas con las siguientes expresiones.

Recibí tu carta en la cual me das muchas excusas. La verdad es que no creía que... Realmente me molestó mucho que... Tú sabes que no me importa que... Sin embargo, dudo que... Espero que la próxima vez que te invite... Hasta luego, Silvia.

D. La boda de Ud. y la de su compañero(a). Ud. va a describir cómo sería la boda ideal. Su compañero(a) va a reaccionar.

> MODELO
> Ud.: *Yo invitaría a más de 400 personas a mi boda.*
> Su compañero(a): *No me gustaría que hubiera tantas personas.*
> *Preferiría que la boda fuera más íntima.*

En resumen

A. Luis Antonio expresa su opinión sobre las bodas y otras cosas.
Use Ud. el infinitivo, el condicional o el imperfecto del subjuntivo. Si hay
dos palabras, escoja la más apropiada.

Mariana, ¡no me **1.** (hables, hable) de bodas! He participado en una sola
boda, la de mi primo, Juan Alberto, y **2.** (preferir) _____ olvidarla.
Las familias y los novios pelearon por todo. Mi tía quería que ellos
3. (contratar) _____ una orquesta, pero mi tío prefería una banda.
Juan Alberto insistía en que la recepción **4.** (ser) _____ en la marina
y su novia buscaba un hotel que **5.** (poder) _____ acomodar a 400
6. (invitaciones, invitados). Todo el proceso me pareció una larga pelea
infantil.

Pero, sí, me **7.** (gustar) _____ hablar de la luna de miel. Si yo
8. (poder) _____ hacer **9.** (el, la) viaje ideal, yo iría al Ecuador.
10. (Empezar) _____ en la antigua ciudad incaica de Quito, donde
11. (pasar) _____ unos días explorando las riquezas arquitectónicas
de **12.** (esta, este) capital colonial. Luego, como **13.** (soy, estoy) amante
de aventuras, **14.** (ser) _____ fantástico **15.** (navegar) _____ en el
río Amazonas en canoa **16.** (para, por) observar a las tribus indígenas y
las especies de animales que habitan la zona. Finalmente, me encan-
taría que el viaje **17.** (acabar) _____ en la reserva ecológica por excelencia, las islas Galápagos... con tal de que tú **18.** (estar) _____ de
acuerdo, por supuesto. **19.** (Esta, Ésta) **20.** (ser) _____ la luna de miel
perfecta para **21.** (mi, mí). ¿Qué te parece, Mariana?

B. El problema de Octavio. Traduzca Ud. el siguiente monólogo al español.

1. *My girlfriend Alicia gets along well with my family. She loves me, and I
   love her sense of humor. But if I could, I'd change her infantile jealousy.*

2. *Everything would be perfect if she weren't so jealous.*

3. *Yesterday we fought a lot. She didn't want me to attend my cousin's
   wedding because Carla was going to be there. Do you believe it?*

4. *And she wanted us to become engaged last week! She's crazy!*

5. *I would make up with Alicia if she would make the effort to solve her
   problem.*

Avancemos

 Escuchemos

CD3, Tracks 14–16

A. ¿Es lógico? You will hear a series of sentences. Indicate if they are logical or not logical by placing a check on the appropriate line.

MODELO   Una mujer enamorada le muestra cariño a su novio.

Es lógico	No es lógico
✔	

Es lógico	No es lógico
1. _____	_____
2. _____	_____
3. _____	_____
4. _____	_____
5. _____	_____
6. _____	_____
7. _____	_____
8. _____	_____

B. Dictado. Sandra attended her cousin Luisa's wedding yesterday. Listen carefully to the entire description of the wedding. Listen again and write each sentence during the pauses.

You will then hear a series of questions related to the dictation. Answer them with complete sentences. Refer to your dictation.

Hablemos

Si pudiera. It's your wedding day. Due to obvious circumstances, the day is doomed. During the ceremony and later at the reception, you and your spouse ask each other the hypothetical question, **Si pudieras, ¿qué cambiarías?** Answer the question and compare conclusions.

Estudiante A

MODELO *Si pudiera, tendría una boda más pequeña.*

MODELO *Si pudiera, ¡me escaparía!*

Estudiante B

Leamos

Para curar un corazón roto. Este artículo dice que la vida continúa después de romperse el corazón.

Antes de leer

A. Las frases de la columna I aparecen en el artículo. Busque Ud. su significado en la columna II.

I	II
1. No le eches *(throw)* tierra.	**a.** Compra un estilo de ropa diferente.
2. No te sientas cucaracha *(cockroach).*	**b.** Cuídate mucho.
3. No te eches toda la culpa *(blame).*	**c.** Romper no significa que ya no seas atractivo(a) para otra persona.
4. Cambia de *look.*	**d.** No asumas toda la responsabilidad del rompimiento *(breakup).*
5. Quiérete.	**e.** No hables mal de tu ex.
6. No te lances a los brazos de otro(a).	**f.** No busques un nuevo amor inmediatamente.

B. ¿Qué expectativas *(expectations)* tenemos cuando entramos en una relación amorosa?

C. ¿Por qué es tan difícil sobreponerse *(to get over)* a una separación amorosa cuando somos los rechazados *(rejected ones)?*

A leer

Lea el artículo "Para curar un corazón roto", a la derecha para poder hacer las siguientes actividades.

Después de leer

A. ¿Cierto o falso? Si la frase es falsa, corríjala con una frase completa. Para curar un corazón roto, es importante...

1. iniciar una nueva relación amorosa inmediatamente.
2. empezar nuevos proyectos y no aislarse *(isolate yourself).*
3. buscar ayuda profesional si la depresión dura *(lasts)* mucho tiempo.
4. no aceptar el rompimiento y luchar para reconquistarlo(la).
5. criticar a su ex con todo el mundo.

B. Al terminar una relación solemos oír expresiones de consuelo *(consolation)* como las siguientes. ¿Qué significan?

Mejor solo que mal acompañado.
La vida no termina al morir el amor.
Mientras hay vida, hay esperanza *(hope).*

¿Qué otras expresiones usan las personas para consolar a sus amigos y familiares en estos momentos difíciles? ¿Qué le diría Ud. a un(a) amigo(a) que está sufriendo a causa de un rompimiento amoroso?

PARA CURAR UN CORAZÓN ROTO

■Acepta la situación. El asunto terminó, y lo tienes que asimilar.

■No te eches toda la culpa, ni culpes a otras personas. El amor no es blanco y negro, sino que tiene toda una gama de grises.

■No te sientas cucaracha. El hecho de que alguien no te quiera no significa que el resto del mundo vaya a rechazarte. Date cuenta de que sigues siendo atractiva y perfectamente capaz de amar y ser amada.

■No te obsesiones. No puedes mandar en los sentimientos de tu ex, así que olvídate de conductas obsesivas como hablarle por teléfono, irlo a buscar, hacerle chantaje o amenazar con el suicidio. ¡Déjalo ir!

■No le eches tierra. No tienes por qué hablar mal de alguien que te dejó. No tienes por qué hablar de él. Punto.

■Concéntrate en sus defectos. Pensar en sus bellos ojos o en su manera de besarte es contraproducente. Mejor recuerda su mal genio, su impuntualidad, y su irritante hábito de rechinar los dientes.

■No te lances a los brazos de alguien más. Un clavo no siempre saca a otro clavo.

■Quiérete. Date un tratamiento intensivo de curación. Cambia de *look,* cómprate algo bonito, vete a un spa, date un facial. Estás herida, ¿recuerdas?

■Busca ayuda si al cabo de un plazo razonable sigues deprimida, o llena de ira, u obsesionada, o arrastrándote por los pasillos.

■¡Vive! El fin del amor no debe significar el final de todos tus proyectos de vida. Así que haz todo eso que tanto te gusta hacer, inicia nuevas cosas, conoce gente y ponte en circulación.

Escribamos

Writing Conclusions

A general tendency in writing is to end a project abruptly or to create a conclusion that simply re-states the thesis statement of the paper. There is much more to consider when writing a conclusion, and the following guidelines will be helpful.

Antes de escribir

A. Elementos importantes. Una buena conclusión generalmente incluye uno o más de los siguientes elementos:

1. una pregunta estimulante *(stimulating)*.
2. una advertencia *(warning)*.
3. una imagen gráfica.
4. una cita *(quotation)* importante.
5. una petición de acción.
6. una descripción de las consecuencias.

Las siguientes frases forman parte de las conclusiones de dos cuentos y un artículo. Diga Ud. qué elemento(s) importante(s) contiene cada una.

_____ No entres en esa agua sin mirar bien por donde vas porque uno nunca sabe lo que está debajo de la superficie *(surface)*.

_____ Sigues tu camino, sorprendido, pensando con filosófica tristeza, con genuino asombro *(astonishment)*: ¿Por qué es tan agresiva la gente? ¡No lo entiendo!

_____ Luego, la carga explosiva... transformó todo ese piso del edificio en un campo de escombros *(debris)*.

B. Prepararse. Su hermano quiere casarse pero Ud. cree que es una mala idea. Va a escribirle una carta para expresar su opinión y quiere que su conclusión tenga impacto. Escriba Ud. un ejemplo de cada uno de los elementos importantes para formar su conclusión.

1. una pregunta estimulante. _____
2. una advertencia. _____
3. una imagen gráfica. _____
4. una cita importante. _____
5. una petición de acción. _"Antes que te cases, mira lo que haces."_
6. una descripción de las consecuencias. _____

C. Cartas de amor. Las siguientes cartas de amor no tienen conclusión Léalas y escriba una conclusión apropiada, incorporando uno (o más) de los elementos importantes.

Amor mío,

Te extraño mucho. Desde tu partida° me siento vacío, desequilibrado° y poco seguro de mí mismo. Estar contigo es un sueño, es la gloria, la felicidad. Vivir sin ti es un tormento. Cuando tú te fuiste, mi vida dejó de tener sentido.°

Since you left; off-balance

make sense

_____

Mi querido amor,

Hay algunas cosas que tengo que decirte. Para empezar, no me gusta nada tu idea de estudiar para abogado. Son tres años más de estudios y , ¿has pensado en lo que esto significaría? ¡Una separación más larga! Sabes muy bien que estos años lejos de ti han sido muy difíciles para mí. Piensa bien antes de tomar esta decisión.

_____

_____

Ahora, escriba

Ahora, Ud. está listo(a) para escribir conclusiones.

En la sección de **Escribamos** en la pág. 393, la carta de Mariana no tiene conclusión. Escríba una.

En la sección de **Escribamos** en la pág. 433, vuelva a escribir la conclusión del artículo, "Un problema juvenil."

17 Problemas sentimentales

Preparativos

Al leer el diálogo siguiente o mirar el video, Ud. verá muchos usos del modo subjuntivo. En este episodio Carla le cuenta a Luis Antonio sus problemas sentimentales con Octavio. ¿Cómo terminaría Ud. las frases siguientes de la conversación que tienen?

Carla: Sería inútil que yo... Nunca conoceré a nadie que...

Luis: Lo importante es que... Es necesario que el hombre... Una mujer tan complicada como Mariana necesita a un hombre que...

Ahora, compare sus frases con las frases del diálogo. ¿Le gustan los consejos de Luis? Si Carla le pidiera consejos a Ud., ¿qué le diría?

—Lo importante es que las dos personas se quieran mucho.

—Sería inútil que yo fuera detrás de Octavio.

—Es necesario que el hombre sea liberal.

—Mariana necesita un hombre que tenga mis cualidades.

Así es Mariana

La pareja ideal

Mariana está sentada cerca de la piscina donde puede ver a Luis Antonio y a Carla, pero ellos no la pueden ver. Está leyendo una revista y escuchando la conversación.

Mariana: (A los televidentes) ¿Uds. aquí? Pues, shhhh... No quiero que Luis Antonio sepa que estoy escuchando su conversación. Volvimos a Miami ayer. Parece que la telenovela que vimos en San Diego no es la única de interés. Escuchemos...

Luis Antonio y Carla están sentados cerca de una piscina. Carla le cuenta sus problemas sentimentales.

Luis Antonio: No estés triste, Carla. ...Es que Alicia y Octavio están muy enamorados.

Carla: La verdad es que no lo entiendo, Luis. Parece que Alicia siempre provoca riñas con Octavio. Se opone a sus ideas y además, es bastante celosa. Por otro lado, Octavio casi nunca se enfada.

Luis Antonio: Tienes razón. Es un chico muy flexible. En el fondo Octavio quiere mucho a Alicia.

Carla: Sería inútil que yo fuera detrás de Octavio. Pero no sé cómo voy a poder olvidarlo. Nunca conoceré a nadie que me haga tan feliz como Octavio. Tú y Mariana son muy felices. ¿Cuál es el secreto?

Luis Antonio: Te digo una cosa, Carla. Mantener una relación nunca es fácil. Lo importante es que las dos personas se quieran mucho. Luego, es necesario que el hombre sea liberal, flexible y muy sensible, como lo soy yo... ¿no?

Mientras Luis habla, se le acerca un chico guapo a Carla y empieza a coquetear. Carla se levanta y va a sentarse con él, sin que Luis se dé cuenta de que se ha ido. Él sigue hablando.

Luis Antonio: Una mujer tan complicada como Mariana necesita un hombre que tenga mis cualidades... que sea maduro e inteligente, como lo soy yo... ¿no?... que sea fuerte y guapo pero también muy cariñoso... y sobre todo... que tenga un buen sentido del humor. Algún día, Carlita, conocerás al hombre de tus sueños, pero lo cierto es que... Carla... Carla... Ay, Carla.

Mariana: ¡Uy! No me di cuenta de la maravilla de hombre que tengo yo... ¡Qué suerte! Suerte, no... ¡qué industria!

Es decir

A. Comprensión

Para repasar la conversación entre Carla y Luis Antonio, termine Ud. las siguientes frases.

1. Carla no entiende la relación entre Octavio y Alicia porque...
2. Luis sabe que en el fondo Octavio...
3. Es inútil que Carla...
4. Luis cree que Carla necesita un hombre que...

B. Asimilación

En grupos de tres, digan a quién(es) corresponden las siguientes cualidades. Justifiquen sus respuestas y comparen sus selecciones con las de sus compañeros.

Mariana
Luis Antonio
Octavio
Alicia
Carla

¿Quién es el (la) más? celoso(a)? sensible? flexible? guapo(a)? maduro(a)? cariñoso(a)? cómico(a)?

C. Expansión

Es evidente que para Carla, Octavio es un amor imposible. ¿Qué recomienda Ud. que ella haga para olvidarse de él? Dé cuatro recomendaciones y compártalas con la clase.

Al principio del episodio, ¿qué es lo que Mariana no quiere que Luis sepa? Use su imaginación y termine la frase de cuatro formas: **"No quiere que Luis sepa que... "**

En grupos, expliquen el significado de la última frase de Mariana: **"Suerte, no... ¡industria!"**

Vocabulario

Use the context suggested by the illustration and identify cognates (words that look alike in English and Spanish) to guess at the meaning of new words and expressions. All of the essential vocabulary for this *Lección* appears with English translations on pp. 556-557.

Verbos

combatir	*to combat, fight*	**obligar**	*to oblige*
cooperar	*to cooperate*	**oponerse a**	*to oppose*
criar	*to raise (children)*	**provocar**	*to provoke*
discriminar	*to discriminate*	**triunfar**	*to triumph*
dominar	*to dominate*	**votar (por)**	*to vote (for)*
enfadarse (enojarse)	*to become (get) angry*		

Adjetivos

agresivo	*aggressive*	**liberado**	*liberated*
capaz	*capable*	**liberal**	*liberal*
conservador	*conservative*	**machista**	*macho*
coquetón(a)	*flirtatious*	**obediente**	*obedient*
enfadado (enojado)	*angry*	**pasivo**	*passive*
		rígido	*rigid*
flexible	*flexible*	**sensible**	*sensitive*
(in)útil	*useful (useless)*	**sociable**	*sociable*

Sustantivos

el ama de casa (f.)	*housewife*	**el lazo**	*tie, link*
el deber	*duty*	**la mitad**	*half*
el derecho	*right*	**la pelea (lucha)**	*fight (struggle)*
la discriminación	*discrimination*	**el prejuicio**	*prejudice*

Otras palabras y expresiones

cumplir con	*to fulfill*	**hacer (jugar) un papel**	*to play a role*
dar a luz	*to give birth*		
la guardería infantil (el centro para niños)	*day care center*	**los demás**	*the rest, everyone else*
		llegar a un acuerdo	*to reach an agreement*

Vocabulario adicional

el comportamiento	*behavior*	**el machismo**	*exaggerated importance given to masculinity*
contra	*against*		
la dama	*lady*		
en cuanto a	*as for, referring to*	**el macho**	*male*
la faena	*task*	**someter**	*to subject*
el hecho de que	*the fact that*		

Practiquemos

A. Antónimos. Su profesor(a) va a leer una serie de palabras. Busque el antónimo apropiado.

a. liberado   **b.** flexible   **c.** liberal   **d.** útil   **e.** pasivo

1. _____   **2.** _____   **3.** _____   **4.** _____   **5.** _____

B. Combinaciones. Busque en la segunda columna las palabras asociadas con los verbos de la primera columna. Use la combinación en una frase original.

1. luchar por   un acuerdo
2. cooperar con   los deberes
3. llegar a   los demás
4. combatir   los derechos
5. cumplir con   los prejuicios

C. Definiciones. Busque Ud. en la segunda columna la definición de cada palabra de la primera columna. Complete las frases con las palabras apropiadas.

    sentimental   en unión   se opone a   inferioridad   conocerlo

1. discriminar   **a.** prudente, moderado; a veces _____ las innovaciones
2. prejuicio   **b.** dar tratamiento de _____ a una persona o un grupo
3. conservador   **c.** trabajar _____ con otras personas
4. sensible   **d.** una opinión sobre algo sin _____ de verdad
5. cooperar   **e.** fácil de conmover *(move emotionally)*, _____

D. Formando frases. Complete Ud. las frases con las palabras apropiadas de la lista de vocabulario.

1. Voy a _____ por ese candidato en las próximas elecciones.
2. Por la mañana los padres dejan al niño en la _____ y van a la oficina.
3. Una característica de las familias hispanas son los fuertes _____ familiares.
4. La razón por la cual ese hombre pelea tanto es para probar su _____.
5. Mi abuela no trabajaba. Se quedaba en casa para _____ a sus hijos.

E. ¿Cómo son? Dé Ud. una característica de los siguientes personajes. Un(a) compañero(a) va a dar un ejemplo de cada persona, nombrando a una persona famosa o de la clase.

MODELO un hombre coquetón
  Intenta salir con muchas mujeres.
  Don Juan era muy coquetón.

1. un hombre machista
2. una persona sensible
3. una persona rígida
4. una mujer coquetona
5. un político liberal
6. una persona sociable

Aviso cultural

El divorcio en Chile

Una familia chilena

Chile es el único país del mundo occidental que no permite el divorcio, pero parece que una ley de divorcio es inminente. Los detractores creen que la ley convertirá el matrimonio en algo de poca importancia, y que esto debilitará a la familia y la sociedad. Los partidarios de la ley afirman que todos se casan con la esperanza de que el matrimonio sea para siempre. Si una pareja se separa, en la gran mayoría de los casos, es porque existen problemas insuperables *(insurmountable)* que causan daño a los involucrados *(involved)*. Ambos grupos creen que es importante que el gobierno les dé mucho apoyo a los matrimonios y a las familias con problemas. ¿Qué piensa Ud. de esta situación? ¿Qué tipo de apoyo debe ofrecerles el gobierno a las parejas y a las familias que tienen problemas?

Forma y función

Review of the Subjunctive Mood

Función

1. The present subjunctive form is used to express all commands except the affirmative informal commands (**tú** and **vosotros).**

   Vengan a la recepción pero **no traigan** al perro.

   *Come to the reception but **don't bring** the dog.*

   Comamos temprano porque la fiesta es a las seis.

   Let's eat early because the party is at 6:00.

2. In noun clauses the subjunctive is used:

   a. when the verb in the main clause expresses emotion, desire, doubt, petition, hope, obligation, insistence, approval, denial, conjecture, subjectivity, and other types of influence.

   Espero que los novios **hagan las paces** antes de la boda.

   *I hope that the bride and groom **make up** before the wedding.*

   b. after impersonal expressions that do not indicate certainty.

   Es probable que **vayan** a Quito para la luna de miel.

   *It's probable that they'll **go** to Quito for their honeymoon.*

3. In adjectival clauses the subjunctive is used when the antecedent is negative or indefinite.

   Busco una orquesta que **sepa** tocar música latina.

   *I'm looking for an orchestra that **knows** how to play Latin music.*

4. In adverbial clauses the subjunctive is used:

   a. always after the conjunctions **antes de que, para que, sin que, en caso (de) que, con tal (de) que,** and **a menos que.**

Llegué **antes de que** la ceremonia empezara.	*I arrived **before** the ceremony started.*

   b. with conjunctions of time to express pending or future actions.

Estaré aquí **hasta que** la ceremonia empiece.	*I will be here **until** the ceremony starts.*

5. In conditional clauses the imperfect subjunctive is used to express hypothetical or contrary-to-fact ideas.

Si yo **fuera** tú, iría con Juan.	*If I **were** you, I'd go with Juan.*

6. In a sentence in which the subjunctive is required, the present subjunctive is used when the verb in the main clause expresses present or future action. The imperfect subjunctive is used when the verb in the main clause expresses past or conditional action.

Hoy **quiero** que tú me **acompañes** pero ayer **quería** que Javier me **acompañara.**	*Today I want you **to accompany** me but yesterday I wanted Javier **to accompany** me.*

Carla quiere conocer a un hombre que le **haga** feliz.
Quiere que Luis le **dé** consejos.

Practiquemos

A. La riña justa *(fair)*. Todos los matrimonios tienen riñas de vez en cuando. Aquí le explicamos cómo pelear y seguir amándose. Cambie Ud. los verbos a mandatos formales **(Ud.).**

1. (Resolver) _____ el conflicto en seguida; no (esperar) _____ mucho tiempo.
2. Nunca (atacar) _____ las debilidades *(weaknesses)* de su pareja.
3. (Respetar) _____ sus ideas. (Ser) _____ justo(a).
4. (Decirle) _____ exactamente lo que le molesta.
5. No (enojarse) _____ por errores que su pareja cometió en el pasado.
6. (Recordar) _____ que no hay vencedores ni vencidos *(winners or losers).*

B. ¿Riñiendo otra vez? Ud. nunca ayuda en casa y esto provoca riñas con su compañero(a). En parejas, cambien el verbo entre paréntesis al subjuntivo. Luego, contesten con la forma correcta del mandato informal **(tú).**

MODELO   El (La) compañero(a): *Recomiendo que tú (barrer) barras el suelo.*
Ud.: *¡Bárrelo tú!*

1. Insisto en que (sacar) _____ la basura.
2. Quiero que (hacer) _____ las camas.
3. Te digo que (fregar) _____ los platos.
4. Mando que (preparar) _____ la cena.
5. Prefiero que (poner) _____ la mesa.
6. Necesito que (arreglar) _____ el cuarto.

C. ¿Una mujer agresiva? Mire Ud. el dibujo y termine las siguientes frases.

EM— DISCULPE, ¿CREE USTED QUE MI PERRO PODRÍA OBTENER EL NÚMERO TELEFÓNICO DE SU PERRO?

1. La mujer quería que el hombre...
2. Ella creía que el hombre...
3. Por la expresión de la mujer, es evidente que ella...
4. Para poder salir con la mujer, es necesario que el hombre...
5. El perro del hombre se alegra de que...
6. Es dudoso que...
7. ¿Sería posible que...?

D. Con el consejero matrimonial. Una pareja tiene una cita con un consejero. En grupos de tres, llenen los espacios con la forma correcta del verbo. Luego, escriban el papel del consejero y representen la escena.

La señora habla:

1. Hemos venido aquí para que Ud. nos (ayudar) _____.
2. No podemos pasar un día entero sin (reñir) _____.
3. Yo lo trataré mejor con tal que él me (dar) _____ amor y respeto.
4. Por ejemplo, anoche, después de que nosotros (cenar) _____ él se sentó delante de la tele sin (hacerme) _____ caso toda la noche... hasta (acostarse) _____.
5. Hasta que él (tener) _____ una actitud más abierta, no podremos comunicarnos.

El señor habla:

6. Yo la trataré con respeto en cuanto ella (dejar) _____ de criticarme.
7. A menos que ella (cumplir) _____ con sus deberes domésticos no podremos resolver nuestros problemas.
8. Cuando ella (entender) _____ mi punto de vista, habrá esperanza (hope) para nosotros.
9. Por ejemplo, anoche, después de (cenar) _____ yo estaba muy cansado y sólo quería mirar la tele sin que nadie me (molestar) _____. Ella se enfadó.
10. Antes de que yo la (poder) _____ perdonar, necesito tiempo para pensar.

E. Al natural. En parejas, miren el dibujo y hagan las actividades.

1. Háganse las preguntas siguientes y contéstenlas.
   * ¿De qué se preocupa el hombre? ¿Está bien que él le pida esto a su novia? Explica.
   * ¿Cuándo estás tú más atractivo(a), por la mañana o por la tarde? ¿Por qué? ¿Tardas mucho en arreglarte en la mañana? ¿Cuáles son tus preparativos?
2. Terminen Uds. la frase del hombre de dos formas originales; "Antes de que pida tu mano...".
3. Ahora, es la mujer la que le pide algo al hombre. Escriban las tres frases originales que ella le dice. "Antes de que te dé mi mano..."
4. Ahora, representen una breve escena, en la que el hombre dice, "Antes de que pida tu mano, ¿podría verte con una bata y con rizadores en el pelo?" ¿Qué contesta la mujer? ¿Qué pasa después?

Antes de que pida tu mano, ¿podría verte con una bata° y con rizadores° en el pelo?   *bathrobe; curlers*

F. **De vuelta con Mariana.** Review your knowledge of the use of the subjunctive to retell in the present tense what happens in episode 17, **Así es Mariana: La pareja ideal.** How does Carla describe Octavio's relationship with Alicia? What is the secret of Luis and Mariana's relationship? What kind of man does Mariana need? What kind of man is Luis? In your opinion, what kind of woman does Luis need? What kind of person do you need in your life?

Así se dice — Losing Your Patience

Cuando no puede aguantar más:	**When you can't stand it anymore:**
¡Esto es el colmo!	*This is the last straw!*
No hay caso.	*It's no use.*
No faltaba más.	*That's all I (we) needed.*
¡Ese hombre (profesor, etc.) me trae frito(a)!	*That man (teacher, etc.) is driving me crazy!*
¡Estoy hasta las narices (harto/a) de él/ella!	*I've had it with him (her) up to here (I'm fed up).*

Algunas quejas comunes son:	**Some common complaints are:**
Siempre me lleva la contraria.	*He's (She's) always against me.*
Siempre se sale con la suya.	*He (She) always gets his (her) way.*

Puede responder así:	**You can respond this way:**
¡Me las vas a pagar!	*I'll get even!*
¡Bien lo mereces!	
¡Fastídiate!	*It serves you right!*
¡Toma, pues!	
¡A que sí! (¡A que no!)	*Do you want to bet?* *It is so! / It is not!* *I can so! / You can not!*

Practiquemos

Grandes desilusiones. Con un(a) compañero(a), hagan los papeles de una pareja que riñe. ¿Cuál es la causa de sus problemas? ¿Quién tiene razón? ¿Cómo hacen las paces? Escriban un diálogo de ocho líneas y usen por lo menos seis de las expresiones mencionadas en **Así de dice.** Represéntenlo delante de la clase.

Adjectives Used as Nouns

Forma y función

1. Adjectives can generally function as nouns when used with the corresponding definite article.

El hombre alto es mi esposo.   *The tall man is my husband.*
El alto es mi esposo.   **The tall one** *is my husband.*

Los niños rubios viven cerca de mí.   *The blond children live near me.*
Los rubios viven cerca de mí.   **The blond ones** *live near me.*

2. The neuter article **lo** is frequently used with the masculine singular form of the adjective to describe general characteristics and qualities as well as abstract ideas. This structure can be expressed in various ways in English.

Lo bueno es que la boda es en abril.   **The good thing (part, What's good)** *is that the wedding is in April.*

Lo romántico es muy importante para un matrimonio.   **The romantic aspect** *is* **(Romantic things** *are) very important for a marriage.*

Practiquemos

A.   La telenovela *Todo para Elena*. Esta telenovela es muy complicada porque hay muchos personajes diferentes. Reemplace Ud. el sustantivo subrayado *(underlined)* con la forma correcta del adjetivo.

MODELO   La <u>mujer</u> rubia es Elena.   **La rubia** es Elena.

1. La <u>mujer</u> morena está enamorada del hombre alto.
2. Pero, el <u>hombre</u> alto está enamorado de la mujer chilena.
3. El <u>chico</u> joven es el hijo de los señores argentinos.
4. La <u>mujer</u> anciana es la abuela de la niña mimada *(spoiled)*.
5. El <u>hombre</u> divorciado quiere salir con la <u>mujer</u> soltera, pero ella sale con el <u>hombre</u> rico.

B. Lo bueno y lo malo. Formen Uds. oraciones originales para decir qué es lo bueno y lo malo de las situaciones siguientes.

MODELO   ser soltero
Lo bueno de ser soltero es el tiempo libre que uno tiene.
Lo malo es que uno se siente muy solo.

el matrimonio   casarse muy joven
pelear con su novio(a)   tener una boda grande

C. Hablando personalmente. Termine Ud. las frases con **lo... de mi vida** según el modelo.

MODELO   *Lo más fascinante de mi vida es que el año pasado hice un largo viaje por la Argentina y Chile.*

1. lo más interesante   3. lo más triste
2. lo más importante   4. lo más cómico

Ahora, compare estos aspectos de su vida con los de sus compañeros. ¿Quién tiene el aspecto más interesante, importante, triste y cómico?

Possessive Pronouns and the Stressed Form of Possessive Adjectives

Forma

Possessive Pronouns/Stressed Possessive Adjectives			
mío(a, os, as)	*mine, my*	nuestro(a, os, as)	*ours, our*
tuyo(a, os, as)	*yours, your*	vuestro(a, os, as)	*yours, your*
suyo(a, os, as)	*his, hers, her* *yours, your*	suyo(a, os, as)	*theirs, their* *yours, your*

Función

1. Possessive pronouns and stressed possessive adjectives have the same form.

2. The possessive pronoun and stressed form of the possessive adjective agree in number and gender with the nouns they replace or modify.

    Mi novio y **el tuyo** son guapos.　　*My boyfriend and **yours** are handsome.*

    Una prima **mía** se casa en junio.　　*A cousin **of mine** is getting married in June.*

3. Although possessive pronouns are generally used with the corresponding definite article, the article may be omitted after the verb **ser.**

    *Tengo mi anillo y **el tuyo.***　　*I have my ring and **yours.***
    *¿Es **tuyo** este anillo?*　　*Is this ring **yours?***

4. The stressed form of the possessive adjective follows the noun. The definite or indefinite article is always used. This form is used to express *of mine, of yours,* and so on, and to emphasize ownership. In English, emphasis is expressed with intonation.

    Un amigo **mío** vino a verme ayer.　　*A friend **of mine** came to see me yesterday.*

    La familia **tuya** es muy simpática.　　***Your** family is very nice.*

Practiquemos

A. **Ud. tiene correo.** Ud. acaba de recibir una carta de su hermano por correo electrónico, quien necesita su ayuda. Está en casa limpiando el sótano y encuentra muchas cosas, pero no sabe de quiénes son. Conteste sus preguntas, usando la forma correcta del pronombre posesivo.

Hola. Perdona que te moleste durante los exámenes finales pero necesito ayuda. No sé de quiénes son todas las cosas que encontré en el sótano. Para que puedas contestar fácilmente te escribo esta lista. Escríbeme pronto porque mamá no me dejará salir hasta que todo esté limpio.

1. ¿Los esquís son tuyos o son de Pilar?
2. ¿La guitarra es tuya o es de José?
3. ¿Los libros son tuyos o son de papá?
4. ¿El guante de béisbol es tuyo o es de Anita?
5. ¿La mochila es tuya o es de Isabel?
6. ¿Los juegos electrónicos son tuyos o son de Tomás?

B. Opuestos *(Opposites).* Forme Ud. una frase original con los siguientes adjetivos. Un(a) compañero(a) va a usar el pronombre posesivo apropiado y el antónimo para decir lo opuesto.

> MODELO difícil
> Ud.: *Mi vida es muy **difícil**.*
> Su compañero(a): ***La mía** es muy **fácil**.*

1. liberal   **2.** pasivo   **3.** flexible   **4.** grande   **5.** útil

En resumen

A. Mariana reflexiona sobre el amor imposible. Llene Ud. los espacios con la forma correcta del verbo en el subjuntivo, en el indicativo o en el infinitivo. Cuando hay dos palabras, escoja la más apropiada.

Hoy Luis Antonio habló con Carla sobre **1.** (la, el) situación con Octavio. Ojalá que él le **2.** (aconsejar) _____ que no **3.** (ir) _____ detrás de Octavio. Es inútil y es mejor que nosotros no **4.** (meterse) _____ en sus problemas sentimentales si **5.** (querer) _____ mantener **6.** (nuestro, nuestra) amistad con ellos. Alicia **7.** (irse) _____ para Venezuela **8.** (por, para) dos semanas y espero que Carla **9.** (dejar) _____ en paz a Octavio. Yo misma *(myself)* **10.** (le, lo) dije que **11.** (olvidarse) _____ de Octavio y que **12.** (buscar) _____ un chico que **13.** (ser) _____ liberal, flexible, cariñoso y sensible como... ¡Luis!

Además, no creo que Octavio **14.** (ir) _____ a estar aquí mucho durante las vacaciones. Piensa ir a Caracas para conocer **15.** (a, _____) la familia de Alicia. Como **16.** (le, lo) interesa la historia de Latinoamérica, quiere ver todo lo relacionado con Simón Bolívar, el héroe nacional: su casa natal, el panteón nacional que contiene sus restos *(remains),* la plaza Bolívar, el centro Simón Bolívar. Espera **17.** (llegar) _____ a Venezuela **18.** (por, para) la Noche Vieja *(New Year's Eve),* pasar unos días en Caracas y luego ir a la isla Margarita con toda la familia. Allí **19.** (es, está) la Santa María, la reproducción de la carabela de Cristóbal Colón, y Octavio tiene **20.** (muchas, muchos) ganas de navegar en ella. ¡Isla Margarita! ¡Qué romántico y qué bueno para Octavio y Alicia! Pero... pobrecita de Carla. Cuando ella **21.** (saber) _____ todo esto, **22.** (ir) _____ a morir de celos. ¡Los celos! Siento mucho que mi amiga **23.** (estar) _____ sufriendo por un amor imposible.

B. Traduzca Ud. el siguiente diálogo al español.

> **Alicia:** *Octavio and I have reached an agreement: I will spend less time cooking for him if he takes me out to eat more.*
>
> **Mariana:** *I'd prefer that Luis learn how to cook. He is flexible, he is sensitive, he is liberal. But in the kitchen, he's useless.*
>
> **Carla:** *I'm a great cook. If Octavio were my boyfriend, we would never argue.*

Avancemos

Escuchemos

CD3, Tracks 18–20

A. Tome Ud. una decisión. You will hear a series of incomplete sentences. From the list below choose the word that best completes each sentence.

MODELO   Antes de ir al trabajo yo llevo a los niños a _____.
(la guardería infantil)
Antes de ir al trabajo yo llevo a los niños a la guardería infantil.

1. _____   **5.** _____

2. _____   **6.** _____

3. _____   **7.** _____

4. _____   **8.** _____

  a. se opone a
  b. deber
  c. lazos
  d. se enojó
  e. machista
  f. dio a luz
  g. liberal
  h. mitad

B. Dictado. You will hear a short narration about an incident that took place in the López family. Listen carefully to the entire selection. Listen again and write each sentence during the pauses.

You will then hear a series of questions related to the dictation. Answer them with complete sentences. Refer to your dictation.

Hablemos

¿Cómo son de verdad?

Estudiante A: Study the following party scene. Describe a character quality of each guest and justify your description. Your partner has a picture of the same people in the work place. Based on that picture, he/she will also describe their characteristics and attempt to justify the descriptions. Together, decide whether each person displays a consistent character in both settings. When referring to the people, use adjectives as nouns, such as **El alto** (The tall one) **es sociable porque...**

Estudiante B: Study the following scenes. Describe a character quality of each worker and justify your description. Your partner has a picture of the same people in a party setting. Based on that picture, he/she will also describe their characteristics and attempt to justify the descriptions. Together, decide whether each person displays a consistent character in both settings. When referring to the people, use adjectives as nouns, such as **El alto** (The tall one) **es sociable porque...**

 **Leamos**

Los celos. El siguiente artículo periodístico trata del tema de los celos.

Antes de leer

A. Hojee Ud. el artículo y busque el equivalente español de las siguientes expresiones:

1. the theme touched a nerve . . .
2. I turned green with envy . . .
3. are a sign of insecurity . . .
4. (they) become an obsession.

B. Hojee el artículo y busque los siete casos en los que se usa el modo subjuntivo. Subraye *(Underline)* el verbo. ¿Entiende Ud. por qué se usa en cada caso?

A leer

Los celos. En el mes de febrero presentamos un tema muy controvertido en la sección *LAS LECTORAS OPINAN*. El artículo trataba sobre *(was about)* los celos —amorosos, profesionales, dentro de la propia *(same)* familia— y planteó estas preguntas: ¿Por qué sentimos celos? En el plano amoroso: ¿son señal *(sign)* de amor o muestra de inseguridad *(show of insecurity)*? Es obvio que el tema tocó un nervio muy sensible entre nuestras lectoras, pues nos llegaron cientos de cartas... y aquí tienes TU veredicto... *(verdict)*

"Casi todos comprendemos que los celos son señal de inseguridad, pero ¡de todas formas los sentimos!

Es que aunque una sea inteligente y comprenda la realidad, también es humana y no siempre se pueden controlar los sentimientos."
Patty G., México

"Todos tenemos algo de celosos; lo importante es que sepamos manejar esos sentimientos. La persona celosa debe aprender a valorarse a sí misma... Si yo quiero a alguien, no puedo hacerle sentirse amarrado *(tied down)* o culpable *(guilty)*."
M.C., Valdivia, Chile

"Si mi novio no me tuviera celos, sentiría que no me quiere. Es la verdad. La gente "muy" madura *(mature)*, dirá lo que quiera... pero los celos son la sal y la pimienta de las relaciones. Cuando uno ama de verdad, le molesta que su novio coquetee con otras o que las chicas lo miren. ¡Ésa es la realidad!
Alicia B., Ecuador

"No creo que los celos sean señal de inmadurez o inseguridad; me parece que son una parte normal del ser humano *(human being)*. La prueba está en que todos los sentimos. Lo que pasa es que se vuelven *(return)* dañinos cuando la persona se concentra en ellos y los aumenta *(magnifies)*. Entonces se convierten en una obsesión y ya sabemos que los excesos son malos."
Clara Gil, Perú

Después de leer

A. Si la frase es falsa, corríjala.

1. Alicia B. cree que si una persona ama de verdad, no tendrá celos de su novio(a).
2. Clara dice que los celos son dañinos cuando los sentimos en exceso.
3. Patty cree que sólo las personas inseguras sienten celos.

B. Dé Ud. ejemplos de las siguientes ideas.

1. Los excesos son malos.
2. Las personas no siempre pueden controlar los sentimientos.
3. Los celos son un sentimiento destructivo.

C. ¿Con cuál(es) de las personas en el artículo está Ud. de acuerdo? Explique.

Escribamos

Writing Introductions

Theses, essays, articles, letters, sermons . . . how do we begin them? We often bore the reader with stale, excessively long statements that give away the entire content of the writing. At other times we jump in with information that requires . . . an introduction! There is much to consider when writing an introduction, and the following guidelines will be helpful.

Antes de escribir

A. Elementos importantes. Una buena introducción generalmente:

1. capta el interés del lector.
2. contiene palabras vívidas y precisas.
3. es breve, concisa y enfocada.
4. se dirige a un público específico.
5. explica el propósito.
6. toca un nervio en el lector.
7. sirve de entrada para el mensaje *(message)*.

Las siguientes frases forman parte de las introducciones de tres artículos periodísticos. Diga Ud. qué elemento importante contiene cada una.

1. _____ ¿Te sientes fatigado, nervioso, tenso?
2. _____ Según un estudio realizado recientemente en los EE.UU., hay doce comportamientos *(behaviors)* masculinos que conducen al divorcio.
3. _____ Aunque las costumbres *(customs)* del noviazgo en el mundo hispano han cambiado, especialmente en las grandes ciudades, todavía son diferentes a las costumbres estadounidenses.

B. ¿Qué opina Ud.? Lea Ud. las introducciones de las siguientes lecturas en *Así es.* ¿Qué le parecen? ¿Reflejan los elementos importantes mencionados en A.?

1. Lección 10, página 343 "El Bazar del Sábado"
2. Lección 11, página 366 "El Día de los Muertos"
3. Lección 12, página 391 "Los mayas de hoy y de ayer"
4. Lección 13, página 432 "La medicina natural"
5. Gaceta 6, página 558 "Una gira turística por Sudamérica"

Ahora, escriba

Ahora, Ud. está listo(a) para escribir introducciones.

1. En la sección de **Escribamos** en la página 519, las cartas de amor necesitan introducciones. Escríbalas.

2. Vuelva a escribir *(Rewrite)* las introducciones para 1, 2 y 3 del ejercicio B.

18 Celebraciones

Preparativos

Al leer el diálogo siguiente o mirar el video, a ver si Ud. puede contestar las siguientes preguntas: ¿Por qué Alicia se siente feliz y triste a la vez? ¿Por qué no le importa tanto a Luis dejar a Mariana? ¿Por qué no celebra Carla la Navidad? ¿Por qué en España los niños no reciben sus regalos el 25 de diciembre? En este episodio, Luis tiene una oportunidad más para compartir recuerdos de su niñez con sus amigos. Y Ud. tiene una oportunidad más para practicar el uso del pretérito y el imperfecto. Adiós, y siga estudiando español... ¡Es muy importante!

—¡Feliz Navidad! ¡Feliz Jánuca! ¡Próspero Año Nuevo!

—Estabas en San Diego hace poco.

—Me había olvidado.

—Saqué fotos de todas mis amistades, menos Uds.

Así es Mariana

La fiesta de fin de año

Todos los amigos están en una fiesta para celebrar el final del semestre y el Año Nuevo.

Mariana: *(A los televidentes)* Hoy es el 20 de diciembre y nos hemos reunido para celebrar el fin de año. Ah…. Uds. se dan cuenta de que no es la Nochevieja. Pero como todos vuelven a casa para las vacaciones de Navidad, decidimos festejar como si fuera la Nochevieja. Buena idea, ¿no lo creen?

Octavio: Mariana…. ¡una foto!

Mariana saca una foto.

Mariana: *(A Alicia)* Alicia, chica, es una fiesta, no un velorio… ¿Por qué estás tan solemne?

Alicia: En sólo diecisiete horas mi avión saldrá para Caracas. Claro, extraño a mis padres y a mi hermanita y tengo ganas de estar con ellos, pero mi Octavio estará aquí en Miami, con… *(mira a Carla, sentada al lado de Octavio)* algunos de Uds.

Luis Antonio: Yo creí que Uds. ya habían resuelto todos esos problemas. No te preocupes, Alicia. Octavio te quiere mucho. Además, estará muy ocupado cuidando a Mariana mientras yo esté en San Diego.

Alicia: ¿Vuelves otra vez? Estabas allí hace poco con Mariana.

Luis Antonio: Yo lo sé, pero sólo voy por unos días y después vuelvo. Yo nunca paso la Navidad fuera de casa. Es muy especial.

Alicia: ¿Por qué? ¿Cómo la celebran en tu casa?

Luis Antonio: Al estilo mexicano, por supuesto. Tenemos posadas. Nos juntamos un grupo de vecinos y vamos por las calles de la vecindad. Y todos llevamos velas encendidas. Llamamos a la puerta de cada uno de nuestros amigos pidiendo posada para María porque va a dar a luz al Niño Jesús. En una de las casas nos abren la puerta y nos invitan a pasar y allí festejamos todos. Hay comida tradicional, música y, claro, piñatas para los niños.

Mariana: En Puerto Rico la gente hace asaltos, que son similares a las posadas. O sea, vamos de casa en casa llamando a la puerta de nuestros amigos y vecinos y cantamos una plena° tradicional. Por fin nos dejan entrar y nos ofrecen galletas y bebidas. ¿Haces tú algo similar en Venezuela, Alicia?

type of Puerto Rican music

Alicia: No, no es una tradición, por lo menos en mi casa. En Venezuela los niños creen que el Niño Jesús trae los regalos en Nochebuena.

Tomás: En España, los niños reciben los regalos el Día de los Reyes Magos, el 6 de enero. Dejan sus zapatos en el balcón de su casa y según la tradición, si han sido buenos, los Reyes Magos los llenan de dulces y regalos. Pero si han sido muy malos, pues, sólo reciben carbón.

Mariana: Pues en Puerto Rico tenemos una costumbre similar. Los niños ponen una caja llena de hierba debajo de sus camitas.

Rubén: ¿Hierba? Pero, ¿para qué?

Mariana: Para dar de comer a los camellos de los Reyes Magos, por supuesto.

Carla: En mi casa no tenemos ninguna de estas tradiciones.

Mariana: ¿De veras? ¿Nada similar? ¿Cómo celebran Uds., entonces?

Carla: No celebramos la Navidad. Claro, es lógico... Soy judía.

Mariana: Claro, Carla. Me había olvidado. Lo importante es que todos estén juntos con su familia y amigos y ¡que tengamos un Año Nuevo próspero, sano y muy feliz!

Todos: ¡Feliz Navidad! ¡Feliz Jánuca! ¡Próspero Año Nuevo!

Todos siguen hablando pero Mariana se levanta para sacar una foto de sus amigos y despedirse de los televidentes.

Mariana: *(A los televidentes)* Parece que es la hora de despedirnos. Voy a echarles mucho de menos. Espero que hayan aprendido mucho español, y que lo hayan pasado bien con nosotros. Felices fiestas, y sigan estudiando, ¿eh? Ah, claro, saqué fotos de todas mis amistades, menos Uds. ¿Con permiso?

Es decir

A. Comprensión.

Termine Ud. la frase, basándose en el video.

1. La fecha es...
2. Todos se han reunido para...
3. Pronto, todos van a casa para...
4. Mariana espera que...
5. Mariana sacó fotos de todos sus amigos, menos...

Repase Ud. el diálogo y diga quién celebra la Navidad de las siguientes formas, y de dónde es.

1. Recibe los regalos en la Nochebuena.
2. Recibe los regalos el 6 de enero.
3. Celebra con piñatas.
4. Deja hierba para los camellos.
5. Canta una plena tradicional.
6. Pide posada en la casa de sus vecinos.
7. Recibe carbón si ha sido malo.
8. Recibe galletas y bebidas en la casa de los vecinos.

B. Asimilación

Para repasar cómo se expresa acción en el pasado, cambie Ud. al imperfecto la descripción de Luis Antonio de la celebración navideña. Empiece con **Cuando yo era pequeño...**

C. Expansión

En grupos, traten de animar a Alicia, que todavía está triste y preocupada.

Es el año 2010. En grupos, digan qué les habrá pasado a Mariana, Luis Antonio, Carla, Alicia y Octavio. Incluyan la información siguiente.

1. ¿Dónde estarán?
2. ¿Qué harán? (profesión, estudios, familia)
3. ¿Se verán (se escribirán, se visitarán) con frecuencia?

Vocabulario

CD3, Track 21

Use the context suggested by the illustration and identify cognates (words that look alike in English and Spanish) to guess at the meaning of new words and expressions. All of the essential vocabulary for this *Lección* appears with English translations on pp. 556-557.

Una Plegaria de Pascua Florida

QUERIDA AMIGA

Una procesión de Semana Santa

Bendiciones en Navidad y Año Nuevo

Verbos

brindar	*to toast, to give*	**felicitar**	*to congratulate*
burlarse (de)	*to make fun (of)*	**festejar**	*to have a party, celebrate*
celebrar	*to celebrate*		
disfrazarse (de)	*to disguise oneself (as), dress up (as)*	**juntar**	*to gather, bring together*
enterrar (ie)	*to bury*	**rezar**	*to pray*
esconder	*to hide*	**suceder**	*to happen*

Sustantivos

el alma (f.)	*soul*	**el espíritu**	*spirit*
el cementerio	*cemetery*	**la felicidad**	*happiness*
la corrida de toros	*bullfight*	**la misa**	*mass*
		el (la) muerto(a)	*dead person*
el cura (el sacerdote)	*priest*	**el pastor**	*minister*
		el rabino	*rabbi*
el desfile	*parade*	**la sorpresa**	*surprise*
el disfraz	*disguise*	**el velorio**	*wake*
el entierro	*funeral, burial*	**el villancico**	*Christmas carol*

Adjetivos

católico	*Catholic*	**protestante**	*Protestant*
cristiano	*Christian*	**religioso**	*religious*
judío	*Jewish*	**sagrado**	*sacred*
maravilloso (estupendo)	*marvelous (wonderful)*	**solemne**	*solemn*

Días festivos *(Holidays)*

el Año Nuevo	*New Year*	**la Navidad**	*Christmas*
el Día de los Muertos	*Day of the Dead*	**la Nochebuena**	*Christmas Eve*
el Día de (los) Reyes (Magos)	*Kings' Day (Epiphany)*	**la Nochevieja**	*New Year's Eve*
		la Pascua	*Passover*
el día del santo	*Saint's Day*	**la Pascua (Florida)**	*Easter*
Jánuca	*Chanukah*		
la Misa del gallo	*Midnight Mass*	**la Semana Santa**	*Holy Week*

Palabras y expresiones útiles

¡Enhorabuena!	*Congratulations!*	**Mi más sincero pésame.**	*My condolences.*
¡Feliz Navidad! (¡Felices Pascuas!)	*Merry Christmas!*	**¡Próspero Año Nuevo!**	Happy New Year!
		¡Salud!	*Cheers!*

Vocabulario adicional

el brindis	*toast*	**deprimente**	*depressing*
Carnaval	*Carnival, Mardi Gras*	**la festividad**	*festivity*
		la religión	*religion*

Practiquemos

A. ¿Cuál no pertenece? Indique Ud. la palabra que no está relacionada con las otras y explique.

1. velorio   desfile   cementerio   entierro
2. rabino   sorpresa   pastor   sacerdote
3. Misa del gallo   Jánuca   Navidad   Nochebuena
4. católico   judío   protestante   religioso
5. enterrar   celebrar   festejar   felicitar

B. Palabras cognadas. Las palabras de la segunda columna no se encuentran en la lista de vocabulario de esta lección. Sin embargo, se pueden reconocer fácilmente por ser similares a sus equivalentes en inglés. Busque Ud. en la segunda columna dos palabras que corresponden a cada una de las palabras de la primera columna.

1. entierro	a. crucifijo
2. iglesia	b. procesiones
3. Navidad	c. máscara
4. Carnaval	d. San Nicolás
	e. tumba
	f. Polo Norte
	g. sepulcro
	h. altar

C. Expresiones apropiadas. ¿Qué dice Ud. en las siguientes situaciones?

1. Está en la boda de su hermano y le piden que brinde por los recién casados.
2. Una pareja anuncia que se va a casar.
3. Va a un velorio. Habla con la viuda del hombre que acaba de morir.
4. Es el 25 de diciembre y ve al cura en la iglesia.
5. Se reúne con un grupo de amigos para despedir el año. Son las doce en punto.

D. Definiciones. Busque Ud. en la lista de vocabulario las palabras que corresponden a las siguientes definiciones. Complete la definición con las palabras apropiadas.

religioso	cantar	año	muertos
beber	días	nacimiento	celebran

1. _____: Sitio donde entierran a los _____
2. _____: Día en que se celebra el _____ de Jesucristo
3. _____: Última noche del _____
4. _____: Fiesta solemne que _____ los cristianos en memoria de la resurrección de Cristo
5. _____: Fiesta que celebran los judíos que dura *(lasts)* ocho _____
6. _____: Acción de _____ a la salud de una persona
7. _____: Líder _____ de los católicos
8. _____: Canción que se suele _____ en la Navidad

E. Reyes. Para saber algo sobre la tradición navideña hispana, "El Día de los Reyes Magos", haga las actividades.

1. Lea Ud. la descripción de la fiesta de Reyes y conteste las preguntas.

En muchos países hispanos los niños reciben sus regalos el 6 de enero. Este día se llama "Reyes" o el "Día de los Reyes Magos". Hace más de dos mil años Jesucristo nació en Belén. Los Reyes Magos lo visitaron y le trajeron regalos. Según la tradición, ellos se llamaban Gaspar, Melchor y Baltasar. Para celebrar la fiesta, algunos de los niños dejan sus zapatos debajo de la cama o en el balcón. Otros niños ponen cajas llenas de hierba *(grass)* debajo de la cama para dar de comer a los camellos de los Reyes. Si los niños han sido muy buenos, al día siguiente encuentran los regalos. Pero, si han sido muy malos, encuentran carbón *(coal)*. Muchas de las pastelerías venden un dulce que se parece mucho al carbón, pero en realidad es de azúcar.

Por la tarde toda la familia se reúne y hace una gran comida. En España, se suele comer el famoso "roscón de Reyes", que es una tarta especial que tiene un regalito y un haba *(bean)* escondidos adentro. La persona que encuentra el haba tiene que pagar el roscón. La persona que encuentra el regalito recibe una corona *(crown)* de papel.

a. ¿Cuándo se celebra el Día de los Reyes Magos?
b. ¿Cómo se llaman los tres Reyes?
c. ¿Qué hacen los niños para celebrar la fiesta?
d. ¿Qué encuentran los niños buenos al día siguiente?
e. ¿Qué encuentran los niños malos?
f. ¿Qué es el "roscón de Reyes"?

Roscón de reyes

2. Lea Ud. el dibujo. ¿Con quién habla por teléfono el rey? Termine Ud. la conversación telefónica de este dibujo. ¿Qué más dice el rey y qué le dice la otra persona?

— ¿American Express? Mire, les llamo porque esta noche teníamos pensado salir de compras y...

Aviso cultural

Fiestas y celebraciones

Una procesión de Corpus Christi

¿Le gustan a Ud. las fiestas y celebraciones? En muchos países hispanos no existe la gran división de generaciones que existe en los EE.UU. No es raro que en una fiesta los abuelos, los padres y los hijos celebren juntos. Además de las celebraciones de cumpleaños, del santo y del aniversario, la familia hispana suele celebrar muchas fiestas de carácter religioso. En muchos de los pueblos y ciudades de España se celebra un festival en honor del santo patrón. En Valencia se celebran las Fallas de San José en marzo. En Pamplona, el 7 de julio empieza la fiesta de San Fermín, y Semana Santa en Sevilla empieza los días antes del domingo de la Resurrección. ¿Cuáles son algunas fiestas que se celebran en los EE.UU.? ¿Suele Ud. celebrarlas con sus amigos o con su familia? Explique.

Forma y función

Review of the Use of the Preterite and Imperfect

The preterite is used . . .

1. to describe or relate a completed action or a series of completed actions.

Joselito **se despertó, se levantó** y **salió** al balcón para ver qué le habían dejado los Reyes.	Joselito **woke up, got up,** and **went out** on the balcony to see what the Wise Men had left him.

2. when a past action occurs a specific number of times.

Fui a Sevilla para Semana Santa tres veces.	I **went** to Seville for Holy Week three times.

3. to indicate a change in a physical, emotional, or mental state at a specific time in the past.

Al abrir el regalo el niño **estuvo** feliz.	Upon opening the present the child **became** happy.

4. to focus on the beginning or end of a past action.

Laura **se rió** al ver a papá disfrazado de San Nicolás.	Laura **laughed** upon seeing dad dressed up as Santa Claus.

The imperfect is used . . .

1. to describe past action that was ongoing at a certain time in the past, or an action whose beginning or end is not indicated.

Mamá **preparaba** la cena todo el día.	Mom **was preparing** dinner all day long.

2. to express repeated or habitual past action. The English equivalent is *used to* or *would* + verb.

De pequeño siempre **íbamos** a la Misa del gallo.	When I was a child we always **would go** to Midnight Mass.

3. to express time and age in the past.

Paco **tenía** tres años.	Paco **was** three years old.
Eran las seis cuando llegamos a casa.	It **was** six o'clock when we arrived home.

4. to describe things or people in the past and to set the scene of past situations.

Era un día muy bonito. El sol **brillaba** en el cielo y los pájaros **cantaban.**	It **was** a beautiful day. The sun **was shining** in the sky and the birds **were singing.**

5. to describe ongoing physical, emotional, or mental states and desires in the past.

Quería ir a la fiesta hoy pero **estaba** enfermo.	He **wanted** to go to the party today but he **was** sick.

Often the preterite and the imperfect appear in the same sentence with the conjunction **cuando.** The preterite action frequently breaks up the ongoing action of the imperfect.

Mamá **escondía** los regalos
cuando los niños la
descubrieron.

Mom **was hiding** the presents when
the children **found** her.

Todos **hablaban** de los días festivos cuando Carla
sacó la foto.

Practiquemos

A. La corrida de toros. La corrida de toros es considerada la "Fiesta nacional de España". También es popular en México, Perú, Ecuador, Colombia y Venezuela. En Lima, Perú siempre se celebra la corrida de toros más importante del año el Día de Navidad. Cambie Ud. los verbos al pretérito.

El año pasado yo **1.** (pasar) _____ el mes de diciembre en Lima, Perú. El día 25 yo **2.** (ir) _____ a una corrida de toros. Mis amigos y yo **3.** (sentarse) _____ en la sección de "sombra" *(shade)* y **4.** (esperar) _____ el comienzo del espectáculo. En cada corrida siempre hay tres matadores que lidian *(fight)* con dos toros cada uno. La corrida **5.** (empezar) _____ a las cinco en punto. Todos los participantes—los tres matadores y sus cuadrillas *(teams)*—**6.** (salir) _____ desfilando por la plaza. ¡**7.** (Ser) _____ magnífico!

Después, **8.** (seguir) _____ los tres segmentos de la corrida. En el primero, los "picadores", montados a caballo, debilitaron *(weakened)* el toro con picas *(lances)*. En el segundo, el "banderillero" **9.** (poner) _____ banderillas *(barbed darts)* en el cuello del toro para provocarlo. Luego **10.** (llegar) _____ "la faena", la parte más emocionante, en que el matador **11.** (demostrar) _____ su arte y **12.** (matar) _____ el toro.

B. La Navidad en aquel entonces. Octavia Gonzales Hurtado, una abuela colombiana, describe la Navidad que se celebraba en Colombia. Cambie Ud. los verbos al imperfecto.

Nosotros **1.** (celebrar) _____ la Navidad de una forma muy diferente cuando yo **2.** (ser) _____ pequeña. Los niños **3.** (soñar) _____ con la llegada del día e **4.** (imaginar) _____ cómo sería el día mágico. Nosotros no **5.** (tener) _____ televisión y por eso, no **6.** (ver) _____ los anuncios comerciales que intentaban vender sus productos al público. Todos **7.** (esperar) _____ la Navidad. Los niños **8.** (creer) _____ que el Niño Dios **9.** (ser) _____ el responsable de todos los bonitos regalos que **10.** (encontrar) _____ debajo de sus almohadas.

Nosotros **11.** (adornar) _____ las casas con decoraciones que nosotros **12.** (hacer) _____. Los amigos **13.** (traer) _____ las comidas que cada uno **14.** (preparar) _____ para la ocasión. Los dulces y los tamales **15.** (llenar) _____ las mesas, y toda la casa olía *(to smell)* a Navidad.

Los niños de ayer **16.** (cambiar) _____ automáticamente en la época navideña. **17.** (Portarse) _____ como angelitos. **18.** (Soler) _____ escribirle cartas al Niño Dios, en las cuales **19.** (describir) _____ con detalle los regalos que **20.** (querer) _____ recibir... soldaditos de plomo *(tin soldiers)* o muñecas de trapo *(rag dolls)*. Y mi mamá **21.** (pasar) _____ meses preparando nuestros regalos, que **22.** (ser) _____ todos hechos por su propia *(own)* mano.

C. Ud. tiene correo. Ud. tiene una "amiga por correspondencia electrónica" que le escribe para hablar del Carnaval en su país natal de Argentina. Cambie los verbos al pretérito o al imperfecto. Luego, conteste la carta, describiendo una fiesta especial.

Hola. Pues, como yo sé cuánto te interesa aprender sobre las tradiciones de mi país, voy a describir el Carnaval, una fiesta que precede la Cuaresma *(Lent)*. Se celebra en febrero o marzo y dura *(lasts)* unos cinco días.

A mí me **1.** (gustar) _____ el Carnaval. En las calles de Córdoba, mi ciudad, siempre **2.** (haber) _____ un ambiente festivo. La gente **3.** (disfrazarse) _____ con la ropa típica del Carnaval de Brasil y **4.** (haber) _____ bailes, desfiles, música, danza, comida y bebida hasta muy tarde. También **5.** (ser) _____ costumbre llenar con agua unos globos pequeños y tirárselos a la gente.

Yo me acuerdo de una vez cuando **6.** (tener) _____ 16 años. Ese día mis amigos y yo **7.** (vestirse) _____ de payasos, **8.** (salir) _____ a la calle y **9.** (comer) _____ "choripán" *(bread with grilled sausage)* y "panchos" *(hot dogs)*, la comida típica de esa época. **10.** (Ser) _____ las cinco o las seis de la tarde. Nosotros **11.** (caminar) _____ por la calle cuando unos jóvenes, desde el séptimo piso de un edificio, nos **12.** (tirar) _____ un balde *(bucket)* de agua con jabón. Al principio yo **13.** (ponerse) _____ enojada, pues **14.** (tener) _____ la ropa mojada *(wet)*, pero después **15.** (reírse) _____. **16.** (Ser) _____ un día memorable.

D. De vuelta con Mariana. Use your Spanish skills to retell what happened in episode 18, **Así es Mariana: La fiesta de fin de año.** How did Mariana and her friends celebrate the holidays in their countries. How do you ring in the New Year? What other holiday do you celebrate in December? How did you celebrate as a child? Have these traditions changed? In what way?

Cuando no tiene la menor idea puede decir:	*When you have no idea you can say:*
¿Qué sé yo?	*What do I know?*
No se me ocurre nada.	*I can't think of anything.*
Me doy por vencido(a). Dame una pista.	*I give up. Give me a hint.*

Cuando hay duda puede decir:	*When there is doubt you can say:*
Que yo sepa...	*As far as I know . . .*
Si mal no recuerdo...	*If I remember correctly . . .*
Según parece...(Por lo visto...)	*Apparently . . .*

Cuando no hay duda alguna puede decir:	*When there is no doubt you can say:*
Yo en tu lugar...	*If I were you . . .*
A mi entender (parecer)...	*As I see it . . .*
¡No te lo creas!	*Don't you believe it!*
Estoy completamente en contra.	*I'm totally against it.*

Cuando se equivoca puede decir:	*When you make a mistake you can say:*
Me equivoqué.	*I'm wrong. (I made a mistake.)*
Te doy la razón.	*You are absolutely right.*
Cambié de parecer (de idea).	*I changed my mind.*
¡Metí la pata!	*I put my foot in my mouth!*

Practiquemos

A. El experto. En parejas, háganse las preguntas siguientes y contéstenlas. Si no saben la respuesta, usen una de las expresiones anteriores.

1. ¿Cuál es la ciudad capital más alta del mundo?
2. Pienso dejar mis estudios para casarme. ¿Qué te parece?
3. ¿Crees que el Brasil es más grande que los Estados Unidos?
4. ¿Qué explorador europeo descubrió el Océano Pacífico?

Ahora piensen en más preguntas para hacerse.

B. El concurso. En grupos, representen una escena como la del dibujo de arriba, de un concurso *(game show)*. El anfitrión *(host)* les hace preguntas a los participantes, pero ellos no pueden contestar correctamente ni una sola pregunta. ¿Cómo se llama su programa? ¿Cómo se juega? ¿Qué pueden ganar?

Reciprocal Actions with Se

The reciprocal construction expresses *each other* or *one another*.

Forma

nosotros	nos
vosotros	os
ellos	
ellas	se
Uds.	

Nos queremos mucho.   *We love each other very much.*
¿Os conocéis?   *Do you know each other?*
Se ayudan siempre.   *They always help each other.*

Función

1. The plural reflexive pronouns can be used to express either reflexive or reciprocal action.

   Magdalena y Laura **se ven.**
   { *Magdalena and Laura **see themselves.***
   { *Magdalena and Laura **see each other.***

2. It is generally clear from the context which concept is being expressed.

   Jorge y Manolo **se escriben** a menudo.
   *Jorge and Manolo **write to each other** often.*

Practiquemos

A. Distancias. Gabriela vive muy lejos de su hermana. ¿Qué hacen las dos hermanas para mantener una relación íntima? Forme frases que muestran acción recíproca según el modelo.

MODELO   mandar/muchas fotos
          Se mandan muchas fotos.

1. llamar/por teléfono
2. escribir/cartas
3. visitar/cada mes
4. contar/todos sus secretos
5. escuchar/cuando tienen problemas personales

B. En mi familia todos celebramos. Mi familia es muy grande y así celebramos la Navidad. Use Ud. el reflexivo recíproco de la primera persona plural (**nosotros**) y complete el párrafo con los verbos apropiados de la lista siguiente.

MODELO   desear
          Nos deseamos mucha felicidad en el año nuevo.

contar	saludar	querer	preguntar	decir
besar	abrazar	dar	mostrar	ayudar

Siempre celebramos la Navidad en la casa de mi abuela. Al llegar a la casa 1. _____ cariñosamente y 2. _____ "Feliz Navidad". Como es una cena muy grande, 3. _____ con los preparativos. Después de comer, 4. _____ fotos y 5. _____ anécdotas sobre todos los eventos del año. 6. _____ cómo están los niños y cómo van los trabajos, y 7. _____ los regalos que hemos traído. Al salir 8. _____ y 9. _____. En mi familia 10. _____ mucho.

Detrás del telón con Alicia

Llene Ud. el espacio con la forma correcta del verbo en el pretérito o el imperfecto.

Bienvenidos, queridos televidentes. Nuestro programa de hoy está dedicado a un importante artista colombiano, Carlos Vives.

El popular cantante y actor Carlos Vives **1.** (nacer) _____ en 1961 en Santa Marta, Colombia. De niño siempre le **2.** (gustar) _____ cantar en fiestas familiares. **3.** (Ser) _____ evidente desde el principio que este joven **4.** (tener) _____ talento. En la escuela Carlos **5.** (estudiar) _____ la carrera de relaciones públicas, y en 1982 él **6.** (conseguir) _____ su primer papel en una telenovela. En 1989 él **7.** (realizar) _____ la banda sonora *(sound track)* para la telenovela *Escalona,* y el disco **8.** (llegar) _____ a ser uno de los más vendidos en la historia de Colombia. Con su grupo "La Provincia", Carlos **9.** (comenzar) _____ a modernizar la música conocida como "vallenato" (que significa nacido en el valle). Según Carlos, "el ritmo vallenato es la expresión de la gente más humilde de Colombia, es el son de la cultura campesina y afroindígena del Caribe".

Cuando yo **10.** (hablar) _____ con el cantante me **11.** (confesar) _____ que **12.** (estar - él) _____ muy contento con su éxito, y que **13.** (querer) _____ compartir su música con el resto del mundo, pero a su manera y en su propia lengua. Él **14.** (decir) _____ que no **15.** (tener) _____ interés en cantar en inglés como su compatriota Shakira. **16.** (Añadir - él) _____ que espera que su música pueda ayudar a apaciguar las disensiones civiles y el narcoterrorismo que afligen y dividen su país.

En 2002, su canción y álbum *Déjame entrar* **17.** (recibir) _____ mucha atención, y Vives **18.** (ganar) _____ un Grammy y varios premios Grammy Latino.

Para saber más sobre otras de sus estrellas sudamericanas favoritas, lea Ud. *Gaceta 6,* en la págs. 564–565.

En resumen

A. Adiós, Luis. ¡Qué te diviertas en San Diego! Llene Ud. el espacio con la forma correcta del pretérito o del imperfecto. Si hay dos palabras, escoja la más apropiada.

Ayer Luis **1.** (abordar) _____ el avión **2.** (para, por) _____ ir a San Diego **3.** (para, por) _____ pasar la Navidad con su familia. Él **4.** (sentirse) _____ triste porque cuando **5.** (despedirse) _____ de Mariana en el aeropuerto, ella **6.** (empezar) _____ a llorar. ¡Luis no **7.** (esperar) _____ eso! También **8.** (estar) _____ feliz con la anticipación de estar otra vez en casa con sus padres.

La despedida en el aeropuerto **9.** (ser) _____ un poco cómica porque Mariana **10.** (tener) _____ una larga lista de recomendaciones para él: "Por favor, Luis, no **11.** (olvides, olvidas) _____ llamarme en cuanto **12.** (llegas, llegues) _____, no importa la hora. No **13.** (comes, comas) _____ demasiado, aunque no creo que esto **14.** (es, sea) _____ posible con todo lo que a ti **15.** (te, le) _____ gustan los platos que tu mamá prepara, y **16.** (cuéntame, cuénteme) _____ qué pasa en la telenovela porque no tendré tiempo **17.** (para, por) _____ verla."

Mientras ellos **18.** (esperar) _____ en el aeropuerto, Mariana **19.** (querer) _____ que Luis le **20.** (contara, cuente) _____ cómo la familia de él **21.** (celebrar) _____ el Día de Reyes cuando Luis **22.** (ser) _____ niño. Él le **23.** (decir) _____ que siempre **24.** (haber) _____ una merienda en casa de su abuela. Ella **25.** (servir) _____ café mexicano y chocolate caliente—muy espeso *(thick)* y rico—con la tradicional rosca de Reyes *(cake shaped like a king's crown)* en cuyo interior **26.** (estar) _____ escondidos *(hidden)* unos muñequitos *(dolls)* que **27.** (representar) _____ al Niño Dios.

Luis volverá pronto para empezar otro semestre en la Universidad de Miami con Mariana y sus amigos.

B. Carnaval. Traduzca Ud. el siguiente diálogo al español.

Octavio: *I love this photo of you and your cousin in Argentina. How old were you?*

Alicia: *I was fifteen. We used to see each other every year during Carnival.*

Octavio: *Look at this parade and these costumes! Did you always dress up?*

Alicia: *Of course! And we'd celebrate for many days. It was wonderful!*

Avancemos

Escuchemos

CD3, Tracks 22–24

¿Qué palabra escoge Ud.? You will hear a series of incomplete sentences. Choose the word that best completes each sentence.

> MODELO El hombre judío quiere hablar con su _____.
> *El hombre judío quiere hablar con su rabino.*

1. (¡Salud!/¡Enhorabuena!)

2. (solemne/alegre)

3. (los Reyes Magos/la Misa del gallo)

4. (muerto/espíritu)

5. (sorpresa/desfile)

6. (Felices Pascuas/Mi más sincero pésame)

7. (Carnaval/Navidad)

Dictado. Enrique was in South America during Carnival time. Listen carefully to the entire description of Enrique's experience. Listen again and write each sentence during the pauses.

You will then hear a series of questions related to the dictation. Answer them with complete sentences. Refer to your dictation.

Época de carnaval, Buenos Aires

 **Hablemos**

Recuerdos. People often view events differently. When you look back on your childhood, your memories may differ from those of your parents. Complete the following sentences, carefully noting the use of the preterite and the imperfect tenses. Then compare the sentences to those of your partner, who is your mother/father in this exercise.

Estudiante A

1. Yo siempre rezaba antes de...

2. Los otros niños se burlaban de mí porque...

3. Pero en una ocasión yo me burlé de mis padres....

4. En el entierro de mi querido abuelo yo...

5. Todos los años, en Halloween, me disfrazaba de...

6. Pero un año me disfracé de... y todos...

7. Mi día festivo favorito era...

8. Durante una ceremonia muy solemne en la iglesia, yo...

9. No me gustaba ir a los velorios porque....

10. Un día, cuando descubrí que mis padres iban a castigarme por...., yo me escondí....

escondiste...

10. Un día, cuando descubriste que nosotros íbamos a castigarte por...., tú te

9. No te gustaba ir a los velorios porque....

8. Durante una ceremonia muy solemne en la iglesia, tú....

7. Tu día festivo favorito era....

6. Pero un año te disfrazaste de... y todos...

5. Todos los años, en Halloween, te disfrazabas de....

4. En el entierro de tu querido abuelo tú....

3. Pero en una ocasión tú te burlaste de.... y tu padre (madre) y yo...

2. Los otros niños se burlaban de ti porque....

1. Tú siempre rezabas antes de....

Estudiante B

your son/daughter in this exercise.

perfect tenses. Then, compare the sentences to those of your partner, who is the following sentences, carefully noting the use of the preterite and the im-your child's early years, your memories may differ from his/hers. Complete

Recuerdos. People often view events differently. When you look back on

 **Leamos**

Vaqueros (*cowboys*) y gauchos. El siguiente artículo es una comparación de dos vaqueros del pasado: el norteamericano y el vaquero de la América del Sur.

Antes de leer

A. Adivine (*Guess*) Ud. por el contexto el significado de las palabras subrayadas.

1. El hombre a caballo ha inspirado <u>leyendas</u> populares y obras literarias.
   a. *legends*   **b.** *books*   **c.** *stories*

2. Estas subculturas, especialmente en la América del Norte y del Sur, parecen tener muchos <u>rasgos</u> y valores comunes.
   a. *aspirations*   **b.** *traits*   **c.** *problems*

3. Cuando tenían la suerte de estar empleados, los vaqueros estadounidenses y los gauchos hacían más o menos las mismas <u>faenas</u>.
   a. *tasks*   **b.** *excuses*   **c.** *tricks*

B. ¿Qué imágenes asocia Ud. con la palabra "vaquero"? ¿Cómo se vestía el vaquero estadounidense del pasado? ¿Qué aspectos de su vida eran característicos? ¿Sabe algo sobre el vaquero sudamericano? Si sólo tiene una imagen mental de él, descríbalo.

Vaqueros y gauchos (Richard W. Slatta)

El hombre a caballo (*on horseback*) ha inspirado leyendas populares y obras literarias. Las subculturas desarrolladas (*developed*) en la América del Norte y del Sur parecen tener muchos rasgos y valores comunes; también existen diferencias fundamentales.

A los vaqueros estadounidenses les encantaba jugar a las cartas, sobre todo al póker. Los gauchos se entretenían jugando a las cartas y apostando (*betting*) en las carreras (*races*) de caballo.

El traje (*outfit*) del gaucho y del vaquero estadounidense eran diferentes, pero en ambos (*both*) casos era característico. Theodore Roosevelt, presidente de los Estados Unidos e historiador del Oeste, describió el traje del vaquero. "Estos hombres delgados, musculosos ... llevan camisas de franela (*flannel*), pañuelos al cuello; llevan sombreros anchos,

botas de tacos altos (*high heels*) con espuelas (*spurs*), y a veces se ponen chaparreras (*chaps*) de cuero." En 1840, un dibujante inglés captó los elementos esenciales del traje del gaucho: "...Llevan botas blancas, abiertas en la punta (*tip*) y hechas muy cuidadosamente del cuero de las patas traseras (*back*) de los caballos. El sombrero es un jipijapa con una cinta (*band*) roja y llevan grandes espuelas de plata o de hierro. (*iron*)"

Tanto los gauchos como los vaqueros tenían que enfrentarse (*face*) con violentas tempestades de invierno. Cuando tenían la suerte de estar empleados, los vaqueros y los gauchos hacían más o menos las mismas faenas, tales como acorralar las reses (*cattle*), marcarlas, castrarlas y conducirlas por los caminos. Pasaban largas temporadas (*periods of time*) de desempleo en las épocas de poca actividad en los ranchos, lo que explica en parte por qué robaban reses para venderlas o comérselas.

La mayoría de los vaqueros sabían leer y leían cuanto podían, a veces pedazos (*pieces*) de periódicos viejos y hasta se leían con cuidado las etiquetas (*labels*) de las latas de manteca (*butter*), frijoles o cualquier otra (*any other*) cosa. Algunos dejaron escritas sus experiencias en forma de memorias o narraciones populares que tienen el sabor (*flavor*) de la vida ranchera. No hay ningún relato autobiográfico del gaucho. Los gauchos eran analfabetos (*illiterate*) y rara vez entraban, ni intentaban entrar, en contacto con la civilización urbana. El vaquero estaba más dispuesto (*willing*) a aceptar algunos elementos modernos.

La existencia del gaucho duró mucho más que la del vaquero y por lo tanto (*therefore*) desarrolló (*developed*) una serie de tradiciones más hondas (*deep*). El gaucho llegó a ser símbolo nacional de la Argentina más bien que sólo un símbolo regional, como lo fue el vaquero del Oeste de los EE.UU.

Después de leer

A. ¿Cuáles son tres semejanzas (*similarities*) y tres diferencias entre el vaquero estadounidense y el gaucho?

B. Según el artículo, el vaquero es un símbolo regional de los Estados Unidos. ¿Qué quiere decir esto? ¿Cuáles son otros símbolos de otras regiones de los EE.UU? ¿Tiene EEUU un símbolo nacional? ¿Cuál es o cuál debe ser?

C. La lectura no menciona ni la vida amorosa ni la vida familiar de estos hombres. Usando el pretérito y el imperfecto, invente Ud. un comentario sobre estos aspectos de la vida de los vaqueros y los gauchos.

Escribamos

Describing and Narrating in the Past: A Brief Review

In the Lección 2 **Escribamos** section, you observed a photograph and painted a picture with your words. You *described* a place. In **Escribamos** of Lección 4, you used a writing tool to organize your thoughts, and you *described* a person. **Escribamos** in Lección 8 walked you through the process of writing a *narrative* in the past. In this section, you will weave the functions of describing and narrating in the past to write a brief article based on the reading in the **Leamos** section of this lesson. As always, you will be given the guidelines to accomplish the task.

Antes de escribir

A. Las secciones de **Escribamos** contienen técnicas para escribir que Ud. puede repasar *(review)*.

  1. Repase los principios importantes para escribir una descripción de un lugar en **Escribamos,** Lección 2, página 88.
  2. Repase la técnica de "La red de ideas" para describir una persona en **Escribamos,** Lección 4, página 158.
  3. Repase los elementos necesarios para escribir una narración en el pasado en **Escribamos,** Lección 8, página 278.
  4. Repase el uso del pretérito y del imperfecto en la página 545 de esta lección.

B. *Freewriting.* Si se le presentan dificultades al iniciar el proceso de escribir, consulte *Practicing Freewriting* en **Escribamos,** Lección 6, página 211.

C. **Vuelva a escribir** *(Rewrite).* En la página 554 de la sección de **Leamos** de esta lección, hay un artículo sobre el gaucho argentino. En el artículo, busque Ud. la descripción del traje del vaquero y del gaucho que escribieron Theodore Roosevelt y un dibujante *(illustrator)* inglés. Vuelva a escribir esa descripción, cambiando los verbos al imperfecto.

D. **Describa en el pasado.** Busque en el artículo referencias al ambiente en el que vivían los gauchos y referencias a algunos aspectos de su vida. Use su imaginación y el pretérito y el imperfecto para escribir una descripción de éstos. Escriba tres o cuatro frases.

E. **Narre en el pasado.** Ahora, suponga que Ud. pasó un día en la Argentina con un grupo de gauchos. Basándose *(Basing yourself)* en el artículo, resuma *(summarize)* sus actividades en orden cronológico. Escriba tres o cuatro frases.

F. **Organizarse.** Muy pronto va a combinar los elementos anteriores para escribir un breve artículo. Si necesita repasar cómo escribir una introducción y una conclusión, consulte **Escribamos,** Lecciones 16 y 17 en las páginas 518 y 537.

Ahora, escriba

Ud. está listo(a) para describir y narrar en el pasado.

Combine las dos descripciones **(Antes de escribir** C y D) con la narración de las actividades **(Antes de escribir** E) para escribir un breve artículo titulado *La vida de los gauchos.*

Vocabulario

Lección 16

La boda (The wedding)

el anillo de casado	*wedding ring / band*	**el novio**	*groom*	**la banda**	*band*
el beso	*kiss*	**la orquesta**	*orchestra*	**el conjunto (musical)**	*band*
la iglesia	*church*	**la recepción**	*the reception*	**la luna de miel**	*honeymoon*
la invitación	*invitation*	**el abrazo**	*hug*	**los recién casados**	*newlyweds*
el (la) invitado(a)	*guest*	**el anillo de compromiso**	*engagement ring*		
la novia	*bride*				

Verbos

abrazar	*to hug*	**divorciarse (de)**	*to get a divorce*	**odiar**	*to hate*
amar	*to love*	**enamorarse (de)**	*to fall in love (with)*	**pelear (luchar)**	*to fight*
besar	*to kiss*			**reñir (i)**	*to argue*
casarse (con)	*to marry*	**fracasar**	*to fail*	**resolver (ue)**	*to resolve, solve*
comprometerse	*to become engaged*	**hacerse novios**	*to become engaged*	**reunir(se) (con)**	*to gather, re-unite (meet with)*
disputar	*to argue*	**negarse a (ie)**	*to refuse to*		

Vocabulario general

la amistad	*friendship*	**el divorcio**	*divorce*	**el matrimonio**	*matrimony, married couple*
el amor	*love*	**enamorado (de)**	*in love (with)*		
el caballero	*gentleman*	**hacer esfuerzos**	*to make the effort*	**el noviazgo**	*courtship*
el cariño	*affection*			**querido(a)**	*dear, darling*
cariño (cielo)	*sweetheart, honey*	**hacer las paces**	*to make up*	**la realidad**	*reality*
		infantil	*childish, relating to childhood*	**la riña**	*argument*
cariñoso	*affectionate*			**salir bien (mal)**	*to turn out well (badly)*
los celos	*jealousy*	**llevarse bien (mal)**	*to get along well (badly)*		
celoso	*jealous*			**el sentido del humor**	*sense of humor*
el compromiso	*engagement*	**loco**	*crazy, foolish*		
cortés	*courteous*	**maduro**	*mature*	**la sinagoga**	*synagogue*
la disputa	*argument*				

Lección 17

Verbos

combatir	*to combat, fight*	**dominar**	*to dominate*	**obligar**	*to oblige*
cooperar	*to cooperate*	**enfadarse**	*to become (get) angry*	**oponerse a**	*to oppose*
criar	*to raise (children)*	**enojarse**	*to become (get) angry*	**provocar**	*to provoke*
				triunfar	*to triumph*
discriminar	*to discriminate*			**votar (por)**	*to vote (for)*

Vocabulario general

agresivo	*aggressive*	**el derecho**	*right*	**la lucha**	*fight (struggle)*
el ama de casa (f.)	*housewife*	**la discriminación**	*discrimination*	**machista**	*macho*
capaz	*capable*	**enfadado**	*angry*	**la mitad**	*half*
el centro para niños	*day care center*	**enojado**	*angry*	**obediente**	*obedient*
		flexible	*flexible*	**pasivo**	*passive*
conservador	*conservative*	**la guardería infantil**	*day care center*	**la pelea**	*fight (struggle)*
coquetón (coquetona)	*flirtatious*	**hacer un papel**	*to play a role*	**el prejuicio**	*prejudice*
cumplir con	*to fulfill*	**inútil**	*useless*	**rígido**	*rigid*
dar a luz	*to give birth*	**el lazo**	*tie, link*	**sensible**	*sensitive*
el deber	*duty*	**liberado**	*liberated*	**sociable**	*sociable*
los demás	*the rest, everyone else*	**liberal**	*liberal*	**útil**	*useful*
		llegar a un acuerdo	*to reach an agreement*		

Lección 18

Verbos

brindar	*to toast*	**enterrar (ie)**	*to bury*	**juntar**	*to gather, bring together*
burlarse (de)	*to make fun (of)*	**esconder**	*to hide*		
celebrar	*to celebrate*	**felicitar**	*to congratulate*	**rezar**	*to pray*
disfrazarse (de)	*to disguise oneself (as), dress up*	**festejar**	*to have a party, celebrate*	**suceder**	*to happen*

Vocabulario general

el alma (f.)	*soul*	**estupendo**	*wonderful, stupendous*	**la Pascua (Florida)**	*Easter*
(el) Año Nuevo	*New Year*	**la felicidad**	*happiness*	**el pastor**	*minister*
católico	*Catholic*	**¡Feliz Navidad! (¡Felices Pascuas!)**	*Merry Christmas!*	**¡Próspero Año Nuevo!**	*Happy New Year!*
el cementerio	*cemetery*				
la corrida de toros	*bullfight*			**protestante**	*Protestant*
cristiano	*Christian*	**Jánuca**	*Chanukah*	**el rabino**	*rabbi*
el cura	*priest*	**judío**	*Jewish*	**religioso**	*religious*
el desfile	*parade*	**maravilloso**	*marvellous*	**el sacerdote**	*priest*
el Día de (los) Reyes (Magos)	*Kings' Day (Epiphany)*	**mi más sincero pésame**	*my condolences*	**sagrado**	*sacred*
el Día de los Muertos	*Day of the Dead*	**la misa**	*mass*	**¡Salud!**	*Cheers!*
		la Misa del Gallo	*Midnight Mass*	**la Semana Santa**	*Holy Week*
el día del santo	*Saint's Day*	**muerto(a)**	*dead person*	**solemne**	*solemn*
el disfraz	*disguise*	**la Navidad**	*Christmas*	**la sorpresa**	*surprise*
¡Enhorabuena!	*Congratulations!*	**la Nochevieja**	*New Year's Eve*	**el velorio**	*wake*
		la Nochebuena	*Christmas Eve*	**el villancico**	*Christmas carol*
el entierro	*funeral, burial*	**la Pascua**	*Passover*		
el espíritu	*spirit*				

Sudamérica

Una gira turística por Sudamérica

Preparativos

A. Antes de hacer una gira por Sudamérica, mire Ud. la sección **Practiquemos** para anticipar lo que va a leer. ¿Qué actividades y sitios de interés incluye la gira? ¿Qué países va a visitar? ¿Cuáles son las capitales de esos países?

B. Hojee la lectura para saber a qué países pertenecen...

   1. las islas Galápagos   **2.** la isla Margarita   **3.** la isla de Pascua

C. Hojee la lectura para saber a qué se refieren...

   1. las fechas: 1911, 1835, 1533
   2. los números: 3.000, 500

En **Sudamérica** hay ciudades cosmopolitas y pequeños pueblos coloniales. Los numerosos museos tienen tesoros *(treasures)* de arte contemporáneo y preciosos vestigios *(traces)* de civilizaciones pasadas. Hay paisajes montañosos, selvas exóticas, valles, playas soleadas *(sunny)* y grandes plantaciones de café, cacao y bananas. En cuestiones de clima, de recreo, de cocina y de cultura... hay de todo en Sudamérica.

Buenos Aires, Argentina

Las ruinas de Machu Picchu, Perú

La asombrosa *(astonishing)* ciudad-fortaleza *(fortress)* de los incas, **Machu Picchu,** está situada en los Andes peruanos a unos 112 kilómetros de Cuzco, la antigua capital incaica. Fue construida en el siglo XV y abandonada a la llegada de los conquistadores españoles. Este santuario servía de refugio para los líderes de los incas en caso de peligro. Estaba tan escondido en las montañas que sólo unos campesinos *(farmers)* sabían de su existencia hasta 1911 cuando fue "descubierto" por Hiram Bingham, un ex gobernador de Connecticut. Las ruinas que se han conservado son magníficas: templos, casas, palacios, una fortaleza, un cementerio, calles y avenidas. Es indudablemente *(undoubtedly)* el espectáculo más impresionante de la América del Sur.

Santiago, Chile

Isla de Pascua.

En **Chile,** después de gozar del ambiente sofisticado de Santiago, su capital, y de la belleza de las playas increíbles de Viña del Mar y de la tranquilidad de los lagos plácidos de Puerto Montt, se debe hacer un viaje a la isla de Pascua, *(Easter Island)* situada a unos 3.000 kilómetros de la costa. Por sus cráteres, volcanes, tumbas ceremoniales y sus 500 estatuas megalíticas *(monumental stone)* de origen misterioso, se la llama "el museo al aire libre".

Las islas Galápagos

Diecisiete islas grandes, más de cien islotes *(small barren islands)* y unos pueblos pequeños constituyen las **islas Galápagos,** una de las reservas ecológicas más importantes del mundo. A mil kilómetros de la costa del Ecuador, este parque nacional tiene tortugas gigantescas y reptiles antediluvianos. Fue aquí donde Charles Darwin, en 1835, empezó a formular su famosa teoría sobre la evolución.

Cartagena de las Indias, Colombia

Bolivia, junto con Paraguay, son los dos países del continente que no tienen acceso al mar. La Paz, la capital del país, y Potosí son dos ciudades pintorescas que han conservado casi intacta su antigua belleza colonial. Aquí se pueden probar comidas picantes, escuchar música regional en una peña *(club)* folklórica y visitar museos interesantes. Cerca de la frontera entre Bolivia y Perú está el lago Titicaca, el lago navegable más alto del mundo.

El lago Titicaca, Bolivia

Para los viajeros que quieren combinar playas fabulosas con un poco de historia, el lugar favorito es **Cartagena de las Indias,** la ciudad amurallada *(walled)* de Colombia. Fundada en 1533, Cartagena guardaba las grandes riquezas del Nuevo Mundo antes de enviarlas a España. Fue la ciudad más rica de las Américas. Un lugar de veraneo que últimamente se ha hecho popular es **Margarita,** una isla que pertenece *(belongs)* a Venezuela. Las playas de arena *(sand)* fina y las aguas cristalinas son incomparables.

Practiquemos

A. Atractivos turísticos. En Sudamérica, ¿adónde iría Ud. para...

1. aprender sobre la relación comercial entre España y el nuevo mundo?
2. navegar en un lago muy famoso?
3. contemplar las asombrosas ruinas del antiguo mundo de los incas?
4. visitar un museo único?
5. saber cómo era la vida colonial en la América del Sur?
6. descansar y tomar el sol?
7. ver dónde empezó la teoría de la evolución de las especies?

B. Lugares de interés. Identifique Ud. los siguientes lugares. Luego, encuéntrelos en el mapa.

1. un lugar de vacaciones "de moda"
2. la capital de Bolivia
3. el espectáculo más majestuoso del continente
4. el antiguo "puente" (*bridge*) que conectaba a España y a América
5. un lago de una altitud extraordinaria

C. **¿Qué sabe Ud. de Buenos Aires?** Para saber algo sobre la ciudad de Buenos Aires, busque Ud. en la segunda columna la terminación de las frases de la primera columna.

1. La segunda ciudad más grande de Sudamérica es...
2. Tiene una población de...
3. Los habitantes de esta ciudad se llaman...
4. La gente joven de Buenos Aires habla...
5. Buenos Aires se considera...
6. Una gira turística debe...
7. Si a Ud. le gustan los barrios internacionales hay que...
8. En esta zona nació el famoso baile...
9. Por las muchas renovaciones, hay...
10. A los turistas les gusta comprar...

a. artículos de piel (*leather*) y probar el "bife" (*beef*).
b. el tango.
c. una de las ciudades más interesantes del mundo.
d. visitar "La Boca", un barrio italiano.
e. Buenos Aires, la capital de Argentina.
f. pocos edificios antiguos.
g. más de 10.000.000 de habitantes.
h. "porteños".
i. un dialecto que se llama "lunfardo".
j. comenzar en el corazón de la ciudad, la Plaza de Mayo.

Ahora, conteste las preguntas. En Buenos Aires, ¿qué va Ud. a...

1. comer?
2. ver?
3. visitar?
4. bailar?
5. comprar?
6. oír hablar?

Notas y noticias

Simón Bolívar —filósofo, orador, político y genio militar— nació en Caracas,[1] Venezuela en 1783. En Europa fue inspirado por los ideales de autonomía e independencia, y juró dedicar su vida a la liberación de su país y de todas las colonias del dominio español, y a la creación de los Estados Unidos de Latinoamérica. La lucha contra los españoles fue larga y difícil, pero en 1813 Bolívar fue proclamado Libertador en Caracas. En los próximos años recibió el mismo título en Perú, Bolivia, Colombia y Ecuador. Pero sus esfuerzos por la unificación de Sudamérica fracasaron. Los países entraron en un periodo de caos y Simón Bolívar, el gran libertador de Sudamérica, murió en 1830 de tuberculosis, pobre y desilusionado. El Panteón Nacional, situado en Caracas, guarda sus restos.

Además de sus otros talentos, Bolívar fue un escritor prolífico. Siguen algunas de las palabras de Bolívar que expresan su pasión por una América fuerte, unida y libre:

Simón Bolívar

- Yo deseo más que otro ver formar en América la más grande nación del mundo, menos por su extensión y riquezas *(riches)* que por su libertad y gloria.
- Mi único amor siempre ha sido el de la Patria; mi única ambición, su libertad.
- Divididos, seremos más débiles, menos respetados de los enemigos y neutrales.[2]

Gabriel García Márquez

Parece increíble, pero cuando **Gabriel García Márquez** terminó su novela *Cien años de soledad* en 1967, tenía tan poco dinero que su esposa vendió su licuadora *(blender)* para poder mandarle el manuscrito al redactor *(publisher)*. Hoy, **Cien años de soledad** es la novela hispana más conocida y más traducida (50 ediciones en español y traducciones en 27 idiomas) después de *Don Quijote*, y García Márquez es uno de los escritores más famosos de este siglo. Con una mezcla de ficción y realidad, dos elementos característicos de su obra, García Márquez cuenta la historia de Macondo, un pueblo imaginario que sintetiza la historia y cultura de Latinoamérica. Nació en 1928 en Aracataca, Colombia, uno de 16 hijos de un telegrafista. Ha trabajado de redactor, periodista y guionista *(script writer)* y publicó su primera novela, **La hojarasca,** en 1955. Este hombre humilde *(humble)* de extraordinario talento literario, recibió el Premio Nóbel de literatura en 1982.

Fernando Botero, creador de las famosas "gordas" y de las esculturas gigantescas, nació en Medellín, Colombia en 1932. De niño quería ser torero, pero a los 15 años decidió dedicarse a la pintura. Estudió en España y en Italia. Sufrió dificultades económicas en Nueva York, donde tuvo que vender sus obras por muy poco dinero. Hoy tiene residencias en París, Toscana, Montecarlo y Nueva York, y realiza exhibiciones en todas las importantes galerías de arte. Se considera a Fernando Botero el artista vivo más extraordinario del mundo.

Margarita según Velázquez, ca. 1977. Fernando Botero

[1]En Caracas se puede visitar: La Plaza Bolívar, la Casa Natal *(birthplace)* de Bolívar, el Centro Simón Bolívar, el Museo Bolívar y el Panteón Nacional donde guardan los restos *(remains)* de este gran héroe. La moneda *(monetary unit)* de Venezuela es el bolívar.

[2]En su novela *El general en su laberinto,* Gabriel García Márquez examina los aspectos poco conocidos de la vida del legendario Simón Bolívar.

El tango

Hoy, después de muchos años de decadencia, **el tango** — música, baile y canción- está de vuelta. Aunque su origen no es conocido, se cree que el tango nació en Buenos Aires a finales del siglo XIX. Es una fusión de estilos, culturas e historias, y según el gran bailarín argentino Juan Carlos Copes, "el tango es el diálogo de un hombre y una mujer, sin palabras". Por sus movimientos provocativos, se consideró al tango una actividad sórdida y de clase baja. Sin embargo, después de su triunfo en París, el tango entró en los salones más elegantes del mundo.

don Francisco

Quizás la cara más conocida de la televisión por toda la América Latina, incluso la televisión en los EE.UU., es la del chileno **don Francisco,** el "adorable inculto *(clown]*" del programa *Sábado Gigante*. Este programa combina concursos *(contests),* entrevistas, cantantes y música, y llega a más de dos millones de hogares *(homes)* en los EE.UU., Centro y Sudamérica. Dice él: "Yo tengo la suerte de Bolívar. Bolívar soñó hace 100 años con unificar a todos los países hispanos en un sólo país. Ése es mi sueño en la televisión. Unificar a todo el mundo en un programa de televisión".

Shakira

Shakira, cuyo nombre en idioma árabe significa "mujer llena de gracia", es una de las luces que está iluminando la música contemporánea. Nació en Barranquilla, Colombia en 1977 de padre libanés y madre colombiana. A los 8 años escribió su primera canción, a los 14 años se hizo artista oficial de Sony Music con su álbum *Magia* y a los 16 años se graduó del colegio y se dedicó completamente a la música. Su álbum *¿Dónde están los ladrones?* la convirtió en una sensación internacional. Hoy, con 21 discos de oro, 54 discos de platino y 3 premios de la revista *Billboard,* Shakira es una de las máximas intérpretes del pop-rock latino.

Todos están hablando de **Juanes,** la nueva sensación colombiana, cuyos talentos incluyen el de guitarrista, cantante, compositor, productor y arreglista. Nació Juan Esteban Aristizabal en Medellín. En el año 1998, se mudó a Los Ángeles en busca de éxito profesional y de fama internacional. Para Juanes, no fue muy difícil conseguirlos.

Su primer álbum, que se llama *Fíjate Bien,* es una combinación ecléctica de muchos estilos, incluyendo salsa, R&B, rock y pop. Y, según *El Miami Herald,* el album es "inolvidable". El año pasado, Juanes recibió siete nominaciones para los Latin Grammys y ganó tres (incluyendo mejor artista nuevo, mejor canción de rock, y mejor solista para un album de rock). Juanes dijo que ganar este premio era el honor más anhelado que había logrado en su vida artística.

Juanes tiene mucho orgullo de su herencia colombiana. Dice que su país le da mucha inspiración y ha escrito canciones sobre el sufrimiento de los colombianos como resultado de muchos años de guerra civil. Aunque la mayoría de sus canciones están en español, muchos piensan que en el futuro Juanes va a empezar a grabar canciones en inglés.

Juanes

Practiquemos

A. **Explique.** Busque en la lectura las líneas que justifiquen los siguientes comentarios.

1. *Sábado Gigante* goza de *(enjoys)* una enorme popularidad.
2. No todos pagaron mucho dinero por las obras de Fernando Botero.
3. Simón Bolívar no logró *(achieved)* su gran sueño.
4. El éxito del tango en Francia cambió la opinión general del baile.
5. Shakira se realizó como gran artista a muy temprana edad.
6. *Cien años de soledad* goza de una popularidad inmensa.
7. Su país natal juega un papel importante en la vida y la obra de Juanes.

B. **El imperio** *(empire)* **de los incas.** Arregle Ud. las siguientes frases en el orden apropiado para formar una lectura de tres párrafos sobre la civilización de los incas.

Párrafo 1

1. Eran una familia grande y poderosa *(powerful)* que venía de la región de Titicaca.
2. Los incas no eran una tribu *(tribe)*.
3. El gran imperio de los incas fue fundado en el siglo XII.

Párrafo 2

1. En esta época de esplendor, la civilización de los incas era un modelo de organización social.
2. En su apogeo *(height),* su dominio se extendía por los Andes desde el sur de Colombia hasta el norte de Chile y Argentina, y su capital era Cuzco.
3. La sociedad estaba dividida en tres clases: la nobleza *(nobility),* el pueblo *(general population)* y los "yanacones", los servidores de los líderes.

Párrafo 3

1. Adoraban al sol, a la luna y a los fenómenos naturales.
2. Debilitado *(Weakened)* por una guerra civil, el imperio incaico fue destruido a principios del siglo XVI por Francisco Pizarro y sus soldados.
3. Su religión no era muy complicada.

C. **El "Gran Libertador".** Simón Bolívar era el "Gran Libertador" de Sudamérica. José Martí era "el Padre de la Independencia" de Cuba. ¿Qué otros títulos de personajes históricos conoce Ud.?

D. **¿Héroe o villano?** En grupos, escojan a un(a) héroe (heroína) o villano(a), y preparen una presentación breve sobre su vida.

Enfoque literario

"Farewell" (fragmento) por Pablo Neruda

Pablo Neruda

El autor y su obra

Pablo Neruda (Chile, 1904–73) es considerado por muchos el mejor poeta del siglo XX. Fue diplomático en Asia, México y Europa. Fue una figura prominente en el movimiento comunista de Chile, y muchos de sus poemas reflejan su ideal marxista. Otros temas incluyen el indígena americano, la pobreza y la injusticia social. Algunos de sus libros más populares son *Veinte poemas de amor y una canción desesperada, Residencia en la tierra, Odas elementales y Los versos del capitán.* En sus poemas de amor su estilo es fuerte y directo, como se puede ver en el siguiente poema.

Antes de leer

A. Describa Ud. el estilo de vida de un marinero *(sailor).*

B. Hojee el poema y busque palabras que estén relacionadas con la vida marítima.

C. Ahora, busque palabras que estén relacionadas con la separación y con la incertidumbre *(uncertainty).*

D. El escenario de la obra. Generalmente, estar esperando familia *(awaiting the birth of a child)* es motivo de alegría, de celebración, de esperanza. Sin embargo, éste no es el caso para el poeta y su amada *(beloved)* en este poema. ¿Por qué cree Ud.?

A leer

> **Farewell (fragmento)**
>
> (Amo el amor de los marineros
> que besan y se van.
> Dejan una promesa.
> No vuelven nunca más.
> En cada puerto una mujer espera,
> los marineros besan y se van.
> Una noche se acuestan con la muerte
> en el lecho° del mar.)   bed
> Yo me voy. Estoy triste; pero siempre estoy triste.
> Vengo desde tus brazos. No sé hacia dónde voy.
> ...Desde tu corazón me dice adiós un niño.
> Y yo le digo adiós.

Después de leer

A. Diga Ud. ...
1. qué ama el poeta.
2. cómo es la forma de amar de un marinero. (4 características)
3. cómo se siente el poeta.
4. qué no sabe el poeta.
5. qué le dice el poeta al niño.

B. Preguntas. Conteste Ud. las preguntas.
1. En su opinión, ¿por qué el título del poema está en inglés?
2. En sus propias palabras, explique el significado del siguiente verso: "Una noche se acuestan con la muerte en el lecho del mar".
3. ¿Por qué siempre está triste el poeta?
4. ¿Qué verso del poema le impresiona más a Ud.? ¿Por qué?
5. ¿Qué otros poemas de amor conoce Ud.? ¿Son similares a este poema? Explique.

Videocultura

① Ecuador

Como su nombre implica, el país de Ecuador se encuentra justamente en el Ecuador... a cero grados de latitud. Al norte está Colombia; al sur y al este, Perú; y al oeste está el océano Pacífico. El cuarenta por ciento de su población es indígena, otro cuarenta por ciento mestiza (una combinación étnica de indígena y europeo), el quince por ciento de ascendencia española, y el cinco por ciento de origen africano. Quito, su capital, está situada al pie del volcán Pichincha. Fue fundada por los españoles en 1834 y es el centro político, económico, cultural e histórico del país.

Desde 1832 las islas Galápagos son parte de Ecuador aunque se encuentran a casi mil kilómetros (650 millas) de distancia de la costa ecuatoriana. Este archipiélago está formado por trece islas grandes, seis islas pequeñas y cuarenta y dos islotes. Es un centro de interés científico y ecológico que atrae a aficionados a la historia natural de todo el mundo. Fue designado Patrimonio Mundial de la Humanidad y Reserva de Biosfera. Sin duda alguna, el visitante más famoso a las islas fue Charles Darwin, el naturalista inglés que desarrolló la teoría de la evolución de las especies y la selección natural. Él visitó las islas por primera vez en 1835. Hoy, en la isla de Santa Cruz se encuentra la Estación Científica Charles Darwin, una organización dedicada a la investigación y preservación de las islas.

Palabras útiles

al pie de	*at the foot of*	**el lobo marino de un pelo**	*Galapagos sea lion*
el albatros	*albatross*		
los Andes	*the Andes Mountains*	**las orillas**	*the shores*
el contraste	*contrast*	**el piquero enmascarado**	*masked booby*
el cortejo	*courting (dance)*	**el piquero patas rojas**	*red-footed booby*
encontrarse	*to be found*		
las especies	*species*	**las ruinas**	*ruins*
la joya	*jewel*	**el soplador**	*blowhole*
lo europeo	*the European aspect*	**el volcán**	*volcano*
lo indígena	*the indigenous aspect*		

Para saber más sobre el país de Ecuador, mire Ud. el video y haga los ejercicios que siguen.

Mercado al aire libre, Otavalo, Ecuador

Al ver el video

A. ¿Cierto o falso? Diga Ud. si las frases son ciertas o falsas. Si son falsas, corríjalas.

1. El terreno *(terrain)* de Ecuador es plano *(flat)*.
2. La cultura ecuatoriana es una combinación de elementos europeos e indígenas.
3. La arquitectura de Quito es exclusivamente de estilo colonial.
4. La ciudad de Cuenca está situada en las orillas del río Tomebamba.
5. En Ecuador se encuentran ruinas de la antigua civilización maya.
6. Los habitantes del pueblo de Otavalo son conocidos por su música y sus textiles.

B. ¿Qué recuerda? Termine Ud. las frases con la información correcta.

1. Ecuador es un país . . .
2. Las ricas culturas indígenas de Ecuador . . .
3. La hermosa ciudad de Quito . . .
4. En el parque central de la ciudad de Cuenca . . .

C. Ecuador y las islas Galápagos. Después de leer la introducción y ver el video, llene el espacio con el número apropiado.

1835	40	13	42	1000	1832	0

1. En _____ las islas Galápagos llegaron a ser parte del Ecuador.
2. El _____ por ciento de la población ecuatoriana es indígena.
3. Ecuador está situado a _____ grados de latitud.
4. Charles Darwin visitó las islas en _____ y se quedó por cinco semanas.
5. Las islas Galápagos se encuentran a unos _____ kilómetros del continente.
6. Hay _____ islotes y _____ islas grandes que forman parte del archipiélago.

D. Un año de intercambio. Muchos estudiantes universitarios de los Estados Unidos deciden pasar un año de estudios en Ecuador. ¿Por qué será? ¿Qué es lo que atrae a estos estudiantes? ¿Qué van a aprender en este maravilloso país?

2 Las Madres de la Plaza de Mayo

military coup

disappeared

disappeared ones

kerchiefs

En 1976, como resultado de un golpe militar,° Argentina empezó un período de terror y terrorismo durante el cual desaparecieron° más de 30.000 personas, gente inocente considerada "subversiva" por el gobierno. Las madres de los desaparecidos° se unieron para protestar. Desde entonces, todos los jueves a las tres de la tarde, las madres van a la Plaza de Mayo, frente a la Casa de Gobierno en la capital de Buenos Aires. Allí, con los pañuelos° blancos puestos y con fotos de sus hijos desaparecidos, ellas continúan su marcha, año tras año, protestando los actos de brutalidad cometidos por su propio gobierno.

Palabras útiles

la tesorera	_treasurer_	**el refugio**	_shelter_
copar el poder	_to seize power_	**financiar**	_to finance_
la desaparición	_disappearance_	**infatigable**	_untiring_
la guerra	_war_	**la luchadora**	_fighter_ (fem.)
rechazar	_to reject_	**el premio**	_prize_
el enemigo	_enemy_	**los derechos humanos**	_human rights_
el arma (f.)	_weapon_		
lograr	_to achieve_	**la cárcel**	_prison_

Para aprender más sobre la lucha por los derechos humanos de estas mujeres valientes, mire Ud. el video y haga las siguientes actividades.

Juana de Pergament y Mercedes Meroño (Las madres de la Plaza de Mayo)

Al ver el video

A. ¿Juana o Mercedes? ¿A cuál de las madres se refieren las siguientes frases?

1. Su hijo desapareció.
2. Su hija desapareció.
3. Es rubia.
4. Es la tesorera de la organización.
5. Pide la cárcel para los asesinos de todos los hijos.

B. ¿Qué recuerda Ud.? Conteste Ud. las siguientes preguntas con frases completas.

1. ¿Cuándo estuvieron las madres en Boston?
2. ¿Para qué fueron?
3. ¿Qué hicieron en Boston?
4. ¿Qué es Casa Myrna Vázquez?
5. ¿Para qué premio fueron nominadas las madres?
6. ¿Cómo financian su trabajo?

C. Nada de Guerra Sucia. En sus propias palabras, explique Ud. por qué las madres se oponen categóricamente al término **Guerra Sucia.**

D. Opiniones personales. Conteste Ud. las siguientes preguntas con frases completas.

1. ¿Qué piensa Ud. de las madres de la Plaza de Mayo? ¿Qué haría Ud. en su situación?
2. ¿Merecen las madres el Premio Nóbel de la Paz? ¿Por qué sí o por qué no?
3. ¿Ha perdido Ud. alguna vez sus derechos? Explique.

E. La represión. En grupos, contesten las siguientes preguntas.

1. ¿En qué consiste la represión?
2. ¿Cuáles son ejemplos de gobiernos represivos?
3. ¿Existe la represión en los EE.UU.? Explique.
4. ¿Debe los EE.UU. intervenir en casos de gobiernos represivos?
5. ¿Qué organizaciones existen para proteger los derechos humanos? ¿Cómo funcionan estas organizaciones?

3 Isabel Allende

Seguramente la novelista latinoamericana más famosa del mundo, Isabel Allende combina su característico realismo mágico con los temas del amor, de la represión política y de la importancia de la tradiciones familiares, siempre con cierto sentido del humor e ironía. Sus libros han sido traducidos a más de 25 idiomas. Nacida en 1942, Isabel tuvo que salir de su país después del golpe militar que derrocó al gobierno y de la muerte controvertida de su tío, Salvador Allende, presidente de Chile durante esa época. Isabel Allende reside en California actualmente.

Palabras útiles

la arpillera	*small quilt made from sackcloth*	**horrorizar**	*to horrify*
		el pedacito	*little piece*
asesinar	*to assassinate*	**el régimen**	*regime*
la dictadura	*dictatorship*	**suicidarse**	*to commit suicide*
la entretención (Am.)	*entertainment*	**el vicio**	*vice*

Para saber más sobre la vida y la obra literaria de Isabel Allende, mire Ud. el video y haga los siguientes ejercicios.

Isabel Allende

Al ver el video

A. ¿Cómo termina? Basándose en el video, busque Ud. en la segunda columna la terminación de la frase en la primera.

1. Isabel Allende es una contadora...
2. Viene de una larga tradición...
3. Se enamoró...
4. Pasó la mayor parte de su vida fuera...
5. Salió de Chile porque no pudo vivir...
6. El presidente de Chile, su tío,...

a. bajo una dictadura.
b. murió.
c. de Chile.
d. oral.
e. de cuentos.
f. de un gringo.

B. ¿Puede Ud. nombrar... ? Basándose en el video, nombre Ud....

1. cuatro razones por las que Isabel dice que sus raíces culturales están en Chile.
2. tres títulos de libros que Isabel escribió.
3. dos profesiones de Isabel.
4. dos teorías sobre la muerte de su tío, el presidente Salvador Allende.
5. una expresión de la cultura chilena a través de las mujeres.
6. una razón por la que Isabel vino a los Estados Unidos.

C. Fechas. ¿Cuál es el significado de las siguientes fechas en la vida de Isabel?

1. 1987
2. 1973
3. 1995

D. En sus propias palabras. Explique Ud....

1. ¿qué son las arpilleras que hacen las mujeres chilenas?
2. ¿cómo empezó el "vicio" de Isabel de contar cuentos?

E. Formas de gobernar. En grupos, contesten las siguientes preguntas.

1. ¿Qué es una dictadura? ¿una democracia? ¿Qué otras formas de gobierno hay? Nombren por lo menos un país que tenga las formas de gobierno mencionadas. ¿Cuáles son algunas ventajas y desventajas de cada forma de gobierno?
2. ¿Qué diferencia habría en la vida de Uds. si vivieran bajo una dictadura? Describan un día típico y contrástenlo con su vida actual.

Appendix A

Basic Grammar Terms in Spanish

The following are some Spanish grammar terms used in *Así es*. There are other terms you can recognize in context or with the help of your teacher or your classmates. You can also use the other appendices in this section and your dictionary.

acentuar to accentuate
añadir to add
cláusula clause
cláusula independiente o principal independent or principal clause
cláusula subordinada subordinate or dependent clause
complemento (in)directo (in)direct object
concordancia agreement
concordar to agree
deletrear to spell out
ejercicios exercises
frase sentence
género gender
intercambiable interchangeable
juntos together
literalmente literally

narrar to narrate
nombrar to name
ocurrir to occur, to happen
oración phrase or sentence
ortográfico orthographic, spelling
párrafo paragraph
pregunta question
pretérito preterite, past tense
principio beginning
pronombre pronoun
pronombre como complemento directo direct object pronoun
pronombre como complemento indirecto indirect object pronoun
raíz stem
referir(se) to refer to
relacionado related

requerir to require
respuesta answer
sentido meaning
serie series
significado meaning
siguiente following
sonido sound
subordinado subordinate
sujeto subject
subrayado underlined
sustantivo noun
tema theme
terminación ending
término term, word, expression
tiempo tense, time
título title
traducir to translate
vocal vowel

Glossary of Grammatical Terms Used in *Así es*

The following terms appear in the grammar explanations throughout the *Así es* textbook.

accent In Spanish, accent refers to the written mark that is used to show the stressed syllable of a word *(café)*. The accent mark is also used to distinguish words that are spelled the same but have different meanings. [*el* (the) / *él* (he); *de* (of, from) / *dé* (give)]

adjective An adjective is a word used to modify (describe, limit, qualify, or specify) a noun or a pronoun.

A **demonstrative adjective** points out which one(s).
(***this** street,* ***these** papers,* ***that** dog,* ***those** rocks*)

A **descriptive adjective** tells what kind.
(***black** slacks,* ***Italian** pastry,* ***strong** arms,* ***large** house*)

A **limiting adjective** indicates how many.
(***four** quizzes,* ***several** possibilities,* ***many** areas, a ***thousand** times*)

A **possessive adjective** indicates possession, to whom something belongs.
(***my** notebook,* ***their** problem,* ***our** decision,* ***his** wallet*)

adverb	An adverb is a word used to modify a verb. It generally expresses the time, place, manner, condition, or degree of the action of the verb.
	(*She practices **daily** . . . **early** . . . **anywhere** . . . **vigorously**.*) Adverbs also modify adjectives (*He is an **extremely** competent teacher.*), and other adverbs (*They performed **very** well.*).
agree	In grammatical terms, *to agree* means to correspond or to match. In a sentence, the subject and the verb always agree in person and number. In Spanish, adjectives correspond in gender and number with the nouns they modify; for example, if a noun is feminine and singular, the adjective must also be feminine and singular.
antonym	An antonym is a word whose meaning is opposite to the meaning of another word in the same language. (*big / little, strong / weak*)
article	An article is a word that is placed before a noun and whose function is to signal the noun and limit its use.
	The **definite article** is specific. (***The** woman is my son's doctor.*)
	The **indefinite article** is nonspecific. (*I want **a** chance. Take **an** art class.*)
auxiliary	The term auxiliary refers to those verbs that accompany and "help" the main verb express tense, mood, and voice. (*I **have** eaten. You **will** study! We **can** do it. He **has** accomplished a lot.*)
clause	A clause is a group of words that contains a subject and a verb and forms part of a sentence.
	A **main clause** can function alone if removed from the sentence. (***Mom had already gone to bed** when Dad came home.*)
	A **subordinate clause** does not express a complete thought and therefore is always dependent upon the main clause. (*We want a yard **that has ample space.***)
	An **adjectival clause** is a subordinate clause that modifies a noun or a pronoun in the main clause. (*There is no medicine **that can relieve her pain.***)
	A **noun clause** is a subordinate clause that functions as a noun. (*They suggest **that the children leave the stadium.***)
	An **adverbial clause** is a subordinate clause that modifies a verb, an adjective, or an adverb in the main clause. (*I'll buy the coat **as soon as I get paid.***)
conditional	The term conditional refers to a mood (see p. A3) or a clause that expresses a condition.
	(*I **would love** to go to Madrid.* / conditional mood) (*I **could go** to Paris if I had two weeks vacation.* / conditional clause)
conjugate	To conjugate means to change a verb into different forms that correspond to person, number, tense, mood, and voice.
conjunction	A conjunction is a word that connects words, groups of words, or sentences. (*Buy bread **and** milk. We'll **either** walk **or** ride our bikes. I wrote **but** he didn't write back.*)
gender	Gender refers to the three classes (masculine, feminine, neuter) that distinguish nouns, pronouns, and their modifiers. In Spanish, nouns and their corresponding adjectives are either masculine or feminine.
indicative	See **mood, indicative**
infinitive	An infinitive is a verb that is not conjugated, and therefore does not indicate person, number, or tense. It is used as a noun, a modifier, and in some verbal forms. In English it is usually preceded by to. (***To buy** a ticket, go to that window. They are hoping **to win** a trip to Acapulco.*)

mood   Mood refers to the forms a verb takes to express the reality or probability of an indicated action or state, usually from the perspective of the speaker.

The **imperative mood** is used to express commands. (***Invest** in stocks.*)

The **indicative mood** is used to express actions or conditions that are objective, certain, or factual. Verbs are most often used in this mood. (*He **invests** in stocks.*)

The **subjunctive mood** is used to express hypothetical or contrary-to-fact actions or conditions, and to show wish or desire, doubt, influence, and subjectivity. (*I prefer that Jose **invest** in stocks. If I **were** you, I'd invest in municipal bonds.*)

See also ***conditional*** and ***infinitive***.

noun   A noun is a word that means a person, place, thing, quality, or action. In a sentence it is usually the subject or the object of a verb or a preposition. (*child, school, radio*)

number   Number refers to the singularity or plurality of a word or group of words. (*song / songs; woman / women; I am / we are*)

object   In a sentence, an object is a noun, a noun phrase, or a pronoun that is affected by the verb in some way.

A **direct object** receives the action of the verb. It answers the question "What?" or "Whom?" after the verb. [*Robert hit **the ball**. (Hit what?); We drove **Jean** to the station. (Drove whom?)*]

An **indirect object** generally answers the question "To whom?" or "For whom?" the action of the verb was done. [*My aunt gave **me** the address. (To whom?); We washed the car **for Dad**. (For whom?)*]

participle   A participle is a verb form that is used as an adjective, an adverb, or with auxiliary verbs to express certain tenses.

The **present participle** ends in **-ing** (*They carried the **sobbing** child into the hospital. The witness **is sobbing** in the courthouse.*)

The **past participle** ends in **-d, -ed, -t, -en,** or -n (*jumped, cooked, felt, written, been; The **written** examination is scheduled for next week. She **has written** a letter to the editor.*)

passive   See ***voice, passive***

person   Person is the form a subject pronoun or a verb takes to express the speaker (*first person: I, we*), the person spoken to (*second person: you*), and the person or thing spoken about (*third person: he, she, it, they*).

preposition   A preposition points out the relationship between a noun or pronoun to other words in the sentence. Some frequently used prepositions are *at, by, from, in, with*. (*The boat arrives **at** six.*)

pronoun   A pronoun is a word that substitutes for a noun or a noun phrase.

A **demonstrative pronoun** points out persons or things. (***That one** is mine.*)

A **direct object pronoun** functions as a direct object. (*Did you see **her**?*)

An **indirect object pronoun** functions as an indirect object. (*Give **me** time.*)

An **interrogative pronoun** asks questions. (***Who** wants to swim?*)

A **personal (subject) pronoun** expresses a grammatical person (See ***person***), and functions as the subject of a sentence or clause. (*I see; **he** does*).

A **possessive pronoun** expresses possession. (*The dog is **his**.*)

A **prepositional pronoun** follows a preposition. (*He entered after **me**.*)

A **reflexive pronoun** functions as an object that is the same as the subject of the sentence. *(They call **themselves** the Raging Raiders.)*

A **relative pronoun** introduces a clause. *(The athlete **who** won is from France.)*

syllable A syllable is the smallest part of a word, consisting of one or more letters. *(syl / la / ble; i / tal / ic)*

synonym A synonym is a word whose meaning is the same as or similar to the meaning of another word in the same language. *(happy / glad; fearful / afraid)*

tense Tense refers to the time indicated by the verb.

The **future tense** is formed with *will* or *shall* plus a verb, and expresses an action or an idea that will occur sometime in the future. *(We **will paint** the house tomorrow.)*

The **past tense** indicates an action that occurred in the past. *(I **shopped** at the mall.)*

The **past perfect tense** expresses an action that was completed in the past before some other past action or event occurred. It is formed with *had* and the past participle. *(The train **had** already **left** when I arrived at the station.)*

The **present tense** expresses an action that is occurring at the present time, that occurs habitually, or that will occur in the near future. *(I **study** on Mondays. Tomorrow I **am** in my office until 2:00.)*

The **present perfect tense** indicates an action that occurred at a non-specific time in the past, or shows an action happening in the past and having bearing on the present or continuing in the future. It is formed with *have* and the past participle. *(We **have skated** here often. I **have attended** class for two months.)*

The **present progressive tense** expresses an action in progress. It is formed with the present tense of the verb *to be* and the present participle. *(I **am studying** now.)*

verb A verb is a word that expresses action or state of being. *(He **dropped** the vase. How **are** you? It **snows** a lot here.)*

voice Voice refers to the form a verb takes to indicate the relation between the subject and the action performed.

An **active voice verb** expresses an action performed by its subject. *(José **hit** the ball.)*

A **passive voice verb** indicates the subject as the receiver of its action. *(The ball **was hit** by José.)*

Appendix B

Accentuation

1. A word that carries a written accent is always stressed on the syllable that contains the accent.

   página   ca**pí**tulo   **fá**cil   o**rí**genes   can**ción**

2. If a word has no written accent and ends with a vowel, **n**, or **s**, the stress is on the second-to-last syllable.

   pre**gun**ta   consi**de**ro   o**ri**gen   pe**di**mos   computa**do**ras

3. If a word has no written accent and ends in a consonant other than **n** or **s,** the stress is on the last syllable.

   pa**pel**   obli**gar**   pa**red**   re**loj**   fe**liz**

Capitalization

Capital letters are used less in Spanish than in English. Capital letters are *not* used:

1. with the subject pronoun **yo** *(I)* unless it begins a sentence.

   Ellos quieren leer pero yo quiero bailar.   *They want to read, but I want to dance.*

2. with days of the week and months of the year.

   Hoy es lunes, 25 de mayo.   *Today is Monday, May 25.*

3. with names of languages or adjectives and nouns of nationality.

   Son colombianos y por eso hablan español.   *They are Colombians, and therefore, they speak Spanish.*

4. with words in a title, except the first word and proper nouns.

   Historia de la isla de Cuba   *History of the Island of Cuba*
   Lo que el viento se llevó   *Gone with the Wind*

5. to express **usted, ustedes, señor, señora,** and **señorita,** except in their abbreviated forms: **Ud(s)., Vd(s)., Sr., Sra., Srta.**

Syllabication

To divide Spanish words into syllables, study the following guidelines.

1. All Spanish syllables contain only one vowel, diphthong, or triphthong.

   na-ción   co-piáis   vol-véis

   Note that two strong vowels (**a, e, o**) are divided.

   te-a-tro   le-o   po-e-ta

2. A single consonant (or the combinations **ch, ll, rr)** between two vowels begins a new syllable.

   ca-sa   ca-lle   ge-ne-ral
   co-che   ca-rro   mi-li-tar

3. Two consonants between vowels are generally divided.

   par-te   i-den-ti-dad   ár-bol
   cul-tu-ra   es-ta-do   car-tón

4. When **l** or **r** follow a consonant, they generally remain in the same syllable.

   li-bro   po-bla-ción
   es-cri-bir   an-glo

Appendix C

Review of Pronouns

Subject pronouns	Direct object pronouns	Indirect object pronouns	Reflexive pronouns	Prepositional pronouns
yo	me	me	me	mí (yo)³
tú	te	te	te	ti (tú)³
él, ella, Ud.	lo, la¹	le (se)²	se	él, ella, Ud. (sí)⁴
nosotros, nosotras	nos	nos	nos	nosotros, nosotras
vosotros, vosotras	os	os	os	vosotros, vosotras
ellos, ellas, Uds.	los, las¹	les (se)²	se	ellos, ellas, Uds.(sí)⁴

1. **Le** and **les** are used in Spain when the direct object pronoun refers to a masculine person or persons. **Conozco a José** *y le* **veo con frecuencia.**

2. **Se** is used when the direct and indirect object pronouns appear together and are both third person. *Él le* **escribe** *la carta* **a María. Él** *se la* **escribe.**

3. **Yo** and **tú** are used instead of **mí** and **ti** after **según, menos, salvo, excepto, incluso,** and **entre. Todos van salvo yo.**

4. **Sí** is used when the object of the preposition is reflexive (*himself, herself, themselves,* and so on). **José lo hace para sí** (*José does it for himself.*).

Appendix D

Time Expressions with *hacer*

Certain forms of the verb **hacer** (**hace** and **hacía**) are used to express the length of time an action took place. Note that although in English a very complex verb combination is required, in Spanish a simple tense with a form of **hacer** is used.

1. To express the length of time an action has been taking place use:

Hace + length of time + **que** + (**no**) + verb in the present tense

Hace tres horas que estudio para el examen.

I have been studying for the test for three hours.

2. To ask how long an action has been taking place use:

¿Cuánto tiempo + **hace** + **que** + (**no**) + verb in the present tense?

¿Cuánto tiempo hace que estudias para el examen?

How long have you been studying for the test?

3. To express the length of time an action had been taking place use:

> **Hacía** + length of time + **que** + (**no**) + verb in the imperfect tense

Hacía tres horas que estudiaba para el examen cuando Juan llegó.	*I had been studying for the test for three hours when Juan arrived.*

4. To ask how long an action had been taking place use:

> **¿Cuánto tiempo** + **hacía** + **que** + (**no**) + verb in the imperfect tense?

¿Cuánto tiempo hacía que estudiabas para el examen cuando Juan llegó?	*How long had you been studying for the test when Juan arrived?*

5. Remember that **hace** is used with the preterite tense to express how long ago an action took place.

> **Hace** + length of time + **que** + (**no**) + verb in the preterite tense

Hace tres horas que estudié para el examen.	*I studied for the test three hours ago.*

Appendix E

The True Passive Voice
Form

Subject + form of **ser** + past participle used as an adjective + **por** + agent

In an active sentence, the subject *performs* the action of the verb. In a passive sentence, the subject *receives* the action of the verb.

ACTIVE:	Mamá preparó la cena.	*Mom prepared the dinner.*
PASSIVE:	La cena **fue preparada** por mamá.	*The dinner **was prepared** by mom.*

When the agent is not known, the passive **se** construction is often used.

Se preparó la cena.	*The dinner was prepared.*

Appendix F

Verbs with Prepositions

Some verbs require prepositions before an infinitive or before an object. The following include common verbs that require the prepositions **a, de, en,** or **con.**

1. **a** before an infinitive

aprender	enseñar	Aprendo **a** hablar español.
ayudar	invitar	
comenzar	ir	
empezar	volver	

2. **a** before an object

acercarse	jugar *(optional)*	Llegamos **a** su casa.
asistir	llegar	
invitar	subir	
ir	volver	

3. con before an object

casarse	encontrarse	Sueña **con** su viaje a España.
consultar	soñar	
contar		

4. de before an infinitive

acabar	olvidarse	Acaba **de** volver de Madrid.
alegrarse	tratar	
dejar		

5. de before an object

bajar	enamorarse	José se enamoró **de** María.
burlarse	gozar	
depender	preocuparse	
despedirse	quejarse	
disfrutar	salir	

6. en before an infinitive

consistir	Insistimos **en** pagar la cuenta.
insistir	
tardar	

7. en before an object

entrar	Piensas **en** tu familia.
especializarse	
pensar	

Appendix G

Additional Perfect Tenses

The future and conditional perfect

1. The future perfect tense is formed by combining the future form of the auxiliary verb **haber** with a past participle. As with all perfect tenses, the past participle remains constant, ending in **-o**.

Haber

habré	habremos		hablado
habrás	habréis	+	comido
habrá	habrán		vivido

The future perfect tense expresses an action that will have taken place at a future point in time, but is viewed from a past perspective.

Mañana yo **habré leído** todo el libro.	*Tomorrow **I will have read** the whole book.*
La semana que viene Susana **habrá terminado** todos sus exámenes.	*Next week Susan **will have finished** all of her exams.*

2. The conditional perfect is formed by combining the conditional form of the verb **haber** with a past participle.

Haber

habría	habríamos		hablado
habrías	habríais	+	comido
habría	habrían		vivido

The conditional perfect expresses an action that would have taken place.

Me habría gustado ir con Uds.	***I would have liked** to go with you.*
Ellos **habrían comprado** el coche rojo.	*They **would have bought** the red car.*

The present perfect and past perfect subjunctive

1. The present perfect subjunctive is formed by combining the present subjunctive form of **haber** with a past participle.

   Haber

haya	hayamos		hablado
hayas	hayáis	+	comido
haya	hayan		vivido

   The present perfect subjunctive is used in a subordinate clause that requires the subjunctive to express an action that has taken place.

Espero que José **haya llegado** a tiempo.	*I hope that José **has arrived** on time.*
No creo que tú **hayas estado** en Madrid.	*I don't believe that you **have been** in Madrid.*

2. The past perfect subjunctive is formed by combining the imperfect subjunctive form of **haber** with a past participle.

   Haber

hubiera	hubiéramos		hablado
hubieras	hubierais	+	comido
hubiera	hubieran		vivido

   The past perfect subjunctive is used in a subordinate clause that requires the subjunctive to express an action that had taken place.

Esperaba que José **hubiera llegado** a tiempo.	*I hoped that José **had arrived** on time.*
No creía que tú **hubieras estado** en Madrid.	*I didn't believe that you **had been** in Madrid*

Appendix H

Stem-changing Verbs

1. First class: **-ar, -er (e > ie, o > ue)**

   Pensar
   present indicative: pienso, piensas, piensa, pensamos, pensáis, piensan
   present subjunctive: piense, pienses, piense, pensemos, penséis, piensen
   imperative: piensa tú, piense Ud., pensad vosotros, piensen Uds.

   Volver
   present indicative: vuelvo, vuelves, vuelve, volvemos, volvéis, vuelven
   present subjunctive: vuelva, vuelvas, vuelva, volvamos, volváis, vuelvan
   imperative: vuelve tú, vuelva Ud., volved vosotros, vuelvan Uds.

   Other verbs in this category:

acordar(se)	costar	entender	recordar
acostar(se)	demostrar	llover	rogar
almorzar	despertar(se)	mostrar	sentar(se)
aprobar	devolver	mover	soler
cerrar	empezar	negar	sonar
comenzar	encender	perder	soñar
contar	encontrar	probar	volar

2. Second class: **-ir** (**e > ie** and **i, o > ue** and **u**)

Sentir
present indicative: siento, sientes, siente, sentimos, sentís, sienten
present subjunctive: sienta, sientas, sienta, sintamos, sintáis, sientan
preterite: sentí, sentiste, sintió, sentimos, sentisteis, sintieron
imperfect subjunctive: sintiera, sintieras, sintiera, sintiéramos, sintierais, sintieran
    sintiese, sintieses, sintiese, sintiésemos, sintieseis, sintiesen
imperative: siente tú, sienta Ud., sentid vosotros, sientan Uds.
present participle: sintiendo

Dormir
present indicative: duermo, duermes, duerme, dormimos, dormís, duermen
present subjunctive: duerma, duermas, duerma, durmamos, durmáis, duerman
preterite: dormí, dormiste, durmió, dormimos, dormisteis, durmieron
imperfect subjunctive: durmiera, durmieras, durmiera, durmiéramos, durmierais, durmieran
    durmiese, durmieses, durmiese, durmiésemos, durmieseis, durmiesen
imperative: duerme tú, duerma Ud., dormid vosotros, duerman Uds.
present participle: durmiendo

Other verbs in this category:

convertir	hervir	preferir	morir(se)
divertir(se)	mentir	referir(se)	sugerir

3. Third class: **-ir** (**e > i**)

Pedir
present indicative: pido, pides, pide, pedimos, pedís, piden
present subjunctive: pida, pidas, pida, pidamos, pidáis, pidan
preterite: pedí, pediste, pidió, pedimos, pedisteis, pidieron
imperfect subjunctive: pidiera, pidieras, pidiera, pidiéramos, pidierais, pidieran
    pidiese, pidieses, pidiese, pidiésemos, pidieseis, pidiesen
imperative: pide tú, pida Ud., pedid vosotros, pidan Uds.
present participle: pidiendo

Other verbs in this category:

competir	despedir(se)	reñir	servir
conseguir	elegir	repetir	vestir(se)
corregir	reír(se)	seguir	

Appendix I

Verbs with Orthographic Changes

1. Verbs that end in **-car** (**c > qu** before **e**)

Buscar
preterite: busqué, buscaste, buscó, buscamos, buscasteis, buscaron
present subjunctive: busque, busques, busque, busquemos, busquéis, busquen

Other verbs in this category:

acercar(se)	explicar	sacar
comunicar	indicar	secar
dedicar	marcar	tocar

2. Verbs that end in **-gar** (**g > gu** before **e**)

Pagar
preterite: pagué, pagaste, pagó, pagamos, pagasteis, pagaron
present subjunctive: pague, pagues, pague, paguemos, paguéis, paguen

Other verbs in this category:

jugar	llegar	negar	obligar	rogar

3. Verbs that end in **-zar** (**z** > **c** before **e**)

   Gozar
   preterite: gocé, gozaste, gozó, gozamos, gozasteis, gozaron
   present subjunctive: goce, goces, goce, gocemos, gocéis, gocen

   Other verbs in this category:
   almorzar   comenzar   cruzar   empezar   rezar

4. Verbs that end in **-cer** and **-cir** preceded by a vowel (**c** > **zc** before **a** and **o**)

   Conocer
   present indicative: conozco, conoces, conoce, conocemos, conocéis, conocen
   present subjunctive: conozca, conozcas, conozca, conozcamos, conozcáis, conozcan

   Other verbs in this category:
   aparecer   establecer   obedecer   pertenecer
   conducir   merecer   ofrecer   producir
   crecer   nacer   parecer   traducir
   (**Exceptions:** hacer, decir)

5. Verbs that end in **-ger** and **-gir** (**g** > **j** before **a** and **o**)

   Coger
   present indicative: cojo, coges, coge, cogemos, cogéis, cogen
   present subjunctive: coja, cojas, coja, cojamos, cojáis, cojan

   Other verbs in this category:
   corregir   elegir   exigir   proteger
   dirigir   escoger   fingir   recoger

6. Verbs that end in -**guir** (**gu** > **g** before **a** and **o**)
   Seguir
   present indicative: sigo, sigues, sigue, seguimos, seguís, siguen
   present subjunctive: siga, sigas, siga, sigamos, sigáis, sigan

   Other verbs in this category:
   conseguir   distinguir   perseguir

7. Verbs that end in **-uir** (except **-guir** and **-quir**)

   Huir
   present indicative: huyo, huyes, huye, huimos, huís, huyen
   preterite: huí, huiste, huyó, huimos, huisteis, huyeron
   present subjunctive: huya, huyas, huya, huyamos, huyáis, huyan
   imperfect subjunctive: huyera, huyeras, huyera, huyéramos, huyerais, huyeran
                                  huyese, huyeses, huyese, huyésemos, huyeseis, huyesen
   imperative: huye tú, huid vosotros
   present participle: huyendo

   Other verbs in this category:
   atribuir   contribuir   distribuir   influir
   concluir   destruir   excluir   instruir
   constituir   disminuir   incluir   sustituir
   construir

8. Verbs that change unaccentuated **i** > **y**

   Leer
   preterite: leí, leíste, leyó, leímos, leísteis, leyeron
   imperfect subjunctive: leyera, leyeras, leyera, leyéramos, leyerais, leyeran
                                  leyese, leyeses, leyese, leyésemos, leyeseis, leyesen
   present participle: leyendo
   past participle: leído

   Other verbs in this category:
   caer(se)   creer   oír   poseer

Appendix J

Simple Tenses

hablar, comer, vivir

Infinitive	Present participle / Past participle	Imperative	Indicative		
			Present	Imperfect	Preterite
hablar	hablando hablado	habla hablad	hablo hablas habla hablamos habláis hablan	hablaba hablabas hablaba hablábamos hablabais hablaban	hablé hablaste habló hablamos hablasteis hablaron
comer	comiendo comido	come comed	como comes come comemos coméis comen	comía comías comía comíamos comíais comían	comí comiste comió comimos comisteis comieron
vivir	viviendo vivido	vive vivid	vivo vives vive vivimos vivís viven	vivía vivías vivía vivíamos vivíais vivían	viví viviste vivió vivimos vivisteis vivieron

Compound Tenses

hablar

Indicative			
Present perfect	Pluperfect	Future perfect	Conditional perfect
he hablado has hablado ha hablado hemos hablado habéis hablado han hablado	había hablado habías hablado había hablado habíamos hablado habíais hablado habían hablado	habré hablado habrás hablado habrá hablado habremos hablado habréis hablado habrán hablado	habría hablado habrías hablado habría hablado habríamos hablado habríais hablado habrían hablado

Indicative		Subjunctive		
			Imperfect	Imperfect
Future	Conditional	Present	(-ra)	(-se)
hablaré	hablaría	hable	hablara	hablase
hablarás	hablarías	hables	hablaras	hablases
hablará	hablaría	hable	hablara	hablase
hablaremos	hablaríamos	hablemos	habláramos	hablásemos
hablaréis	hablaríais	habléis	hablarais	hablaseis
hablarán	hablarían	hablen	hablaran	hablasen
comeré	comería	coma	comiera	comiese
comerás	comerías	comas	comieras	comieses
comerá	comería	coma	comiera	comiese
comeremos	comeríamos	comamos	comiéramos	comiésemos
comeréis	comeríais	comáis	comierais	comieseis
comerán	comerían	coman	comieran	comiesen
viviré	viviría	viva	viviera	viviese
vivirás	vivirías	vivas	vivieras	vivieses
vivirá	viviría	viva	viviera	viviese
viviremos	viviríamos	vivamos	viviéramos	viviésemos
viviréis	viviríais	viváis	vivierais	vivieseis
vivirán	vivirían	vivan	vivieran	viviesen

Subjunctive		
Present	Pluperfect	Pluperfect
Perfect	(-ra)	(-se)
haya hablado	hubiera hablado	hubiese hablado
hayas hablado	hubieras hablado	hubieses hablado
haya hablado	hubiera hablado	hubiese hablado
hayamos hablado	hubiéramos hablado	hubiésemos hablado
hayáis hablado	hubierais hablado	hubieseis hablado
hayan hablado	hubieran hablado	hubiesen hablado

Irregular Verbs

Infinitive	Present participle Past participle	Imperative	Indicative		
			Present	Imperfect	Preterite
andar *to walk; to go*	andando andado	anda andad			anduve anduviste anduvo anduvimos anduvisteis anduvieron
caber *to fit; to be contained in*	cabiendo cabido	cabe cabed	quepo cabes cabe cabemos cabéis caben		cupe cupiste cupo cupimos cupisteis cupieron
caer *to fall*	cayendo caído	cae caed	caigo caes cae caemos caéis caen		caí caíste cayó caímos caísteis cayeron
conducir *to lead; to drive*	conduciendo conducido	conduce conducid	conduzco conduces conduce conducimos conducís conducen		conduje condujiste condujo condujimos condujisteis condujeron
dar *to give*	dando dado	da dad	doy das da damos dais dan		di diste dio dimos disteis dieron
decir *to say, to tell*	diciendo dicho	di decid	digo dices dice decimos decís dicen		dije dijiste dijo dijimos dijisteis dijeron
estar *to be*	estando estado	está estad	estoy estás está estamos estáis están		estuve estuviste estuvo estuvimos estuvisteis estuvieron
haber *to have*	habiendo habido	he habed	he has ha hemos habéis han		hube hubiste hubo hubimos hubisteis hubieron

Indicative		Subjunctive		
Future	**Conditional**	**Present**	**Imperfect (-ra)**	**Imperfect (-se)**
			anduviera	anduviese
			anduvieras	anduvieses
			anduviera	anduviese
			anduviéramos	anduviésemos
			anduvierais	anduvieseis
			anduvieran	anduviesen
cabré	cabría	quepa	cupiera	cupiese
cabrás	cabrías	quepas	cupieras	cupieses
cabrá	cabría	quepa	cupiera	cupiese
cabremos	cabríamos	quepamos	cupiéramos	cupiésemos
cabréis	cabríais	quepáis	cupierais	cupieseis
cabrán	cabrían	quepan	cupieran	cupiesen
		caiga	cayera	cayese
		caigas	cayeras	cayeses
		caiga	cayera	cayese
		caigamos	cayéramos	cayésemos
		caigáis	cayerais	cayeseis
		caigan	cayeran	cayesen
		conduzca	condujera	condujese
		conduzcas	condujeras	condujeses
		conduzca	condujera	condujese
		conduzcamos	condujéramos	condujésemos
		conduzcáis	condujerais	condujeseis
		conduzcan	condujeran	condujesen
		dé	diera	diese
		des	dieras	dieses
		dé	diera	diese
		demos	diéramos	diésemos
		deis	dierais	dieseis
		den	dieran	diesen
diré	diría	diga	dijera	dijese
dirás	dirías	digas	dijeras	dijeses
dirá	diría	diga	dijera	dijese
diremos	diríamos	digamos	dijéramos	dijésemos
diréis	diríais	digáis	dijerais	dijeseis
dirán	dirían	digan	dijeran	dijesen
		esté	estuviera	estuviese
		estés	estuvieras	estuvieses
		esté	estuviera	estuviese
		estemos	estuviéramos	estuviésemos
		estéis	estuvierais	estuvieseis
		estén	estuvieran	estuviesen
habré	habría	haya	hubiera	hubiese
habrás	habrías	hayas	hubieras	hubieses
habrá	habría	haya	hubiera	hubiese
habremos	habríamos	hayamos	hubiéramos	hubiésemos
habréis	habríais	hayáis	hubierais	hubieseis
habrán	habrían	hayan	hubieran	hubiesen

Irregular Verbs (continued)

Infinitive	Present participle Past participle	Imperative	Indicative		
			Present	**Imperfect**	**Preterite**
hacer *to do; to make*	haciendo hecho	haz haced	hago haces hace hacemos hacéis hacen		hice hiciste hizo hicimos hicisteis hicieron
ir *to go*	yendo ido	ve id	voy vas va vamos vais van	iba ibas iba íbamos ibais iban	fui fuiste fue fuimos fuisteis fueron
oír *to hear*	oyendo oído	oye oíd	oigo oyes oye oímos oís oyen		oí oíste oyó oímos oísteis oyeron
oler *to smell*	oliendo olido	huele oled	huelo hueles huele olemos oléis huelen		
poder *to be able*	pudiendo podido		puedo puedes puede podemos podéis pueden		pude pudiste pudo pudimos pudisteis pudieron
poner *to put*	poniendo puesto	pon poned	pongo pones pone ponemos ponéis ponen		puse pusiste puso pusimos pusisteis pusieron
querer *to want; to love*	queriendo querido	quiere quered	quiero quieres quiere queremos queréis quieren		quise quisiste quiso quisimos quisisteis quisieron
reír *to laugh*	riendo reído	ríe reíd	río ríes ríe reímos reís ríen		reí reíste rió reímos reísteis rieron

	Indicative		Subjunctive		
			Imperfect	Imperfect	
Future	**Conditional**	**Present**	**(-ra)**	**(-se)**	
haré	haría	haga	hiciera	hiciese	
harás	harías	hagas	hicieras	hicieses	
hará	haría	haga	hiciera	hiciese	
haremos	haríamos	hagamos	hiciéramos	hiciésemos	
haréis	haríais	hagáis	hicierais	hicieseis	
harán	harían	hagan	hicieran	hiciesen	
		vaya	fuera	fuese	
		vayas	fueras	fueses	
		vaya	fuera	fuese	
		vayamos	fuéramos	fuésemos	
		vayáis	fuerais	fueseis	
		vayan	fueran	fuesen	
		oiga	oyera	oyese	
		oigas	oyeras	oyeses	
		oiga	oyera	oyese	
		oigamos	oyéramos	oyésemos	
		oigáis	oyerais	oyeseis	
		oigan	oyeran	oyesen	
		huela			
		huelas			
		huela			
		olamos			
		oláis			
		huelan			
podré	podría	pueda	pudiera	pudiese	
podrás	podrías	puedas	pudieras	pudieses	
podrá	podría	pueda	pudiera	pudiese	
podremos	podríamos	podamos	pudiéramos	pudiésemos	
podréis	podríais	podáis	pudierais	pudieseis	
podrán	podrían	puedan	pudieran	pudiesen	
pondré	pondría	ponga	pusiera	pusiese	
pondrás	pondrías	pongas	pusieras	pusieses	
pondrá	pondría	ponga	pusiera	pusiese	
pondremos	pondríamos	pongamos	pusiéramos	pusiésemos	
pondréis	pondríais	pongáis	pusierais	pusieseis	
pondrán	pondrían	pongan	pusieran	pusiesen	
querré	querría	quiera	quisiera	quisiese	
querrás	querrías	quieras	quisieras	quisieses	
querrá	querría	quiera	quisiera	quisiese	
querremos	querríamos	queramos	quisiéramos	quisiésemos	
querréis	querríais	queráis	quisierais	quisieseis	
querrán	querrían	quieran	quisieran	quisiesen	
		ría			
		rías			
		ría			
		riamos			
		riáis			
		rían			

Irregular Verbs (continued)

Infinitive	Present participle / Past participle	Imperative	Indicative		
			Present	**Imperfect**	**Preterite**
saber *to know*	sabiendo sabido	sabe sabed	sé sabes sabe sabemos sabéis saben		supe supiste supo supimos supisteis supieron
salir *to go out*	saliendo salido	sal salid	salgo sales sale salimos salís salen		
ser *to be*	siendo sido	sé sed	soy eres es somos sois son	era eras era éramos erais eran	fui fuiste fue fuimos fuisteis fueron
tener *to have*	teniendo tenido	ten tened	tengo tienes tiene tenemos tenéis tienen		tuve tuviste tuvo tuvimos tuvisteis tuvieron
traer *to bring*	trayendo traído	trae traed	traigo traes trae traemos traéis traen		traje trajiste trajo trajimos trajisteis trajeron
valer *to be worth*	valiendo valido	vale valed	valgo vales vale valemos valéis valen		
venir *to come*	viniendo venido	ven venid	vengo vienes viene venimos venís vienen		vine viniste vino vinimos vinisteis vinieron
ver *to see*	viendo visto	ve ved	veo ves ve vemos veis ven	veía veías veía veíamos veíais veían	

Indicative		Subjunctive		
Future	Conditional	Present	Imperfect (-ra)	Imperfect (-se)
sabré	sabría	sepa	supiera	supiese
sabrás	sabrías	sepas	supieras	supieses
sabrá	sabría	sepa	supiera	supiese
sabremos	sabríamos	sepamos	supiéramos	supiésemos
sabréis	sabríais	sepáis	supierais	supieseis
sabrán	sabrían	sepan	supieran	supiesen
saldré	saldría	salga		
saldrás	saldrías	salgas		
saldrá	saldría	salga		
saldremos	saldríamos	salgamos		
saldréis	saldríais	salgáis		
saldrán	saldrían	salgan		
		sea	fuera	fuese
		seas	fueras	fueses
		sea	fuera	fuese
		seamos	fuéramos	fuésemos
		seáis	fuerais	fueseis
		sean	fueran	fuesen
tendré	tendría	tenga	tuviera	tuviese
tendrás	tendrías	tengas	tuvieras	tuvieses
tendrás	tendría	tenga	tuviera	tuviese
tendremos	tendríamos	tengamos	tuviéramos	tuviésemos
tendréis	tendríais	tengáis	tuvierais	tuvieseis
tendrán	tendrían	tengan	tuvieran	tuviesen
		traiga	trajera	trajese
		traigas	trajeras	trajeses
		traiga	trajera	trajese
		traigamos	trajéramos	trajésemos
		traigáis	trajerais	trajeseis
		traigan	trajeran	trajesen
valdré	valdría	valga		
valdrás	valdrías	valgas		
valdrá	valdría	valga		
valdremos	valdríamos	valgamos		
valdréis	valdríais	valgáis		
valdrán	valdrían	valgan		
vendré	vendría	venga	viniera	viniese
vendrás	vendrías	vengas	vinieras	vinieses
vendrá	vendría	venga	viniera	viniese
vendremos	vendríamos	vengamos	viniéramos	viniésemos
vendréis	vendríais	vengáis	vinierais	vinieseis
vendrán	vendrían	vengan	vinieran	viniesen

Photo Credits

All photographs not otherwise credited are owned by Heinle. We have made every effort to trace the ownership of all copyrighted material and to secure permissions from the copyright holders. In the event of any question arising regarding the use of any material, we will be pleased to make the necessary corrections in future printings.

p. 2 top left and right: Corbis; **p. 2 bottom left:** Randy Faris/Corbis; **p. 2 bottom right:** Bill Ross/Corbis; **p. 7:** Nancy Levy-Konesky; **p. 8 all photos:** Nancy Levy-Konesky; **p. 9 left:** Nancy Levy-Konesky/Frank Konesky; **p. 9 right:** Nancy Levy-Konesky; **p. 24:** Mark Ferri/The Stock Market/Corbis; **p. 26 top right:** Kelly/Mooney Photography/Corbis; **p. 26 top left:** Philip James Corwin/Corbis; **p. 26 bottom right and left:** Berta A.Daniels; **p. 27 top:** Natalie Fobes/Corbis; **p. 27 bottom:** Nik Wheeler/Corbis; **p. 28 top right:** Buck Kelly/Liaison/Getty Images; **p. 28 bottom left:** Nancy Levy-Konesky; **p. 30 all photos:** Nancy Levy-Konesky/Frank Konesky; **p. 32 top left and right:** Odyssey/Frerck/Chicago; **p. 32 middle left:** Stuart Cohen; **p. 32 middle right:** Odyssey/Frerck/Chicago; **p. 32 bottom left:** Thomas & Fletcher/Stock Boston; **p. 32 bottom right:** Odyssey/Frerck/Chicago; **p. 33 all photos:** Nancy Levy-Konesky/Frank Konesky; **p. 35 top left:** Marcello Calandrini/Corbis; **p. 35 top right:** Buddy Mays/Corbis; **p. 35 bottom:** Wolfgang Kaehler; **pp. 38-39:** Odyssey/Frerck/Chicago; **p. 40 all photos:** Nancy Levy-Konesky/Frank Konesky; **p. 45:** Frerck/Odyssey/Chicago; **p. 47:** Nancy Levy-Konesky; **p. 48:** Stephen Saks/Index Stock; **p. 49:** William Johnson/Stock Boston; **p. 58 top:** Nancy Levy-Konesky; **p. 58 bottom:** MAS; **p. 64 all photos:** Nancy Levy-Konesky/Frank Konesky; **p. 69:** Richard Klune/Corbis; **p. 70:** Nancy Levy-Konesky; **p. 82:** Odyssey/Frerck/Chicago; **p. 84:** Nancy Levy-Konesky; **p. 87:** Oil on canvas. 9.5x13″ "Given anonymously. Museum of Modern Art,NY."; **p. 88:** Odyssey/Frerck/Chicago; **p. 90 all photos:** Nancy Levy-Konesky/Frank Konesky; **p. 92:** Nancy Levy-Konesky/Frank Konesky; **p. 96:** Nancy Levy-Konesky; **p. 103 top:** Nancy Levy-Konesky; **p. 103 bottom:** Courtesy of BMG, U.S. Latin; **p. 109:** Nancy Levy-Konesky; **p. 116 left:** Nigel Francis/Corbis; **p. 116 right:** Macduff Everton/The Image Works; **p. 117 top:** Dave G.Houser/Corbis; **p. 117 bottom right:** Mark Antman/The Image Works; **p. 117 bottom left:** Odyssey/Frerck/Chicago; **p. 118:** Laura Elliot/Comstock; **p. 119 top:** DUSKO DESPOTOVIC/Sygma/Corbis ; **p. 119 middle left:** Patrick Ward/Corbis; **p. 119 middle right:** Picasso, Pablo (1881-1973) © ARS, NY; Guernica. Paris, June 4, 1937. Oil on canvas, 349.3 x 776.6 cm Museo ; Nacional Centro de Arte Reina Sofia, Madrid, Spain. Photo: Superstock; **p. 119 bottom left:** Odyssey/Frerck/Chicago; **p. 119 bottom right:** William Johnson/Stock Boston; **p. 120 top right:** Carlos Alvarez/Getty Images; **p. 120 top left:** Frederick M. Brown/Getty Images; **p. 120 bottom right:** Reuters NewMedia Inc./Corbis; **p. 120 bottom left:** Steve Sands/New York Newswire/Sygma/Corbis; **p. 121 top left:** Epipress/Sygma/Corbis; **p. 121 bottom right:** Carlos Alvarez/Getty Images; **p. 123:** MAS; **p. 124:** Nancy Levy-Konesky/Frank Konesky; **p. 125:** Nancy Levy-Konesky;

p. 127 all photos: Nancy Levy-Konesky/Frank Konesky; **p. 128:** Nancy Levy-Konesky/Frank Konesky; **pp. 130-131:** David Sacks/Taxi/Getty Images; **p. 132 all photos:** Nancy Levy-Konesky/Frank Konesky; **p. 140:** Nancy Levy-Konesky; **p. 144:** Robert Landau/Corbis; **p. 153:** Nancy Levy-Konesky; **p. 157:** Stuart Cohen; **p. 160:** Nancy Levy-Konesky/Frank Konesky; **p. 165 right:** Yagi Studio/SuperStock; **p. 166:** Kit Kittle/Corbis; **p. 167:** Nancy Levy-Konesky; **p. 177:** Philip Wegener-Kantor/Index Stock; **p. 181:** Nancy Levy-Konesky; **p. 185 top:** Odyssey/Frerck/Chicago; **p. 185 middle:** Odyssey/Frerck/Chicago; **p. 185 bottom:** Odyssey/Frerck/Chicago; **p. 186:** Nancy Levy-Konesky; **p. 188 all photos:** Nancy Levy-Konesky/Frank Konesky; **p. 196:** Nancy Levy-Konesky; **p. 205 left:** The Kobal Collection; **p. 205 right:** Nancy Levy-Konesky; **p. 208:** Nancy Levy-Konesky; **p. 214 left:** David Frazier; **p. 214 right:** Kevin Schafer/Corbis; **p. 215 middle:** Frerck/Odyssey/Chicago; **p. 215 top:** Stuart Westmorland/Corbis; **p. 215 bottom:** Celtcom/ImageState; **p. 216 right:** Tony Arruza/Corbis; **p. 216 left:** Nancy Levy-Konesky; **p. 218 top:** Jack Vartoogian; **p. 218 middle:** Jose Jimenez/Primera Hora/Getty Images; **p. 218 bottom:** Evan Agostini/Liaison /Getty Images; **p. 219 top:** Agence France Presse/Corbis; **p. 219 middle:** Reuters NewMedia Inc./Corbis; **p. 219 bottom right:** Corbis Bettmann; **p. 219 bottom left:** Undated painting by Ricardo Balaca. Corbis Bettmann; **p. 220:** Reuters NewMedia Inc./Corbis; **p. 225:** Nancy Levy-Konesky/Frank Konesky; **p. 226:** Nancy Levy-Konesky/Frank Konesky; **p. 228:** Nancy Levy-Konesky/Frank Konesky; **pp. 230-231:** Ken Osburn/Index Stock; **p. 232 all photos:** Nancy Levy-Konesky/Frank Konesky; **p. 238:** Nancy Levy-Konesky; **p. 240:** Nancy Levy-Konesky; **p. 251:** Nancy Levy-Konesky; **p. 254:** Donald Dietz/Stock Boston; **p. 256 all photos:** Nancy Levy-Konesky/Frank Konesky; **p. 261:** Jorge Rey/Getty Images; **p. 263:** Nancy Levy-Konesky; **p. 273:** FoodPix; **p. 274:** Nancy Levy-Konesky; **p. 280 all photos:** Nancy Levy-Konesky/Frank Konesky; **p. 288 left:** Bob Krist/Corbis; **p. 288 right:** AFP/Corbis; **p. 290:** Nancy Levy-Konesky; **p. 297:** Jorge Rey/Getty Images; **p. 299 left:** Nancy Levy-Konesky; **p. 299 right:** Sebastian Artz/Getty Images; **p. 300:** Nancy Levy-Konesky; **p. 308 left:** Frerck/Odyssey/Chicago; **p. 308 right:** Dave G. Houser/Corbis; **p. 309 right:** Donald Nausbaum/Stone/Getty Images; **p. 309 left:** Richard Bickel/Corbis; **p. 310 left:** Blake Sell/Reuters NewMedia /Corbis; **p. 311 right:** Robert Mora/Getty Images; **p. 311 left:** Reuters NewMedia Inc./Corbis; **p. 312 top:** Reuters NewMedia Inc./Corbis; **p. 312 middle:** Greg Gorman/Liaison/Getty Images; **p. 312 bottom:** Jon Kopaloff/Getty Images; **p. 314:** Courtesy of OAS; **p. 316:** Nancy Levy-Konesky/Frank Konesky; **p. 318:** Jorge Rey/Getty Images; **p. 320:** Nancy Levy-Konesky/Frank Konesky;

Text Credits

Spanish-English Vocabulary

Vocabularies

All words in the vocabulary lists and glossed words are given, as well as words necessary to the first-year Spanish students. Stem-changing words are indicated by **(e > ie), (o > ue)**. The gender of nouns is indicated except for masculine nouns ending in **-o** or referring to males, and feminine nouns ending in **-a, -dad,** and **-ión,** or referring to females.

Abbreviations

The following abbreviations are used in this glossary.

adj.	adjective	*indef. art.*	indefinite article	*p.p.*	past participle
adv.	adverb	*ind. obj.*	indirect object	*pl.*	plural
conj.	conjunction	*inf.*	infinitive	*poss.*	possessive
def. art.	definite article	*interj.*	interjection	*prep.*	preposition
demons. adj.	demonstrative adjective	*interr.*	interrogative	*pron.*	pronoun
		invar.	invariable	*refl. pron.*	reflexive pronoun
d. o.	direct object	*m.*	masculine	*sing.*	singular
f.	feminine	*n.*	noun	*subj. pron.*	subject pronoun
fam.	familiar	*obj.*	object	*v.*	verb
form.	formal				

Spanish-English Vocabulary

A

a *prep.* to; at (*with time*) **1; a diferencia de** unlike **12; a eso de** (*with time*) approximately **1; a la vez** at the same time **12; a lo mejor** probably **11; a menos que** *conj.* unless **11; a menudo** *adv.* often **1; a sus órdenes** at your service **12, in ex.; a tiempo** *adv.* on time **1; al final** finally **8; al lado de** *prep.* alongside of **12; al máximo** to the limit; **a través de** through; **a veces** at times **7; a ver** let's see **13**
abajo *adv.* below **12**
abierto *p.p., adj.* open **9;** opened
abogado *n.* lawyer **Gac. P; 3**
abordar *v.* to board **10**
abrazar *v.* to hug **16**
abrazo *n.* hug **1**
abrigo *n.* overcoat **9**
abril *n.* April **4**
abrir *v.* to open **2**
abrochar(se) *v.* to button **10;** to fasten
abuela *n.* grandmother **4**
abuelo *n.* grandfather **4; los abuelos** grandparents **Gac. 1; 4**
aburrido *adj.* boring **2;** bored
acabar *v.* to finish **1; acabar de +** *inf.* to have just done (*something*)
acampar *v.* to camp **15**
accesorios *n.* accessories **5**

aceite *n.m.* oil **7; aceite de oliva** olive oil **Gac. 1**
aceituna *n.* olive **Gac. 1; 7**
acera *n.* sidewalk **Gac. 3**
acercarse (a) *v.* to approach **Gac. 4**
acompañar *v.* to accompany **15**
aconsejar *v.* to advise **11**
acordarse de (ue) *v.* to remember **12**
acostarse (ue) *v.* to go to bed, to lie down **9**
acostumbrarse a *v.* to get used to **Gac. 1**
actitud *n.f.* attitude **3, in ex.**
actividad *n.* activity **Gac. 5**
activo *adj.* active **14**
actor *n.m.* actor **2, in ex.**
actriz *n.f.* actress **LP**
actual *adj.* present **Gac. 2**
actuar *v.* to act **Gac. 1**
acuario *n.* aquarium **15**
acuerdo *n.* agreement **8; estar de acuerdo** to agree **15; llegar a un acuerdo** to reach an agreement
adelante *adv.* ahead **Gac. 5**
adelantar *v.* to advance **8**
adelgazar *v.* to lose weight **8**
además *adv.* besides **4; además de** aside from **Gac. 2**
adentro *adv.* inside **5**
adicto *adj.* addicted
adiós *interj.* good-bye **LP**
adivinar *v.* to guess **Gac. 1; 18**
adjetivo *n.* adjective **2**

adorar *v.* to adore **4**
aduana *n.* customs **Gac. 2; 10**
advertencia *n.* warning **16, in ex.**
aeromozo *n.* flight attendant **10**
afectuosamente *adv.* affectionately
afeitarse *v.* to shave **9**
aficionado *n.* fan, supporter **4**
afortunadamente *adv.* fortunately **6, in ex.**
afuera *adv.* outside, outdoors **5; las afueras** the suburbs **5**
agencia de empleos *n.* employment agency **3**
agente *n.m.,f.* agent **10**
ágil *adj.* agile **14**
agosto *n.* August **4**
agradable *adj.* pleasant, agreeable **11**
agradecer *v.* to be grateful for, to thank **6**
agradecido *p.p., adj.* thankful **14, in ex.**
agregar *v.* to add **Gac. 1; 5**
agresivo *adj.* aggressive **17**
agrícola *adj.* agricultural **Gac. 4**
agricultor *n.* farmer **Gac. 4**
agridulce *adj.* bittersweet **Gac. 4, in ex.**
agua *n.* water **3, in ex.; 4**
aguardar *v.* to await **Gac. 5**
ahogar *v.* to drown **Gac. 5**
ahora *adv.* now **1; ahora mismo** right away **1**

ahorrar *v.* to save money **15**

aire *n.m.* air **15; aire acondicionado** air conditioning **12; al aire libre** outside **8**

aislarse *v.* to isolate oneself **16, in ex.**

ajedrez *n.m.* chess **Gac. 3**

ajo *n.* garlic **Gac. 1; 7**

al (contraction of **a** + **el**) to the, at the **2**

albatro *n.m.* albatross **Gac. 6**

albergar *v.* to shelter

alcanzar *v.* to reach **11**

alcoba *n.* bedroom **5**

alegrarse de *v.* to be happy **11**

alegre *adj.* happy **2**

alegría *n.* happiness **1**

alejarse (de) *v.* to go away, to keep away **15**

alemán *n.m., adj.* German **2**

alérgico *adj.* allergic **13**

alfabeto *n.* alphabet **LP**

alfombra *n.* rug **5**

algo *n., adv.* something, somewhat **3**

algo más *n.* something else **7**

algodón *n.m.* cotton **9**

alguien *n.* someone, anyone **3**

algún (alguno, a) *adj.* some **3**

alimentar *v.* to feed **Gac. 4**

alimento *n.* food **7**

aliviar *v.* to relieve, alleviate **13**

allá: más allá de *adv.* beyond **2, in ex.**

allí *adv.* there **LP**

alma *n.* soul **Gac. 3**

almacén *n.m.* department store **3**

almeja *n.* clam

almendra *n.* almond **7**

almohada *n.* pillow **5**

almorzar (o > ue) *v.* to eat lunch **3**

almuerzo *n.* lunch **4**

aló *interj.* hello (telephone, Puerto Rico) **6**

alojarse *v.* to lodge, stay **12**

alquilar *v.* to rent **5**

alquiler *n.m.* rent (payment) **5**

alrededor (de) *adv.* around **5**

alto *adj.* tall, high; *adv.* loudly **2**

altura *n.* height **Gac. 4**

alumno *n.* student **LP**

ama de casa *n.* housewife, housekeeper **17**

amable *adj.* kind **11**

amado *n.* loved one, beloved **Gac. 6**

amante *n.m.,f.* lover **4**

amar *v.* to love **1; 16**

amarillo *adj.* yellow **Gac. 1, in ex.; 4**

amarrar *v.* to tie up **17**

ámbar *n.m.* amber **Gac. 2**

ambicioso *adj.* ambitious

ambiente *n.m.* environment, atmosphere **2**

ambiguo *adj.* ambiguous **Gac. 2**

ambos *adj.* both **2**

ambulancia *n.* ambulance **13**

amenazar *v.* to threaten **16**

americano *n., adj.* American

amigo *n.* friend **LP**

amistad *n.f.* friendship **16**

amo *n.* master **Gac. 2**

amor *n.m.* love **Gac. 1; 6**

amparo *n.* protection, shelter **Gac. 3**

amurallado *adj.* walled **Gac. 6**

analfabetismo *n.* illiteracy **Gac. 5**

analfabeto *adj.* illiterate **18**

analista de sistemas *n.* systems analyst

anaranjado *adj.* orange **4**

ancho *adj.* wide, broad **9**

andar *v.* to walk **7**

andén *n.m.* platform **11**

anfitrión *n.* host **9, in ex.**

ángel *n.m.* angel **Gac. 5**

angustia *n.* anguish

anhelar *v.* to yearn for

anillo *n.* ring **9; anillo de casado** wedding ring **16; anillo de compromiso** engagement ring **16**

animado *adj.* exciting **14**

aniversario *n.* anniversary **4**

anoche *adv.* last night **1; 6**

anochecer *v.* to grow dark **Gac. 1**

anotación *n.* score **14**

ansiosamente *adv.* anxiously

anteayer *adv.* day before yesterday

antepasado *n.* ancestor **12**

anterior *adj.* previous

antes *adv.* before **1; antes de** *prep.* before **1; antes de que** *conj.* before **14**

antibiótico *n.* antibiotic **13, in ex.**

anticipar *v.* to look forward to **Gac. 2**

antiguo *adj.* old, ancient, former **Gac. 1; 8**

antipático *adj.* mean **2;** unpleasant

anuncio *n.* announcement, advertisement **3; anuncio clasificado** classified ad **2**

añadir *v.* to add **8, in ex.**

año *n.* year **2; Año Nuevo** New Year **18; el año pasado** last year **18, in ex.; tener... años** to be . . . years old **3; el año que viene** next year **14**

apacible *adj.* friendly **12**

apagar *v.* to turn off **6**

aparato *n.* apparatus, appliance **12**

aparcar *v.* to park **11**

aparecer *v.* to appear **Gac. 1**

aparentar *v.* to appear to be **Gac. 5**

apasionado *adj.* passionate **13, in ex.**

apellido *n.* last name **4**

apenas *adv.* scarcely **13**

apendicitis *n.m.* appendicitis **13**

aplicado *adj.* studious, applied **2**

apodo *n.* nickname

apogeo *n.* height (of fame, power) **Gac. 6, in ex.**

apostar *v.* to bet **18**

apoyar *v.* to support **14**

apoyo *n.* support

apreciar *v.* to appreciate

aprender *v.* to learn **2; aprender de memoria** to learn by heart **2**

apretado *adj.* tight **9**

aprobar (o > ue) *v.* to approve **11**

apropiado *adj.* appropriate, correct **5, in ex.**

aprovechar *v.* to make good use of **11; aprovecharse de** to profit by, take advantage of

aquel *adj.* that **5**

aquí *adv.* here **LP; aquí lo tiene** here you are

árabe *n.* Arab **Gac. 1**

árbitro *n.* umpire, referee

árbol *n.m.* tree **4**

arco iris *n.m.* rainbow **Gac. 2**

arena *n.* sand **Gac. 6**

arete *n.m.* earring **Gac. 2, in ex.; 9**

argentino *adj.* Argentine

arma *n.* weapon **Gac. 6**

armario *n.* clothes closet **5**

arpillera *n.* small quilt made from sackcloth **Gac. 6**

arqueólogo *n.* archaeologist

arquitecto *n.* architect **3**

arrancar *v.* to start (a motor)

arrastrarse *v.* to crawl **16**

arreglar *v.* to fix, to repair; to arrange **5**

arriba *adv.* up **12**

arrojarse *v.* to throw oneself **Gac. 4**

arroyo *n.* brook **Gac. 3**

arroz *n.m.* rice **Gac. 1; 7**

arte *n.* art **LP; 2; bellas artes** fine arts **Gac. P**

artesanal *adj.* craft **Gac. 5**

artesano *n.* artesan **Gac. 5**

artista *n.m., f.* artist

asado *adj.* roasted **7; lechón asado** roast pork **Gac. 2**

ascendencia *n.* ancestry **Gac. 4**

ascenso *n.* promotion **3**

ascensor *n.m.* elevator **12**

asesinar *v.* to assassinate **Gac. 6**

asfixiante *adj.* stifling

así *adv.* so, thus, like this **LP**

así así *adv.* so-so **LP**

asiento *n.* seat **10**

asignatura *n.* subject **2**

asilo político *n.* political asylum

asistencia *n.* attendance

asistir (a) *v.* to attend **2**

asociar *v.* to associate

asolar *v.* to devastate **Gac. 5**

asombro *n.* astonishment **16, in ex.**

asombroso *adj.* astonishing **Gac. 6**

aspecto físico physical appearance **Gac. 1**

aspiradora *n.* vacuum cleaner **5**

aspirina *n.* aspirin **1, in ex. 13**

astro *n.* star

astronauta *n.m., f.* astronaut **LP**

ataque *n.m.* attack **Gac. 2**

atención *n.* interest **2**

atender (e > ie) *v.* to wait on, attend to **9**

aterrizaje *n.m.* landing

aterrizar *v.* to land

atleta *n.m., f.* athlete **Gac. 3**

atractivo *n.* attraction **Gac. 5**

atraer *v.* to attract **15**

atrapado *p.p., adj.* trapped **Gac. 4**

atrasado *p.p., adj.* delayed, late, slow, backward **10; estar atrasado** to be late

atravesar *v.* to cross **Gac. 5**

atún *n.m.* tuna fish **8**

audaz *adj.* bold

aula *n.* classroom **LP**

aumentar *v.* to magnify **17;** to increase

aumento *n.* increase **6, in ex.**

aún *adv.* still, yet **18; aún no** not yet

aunque *conj.* although, even if **5**

autobús *n.m.* bus **11**

automóvil *n.m.* automobile **LP**

autopista *n.* highway **11**

autor *n.m.* author **LP**

autorretrato *n.* self-portrait **Gac. 4**

autostop: hacer autostop *v.* to hitchhike **11**

avena *n.* oatmeal **13, in ex.**

avenida *n.* avenue **Gac. 1**

avión *n.m.* airplane **10**

aviso *n.* notice **1**

ayer *adv.* yesterday **6**

ayuda *n.* help, assistance **6, in ex.**

ayudar *v.* to help, aid **2**

azafata *n.* stewardess **10**

azafrán *n.m.* saffron **Gac. 1**

azúcar *n.m.* sugar **Gac. 2**

azucarero *adj.* sugar **Gac. 3**

azul *adj.* blue **Gac. 1, in ex.; 4**

azulejo *n.* tile **5**

B

bahía *n.* bay **Gac. 4**

bailable *adj.* danceable **Gac. 5, in ex.**

bailar *v.* to dance **1**

bailarín/bailarina *n.* dancer

bajar *v.* to lower, to get out of **9**

bajo *adj.* short, low **2;** *adv.* under

bala *n.* bullet **Gac. 5**

balcón *n.m.* balcony **Gac. P; 12**

baloncesto *n.* basketball

banana *n.* banana **LP**

banco *n.* bank

banda *n.* band *(musical)* **16**

bandera *n.* flag **Gac. 2, in ex.**

banquero *n.* banker

bañar *v.* to bathe **9; bañarse** *v.* to take a bath

bañera *n.* bathtub **5**

baño *n.* bathroom **5; cuarto de baño** bathroom

barato *adj.* inexpensive, cheap **4**

barba *n.* beard **Gac. 1**

barbudo *n.* bearded man **Gac. 3**

barco *n.* boat **Gac. 2; 11**

barrer *v.* to sweep **5**

barrera *n.* barrier **Gac. 2**

barrio *n.* neighborhood **4**

barroco *adj.* baroque **Gac. 1**

barrote *n.m.* rail

básquetbol *n.m.* basketball **2, in ex.; 14**

bastante *adv.* enough **8; bastante bien** well enough **LP**

bastar *v.* to be enough **Gac. 5**

bata *n.* bathrobe **17**

batalla *n.* battle

bate *n.* baseball bat **14**

batear *v.* to bat **14**

batería *n.* drum set, battery (car) **11**

batido *n.* milkshake **Gac. 3**

batuta *n.* baton

bautismo *n.* baptism

bebé *n.m.,f.* baby **LP**

beber *v.* to drink **2**

bebida *n.* drink, beverage **7**

beca *n.* scholarship **2**

béisbol *n.m.* baseball (game) **3, in ex.; 14**

beisbolista *n.* baseball player **2 in ex.**

belleza *n.* beauty **Gac. 5**

bello *adj.* beautiful **12**

bendición *n.* blessing **18, in ex.**

beneficio *n.* benefit **Gac. 2, in ex.; 3**

besar *v.* to kiss **LP; 16**

beso *n.* kiss **1, in ex.; 16**

betabel *n.m.* beet **Gac. 4, in ex.**

biblioteca *n.* library **1**

bibliotecario *n.* librarian

bicicleta *n.* bicycle **11**

bien *adv.* well **1; bien educado** well behaved **4; bien parecido** good-looking; **está bien** it's okay **LP; muy bien** very well **LP; pasarlo bien** to have a good time **6**

bienvenido *adj.* welcome **LP**

bilingüe *adj.* bilingual

billete *n.m.* ticket **10;** bill **Gac. 4**

biología *n.* biology **2**

bisabuelo(a) *n.* great-grandfather (great-grandmother)

bistec *n.m.* steak **8**

blanco *adj.* white **Gac. 1; 4**

blue jeans *n.* blue jeans **1, in ex.; 9**

blusa *n.* blouse **9**

boca *n.* mouth **13**

bocadillo *n.* sandwich **8**

boda *n.* wedding **Gac. 5; 16**

boicoteo *n.* boycott **Gac. 4**

boleto *n.* ticket **10**

bolígrafo *n.* ballpoint pen **LP**

bolsillo *n.* pocket **3**

bolso *n.* purse, pocketbook **9**

bombero *n.* firefighter

bombón *n.m.* chocolate candy **8**

bonito *adj.* pretty

bordado *adj.* embroidered **9**

boricua *n., adj.* Puerto Rican

borrar *v.* to erase

bosque *n.m.* forest **Gac. 2; 15; bosque pluvioso** rain forest **Gac. 2**

bota *n.* boot **9**

bote *n.m.* boat **15**

botella *n.* bottle **4, in ex.; 8**

botones *n.* bellboy **12**

boxeador *n.* boxer **14**

boxeo *n.* boxing **14**

bracero *n.* day laborer **Gac. 4**

brazalete *n.m.* bracelet **9**

brazo *n.* arm **13**

breve *adj.* brief **6, in ex.**

brindar *v.* to toast **18**

brindis *n.m.* toast **18**

buceo *n.* diving **Gac. 4**

bueno *adj.* good **2;** *adv.* well, okay; **buen gusto** good taste **8; buen provecho** bon appetit **Gac. 1;** good appetite **7; buen viaje** good trip **10; buenas noches** good evening, good night **LP; buenas tardes** good afternoon **LP; ¿Bueno?** Hello **6; buenos días** good morning **LP; lo bueno** the good thing **9**

bulevar *n.m.* boulevard **15**

burlarse (de) *v.* to make fun (of), mock **11**

buscar *v.* to look for **1**

búsqueda *n.* search

buzón *n.m.* mailbox **12**

C

caballero *n.* gentleman **16**

caballo *n.* horse **Gac. 1; 14; a caballo** on horseback **18**

cabeza *n.* head **13**

cacería *n.* hunting

cada *adj., invar.* each, every **Gac. 1; 5**

cadena *n.* channel, network, chain **14, in ex.**

caer *v.* to fall; **caerse** *v.* to fall down **8, in ex.; 11**

café *n.m.* coffee; cafe **LP; 7**

cafetería *n.* cafe **1**

caja *n.* box **8**

cajero *n.* cashier

cal *n.f.* lime **5**

calabaza *n.* gourd **Gac. 2**

calamar *n.m.* squid **Gac. 1**

calcetines *n.m.pl.* socks **9**

cálculo *n.* calculus **2**

caldo de pescado *n.* fish broth **Gac. 1**

calefacción *n.* heating

calendario *n.* calendar **LP**

calentar (e > ie) to heat up **Gac. 3**

calidad *n.* quality

caliente *adj.* hot **7**

calificarse *v.* to qualify

callado *adj.* silent, quiet

calle *n.f.* street **LP**

calor *n.m.* heat; **hace calor** it's hot (weather) **4; tener calor** *v.* to be (feel) hot (warm) **3**

cama *n.* bed **5, in ex.; cama de agua** water bed **5; cama matrimonial** double bed **5**

cámara *n.* camera **10**

camarero(a) *n.* waiter (waitress) **3**

camarones *n.m.pl.* shrimp **7**

cambiar *v.* to change **2**

cambio *n.* change **16; en cambio** on the other hand **12**

caminar *v.* to walk **6**

camino *n.* road **11**

camión *n.m.* truck **11**
camisa *n.* shirt **9**
camiseta *n.* T-shirt **9**
campaña *n.* campaign
campeón (campeona) *n.* champion **14**
campeonato *n.* championship **14**
campesino *n.* peasant, country person, farmer **Gac. 1**; *adj.* rural **Gac. 5**
cámping *n.m.* campsite **15**; **hacer cámping** to go camping
campo *n.* country, field **4**; **campo deportivo** playing field **1**; **campo de azúcar** sugarcane field **Gac. 2, in ex.**
campus *n.m.* campus **1**
canal *n.m.* channel **4, in ex.**
cancelar *v.* to cancel **10**
cancha *n.* (tennis) court; (golf) course **Gac. 2; 14**
canción *n.* song **6**
candidato *n.* candidate **3**
cansado *adj.* tired, tiresome **2**
cantante *n.* singer
cantar *v.* to sing **6**
cantautor *n.* singer/songwriter **Gac. P**
cantidad *n.* quantity **13, in ex.**
caña de azúcar *n.* sugar cane **Gac. 3**
cañaveral *n.m.* sugar plantation **Gac. 3**
caos *n.m.* chaos **Gac. 5**
capaz *adj.* capable **11, in ex.**
capítulo *n.* chapter **2**
capó *n.* hood (of a car) **11, in ex.**
caprichoso *adj.* capricious, whimsical
cara *n.* face
característica *n.* characteristic
¡caramba! gracious me! my goodness **1**
caramelo *n.* hard candy, caramel **Gac. 1; 8**
cárcel *n.f.* jail, prison **Gac. 6**
Caribe *n.m.* Caribbean **Gac. 2; 4**
caribeño *adj.* Caribbean **Gac. 1**
caritativo *adj.* charitable
caridad *n.* charity **Gac. 1**
caries *n.f.* cavity **13**
cariño *n.* love **1**; affection **16**
cariñoso *adj.* affectionate **16**
carmín encendido *n.m.* bright red **Gac. 3**
carnaval *n.m.* carnival **18**
carne *n.f.* meat **7**
carnicería *n.* butcher shop **Gac. 2; 7, in ex.**
carnicero *n.* butcher **8**
caro *adj.* expensive **4**
carpintero *n.* carpenter
carrera *n.* career, race **3**
carreta *n.* oxcart **Gac. 3**
carro *n.* car **4**
carroza *n.* float **Gac. 1**
carta *n.* letter, card, menu **6**; **echar una carta** to mail a letter **12**

cartas *n.* playing cards; **jugar a las cartas** to play cards **6**
cartel *n.m.* poster
cartelera *n.* T.V. section (newspaper) **6**
cartera *n.* wallet **9**
cartero *n.* mailman
casa *n.* house **LP**; **en casa** at home **LP**
casado *adj.* married **4**; **recién casado** newlywed **16**
casarse (con) *v.* to get married (to) **16**
cascada *n.* waterfall **Gac. 5**
cáscara *n.* peel **13**
casi *adv.* almost **5, in ex.**
cassette *n.m.* cassette **1**
castigo *n.* punishment
castillo *n.* castle **Gac. 2; 12**
catarro *n.* cold (health) **13**
cátedra *n.* professorship
catedral *n.f.* cathedral **Gac. 1**
católico *adj.* Catholic **18**
catorce fourteen **LP**
cautivante *adj.* captivating **13**
cautivar *v.* to captivate **13**
cazador *n.* hunter
cebolla *n.* onion **7**
ceder *v.* to give way **11**
celar *v.* to watch jealously **17**
celda *n.* jail cell **Gac. 4**
célebre *adj.* famous
celos *n.* jealousy **16**; **tener celos** to be jealous **3**
celoso *adj.* jealous **16**
cementerio *n.* cemetery **18**
cena *n.* supper **Gac. 1; 4**
cenar *v.* to eat supper **5**
ceniza *n.* ash **Gac. 5**
centro *n.* center, downtown **LP, in ex.**; **centro comercial** shopping center **9**; **centro estudiantil** student center **1**; **centro para niños** child care center **17**
cepillo *n.* brush **12**
cerca (de) *adv.* near, close **Gac. P; 5**
cerdo *n.* pork **8**
cerebro *n.* brain **13**
cereza *n.* cherry **8, in ex.**
cero *n.* zero **LP**
cerrado *adj.* closed **9**
cerrar (e > ie) *v.* to close **3**
cerveza *n.* beer **7**
cesto *n.* basket **Gac. 2, in ex.**
chaleco *n.* vest
champú *n.m.* shampoo **12**
chantaje *n.m.* blackmail **16**
chaparreras *n.pl.* chaps **18**
chaqueta *n.* jacket **9**
charlar *v.* to chat **1**
charro *n.* cowboy *(Mexico)*
chau *interj.* good-bye **LP**
cheque de viajero *n.* traveler's check **12**
chévere *adj.* great, awesome **1**
chicano *n.* U.S. citizen of Mexican origin

chico(a) *n.* (little) boy (girl) **LP**
chileno *n., adj.* Chilean **LP**
chisme *n.m.* gossip **Gac. 4, in ex.**
chismear *v.* to gossip **5**
chiste *n.m.* joke; **contar chistes** to tell jokes **4**
chistoso *adj.* funny **15**
chocar (con) *v.* to run into, collide (with), hit **11**
chocolate *n.m.* chocolate **2, in ex.**
chorizo *n.* sausage **8**
ciclismo *n.* cyling **14**
ciclista *n.m., f.* cyclist **14**
ciclo *n.* cycle
ciego *adj.* blind
cielo *n.* sky, heaven **15**; sweetheart **16**
cien *adj.* one hundred **1**
ciencia *n.* science **2**; **ciencias políticas** political science; **ciencias de computadora/computación** computer science
científico *n.* scientist **3**
cierre *n.m.* closing **1**
cierto *adj.* certain, sure **LP**; **es cierto** that's right **10**
ciervo *n.* deer **Gac. 3**
cigala *n.* crayfish **Gac. 1**
cine *n.m.* movie theater **6**
cinco five **LP**
cincuenta fifty **1**
cinta *n.* band **18**
cinturón *n.m.* belt **9**; **cinturón de seguridad** seat belt **10**
circo *n.* circus **15**
circulación *n.* traffic **11**
cita *n.* date, appointment **3**; quotation **16, in ex.**
citar *v.* to make a date or appointment; to quote
ciudad *n.* city **LP**
ciudadano *n.* citizen **Gac. 2; 10**
claro *adj.* clear **9** **¡Claro!** Of course! **4**; **es claro** it's clear **10**; **Claro que sí** Of course **4**
clase *n. f.* class **LP**; **clase media/alta** middle/upper class **5**
clavadista *n.m.,f.* cliff diver **Gac. 4**
clavo *n.* nail **16**
cliente *n.m., f.* client **LP**
clima *n.m.* climate **9, in ex.**
cobrar *v.* to charge **12**
cocido *adj.* cooked
coche *n.m.* car **4**; **coche cama** sleeping car (train) **11**; **coche comedor** dining car (train) **11**
cocina *n.* kitchen **5**; cuisine **7**
cocinar *v.* to cook **5**
cocinero *n.* cook **Gac. 1; 3**
coco *n.* coconut **Gac. 3**
coger *v.* to grasp, seize, catch **14**
cola *n.* line, tail **10**; **hacer cola** to wait in line
colcha *n.* bedspread **Gac. 5**
coleccionar *v.* to collect
colegio *n.* school **1**
cólera *n.* anger **Gac. 4**

colgar *v.* to hang (up) **6**
colombiano *adj.* Colombian **LP**
colonia *n.* colony **Gac. 2, in ex.;** neighborhood **10**
colorante alimenticio *n.m.* food coloring **Gac. 1**
colorido *n.* color **Gac. 5**
combatir *v.* to combat, fight **17**
comedor *n.m.* dining room **5**
comenzar (e > ie) *v.* to begin, start **3**
comer *v.* to eat **2**
comercio *n.* business **Gac. 3**
comestibles *n.pl.m.* food
cómico *n.* comedian **2, in ex.;** *adj.* funny **15**
comida *n.* food, meal **Gac. 1; 4**
como *adv.* such as **LP;** as, since **16;** **¿cómo?** *interr.* how? **LP;** what?, how's that again?; **¿Cómo anda?** How's it going?; **¿Cómo se dice...?** How do you say . . . ? **6; ¿Cómo se escribe...?** How do you spell . . . ? **LP; B; Cómo no** Of course **4;** **¿Cómo está(s)?** How are you? **LP;** **¿Cómo se (te) llama(s)?** What's your name? **LP**
comodidad *n.* comfort **Gac. 5**
cómodo *adj.* comfortable **9**
compañero *n.* friend, companion **LP;** **compañero de clase** classmate; **compañero de cuarto** roommate
compañía *n.* company
compartir *v.* to share **5**
competencia *n.* competition **15**
competir *v.* to compete **5**
complacer *v.* to please **Gac. 3**
complaciente *adj.* pleasing **Gac. 1**
complicado *adj.* complicated **11**
comportamiento *n.* behavior **17**
comportarse *v.* to behave
comprar *v.* to buy **1**
compras: ir de compras to go shopping **8**
comprender *v.* to understand **2**
comprometerse *v.* to be engaged **16**
compromiso *n.* engagement **16**
computadora *n.* computer **LP; 1**
común *adj.* common **LP; 10, in ex.**
comunidad *n.* community
con *prep.* with **LP; con destino a** destined for **10; con frecuencia** frequently **1; con permiso** excuse me **LP; con tal de que** *conj.* provided that **15; conmigo** *prep.* with me **5; contigo** *prep.* with you **5**
concha *n.* shell **Gac. 1**
conciliar el sueño to induce sleep **2**
concurso *n.* contest **11**
conducir *v.* to drive **4**
conductor *n.* driver **11**
conferencia *n.* lecture
confirmar *v.* to confirm **10**
congelador *n.m.* freezer
congestionado *adj.* congested **13**
conjunción *n.* conjunction **14**
conjunto musical *n.* band **16**
conmovedor *adj.* moving **Gac. 3**
conocer *v.* to know; to meet **4**

conocido *adj., p.p.* known **Gac. 1**
conseguir (e > i) *v.* to get; to obtain **5**
consejero *n.* counselor, advisor **2**
consejo *n.* advice **9, in ex.**
conservador *n.* conservative **LP**
conservar *v.* to keep, maintain
consistir (en) *v.* to consist (of) **2**
construir *v.* to build **Gac. 2, in ex.; 6**
consuelo *n.* consolation **16, in ex.**
consultorio *n.* doctor's office **13**
contabilidad *n.* accounting **2**
contador *n.* accountant **3**
contaminado *adj.* contaminated, polluted **15**
contar (o > ue) *v.* to tell, count **3; contar chistes** to tell jokes; **contar con** to count on **3**
contenido *n.* content **10, in ex.**
contento *adj.* content, happy **2**
contestación *n.* response **2**
contestar *v.* to answer **1**
contra *prep.* against **Gac. 2; 17**
contraer *v.* to get **Gac. 4**
contrario: por el contrario on the other hand **12**
contraste *n.m.* contrast **Gac. 6**
contratar *v.* to hire **16**
convertirse *v.* to turn into
convencer *v.* to convince
cooperar *v.* to cooperate **17**
copa *n.* wine glass **7; tomar una copa** to have a drink **7**
copar el poder to seize power **Gac. 6**
coqueta *adj.* flirtatious **17**
corazón *n.m.* heart **Gac. P; 13**
corbata *n.* tie **9**
cordialmente *adv.* cordially **2**
correcto *adj., adv.* correct, exactly **4**
corregir (e > i) *v.* to correct **5**
correo *n.* post office **12;** *pl.* mail **Gac. 2**
correr *v.* to run **14**
corrida de toros *n.* bullfight **LP**
cortar *v.* to cut **Gac. 1; 7**
corte *n.f.* court **4, in ex.**
cortejo *n.* courting (dance) **Gac. 6**
cortés *adj.* polite, courteous **16**
cortina *n.* curtain
corto *adj.* short, brief **4**
cosa *n.* thing **1**
cosecha *n.* crop **Gac. 4**
cosechero *n.* crop owner **Gac. 4**
costa *n.* coast **Gac. 1**
costar (o > ue) *v.* to cost **3**
costarricense *n., adj.* Costa Rican **LP**
costumbre *n.f.* custom, habit **Gac. P; 7**
costura: alta costura high fashion
crear *v.* to create **6, in ex.**
crecer *v.* to grow **Gac. 1; 4**
creciente *adj.* growing **14, in ex.**
creer *v.* to believe, think **2**
criada *n.* maid **12**
criado *n.* servant **12**
criar *v.* to raise **17**
crisis *n.f.* crisis

cristalino *adj.* crystalline
cristiano *adj.* Christian **18**
crónica *n.* chronicle
cruce de caminos *m.* intersection **15**
crudo *adj.* raw **8**
cruz *n.f.* cross **18, in ex.**
cruzar *v.* to cross **Gac. 4**
cuaderno *n.* notebook **LP**
cuadra *n.* block **10**
cuadrado *p.p., adj.* square **5; milla cuadrada** square mile **Gac. 2**
cuadro *n.* painting **2, in ex.**
¿cuál? *interr.* what?, which? **LP**
cualquier, cualquiera *adj.* any **11;** *pron.* either **Gac. P**
¿cuándo? *interr.* when? **LP**
¿cuánto? *adj. interr.* how much? how many? **LP; en cuanto** *conj.* as soon as **14**
cuarenta forty **1**
Cuaresma *n.* Lent
cuartel *n.m.* barracks **Gac. 3**
cuarto *n.* room; *adj.* fourth **5; cuarto de baño** bathroom **12; cuarto** (time) a quarter **1**
cuatro four **LP**
cuatrocientos four hundred **4**
cubierto *p.p., adj.* covered **13**
cubrir *v.* to cover **13**
cucaracha *n.* cockroach **Gac. 1**
cuchara *n.* table or soup spoon **7**
cuchillo *n.* knife **7**
cuello *n.* neck **13**
cuenta *n.* check, bill **7; darse cuenta de** to realize **7**
cuento *n.* story
cuero *n.* leather **9**
cuerpo *n.* body **1**
cuidado *n.* care, caution **13; tener cuidado** to be careful **13; cuidado médico** *n.* medical care **13**
cuidar (de) *v.* to care for, to take care of; **cuidarse** *v.* to take care of oneself **13**
culebra *n.* snake **Gac. 3**
culpa *n.* blame **16, in ex.; tener la culpa** to be to blame **13**
culpable *adj.* guilty **17**
cultivar *v.* to cultivate
cumpleaños *n.m.* birthday **4; feliz cumpleaños** happy birthday
cumplir (con) *v.* to fulfill **17; cumplir... años** *v.* to turn . . . years of age **4**
cuna *n.* birthplace, cradle **Gac. P**
cuñado(a) *n.* brother-in-law (sister-in-law) **4**
cura *n.m.* priest **18**
cura *n.f.* cure **13**
curar *v.* to cure **8, in ex.**
currículum (vitae) *n.* résumé **3**
curso *n.* course **5, in ex.**

D

dama *n.* lady **17**
dañar *v.* to harm, hurt **14**

dañino *adj.* hurtful **17**
daño *n.* harm; **hacer daño** to do harm
dañoso *adj.* dangerous **13**
dar *v.* to give **4; dar a** to face **5, in ex.; dar a luz** to give birth **17; dar un paseo** to take a walk **Gac. 3; 6; dar la mano** to shake hands **LP, in ex.**
datos *n.* data, information **2, in ex.**
de *prep.* of, from **1; de acuerdo** agreed **8; de buen (mal) gusto** in good (bad) taste **8; ¿De dónde es Ud.?** Where are you from? **LP, in ex.; de nada** you're welcome **LP; de ninguna manera** by no means **4; ¿De parte de quién?** Who's calling? **6; ¿De qué se trata?** What is it about? **6; ¿De quién...?** Whose . . . ? **2; de vez en cuando** from time to time **16**
debajo (de) *prep.* under, below **LP**
deber *n.m.* duty **17;** *v.* should, ought to **2**
debido a due to **Gac. 5**
débil *adj.* weak **14**
debilidad *n.* weakness **17, in ex.**
debilitar *v.* to weaken **Gac. 6, in ex.**
década *n.* decade **Gac. 1**
decano *n.* dean **2**
decepción *n.* disillusion **Gac. 1**
decidir *v.* to decide **2; decidirse a** to make up one's mind to
décimo *adj.* tenth **12**
decir (e > i) *v.* to say, to tell **4**
dedo *n.* finger **13; dedo del pie** toe
dejar *v.* to leave, leave behind, to allow **3; dejar de +** *inf.* to stop **Gac. 3; 8, in ex.; dejar un mensaje (recado)** to leave a message **6**
del (contraction of **de** and **el**) of the **2**
delante (de) *prep.* before, in front of **LP**
delgado *adj.* thin **2**
delicioso *adj.* delicious **7**
demás *adj.* (with **lo, la, los, las**) the other, the rest of the **17**
demasiado *adj., adv.* too, too much **8**
dentista *n.m., f.* dentist **LP**
dentro (de) *prep.* in, within **Gac. 1; 5**
dependiente *n.* clerk **8**
deporte *n.m.* sport **1**
deportivo *adj.* athletic **1; campo deportivo** athletic field
deprimente *adj.* depressing **18**
derecho *n.* right, privilege, law **Gac. P;** *adv.* straight ahead; *adj.* right; **a la derecha** to the right **10; derechos humanos** human rights **Gac. 6**
derrota *n.* defeat
desagradable *adj.* unpleasant **11**
desaparecer *v.* to disappear **Gac. 6**
desaparición *n.* disappearance **Gac. 6**
desaparecido *n.* missing person **Gac. 6**
desarrollar *v.* to develop **14**

desarrollo *n.* development **Gac. P**
desastre *n.m.* disaster **6, in ex.**
desayunar *v.* to have breakfast **5**
desayuno *n.* breakfast **Gac. 1; 4**
desbordamiento *n.* overflowing **Gac. 5**
descansar *v.* to rest **11**
descanso *n.* rest
descompuesto *adj.* broken **11**
describir *v.* to describe **Gac. 2**
descubierto *p.p., adj.* discovered **13**
descubrimiento *n.* discovery **Gac. 1**
descubrir *v.* to discover **13**
desde *adv.* since **10;** *prep.* from **Gac. 3; desde luego** of course **4**
desear *v.* to desire, want **1**
desecho *n.* waste, refuse
desempacar *v.* to unpack **12**
desempleo *n.* unemployment
deseo *n.* desire
desequilibrado *adj.* off-balance **16**
desfile *n.m.* parade **Gac. 1; 18**
desierto *n.* desert **15**
desigualdad *n.* inequality
desilusión *n.f.* disappointment **1**
desilusionado *adj.* disappointed **LP**
desinflado *adj.* flat **11; una llanta desinflada** a flat tire
desordenado *adj.* unorganized, messy **5**
despacho *n.* office **1**
despacio *adv.* slowly **2**
despedida *n.* closing (*of a letter*) **1;** farewell, parting, dismissal
despedirse (de) (e > i) *v.* to say good-bye to **10**
despertarse (e > ie) *v.* to wake up **9**
despierto *adj.* awake **15; soñar despierto** *v.* to daydream **15**
después *adv.* later, after **1; después de** *prep.* after; **después de que** *conj.* after **14**
destino *n.* destiny **10; con destino a** *prep.* destined for **10**
destruir *v.* to destroy **6**
desventaja *n.* disadvantage **6**
detalle *n.m.* detail **9**
detrás de *prep.* behind, in back of **LP**
deuda *n.* debt **Gac. 5**
devolver (o > ue) *v.* to return, to give back **3**
día *n.m.* day **1; en ese mismo día** on that very day **8; hoy día** nowadays; **Día de los Muertos** Day of the Dead **18; Día de los Reyes Magos** Three Kings' Day **18; día del santo** saint's day **18**
diario *adj.* daily; *n.* diary **10**
dibujante *n.m., f.* illustrator **18, in ex.**
dibujar *v.* to draw, sketch **6**
dibujo *n.* sketch, drawing **5, in ex.;** design **Gac. 5**
diccionario *n.* dictionary **LP**
dicho *p.p.* said **13**
dichoso *adj.* happy, fortunate **Gac. 5**
diciembre *n.* December **4**
dictado *n.* dictation **1**

dictador *n.* dictator **Gac. 3**
dieciséis sixteen **LP**
diecisiete seventeen **LP**
dieciocho eighteen **LP**
diecinueve nineteen **LP**
diente *n.m.* tooth **13**
diestro *adj.* skilled **Gac. 4**
dieta *n.* diet **8; estar a dieta** to be on a diet **8**
diez ten **LP**
difícil *adj.* difficult **1**
¡Diga! Hello (*telephone, Spain*) **6**
dineral *n.m.* large sum of money **7**
dinero *n.* money **1**
Dios *n.* God; **¡Dios mío!** My God!
dirección *n.* address, direction **LP, in ex.**
dirigido a destined for **Gac. 4**
dirigir *v.* to direct **Gac. 1**
disco *n.* record **Gac. 1**
discriminación *n.* discrimination **17**
discriminar *v.* to discriminate **17**
diseñador de moda *n.* fashion designer **9**
diseñar *v.* to design **5, in ex.**
diseño *n.* design
disfraz *n.m.* disguise **18**
disfrazarse (de) *v.* to disguise oneself (as), dress up (as) **18**
disfrutar (de) *v.* to enjoy **15**
disponer de *v.* to have available **15**
disponible *adj.* available
dispuesto *p.p., adj.* willing **18**
disputa *n.* dispute, argument **16**
disputar *v.* to argue **16**
distinto *adj.* different **5**
diversión *n.* amusement
diverso *adj.* diverse
divertido *adj.* amusing **14**
divertirse (e > ie) *v.* to have a good time **9**
divorciado *adj.* divorced **4**
divorciarse *v.* to get divorced **16**
divorcio *n.* divorce **16**
doblar *v.* to turn a corner, fold **10**
doble *adj.* double **LP**
doce twelve **LP**
docena *n.* dozen **8**
doctor *n.m.* doctor **LP**
dólar *n.m.* dollar **LP**
doler (o > ue) *v.* to hurt; to grieve **13**
dolor *n.m.* pain, grief **13**
doloroso *adj.* painful **13**
domicilio *n.* address **3, in ex.**
dominar *v.* to dominate **17**
domingo *n.* Sunday **LP**
¿dónde? *interr.* where? **LP; ¿De dónde?** From where? **LP**
dorado *adj.* golden **4, in ex.; Gac. 2**
dormir (o > ue) *v.* to sleep **3; dormirse** *v.* to fall asleep **9**
dormitorio *n.* bedroom **1**
dos two **LP**
dramaturgo *n.* dramatist **Gac. 1**
drogadicto *n.* drug addict
ducha *n.* shower **5**
ducharse *v.* to take a shower **5**
duda *n.* doubt **10**

dudar *v.* to doubt **10**
dudoso *adj.* doubtful **10**
dueño *n.* owner **7, in ex.**
dulce *adj.* sweet **7**
durante *prep.* during **8**
durar *v.* to last **16, in ex.**
duro *adj.* hard, difficult **Gac. 5**

E

e *conj.* and (instead of **y** before words that begin with **i** and **h**) **1**
echar *v.* to throw, to pour out **Gac. 3; echar de menos** to miss; **echar una carta** to mail a letter **2; echar una siesta** to take a nap **15**
economía *n.* economics
económico *adj.* economical **9**
edad *n.f.* age **8, in ex.**
edificio *n.* building **Gac. P**
EE.UU. U.S. **2, in ex.; Estados Unidos** United States
ejecutivo *n.* executive **LP**
ejemplo *n.* example **7**
ejercicio *n.* exercise **5, in ex.; ejercicios aeróbicos** aerobic exercise **1**
ejército *m.* army **Gac. 3**
el *m. sing. def. art.* the **LP**
él *subj. pron.* he **LP;** *obj. of prep.* him **5**
electricista *n.* electrician
elefante *n.m.* elephant **LP; 15**
elegante *adj.* elegant **LP; 9**
elegir (e > i) *v.* to elect, choose
ella *subj. pron.* she **LP;** *obj. of prep.* her **5**
ellas *f. subj. pron.* they **LP;** *f. obj. of prep.* them **5**
ellos *m. subj. pron.* they **LP;** *m. obj. of prep.* them **5**
embajador *n.* ambassador **Gac. 4**
embarazada *adj.* pregnant **13**
embellecer *v.* to beautify **13**
emblemático *adj.* symbolic
emocionante *adj.* exciting **Gac. 1**
empacar *v.* to pack **12**
empapado *adj.* soaking wet **Gac. 4, in ex.**
empaquetar *v.* to pack **Gac. 4**
emperador *n.* emperor
empezar (e > ie) *v.* to begin, start **3**
empleado *n.* employee **3**
empleo *n.* job, work **3**
empresa *m.* business, corporation **3**
en *prep.* in, on, at **LP; en absoluto** absolutely not **4; en cambio** on the other hand **16; en cuanto** *conj.* as soon as **14; en otras palabras** in other words **16; en punto** on time **1; en seguida** right away **8; en vez de** instead of **11, in ex.**
enamorado *adj.* in love **16**
enamorarse *v.* to fall in love **13**
encantado *adj.* delighted **LP**
encantar *v.* to delight, fascinate **7**
encanto *n.* charm
encender (e > ie) *v.* to light **6**

encima de *prep.* on top of, above, over, overhead **LP**
encontrar (o > ue) *v.* to find **3**
encuesta *n.* survey **Gac. 5, in ex.**
enemigo *n.* enemy **Gac. 3**
enero *n.* January **Gac. 1; 4**
enfadarse *v.* to become angry **17**
enfermarse *v.* to become sick **13**
enfermedad *n.* illness, disease **2**
enfermero *n.* nurse **13**
enfermo *adj.* sick, ill **2**
enfrentarse (con) *v.* to face **14**
enfrente de *prep.* in front of **Gac. 1**
engordar *v.* to gain weight; to get fat **8**
enhorabuena *n.* congratulations **18**
enojado *adj.* angry **17**
enojarse *v.* to become angry **17**
enriquecer *v.* to enrich **Gac. 2**
ensalada *n.* salad **Gac. 1; 7**
ensayista *n.* essayist
ensayo *n.* practice session; essay **Gac. 3**
enseñanza *n.* education **1**
enseñar *v.* to teach; to show **1**
entender (e > ie) *v.* to understand **3**
enterarse (de) *v.* to find out (about)
enterrar (e > ie) *v.* to bury **Gac. 5; 18**
entierro *n.* burial
entonces *adv.* then, so **4**
entrada *n.* entrance, ticket **10**
entrar *v.* to enter **2**
entre *prep.* between, among **5**
entregar *v.* to hand in
entrenador *n.* trainer **14**
entrenar *v.* to train **14**
entretenimiento *n.* entertainment **Gac. 6**
entretener *v.* to entertain **8**
entrevista *n.* interview **3**
entrevistar *v.* to interview
entusiasmado *adj.* excited **14**
enviar *v.* to send **6, in ex.**
envidioso *adj.* envious **16**
equilibrio *n.* balance
equipaje *n.m.* luggage **10**
equipo *n.* team **Gac. 3**
equivocado *adj.* wrong **6**
equivocarse *v.* to make a mistake
esbozo *n.* outline **6**
escala *n.* stopover
escalar *v.* to climb, scale **15**
escaleras *n.pl.* stairs **12; escalera mecánica** escalator **12**
escarabajo *n.* beetle **Gac. 1**
escena *n.* scene
esclavitud *n.* slavery **Gac. 2**
esclavo *n.* slave **Gac. 2**
esclusa *n.* lock (of canal) **Gac. 5**
escoba *n.* broom
escoger *v.* to choose **7**
escombros *n.* debris **16, in ex.**
esconder *v.* to hide **Gac. 4**
escribir *v.* to write **2; escribir a máquina** to type
escrito *p.p., adj.* written **Gac. 4; 13**
escritor *n.* writer

escritorio *n.* desk **LP**
escritura *n.* writing
escuchar *v.* to listen to **1**
escuela *n.* school **1; escuela primaria** elementary school; **escuela secundaria** high school
escultura *n.* sculpture **2**
es decir which is to say **1**
ese(a) *demons. adj.* that **5; ése(a)** *pron.* that one
esfuerzo *n.* effort
espalda *n.* back **Gac. 4, in ex.; 13**
espanto *n.* fear **Gac. 5**
España *n.* Spain **LP**
español *n.* Spanish (language) **LP, in ex.;** *n.* Spaniard; *adj.* Spanish
especial *adj.* special **LP**
especialidad *n.* specialty **7**
especialización *n.* major
especializarse (en) *v.* to major (in)
especialmente *adv.* especially **6, in ex.**
especie *n.f.* species **Gac. 6**
espectador *n.* spectator **14**
espejo *n.* mirror **5**
espeluznante *adj.* horrifying
esperanza *n.* hope **Gac. 2**
esperar *v.* to wait for, expect, hope **4**
espíritu *n.* spirit **Gac. 1**
esplendor *n.m.* splendor
esposo *n.* spouse **4**
espuelas *n.* spurs **18**
esquí *n.m.* ski, skiing
esquiar *v.* to ski **14**
esquina *n.* corner **Gac. 3; 10**
esquís *n.m.pl.* skis **14**
establecimiento *n.* establishment
estación *n.* station, season **11; estación balnearia** resort, spa **Gac. 2**
estacionar *v.* to park **11**
estadidad *n.* statehood **Gac. 2**
estadio *n.* stadium **10, in ex., 14**
estado *n.* state **Gac. P; Estado Libre Asociado** Commonwealth **Gac. 2**
estancia *n.* stay
estar *v.* to be **LP; está bien** it's okay, it's alright **LP; estar a dieta** to be on a diet **8; estar atrasado** to be late **10; estar de acuerdo** to be in agreement **15; estar de moda (de onda)** to be in style **4; estar de vacaciones** to be on vacation **10; estar de venta** to be on sale **8; estar equivocado de número** to have a wrong number **6; estar loco** to be crazy
estatua *n.* statue **Gac. 6**
este *n.* east **11**
este(a) *demons. adj.* this **5; éste(a)** *pron.* this one; **esta noche** tonight **1; en este momento** right now
estereotipo *n.* stereotype **Gac. P**
estilo *n.* style **Gac. 2; estilo de vida** lifestyle **2**
estimado *adj.* dear *(salutation)* **2**
estimulante *adj.* stimulating

estómago *n.* stomach **13**
estrecho *adj.* narrow, close **9**
estrella *n.* star **Gac. 2**
estreno *n.* premiere **Gac. 5**
estudiante *n.m.,f.* student **LP**
estudiar *v.* to study **1**
estufa *n.* stove, heater **5**
estupendo *adj.* stupendous, wonderful **LP**
estúpido *adj.* stupid **2**
etiqueta *n.* label **18**
etnicidad ethnicity **Gac. 2, in ex.**
étnico *adj.* ethnic **Gac. 2**
europeo *adj.* European **Gac. 4**
evidente *adj.* evident
evitar *v.* to avoid **8**
exagerar *v.* to exaggerate **6, in ex.**
examen *n.m.* exam **LP**
excelente *adj.* excellent **LP**
excepto *adv.* except **5**
exclamar *v.* to exclaim **8, in ex.**
excursión *n.* excursion, trip, tour **10**
exhibición *n.* exhibition, show **15, in ex.**
exhibir *v.* to exhibit, show
exigente *adj.* demanding **10, in ex.**
exigir *v.* to demand, require
existencia *n.* existence **12, in ex.**
existir *v.* to exist
éxito *n.* success; **tener éxito** to be successful **3**
exitoso *adj.* successful
expectativa *n.* expectation **16, in ex.**
experiencia *n.* experience **3**
explicar *v.* to explain **2, in ex.**
explotado *adj., p.p.* exploited **Gac. 4**
exquisitez *n.f.* perfection **8**
externo *adj.* external
extranjero *n.* foreigner **10**; *adj.* foreign, alien; **al extranjero** abroad
extrañar *v.* to miss, long for **10**
extraño *adj.* strange **12**
extraordinario *adj.* extraordinary

F

fabuloso *adj.* fabulous
fachada *n.* facade **Gac. 5**
fácil *adj.* easy **2**
facilidad *n.* ease, ability
factor *n.m.* factor **9**
facturar *v.* to check (luggage) **10**
facultad *n.f.* department, college school (*of a university or college*) **17**
faena *n.* task, duty **Gac. 4; 17**; death of the bull (*bullfight*)
falda *n.* skirt **9**
fallecido *adj.* dead **Gac. 4**
falso *adj.* false **Gac. P; 1, in ex.**
falta *n.* lack, fault **7; sin falta** without fail; **hacer falta** to be in need of **7**
faltar *v.* to be lacking, miss **7**
fama *n.* fame **Gac. 1**
familia *n.* family **LP**
familiar *n.* relative, family member **4**; *adj.* pertaining to the family
famoso *adj.* famous **LP**

fanático *n.* fan
fantástico *adj.* fantastic **LP**
farmacéutico *n.* pharmacist **13**
farmacia *n.* pharmacy **13**
faro *n.* lighthouse, beacon **Gac. 2**
fascinante *adj.* fascinating **4, in ex.**
fascinar *v.* to fascinate **7**
fatal *adj.* terrible **LP**
favor *n.m.* favor **6, in ex.; por favor** please
fe *n.f.* faith **Gac. 4**
febrero *n.* February **4**
fecha *n.* date **3, in ex.; 4**
felicidad *n.* happiness **18**
felicidades *n.* congratulations **6**
felicitaciones *n.f.* congratulations **6**
felicitar *v.* to congratulate **18**
feliz *adj.* happy **2; feliz cumpleaños** happy birthday
femenino *adj.* feminine
feminidad *n.* femininity **17**
fenomenal *adj.* phenomenal **LP**
fenómeno *n.* phenomenom
feo *adj.* ugly, unpleasant **2**
feroz *adj.* ferocious **15**
festejar *v.* to celebrate, entertain **18**
festividad *n.* festivity **18**
fichero *n.* card catalog
fiebre *n.f.* fever **13**
fiesta *n.* party **1; día de fiesta** holiday
fin *n.m.* end **1; fin de semana** weekend; **por fin** finally, at last **7**
final *adj.* final **6, in ex.**
finalmente *adv.* finally **LP**
financiar *v.* to finance **Gac. 6**
finca *n.* farm **Gac. 5**
firma *n.* signature
firmar *v.* to sign **12**
físico *adj.* physical **17, in ex.**
flaco *adj.* skinny, thin **8**
flan *n.m.* caramel custard **7**
flechazo *n.* hit with an arrow (love at first sight) **16**
flexible *adj.* flexible **17**
flojo *adj.* light, weak, lazy
flor *n.f.* flower **Gac. 1**
fluir *v.* to flow **Gac. 3**
folleto *n.* brochure, pamphlet **10**
fondo *n.* bottom **Gac. 2**; background **Gac. 4**
formal *n.* formal **8**
formar *v.* to form **5, in ex.**
formato *n.* template **14, in ex.**
formidable *adj.* terrific
fortaleza *n.* fort **Gac. 2**
fotografía (foto) *n.f.* photograph **LP; 4**
fracasar *v.* to fail **16**
fracaso *n.* failure **14**
francés *n.m.* French (language); *n.* French national; *adj.* French
Francia *n.* France **LP**
franela *n.* flannel **18**
franja *n.* stripe **Gac. 2, in ex.**
frase *n.f.* sentence, phrase **2**
frecuente *adj.* frequent **8**
frecuentemente *adv.* frequently **13, in ex.**

fregar (e > ie) *v.* to scrub **5**
freír (e > i) *v.* to fry **Gac. 3**
frenar *v.* to brake, to apply the brakes **11**
frenos *n.pl.* brakes **11**
frente *n.m.* front **5; en frente de** in front of; opposite **Gac. 1; 15**
fresa *n.* strawberry **8**
fresco *adj.* cool, fresh **4; hace fresco** it's cool (weather) **4**
frijol *n.m.* bean **7**
frío *adj.* cool, fresh **4; hace frío** it's cold (weather) **4; tener frío** to be cold **3**
frito *p.p., adj.* fried **LP; 7**
frontera *n.* frontier, border **Gac. 4**
fronterizo *adj.* frontier, border
fruta *n.* fruit **8**
fuego *n.* fire **LP; 15**
fuente *n.f.* fountain **Gac. P; fuente de la juventud** fountain of youth **Gac. P**
fuera *adv.* out, outside **5; fuera de** *prep.* out of
fuerte *n.m.* fort **Gac. P; 8, in ex.;** *adj.* strong **14, in ex.**
fuerza *n.* force **14**
fumar *v.* to smoke **10**
función *n.* function, peformance, show **4**
funcionar *v.* to work, function, run **12**
funcionario *n.* official
fundador *n.* founder **Gac. 4, in ex.**
furioso *adj.* furious, angry **8**
fútbol *n.m.* soccer **LP; 14; fútbol americano** football
futbolista *n.m., f.* soccer player, football player **LP., in ex.**
futuro *n. adj.* future

G

gafas *n.* eyeglasses **12; gafas de sol** sunglasses
galleta *n.* cookie **8**
galón *n.m.* gallon
gambas *n.pl.* shrimp **Gac. 1; 7**
ganador *n.* winner
ganar *v.* to earn, win **3**
ganas: tener ganas de to feel like, have the desire **3**
ganga *n.* bargain **7**
garaje *n.m.* garage **5**
garganta *n.* throat **13**
garita *n.* sentry box **Gac. 2**
gaseosa *n.* soda **8, in ex.**
gasolina *n.* gasoline **11; estación de gasolina** gas station **11**
gasolinera *n.* gas station **11**
gastar *v.* to spend, use, waste **11**
gasto *n.* expense, waste **11**
gato *n.* cat **5**
gemelo *n.* twin
general *adj.* general **7; en general** in general; **por lo general** generally

generalmente *adv.* generally **LP**

generoso *adj.* generous **LP**

genio *n.* genius

gente *n.f.* people **3**

gerente *n.m.,f.* manager **LP**

gesto *n.* gesture **7, in ex.**

gimnasio *n.* gymnasium **1**

gira *n.* tour **Gac. P**

gitano *n.* gypsy **Gac. 1**

globo *n.* balloon **15**

gobernador *n.m.* governor **Gac. 2**

gobierno *n.* government **Gac. 2, in ex.**

golf *n.* golf **14**

golpe *n.m.* blow **Gac. 6**

gordo *adj.* fat **Guía 2**

gótico *adj.* Gothic **Gac. 1**

gozar de *v.* to enjoy **7**

grabación *n.* recording **Gac. 3**

grabadora *n.* tape recorder

grabar *v.* to tape, record **Gac. 2**

gracia *n.* grace

gracias *n.* thanks, thank you **LP; dar las gracias** to thank **14, in ex.; muchas gracias** thank you very much, many thanks **LP**

gracioso *adj.* funny **LP**

grado *n.* degree (temperature) **13, in ex.**

graduarse *v.* to graduate **1, in ex.**

gramática *n.* grammar **6, in ex.**

grande (gran) *adj.* big, large, great **2**

gratis *adj.* free of charge **10**

gratuito *adj.* gratuitous, free **1**

grave *adj.* serious **13**

griego *n.* Greek (language) **8, in ex.;** *n.* Greek national; *adj.* Greek

gripe *n.f.* grippe, influenza **13**

gris *adj.* gray **4**

gritar *v.* to shout, yell **Gac. 3**

grupo *n.* group

guante *n.m.* glove **LP, in ex.**

guapo *adj.* handsome, attractive **2**

guardar *v.* to keep, save **9, in ex.**

guardar cama *v.* to stay in bed **13**

guardia *n.* guard

guardería infantil *n.* day-care center **17**

guerra *n.* war **2**

guerrillero *n.* guerilla fighter **Gac. 5**

guía *n.m.,f.* guide **10; guía de viajes** travel guide **10; guía turístico** tour guide

guionista *n.m.,f.* script writer **Gac. 6**

guisante *n.m.* pea **7**

guitarra *n.* guitar **6**

gustar *v.* to be pleasing **7**

gusto *n.* taste **8; mucho gusto** pleased to meet you **LP; buen (mal) gusto** good (bad) taste **8**

H

haber *v.* to have (*auxiliary verb*) **13**

habichuela *n.* bean **Gac. 2; 8**

habilidad *n.* ability

habitante *n.m.,f.* inhabitant

habitación *n.* room **5**

hablar *v.* to speak **1**

hacer *v.* to do, make **1; hacer autostop** to hitchhike **11; hacer cola** to stand in line **10; hacer el esfuerzo** to make the effort **16; hacer escala** to make a stopover; **hacer falta** to be in need of **7; hacer juego con** to match **9; hacer la maleta** to pack a suitcase **10; hacer las paces** to make up **16; hacerle caso a alguien** to pay attention to someone **6; hacerle una pregunta a alguien** to ask someone a question **6; hacer una cita** to make a date **8, in ex.; hacer una llamada** to make a call **6; hacer un papel** to play a role **17; hacerse novios** to get engaged **16; hacer calor** to be hot **4; hacer frío** to be cold **4; hacer viento** to be windy **4; hacer cámping** to go camping **15; hacer un viaje** to take a trip **10**

hacia *prep.* toward **11, in ex.**

hambre *n.f.* hunger **3; tener hambre** to be hungry

hamburguesa *n.* hamburger **LP; 8**

hasta *prep.* until, up to, even **LP; hasta que** *conj.* until **14; hasta la vista, hasta luego** see you later **LP; hasta mañana** see you tomorrow **LP; hasta pronto** see you soon **LP**

hay there is, there are **LP; hay que** one must **8**

hecho *n.* fact, event **8, in ex.;** *p.p.* done, made **13; el hecho de que...** the fact that...**17**

heladería *n.* ice cream shop **Gac. 3; 7, in ex.**

helado *n.* ice cream **4**

helar (e > ie) *v.* to freeze

hembra *n.* female **15, in ex.**

hemisferio *n.* hemisphere

herencia *n.* heritage **Gac. P**

herida *n.* injury, wound

herido *adj.* injured, wounded **Gac. 3; 13**

hermano(a) *n.* brother (sister) **4**

hermoso *adj.* beautiful **9**

héroe *n.m.* hero **8, in ex.**

hervido *adj.* boiled **8**

hervir *v.* to boil

hielo *n.* ice **8, in ex.**

hierba *n.* herb **13**

hierro *n.* iron **5**

hígado *n.* liver

hijo(a) *n.* son (daughter) **4;** *pl.* children

hinchado *adj.* swollen **13**

hispánico *adj.* Hispanic **LP**

hispano *n. adj.* Hispanic **LP**

hispanohablante *n.m.,f.* Spanish speaker **Gac. P**

hispanoparlante *adj.* Spanish-speaking

historia *n.* history, story **2**

historiador *n.* historian

hogar *n.m.* home **5**

hoja *n.* leaf; **hoja de papel** sheet of paper

hojear *v.* to scan, leaf through **7**

hola *interj., n.* hello, hi **LP**

hombre *n.* man **LP**

homenaje *n.m.* homage **11**

hondo *adj.* deep **13**

hongo *n.* mushroom **7**

hora *n.* hour, time **1; ¿A qué hora?** At what time?; **¿Qué hora es?** What time is it?

horario *n.* schedule **1**

horno *n.* oven **Gac. 1; 5**

horror *n.m.* horror **LP**

horrorizar *v.* to horrify **Gac. 6**

hospital *n.m.* hospital **LP; 13**

hotel *n.m.* hotel **LP; 12; hotel de lujo** first-class (luxury) hotel

hoy *adv.* today **1; hoy día** nowadays **Gac. 1**

huelga *n.* strike **Gac. 4**

huésped *n.* guest **12**

huevo *n.* egg **8**

huipil *n.m.* tunic **12**

huir *v.* to flee

humano *adj.* human; **ser humano** *n.* human being

humilde *adj.* humble, modest **Gac. 6**

humor *n.m.* humor, mood **LP; de buen (mal) humor** in a good (bad) mood

hundirse *v.* to sink

huracán *n.m.* hurricane **Gac. 5**

I

ida *n.* departure **10; ida y vuelta** round-trip

idea *n.* idea **LP; 10**

ideal *adj.* ideal **LP**

idioma *n.m.* language **2**

iglesia *n.* church **Gac. 2; 16**

igual *adj.* equal, same **4, in ex.; al igual que** just like **12; me da igual** it's all the same to me

igualdad *n.* equality

igualmente *adv.* equally **1**

ilusión *n.* illusion

imagen *n.f.* image

imaginación *n.* imagination **10, in ex.**

imaginar *v.* to imagine **18, in ex.**

impaciente *adj.* impatient

impedir (e > i) *v.* to prevent, impede **5**

imperfecto *adj.* imperfect **8**

imperio *n.* empire **Gac. 6**

impermeable *n.m.* raincoat **9**

imponente *adj.* imposing **10**

imponer *v.* to impose

importancia *n.* importance **4, in ex.**

importante *adj.* important **LP**

importar *v.* to import; to be important **7**

imposible *adj.* impossible **10**

imprescindible *adj.* indispensable
impresión *n.* impression **2, in ex.; 12**
impresionante *adj.* impressive **12**
impresionar *v.* to impress
impuesto *n.* tax
incapaz *adj.* incapable
incendio *n.* fire
incertidumbre *n.* uncertainty **Gac. 5**
incluir *v.* to include **6**
incluso *prep.* including **5**
incómodo *adj.* uncomfortable **9**
incorporar *v.* to incorporate **18, in ex.**
increíble *adj.* incredible
inculto *n.* clown **Gac. 6**
indefenso *adj.* weak **Gac. 1**
independencia *n.* independence
independiente *adj.* independent
indígena *n.* native person **10;** *adj.* indigenous
indigente *adj.* poor
indio *n., adj.* Indian **12, in ex.**
indudablemente *adv.* undoubtedly **Gac. 6**
inequívoco *adj.* certain
inesperado *adj.* unexpectedly **11, in ex.**
inestabilidad *n.* instability
inestable *adj.* unstable **Gac. 4**
infancia *n.* childhood
infantil *adj.* childish, pertaining to children **16**
infatigable *adj.* untiring **Gac. 6**
infeliz *adj.* unhappy
infinitivo *n.* infinitive **14, in ex.**
inflación *n.* inflation
inflamado *adj.* inflamed **13**
influencia *n.* influence **10**
influir (en) *v.* to influence
informal *adj.* informal **7, in ex.**
ingeniería *n.* engineering **2**
ingeniero *n.* engineer
Inglaterra *n.* England **8, in ex.**
inglés *n.m.* English (language) **4, in ex.;** *n.* English national; *adj.* English
ingrediente *n.m.* ingredient **7**
ingreso *n.* income **Gac. 2, in ex.**
inicial *adj.* initial
iniciar *v.* to initiate, begin **10, in ex.**
inigualado *adj.* unequaled
inmediatamente *adv.* immediately **16, in ex.**
inmigrante *n.* immigrant
inocente *adj.* innocent **16**
inolvidable *adj.* unforgettable **Gac. 2; 7, in ex.**
insecto *n.* insect **15**
inseguridad *n.* insecurity **17**
insistir *v.* to insist **11**
instituto *n.* institute
instructor *n.* instructor **17, in ex.**
instrumento *n.* instrument
insulto *n.* insult
inteligente *adj.* intelligent **LP; 2**
intenso *adj.* intense **15**
intentar *v.* to try, attempt **6**

interés *n.m.* interest **3, in ex.**
interesado *adj.* interested
interesante *adj.* interesting **3**
interesar *v.* to interest **7**
interior *adj.* interior **4, in ex.; en el interior** on the inside
internacional *adj.* international **1, in ex.; 12**
interno *adj.* internal
intérprete *n.m.,f.* interpreter
interrumpir *v.* to interrupt
íntimo *adj.* close, intimate **4, in ex.**
inundación *n.* flood **Gac. 5**
inútil *adj.* useless **17**
invención *n.* invention **17**
inventar *v.* to invent **8, in ex.**
investigar *v.* to investigate
invierno *n.* winter **4**
invitación *n.* invitation **16**
invitado *n.* guest **9, in ex.; 16**
invitar *v.* to invite **4**
inyección *n.* injection, shot **13**
ir *v.* to go **1; ir de compras** to go shopping **8; ir de visita** to visit; **irse** *v.* to leave **9**
isla *n.* island **Gac. 2**
isleta *n.* tiny island **Gac. 2**
islote *n.m.* small barren island **Gac. 6**
istmo *n.* isthmus **Gac. 5**
Italia *n.* Italy **8, in ex.**
italiano *n.* Italian (language) **2;** *n.* Italian national; *adj.* Italian
itinerario *n.* itinerary **12**
izquierdo *adj.* left; **a la izquierda** on/to the left **10**

J

jabón *n.m.* soap **5**
jamás *adv.* never **3**
jamón *n.m.* ham **8**
Jánuca *n.* Chanukah **18**
jarabe *n.m.* syrup **13**
jardín *n.m.* garden **5; jardín zoológico** zoo **5**
jardinero *n.* gardener **Gac. 5**
jefe *n.* boss **3**
jengibre *n.m.* ginger **13, in ex.**
jonrón *n.m.* homerun **Gac. 2**
jornada *n.* working day
joven *n.* young person **2;** *adj.* young; **jóvenes** *pl.* youth **Gac. P**
joya *n.* jewel **Gac. 2**
joyería *n.* jewelry **Gac. 5**
judío *n.* Jew **18;** *adj.* Jewish
juego *n.* game **Gac. 3; 6; hacer juego** to match **9**
jueves *n.m.* Thursday **LP**
juez *n.* judge **LP**
jugador *n.* player **14**
jugar (u > ue) *v.* to play **3; jugar a las cartas** to play cards **6; jugar un papel** to play a role **17**
jugo *n.* juice **7**
juguete *n.m.* toy **Gac. 1; 4**
julio *n.* July **4**

junio *n.* June **4**
juntar *v.* to join **18; juntarse** *v.* to get together
junto(s) *adj.* together **Gac. 2; 8**
jurar *v.* to swear
justicia *n.* justice
juvenil *adj.* youthful
juventud *n.f.* youth **Gac. P; fuente de la juventud** fountain of youth **Gac. P**
juzgar *v.* to judge

K

kilo(gramo) *n.* kilogram (approx. **2.2** lbs.) **8**
kilómetro *n.* kilometer (approx. **0.62** miles)

L

la *f. sing. def. art.* the **LP;** *f. sing. d.o. pron.* her, you, it **5**
labio *n.* lip **13**
laboratorio *n.* laboratory **1; laboratorio de lenguas** language laboratory
lado *n.* side; **al lado de** *prep.* next to
ladrillo *n.* brick **5, in ex.**
ladrón *n.m.* thief, burglar
lago *n.* lake **15**
lámpara *n.* lamp
lana *n.* wool **9**
langosta *n.* lobster **8**
lanzador *n.* pitcher **Gac. 3; 14**
lanzar *v.* to launch **Gac. 3;** to throw **14**
lápiz *n.m.* pencil **LP**
largo *adj.* long **4**
las *f. pl. def. art.* the **LP;** *f. sing. d.o. pron.* them, you **5**
lástima *n.* pity, shame **6; 10; ¡Qué lástima!** What a shame!
lastimado *adj.* hurt, injured **14**
lata *n.* can **8**
latín *n.m.* Latin (language)
latino *n., adj.* Latin American **LP; lo latino** the Latin thing **Gac. P**
lavabo *n.* washbasin, bathroom sink **5**
lavadora *n.* washing machine **5**
lavandería *n.* laundry, laundromat **12**
lavaplatos *n.m.* dishwasher **5**
lavar *v.* to wash **5; lavarse** *v.* to wash oneself, get washed
lazo *n.* tie **Gac. 1; 17**
le *ind. obj. pron.* to or for him, her, you, it **6**
lección *n.* lesson **1**
leche *n.f.* milk **7**
lecho *n.* bed **Gac. 6**
lechón asado *n.m.* roast pork **Gac. 2**
lechuga *n.* lettuce **7**
lector *n.* reader **10**
lectura *n.* reading **LP**

leer *v.* to read **2**
legado *n.* legacy
legumbre *n.f.* vegetable **7**
lejos *adv.* far **5; lejos de** *prep.* far away from
lema *n.m.* slogan, motto
lengua *n.* language, tongue **13**
lenguaje *n.m.* language **Gac. 5**
lento *adj.* slow **2;** *adv.* slowly
león *n.m.* lion **15**
les *ind. obj. pron.* to or for them, you **6**
letra *n.* letter (of the alphabet), lyrics **LP**
letrero *n.* sign **Gac. 5**
levantar *v.* to raise, pick up **9; levantar pesas** to lift weights; **levantarse** *v.* to get up
ley *n.f.* law
leyenda *n.* legend **Gac. 3**
liberado *adj.* free, liberated **17**
liberal *adj.* liberal **LP; 14**
libertad *n.f.* liberty
libertador *n.m.* liberator
libra *n.* pound **8**
libre *adj.* free **10**
librería *n.* bookstore **LP**
libro *n.* book **LP**
licencia *n.* license **11; licencia de conducir** driver's license
licenciatura *n.* bachelor's degree; master's degree
liceo *n.* high school **1**
licuadora *n.* blender **Gac. 6**
liga *n.* league **Gac. 3; ligas mayores** major leagues **Gac. 3**
ligero *adj.* light *(weight)* **8**
limitar *v.* to limit
límite *n.m.* limit
limón *n.m.* lemon **LP; 8**
limonada *n.* lemonade **1, in ex.**
limpiabotas *n.m.* shoeshiner **Gac. 2**
limpiar *v.* to clean **Gac. 1; 5**
limpio *adj.* clean **5**
lindo *adj.* pretty **Guía 1; 8**
línea *n.* line; **línea aérea** airline **16, in ex.**
liquidación *n.* sale **8**
lista *n.* list; menu **7**
listo *adj.:* **estar listo** to be ready; **ser listo** to be clever, smart **2**
litro *n.* liter **8**
llamada *n.f.* call **6**
llamar *v.* to call **1; llamarse** *v.* to be called **9; ¿Cómo se llama Ud.?** What is your name? **LP; Me llamo**... My name is . . . **LP**
llamativo *adj.* showy, attention-getting, "loud" **9**
llanta *n.* tire **11**
llanura *n.* plain **Gac. 3**
llave *n.f.* key **12**
llegada *n.* arrival **10**
llegar *v.* to arrive **1; llegar a ser** to become; **llegar a un acuerdo** to come to an agreement
llenar *v.* to fill **11**
lleno *adj.* full **Gac. P, 5**

llevar *v.* to carry, take, wear **2; llevar una vida** to lead a life **Gac. 1**
llevarse *v.* to carry off, take away; **llevarse bien (mal) con** to get along well (badly) with **16**
llorar *v.* to cry **4**
llover (o > ue) *v.* to rain **3**
lluvia *n.* rain **16**
lo *d.o. pron.* him, it **5; lo que** what, that which **2; 10; lo siento** I'm sorry **6; lo más pronto posible** as soon as possible **13**
lobo marino de un pelo *n.* Galapagos sea lion **Gac. 6**
loco *adj.* crazy **16**
locura *n.* madness, insanity, foolishness **16**
lógico *adj.* logical **2**
lograr *v.* to achieve, succeed, attain
logro *n.* achievement
los *m. pl. def. art.* the **LP;** *d.o. pron.* them, you **5**
lucha *n.* struggle, fight **Gac. P, 14**
luchador *n.* fighter **Gac. 6**
luchar *v.* to fight **16**
luego *adv.* later, then **2; hasta luego** see you later **LP**
lugar *n.m.* place **Gac. P; 1**
lujo *n.* luxury **12, in ex.**
lujoso *adj.* luxurious **12**
luna *n.* moon **15; luna de miel** *n.* honeymoon
lunes *n.m.* Monday **LP**
luz *n.f.* light **LP**

M

machista *adj.* macho **17**
macho *adj.* male **17**
madera *n.* wood **11**
madre *n.f.* mother **4**
madrina *n.* godmother
madurez *n.f.* maturity
maduro *adj.* mature, ripe **16**
maestría *n.* master's degree
maestro *n.* grade school teacher **2**
mágico *adj.* magic, magical **18, in ex.**
magnífico *adj.* magnificent
mago *n.* wizard, magician **4; 18; los Reyes Magos** the Magi, Wise Men **4; 18**
maíz *n.m.* corn **7**
maizal *n.m.* cornfield **Gac. 5**
mal *adv.* badly, poorly **1**
maleducado *adj.* ill-mannered, rude **4**
maleta *n.* suitcase **10**
maletero *n.* trunk of a car **11**
malo (mal) *adj.* bad, poor; **hace mal tiempo** the weather is bad **4; lo malo** the bad thing **9**
maltrato *n.* mistreatment, abuse
mamá *n.* mom **4**
manchar *v.* to stain
mandamiento *n.* commandment
mandar *v.* to order, command, send **11**

mandato *n.* command **11**
manejar *v.* to drive **4**
manera *n.* way, manner
manifestación *n.* protest, demonstration
mano *n.f.* hand **LP, in ex.; darse la mano** to shake hands; **hecho a mano** handmade
manta *n.* blanket **5**
manteca *n.* butter **18**
mantel *n.m.* tablecloth
mantener *v.* to maintain, support **13**
mantequilla *n.* butter **8**
manzana *n.* apple **8;** block (city) **10**
mañana *n.* morning **1**
mapa *n.m.* map **LP**
maquiladora *n.* factory
maquillaje *n.m.* make-up
máquina *n.* machine **1; máquina de escribir** typewriter; **escribir a máquina** to type
mar *n.m., f.* sea **Gac. 3; 12**
maratón *n.* marathon
maravilla *n.* marvel **Gac. 1;** wonder **6**
maravilloso *adj.* marvellous **18**
marca *n.* brand
marcar *v.* to dial **6; marcar un número** to dial a number
marco *n.* frame **10**
mareado *adj.* dizzy, nauseated **13**
marido *n.* husband **4**
marinero *n.* seaman **Gac. 4**
mariposa *n.* butterfly **Gac. 5**
mariscos *n.pl.* shellfish **Gac. 1; 7**
marrón *adj.* brown **4**
martes *n.m.* Tuesday **LP**
mártir *n.* martyr
marzo *n.* March **4**
más *adv.* more **1; más o menos** so-so **LP;** more or less **10; más tarde** later **1**
mascota *n.* pet **15, in ex.**
masculinidad *n.* masculinity **17**
masculino *adj.* brown **4**
matar *v.* to kill
matemáticas *n.pl.* mathematics **2**
materno *adj.* maternal **17**
matrícula *n.* tuition **1**
matricularse *v.* to register, enroll
matrimonio *n.* matrimony, married couple **16**
máximo *adj.* maximum; **al máximo** to the limit
maya *adj.* Mayan
mayo *n.* May **4**
mayonesa *n.* mayonnaise **8**
mayor *adj.* older, oldest **4;** greater, greatest; **la mayor parte** the majority
mayoría *n.* majority **4**
me *dir., ind. obj. pron.* me **5;** *refl. pron.* myself **9**
mecánico *n.* mechanic **3**
media *adj.* half (of the hour); **Son las dos y media.** It is two thirty. **1**
medianoche *n.f.* midnight **1**
medias *n.pl.* stockings **9**
medicina *n.* medicine **2; facultad** *f.* **de medicina** medical school

médico *n.* doctor **3**
medio *n.* middle, half **8**; *adj.* average; **medio ambiente** environment
mediodía *n.m.* noon **1**
medir (e > i) *v.* to measure **8**
megalítico *adj.* monumental **Gac. 6**
mejor *adj.* better, best **Gac. 1; 6; es mejor** it's better, best **10**
mejorarse *v.* to improve **14**
melancólico *adj.* melancholic
melocotón *n.m.* peach **8**
memoria *n.* memory **18, in ex.**
menor *adj.* younger, youngest **4**; smaller, smallest
menos *prep.* less, minus, except **5**
mensaje *n.m.* message **Gac. 2; 6**
mensual *adj.* monthly
mente *n.f.* mind
mentir (e > ie) *v.* to lie **3**
mentira *n.* lie
menú *n.* menu **7**
menudo: a menudo *adv.* often **1**
mercado *n.* market **8**
mercancía *n.* merchandise **10**
merecer *v.* to deserve
merendar (e > ie) *v.* to snack **7**
merienda *n.* snack **7**
mes *n.m.* month **Gac. 1; 4**
mesa *n.* table **Gac. 1; 4**; *v.* **poner la mesa** to set the table **4**
mesero *n.* waiter
mestizo *n., adj.* person of European and indigenous ancestry **10**
meta *n.* goal **9**
metal *n.m.* metal **9, in ex.**
meter *v.* to put into **10**
metro *n.* meter, subway **11**
mexicano *n.* Mexican (national) **2**; *adj.* Mexican
mexicanoamericano *n., adj.* Mexican American **LP**
México *n.* Mexico **LP**
mezcla *n.* mixture, combination **Gac. 2; 8, in ex.**
mezclar *v.* to mix, combine **8**
mi(s) *poss. adj.* my **3**
mí *obj. of prep.* me **5**
microondas *n.m. sing.* microwave oven **5**
miedo *n.* fear **3**; *v.* **tener miedo** to be afraid
miel *n.f.* honey **Gac. 3; 16; luna de miel** honeymoon **16**
miembro *n.* member
mientras *adv.* while **2; mientras que** *conj.* while **14**
miércoles *n.m.* Wednesday **LP**
migratorio *adj.* migratory
mil *n.* one (a) thousand **4**
milagro *n.* miracle
militar *adj.* militar **Gac. 6**
milla *n.* mile **11; millas por hora** miles per hour; **milla cuadrada** square mile **Gac. 2**
millón *n.m.* million **4**
mimado *adj.* spoiled
mina *n.* mine

minoría *n.* minority
minoritario *adj.* minority
minuto *n.* minute **1**
mío *poss. adj., pron.* my, mine **17**
mirar *v.* to look at, watch **1**
misa *n.* mass **11; Misa del Gallo** midnight Mass (Christmas Eve)
mismo *adj.* same **3; me da lo mismo** it's all the same to me **17**
misterioso *adj.* mysterious
místico *adj.* mystical
mitad *n.f.* half **Gac. 2; 17**
mito *n.* myth **17**
mochila *n.* knapsack **15**
moda *n.* fashion style **4; estar de moda** to be in style **9; fuera de moda** out of style **9**
modales *n.m.pl.* manners **9, in ex.**
modelo *n.* model **LP, in ex.**
moderno *adj.* modern **12**
modo *n.* way, manner **4; de ningún modo** no way; **de todos modos** anyway
mojarse *v.* to get wet
molestar *v.* to bother, annoy **6**
molido *adj.* ground **Gac. 3**
molestia *n.* annoyance **13**
monarquía *n.* monarchy
moneda *n.* monetary unit **Gac. 6**
mono *n.* monkey **15**; *adj.* cute
montaña *n.* mountain **Gac. 2; 15**
montañoso *adj.* mountainous
montar *v.* to ride **Gac. 3; 14; montar a caballo** to ride horseback; **montar en bicicleta** to ride a bicycle
monte *n.m.* mountain **Gac. 3**
montón *n.m.* heap, pile
monumento *n.* monument
morado *adj.* purple **4**
moreno *adj.* brunette, dark-haired **2**
morir (o > ue) *v.* to die **3**
mosquito *n.* mosquito **LP**
mostaza *n.* mustard **8**
mostrador *n.m.* counter **Gac. 1**
mostrar (o > ue) *v.* to show **3**
motocicleta (moto) *n.f.* motorcycle **11**
motor *n.m.* motor, engine **11**
mover (o > ue) *v.* to move **6; no se mueva** don't move **13**
movimiento *n.* movement
mozo *n.* waiter **7**
muchacho(a) *n.* boy (girl) **LP**
mucho *adj.* many **1**; much; a lot of
mudanza *n.* move, change of residence
mudarse *v.* to move, change residence
muebles *n.m.pl.* furniture **5**
muerte *n.f.* death **Gac. 1; 4**
muerto *n.* dead person **11**; *p.p.* dead
muestra *n.* show **17**
mujer *n.f.* woman **LP; mujer de negocios** business woman
multa *n.* fine, traffic ticket **11**
mundial *adj.* worldwide **15**

mundo *n.* world **LP**
muñeca *n.* doll
muro *n.* wall **Gac. P**
músculo *n.* muscle
museo *n.* museum **Gac. 1; 7, in ex.**
música *n.* music **2**
músico *n.* musician **LP; 3**
muy *adv.* very **1; muy bien** very well **LP**

N

nácar *n.m.* mother-of-pearl **13**
nacer *v.* to be born
nacimiento *n.* birth **4**
nación *n.* nation **LP**
nacional *adj.* national **12**
nacionalidad *n.* nationality **LP**
nada *pron.* nothing **3; de nada** you're welcome **LP; nada más** nothing else **7**
nadador *n.* swimmer **14**
nadar *v.* to swim **12**
nadie *pron.* no one, nobody **3**
naranja *n.* orange **Gac. 1; 8**
nariz *n.f.* nose **13**
natación *n.* swimming **14**
natural *adj.* natural **8, in ex.; recursos naturales** natural resources
naturaleza *n.* nature **4, in ex.**
navegante *n.* sailor
Navidad *n.f.* Christmas **Gac. 1; 4, in ex.; Feliz Navidad** Merry Christmas **18**
necesario *adj.* necessary **10**
necesidad *n.* necessity
necesitar *v.* to need **1**
negar (e > ie) *v.* to deny **3; negarse a** *v.* to refuse to **16**
negocio *n.* business **3; hombre (mujer) de negocios** businessman (woman)
negro *adj.* black **Gac. 1; 4**
nervioso *adj.* nervous **2, in ex.**
nevar (e > ie) *v.* to snow **3**
nevera *n.* refrigerator **5**
ni *conj.* neither, nor **3; ni siquiera** not even; **¡Ni hablar!** Not a chance! **4; ¡Ni modo!** No way! **4; ¡Ni pensarlo!** Don't even think of it! **4**
nicaragüense *n., adj.* Nicaraguan
niebla *n.* fog
nieto(a) *n.* grandson (granddaughter) **4**; *pl.* grandchildren
nieve *n.f.* snow **5**
ninguno (ningún) *adj., pron.* no, none, not any **3**
niñera *n.* nursemaid, babysitter **6, in ex.**
niñez *n.f.* childhood
niño *n.* child **Gac. 1; 4; de niño(a)** as a child
nivel *n.m.* level
no *adv.* no, not **LP**
no sólo... sino también not only ... but also **6**

nobleza *n.* nobility **Gac. 6**
noche *n.f.* night **1; anoche** last night **6; buenas noches** good evening, good night **LP; de noche** at night; **esta noche** tonight **4, in ex.; 18; Nochebuena** Christmas Eve; **Nochevieja** New Year's Eve **18; por la noche** during the night; **todas las noches** every night **1**
nocturno *adj.* nighttime **Gac. 1**
nombrar *v.* to name
nombre *n.m.* name **LP**
norte *n.m.* north **Gac. 1; 11**
norteamericano *n., adj.* North American **LP**
norteño *adj.* northern **Gac. 5**
nos *d.o. pron.* us **5;** *ind. obj. pron.* to or for us **6;** *refl. pron.* ourselves **9**
nosotros *subj. pron.* we **LP;** *obj. of prep.* us
nota *n.* grade **2**
noticias *n.* news **6**
noticiero *n.* newscast
novela *n.* novel **LP**
novecientos *adj., n.m.* nine hundred **4**
noveno *adj.* ninth **12**
noventa ninety **1**
novia *n.* girlfriend, fiancée, bride **LP**
noviazgo *n.* courtship **16**
noviembre *n.* November **4**
novio *n.* boyfriend, fiancé, groom **LP**
nublado *adj.* cloudy **4**
nuestro *poss. adj., pron.* our, ours **3**
nueve nine **LP**
nuevo *adj.* new **3; de nuevo** again
nuez *n.f.* nut **8**
número *n.* number **LP**
nunca *adv.* never **1**
nutrir *v.* to nourish **Gac. 2**

O

o *conj.* or **3; o sea** that is . . . **16**
obedecer *v.* to obey
obediente *adj.* obedient **17**
obituarios *n.pl.* obituary column **6**
objeto *n.* object **4, in ex.**
obligación *n.* obligation **9, in ex.**
obligar (a) *v.* to oblige **17**
obligatorio *adj.* compulsory
obra *n.* work (of art) **2; obra maestra** *n.* masterpiece **Gac. 1**
obrero *n.* worker **3**
observación *n.* observation **13, in ex.**
observar *v.* to observe **4**
obstáculo *n.* obstacle **16, in ex.**
obstante: no obstante however **12**
obtener *v.* to get, obtain **1**
obvio *adj.* obvious **10**
ocasión *n.* occasion **8**
occidental *adj.* western **Gac. 3**
océano *n.* ocean
ochenta eighty **1**
ocho eight **LP**
ochocientos eight hundred **4**
octubre *n.* October **4**

ocultar *v.* to hide
ocupado *adj.* occupied, busy **6**
ocuparse de *v.* to look after **Gac. 3**
ocurrir *v.* to happen, occur
ocultar *v.* to hide
odiar *v.* to hate **16**
odio *n.* hate
oeste *n.m.* west **Gac. P, 11**
ofender *v.* to offend, insult
oficial *adj.* official **11, in ex.**
oficina *n.* office **6**
ofrecer *v.* to offer **4**
ofrenda *n.* offering
oído *n.* (inner) ear **13**
oír *v.* to hear **4**
ojalá *interj.* I hope that **11**
ojo *n.* eye **13; ¡ojo!** be careful!
ola *n.* wave **Gac. 4**
olvidar *v.* to forget **5**
once eleven **LP**
onda wave; **estar de onda** to be "in" **4**
ópera *n.* opera
operación *n.* operation **LP**
operador *n.* operator **6**
operar *v.* to operate **13**
opinión *n.* opinion **11**
oponerse (a) *v.* to oppose **17**
oportunidad *n.* opportunity **2, in ex.**
oprimir *v.* to oppress
optimista *n.m., f. adj.* optimist, optimistic **14**
orden *n.f.* order, command; *m.* order (sequence) **10**
ordenado *adj.* neat, orderly **5**
ordenador *n.* computer
ordenar *v.* to order **11**
oreja *n.* (outer) ear **13**
organizar *v.* to organize **12, in ex.**
orgullo *n.* pride **Gac. 2**
orgulloso *adj.* proud **Gac. P**
origen *n.m.* origin **4, in ex.**
orilla *n.* shore **Gac. 6**
oro *n.* gold **Gac. 1; 9**
orquesta *n.* orchestra **16**
os *d.o. pron.* you **5;** *incl. obj. pron.* to or for you **6;** *refl. pron.* yourself **9**
oscurecer *v.* to grow dark
oscuro *adj.* dark **9**
oso *n.* bear **15**
otoño *n.* autumn, fall **4**
otro *adj.* other, another **2**
oye listen **4**

P

paciencia *n.* patience **13, in ex.**
paciente *n., adj.* patient **13**
padre *n.* father **4;** *pl.* parents **Gac. 1**
paella *n.* Spanish dish **Gac. 1; 7**
pagar *v.* to pay (for) **1**
página *n.* page **13, in ex.**
pago *n.* payment
país *n.m.* country **LP**
paisaje *n.m.* landscape, countryside **11**
pajarera *n.* aviary **15**
pájaro *n.* bird **5**
palabra *n.* word **2**

palacio *n.* palace
pálido *adj.* pale **13**
palma *n.* palm tree **Gac. 3**
palmera *n.* palm tree **Gac. 2**
pan *n.m.* bread **Gac. 1; 7**
panadería *n.* bakery **7, in ex.; 8**
panameño *n., adj.* Panamanian **LP**
panorámico *adj.* panoramic **15**
pantalones *n.m.pl.* pants **9**
pañuelo *n.* kerchief **Gac. 6**
papa *n.* potato **8; papas fritas** French fried potatoes **Gac. 1**
papá *n.m.* Dad **4**
papel *n.m.* paper **LP;** role **Gac. 1; hacer un papel** to play a role **17; papel estelar** *n.* starring role
papitas *n.* potato chips **8**
paquete *n.m.* package, pack **10**
par *n.m.* pair **9**
para *prep.* for **1; para que** *conj.* in order that **15**
paracaídas ascensional *n.m.* parasailing **Gac. 4**
parada *n.* stop **12; parada de taxis** taxi stand; **parada de autobús** bus stop
parado *p.p.* stopped *(stuck)* **Gac. 3**
paraguas *n.m. s., pl.* umbrella **9**
paraíso *n.* paradise **Gac. 4; 18**
parar *v.* to stop **11**
pardo *adj.* brown
parecer *v.* to seem **6; parecerse a** *v.* to look like, resemble **9**
parecido *adj.* similar
pared *n.f.* wall **LP**
pareja *n.* pair, couple, partner **1, in ex.**
paréntesis *n.m. s., pl.* parenthesis **10, in ex.**
pariente *n.m., f.* (family) relative **LP**
parrilla: a la parrilla grilled **Gac. 5**
parque *n.m.* park **Gac. 3; 15; parque de atracciones** amusement park
párrafo *n.* paragraph **4, in ex.**
parte *n.f.* part **10; la mayor parte** the majority; **por todas partes** everywhere
participación *n.* participation **LP**
participar *v.* to participate **1, in ex.**
participio *n.* participle **13; participio pasado** past participle; **participio presente** present participle
particular *adj.* private
partida *n.* departure **16**
partido *n.* party (political); game, match **Gac. 3**
pasado *n. adj.* past **Gac. 1; pasado mañana** day after tomorrow; **pasado de moda** out of style **9**
pasaje *n.m.* ticket, passage **10**
pasajero *n.* passenger, traveler **10**
pasaporte *n.m.* passport **10**
pasar *v.* to pass **1;** to spend; to happen; **pasar hambre** to get hungry **Gac. 1; pasar la aspiradora** to vacuum **5; pasarlo bien** to have a good time **6**

pasatiempo *n.* pastime, hobby **4**; diversion **6**

Pascua *n.* Passover **18**; **Pascua Florida** Easter

pasearse *v.* to stroll, take a walk **11**; **pasearse en coche** to take a drive

paseo *n.* stroll, walk; **dar un paseo** to take a walk

pasillo *n.* hall, corridor **10**

pasión *n.* passion

pasivo *adj.* passive **LP**

paso *n.* step **9, in ex.**; **Gac. 4**; float (*parade*) **18, in ex.**

pasta dental *n.* toothpaste **12**

pastel *n.m.* pastry **LP**

pastelería *n.* pastry shop **7, in ex.**

pastilla *n.* pill **13**

pastor *n.* minister **18**

patata *n.* potato **LP**

paterno *n.* paternal **17**

patinar *v.* to skate **Gac. 3; 14**

patio *n.* patio, backyard **LP**

pato *n.* duck

patria *n.* country, fatherland

patrimonio *n.* heritage **Gac. 5**

patrón *n.* boss **Gac. 4**

pavo *n.* turkey **8**

payaso *n.* clown **15**

paz *n.f.* peace **15**; **hacer las paces** to make up **16**

pecado *n.* sin **10**

pecho *n.* chest **13**

pedazo *n.* piece **7, in ex.**

pedir (e > i) *v.* to ask for, request **5**; order (*food*)

peinado *n.* hairdo

pelea *n.* fight **17**

pelear(se) *v.* to fight **16**

película *n.* movie, film **Gac. 1**

peligro *n.* danger **13**

peligroso *adj.* dangerous **11**

pelirrojo *adj.* red-haired **Gac. 1**

pelo *n.* hair **4**

pelota *n.* ball **14**

pelotero *n.* pitcher **14**

peluquero *n.* hairdresser

pena *n.* pain, suffering, sorrow, grief **Gac. 2; 6**

pensar (e > ie) *v.* to think **3**; **pensar** + *inf.* to plan to; **pensar de** to have an opinion about; **pensar en** to think about, have in mind; **¡Ni pensarlo!** Don't even think of it! **4**

pensión *n.f.* boarding house **12**; **pensión completa** room and board

peña *n.* club **Gac. 6**

peor *adj.* worse, worst **6**

pepino *n.* cucumber **8**

pequeño *adj.* small **2**

pera *n.* pear **8**

perder (e > ie) *v.* to lose, miss **3**; **perder un tren** to miss a train **11**

pérdida *n.* loss

perdón pardon, excuse me **LP, in ex.**

perdonar *v.* to pardon, excuse **17**

perejil *n.m.* parsley **Gac. 1**

perezoso *adj.* lazy **2**

perfecto *adj.* perfect **4**

periódico *n.* newspaper **Gac. P; 3**

periodista *n.* journalist **3**

período *n.* period, era

permanecer *v.* to remain **12**

permanente *adj.* permanent

permiso *n.* permission **LP**; **con permiso** pardon me, excuse me

permitir *v.* to permit **7**

pero but **Gac. P; 1**

perro *n.* dog **5**; **perro caliente** hot dog **8**

persona *n.* person **LP**

personalidad *n.* personality **15, in ex.**

pertenecer *v.* to belong **2, in ex.**

pesado *adj.* heavy, boring **6**

pesadumbre *n.f.* sorrow **Gac. 5**

pesar *v.* to weigh **8**; **a pesar de** in spite of

pescado *n.* fish (cooked) **7**

pescador *n.* fisherman

pescar *v.* to fish **15**

pesimista *n.m., f. adj.* pessimist, pessimistic **14**

pesado *adj.* heavy **8**

pésame *n.m.* condolences **18**

peseta *n.* unit of currency in Spain **7**

peso *n.* weight **8**

pez *n.m.* fish **15**; **pez de colores** goldfish **LP**

piano *n.* piano **6**

picante *adj.* spicy **7**

pie *n.m.* foot **13**; **al pie de** at the foot of **Gac. 6**

piedra *n.* rock, stone **4, in ex.**; **Gac. 2**

piel *n.f.* skin, fur **13**; leather **Gac. 6**

pierna *n.* leg **13**

píldora *n.* pill **13**

piloto *n.* pilot **LP, in ex.**

pimienta *n.* pepper (*spice*) **7**

pimiento *n.* bell pepper (*vegetable*)

pinchado *adj.* flat **11**; **una llanta pinchada** a flat tire

pintar *v.* to paint **6**

pintor *n.* painter

pintoresco *adj.* picturesque **Gac. 2**

pintura *n.* painting **2**

piña *n.* pineapple **7**

pionero *n.* pioneer **Gac. 5**

piquero *n.* booby bird **Gac. 6**; **piquero enmascarado** masked booby bird **Gac. 6**; **piquero patas rojas** red-footed booby bird **Gac. 6**

pirámide *n.f.* pyramid **12, in ex.**

pirata *n.m.* pirate **Gac. 2**

piscina *n.* swimming pool **12**

piso *n.* floor or level (*of a building*) **5**

pizarra *n.* chalkboard **LP**

pizcar *v.* to pick (*fruits and vegetables*) **Gac. 4**

placer *n.m.* pleasure **18**

plan *n.m.* plan

plancha *n.* iron **5**

planchar *v.* to iron **5**

planear *v.* to plan **10, in ex.**

planeta *n.m.* planet

plano *adj.* flat **Gac. 2**

planta *n.* plant **4, in ex.**; floor of a building

plástico *n.* plastic **2**

plata *n.* silver **Gac. 1; 9**

plátano *n.* plantain, banana (Spain) **8**

plateado *adj.* silvery

platería *n.* silversmithing

plato *n.* plate **7**; dish **Gac. 1; 7**

playa *n.* beach **Gac. 1; 12**

plaza *n.* square; place; **plaza de toros** bullring **Gac. 4; 18 (realia)**

plomero *n.* plumber

pluvioso *adj.* rain **Gac. 2**; **bosque pluvioso** rain forest **Gac. 2**

población *n.* population

poblar *v.* to live in **12**

pobre *adj.* poor, unfortunate **2**

pobreza *n.* poverty **Gac. 3**

poco *adj.* few, little **1**; *adv.* a little; **un poco** a little; **poco a poco** little by little

poder (o > ue) *v.* to be able to **3**

poder *n.m.* power **Gac. 2, in ex.**

poderoso *adj.* powerful **Gac. 6**

poema *n.m.* poem

poeta *n.* poet

policía *n.m.* police officier **LP**; *n.f.* police force or department

política *n.* politics

político *n.* politician **LP**; *adj.* political **Gac. 2**; **ciencia(s) política(s)** political science **2**

pollo *n.* chicken **7**

poner *v.* to put, place **Gac. 1; 4**; **poner la mesa** to set the table **4**; **poner la radio** to turn the radio on; **ponerse** *v.* to put on (clothing) **9**; to become; **poner una inyección** to give an injection **13**

poquito *n.* a very small quantity **11, in ex.**

por *prep.* for **2**; per; because of; on behalf of; on account of; during; through; by; **por cierto** for sure; **por Dios** for God's sake; **por completo** completely; **por conducto** by means of **Gac. 4**; por ejemplo for example **7**; **por eso** therefore **2**; **por favor** please **LP**; **por la mañana** in the morning; **por lo general** generally **5**; **por lo menos** at least **7**; **por lo tanto** therefore **18**; **por medio de** by means of; **por otro lado** on the other hand **12**; **por supuesto** of course **4**; **por teléfono** by phone **6**; **por último** lastly, finally **11**

porcentaje *n.m.* percentage

¿Por qué? *interr.* Why? **LP**

porque *conj.* because **1**

porquería *n.* junk **Gac. 2**

portarse *v.* to behave **13**

portero *n.* doorman **12**

portugués *n.m., adj.* Portuguese

posible *adj.* possible **LP**

posibilidad *n.* possibility

posición *n.* position

posponer *v.* to postpone
postre *n.m.* dessert **4**
práctica *n.* practice
practicar *v.* to practice **1, in ex.**
práctico *adj.* practical
precio *n.* price **8**
precioso *adj.* precious, adorable
preciso *adj.* necessary
preferencia *n.* preference
preferible *adj.* preferable **10**
preferir (e > ie) *v.* to prefer **3**
pregunta *n.* question **LP, in ex.;**
  hacer una pregunta to ask a
  question **6**
preguntar *v.* to ask a question **1**
prejuicio *n.* prejudice **17**
premio *n.* prize, award **Gac. 1**
prenda de vestir *n.* article of clothing
prender *v.* to turn on **12**
prensa *n.* press
preocupación *n.* preoccupation,
  worry, care, concern
preocupado *adj.* worried, preoccu-
  pied, concerned **2**
preocuparse *v.* to worry **13**
preparar *v.* to prepare **1**
preparativos *n.pl.* preparations **16**
preposición *n.* preposition **Guía 4**
presentar *v.* to present **1**
presente *n.m.* present (*time, tense*)
  15
presidente *n.* president **LP**
presión *n.* pressure tension
prestar *v.* to lend **6; prestar atención** to pay attention
prestigioso *n.* prestigious
pretérito *n.* preterite (tense) **6, in
  ex.**
primavera *n.* spring **4**
primero *adj.* first **Gac. 1; 12; de
  primera clase** first-class **4; por
  primera vez** for the first time;
  primero *adv.* firstly, first of all
primo *n.* cousin **4**
princesa *n.* princess
principio *n.* beginning **Gac. 1**
prisa *n.* haste **3; tener prisa** to be in
  a hurry
probable *adj.* probable **10**
probablemente *adv.* probably
probador *n.m.* dressing room **9**
probar *v.* to try, taste **Gac. 1; 7; probarse** to try on **9**
problema *n.m.* problem
procedente de *prep.* coming from
proceso *n.* process **10**
producir *v.* to produce **4**
profesión *n.* profession **3**
profesional *adj.* professional
profe *n.* prof
profesor *n.* professor **LP**
profesorado *n.* faculty **2**
profundo *adj.* profound, deep
programa *n.m.* program **LP; programa de estudios** curriculum
programador *n.* programmer **3**
progresivo *adj.* progressive **5, in ex.**

progreso *n.* progress
prohibido *adj.* forbidden, prohibited
  8, in ex.
prohibir *v.* to forbid, prohibit **11**
prolífico *adj.* prolific **Gac. 1**
promedio *n.* average
promesa *n.* promise
prometer *v.* to promise **6, in ex.**
pronto *adv.* soon **2; tan pronto
  como** *conj.* as soon as **14**
pronunciar *v.* to pronounce **2**
propiedad *n.* property
propina *n.* tip **7**
propio *adj.* appropriate, one's own
  Gac. 2; 12, in ex.
proporcionar *v.* to provide **13**
propósito *n.* purpose **Gac. 2, in ex.;
  a propósito** by the way
próspero *adj.* prosperous **18**
protagonista *n.* main character
protagonizar *v.* to take a main role
  Gac. 2
proteger *v.* to protect **Gac. 2**
protestante *n.* Protestant **18**
protestar *v.* to protest
provecho *n.* benefit; **buen provecho**
  enjoy your meal! (*typical greeting to
  a person who is eating*) **7**
provocar *v.* to provoke **16, in ex.; 17**
próximo *adj.* next **14; la próxima
  vez** the next time
prueba *n.* quiz **2**
(p)sicólogo *n.* psychologist **3**
(p)siquiatra *n.m., f.* psychiatrist **3**
público *n.* audience **Gac. 1;** *adj.* pub-
  lic
pueblo *n.* town **4, in ex.**
puente *n.m.* bridge **Gac. 2**
puerta *n.* door **LP;** gate (at the airport) **10**
puerto *n.* port **Gac. 1**
pues *conj.* well **16**
puesto *n.* job **3;** booth **13; puesto de
  chile** chile stand **Gac. 4;** *p.p., adj.*
  placed, put
pulmón *n.m.* lung **13**
punta *n.* tip **18**
puntual *adj.* punctual
punto *n.* point **1; en punto** on the
  dot; **punto de vista** point of view
  Gac. 4, in ex.
puñetazo *n.* punch **Gac. 3**
puro *adj.* pure **15;** *n.* cigar

Q

que *conj., rel. pron.* that, who **10; lo
  que** what, that which **2; 10; ¿Qué?**
  What? **LP; ¡Qué alegría!** What
  happiness! **6; ¡Qué bien!** How nice!
  4; ¿Qué hay de nuevo? What's
  new? **LP; ¡Qué lástima!** What a
  shame! **6; ¡Qué suerte!** What luck!
  6 ¿Qué tal? How are you? **LP;
  ¡Qué va!** Go on! No way! **6**
quedar *v.* to have left **8; quedarse** *v.*
  to stay, remain **9; quedarle (bien)**
  to fit (well) **9**

quehacer *n.m.* chore
queja *n.* complaint **13**
quejarse (de) *v.* to complain about
  13
quemadura de sol *n.* sunburn **9, in
  ex.**
quemar *v.* to burn
querer (e > ie) *v.* to want, wish; to
  love **3**
querido *adj.* dear **1**
queso *n.* cheese **7**
quien *rel. pron.* who, whom **10; a
  quien corresponda** to whom it
  may concern **2; ¿quién?** *interr.*
  who? **LP; ¿de quién?** whose? **2**
química *n.* chemistry **2**
químico *n.* chemist
quince fifteen **LP**
quinceañera *n.* celebration of fifteenth birthday **4**
quinientos five hundred **4**
quinto *adj.* fifth **12**
quiosco *n.* newsstand **12**
quitar *v.* to take away, remove **9;
  quitarse** to take off **9**
quizá(s) perhaps **Gac. 2; 11**

R

rabino *n.* rabbi **18**
racimo *n.* cluster **Gac. 5**
radio *n.m.* radio apparatus, box **1, in
  ex.;** *n.f.* radio transmission, sound
raíz *n.f.* root **Gac. 1**
ramo *n.* branch **Gac. 5**
rana *n.* frog **15**
rápidamente *adv.* quickly **LP**
rápido *adj.* fast, quick **2, in ex.;** *adv.*
  quickly
raqueta *n.* racket **14**
raro *adj.* strange, odd **7; raras veces**
  rarely
rascacielos *n.* skyscraper
rato *n.* short period of time **14; ratos
  libres** free time
raya *n.* stripe **Gac. 5**
rayo *n.* ray **1; rayos equis** X-rays;
  ¡rayos! shucks! **1**
raza *n.* race
razón *n.f.* reason **3; (no) tener
  razón** to be right (wrong)
razonable *adj.* reasonable **17**
real *adj.* real; royal **Gac. 1**
realidad *n.* reality **LP**
realizar *v.* to accomplish, carry out
realmente *adv.* really
recado *n.* message **6**
recepción *n.* reception **12;** reception
  desk
recepcionista *n.m., f.* receptionist **12**
receta *n.* recipe **7;** prescription
recetar *v.* to prescribe **13**
rechazado *n.* rejected one **16**
rechazar *v.* to reject **Gac. 6**
rechinar *v.* to grind (one's teeth) **16**
recibir *v.* to receive, get **2**
recién *adv.* recently **16; recién
  casado** newlywed

reciente *adj.* recent
recinto *n.* campus **1**
recipiente *n.m.* receptacle **Gac. 1**
reclamar *v.* to claim
recoger *v.* to collect **Gac. 1**; to pick up, gather **8**
recomendar (e > ie) *v.* to recommend **3**
reconocer *v.* to recognize **Gac. 5; 18, in ex.**
recordar (o > ue) *v.* to remember, recall **3**
recorrer *v.* to travel through or around **Gac. 3**
recreo *n.* recreation **15**
recuerdo *n.* memory, souvenir **Gac. P; 4**
recuerdos a regards to **LP**
recurso *n.* resource **Gac. 5**
redactor *n.* editor **Gac. 6**
red *n.f.* net **14**; network
redondo *adj.* round
referente a *prep.* concerning, regarding
referirse (e > ie) *v.* to refer **5, in ex.**
reflejar *v.* to reflect **Gac. 1**
reflexivo *adj.* reflexive **8, in ex.**
refresco *n.* refreshment, soft drink **6**
refrigerador *n.m.* refrigerator **5**
refugiado *n.* refugee
refugiarse *v.* to take refuge **Gac. 5**
refugio *n.* refuge
regalar *v.* to give a gift **6**
regalo *n.* gift, present **Gac. 1; 4**
regañar *v.* to quarrel
regar (e > ie) *v.* to water
regatear *v.* to bargain, haggle **8**
regateo *n.* bargaining **Gac. 5, in ex.**
régimen *n.m.* regime, diet **8**
región *n.* region **LP**
registro *n.* register
regla *n.* rule **14**; ruler
regresar *v.* to return **1**
regular *adj.* alright, fair **LP**
reina *n.* queen **Gac. 1**
reír(se) (e > i) *v.* to laugh; **reírse de** to laugh at, make fun of
rejas *n.pl.* grillwork **5**
relación *n.* relation **5, in ex.**
relajar relax **12**
relámpago *n.* lightning
religión *n.* religion **LP**
religioso *adj.* religious **18**
relleno *adj.* stuffed **7, in ex.**
reloj *n.m.* watch, clock **LP**
remedio *n.* solution **11**
remordimiento *n.* remorse **16, in ex.**
renovado *adj.* renovated
renunciar *v.* to give up
reñir (e > i) *v.* to quarrel **16**
repartido *p.p.* divided **10**
repasar *v.* to review **2**
repaso *n.* review
repetir (e > i) *v.* to repeat **5**
representar *v.* to represent **5, in ex.**; to put on
republicano *adj.* Republican **2, in ex.**

repugnar *v.* to repulse **Gac. 4**
requerir (e > ie) *v.* to require
requisito *n.* requirement **2, in ex.**
res *n.f.* head of cattle **18**
rescatar *v.* to rescue
reseña *n.* review **10, in ex.**
reserva *n.* reservation **10**
reservación *n.* reservation **10**
reservar *v.* to reserve **10**
resfriado *n.* cold (health) **13**
resfriarse *v.* to catch cold **13**
residencia (estudiantil) *n.* dormitory **1**
resolver (o > ue) *v.* to solve **16**
respecto a *prep.* with respect to, with regard to, concerning
respetar *v.* to respect **16**
respeto *n.* respect, admiration
respetuosamente *adv.* respectfully **14, in ex.**
respirar *v.* to breathe **13**
responder *v.* to answer **LP, in ex.**
responsabilidad *n.* responsibility
responsable *adj.* responsible **2, in ex.**
respuesta *n.* answer **2**
restaurante *n.m.* restaurant **LP**
restos *n.* remains **Gac. 2**
resultado *n.* result
resumen *n.m.* summary **1**
resumir *v.* to summarize **18, in ex.**
retirarse *v.* to leave **11**
retrasado *adj.* delayed
retraso *n.* tardiness, delay
reunión *n.* meeting **4**
reunir *v.* to unite **16**; **reunirse (con)** *v.* to get together (with)
revisar *v.* to inspect **10**
revista *n.* magazine **6**
rey *n.m.* king **Gac. 1; Reyes Magos** The Three Kings, Wise Men **Gac. 1**
rezar *v.* to pray **18**
rico *adj.* rich, delicious **2**
ridículo *adj.* ridiculous **LP**
riesgo *n.* risk
rígido *adj.* rigid, strict **1, in ex.**
rincón *n.m.* corner (of a room)
riña *n.* argument, fight **16**
río *n.* river **15**
riqueza *n.* wealth, richness **Gac. 6**
ritmo *n.* rhythm **4, in ex.; Gac. 2**
rito *n.* rite **Gac. 4**
rizador *n.m.* hair curler **17**
robar *v.* to steal **7, in ex.**
robo *n.* robbery **16, in ex.**
rodeado *adj.* surrounded **Gac. 4**
rodilla *n.* knee **13; de rodillas** on one's knees
rogar (o > ue) *v.* to beg, plead
rojo *adj.* red **Gac. 1, in ex.; 4**
romántico *adj.* romantic **LP, in ex.**
romper *v.* to break, tear **8**
rompimiento *n.* breakup **16**
ropa *n.* clothing **5; ropa interior** underwear **9**
ropero *n.* clothes closet **5**
rosa *adj.* pink **4**
roscón de reyes *n.m.* King's cake **Gac. 1**

roto *adj., p.p.* broken **11**
rubio *adj.* blond **2**
ruido *n.* noise **11**
ruidoso *adj.* noisy **11**
ruina *n.* ruin **Gac. 6**
rumbo *n.* direction **Gac. 5**
ruso *n.m. adj.* Russian **2**
ruta *n.* route
rutina *n.* routine **1, in ex.**

S

sábado *n.* Saturday **LP**
sábana *n.* sheet **5**
saber *v.* to know, find out **Gac. 1; 4**
sabor *n.* taste **Gac. P;** flavor **18**
saborear *v.* to savor
sabroso *adj.* delicious, tasty **7**
sacar *v.* to remove **Gac. 3**; to take out **10; sacar una foto** to take a picture **4; sacar la basura** to take out the garbage **5**
sacerdote *n.m.* priest **18**
saco de dormir *n.* sleeping bag **15**
sacrificar *v.* to sacrifice
sagrado *adj.* sacred, holy **18**
sal *n.f.* salt **Gac. 1; 7**
sala *n.* room **5; sala de clase** classroom **LP; sala de estar** den; **sala de emergencias** emergency room **13; sala de espera** waiting room **10**
salado *adj.* salty
salario *n.* salary **3**
salida *n.* departure **10**; exit
salir *v.* to leave, go out **4; salir con alguien** to go out with someone **6**
salmón *n.m.* salmon
salón *n.m.* room **1; 5**
salsa *n.* sauce **8; salsa de tomate** catsup **Gac. 1**
salsero *n.* salsa singer **Gac. 4**
salud *n.f.* health **13; ¡Salud!** To your health! (*toast*) **18**
saludable *adj.* healthy **7**
saludar *v.* to greet **LP**
saludo *n.* greeting **LP**; salutation (of letter) **1**
salvaje *adj.* savage **15**
salvar *v.* to save **12**
salvavidas *n.m.* lifesaver
salvo *prep.* except **5**
sandalia *n.* sandal
sandwich *n.* sandwich **1; 7**
sangre *n.f.* blood **Gac. 2, in ex.; 13**
sano *adj.* healthy, fit **LP**
santo *n.* saint **18;** *adj.* holy, saintly
satisfecho *adj.* satisfied
sazón *n.m.* seasoning
secadora *n.* (clothes) dryer **5**
secar *v.* to dry **5; secarse** to dry oneself
sección *n.f.* section; **sección de cocina, de moda** cooking, fashion sections of a newspaper
seco *adj.* dry
secretario *n.* secretary **3**
secuela *n.* side effect **13**

secuestro *n.* kidnapping **Gac. 5**

sed *n.f.* thirst **3**; **tener sed** to be thirsty

seda *n.* silk **9**

seguir (e > i) *v.* to follow, continue **5**; **seguir un régimen** to follow a diet **8**

según *prep.* according to **2**

segundo *adj.* second **1**

seguridad *n.* security, confidence **Gac. 4**

seguro *adj.* certain, sure, safe **10**; **por seguro** for sure

seguro médico *n.* medical insurance

seis six **LP**

selección *n.* selection, choice

seleccionar *v.* to select, choose

sello *n.* stamp **12**

selva *n.* jungle **15**

semáforo *n.* traffic signal

semana *n.* week **4**; **fin de semana** weekend; **semana pasada** last week **8**; **Semana Santa** Holy Week **Gac. 1**; **18**

semejante *adj.* similar

semejanza *n.* similarity **Gac. 3, in ex.**

semestre *n.m.* semester **1, in ex.**

semilla *n.* seed, nut

sencillez *n.f.* simplicity

sencillo *adj.* simple

sendero *n.* path

sensibilidad *n.* sensitivity **Gac. 2**

sensible *adj.* sensitive **LP**

sentarse (e > ie) *v.* to sit down **9**

sentido *n.* feeling **Gac. 3**; sense, meaning **16**; **sentido del humor** sense of humor

sentimiento *n.* emotion, feeling **2**

sentir (e > ie) *v.* to feel; to regret; **lo siento** I'm sorry; **sentirse** *v.* to feel **9**

señal *n.f.* sign, gesture **LP, in ex.**; landmark **15, in ex.**

señalar *v.* to point out **LP**

señor *n.* Mr., sir, gentleman **LP**

señora *n.* Mrs., lady, ma'am **LP**

señores *n.* Mr. and Mrs., gentlemen **LP**

señorita *n.* Miss, young lady **LP**

separación *n.* separation

separar *v.* to separate

sepia *n.* cuttle-fish **Gac. 1**

septiembre *n.* September **4**

séptimo *adj.* seventh **12**

ser *v.* to be **LP**; **ser humano** human being **17**

serenata *n.* serenade **6, in ex.**

serie *n.f.* series

serio *adj.* serious **LP**

serpiente *n.f.* snake

servicio *n.* service **7**

servilleta *n.* napkin **7**

servir (e > i) *v.* to serve **5**

sesenta sixty **1**

setecientos seven hundred **4**

setenta seventy **1**

sexo *n.* sex **12**

sexto *adj.* sixth **12**

si *conj.* if **1**

sí *adv.* yes **1**

sicología *n.* psychology **2**

sicólogo *n.* psychologist **3**

siempre *adv.* always **1**

sierra *n.* mountain range **Gac. 5**

siervo *n.* servant **Gac. 2**

siesta *n.* nap, siesta **LP**; **echar (tomar) una siesta** to take a nap

siete seven **LP**

siglo *n.* century **Gac. P**

significado *n.* meaning **Gac. 2**

significar *v.* to mean, signify **2**

siguiente *adj.* following **LP**

sílaba *n.* syllable

silencio *n.* silence

silencioso *adj.* silent, quiet **12**

silla *n.* chair **LP**; **silla de ruedas** wheelchair **LP**

sillón *n.m.* armchair **5**

simpático *adj.* nice **2**

simplemente *adv.* simply

sin *prep.* without **1**; **sin embargo** nevertheless **4**; **sin falta** without fail; **sin más por ahora** that's all for now **14, in ex.**; **sin que** *conj.* without **15**

sinagoga *n.* synagogue **16**

sincero *adj.* sincere **18**

sindicato *n.* labor union **Gac. 4**

sino *conj.* but rather **5**

síntoma *n.m.* symptom **13**

siquiatra *n.m.f.* psychiatrist **LP**

sistema *n.m.* system **1, in ex.**

sitio *n.* place, location **12, in ex.**

situación *n.* situation **2**

situado *adj.* situated, located

sobrar *v.* to be left over **Gac. 1**

sobre *prep.* over, about, above, regarding **1**; **sobre todo** above all **Gac. 1**; **16**

sobre *n.* envelope **12**

sobrepeso *n.* overweight

sobrepoblación *n.* overpopulation

sobrepoblado *adj.* overpopulated

sobreponerse *v.* to get over **16, in ex.**

sobresaliente *adj.* outstanding **2**

sobresalir *v.* to excel

sobrevivir *v.* to survive

sobrino *n.* nephew **4**

sociable *adj.* sociable

sociedad *n.* society **17, in ex.**

socio *n.* member **13**

sociología *n.* sociology **2**

sociólogo *n.* sociologist **2, in ex.**

sofá *n.* sofa **LP**

sol *n.m.* sun **4**; **hace sol** it's sunny **4**; **tomar el sol** to sunbathe **12**

solamente *adv.* only **2**

soldado *n.* soldier **Gac. 5**

soleado *adj.* sunny **15**

soledad *n.* solitude **16**

solemne *adj.* solemn **18**

soler (o > ue) *v.* to be in the habit of **7**

solicitar *v.* to solicit, ask for **3**

solicitud *n.f.* application **3**

solo *adj.* alone **5**

sólo *adv.* only **Gac. P, 2**

soltero *n.* bachelor **4**

solución *n.* solution

solucionar *v.* to solve

sombra *n.* shadow **Gac. 4**

sombrero *n.* hat **9**

someter *v.* to submit, subdue **17**

sonar (o > ue) *v.* to sound, ring

sonido *n.* sound **Gac. 2**

sonreír (e > i) *v.* to smile **14**

sonriente *adj.* smiling

sonrisa *n.* smile

soñar (o > ue) *v.* to dream **3**; **soñar con** to dream about **3**; **soñar despierto** to daydream **15**

sopa *n.* soup **7**

soplador *n.m.* blow-hole **Gac. 6**

soportar *v.* to bear, endure

sorprendente *adj.* surprising **10**

sorpresa *n.* surprise **6**

sospechar *v.* to suspect

sostener (e > ie) *v.* to support, sustain

sótano *n.* basement **5**

su *poss. adj.* his, her, your, their **3**

suave *adj.* soft, mild, gentle

subir *v.* to go up, climb **6, in ex.**

subjuntivo *n.* subjunctive **10, in ex.**

subrayar *v.* to underline **8, in ex.**

suceder *v.* to happen **18**

suceso *n.* happening, event **LP**

sucio *adj.* dirty **5**

suegro(a) *n.* father-in-law (mother-in-law) **4**

sueldo *n.* salary **3**

suelo *n.* floor **5**

sueño *n.* dream **Gac. 1; 3**; **sueño hecho realidad** dream come true **4**; **tener sueño** to be sleepy

suerte *n.f.* luck **3**; **tener suerte** to be lucky; **¡Qué suerte!** What luck! **6**

suéter *n.m.* sweater **LP**

sufrimiento *n.* suffering **Gac. 5**

sufrir *v.* to suffer **13**

sugerencia *n.* suggestion

sugerir (e > ie) *v.* to suggest **11**

sugestionado *adj.* influenced **Gac. 5**

suicidarse *v.* to commit suicide **Gac. 6**

sujeto *n.* subject **15**

sumamente *adv.* extremely **11, in ex.**

sumiso *adj.* submissive

superar *v.* to outdo **10**; to overcome

superficie *n.f.* surface **16, in ex.**

supermercado *n.* supermarket **8**

suplicar *v.* to beg

suponer *v.* to suppose **9, in ex.**

sur *n.m.* south **Gac. 1; 11**

surco *n.* row **Gac. 4, in ex.**

surgir *v.* to appear **Gac. 4**

suspender *v.* to suspend; to fail

sustantivo *n.* noun **LP**

sustituto *n.* substitute

suyo *poss. adj., pron.* his, her, hers, your, yours, its **17**

T

tabaco *n.* tobacco
tacos altos *n.* high heels **18**
tal *adv.* so; *adj.* such; **tal vez** perhaps **11**
talentoso *adj.* talented **LP**
talla *n.* size **9**
taller *n.m.* workshop **11**
tamaño *n.* size
también *adv.* also **1**
tambor *n.m.* drum
tampoco *adv.* neither, either **3**
tan *adv.* so, as **12; tan pronto como** *conj.* as soon as **14**
tanque *n.m.* tank **11**
tanto *adj.* so many **12**
tapiz *n.m.* tapestry **Gac. 5**
tardar (en) *v.* to take time, delay **10**
tarde *n.f.* afternoon **1;** *adv.* late
tarea *n.* homework, task **1; tareas domésticas** housework **5**
tarjeta *n.* card **1, in ex.; tarjeta de crédito** credit card **12; tarjeta postal** postcard **1**
tarta *n.* cake **7**
tasa *n.* rate
tasca *n.* pub **Gac. 1**
taxi *n.m.* taxi **2, in ex.; 12**
taxista *n.* taxi driver
taza *n.* cup **7**
te *d.o. pron.* you **5;** *ind. obj. pron.* to you **6;** *refl. pron.* yourself **9**
té *n.m.* tea **1**
teatro *n.* theater
techo *n.* roof **5**
técnica *n.* technique **16**
tejado *n.* roof **Gac. 2**
tejeduría *n.* art of weaving **Gac. 5**
tejer *v.* to weave **Gac. 5**
tejido *n.* weaving **Gac. 5**
tela *n.* cloth **Gac. 5**
teléfono *n.* telephone **LP**
telenovela *n.* soap opera **6**
televisión *n.* television **LP**
televisor *n.* television set **5**
telón *n.m.* backdrop **Gac. 5**
tema *n.m.* theme **Gac. 1**
temer *v.* to fear, be afraid of **11; Me lo temía.** I was afraid of that. **4**
temor *n.* fear **Gac. 5**
temperatura *n.* temperature
tempestad *n.* storm **Gac. 4**
templado *adj.* temperate **Gac. 5**
temporada *n.* season **14;** period of time **18**
temprano *adj.* early, young; *adv.* early **1**
tenedor *n.m.* fork **7**
tener *v.* to have, possess, hold **3; tener... años** to be . . . years old **3; tener asco** to be disgusted **Gac. 1; tener celos** to be jealous **3; tener cuidado** to be careful **3; tener de todo** to have everything; **tener en cuenta** to keep in mind; **tener ganas de...** to feel like . . . **3; tener**

lugar to take place **14; tener que + inf.** to have to **3; tener el número equivocado** to have the wrong number; **tener sentido** to make sense **16**
tenaz *adj.* tenacious **Gac. 1**
tenis *n.m.* tennis **LP**
tentar *v.* to tempt **Gac. 5**
teoría *n.* theory
terapia *n.* therapy **Gac. 1**
tercer, tercero *adj.* third **Gac. 1; 12**
terminación *n.* ending
terminar *v.* to end, finish **1**
termómetro *n.* thermometer **13**
ternera *n.* veal
ternura *n.* tenderness **Gac. 1**
terremoto *n.* earthquake **Gac. 5**
terreno *n.* terrain **Gac. 6, in ex.**
terrible *adj.* terrible **10**
tesoro *n.* treasure **Gac. 2**
testarudo *adj.* stubborn **Gac. 1**
tía *n.* aunt **4**
tiburón *n.m.* shark **15**
tiempo *n.* tense **1;** time; weather **4; ¿Qué tiempo hace?** What's the weather like? **4**
tienda *n.* store **3; tienda de campaña** tent **15**
tierra *n.* land **LP;** earth
tigre *n.m.* tiger **LP**
timbal *n.m.* kettledrum **Gac. 2**
timbre *n.m.* stamp **12**
tímido *adj.* timid, shy **2**
tímpano *n.* kettledrum **Gac. 1, in ex.**
tinta *n.* ink **Gac. 4**
tío *n.* uncle **4;** *pl.* aunt and uncle
típico *adj.* typical **14**
tipo *n.* type **1, in ex.**
tira y afloja *n.m.* give-and-take **10**
tirar *v.* to throw, fling **Gac. 1; 14**
tiras cómicas *n.pl.* comic strips, funnies **6**
título *n.* title, degree **1**
tiza *n.* chalk **LP**
toalla *n.* towel **12**
tobillo *n.* ankle **13**
tocadiscos *n.m. s. and pl.* record player
tocar *v.* to touch, play **Gac. 1; 6**
tocino *n.* bacon
todavía *adv.* still, yet **12**
todo *adj.* all, every **1;** *n.* everything; **toda la noche** all night long **1; todos los días** every day **1; todo el mundo** everyone **10**
tolerante *adj.* tolerant
tomar *v.* to take, drink **1; tomar apuntes** to take notes; **tomar una decisión** to make a decision **3; tomar el sol** to sunbathe; **tomar una siesta** to take a nap **15; tomar una copa** to have a drink **7**
tomate *n.m.* tomato **Gac. 1; 7**
tontería *n.* foolishness, nonsense **Gac. 2; 16, in ex.**

tonto *adj.* stupid, silly, foolish
toque *n.m.* touch **Gac. 5**
toro *n.* bull **LP**
torta *n.* cake **7**
tortilla *n.* omelette, tortilla **LP**
tortuga *n.* turtle, tortoise **15**
tos *n.f.* cough **13**
toser *v.* to cough **13**
tostado *adj.* toasted
trabajador *n.* worker **3;** *adj.* hard working **2; trabajador migratorio** farmworker **Gac. 4; trabajador social** social worker
trabajar *v.* to work **1**
trabajo *n.* job, work **1; trabajo de medio tiempo** part-time job; **trabajo de tiempo completo** full-time job
tradicional *adj.* traditional **12**
traducción *n.* translation **7**
traducir *v.* to translate **4**
traductor *n.* translator
traer *v.* to bring **4**
tráfico *n.* traffic **6; 11**
trágico *adj.* tragic
trago *n.* gulp; drink **7**
traje *n.m.* suit **9;** outfit; costume **Gac. 4, in ex.; traje de baño** bathing suit **9**
trama *n.* intrigue **10**
tranquilidad *n.* tranquility **15**
tranquilo *adj.* tranquil, calm **LP**
trasero *adj.* back **18**
trasladar(se) *v.* to move (house), transfer
tratado *n.* treaty **Gac. 5**
tratamiento *n.* treatment **13**
tratar *v.* to treat **6; tratar de + inf.** to try; **tratar de + noun** to deal with; **tratar sobre** to be about **16**
trato *n.* deal, pact **14; trato hecho** it's a deal **14**
travieso *adj.* mischievous
trece thirteen **LP**
treinta thirty **1**
tren *n.m.* train **1, in ex.**
tres three **LP**
trescientos three hundred **4**
tribu *n.f.* tribe **12**
trigueño *adj.* light brown-skinned **Gac. 2**
triste *adj.* sad **2**
tristeza *n.* sadness
triunfar *v.* to triumph **15, in ex.**
triunfo *n.* triumph
troceado *p.p.* cut into pieces **Gac. 1**
trono *n.* throne **8**
trozo *n.* piece **13**
trucha *n.* trout **15, in ex.**
trueno *n.* thunder
tu *poss. adj.* your **3**
tú *subj. pron.* you **LP**
tumba *n.* tomb **Gac. 2**
turista *n.* tourist **Gac. 1; 10**
tuyo *poss. adj., pron.* your, yours **17**

U

u *conj.* or (instead of **o** before words that begin with **o** or **ho**) **3**

ubicado *p.p.* located **Gac. 5**

último *adj.* last **Gac. 2; 7; la última vez** the last time; **por último** lastly, finally

un, uno *indef. art., adj., pron.* one **LP; a, an LP**

único *adj.* only, sole **7; unique Gac. 1**

unido *adj.* united, close; **los Estados Unidos** the United States

unificar *v.* to unify

unión *n.* union **LP**

unir *v.* to join, unite **15**

universidad *n.* university **LP**

universitario *adj.* pertaining to the university **3, in ex.**

urgente *adj.* urgent **13**

usual: poco usual rather unusual **10, in ex.**

usar *v.* to use **1**

uso *n.* use, **in ex.**

usted(es) *sub. pron.* you **LP;** *obj. of prep.* you

útil *adj.* useful **1; 17**

utilizar *v.* to use, utilize

uva *n.* grape **8**

V

vaca *n.f.* cow

vacaciones *n.pl.* vacation **10**

vacío *adj.* empty **5;** *n.* vacuum

valer *v.* to be worth **7; ¿Cuánto vale?** How much is it worth?; **valer la pena** to be worth the trouble **Gac. 1**

válido *adj.* valid

valientemente *adv.* bravely **15, in ex.**

valioso *adj.* valuable

valor *n.m.* value **Gac. 1**

valle *n.m.* valley **Gac. 3**

vals *n.m.* waltz **Gac. 4**

vaquero *n.* cowboy **18**

variar *v.* to vary **6, in ex.**

variedad *n.* variety **8**

varios *adj.* various, several **9, in ex.**

varón *n.* male

vasco *n.* Basque

vaso *n.* glass **7**

vecindad *n.* neighborhood

vecino *n.* neighbor **6, in ex.**

veinte twenty **LP**

vejez *n.f.* old age

vela *n.* candle **11**

velada *n.* evening

velo *n.* veil **16, in ex.**

velocidad *n.* velocity, speed **11**

velorio *n.* wake **18**

vencer *v.* to defeat, expire **14**

vendedor *n.* seller, salesman **3**

vender *v.* to sell **2**

venezolano *n., adj.* Venezuelan

venir *v.* to come **3**

venta *n.* sale **9**

ventaja *n.* advantage **5, in ex.**

ventana *n.* window **LP**

ventanilla *n.* (ticket, car, etc.) window **11**

ver *v.* to see **4; a ver** let's see **14; tener que ver con** to have to do with

verano *n.* summer **4**

verbo *n.* verb **1**

verdad *n.* truth **10; de verdad** really

verdadero *adj.* true, genuine **10**

verde *adj.* green **2; 4**

verduras *n.pl.* vegetables **7**

veredicto *n.* verdict **17**

vergüenza *n.* shame, embarrassment **Gac. 1; 3; tener vergüenza** to be ashamed

verídico *adj.* real **Gac. 4**

verificar *v.* to verify

vestíbulo *n.* lobby **12**

vestido *n.* dress **9**

vestigio *n.* trace **Gac. 6**

vestir (e > i) *v.* to dress **9; vestirse** *v.* to get dressed

vez *n.f.* time, instance **4; 6; una vez** once; **dos veces** twice **Gac. 5; a veces** at times **17; de vez en cuando** from time to time; **en vez de** instead of **11, in ex.; por primera vez** for the first time **7; tal vez** perhaps **11**

viajar *v.* to travel **10**

viaje *n.m.* trip **Gac. 1; 10; buen viaje** have a good trip; **de viaje** on a trip; **hacer un viaje** to take a trip

viajero *n.* traveler **10**

vicio *n.* vice **Gac. 6**

víctima *n.* victim

vida *n.* life **Gac. P; 4**

vidrio *n.* glass

viejo *adj.* old **2;** *n.* old person

viento *n.* wind **4; hace viento** it's windy

viernes *n.m.* Friday **LP**

villancico *n.* Christmas Carol **18**

vinagre *n.m.* vinegar **8**

vino *n.* wine **7**

viña *n.* vineyard **Gac. 4, in ex.**

violín *n.* violin **6**

visita *n.* visit; **hacer una visita** to pay a visit

visitante *n.,m.f.* visitor

visitar *v.* to visit **4**

vista *n.* view; **punto de vista** point of view

vitamina *n.* vitamin **13**

viudo *n.* widow **4**

vivienda *n.* housing, dwelling **5**

vivir *v.* to live **2**

vivo *adj.* alive, lively **Gac. P**

vocabulario *n.* vocabulary **1**

volar (o > ue) *v.* to fly **10**

volcán *n.m.* volcano **15**

voleibol *n.m.* volleyball

voluntad *n.f.* will, wish, desire

volver (o > ue) *v.* to return, come back **3; volverse** *v.* to become **2, in ex.; volver a + inf.** to do something again **6**

vosotros *subj. pron.* you **LP;** *obj. of prep.* you

votar *v.* to vote **Gac. 2; 17**

voz *n.f.* voice **Gac. 4**

vuelo *n.* flight **10**

vuelta *n.* return **6**

vuestro *poss. adj., pron.* your, yours **3**

Y

y *conj.* and **1; y por eso** because of this **5**

ya *adv.* already, right away **6; ya no** no longer; **ya que** since; **ya veo** I see **16; ya ya** uh huh, uh huh **16**

yo *subj. pron.* I **LP**

Z

zanahoria *n.* carrot **7**

zapatería *n.* shoe store

zapatilla *n.* slipper, sneaker **9**

zapato *n.* shoe **Gac. 1; 9**

zona *n.* zone

zoológico *n.* zoo **LP, in ex.**

English-Spanish Vocabulary

A

able, to be able poder (o > ue) **3**
about de, sobre **1**
above sobre, arriba **Gac. 1; above all** sobre todo **Gac. 1; 16**
absent, to be absent (lacking) faltar **7**
accessories accesorios **5**
accompany acompañar **15**
according to según **2**
accountant contador **3**
accounting contabilidad **2**
acquainted: to be acquainted with conocer (zc) **4**
active activo(a) **14**
activity actividad *n.* **Gac. 5**
actor actor **2, in ex.**
ad anuncio **3**
address *n.* dirección **LP**
adore adorar **4**
advance *v.* adelantar **8**
advertisement anuncio **3**
advice consejo **9, in ex.**
advise aconsejar **11**
advisor consejero **2**
affection cariño **16**
affectionate cariñoso(a) **16**
afraid: to be afraid (of) tener miedo (de) **3; I was afraid of that.** Me lo temía.
after *prep.* **(with time)** después de; *conj.* después (de) que **14**
afternoon tarde *f.* **LP; good afternoon** buenas tardes; **in the afternoon** de/por la tarde **1**
afterwards después **1**
against contra **Gac. 2; 17**
age edad *f.* **3, in ex.**
agency agencia **3; employment agency** agencia de empleos
agent agente **10**
agile ágil *m., f.* **14**
ago: (two years) ago hace (dos años) **6**
agree estar de acuerdo **15**
agreement acuerdo **17; to come to an agreement** llegar a un acuerdo
aggressive agresivo(a) **17**
ahead *adv.* adelante **Gac. 5**
air aire *m.* **15**
airplane avión *m.* **10**
albatros albatros *m.* **Gac. 6**
alive vivo(a) **Gac. P**
all todo(a) **1**
allergic alérgico(a) **13**
alleviate aliviar **13**
allow permitir **7**
almond almendra **7**
alone solo(a) **5**

alphabet alfabeto **LP**
already ya **6**
alright regular **LP**
also también **1**
although aunque **5**
always siempre **1**
amber ámbar *m.* **Gac. 2**
ambitious ambicioso(a)
ambulance ambulancia **13**
among entre **5**
amuse divertirse (e > ie, i) **9**
and y **1**
ancestor antepasado **12**
ancient antiguo(a) **Gac. 1; 8, in ex.**
angel ángel *m.* **Gac. 5**
angry furioso(a), enfadado(a), enojado(a) **17;** *v.* **to get angry** enfadarse, enojarse **17**
ankle tobillo **13**
anniversary aniversario **4**
annoy molestar **6**
another otro(a) **2**
answer *v.* responder **LP;** contestar **1;** *n.* respuesta **2**
antibiotic antibiótico **13, in ex.**
any algún **3;** alguno(a), cualquier(a) **11; not any** ningún, ninguno(a) **3**
anybody alguien; **not anybody** nadie **3**
anyone alguien; **not anyone** nadie **3**
anything algo; **not anything** nada **3**
appear *v.* aparecer **Gac. 1;** surgir **Gac. 4; to appear to be** aparentar **Gac. 5**
appearance: physical appearance aspecto físico **Gac. 1**
appendicitis apendicitis *f.* **13**
apple manzana **8**
appliance aparato **12**
application *(form)* solicitud *f.* **3**
apply solicitar **3**
appointment cita **3**
approach acercarse a **Gac. 4**
appropriate propio(a) **Gac. 2; 12, in ex.**
approve aprobar **11**
April abril *m.* **4**
aquarium acuario **15**
architect arquitecto(a) **3**
arm brazo **13: armchair** sillón *m.* **5**
arrival llegada **10**
arrive llegar (gu) **1**
art arte *m.* **LP; 2; fine arts** bellas artes **Gac. P**
artesan artesano **Gac. 5**
artist artista *m., f.*
as como **16; as if** como si (+ *past subj.);* **as soon as** en cuanto, tan pronto como **14**
aside from además de **Gac. 2**

ask preguntar **1; to ask for** pedir (e > i, i); **to ask a question** hacer una pregunta **6**
asleep: to fall asleep dormirse (o > ue, u) **9**
aspirin aspirina **1, in ex.; 13**
astonishing asombroso(a) **Gac. 6**
assassinate asesinar **Gac. 6**
assistance ayuda **6, in ex.**
astonishment asombro **16, in ex.**
astronaut astronauta *m., f.* **LP**
at en, a *(with time)* **LP; at least** por lo menos **7**
atmosphere ambiente *m.* **2**
attack *n.* ataque *m.* **Gac. 2**
attend asistir (a) **2**
attend to atender (e > ie) **9**
attract atraer **15**
attractive bien parecido(a)
August agosto **4**
aunt tía **4**
author autor **LP**
automobile automóvil **LP**
autumn otoño **4**
available: to have available disponer de **15**
aviary pajarera **15**
avoid evitar **8**
award premio **Gac. 1**
awesome chévere **1**

B

baby bebé *m., f.* **LP**
bachelor soltero **4**
back espalda **Gac. 14, in ex.; 13**
background fondo **Gac. 4**
backpack mochila **15**
backyard patio **LP**
bacon tocino
bad mal, malo(a) **2; the weather's bad** hace mal tiempo **4; bad taste** mal gusto **8**
badly mal **2**
bag bolsa **9**
baggage equipaje *m.* **10**
bakery panadería **7, in ex.; 8**
balcony balcón *m.* **Gac. P; 12**
ball pelota **14**
balloon globo **15**
ballpoint pen bolígrafo **LP**
band cinta **18**
baptism bautismo
bargain *v.* regatear **8,** *n.* ganga **7**
bargaining regateo **Gac. 5, in ex.**
barracks cuartel *m.* **Gac. 3**
barrier barrera **Gac. 2**
baseball béisbol *m.* **3, in ex.; 14**
baseball player beisbolista *m., f.* **2, in ex.**

basement sótano **5**
basket cesto **Gac. 2, in ex.**
basketball básquetbol *m.*, baloncesto **2, in ex.; 14**
bat *v.* batear, *n.* bate *m.* **14**
bath baño **5; to take a bath** bañarse **9**
bathe bañar **9**
bathrobe bata **17**
bathroom baño **5**
bathtub bañera **5**
battery batería **11**
be ser, estar **LP; to be (feel) hungry, thirsty** tener hambre, sed **3; to be . . . years old** tener... años **3**
beach playa **Gac. 1; 12**
bean habichuela **Gac. 2; 8;** frijol *m.* **7**
bear oso **15**
beard barba **Gac. 1; bearded man** barbudo **Gac. 3**
beautiful bello(a) **12**
beautify embellecer **13**
because porque **1; because of** por **2**
become hacerse, ponerse **Gac. 2; 9**
bed cama **5;** lecho **Gac. 6; to go to bed** acostarse (o > ue) **9; to put to bed** acostar (o > ue) **9; to stay in bed** guardar cama **13**
bedroom alcoba, dormitorio **5**
bedspread colcha **Gac. 5**
beer cerveza **7**
beet betabel *m.* **Gac. 4, in ex.**
beetle escarabajo **Gac. 1**
before *prep.* delante (de) **LP;** antes de **1;** *conj.* antes (de) que **14**
begin empezar (e > ie) **3;** comenzar (e > ie); iniciar **10, in ex.**
beginning principio **Gac. 1**
behave (com)portarse **13**
behavior comportamiento **17**
behind detrás de **LP**
believe (in) creer (e > y) (en) **2**
bellhop botones *m.s.* **12**
below debajo (de) **LP**
belt cinturón *m.* **9**
benefit beneficio **Gac. 2, in ex.; 3**
besides además **4**
bet *v.* apostar **18**
better, best mejor **Gac. 1; 6**
between entre **5**
beverage bebida **7**
beyond *adv.* más allá de **2, in ex.**
bicycle bicicleta **11**
big gran, grande **2**
bike bicicleta **11; to ride a bike** montar (pasear) en bicicleta
bill cuenta **7;** billete *m.* **Gac. 4**
bird pájaro **5**
birth nacimiento **4**
birthday cumpleaños *m.s.* **4**
birthplace cuna **Gac. P**
bit: a little bit un poco **1**
bittersweet *adj.* agridulce **Gac. 4, in ex.**
black negro(a) **Gac. 1; 4**
blackmail chantaje *m.* **16**
blame *n.* culpa **16, in ex.;** *v.* **to be to blame** tener la culpa **13**

blanket manta **5**
blender licuadora **Gac. 6**
blond(e) rubio(a) **2**
blood sangre *f.* **Gac. 2, in ex.; 13**
blouse blusa **9**
blue azul **Gac. 1, in ex.; 4**
blue jeans blue jeans, *m.* vaqueros **1, in ex.**
board abordar **10**
boardinghouse pensión *f.* **12**
boat barco, bote *m.* **Gac. 2; 11**
body cuerpo **1**
boiled hervido(a) **8**
bon appetit buen provecho **Gac. 1**
book libro **LP**
bookstore librería **LP**
booth puesto **13**
border frontera **Gac. 4**
bored aburrido(a) **2**
boring pesado(a) **6;** aburrido(a) **2**
boss jefe **3**
bottle botella **4, in ex.; 8**
boulevard bulevar *m.* **15**
box caja **8**
boxer boxeador(a) **14**
boxing boxeo **14**
boy chico, muchacho **LP;** niño **4**
boyfriend novio **LP**
bracelet brazalete *m.* **9**
brain cerebro **13**
brake *(an automobile)* *v.* frenar **11;** *n.pl.* **brakes** frenos
branch ramo **Gac. 5**
bread pan *m.* **Gac. 1; 7**
break romper **8**
breakfast desayuno **Gac. 1; 4; to have breakfast** desayunar **5**
breakup rompimiento **16**
breathe respirar **13**
brick ladrillo **5, in ex.**
bride novia **LP**
bring traer **4**
broken roto(a), descompuesto(a) **11**
broom escoba
brother hermano **4**
brother-in-law cuñado **4**
brown pardo(a), café, marrón **4**
brunette moreno(a) **2**
brush cepillo **12**
build construir (i > y) **Gac. 2, in ex.; 6**
building edificio **Gac. P**
bull toro **LP**
bullet bala **Gac. 5**
bullfight corrida de toros **LP**
bullring plaza de toros **Gac. 4**
burial entierro **18**
bury enterrar (e > ie) **Gac. 5; 18**
bus autobús *m.* **11**
bus station estación *f.* de autobuses **11**
bus stop parada de autobús **12**
business comercio **Gac. 3;** negocio, empresa **3**
businessman (woman) hombre (mujer) de negocios **3**
busy ocupado(a) **6**
but pero **Gac. P; 1; but rather** sino **5**

butcher shop carnicería **Gac. 2; 8**
butter mantequilla **8;** manteca **18**
butterfly mariposa **Gac. 5**
button abrochar **10**
buy comprar **1**
by no means de ninguna manera **4**

C

café café **LP**
cake pastel *m.*, torta, tarta *(Spain)* **LP**
calculus cálculo **2**
calendar calendario **LP**
call llamar **1; to be called, named** llamarse **9**
calm tranquilo(a) **LP**
calmness tranquilidad *f.* **15**
camp acampar **15; to go camping** hacer cámping
campus recinto **1;** campus
can *v.* poder (o > ue) **3;** *n.* lata **8**
cancel cancelar **10**
candidate candidato, aspirante *m., f.* **3**
candle vela **11**
candy dulce *m.* **18;** bombón **(chocolate candy) 8; hard candy** caramelo **Gac. 1; 8**
captivate cautivar **13**
captivating *adj.* cautivante **13**
car automóvil *m.* carro, coche *m.* **4**
card tarjeta **1, in ex.; credit card** tarjeta de crédito **12; playing card** carta **6; postcard** tarjeta postal **10; to play cards** jugar a las cartas **6**
care cuidar **13; to take care of oneself** cuidarse
career carrera **3**
careful ¡Cuidado! **3;** ¡Ojo! **11; to be careful** tener cuidado **3**
carnival carnaval **18**
carrot zanahoria **7**
carry llevar **2**
castle castillo **Gac. 2; 12**
cat gato **5**
catch a cold resfriarse **13**
Catholic católico(a) **18**
catsup salsa de tomate **Gac. 1**
cavity *(tooth)* caries *f.* **13**
celebrate celebrar, festejar **Gac. 3**
cemetery cementerio **18**
center centro **LP, in ex.; shopping center** centro comercial **9; student center** centro estudiantil **1**
century siglo **Gac. P**
certain cierto(a) **LP**
chair silla **LP; armchair** sillón *m.* **5**
chalk tiza **LP**
chalkboard pizarra **LP**
champion campeón (campeona) **14**
championship campeonato **14**
change cambiar **2**
channel *(T.V.)* canal *m.* **4, in ex.**
Chanukah Jánuca **18**
chaps chaparreras **18**
chapter capítulo **2**

charge *(someone for an item or service)* v. cobrar **12**
cheap barato(a) **4**
check v. revisar **10; to check baggage** facturar; n. cheque m. **7;** *(restaurant)* cuenta
cheese queso **7**
chemistry química **2**
cherry cereza **8, in ex.**
chess ajedrez m. **Gac. 3**
chicken pollo **7**
child niño(a), hijo(a) **Gac. 1; 4**
childbirth parto
childish infantil **16**
Chilean chileno(a) **LP**
chocolate chocolate m. **2, in ex.; chocolate candy** bombón m. **8**
choose elegir (e > i), escoger **5**
chore tarea, faena **1**
Christian cristiano(a) **18**
Christmas Navidad f. **Gac. 1; 4, in ex.; Christmas Eve** Nochebuena **4, in ex.; 18; Christmas carol** villancico **18; Merry Christmas!** ¡Feliz Navidad! **18**
church iglesia **Gac. 2; 16**
cigar cigarro, puro **2, in ex.**
circus circo **15**
citizen ciudadano **Gac. 2; 10**
city ciudad f. **LP**
class clase f. **LP; first class** primera clase **10; middle/upper class** clase media/alta **5; tourist class** clase turística
classmate compañero(a) de clase **1**
classroom aula, sala de clase **LP**
clean v. limpiar **Gac. 1; 5;** adj. limpio(a)
cleaner (vacuum cleaner) aspiradora **5**
cliff diver clavadista.m.f. **Gac. 4**
climate clima m. **9, in ex.**
climb escalar *(mountains);* subir **15**
clock reloj m. **LP**
close v. cerrar (e > ie) **3;** prep. **close to** cerca de
closed cerrado(a) **9**
closing cierre m. **1;** *(of a letter)* despedida **1**
clothes closet armario, ropero **5**
clothing ropa **5**
cloudy nublado(a) **15**
clown payaso **15;** inculto **Gac. 6**
cluster racimo **Gac. 5**
coach entrenador(a) **14**
coat abrigo **9**
cockroach cucaracha **Gac. 1**
coconut coco **Gac. 3**
coffee café m. **LP; coffee shop** café
cold frío **3; It's cold (weather).** Hace frío. **4; to be cold** tener frío; **to catch a cold** resfriarse **13;** catarro **13**
collect recoger **Gac. 1**
Colombian colombiano(a) **LP**
colony colonia **Gac. 2, in ex.**
color color m. **4;** colorido **Gac. 5**
combat combatir **17**

combination mezcla **Gac. 2**
come venir **3**
comfort comodidad f. **Gac. 5**
comfortable cómodo(a) **9**
comic strip tiras cómicas **6**
command mandato **11**
common común **LP**
compact disc disco compacto m. **5**
companion compañero **LP**
company compañía **3**
compete competir (e > i, i) **5**
competition competencia **15**
complain (about) quejarse (de) **13**
computer computadora *(Latin America),* ordenador m. *(Spain)* **LP; 1**
computer science computación f.
conditioning *(air conditioning)* aire acondicionado m. **12**
condolence pésame m. **18; my most sincere condolences** mi más sincero pésame
confirm confirmar **10**
confront enfrentarse con **14**
congested congestionado(a) **13**
congratulations ¡felicidades!, ¡felicitaciones! **6**
conjunction conjunción **14**
conservative conservador(a) **LP**
consist of consistir en **2**
consolation consuelo **16, in ex.**
contaminated contaminado(a) **15**
content adj. contento(a) **2;** n. contenido **10, in ex.**
contest concurso **11**
continue seguir (e > i, i) **5**
contrast contraste m. **Gac. 6**
cook v. cocinar **5;** n. cocinero(a) **Gac. 1; 3**
cooked cocido(a)
cookie galleta **8**
cool *(weather)* fresco **4; It's cool.** Hace fresco.
cooperate cooperar **17**
cordially cordialmente **2**
corn maíz m. **7**
corner esquina **Gac. 3; 10**
cornfield maizal m. **Gac. 5**
correct correcto(a) **4**
cost costar (o > ue) **3**
costume disfraz m. **18**
cotton algodón m. **9**
cough v. toser **13;** n. tos f. **13; cough syrup** jarabe m.
counter mostrador m. **Gac. 1**
country país m., nación f. **LP**
countryside campo **4**
course curso **5, in ex.**
court *(tennis)* cancha **14**
courteous cortés **16**
courtship noviazgo **16**
cousin primo(a) **4**
cowboy vaquero **18**
craft adj. artesanal **Gac. 5**
crash into chocar con **11**
crawl v. arrastrarse **16**
crayfish cigala **Gac. 1**
craziness locura **16**
crazy loco(a) **16**

cream *(ice cream)* helado **4**
credit card tarjeta de crédito **12**
crop cosecha **Gac. 4**
crop owner cosechero **Gac. 4**
cross v. cruzar **Gac. 4;** atravesar **Gac. 5;** n. cruz f.
cry llorar **4**
cucumber pepino **8**
cuisine cocina **7**
cup taza **7**
cure curar **8, in ex.;** cura n. f. **13**
currency moneda **Gac. 4**
curtain cortina
custard flan m. **7**
customs *(traditions)* costumbres f. **Gac. P; 7;** *(duty)* aduana **Gac. 2**
cut v. cortar **Gac. 1; 7**
cyclist ciclista m., f. **14**

D

dad papá m. **4**
dance bailar **1**
danceable bailable **Gac. 5, in ex.**
dancer bailarín m., bailarina f.
danger peligro **13**
dangerous dañoso(a), peligroso(a) **13**
dark oscuro(a) **9**
data datos **2, in ex.**
date *(appointment)* cita **3;** *(calendar)* fecha **4; make a date** citar
daughter hija **4**
day día m. **1; day after tomorrow** pasado mañana; **day before yesterday** anteayer; **every day** todos los días **1; Day of the Dead** Día de los Muertos; **saint's day** día del santo; **(Epiphany) Three Kings' Day** Día de los Reyes Magos (epifanía) **18**
day care center guardería infantil **17**
daydream soñar despierto(a) **15**
dead adj. fallecido(a) **Gac. 4;** muerto(a) **18; Day of the Dead** Día de los Muertos; **dead person** muerto **11**
dean decano **2**
dear *(salutation)* estimado(a) **2;** *(term of affection)* querido(a) **1**
death muerte f. **Gac. 1; 4; death of the bull in a bullfight** faena **17**
debris escombros **16, in ex.**
debt deuda **Gac. 5**
December diciembre m. **4**
decide decidir **2**
deep hondo(a) **13**
deer ciervo **Gac. 3**
defeat n. derrota; v. vencer (z) **14**
delay tardar **10**
delicious delicioso(a), sabroso(a), rico(a) **7**
delighted encantado(a) **LP**
demanding exigente **10, in ex.**
dentist dentista m., f. **LP**
deny negar (e > ie) (gu) **3**
department store almacén m. **3**
departure salida **10;** partida **16**
desert desierto **15**

deserve merecer (zc)

design *v.* diseñar **5, in ex.;** *n.* dibujo **Gac. 5**

designer: fashion designer diseñador de moda **9**

desire desear **1**

desk escritorio **LP; front desk** *(hotel)* recepción *f.*

dessert postre *m.* **4**

destined for dirigido a **Gac. 4;** con destino a **10**

destroy destruir (y) **6**

devastate asolar **Gac. 5**

develop desarrollar **14**

development desarrollo **Gac. P**

dictation dictado **1**

dictionary diccionario **LP**

die morir (o > ue, u) **3**

diet régimen *m.;* **to follow a diet** seguir un régimen; **to be on a diet** estar a dieta **8**

difficult difícil **1**

dining room comedor *m.* **5**

dinner cena **4; to have, eat dinner** cenar **5**

direct *v.* dirigir **Gac. 1**

direction dirección **LP**

dirty sucio(a) **5**

disadvantage desventaja **6**

disappearance desaparición **Gac. 6**

disappointed *adj.* desilusionado(a) **LP**

disappointment desilusión **1**

discovery descubrimiento **Gac. 1**

discriminate discriminar **17**

discrimination discriminación *f.* **17**

dish plato **Gac. 1; 7**

dishwasher lavaplatos *m. s.* **5**

disillusion *n.* decepción **Gac. 1**

diving buceo **Gac. 4**

divorce divorcio **16**

do hacer **1**

doctor *(medical)* doctor **LP;** médico **3**

dog perro(a) **5**

dollar dólar *m.* **LP**

door puerta **LP**

doorman portero **12**

dormitory residencia **1**

dot *(with time):* **on the dot** en punto **1**

double *adj.* doble **LP**

doubt dudar **10;** *n. f.* duda

downtown centro **LP, in ex.**

dozen docena **8**

draw dibujar **6**

dream *n.* sueño **Gac. 1; 3;** *v.* soñar **3**

dress *v.* vestir (e > i, i), *n.* vestido **9**

dressing room probador *m.* **9**

drink *v.* beber, tomar **1; 2;** *n.* bebida **7**

drive manejar, conducir **4**

driver conductor **11**

drown *v.* ahogar **Gac. 5**

drugstore farmacia **13**

dry secar **5**

dryer *(clothes dryer)* secadora **5**

due to debido a **Gac. 5**

during durante **8**

duty faena **Gac. 4;** deber **17**

E

each cada **Gac. 1; 5**

ear oreja **13; inner ear** oído **13**

early temprano **1**

earn ganar **3**

earring arete *m.* **Gac. 2, in ex.; 9**

east este *m.* **11**

Easter Pascua (Florida) **18**

easy fácil **2**

eat comer **2; eat breakfast** desayunar **5; eat lunch** almorzar (o > ue) **3; eat supper** cenar **5**

economical económico(a) **9**

editor redactor **Gac. 6**

education educación, enseñanza **1**

egg huevo **8**

eight ocho **LP**

eight hundred ochocientos **4**

eighteen dieciocho **LP**

eighth octavo(a) **12**

eighty ochenta **1**

either o **3;** *pron.* cualquier, cualquiera **Gac. 3; not either** tampoco

elect elegir (e > i) **5**

elegant elegante **LP**

elephant elefante *m.* **LP**

elevator ascensor, elevador *m.* **12**

eleven once **LP**

embarrassed avergonzado(a)

empire imperio **Gac. 6**

employee empleado(a) **3**

employment empleo **3**

empty vacío(a) **5**

enchant encantar **7**

energy energía **3, in ex.**

engagement compromiso, noviazgo **16**

English *n., adj.* inglés *m.,* inglesa *f.* **4, in ex.; English language** inglés *m.*

enjoy gozar de (+ *inf.*) **7; to enjoy oneself** divertirse (e > ie) **9**

enough *adv.* bastante **8; to be enough** bastar **Gac. 5**

enrich enriquecer **Gac. 2**

enter entrar (en, a) **2**

entertain entretener **8;** divertir (e > ie, i) **9**

entertainment entretenimiento **Gac. 6**

enthusiast aficionado(a) **14**

entrance entrada **10**

envious envidioso(a) **16**

environment ambiente *m.* **2**

ethnic étnico(a) **Gac. 2**

ethnicity etnicidad **Gac. 2, in ex.**

Eve: Christmas Eve Nochebuena **4, in ex.; 18; New Year's Eve** Noche vieja **18**

evening tarde *f.,* noche *f.* **1; in the evening** de/por la tarde, noche

event suceso **LP**

every *adj.* cada, todo(a) **Gac. 1; 5; every day** todos los días **1**

exaggerate exagerar **6, in ex.**

exam examen *m.* **LP;** prueba **LP**

example ejemplo **7; for example** por ejemplo

excellent excelente **LP**

except excepto, menos **5**

excited entusiasmado(a) **14**

exciting emocionante **Gac. 1**

excursion excursión *f.* **10**

excuse me perdón *(to apologize)* **LP;** con permiso *(to get through)*

executive ejecutivo **LP**

exercise *v.* hacer ejercicios **5, in ex.;** *n.* ejercicio

expect esperar **4**

expectation expectativa **16, in ex.**

expense gasto **11**

expensive caro(a) **4**

experience experiencia **3**

explain explicar (qu) **2, ex.**

eye ojo **13**

F

facade fachada **Gac. 5**

faculty profesorado **2**

fail fracasar **16**

failure fracaso **14**

fair regular **LP**

faith fe *f.* **Gac. 4**

fall caer **8, in ex.; 11; to fall asleep** dormirse **9; to fall down** caerse; **fall in love with** enamorarse de **13;** *n. (season)* otoño **4**

false falso(a) **Gac. P; 1, in ex.**

family *n.* familia **LP;** *adj.* familiar

famous famoso(a) **LP**

fan aficionado(a) **14**

fantastic fantástico(a) **LP**

far (from) lejos (de) **5**

farm finca **Gac. 5**

farmer campesino **Gac. 1**

fat gordo(a) **2**

father padre *m.* **4**

fear espanto **Gac. 5**

February febrero **4**

feel sentirse (e > ie, i) **9; to feel cold, warm, (hot)** tener frío, calor **3; to feel like** *(doing something)* tener ganas de (+ *inf.*) **3; to feel sorry** sentir lástima(e > ie, i) **9**

feeling sentido **Gac. 3**

fees: registration fees matrícula **1**

ferocious feroz **15**

fever fiebre *f.* **13**

fiancé(e) novio(a) **LP**

field: playing field campo **1**

fifteen quince **LP**

fifth quinto(a) **12**

fifty cincuenta **1**

fight *v.* luchar, pelear **16;** *n.* **Gac. P, 14**

fighter luchador **Gac. 6**

fill (up) llenar **11; to fill out** *(a form)* llenar

filled relleno(a)

finally finalmente **LP;** por fin **7;** al final **8;** por último **11**

finance *v.* financiar **Gac. 6**

find encontrar (o > ue) **3**

fine *n.* multa **11;** *adv.* (muy) bien; **It's fine.** Está bien. **LP**

finish terminar, acabar **1**

fire fuego **LP; 15**

first *n.* primero **4;** *adj.* primer, primero(a) **Gac. 1; 12**
fish *(alive)* pez *m.* *(pl.* peces) **15;** *(prepared as food)* pescado; *v.* pescar **7; fish broth** caldo de pescado **Gac. 1**
five cinco **LP**
fix arreglar **5**
flag *n.* bandera **Gac. 2, in ex.**
flannel franela **18**
flashy llamativo(a) **9**
flat plano(a) **Gac. 2**
flavor sabor *m.* **18**
flexible flexible **17**
flight vuelo **10**
flight attendant aeromozo(a) **10**
fling tirar **Gac. 1; 14**
flirt coqueta **17**
flood inundación **Gac. 5**
floor suelo **5** *(building)* piso; **ground floor** planta baja
flow fluir **Gac. 3**
follow seguir (e > i, i) (g) **5**
following siguiente **LP**
food comida **Gac. 1; 4;** alimento **7; food coloring** colorante alimenticio *n.m.* **Gac. 1**
foolish tonto(a) **17**
foot pie *m.* **13; at the foot of** al pie de **Gac. 6**
football fútbol norteamericano *m.* **Sec. A; 14**
for para **2;** por; **for example** por ejemplo **7**
forbid prohibir **11**
forbidden prohibido(a) **8, in ex.**
forest bosque *m.* **Gac. 2; 15; rain forest** bosque pluvioso **Gac. 2**
forget olvidar **5; to forget (about)** olvidarse (de)
fork tenedor *m.* **7**
formal formal **8**
former *adj.* antiguo(a) **Gac. 1; 8**
fort fuerte *m.* **Gac. P; 8, in ex.**
forty cuarenta **1**
founder fundador **Gac. 4, in ex.**
fountain fuente *f.* **Gac. P; fountain of youth** fuente de la juventud **Gac. P**
four cuatro **LP**
four hundred cuatrocientos **4**
fourteen catorce **LP**
fourth cuarto(a) **12**
frame marco **10**
free libre, gratuito(a) **10; free of charge** gratis **10**
freeway autopista **11**
French *n., adj.* francés *m.,* francesa *f.* **2; French language** francés *m.*
French fries papas fritas **Gac. 1**
frequently con frecuencia **1**
fresh fresco(a) **4**
Friday viernes *m.* **LP**
fried frito(a) **LP**
friend amigo, compañero **LP**
friendly *adj.* apacible **12**
friendship amistad *f.* **16**
from de **1;** desde **Gac. 3**

front frente *m.* **5; in front of** delante de **Gac. 1; 15**
frontier frontera **Gac. 4**
fruit fruta **8**
fry freír **Gac. 3**
full lleno(a) **Gac. P; 5**
function funcionar **12**
funny gracioso(a) **LP;** chistoso(a) **15**
fur piel *f.* **9**
furniture muebles *m.pl.* **5**

G

Galapagos sea lion lobo marino de un pelo **Gac. 6**
gallon galón *m.*
game *(card, board)* juego **6;** *(match)* partido **Gac. 3**
garage garaje *m.* **5**
gardener jardinero **Gac. 5**
garlic ajo **Gac. 1; 7**
gas gasolina **11;** *(heating)* gas *m.;* **gas station** gasolinera, estación de gasolina *f.*
gasoline gasolina **11**
general *adj.* general **7**
generous generoso **LP**
German *n., adj.* alemán *m.,* alemana *f.* **2; German language** alemán *m.*
get *(obtain)* conseguir (e > i, i) (g) **5;** contraer **Gac. 4; to get down (from)** bajar (de) **9; to get off (of)** bajar (de) **9; to get on** *(a vehicle)* subir (a) **9; to get up** levantarse **9; to get used to** acostumbrarse a **Gac. 1**
gesture señal *f.* **LP**
gift regalo **Gac. 1; 4**
ginger jengibre *m.* **13, in ex.**
girl chica, muchacha **LP;** niña **4**
girlfriend novia **LP**
give dar **4; to give** *(as a gift)* regalar; **to give away** ceder **11**
glass vaso **7; wine glass** copa
glasses *(prescription)* gafas **12**
glove guante *m.* **LP, in ex.**
go ir **1; let's go to** vamos a; **to be going to** *(do something)* ir a (+ *inf.*) **1; to go away** irse **9; to go home** regresar a casa; **to go on vacation** ir de vacaciones **10; to go out** salir **4; to go to** *(attend)* asistir a **2; to go up** subir a **9**
goal meta **9**
God Dios *m.* **1**
gold oro **Gac. 1; 9**
golden dorado(a) **4, in ex.; Gac. 2**
goldfish pez de colores *m.* **LP**
golf golf *m.* **14**
good *adv.* bien **1;** *adj.* buen, bueno(a); **good afternoon/evening** buenas tardes **LP; good evening/night** buenas noches **LP; good morning** buenos días **LP; It's good weather.** Hace buen tiempo. **4; good appetite** buen provecho **7; good taste** buen gusto **8; good trip** buen viaje **10; my goodness**

caramba **1**
good-bye adiós, chau **LP; to say good-bye (to)** despedirse (e > i, i) (de)
good-looking guapo(a) **2**
gossip *n.* chisme *m.* **Gac. 4, in ex;** *v.* chismear **5**
gourd calabaza **Gac. 2**
government gobierno **Gac. 2, in ex.**
governor gobernador **Gac. 2**
grade *(academic)* nota **2; grade school teacher** maestro(a)
granddaughter nieta **4**
grandfather abuelo **4**
grandmother abuela **4**
grandparents abuelos **Gac. 1; 4**
grandson nieto **4**
grape uva **8**
gratuitous gratuito(a) **10**
gray gris **4**
great gran, grande **2**
great grandparents bisabuelos
green verde **4**
greet saludar **LP**
greeting saludo **LP**
grief dolor *m.* **13**
grilled a la parrilla **Gac. 5**
grind *(one's teeth)* rechinar **16**
groceries comestibles *m.pl.*
groom novio **LP**
ground molido(a) **Gac. 3**
group grupo **2, in ex.**
grow crecer **Gac. 1; 4; to grow dark** anochecer **Gac. 1**
growing *adj.* creciente **14, in ex.**
guess *v.* adivinar **Gac. 1; 18**
guest huésped(a) **12**
guide *n.* guía *m., f.* **10; guide book** guía *n.f.*
tour guide guía turístico
guilty culpable **17**
guitar guitarra **6**
gymnasium gimnasio **1**

H

habit costumbre *f.* **Gac. P; 7**
haggle regatear **8**
hair pelo **LP**
hairdresser peluquero(a)
half medio(a) **8;** *n.f.* mitad **Gac. 2; 17; It's half past** *(time).* Son las *(give the hour)* y media. **1**
hall pasillo **10;** aisle
ham jamón *m.* **8**
hamburger hamburguesa **LP**
hand mano *f.* **LP, in ex.**
handsome guapo(a) **2**
hang colgar (o > ue) **6**
happen suceder **18**
happening suceso **LP**
happiness alegría **1**
happy alegre, contento(a), feliz *(pl.* felices) **2**
hardly apenas **13**
hard-working trabajador(a) **3**
hat sombrero **9**
hate odiar *16*

have tener, haber **13; to have a good time** divertirse (e > ie, i) **9; to have just** *(done something)* acabar de (+ *inf.*) **1; to have to** *(do something)* tener que (+ *inf.*) **3; to have something to** *(say, do)* tener algo que *(decir, hacer)*

head cabeza **13**

health salud *f.* **13**

healthy sano(a) **LP**

hear oír **4**

heart corazón *m.* **Gac. P; 13**

heat up calentar **Gac. 3**

heaven cielo **15**

heavy pesado(a) **6**

height altura **Gac. 4;** *(of fame, power)* apogeo **Gac. 6, in ex.**

hello hola **LP;** *(phone)* ¿aló?, ¿bueno(a)?, ¿diga?, ¿dígame? **6**

help *v.* ayudar **2;** *n.* ayuda **6, in ex.**

her *(possessive)* su(s) **3**

herb hierba **13**

here aquí **LP**

heritage herencia **Gac. P;** patrimonio **Gac. 5**

hi hola **LP**

high alto(a) **2**

high school escuela secundaria **1**

highway carretera, autopista **11**

his *(poss.)* su(s) **3**

Hispanic hispano, hispánico **LP**

history historia **2**

hitchhike hacer autostop **11**

hobby pasatiempo **4**

hockey hockey *m.*

homage homenaje *m.* **11**

home casa, hogar **LP; at home** en casa **LP**

homerun jonrón *m.* **Gac. 2**

homework tarea **1**

honey miel *f.* **Gac. 3; 16**

honeymoon luna de miel **16**

hood *(car)* capó **11, in ex.**

hope *v.* esperar **4; I hope that** Ojalá que (+ *subj.*) **11;** *n.* esperanza **Gac. 2**

horrify horrorizar **Gac. 6**

horror horror **LP**

horse caballo **Gac. 1; 14; on horseback** a caballo **18; to ride a horse** montar a caballo

hot *adj.* caliente **7; It's hot** *(weather.)* Hace calor. **4; to be/feel hot** tener calor **3**

hot dog perro caliente *m.* **8**

hotel hotel *m.* **LP**

hour hora **1**

house casa **LP**

housewife ama de casa **17**

how? ¿cómo? **LP; How are you?** ¿Cómo está(s)?, ¿Qué tal? **LP; how many?** ¿cuántos? (as)? **LP; how much?** ¿cuánto(a)? **LP**

however no obstante **12**

hug *v.* abrazar **16;** *n.* abrazo **1**

hungry: to be hungry tener hambre **3; to get hungry** pasar hambre **Gac. 1**

hurricane huracán *m.* **Gac. 5**

hurry: to be in a hurry tener prisa **3**

hurt *v.* doler (o > ue) **13;** *adj.* herido(a) **13,** lastimado(a) **14**

hurtful dañino(a) **17**

husband esposo **4**

I

I yo **LP**

ice cream helado **4**

ice cream shop heladería **Gac. 3; 7, in ex.**

if si **1**

illiterate *adj.* analfabeto(a) **18**

illness enfermedad **2**

illustrator dibujante *m.f.* **18, in ex.**

immediately en seguida **8**

importance importancia **4, in ex.**

important importante **LP; to be important** importar **7**

imposing imponente **10**

improve mejorarse **14**

in en **LP; in** *(the morning, evening)* de/por (la mañana, la noche) **1; in back of** detrás de **LP; in front of** delante (de) **LP**

income ingreso **Gac. 2, in ex.**

induce sleep conciliar el sueño **2**

inexpensive barato(a) **4**

information información *f.* **LP;** datos **2, in ex.**

initiate iniciar **10, in ex.**

injured herido(a) **Gac. 3; 13**

inquire preguntar **1**

insecurity inseguridad **17**

insist *(on doing something)* insistir (en + *inf.*) **11**

instead of en vez de **11, in ex.**

intelligent inteligente **LP**

intend pensar (e > ie) (+ *inf.*) **3**

interest *n.* atención **2**

interesting interesante **2; to be interesting to** *(someone)* interesarle a *(uno)* **7**

intersection cruce de caminos *m.* **15**

interview *v.* entrevistar **3;** *n.* entrevista

intrigue trama **10**

invite invitar **4**

iron *v.* planchar **5;** *n.* plancha; hierro **5**

island isla **Gac. 2; small barren island** islote *m.* **Gac. 6; tiny island** isleta **Gac. 2**

isolate oneself *v.* aislarse **16, in ex.**

isthmus istmo **Gac. 5**

Italian *n., adj.* italiano(a) **2; Italian language** italiano

itinerary itinerario **12**

J

jacket chaqueta **9**

jail cárcel *f.* **Gac. 6**

January enero **Gac. 1; 4**

jealous estar celoso(a) **16;** tener celos **3;** celoso(a) **to be jealous**

jealousy celos *m.* **16**

jeans blue jeans *m.* vaqueros **1, in ex.; 9**

Jew judío(a) **18**

jewel joya **Gac. 2**

Jewish judío(a) **18**

job trabajo, puesto **1**

joke chiste *m.* **4**

journalist periodista *m., f.* **3**

judge juez *m., f.* **LP**

juice jugo, zumo *(Spain)* **7**

July julio **4**

June junio **4**

jungle selva **15**

junk porquería **Gac. 2**

just like al igual que **12**

just: to have just *(done something)* acabar de (+ *inf.*) **1**

K

ketchup salsa de tomate **8**

kettledrum tímpano **Gac. 1;** timbal *m.* **Gac. 2**

key llave *f.* **12**

kidnapping secuestro **Gac. 5**

kilogram kilo(gramo)

kind simpático(a), amable **2**

king rey **Gac. 1; Three Kings' Day (Epiphany)** Día de los Reyes Magos (epifanía) **4**

kiosk quiosco **12**

kiss *v.* besar **LP;** *n.* beso **16**

kitchen cocina **5**

knapsack mochila **15**

knee rodilla **13**

knife cuchillo **7**

know *(a fact, how to)* saber **4;** *(someone, to be acquainted with)* conocer (zc)

L

label etiqueta **18**

labor union sindicato **Gac. 4**

laboratory laboratorio **1**

laborer obrero(a) **3; day laborer** bracero **Gac. 4**

lacking: to be lacking faltar **7**

ladder escalera **12**

lake lago **15**

lamp lámpara **5**

land tierra **LP**

landscape paisaje *m.* **11**

language lengua, idioma *m.;* lenguaje *m.* **2**

large grande **2**

last *v.* durar **16, in ex.;** *adj.* *(in time)* pasado(a) **Gac. 1;** *(in sequence)* último(a), **at last** por fin **7;**

last night anoche **6; last name** apellido **4**

late *adj.* atrasado(a) **10,** *adv.* tarde **1**

later después **1; see you later** hasta luego **LP**

latest último(a) **Gac. 1; 7**

laugh (at) reírse (e i, > i) (de) **4**

launch *v.* lanzar **Gac. 3**

laundromat lavandería **12**

lawyer abogado(a) **Gac. P; 3**
lazy perezoso(a) **2**
league liga **Gac. 3; major leagues** ligas mayores **Gac. 3**
learn aprender **2**
least: at least por lo menos **7**
leather cuero **9;** piel *f.* **Gac. 6**
leave irse, salir **9; to leave (behind)** dejar **3**
left: on/to the left a la izquierda **10**
leg pierna **13**
lemon limón *m.* **LP; 8**
lend prestar **6**
lesson lección *f.* **1**
letter (correspondence) carta **6**
lettuce lechuga **7**
liberal liberal **14**
liberated liberado(a) **17**
librarian bibliotecario(a)
library biblioteca **1**
license licencia **11; driver's license** licencia de conducir
life vida **Gac. P; 4**
lifeguard salvavidas *m., f.*
lift levantar **9**
light *n.* luz *f. (pl.* luces) **LP;** *adj.* ligero(a) **8; (color)** claro(a) **9**
lighthouse faro **Gac. 2**
like gustar **7; Do you like . . . ?** ¿Te (le) gusta(n)... ?; **No, I don't like . . .** No, no me gusta(n)... ; **Yes, I like . . .** Sí, me gusta(n)... ; **like that** *adv.* así **16**
likeable simpático(a) **2**
lime cal *f.* **5**
lips labios **13**
listen (to) escuchar **1**
liter litro **8**
little *adj.* poco(a) **1;** *adv.* poco; **a little bit** un poquito **11, in ex.**
live vivir **2; to live in** poblar **12**
lively vivo(a) **Gac. P**
living room sala **5**
lobby vestíbulo **12**
lobster langosta **8**
located ubicado(a) **Gac. 5**
lock (of canal) esclusa **Gac. 5**
lodge alojarse **12**
long largo(a) **4**
look: to look at mirar **1; to look after** ocuparse de **Gac. 3; to look for** buscar (qu) **1; to look forward to** anticipar **Gac. 2**
lose perder (e > ie) **3; to lose weight** adelgazar **8**
lot: a lot *adv.* mucho **1; a lot of** *adj.* mucho(a)
love *v.* amar **1, in ex.;** querer (e > ie) **3;** *n.* amor *m.* **Gac. 1; 6;** cariño **1**
lovely bello(a) **12**
lover amante *m.f.* **4**
luck suerte *f.* **3**
luggage equipaje *m.* **10**
lunch almuerzo **4; to have, eat lunch** almorzar (o > ue) (c) **3**
lungs pulmones *m.* **13**

M

machine máquina **1,** aparato **12; washing machine** lavadora **5**
macho *adj.* machista **17;** machismo *n.*
magazine revista **6**
magnify aumentar **17**
maid criada **12**
mail correos **Gac. 2**
mailbox buzón *m.* **12**
make hacer **1; to make fun of** burlarse de **11**
male macho
mall: shopping mall centro comercial **9**
man hombre *m.* **LP**
manager gerente *m., f.* **LP**
many muchos(as) **1**
map mapa *m.* **LP**
March marzo **4**
market mercado **8**
marriage matrimonio **16**
married casado(a) **4**
marry casarse (con) **16**
masculinity masculinidad *f.* **17**
mass misa **11**
master amo **Gac. 2**
match (game) partido **14**
maternal materno(a) **17**
mathematics matemáticas **2**
matter: It doesn't matter (to me) (at all). No (me) importa (nada). **7**
mature maduro(a) **16**
maturity madurez *f.*
May mayo **4**
mayonnaise mayonesa **8**
meal comida **Gac. 1; 4**
mean antipático(a) **2**
meat carne *f.* **7**
mechanic mecánico **3**
medicine medicina **2**
meet (for the first time) conocer **3; (at a predetermined place)** reunirse **16**
meeting reunión **4**
memory (remembrance) recuerdo; **(computer)** memoria **18, in ex.**
menu menú *m.*, lista, carta **7**
merchandise mercancía **10**
message mensaje *m.* **Gac. 2; 6**
Mexican *n., adj.* mexicano(a) **LP**
Mexican American mexicanoamericano(a) **LP**
mile milla **11; square mile** milla cuadrada **Gac. 2**
milk leche *f.* **7**
milkshake batido **Gac. 3**
minute minuto **1; free minute** rato libre **14**
mirror espejo **5**
mischievous travieso(a) **12**
miss señorita (Srta.) **LP**
mixture mezcla **Gac. 2**
model modelo **LP, in ex.**
modern moderno(a) **12**
mom mamá **4**

moment momento **6; at this very moment** en este momento
Monday lunes *m.* **LP**
monetary unit moneda **Gac. 6**
money dinero **1; (currency)** moneda
month mes *m.* **Gac. 1; 4**
monumental megalítico(a) **Gac. 6**
mood humor *m.* **LP**
more más **1; more or less** más o menos **10**
morning mañana **1; good morning** buenos días **LP; in the morning** de/por la mañana **1**
mosquito mosquito **LP**
mother madre *f.* **4**
mother-of-pearl nácar *m.* **13**
motor motor *m.* **11**
motorcycle motocicleta **11**
mountain montaña **Gac. 2; 15; mountain range** sierra **Gac. 5**
mouth boca **13**
movie película **Gac. 1; movie theater** cine *m.* **6; movies** cine *m.*
moving conmovedor(a) **Gac. 3**
Mr. señor (Sr.) **LP**
Mrs. señora (Sra.) **LP**
much *adj.* mucho(a) **1;** *adv.* mucho; **too much** demasiado
museum museo **7, in ex.**
music música **2**
musician músico **LP**
must deber (+ *inf.)* **2**
mustard mostaza **8**
my (possessive) mi(s) **3**

N

nail clavo **16**
name nombre *m.* **LP; last name** apellido; **My name is . . .** Me llamo... **LP; What's your name?** ¿Cómo se (te) llama(s)? **LP; nickname** apodo **Gac. 5**
named: to be named llamarse **9**
nap siesta **LP**
napkin servilleta **7**
nation país *m.*, nación *f.* **LP**
national nacional **12**
nationality nacionalidad **LP**
nature naturaleza **4, in ex.**
nauseated mareado(a) **13**
near (to) *prep.* cerca de **Gac. P; 5**
nearly casi **9, in ex.**
neat (orderly) ordenado(a) **5**
necessary necesario(a) **10; it is necessary** es necesario, es preciso; hay que (+ *inf.)*
neck cuello **13**
need necesitar **1**
neighbor vecino(a) **6, in ex.**
neighborhood barrio **4;** colonia **10**
neither tampoco **3**
nephew sobrino **4**
nervous nervioso(a)
net red *f.* **14**
never jamás, nunca **3**
new nuevo(a) **3**

newspaper periódico **Gac. 3; 3;** diario

newlywed *adj., n.* recién casado(a) **16**

next *adj. (in time)* próximo(a) **14;** *(in order)* siguiente **LP;** *adv.* luego **2**

nice simpático(a) **2,** amable **11; nice-looking** bien parecido(a), guapo(a) **2**

niece sobrina **4**

night noche *f.* **1; at night** de/por la noche **1; last night** anoche **6;** *adj.* nocturno(a); **nighttime** *adj.* nocturno(a) **Gac. 1**

nine nueve **LP**

nine hundred novecientos **4**

nineteen diecinueve **LP**

ninety noventa **1**

ninth noveno(a) **12**

no *adv.* no **LP;** *adj.* ningún, ninguno(a); **no one** *pron.* nadie **3; no way** ni modo **4**

nobility nobleza **Gac. 6**

nobody nadie **3**

nocturnal nocturno(a) **Gac. 1; 12**

noise ruido **11**

noisy ruidoso(a) **11**

none ningún, ninguno(a) **3**

noon mediodía *m.* **1**

nor ni **3**

north norte *m.* **Gac. 1; 11**

North American norteamericano(a) **LP**

northern norteño(a) **Gac. 5**

nose nariz *f.* **13**

not no **3; not any** ningún, ninguno(a); **not anybody** nadie; **not anything** nada; **not at all** no... nada; **not a chance** ni hablar **4; not only . . . but also** no sólo... sino también **6**

notebook cuaderno **LP**

nothing nada **3**

notice aviso **1**

noun sustantivo **LP**

nourish nutrir **Gac. 2**

novel novela **LP**

November noviembre *m.* **4**

now ahora **1; nowadays** hoy día **Gac. 1; right now** ahora mismo, en este momento **1**

number número **LP; phone number** número de teléfono **LP; to dial a number** marcar un número; **wrong number** el número equivocado **6**

nurse enfermero(a) **13**

nut nuez *f.* **8**

O

oatmeal avena **13, in ex.**

obey obedecer (zc)

obituaries obituarios **6**

oblige obligar **17**

obtain conseguir (e > i) **5**

occupied ocupado(a) **6**

October octubre *m.* **4**

of de **1**

of course ¡Claro!, ¡Cómo no!, desde luego **4**

off-balance *adj.* desequilibrado(a) **16**

offer ofrecer (zc) **4**

office oficina **6;** *(medical)* consultorio **13**

often a menudo **1**

oil aceite *m.* **7**

okay: It's okay. Está bien. **LP**

old viejo(a) **2,** antiguo(a) **Gac. 1; 8, in ex.**

older mayor **4**

olive aceituna *m.* **Gac. 1; 7; olive oil** aceite *n.m.* de oliva **Gac. 1**

omelette tortilla **LP**

on en **LP**

once una vez **8**

one un, uno(a) **LP**

one hundred cien **1**

onion cebolla **7**

only *adv.* sólo **Gac. P; 2;** solamente

open abrir **2**

open(ed) *adj.* abierto(a) **9; open-air market** mercado al aire libre **8**

operate usar **5, in ex.;** *(machine)* manejar; *(medical)* operar **13**

operation *(medical)* operación *f.* **LP**

operator operador(a) **6;** telefonista *m., f.*

opinion opinión **11**

oppose oponerse a **17**

optimist, optimistic optimista *m., f.* **14**

or o **3**

orange *n.* naranja **Gac. 1; 8;** *adj.* anaranjado(a) **4**

orchestra orquesta **16**

order *v.* mandar **11,** pedir (e > i, i) **5;** *prep.* **in order to** para **1**

orderly ordenado(a) **5**

other *adj.* otro(a) **2;** *pron.* **others** los demás **17**

ought deber (+ *inf.*) **2**

our *(poss.) adj.* nuestro(a)(s) **3**

outdo superar **10**

outline esbozo **6**

outside *adv.* afuera **5**

oven horno **Gac. 1; 5**

overcast nublado(a)

overflowing *n.* desbordamiento **Gac. 5**

owner dueño **7, in ex.**

oxcart carreta **Gac. 3**

P

pack empaquetar **Gac. 4;** *(one's suitcases)* hacer las maletas **10**

package paquete *m.* **10**

pain dolor *m.* **13**

paint pintar **6**

painting pintura, cuadro **2, in ex.**

pair par *m.* **9**

pale pálido(a) **13**

palm tree palmera **Gac. 2**

Panamanian panameño **LP**

panoramic panorámico(a) **15**

pants pantalones *m. pl.* **9**

paper papel *m.* **LP**

parade desfile *m.* **Gac. 1; 18**

parasailing paracaídas ascensional *m.* **Gac. 4**

pardon perdón *m.* **LP; pardon me** perdóneme, discúlpeme

parents padres *m. pl.* **Gac. 1**

park *v.* estacionar(se), aparcar **11;** *n.* parque *m.* **Gac. 3; 15**

parsley perejil *m.* **Gac. 1**

part parte *f.* **10**

participation participación **LP**

party fiesta **1;** *(political)* partido; **to give a party** hacer (dar) una fiesta

pass pasar **1**

passage *(ticket)* pasaje *m.* **10**

passenger pasajero(a) **10**

passionate apasionado(a) **13, in ex.**

passive pasivo(a) **LP**

passport pasaporte *m.* **10**

past *adj.* pasado(a) **Gac. 1**

pastime pasatiempo **6**

pastry pastel *m.* **LP; pastry shop** pastelería **4, in ex.**

paternal paterno(a) **17**

patient *adj.* paciente **LP;** *n.* paciente *m., f.* **13**

patio patio **LP**

pay pagar (gu) **1**

peace paz *f.* **15; to make peace** hacer las paces **16**

peas guisantes *m. pl.* **7**

peasant campesino **Gac. 1**

peel *n.* cáscara **13**

pen bolígrafo **LP;** pluma

pencil lápiz *m.* **LP**

people gente *f.* **3**

pepper *(spice)* pimienta **7;** *(vegetable)* pimiento

perfection exquisitez *f.* **8**

performance *(show)* función *f.* **4**

perhaps tal vez, quizá(s) **11**

permission permiso **LP**

permit permitir **7**

person persona *f.* **LP**

pet mascota **15, in ex.**

pharmacist farmacéutico(a) **13**

phenomenal fenomenal **LP**

photograph foto *f.* **4; to take pictures** sacar (qu) fotos

piano piano **6**

pick *(fruits and vegetables) v.* pizcar *coll.* **Gac. 4**

picture foto *f.* **4; to take pictures** sacar (qu) fotos

pie pastel *m.* **LP**

piece trozo **13**

pill pastilla, píldora **13**

pilot piloto **LP, in ex.**

pink rosa **4**

pioneer pionero **Gac. 5**

pirate pirata *m.* **Gac. 2**

pitcher *(baseball)* lanzador(a) **Gac. 3;** pelotero **14**

place *n.* lugar *m.* **Gac. P; 1;** *v.* poner **Gac. 1; 4; to take place** tener lugar **14**

plain llanura **Gac. 3**
plate plato **7**
platform andén *m.* **11**
play *(instrument)* tocar **Gac. 1; 6;** *(sport)* jugar **3; play cards** jugar a las cartas (naipes) **6**
player jugador(a) **14**
please por favor **LP**
pleasing, to be pleasing gustar **7;** *adj.* complaciente **Gac. 1**
plumber plomero(a)
point out señalar **LP**
police officer policía *m.* **LP**
politician político **LP**
polluted contaminado(a) **15**
pool, swimming pool piscina **12**
poor pobre **2**
pork cerdo **8; roast pork** lechón asado **Gac. 2**
post office correo **12**
postcard tarjeta postal **10**
potato papa, patata **LP; French fried potatos** papas fritas; **potato chips** papitas **8**
poverty pobreza **Gac. 3**
power poder *m.* **Gac. 2, in ex.**
powerful poderoso(a) **Gac. 6**
practice *v.* practicar **1, in ex.**
pray rezar **18**
pregnant embarazada **Guía 1**
prejudice prejuicio **17**
prepare preparar **1**
prescribe recetar **13**
prescription receta; **7**
present *v.* presentar **1;** *n.* regalo **Gac. 1; 4;** *adj.* actual **Gac. 2**
president presidente **LP**
press prensa
pretty bonito(a), guapo(a) **2**
pride orgullo **Gac. 2**
prize premio **Gac. 1**
priest cura *m.,* sacerdote *m.* **18**
produce producir **4**
profession profesión *f.,* carrera **3**
professor profesor **LP**
program programa *m.* **LP**
prohibit prohibir **11**
prolific prolífico(a) **Gac. 1**
promotion ascenso **3, ex.**
Protestant protestante **18**
proud orgulloso(a) **Gac. P**
provide proporcionar **13**
provided (that) *conj.* con tal (que) **15**
provoke provocar **16, in ex.; 17**
psychiatrist (p)siquiatra *m., f.* **LP**
psychologist (p)sicólogo(a) **3**
psychology (p)sicología **2**
pub tasca **Gac. 1**
punch *n.* puñetazo **Gac. 3**
pure puro(a) **15**
purple morado(a) **4**
purse bolso **9**
put poner **Gac. 1; 4; to put into** meter **10; to put on** *(clothing)* ponerse **9**

Q

quarter: It's a quarter after. Son las *(time)* y cuarto. **1**
question pregunta **LP;** *(matter)* cuestión *f.* **1; to ask a question** hacer una pregunta **6**
quickly rápidamente **LP**
quit dejar **3**
quotation cita **16, in ex.**

R

rabbi rabino(a) *m., f.* **18**
racket raqueta **14**
radio radio *f.* **1, in ex.; 5**
rain *v.* llover **3;** *n.* lluvia **16;** *adj.* pluvioso **Gac. 2; rain forest** bosque pluvioso **Gac. 2**
raincoat impermeable *m.* **9**
raise levantar **9;** *(a family)* criar **17**
rapidly rápido **2, in ex.**
raw crudo(a) **8**
reach *v.* alcanzar **11**
read leer **2**
reader lector **10**
reading lectura **LP**
reality realidad *f.* **LP; 16**
really de verdad **17, in ex.**
reason motivo **14, in ex.**
receive recibir **2**
recognize reconocer **Gac. 5; 18, in ex.**
recommend recomendar (e > ie) **3**
record *n.* disco **Gac. 1;** *v.* grabar **Gac. 2**
recording grabación **Gac. 3**
red rojo(a) **Gac. 1, in ex.; 4**
refrigerator refrigerador *m.,* nevera **5**
refuse to negar (e > ie) **16**
register registro
regret sentir (e > ie, i) **9**
reject rechazar **Gac. 6**
rejected one rechazado **16**
relative pariente *m.* **LP**
relax relajar **12**
religion religión *f.* **LP**
religious religioso(a) **18**
remain quedarse **9**
remains restos **Gac. 2**
remember recordar (o > ue) **3;** acordarse (o > ue) de
remove quitar **9;** sacar **Gac. 3**
rent *v.* alquilar **5;** *n.* alquiler *m.* **5**
repair *v.* arreglar **5; repair shop** taller *m.* **11**
repeat repetir (e > i, i) **5**
reporter reportero
Republican republicano **2, in ex.**
repulse repugnar **Gac. 4**
requirement requisito
resemble parecerse a **9**
reservation reservación, reserva **10**
reserve reservar **10**
resign renunciar **3**
resolve resolver **16**
respectfully respetuosamente **14, in ex.**

response contestación **2**
rest descansar **11; the rest** los demás **17**
restaurant restaurante *m.* **LP; 7**
résumé currículum (vitae) *m.* **3**
return regresar **1;** volver (o > ue) **3; to return (something)** devolver (o > ue) **3**
review *v.* repasar **2;** *n.* reseña **10, in ex.**
rice arroz *m.* **Gac. 1; 7**
rich rico(a) **2**
ride a bike montar (pasear) en bicicleta; **to ride a horse** montar a caballo **14**
right *n. (political)* derecho; *adj.* derecho(a); **on/to the right of** a la derecha de **10; right?** ¿verdad?, ¿no?; **right now** ahora mismo, en este momento, en la actualidad **1; to be right** tener razón **3**
rigid rígido(a) **1, in ex.**
ring *v.* sonar; *n.* anillo **9; engagement ring** anillo de compromiso **16; wedding ring** anillo de casado **16**
rite rito **Gac. 4**
river río **15**
road camino **11**
role papel *m.* **Gac. 1**
romantic romántico(a) **LP, in ex.**
roof techo **5**
room cuarto, sala **5;** *(hotel)* habitación *f.*
roommate compañero(a) de cuarto **1**
round-trip *adj.* de ida y vuelta **10**
royal real **Gac. 1**
rug alfombra **5**
ruin ruina **Gac. 6**
run correr **14;** *(operate)* funcionar **12; run into** chocar con **11; to run out of** acabarse

S

sacred sagrado(a) **18**
sad triste **2**
sadness pena **6**
safety belt cinturón de seguridad *m.* **10**
saffron azafrán *m.* **Gac. 1**
saint santo(a) **18; saint's day** día del santo *m.*
salad ensalada **Gac. 1; 7**
salary sueldo, salario **3**
salesperson vendedor(a) **3**
salt sal *f.* **Gac. 1; 7**
salutation (of letter) saludo **1**
same mismo(a) **3**
sandwich sandwich *m.,* bocadillo *(Sp.)* **1; 7**
Saturday sábado **LP**
sauce salsa **8; tomato sauce** salsa de tomate
sausage salchicha, chorizo *(Sp.)* **8**
savage salvaje **15**
save *(money)* ahorrar **15**
say decir (e > i, i) **4; which is to say** es decir **1**

scan *v.* hojear 7
school escuela 1; **grade school teacher** maestro
science ciencia 2
score anotación *f.* 14
script writer guionista *m.f.* **Gac. 6**
scrub fregar (e > ie) 5
sculpture escultura 2
sea mar *m.,f.* **Gac. 3; 12**
season *(weather)* estación *f.* 11; *(sports)* temporada 14
seat *v.* sentar (e > ie) 9; *n.* asiento 10
second segundo(a) 1
secretary secretario(a) 3
section sección; **T.V. section** cartelera; **cooking section** sección de cocina; **fashion section** sección de moda 6
see ver 4; **I see . . .** Ya veo... 16; **see you later** hasta luego, hasta la vista **LP**
seem parecer (zc) 6
seize power copar el poder **Gac. 6**
sell vender 2
semester semestre *m.* **1, in ex.**
send mandar 11, enviar **6, in ex.**
sense: to make sense tener sentido 16
sensitive sensible **LP**
sensitivity sensibilidad **Gac. 2**
sentry box garita **Gac. 2**
September septiembre *m.* 4
serious serio(a) **LP**
servant siervo(a) **Gac. 2;** criado(a) 12
serve servir (e > i, i) 5
set the table poner la mesa 4
seven siete **LP**
seventeen diecisiete **LP**
seventh séptimo(a) 12
seventy setenta 1
shadow sombra **Gac. 4**
shake hands dar la mano **LP, in ex.**
shame: It is a shame. lástima; Es una lástima. **10; What a shame!** ¡Qué lástima! 6
shampoo champú *m.* 12
share compartir 5
shark tiburón *m.* 15
shave afeitar(se) 9
she ella **LP**
sheet sábana 5
shellfish mariscos *m.pl.* **Gac. 1; 7**
shelter amparo **Gac. 3**
ship barco 11
shirt camisa 9; **T-shirt** camiseta 9
shoe zapato **Gac. 1;** 9; **shoeshiner** limpiabotas *m.* **Gac. 2**
shop tienda 3; **repair shop** taller *m.* 11
shopping: to go shopping ir de compras 8; **shopping mall** centro comercial 9
shore orilla **Gac. 6**
short *(in height)* bajo(a) 2; *(in length)* corto(a) 4
should deber (+ *inf.*) 2
shout *v.* gritar **Gac. 3**
show *n.* muestra 17

shower ducha 5
shrimp gambas **Gac. 1; 7;** camarones *m.pl.* 7
sick enfermo(a) 2; **to get sick** enfermarse 13
side lado; **along side of** al lado de
side effect secuela 13
sign *v.* firmar 12; *n.* letrero **Gac. 5;** señal *f.* **LP**
signal, traffic signal semáforo 11
silent silencioso(a) 12
silk seda 5
silly *adj.* tonto(a); *n.* **silliness** tontería **16, in ex.**
similarity semejanza **Gac. 3, in ex.**
sinagogue sinagoga 16
since ya que; **ever since** desde que **Gac. 4**
sing cantar 6
single *(not married)* soltero(a) 4
sister hermana 4
sit down sentarse (e > ie) 9
six seis **LP**
sixteen dieciséis **LP**
sixth sexto(a) 12
sixty sesenta 1
size talla 9
skate *v.* patinar **Gac. 3;** 14
ski *v.* esquiar 14; *n.* esquí *m.; (equipment)* esquís *m.pl.* 14
skirt falda 9
slavery esclavitud **Gac. 2**
sleep dormir 3
sleeping bag saco de dormir 15
sleepy: to be sleepy tener sueño 3
slender delgado(a) 2
slipper zapatilla 9
slow lento(a) 2
small pequeño(a), chico(a) 2
smart listo(a) 2
smile *v.* sonreír 14; *n.* sonrisa
smoke *v.* fumar 10; *n.* humo
sneaker zapatilla 9
snow *v.* nevar (e > ie) 3; *n.* nieve *f.* 5
so *adv.* tan **LP;** *conj.* **so that** para que 15; **so-so** así así **LP**
soap jabón *m.* 5
soap opera telenovela 6
soccer fútbol *m.* **LP;** 14
sock calcetín *m.* 9
sofa sofá *m.* **LP5**
soft drink refresco 6
soldier soldado **Gac. 5**
solemn solemne 18
solitude soledad 16
solve resolver (o > ue) 16
some algún, alguno(a) 3
someone alguien 3
something algo 3; **something else** algo más 7
sometimes a veces 17
somewhat algo
son hijo 4
soon: as soon as en cuanto *conj.* 14, tan pronto como *conj.* 14, lo más pronto posible 13
sorrow pesadumbre *f.* **Gac. 5**
soul alma 18

sound *v.* sonar (o > ue); *n.* sonido **Gac. 2**
soup sopa 7
south sur *m.* 11
souvenir recuerdo **Gac. P**
Spanish *n., adj.* español(a) **LP, in ex.;** 12; **Spanish language** español *m.*
speak hablar 1
specialty especialidad *f.* 7
species especie *f.* **Gac. 6**
spectator espectador(a) 14
spend *(money)* gastar 11; *(time)* pasar 1
spirit espíritu *m.* **Gac. 2**
spoon cuchara 7
sport deporte *m.,* 1; *adj.* deportivo(a) 1
spring primavera 4
spurs espuelas 18
square *p.p.* cuadrado 5; **square mile** milla cuadrada **Gac. 2**
squid calamar *m.* **Gac. 1**
stadium estadio **10, in ex.**
stamp sello, estampilla 12
star estrella **Gac. 2**
start *(motor)* arrancar (qu)
state estado **Gac. P; Commonwealth** Estado Libre Asociado **Gac. 2**
station estación *f.* 11; **bus station** estación de autobuses; **gas station** gasolinera, estación de gasolina
statue statue 6
stay quedarse 9
steak bistec *m.* 8
step paso **9, in ex.; Gac. 4**
stereotype estereotipo **Gac. P**
still *adv.* todavía 12
stimulating estimulante
stockings medias 9
stomach estómago 13
stone piedra **4, in ex.; Gac. 2**
stop *v.* parar 11; **to stop** *(doing something)* dejar de (+ *inf.*) **8, in ex.; Gac. 3;** *(to have)* **stopovers** (hacer) escalas
stopped *p.p.* parado **Gac. 3**
store tienda 3; **department store** almacén *m.* 3
stove estufa 3
strange extraño(a) 12, raro(a) 7
street calle *f.* **LP;** camino 11
strength fuerza 14
stripe franja **Gac. 2, in ex.**
strong fuerte **14, in ex.**
struggle *n.* lucha **Gac. P,** 14
stubborn testarudo(a) **Gac. 1**
student estudiante *m., f.* **LP**
student center centro estudiantil 1
studious aplicado(a) 2
study estudiar 1
stupid estúpido(a) 2
style estilo, modo **Gac. 2;** 4; **out of style** pasado(a) de moda 9
subject *(school)* materia 2
submit someter 17
suburbs afueras 5
subway metro 11
such as *adv.* como **LP**

suffer sufrir **13**
suffering sufrimiento **Gac. 5**
sugar *n.* azúcar *m.* **Gac. 2**; *adj.* azucarero(a) **Gac. 3**
sugar cane caña de azúcar **Gac. 3**
sugarcane field campo de azúcar **Gac. 2, in ex.**
sugar plantation cañaveral *m.* **Gac. 3**
suggest sugerir (e > ie) **11**
suit traje *m.* **9**
suitcase maleta **10**; **to pack one's suitcases** hacer las maletas **10**
summarize resumir **18, in ex.**
summer verano **4**
sunbathe tomar el sol **12**
sunburn quemadura de sol **9, in ex.**
Sunday domingo **LP**
sunny soleado(a) **15**
supermarket supermercado **8**
supper cena **Gac. 1; 4**
support apoyar **14**
surface superficie *f.* **16, in ex.**
suppose suponer **9, in ex.**
surprise sorpresa *n.* **6**
surprising sorprendente **10**
survey *n.* encuesta **Gac. 5, in ex.**
sweater suéter *m.* **LP**
sweep barrer **5**
sweets dulces *m.* **18**
swim nadar **12**
swimming natación *f.* **14**; **swimming pool** piscina **12**
swimsuit traje de baño *m.* **9**
swollen hinchado(a) **13**
systems analyst analista de sistemas *m.*

T

table mesa **4**; **end table** mesita; **night table** mesita de noche
take tomar **1**, llevar **2**; **to take a trip** hacer un viaje **10**; **to take a walk** dar un paseo **Gac. 3; 6**; **to take away** quitar **9**; **to take off** *(clothing)* quitarse **9**; **to take out** sacar (qu) **10**; **to take photos** sacar fotos **4**; **to take advantage of** aprovecharse de **11**
talented talentoso(a) **LP**
talk hablar **1**
tall alto(a) **2**
tank tanque *m.* **11**
tape *v.* grabar **Gac. 2**
tapestry tapiz *m.* **Gac. 5**
task faena **Gac. 4; 17**
taste *n.* sabor *m.* **Gac. P**; gusto **8**; *v.* probar **Gac. 1; 7**
tea té *m.* **1; 7**
teach enseñar **1**
team equipo **Gac. 3**
teaspoon cucharita
teeth dientes *m.*, muelas **13**
telephone teléfono **LP**; **telephone number** número de teléfono
television televisión **LP**; **television set** televisor *m.* **5**

tell decir **4**; contar **3**
temperate templado(a) **Gac. 5**
temperature temperatura **13**
tempt tentar **Gac. 5**
ten diez **LP**
tenacious tenaz **Gac. 1**
tennis tenis *m.* **Sec. A; 14**
tenth décimo(a) **12**
terrible fatal **LP**
test examen *m.*, prueba **LP**
textbook libro de texto **LP**
thank you gracias **LP**; **thank you very much** muchas gracias
thankful agradecido(a) **14, in ex.**
that *adj.* ese(a) **5**; **that** *(over there)* aquel, aquella; **that one** ése(a) eso; **that one** *(over there)* aquél, aquélla, aquello; *conj.* que; **that which** lo que **2; 10**; **that is . . .** o sea... **16**
the el, la, los, las **LP**
then luego **2**; **at that time** entonces **4**
therapy terapia **Gac. 1**
there allí **1**; **there is/are** hay **LP**; **there was** había; **there will be** habrá
therefore por lo tanto **18**
thermometer termómetro **13**
these *adj.* estos(as) **5**; *pron.* éstos(as)
they ellas(os) **LP**
thin delgado(a) **2**
thing cosa **1**
think pensar, creer **3**; **Don't even think of it.** Ni pensarlo. **4**
third tercer, tercero(a) **Gac. 1; 12**
thirsty: to be thirsty tener sed **3**
thirteen trece **LP**
thirty treinta **1**
this *adj.* este(a) **5**; *pron.* éste(a), esto
those *adj.* esos(as) **5**; **those (over there)** aquellos(as); *pron.* ésos(as), aquéllos(as)
thousand mil **4**
threaten *v.* amenazar **16**
three tres **LP**
three hundred trescientos **4**
throat garganta **13**
throne trono **8**
throw tirar **Gac. 1**; **to throw oneself** arrojarse **Gac. 4**
Thursday jueves *m.* **LP**
thus así **LP**
ticket boleto, billete *m.* *(for a performance)* entrada **10**; *(fine)* multa **11**; *(passage)* pasaje *m.*
tie corbata **9**; lazo
tie up *v.* amarrar **17**
tiger tigre *m.* **LP**
tile *n.* azulejo **5**
time hora **1**; tiempo; vez *f.* *(pl.* veces) **6**
tip propina **7**
tire llanta **11**; **flat tire** goma (llanta) pinchada (desinflada)
tired cansado(a) **2**
to a **1**
toast *v.* brindar **18**; brindis *m.*
today hoy **1**

toe dedo del pie **13**
together *adj.* junto(a) **Gac. 2; 15**; *adv.* juntos(as) **8**; **to get together (with)** reunirse (con) **16**
toilet wáter, retrete *m.*
tomato tomate *m.* **Gac. 1; 7**
tomorrow mañana **LP**; **day after tomorrow** pasado mañana; **until tomorrow** hasta mañana
tongue lengua **13**
tonight esta noche **1**
too much *adj.* demasiado(a), *adv.* demasiado **8**
toothpaste pasta dental **12**
top: on top of encima de **LP**
touch tocar **Gac. 1; 6**
tour gira **Gac. P**
tourist class clase turística *f.*
towel toalla **12**
toy juguete *m.* **Gac. 1; 4**
trade *(job)* oficio
traditional tradicional **12**
traffic tráfico, circulación *f.* **6**; **traffic signal** semáforo **11**
train tren *m.* **1, in ex.**; **train station** estación del tren **11**
tranquil tranquilo(a) **LP**
tranquility tranquilidad *f.* **15**
transportation transporte *m.*
travel viajar **10**; **to travel through or around** recorrer **Gac. 3**
traveler viajero(a) **10**
treatment tratamiento **13**
treaty tratado **Gac. 5**
tree árbol *m.* **4**
tribe tribu *f.* **12**
trip viaje *m.* **1, in ex.; 10**; **round trip** *adj.* de ida y vuelta **10**; **to take a trip** hacer un viaje; **Have a good trip!** ¡Buen viaje! **10**
triumph triunfar **15, in ex.**
trunk *(car)* maletero **11**
try *(to do something)* tratar de (+ *inf.*) **6**; probar **Gac. 1; 7**
T-shirt camiseta **9**
Tuesday martes *m.* **LP**
tuna atún *m.* **8**
tunic huipil *m.* **12**
turkey pavo **8**
turn *(a corner)* doblar **10**; **to turn off (lights)** apagar (las luces) **6**
turtle tortuga **15**
TV televisor *m.* *(set)* **5**; televisión *f.* *(concept)*; tele *f.*
twelve doce **LP**
twenty veinte **LP**
twice dos veces **Gac. 5**
two dos **LP**
two hundred doscientos **4**
type *v.* escribir a máquina **1**
typewriter máquina de escribir **1**
typical típico(a) **14**

U

ugly feo(a) **2**
umbrella paraguas *m.* **9**
unbutton desabrochar

uncle tío **4**
uncomfortable incómodo(a) **9**
under debajo (de) **LP**
underline subrayar **8, in ex.**
underneath debajo de **LP**
understand comprender **2**
underwear ropa interior **9**
undoubtedly indudablemente **Gac. 6**
unforgettable inolvidable **Gac. 2; 7, in ex.**
union unión **LP**
unique único(a) **Gac. 1; 7**
United States Estados Unidos *m.pl.* **2, in ex.**
university universidad *f.* **LP**
unless a menos que **11**
unlike a diferencia de **12**
unpack desempacar **12**
unpleasant antipático(a) **2,** desagradable **11**
until hasta que **14**
untiring infatigable **Gac. 6**
unusual extraño(a) **12; rather unusual** poco usual **10, in ex.**
up to hasta **LP**
urgent urgente **13**
use *v.* usar **1,** gastar **11;** *n.* uso **6, in ex.**
useful útil **1**

V

vacation vacaciones *f.pl.* **10;** *v.* **to be on vacation** estar de vacaciones **Gac. 1; 10; to go on vacation** ir de vacaciones
vacuum *v.* pasar la aspiradora **5;** *n.* **vacuum cleaner** aspiradora
valley valle *m.* **Gac. 3**
value valor *m.* **Gac. 1**
variety variedad **8**
VCR grabador de video *m.*
vegetable verdura, legumbre *f.* **7**
velocity velocidad *f.* **11**
verdict veredicto **17**
very muy **1; very well** muy bien **LP**
vice vicio **Gac. 6**
vinegar vinagre *m.* **8**
vineyard viña **Gac. 4, in ex.**
violin violín *m.* **6**
visit *v.* visitar **4**
vitamin vitamina **13**
volcano volcán *m.* **15**
vote votar **Gac. 2; 17**
vowel vocal *f.*

W

wait (for) esperar **4**
waiter camarero, mesero, mozo **3**
waiting room sala de espera **10**
waitress camarera, mesera, moza **3**
wake despertar (e > ie) **9; to wake up** despertarse (e > íe); *n.* velorio

walk caminar **6; to take walk** dar un paseo; *n.* paseo
wall muro **Gac. P**
wallet cartera **9**
waltz vals *m.* **Gac. 4**
want desear **1,** querer (e > ie) **3**
war guerra **2**
warm: to be/feel warm tener calor **3; It's warm.** *(weather)* Hace calor. **4**
warning advertencia **16, in ex.**
wash lavar **9;** *(oneself)* lavarse
washing machine lavadora **5**
watch *v.* mirar **1;** *n.* reloj *m.* **LP**
watch jealously celar **17**
water agua *f.* **4; waterbed** cama de agua **4**
waterfall cascada **Gac. 5**
wave ola **Gac. 4**
way: in that way así **16; one-way** de ida **10**
we nosotros **LP**
weak indefenso(a) **Gac. 1**
weaken debilitar **Gac. 6, in ex.**
weapon arma **Gac. 6**
wear llevar **2**
weather tiempo **4; What's the weather like?** ¿Qué tiempo hace?
wedding boda **Gac. 5; 16**
Wednesday miércoles *m.* **LP**
week semana **4; Holy Week** Semana Santa
weekend fin de semana *m.* **1**
weigh pesar **8**
weight peso **8**
welcome bienvenido(a) **LP; you're welcome** de nada **LP**
well bien **1; well** *(now)* pues **16; well enough** bastante bien **LP**
west oeste **Gac. P; 11**
western occidental **Gac. 3**
wet: soaking wet empapado **Gac. 4, in ex.**
what *(that which)* lo que **2; 10; what?** ¿qué? ¿cómo? **LP; What a . . . !** ¡Qué... (+ *n.*)! **6; What is ... like?** ¿Cómo es... ? **1**
wheelchair silla de ruedas **LP**
when cuando **LP; when?** ¿cuándo?
where donde **LP; where?** ¿dónde?
which cual **LP; which?** ¿cuál?; **that which** lo que **2**
while mientras **2**
white blanco(a) **Gac. 1; 4**
who *rel. pron.* que **10;** *subj. and obj. pron.* quien; **who?** ¿quién? *pl.* ¿quiénes? **LP**
whole entero(a) **17**
whom? ¿a quién? *pl.* ¿a quiénes? **LP**
whose? ¿de quién(es)? **2**
why por qué **LP; that's why** por eso **2**
widow viuda **4**
widower viudo **4**
wife esposa **4**
willing *p.p.* dispuesto **18**
win ganar **3**

wind viento **4**
window ventana **LP;** ventanilla **11**
windy: It's windy. Hace viento. **4**
wine vino **7; red (white) wine** vino tinto (blanco)
winter invierno **4**
wish esperar **4; I wish that . . .** espero que... , ojalá que (+ *subj.*) **11**
with con **LP; with me** conmigo; **with you** contigo, con Ud., con Uds. **5**
without sin **1**
woman mujer *f.* **LP**
wonderful estupendo **LP**
wool lana **9**
word palabra **2**
work *v.* trabajar **1,** funcionar *(machines)* **12;** *n.* trabajo **1; (of art)** obra **2**
worker obrero, trabajador **3**
workshop taller *m.* **11**
world mundo **LP**
worried preocupado(a) **2**
worry (about) preocuparse (por, de) **13**
worse peor **6**
wounded herido(a) **Gac. 3;** lastimado(a) **13**
write escribir **2**
written *p.p.* escrito **Gac. 4; 13**

Y

yard patio **Sec. A; 5**
year año **2; to be ... years old** tener... años **3; New Year's Eve** Nochevieja **18; Happy New Year!** ¡Próspero Año Nuevo!
yell *v.* gritar **Gac. 3**
yellow amarillo(a) **Gac. 1, in ex.; 4**
yes sí **1**
yesterday ayer **6; day before yesterday** anteayer
yet todavía **12**
you *subj. pron.* tú *(fam. sing.)* **LP;** usted (Ud., Vd.) *(form. sing.);* vosotros(as) *(fam. pl., Spain);* ustedes *(Uds., Vds.) (pl.); d.o.* te, os, lo/la, los, las **5; to, for you** *ind. obj.* te, os, le, les **6;** *obj. of prep.* ti, vosotros, Ud., Uds. **5**
young joven **2**
younger menor **4**
your (posessive) tu(s) *(fam. s.)* **3;** vuestro(a)(s) *(fam. pl., Spain);* su(s) *(form.)*
youth joven *m., f.* **2;** juventud *f.* **Gac. P; fountain of youth** fuente de la juventud **Gac. P**

Z

zero cero **LP**
zoo zoológico **LP, in ex.**

Index of Grammar

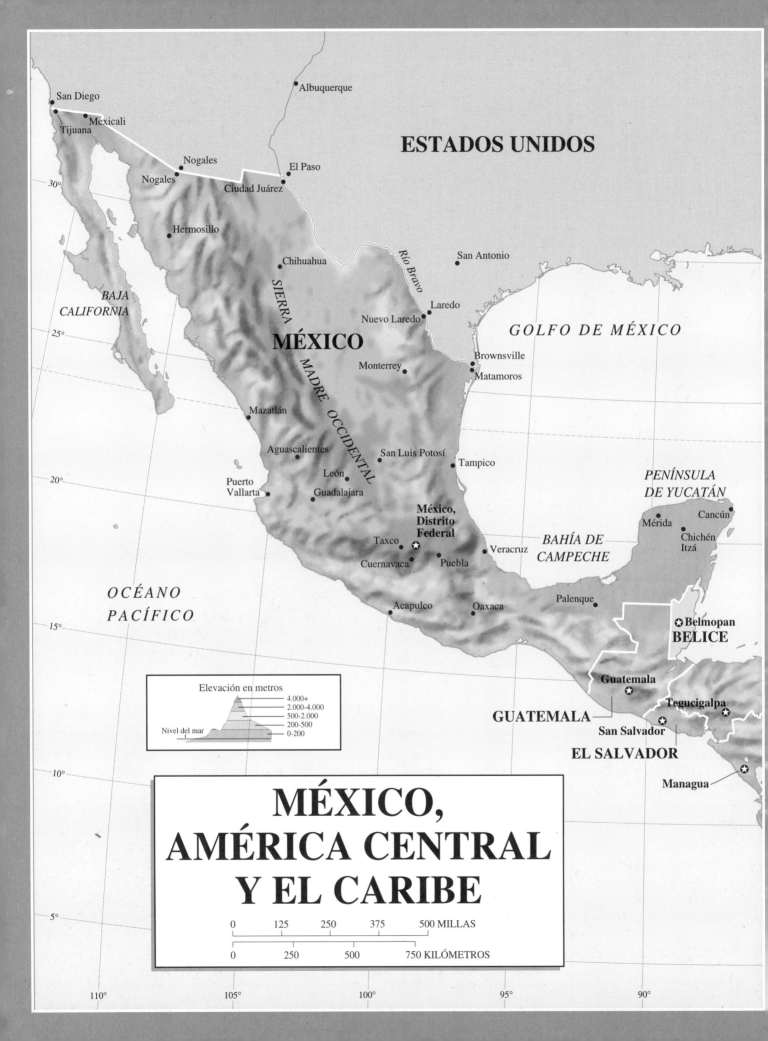

ESTADOS UNIDOS

San Diego
Mexicali
Tijuana
Nogales
Nogales
El Paso
Ciudad Juárez

Albuquerque

Hermosillo

Chihuahua

San Antonio

Río Bravo

BAJA
CALIFORNIA

SIERRA

MÉXICO

MADRE

Laredo
Nuevo Laredo

GOLFO DE MÉXICO

Monterrey

Brownsville
Matamoros

Mazatlán

OCCIDENTAL

Aguascalientes

San Luis Potosí

Tampico

PENÍNSULA
DE YUCATÁN

León
Puerto
Vallarta
Guadalajara

México,
Distrito
Federal

Cancún
Mérida
Chichén
Itzá

BAHÍA DE
CAMPECHE

Taxco
Cuernavaca
Puebla

Veracruz

OCÉANO
PACÍFICO

Acapulco

Oaxaca

Palenque

Belmopan
BELICE

Elevación en metros

4.000+
2.000-4.000
500-2.000
200-500
Nivel del mar
0-200

Guatemala

GUATEMALA

Tegucigalpa

San Salvador

EL SALVADOR

Managua

MÉXICO, AMÉRICA CENTRAL Y EL CARIBE

| 0 | 125 | 250 | 375 | 500 MILLAS |

| 0 | 250 | 500 | 750 KILÓMETROS |

110°   105°   100°   95°   90°